제6판

마케팅관리

21세기 고객가치 창출전략

주우진 • 박 철 • 김현식

弘 文 社

제6판 머리말

마케팅관리 제5판을 출판한 지 3년 반이 지났다. 이 기간은 코로나 팬데믹이 전 지구적인 상처를 남기고 디지털 기술에 기반한 4차산업혁명이 사회 각 분야에 큰 영향을 미친 변화의 시기였다. 학문적 측면에서는 소비자의 능동적 역할을 강조하는 가치공동창조 패러다임이 마케팅 영역에 뿌리내린 시기이기도 하다. 이를 반영하여 이번 제6판에서는 디지털 기반 4차산업혁명시대에 어울리는 가치공동창조 마케팅 개념을 가미하는 데 주력하였다.

먼저, 이번 제6판에서는 가치공동창조 마케팅 개념을 1장에서 소개하였다. 소비자와 함께 문제를 해결해가는 가치공동창조 마케팅 관점은 마케터가 앞에서 소비자를 이끄는 전통적 마케팅 관점과 다르다. 21세기 디지털 4차산업혁명시대의 두드러진 특징 중 하나로 꼽히는 것이 파워 소비자의 부상이다. 파워 소비자는 정보적, 기술적, 사회적 파워 원천으로부터 더 많은 파워를 획득하여 자신과 동료 소비자들의 문제해결 과정을 주도할 수 있는 영향력을 보유한 소비자를 말한다. 높아진 디지털 4차산업혁명시대 소비자 파워를 고려할 때 마케터가 앞에서 소비자를 이끄는 해결사 마케팅 관점 일변도에서 벗어나 소비자와 함께 문제를 해결해가는 가치공동창조 마케팅 관점을 겸비하는 것이 바람직하다.

아울러, 이번 제6판에서는 가치공동창조 마케팅 관점을 이해하는 데 도움이 될 수 있는 새로운 사례를 2, 3, 4, 9, 10, 11장에서 소개하였다. 마케팅환경, 소비자행동, 시장조사, 신제품개발, 가격책정, 유통관리 등 세부적인 카테고리에 어울리는 사례들은 독자들이 가치공동창조 마케팅의 개념만이 아니라 세부 운용 양상에 대한 통찰을 얻는 데 기여할 수 있을 것이다.

나아가, 이번 제6판에서는 4차산업혁명시대가 요구하는 디지털마케팅을 독자들이 보다 쉽게 이해할 수 있도록 정보통신기술 관련 기본용어들을 2, 14장에 참고자료로 소개하였다. 보강된 정보통신기술 관련 기본용어들은 관련 산업 전문가 외의 일반 독자들이 디지털 개념을 가미하며 진화하는 마케팅 개념을 습득하는 데 기여할 수 있을 것이다.

끝으로, 이번 제6판에서는 가치공동창조 마케팅 관점을 적용할 때 유의해야 할 점 중 가격책정 관련 사항을 10장에 참고자료로 소개하였다. 비록 가격에 국한된 참고자료지만 가치공동창조 마케팅을 시도할 때 맹목적인 적용보다 신중한 적용이 필요하다는 메시지를 전달할 수 있을 것이다.

이번 제6판은 디지털 4차산업혁명시대에 어울리는 가치공동창조 마케팅 개념을 가미한 마케팅 입문서로 개량하는 데 주안점을 두어 보완을 하였다. 이번 제6판이 나오기까지 제5판 보완을 위한 고견을 제시해 준 독자들께 감사드린다.

2023년 8월

저자 일동

머리말

오늘날 기업은 정부 못지않게 사회에 막대한 영향을 미치고 있다. 그러므로 한 사회가 발전하는 데 있어서 기업의 발전은 매우 중요한 한 부분이 되었다. 그런데 기업의 계속적인 성장을 위한 여러 경영기능 중에서도 마케팅기능을 꼽을 수 있다. 왜냐하면 마케팅이 기업의 다른 경영기능보다 선행적으로 이루어지며 다른 기능들을 이끌어내는 풀(pull) 역할을 하기 때문이다. 즉 마케팅을 통한 수요 창출이 있어야만 생산도 필요하고, 투자도 필요하며, 기업금융도 필요한 것이다. 즉, 모든 기업의 기능은 소비자로 인한 수요 창출로부터 출발한다. 그러므로 오늘날의 무한경쟁 환경에서 고객과 소통하며 수요를 창출하는 마케팅은 더욱 중요해지고 있다.

그러나 마케팅의 중추적인 역할은 기업경영뿐만 아니라 사회의 다른 기관에도 확산되고 있다. 자신의 고객과 소통(communication)이 필요한 사회기관들은 마케팅기법을 적극 활용하여 공급자중심에서 고객중심으로 변하고 있다. 비영리단체는 후원자가 고객이고, 정치가들에게는 유권자가 고객이며, 대학은 학생과 사회라는 복수의 고객을 가지고 있다. 또한 각 기관들은 고객에게 경쟁자와 다른 '차별화된 가치'를 제공함으로써 자신을 더 돋보이게 하려 하고 있다. 이처럼 마케팅적인 사고는 사회 전반에 걸쳐서 매우 유용한 사고의 패러다임을 제공하고 있다.

마케팅은 사회적으로도 높은 인기를 누리고 있지만 대학에서도 인기 있는 과목이다. 마케팅은 많은 인접과학과 영향을 주고받고 있다. 심리학, 사회학, 디자인, 소비자학, 통계학, 경제학 이론은 마케팅 이론 형성에 많은 영향을 주었으며 마케팅도 이 분야에 영향을 주는 상생관계에 있다. 그러므로 마케팅은 인접학문을 전공하는 학생들이 비교적 쉽게 입문할 수 있는 경영학 과목이 되었다. 이러한 이유로 인접학문을 전공하는 많은 학생들이 마케팅 과목을 수강하고 있다.

이 책은 입문서로 마케팅의 중요한 컨셉트와 기법들을 소개하는 것을 특징으로 하고 있다. 즉 마케팅적인 사고를 형성하는 차별화된 가치창조, 고객만족, 시장세분화, 포지셔닝, 브랜드 등에 대하여 설명하고 있다. 마케팅에서 가장 중요한 것은 컨셉트에 대한 이해이기 때문에 많은 지면을 컨셉트에 대한 설명과 이를 잘 보여줄 수 있는 사례로 할애하였다. 그러나 컨셉은 있으나 노하우(know-how)가 없다면 그 컨셉트는 관념으로 끝날 수가 있는 것이다. 그래서 이 책에서는 컨셉트 활용을 가능케 하는 마케팅기법(marketing tools)도 자세하게 설명하고 있다. 시장세분화 기법, 마케팅 조사 기법, 신제품 개발 기법, 가격책정 기법 등 마케팅 학도나 마케터가 인지하고 있어야 하는 기법들을 망라하였다.

이 책은 세 명의 저자가 도합 25년간 대학에서 강의해온 경험을 살려서 독자들이 가장 효과적으로 마케팅을 배울 수 있도록 저술하였다. 어려운 내용은 쉽게 풀이하였으며 사례를 통하여 이론이 잘 이해될 수 있도록 노력하였다. 이 책의 궁극적인 목표는 고객인 학생들이 이 책을 통하여 마케팅에 대한 즐거움을 발견하고 자신감을 가지게 하는 것이다. 그리고 고객들이 이 책의 부족한 부분을 저자에게 적극 지적해 준다면 향후에 더 좋은 책을 함께 만들어갈 수도 있을 것이다. 끝으로 이 책의 저술에 도움을 준 서울대 경영대학 석 · 박사과정 학생들과 홍문사 임권규 사장님에게 감사를 전한다.

2010년 6월

저자 일동

차 례

1 마케팅의 이해

1.1 마케팅의 정의 ········ 8

1.2 마케팅의 중요성 ········ 10

1.3 마케팅의 주요 개념 ········ 11

1.3.1 마케터(marketer)와 마케팅 목적(objective) ········ 11

1.3.2 교환(exchange)과 관계(relationship) ········ 12

1.3.3 시장(market) ········ 12

1.3.4 필요(needs) ········ 14

1.3.5 요구(wants)와 수요(demand) ········ 15

1.3.6 가치(value) ········ 15

(1) 고객가치 _ 16　(2) 고객만족 _ 17

1.3.7 4P와 4C: 마케팅 믹스(marketing mix) ········ 19

(1) 4P _ 19　(2) 4C: 4P의 다른 이름 _ 21

2 마케팅의 이해

2.1 마케팅 환경의 의의 ··· 32
2.1.1 마케팅 환경의 개념 ··· 32
2.1.2 마케팅 환경의 중요성 ··· 33
2.2 외부 거시적 환경 ··· 36
2.2.1 경제적 환경 ··· 37
2.2.2 인구통계적 환경 ··· 38
2.2.3 사회문화적 환경 ··· 40
2.2.4 정책적 환경 ··· 40
2.2.5 기술적 환경 ··· 42
2.2.6 자연적 환경 ··· 45
2.3 외부 미시적 환경 ··· 46
2.3.1 소비자 환경 ··· 47
2.3.2 공급자 환경 ··· 48
2.3.3 경쟁자 환경 ··· 49
2.3.4 유통기관 환경 ··· 51
2.4 내부 환경 ··· 52
2.4.1 비 전 ··· 53
2.4.2 자 원 ··· 54
2.4.3 핵심역량 ··· 54
2.4.4 사업 포트폴리오 ··· 55
(1) 사업의 정의 _ 55 (2) BCG 매트릭스 _ 56
(3) GE 매트릭스 _ 58
2.5 마케팅 환경분석 ··· 60

3 소비자행동 이해

3.1 소비자행동 개관 ······ 69
3.1.1 소 비 자 ······ 69
3.1.2 소비자행동 ······ 70
3.2 소비자 구매의사결정과정 ······ 72
3.2.1 문제인식 ······ 72
3.2.2 정보탐색 ······ 73
3.2.3 대안평가 ······ 74
3.2.4 구 매 ······ 76
3.2.5 구매 후 행동 ······ 76
3.3 소비자 정보처리과정 ······ 77
3.3.1 노 출 ······ 77
3.3.2 주 의 ······ 78
3.3.3 지 각 ······ 79
3.3.4 반 응 ······ 79
3.3.5 기 억 ······ 80
3.4 소비자행동의 사회문화적 영향요인 ······ 82
3.4.1 문 화 ······ 82
3.4.2 사회계층 ······ 82
3.4.3 준거집단 ······ 83
3.4.4 가 족 ······ 85
3.5 소비자행동의 개인심리적 영향요인 ······ 86
3.5.1 학 습 ······ 86
3.5.2 개 성 ······ 87
3.5.3 라이프스타일 ······ 87

4 마케팅 조사와 마케팅 정보시스템

4.1 마케팅 조사 ······ 98
4.1.1 마케팅 조사의 개념과 중요성 ······ 98
4.1.2 마케팅 조사의 유형 ······ 99
(1) 마케팅 현안 도출 _ 100
(2) 마케팅 현안별 마케팅 방향설정 _ 101
(3) 4P 마케팅믹스 프로그램 개발 및 실행 _ 101
4.1.3 마케팅 조사 절차 ······ 102
(1) 마케팅 조사목표 설정 _ 102
(2) 마케팅 조사계획 수립 _ 104
(3) 자료수집 _ 106
(4) 수집자료 분석 및 결과해석 _ 112
(5) 조사 결과보고 _ 113
4.2 인터넷 마케팅 조사 ······ 113
4.2.1 인터넷 마케팅 조사의 정의 ······ 114
4.2.2 인터넷 자료수집방법 ······ 115
(1) 인터넷 서베이 _ 115
(2) 인터넷 서베이의 종류 _ 116
(3) 인터넷 서베이 절차 _ 118
(4) Click-Stream 방법 _ 119
(5) Internet Search 분석 _ 120
4.3 마케팅 정보시스템 ······ 123
4.3.1 마케팅 정보시스템의 정의와 구성 ······ 123
(1) 내부자료 _ 124
(2) 마케팅 첩보 _ 125
(3) 마케팅 조사 _ 126
(4) 마케팅 의사결정지원 시스템 _ 126
4.3.2 마케팅 의사결정지원 시스템 ······ 127

5 시장세분화와 표적시장선정 전략

5.1 시장세분화 및 표적시장선정 개요 ······ 132

5.1.1 시장세분화 및 표적시장선정의 의미 ······ 132
5.1.2 상황별 시장세분화 및 표적시장선정 방식 ······ 133

5.2 시장세분화 ······ 135
5.2.1 시장세분화의 개념 ······ 135
5.2.2 시장세분화의 중요성 ······ 137
5.2.3 욕구변수 ······ 138
(1) 개인적 가치 _ 140 (2) 필 요 _ 140
(3) 추구 편익 _ 141
5.2.4 기술변수에 의한 시장세분화 ······ 141
(1) 고객특성에 의한 시장세분화 _ 141
(2) 고객행동에 의한 시장세분화 _ 145
5.2.5 시장세분화의 성공조건 ······ 152
(1) 접근성 _ 152 (2) 측정성 _ 152
(3) 중요성 _ 153 (4) 차별성 _ 153

5.3 표적시장선정 ······ 154
5.3.1 표적시장선정의 의미 ······ 154
5.3.2 표적시장선정의 고려요인 ······ 154
(1) 세분시장의 소비자요인 매력도 _ 155
(2) 세분시장의 경쟁요인 매력도 _ 156
(3) 세분시장의 자사에 대한 적합성 _ 157
5.3.3 표적시장선정 유형 ······ 158
(1) 단일시장 집중화 _ 159 (2) 다수시장 차별화 _ 160
(3) 다수시장 비차별화 _ 162
5.3.4 표적시장선정시 고려사항 ······ 163
(1) 표적시장의 윤리적 선정 _ 163
(2) 순차적 표적시장 공략 _ 163

6 포지셔닝 전략

6.1 포지셔닝의 개념 ······ 169
6.2 포지셔닝의 중요성 ······ 172

6.2.1 마케팅 믹스의 지침 제시 ········· 172
6.2.2 브랜드 인지도 및 수익성 제고 ········· 173
6.2.3 경쟁지위 개선 ········· 174
(1) 경쟁열위 상황에서의 포지셔닝 _ 174
(2) 재포지셔닝(re-positioning) _ 175

6.3 포지셔닝 과정 ········· 175
6.3.1 표적시장 소비자 욕구와 경쟁구도 파악 ········· 176
(1) 질적 방법 _ 176 (2) 양적 방법 _ 180
6.3.2 목표 포지션 설정 ········· 183
(1) 표적시장 소비자의 구매행동 유발 가능성 _ 184
(2) 자사 브랜드의 자리매김 가능성 _ 185
(3) 차별적 경쟁우위 지속 가능성 _ 186
6.3.3 목표 포지션 지향 4P 실행 ········· 187

6.4 포지셔닝 유형 ········· 188
(1) 기능적 편익 포지셔닝 _ 189 (2) 사회적 편익 포지셔닝 _ 190
(3) 감정적 편익 포지셔닝 _ 191 (4) 지적 편익 포지셔닝 _ 192
(5) 미적 편익 포지셔닝 _ 194 (6) 쾌락적 편익 포지셔닝 _ 195
(7) 상황적 편익 포지셔닝 _ 196

7 제품관리

7.1 제품의 이해 ········· 202
7.1.1 제품의 정의 ········· 202
7.1.2 제품의 본질: '그릇'으로서의 제품 ········· 203
(1) 핵심제품 _ 203 (2) 실체제품 _ 208

7.2 개별제품관리 ········· 208
(1) 제품품질 _ 209 (2) 제품디자인 _ 211
(3) 제품브랜드 _ 213 (4) 제품포장 _ 214
(5) 라 벨 _ 217 (6) 부가서비스 _ 218

7.3 집합제품관리 ········· 219
(1) 제품라인과 제품믹스 _ 219

(2) 제품믹스 넓이 의사결정 _ 221
(3) 제품믹스 길이 의사결정 _ 222
(4) 제품믹스 깊이 의사결정 _ 223
(5) 제품믹스 일관성 의사결정 _ 223

7.4 제품의 유형 ········ 224

7.4.1 소비재 ········ 225
7.4.2 산업재 ········ 226

8 브랜드 관리

8.1 브랜드 이해 ········ 233

8.1.1 브랜드 정의 ········ 233
8.1.2 브랜드 구성요소 ········ 234
8.1.3 브랜드의 중요성 ········ 235

8.2 브랜드 관리 ········ 236

8.2.1 브랜드 구조 ········ 236
(1) 개별브랜드 구조 _ 236
(2) 공동브랜드 구조 _ 236
(3) 혼합브랜드 구조 _ 237
(4) 브랜드 위계 _ 237
8.2.2 브랜드 도입과정 ········ 239
(1) 브랜드, 쓸 것인가 쓰지 않을 것인가 _ 239
(2) 제조업체브랜드와 유통업체브랜드 _ 240
(3) 라이센스브랜드 _ 240
(4) 복합브랜드 _ 240
(5) 라인 확장 _ 244
(6) 카테고리 확장 _ 244
(7) 신규브랜드 _ 244

8.3 브랜드 자산관리 ········ 246

8.3.1 브랜드 자산의 정의 ········ 246
8.3.2 브랜드 자산의 원천 ········ 248
(1) 브랜드 인지도 _ 249
(2) 브랜드 이미지 _ 251
8.3.3 브랜드 자산관리 과정 ········ 253

9 신제품 개발과 제품수명주기 관리

9.1 신제품의 의의 ········ 264
9.1.1 신제품의 개념 ········ 264
9.1.2 신제품의 중요성 ········ 265
9.1.3 신제품 개발전략 ········ 266

9.2 신제품 성공의 조건 ········ 266
9.2.1 신제품 성공요인 ········ 267
(1) 소비자의 욕구 충족 _ 267
(2) 기업능력과 부합 _ 267
(3) 동일한 고객층 _ 268
(4) 기술혁신 _ 268
(5) 디자인의 우월성 _ 271
(6) 최고경영자의 관심 _ 271
(7) 체계적 신제품 개발과정 적용 _ 271
9.2.2 신제품 실패원인 ········ 272
(1) 부정적인 조사결과 무시 후 진행 _ 272
(2) 시장크기의 과대평가 _ 272
(3) 새롭지 않은 신제품 _ 272
(4) 좋지 않은 디자인 _ 273
(5) 잘못된 제품 포지셔닝 _ 273
(6) 과다한 개발/광고 비용 _ 273
(7) 경쟁자의 반응 _ 276
9.2.3 성공적 신제품 개발을 위한 시스템 ········ 276
(1) 시장정보 수집을 위한 시스템 _ 276
(2) 계획된 긴장감 _ 277
(3) 동시공학 _ 277
(4) Team 구성 _ 278
(5) 연속적인 제품 출시 _ 279
(6) 학 습 _ 280

9.3 신제품 개발과정 ········ 280
9.3.1 소비자 욕구 이해 ········ 281
(1) 소비자 욕구 파악 _ 281
(2) 소비자 욕구 분석 _ 285
9.3.2 아이디어 창출 ········ 289
(1) 아이디어 도출(idea generation) _ 289
(2) 아이디어 심사(idea screening) _ 290
9.3.3 컨셉 도출 ········ 291

(1) 컨셉 개발(concept development) _ 291
(2) 컨셉 검증(concept testing) _ 291
9.3.4 신제품 마케팅 기획 ········ 292
(1) 마케팅 전략의 수립 _ 292
(2) 사업성 분석(business analysis) _ 295
9.3.5 제품 개발 ········ 298
(1) 시제품(prototype) 개발 _ 298 (2) 시장테스트 _ 299
9.3.6 상 품 화 ········ 300

9.4 제품수명주기 관리 ········ 302
9.4.1 제품수명주기 ········ 302
(1) 도입기 _ 303 (2) 성장기 _ 308
(3) 성숙기 _ 309 (4) 쇠퇴기 _ 310
9.4.2 신제품 수용시기와 수용자 ········ 312
(1) 혁신수용자(innovator) _ 312
(2) 조기수용자(early adopter) _ 314
(3) 조기다수자(early majority) _ 314
(4) 후기다수자(late majority) _ 314
(5) 최후수용자(laggard) _ 314

10 가격관리

10.1 가격의 이해 ········ 321
10.1.1 가격의 정의 ········ 321
10.1.2 가격의 중요성 ········ 322

10.2 기본적 가격의사결정 ········ 323
10.2.1 가격결정시 기본적 고려요인 ········ 323
(1) 고객요인 _ 323 (2) 자사제품요인 _ 324
(3) 경쟁제품 요인 _ 328
10.2.2 기본가격결정 틀 ········ 328
10.2.3 기본가격결정 스타일 ········ 329
(1) 고객가치중심 가격결정 _ 329 (2) 원가중심 가격결정 _ 331
(3) 경쟁자중심 가격결정 _ 333

10.3 상황별 가격의사결정 ········· 335
10.3.1 신제품가격결정 ········· 335
(1) 시장침투가격정책 _ 335 (2) 초기고가가격정책 _ 335
(3) 중립가격정책 _ 338
10.3.2 집합제품가격결정 ········· 338
(1) 제품라인가격 _ 338 (2) 결합제품가격 _ 339
(3) 묶음가격 _ 340
10.3.3 가격다변화 ········· 341
(1) 고객별 가격다변화 _ 341 (2) 제품형태별 가격다변화 _ 342
(3) 입지별 가격다변화 _ 342 (4) 시간별 가격다변화 _ 342
10.3.4 가격조정 ········· 343
(1) 심리적 가격조정 _ 343 (2) 촉진 가격조정 _ 345
10.3.5 가격변화 ········· 347
(1) 가격변화 주도 _ 347 (2) 가격변화 대응 _ 348
(3) 협력적 가격변화 대응 _ 349

11 유통경로 관리

11.1 유통경로 개관 ········· 361
11.1.1 유통경로의 의의와 기능 ········· 361
(1) 유통경로의 의의 _ 361 (2) 유통경로의 역할 _ 362
11.1.2 유통경로의 유형 ········· 363
(1) 소비재 유통경로 _ 363 (2) 산업재 유통경로 _ 364
11.1.3 유통경로 관리 ········· 364
(1) 유통경로 관리의 개념 _ 364
(2) 유통경로 관리의 중요성 _ 365

11.2 유통경로의 설계 ········· 367
11.2.1 유통경로 설계 ········· 367
11.2.2 유통경로 서비스 결정 ········· 368
11.2.3 유통경로 길이 결정 ········· 369
(1) 유통경로 길이 유형 _ 369

(2) 유통경로 길이 결정시 고려사항 _ 370
11.2.4 유통경로 커버리지 결정 371
(1) 유통경로 커버리지 유형 _ 372
(2) 유통경로 커버리지 결정시 고려사항 _ 373
11.2.5 유통경로 형태 결정 373
(1) 소매업체의 종류 _ 374 (2) 도매업체의 분류 _ 377
(3) 유통경로 형태 결정시 고려사항 _ 378
11.2.6 유통경로구성원 선정 379

11.3 유통경로 운영 380
11.3.1 유통경로 운영을 위한 파워 행사 380
(1) 유통경로 파워의 개념 _ 380
(2) 유통경로 파워의 원천 _ 380
11.3.2 유통경로 갈등 관리 382
(1) 유통경로 갈등의 개념 _ 382
(2) 유통경로 갈등의 유형 _ 382
(3) 유통경로 갈등의 원인 _ 383
(4) 유통경로 갈등의 파급효과와 관리방안 _ 384

11.4 유통경로 성과평가 및 피드백 385
11.5 상황별 유통경로관리 386
11.5.1 유통경로의 계열화 386
(1) 전통적 유통경로 _ 386
(2) 수직적 마케팅시스템 _ 387
(3) 수평적 마케팅시스템 _ 389
11.5.2 온라인/모바일 유통경로 389
11.5.3 복수유통경로 390

12 마케팅 커뮤니케이션 과정과 IMC

12.1 마케팅 커뮤니케이션의 이해 397
12.1.1 마케팅 커뮤니케이션의 정의 397
12.1.2 마케팅 커뮤니케이션의 유형 397
12.1.3 마케팅 커뮤니케이션 과정 398

(1) 커뮤니케이션 과정 _ 398
(2) 마케팅 커뮤니케이션 과정 _ 399

12.2 IMC의 이해 ······ 406

12.2.1 IMC의 정의 ······ 406
12.2.2 IMC의 등장배경 ······ 407
(1) 미디어채널 수의 폭발적 증가 _ 407
(2) 고객 데이터베이스에의 접근성 및 활용가능성의 증가 _ 408
(3) 관계마케팅에 대한 중요성의 환기 _ 408
(4) 브랜드 자산관리에 대한 인식의 환기 _ 409

12.3 IMC의 실행과정 ······ 410

12.3.1 기존 브랜드 관계 모니터링 및 평가 ······ 411
12.3.2 IMC의 목표설정 ······ 412
(1) 표적청중 확인 _ 412
(2) 커뮤니케이션 목표결정 _ 412
12.3.3 메시지 설계 ······ 416
(1) 메시지 내용 _ 418 (2) 메시지 구조 _ 423
(3) 메시지 형태 _ 425 (4) 메시지 원천 _ 426
12.3.4 촉진믹스 설계 ······ 430
(1) 촉진예산 결정 _ 430 (2) 촉진믹스 결정 _ 433
12.3.5 실 행 ······ 438
12.3.6 피드백 ······ 439

13 광고/PR/판매촉진/인적판매

13.1 광 고 ······ 450

13.1.1 광고의 개념과 기능 ······ 450
13.1.2 매체별로 본 광고의 유형 ······ 453
13.1.3 광고매체의 결정 ······ 457
(1) 매체유형(media type)의 선정 _ 459
(2) 매체수단(media vehicle)의 선정 _ 463
13.1.4 광고성과 측정 ······ 466
(1) 커뮤니케이션 효과측정 _ 467

(2) 재무효과 측정 _ 468
(3) 바람직한 광고효과 측정방식의 조건 _ 468

13.2 PR 469

13.2.1 PR의 개념과 기능 469
13.2.2 PR의 유형 471
(1) 홍 보 _ 471 (2) 후 원 _ 474
(3) 고객관계관리 _ 478 (4) 로 비 _ 484
(5) 이벤트 _ 484 (6) 간행물 출판 _ 488

13.3 판매촉진 488

13.3.1 판매촉진의 개념과 기능 488
13.3.2 판매촉진의 유형 492
(1) 소비자 판매촉진 _ 493 (2) 중간상 판매촉진 _ 502

13.4 인적판매 504

13.4.1 인적판매의 개념과 기능 504
13.4.2 인적판매의 유형 및 과정 507
(1) 인적판매 유형 _ 507 (2) 인적판매 과정 _ 509
13.4.3 인적판매 관리 510
(1) 인적판매조직 구조 결정 _ 510
(2) 인적판매조직 규모 결정 _ 511
(3) 인적판매조직 관리 _ 512

14 특수주제: 디지털마케팅

14.1 디지털마케팅의 이해 518

14.1.1 디지털마케팅의 정의 518
14.1.2 디지털마케팅의 배경 519

14.2 디지털마케팅 환경 521

14.2.1 디지털기술 521
(1) 3차산업혁명: 디지털기술 등장 _ 521
(2) 4차산업혁명: 디지털기술의 통합적 진화 _ 521

14.2.2 디지털경제 ········ 522
(1) 네트워크 효과 _ 522
(2) 승자독식의 수확체증 법칙 _ 523
14.2.3 디지털매체 ········ 524
(1) 동시-비동시 상호작용성 _ 524 (2) 탈대중화 _ 524
14.2.4 디지털소비자 ········ 525
(1) 파워소비자 _ 525 (2) 참여적 소비자 _ 526

14.3 디지털마케팅 관리 ········ 529
14.3.1 디지털제품관리: 디지털화, 고객화 ········ 529
(1) 디지털화 _ 529 (2) 고객화 _ 530
14.3.2 디지털가격관리: 동적 가격, 참여적 가격 ········ 531
(1) 동적 가격 _ 531 (2) 참여적 가격 _ 532
14.3.3 디지털유통관리: 신유통, 가상화 ········ 536
(1) 신유통경로 설계 _ 536 (2) 가상화 _ 536
14.3.4 디지털촉진관리: 통합적 트리플매체 기반 촉진, 참여적 촉진 ········ 537
(1) 통합적 트리플매체 기반 촉진 _ 537
(2) 참여적 촉진 _ 539

15 특수주제: 서비스 마케팅

15.1 서비스 마케팅의 의의 ········ 547
15.1.1 서비스의 개념 ········ 547
15.1.2 서비스의 특성 ········ 548
(1) 무형성(intangibility) _ 548
(2) 비분리성(inseparability) _ 548
(3) 이질성(heterogeneity) _ 548
(4) 소멸성(perishability) _ 548
15.1.3 서비스 마케팅의 중요성 ········ 549

15.2 서비스 마케팅 관리 ········ 551
15.2.1 서비스 제품관리 ········ 552
(1) 서비스 차별화 _ 552

(2) 서비스 물리적 증거관리 _ 555
(3) 서비스 프로세스 관리 _ 559
(4) 서비스 종업원 관리 _ 560

15.2.2 서비스 가격관리 ······ 566
(1) 서비스 가격의 개념과 중요성 _ 566
(2) 서비스 가격차별화 _ 566

15.2.3 서비스 유통관리 ······ 568
(1) 서비스 유통의 의의 _ 568
(2) 서비스 유통관리의 특징 _ 569

15.2.4 서비스 촉진관리 ······ 570
(1) 서비스 촉진의 의의 _ 570
(2) 통합적 서비스 마케팅 커뮤니케이션 _ 570
(3) 서비스 촉진관리 _ 571

참고문헌 ······ 575

찾아보기 ······ 583

CHAPTER 1

마케팅의 이해

1.1 마케팅의 정의
1.2 마케팅의 중요성
1.3 마케팅의 주요 개념

Marketing Management

사례 1-1 마케팅, 21세기 범용 사고 틀로 진화중

마케팅의 본질 중 하나는 스스로를 위해 자유로이 행동할 자유를 지닌 상대로 하여금 내가 바라는 특정 행위를 자발적으로 하도록 제반 여건을 조성하는 것이다. 20세기 중 경제적 목적 달성을 위한 사고체계의 일환으로 정립되어 다듬어진 마케팅 패러다임은 경제적 목적 달성 맥락 너머로 그 지평을 넓히고 있다. 기업에 속한 마케터들이 가장 치열하게 마케팅 사고체계를 사용하는 것은 분명한 사실이지만 세상에는 자신의 목적 달성을 위해 마케팅을 시도하는 보다 다양한 형태의 마케터가 존재할 수 있다.

UN 인스타그램 페이지

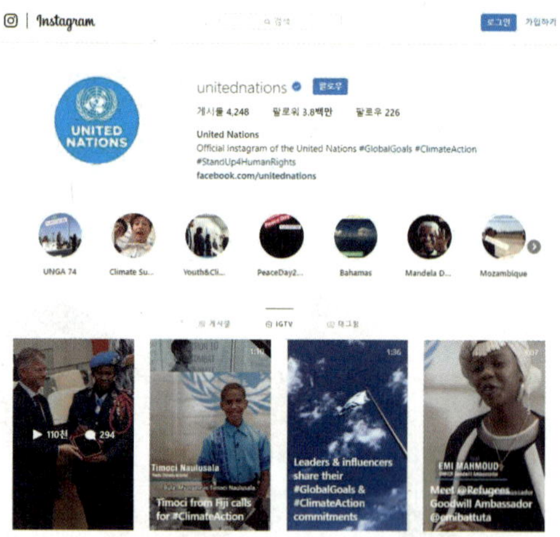

UN 트위터 페이지

▸ **정치집단도 마케팅을 한다. 후보자는 일종의 브랜드다.**

뉴맨(Bruce Newman)은 마케팅과 정치를 결합한 정치마케팅 패러다임을 통해 후보자의 포지셔닝(일종의 이미지 자리매김)이 중요하다는 점을 지적한 바 있다. 뉴맨(Bruce Newman)은 후보자를 하나의 브랜드로 생각하고 유권자 시장세분화, 목표시장 선정, 후보자 포지셔닝에 맞추어 후보자 이미지를 구축하고 후보자 브랜드를 알림으로써 보다 많은 득표를 이끌어내어 선거에서 성공할 수 있는 정치마케팅 모델을 제시한 바 있다. 자유로이 투표하는 유권자로부터 득표하려면 그들의 욕구를 충족시켜줄 수 있는 공약을 제시함으로써 가장 바람직한 후보라는 인상을 심어줄 수 있어야 할 것이다.

▸ 지방자치단체도 마케팅을 한다.

예컨대 도시 혹은 장소에 대한 기업 투자나 관광객 방문 촉진 과정에서 마케팅 사고체계를 사용할 수 있다. 이는 장소마케팅으로 불리기도 한다. 장소마케팅은 지방자치단체 등 관리주체가 지리적으로 규정된 특정한 장소의 매력적 이미지를 형성하여 기업가, 관광객, 지역민에게 장소를 촉진해가는 다양한 방식의 노력을 지칭한다. 장소마케팅의 본질 중 하나는 장소에 대한 정체성을 수립하고 장소성에 기반한 관광문화상품을 제공함으로써 지역경제와 사회 발전을 추구하는 능동적인 행위다. 예컨대 강원도와 춘천시 시사체는 레고랜드 투자 유지, 진행 과정 속에서 다양한 장소마케팅 노력을 기울이고 있다.

▸ 개인도 마케팅을 한다.

자신의 목적 달성을 위한 개인 차원의 다양한 마케팅 시도들 중 하나로 개인 브랜드 구축 전략을 꼽을 수 있다. 몬토야(Peter Montoya)는 개인 브랜드 구축 전략을 여덟 단계로 제시한 바 있다. 1단계는 브랜드를 통해 이루고 싶은 목표를 명확히 하는 목표설정의 단계이고, 2단계는 경쟁자에 대한 분석을 통해 공통점이나 필요한 점들을 기획하는 단계이다. 3단계는 자신에 대한 진단과 평가이며, 4단계는 목표 시장에 있는 사람들과 공감할 수 있는 가치 요소를 창출하는 것이다. 5단계는 적절한 문구를 만들어 개인 브랜드의 핵심 속성을 명확히 설정하는 것이다. 6단계는 브랜딩 문구에 맞추어 전달하고 싶은 메시지 내용을 구성하는 단계이며, 7단계는 확정된 메시지를 알리는 단계이고, 8단계는 개인 브랜드를 관리하며 브랜드 파워를 강화하는 단계이다. 잘 구축된 개인 브랜드는 면접관이나 투자자가 먼저 찾아오게 하는 힘을 발휘할 수도 있다.

마케팅은 다용도다. 21세기 범용 사고 틀로 진화중이다. 이 책은 경제적 목적 달성에 초점을 두어 마케팅 의사결정자가 해야 할 고민들을 살펴보고 있지만 습득한 지식을 보다 다양한 영역에 접목할 수 있도록 범용성도 갖추도록 접근하고 있다.

자료원: Peter Montoya, 퍼스널 브랜딩 신드롬, 도희진 (역), 2009, 바이북스, Bruce Newmen, 대통령 선거마케팅, 김충현 (역), 2000, 나남, 이무용, 지역발전의 새로운 패러다임: 장소마케팅 전략, 2006, 논형, 강원도민일보 2014. 11. 29.

사례 1-2 디지털 시대의 뉴 마케팅 패러다임, 가치공동창조 마케팅

디지털 시대가 도래하며 소비자 파워(consumer power)가 증가하고 있다. 인터넷의 등장과 동시에 학자들이 예견했던 마케터에서 소비자로의 힘의 이동(power shift)은 현실화하고 있다. 월드와이드웹의 도입으로 일반 소비자도 방대한 양의 정보에 접근하면서 시장과 그 너머에서 자신의 삶에 영향을 미칠 수 있는 기회를 개척할 수 있게 되었다. 모바일 기기를 통해 전지구적 연결이 가능해진 소셜 미디어 환경은 정보에 대한 접근성을 향상시킨다.

뿐만 아니라 전 세계 소비자들이 콘텐츠를 제작하여 듣고자 하는 누구에게나 자신의 목소리를 증폭시킬 수 있게 되었다. 디지털 기술은 소비자가 누군가와 상호작용을 해서 가치창출 과정을 주도하려 할 때 감내해야 하는 시간적, 경제적 비용을 극적으로 낮춘다. 이는 소비자 파워 증가로 귀결된다. 디지털 시대 소비자 파워 증가는 다양한 양상으로 이루어지지만, 주로 정보적(informational), 기술적(technological), 사회적(social) 파워 원천을 통해 발현된다.

(1) 정보적 파워 원천(informational power source)

정보적 파워 원천은 디지털 시대 소비자가 향유하는 콘텐츠 소비력과 생산력 등으로 구성된다. 콘텐츠 소비를 통해 제품이나 서비스 정보를 많이 접할수록 정보비대칭으로 인한 소비자의 상대적 약점이 해소되면서 기업과의 상호작용을 통한 소비자 문제해결 과정에서의 영향력이 증가하게 된다.

유튜브를 통한 UGC 공유

자료원: https://www.youtube.com/watch?v=3lgdOYUqeqU.

콘텐츠 생산을 통한 정보 기반 파워는 UGC(user-generated contents)를 통해 발휘하는 능력을 의미한다. 그것은 자기표현의 배출구를 제공하고, 각자의 도달가능범위를 확장하며, 소비자 의견이 시장에 미치는 범위를 확대함으로써 기업과 상호작용 과정에서 소비자 파워를 증진시킨다.

콘텐츠 소비와 콘텐츠 생산이 활성화할수록 기업과의 상호작용을 통한 소비자 문제해결 과정에서 발현되는 소비자 파워가 증가한다.

(2) 기술적 파워 원천(technological power source)

기술적 파워 원천은 디지털 기술이 소비자에게 제공하는 추적능력(trackability), 제어능력(controllability) 등으로 형성된다. 대표적인 디지털 시스템 중 하나인 인터넷은 기술적으로 소비자 측과 다른 참가자 측이 동일한 상태(노드node)로 평등하게 접속되도록 설계되어 있다. 디지털 기술은 더 높은 유연성과 이동성을 소비자에게 허용한다. 모바일 기술 및 데이터 인프라의 발전으로 소비자는 디지털 플랫폼 전반에서 정보와 자원에 대한 거의 즉각적인 접속이 가능해졌다.

Thomson(2003)의 표현을 보면 "시공간 압축은 정보 기술과 디지털 혁명의 진전에 발맞춰 극히 강화된다 … 우리는 이제 '사실상' 어디에나 있을 수 있고, '사실상' 어느 때든 '사실상' 누구나 될 수 있다". 디지털 기술의 발전으로 디지털 소비자는 하루 24시간, 주 7일, 연중무휴로 거래하고, 그 내역을 쉽게 추적하고 제어할 수 있다.

소비자가 디지털 기술을 사용해서 거래를 추적하고 제어하면 할수록 기업과의 상호작용을 통한 소비자 문제해결 과정에서 발현되는 소비자 파워는 증가한다.

(3) 사회적 파워 원천(social power source)

사회적 파워 원천은 소비자의 연결성으로부터 형성된다. 디지털시대 소비자는 디지털 통신기술을 사용하여 소셜 네트워크, 전문가, 커뮤니티에 쉽게 연결할 수 있다.

소비자가 다른 개체와 잘 연결될수록 기업과의 상호작용을 통한 소비자 문제해결 과정에서 발현되는 소비자 파워는 증가한다. 사회적 파워 원천의 발현 사례는 크라우드소싱, 공동구매, 공유경제 등 다양한 형태로 나타난다.

표 마케팅 스타일 비교

	해결사 마케팅 (solver marketing)	공동창조자 마케팅 (co-creator marketing)
마케터 역할	소비자 문제를 파악하고 최선의 해결책을 마련하여 제시한다.	서로 협력하여 상호 간의 가치를 공동으로 창조하는 차원에서 소비자 문제 해결책 마련 과정부터 소비자와 협력한다.
소비자 역할	마케터가 제시한 해결책 중에서 골라 구매·소비해서 문제를 해결한다.	서로 협력하여 상호 간의 가치를 공동으로 창조하는 차원에서 마케터의 문제 해결책 마련 과정부터 참여한다.

소비자의 연결성이 좋아질수록 기업과의 상호작용 과정을 통한 소비자 문제해결 과정에서 발현

되는 소비자 파워는 증가한다.

21세기 디지털 4차산업혁명시대의 두드러진 특징 중 하나로 꼽히는 것이 파워 소비자의 부상이다. 파워 소비자는 정보적, 기술적, 사회적 파워 원천으로부터 더 많은 파워를 획득하여 자신과 동료 소비자들의 문제해결 과정을 주도할 수 있는 영향력을 보유한 소비자를 말한다.

높아진 디지털 4차산업혁명시대 소비자 파워를 고려할 때 마케터가 앞에서 소비자를 이끄는 해결사 마케팅 관점 일변도에서 벗어나 소비자와 함께 문제를 해결해가는 가치공동창조 마케팅 관점을 겸비하는 것이 바람직하다.

자료원: Thompson, C.J. (2003). Postmodern consumer goals made easy! In: Ratneshwar, S., Mick, D.G., Huffman, C. (Eds.), The Why of Consumption: Contemporary Perspectives on Consumer Motives, Goals, and Desires. Routledge, London, New York, 120-139., 김현식(2022), 코케팅, 경문사.

1.1 마케팅의 정의

마케팅이란 무엇인가. 마케팅의 개념은 다양하게 정의되어 사용되고 있어, 먼저 몇몇 중요한 마케팅의 정의를 살펴봄으로써 그 참뜻을 보다 쉽게 이해할 수 있다.

우선 21세기 들어 한국 마케팅학회는 2001년에 정의제정위원회를 통해 "조직이나 개인이 자신의 목적을 달성시키는 교환(exchange)을 창출하고 유지할 수 있도록 시장을 정의하고 관리하는 과정"으로 마케팅을 정의한 바 있다.

이후 2004년에 미국 마케팅학회는 다음과 같은 마케팅 정의를 제시하고 있다. 마케팅이란 "조직과 조직의 이해관계자에게 이익이 되도록 고객가치(customer value)를 창출하여 소통, 전달하고 더 나아가 고객관계(relationship)를 관리해가는 조직의 기능과 과정"이다.

그리고 2007년 미국 마케팅학회는 기존의 내용을 업데이트하여 다음 마케팅 정의를 다시 제시하였다. 마케팅이란 "고객, 파트너, 사회에 가치(value) 있는 제공물(offerings)을 창출, 소통, 전달, 교환하기 위한 일련의 행위, 제도, 프로세스"다. 이 정의는 2017년에 재승인되었다.

표 1-1 마케팅 정의

	마케팅 정의
바고지 (1975)	교환 관계를 창출하기 위한 일련의 과정
코틀러 (1980)	개인이나 집단이 다른 이들과 더불어 제품과 가치를 창출하여 서로 교환함으로써 자신들이 필요로 하는 것을 획득해오는 사회적 · 관리적 과정
미국 마케팅학회 (1985)	개인이나 조직이 목적을 달성시킬 교환을 창출하기 위해 재화, 서비스, 아이디어의 개념, 가격, 촉진, 유통을 계획하고 실행하는 과정
한국 마케팅학회 (2001)	조직이나 개인이 자신의 목적을 달성시키는 교환(exchange)을 창출하고 유지할 수 있도록 시장을 정의하고 관리하는 과정
미국 마케팅학회 (2004)	조직과 조직의 이해관계자에게 이익이 되도록 고객가치(customer value)를 창출하여 소통, 전달하고 더 나아가 고객관계(relationship)를 관리해가는 조직의 기능과 과정
미국 마케팅학회 (2007 개정, 2017 재승인)	고객, 파트너, 사회에 가치(value) 있는 제공물(offerings)을 창출, 소통, 전달, 교환하기 위한 일련의 행위, 제도, 프로세스
이 책	조직이나 개인이 자신과 이해관계자의 목적을 달성시켜 줄 교환(exchange)을 창출하고 그 관계(relationship)를 강화하기 위해 고객, 파트너, 사회에 가치(value) 있는 재화, 서비스, 아이디어 등 일체 솔루션의 개념, 가격, 유통, 촉진을 계획하고 실행하는 과정

비교적 최근에 내려진 이들 마케팅 정의는 지난 1975년 교환의 관점으로 현대적 마케팅 정의를 내린 바고지(Bagozzi)의 시각을 기반으로 삼고 있다. 바고지는 "교환 관계를 창출하기 위한 일련의 과정"으로 마케팅을 규정한 바 있다.

아울러 코틀러(Kotler)는 이와 비슷한 시기에 마케팅을 "개인이나 집단이 다른 이들과 더불어 제품과 가치를 창출하여 서로 교환함으로써 자신들이 필요로 하는 것을 획득해오는 사회적 · 관리적 과정"으로 규정한 바 있다.

나아가 1985년 미국 마케팅학회는 마케팅을 "개인이나 조직이 목적을 달성시킬 교환을 창출하기 위해 재화, 서비스, 아이디어의 개념, 가격, 촉진, 유통을 계획하고 실행하는 과정"으로 규정한 바 있다. 이처럼 교환(exchange)의 관점에 기반을 둔 마케팅 정의는 이후 세계적으로 전파되어 사용되어 왔다.

이와 같이 다양한 마케팅의 정의를 종합하면서도 마케팅의 체계를 보다 쉽게 습득할 수 있도록 이 책에서는 다음과 같은 실용적인 마케팅의 정의를 사용하기로 한다. 마케팅이란 "조직이나 개인이 자신과 이해관계자의 목적을 달성시켜 줄 교환(exchange)을 창출하고 그 관계(relationship)를 강화하기 위해 고객, 파트너, 사회에 가치(value) 있는 재화, 서비스, 아이디어 등 일체 솔루션의 개념, 가격, 유통, 촉진을 계획하고 실행하는 과정"이다. 여기서 솔루션(solution)은 교환 상대방인 소비자의 욕구를 충족시켜 문제를 해결해 주는 해결방안을 모두 포괄하는 것으로 제품(product)의 유사어로 볼 수 있다. 그러므로 TV, 세탁기, 냉장고 등 재화(physical goods)나 호텔, 항공, 은행, 의료, 회계 등 서비스(services) 혹은 가족계획, 정책, 공약 등 아이디어(idea) 외에도 교환 상대방인 소비자의 문제를 해결해 줄 수 있는 것이라면 모두 일종의 솔루션인 셈이므로 마케팅의 대상이 될 수 있다.

1.2 마케팅의 중요성

왜 우리가 마케팅에 주목해야 하는가? 마케팅의 중요성은 몇 가지로 나누어 음미해 볼 수 있다.

우선 마케팅을 잘 할수록 스스로의 목적을 보다 효과적으로 달성할 수 있게 된다. 마케팅은 마케터의 생존, 성장, 발전 등 스스로 설정한 목적을 달성할 수 있는 유력한 수단의 체계이다. 우리는 마케팅을 제대로 전개함으로써 조직이나 개인이 자신과 이해관계자가 필요로 하는 것을 현실 세계로부터 획득함으로써 각자의 목적을 보다 잘 달성할 수 있다.

다음으로, 자유로운 의사결정권을 지닌 둘 이상의 주체가 교환에 응하고 호혜적 관계를 발전시켜가는 마케팅 과정은 교환에 응하는 상대방의 가치(value)도 증진시키는 역할을 수행한다. 소비자는 마케팅 노력에 합리적으로 반응함으로써 스스로의 욕구를 충족시켜 보다 바람직한 상태에 가까워질 수 있게 된다.

뿐만 아니라, 마케팅은 구성원들의 각종 문제를 해결해야 하는 경제 전체의 사명을 실현하는 데 기여하는 과정이다. 마케터가 스스로의 제한된 자원과 능력을 염두에 둔 마케팅 의사결정을 통해 소비자의 욕구를 해소해가는 일련의 과정은 곧 내부 구성원의 문제를 해결해야 하는 경제 전체의 사명을 완수해가는 과정이기도 한 셈이다.

1.3 마케팅의 주요 개념

1.3.1 마케터(marketer)와 마케팅 목적(objective)

마케터(marketer)란 마케팅 계획과 실행의 주체인 "마케팅 관리자 혹은 마케팅 의사결정자"를 지칭하는 말이다. 누가 마케터인가? 개인 또는 조직 누구나 마케터가 될 수 있다. 영리를 추구하는 기업 혹은 기업 구성원이 가장 대표적인 마케터의 예다. 마케팅 팀 구성원은 물론이거니와 최고경영자부터 여타 부서 구성원도 상황에 따라 마케터로서의 역할을 수행할 수 있다. 경우에 따라 영리를 추구하지 않는 비영리조직 혹은 그 비영리조직의 구성원도 마케터가 될 수 있다. 당연히 대학교, 의료기관, 지방자치단체 혹은 정당도 마케터가 될 수 있다.

마케터의 목적(objective)은 문자 그대로 "마케터가 실현하려고 하는 일"이다. 마케터의 목적은 마케터의 특성이나 마케터가 처한 상황 등에 따라 다양하게 상정될 수 있

그림 1-1 마케팅의 주요 개념

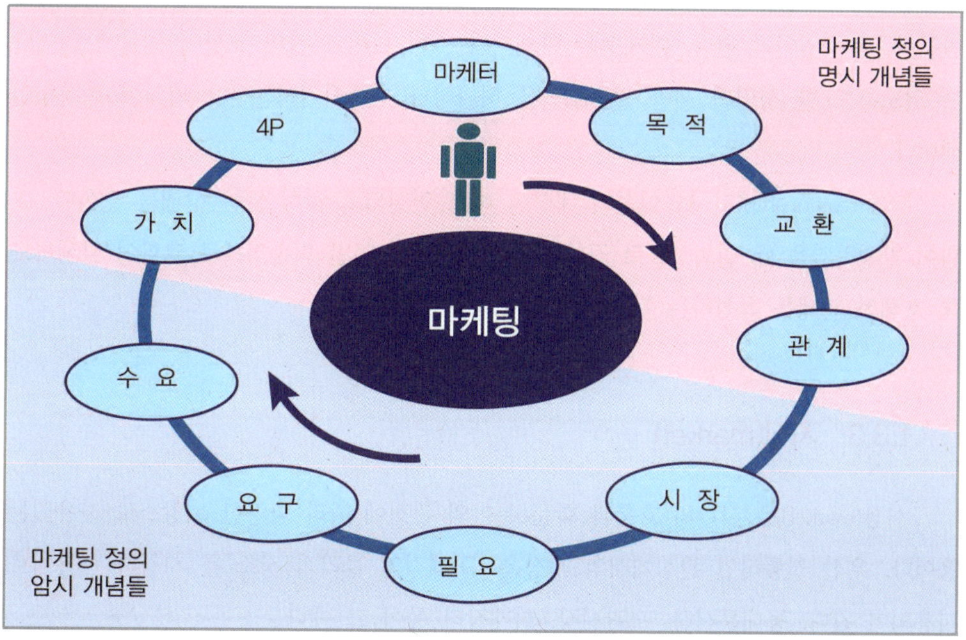

다. 영리를 추구하는 기업의 경우라면 단기 생존, 중기 이윤, 장기 성장, 브랜드 자산 증대 등이 목적이 될 수 있을 것이며, 영리를 추구하지 않는 비영리 조직의 경우에는 각각의 경우에 맞는 다양한 목적이 상정될 수 있을 것이다.

마케터는 요리사에 비견된다. 쿨리튼(Culliton)에 따르면 다양한 양념과 재료를 강하게 혹은 약하게 배합하여 최적의 조합을 통해 맛있는 요리를 창조하는 요리사처럼 마케터는 통제할 수 있는 마케팅 재료로 최적의 조합을 찾기 위해 고민하고 의사결정을 내려 마케팅 재료들이 적절하게 배합되어 소비자의 호응을 이끌어냄으로써 활발한 교환이 발생하고 나아가 발전적인 관계가 형성되도록 노력하는 주인공이다.

1.3.2 교환(exchange)과 관계(relationship)

교환(exchange)이란 서로 주고받는 행위를 말한다. 자유로운 자기 의사결정권을 지님으로써 상대방의 제안을 거절할 수 있는 자유를 지닌 둘 이상의 주체가 실제로 교환 행위를 하기 위해서는 반드시 몇 가지의 조건이 충족되어야 한다. 먼저 상대로부터 얻어올 것이 각자에게 가치가 있어야 한다. 아울러 그렇다는 점을 인지해야 하며 나아가 믿을 수 있어야 한다. 나아가 실제로 주고받을 수 있는 창구가 있어야 한다. 다시 말해 교환이 발생하기 위해서는 교환의 당사자들로 하여금 교환 이전보다 더 만족한 상태로 만들어줄 수 있어야 한다. 마케팅은 마케터와 소비자(고객) 간의 교환이 원활히 일어날 수 있도록 교환 성립의 제반 필수조건을 하나하나 충족시켜가는 마케터의 노력과정인 셈이다.

관계(relationship)란 둘 이상의 대상이 서로 연결되고 얽혀 있는 상태를 말한다. 교환이 발생하였을 때 일회성으로 끝나지 않고 두 번, 세 번 지속적으로 교환이 발생하도록 호혜적 관계를 육성하는 것이 중요하다.

1.3.3 시장(market)

시장(market)은 시간의 흐름과 학문 분야의 관점에 따라 다양한 뉘앙스로 사용되는 용어다. 우선 전통적인 관점에서의 시장은 "구체적인 물리적 장소"를 지칭하는 용어로 사용되어 왔다. 동대문시장, 모란시장, 화개장터 등이 그 예다.

경제학자들은 전통적인 관점에서의 시장을 추상화하여 사용하기 시작하였다. 예컨대 시장기구의 효율성을 논하는 경우에서 사용되는 시장은 "판매자와 구매자가 교환과정에 참여하며 상호작용하는 추상적 공간"을 지칭한다.

마케팅 분야에서는 보다 협의의 시장 개념을 사용하기 시작했다. 마케팅 분야에서 말하는 시장은 현재 및 잠재 구매자 혹은 "소비자 집합"을 의미한다. 대부분의 마케터가 판매자의 지위를 가지기 때문에 자신을 포함하는 시장 개념을 사용할 경우 논리전개가 불편하기 때문이기도 하다.

이 책에서는 시장을 "소비자들을 모아놓은 집합"으로 규정하기로 한다. 이처럼 시장을 소비자 집합으로 바라보는 것은 마케팅 영역의 일관된 입장이기도 하다. 어디까지나 소비자 집합으로서 시장을 규정함으로써 마케팅 과정에서 상대하는 교환의 상대를 보다 명확히 파악할 수 있게 된다.

그림 1-2 칼(Kahle)의 9가지 LOV(List of Values)와 매슬로우(Maslow)의 5단계 필요계층

칼(Kahle)의 9가지 LOV	매슬로우(Maslow)의 5단계 필요계층
자아성취(self-fulfillment)	자아 실현(self-actualization needs)
자아존중(자부심, self respect)	존경 필요(esteem needs)
성취감(sense of accomplishment)	사회적 필요(social needs)
신바람(excitement)	안전 필요(safety needs)
즐거움(fun and enjoyment in life)	생리적 필요(physiological needs)
타인의 존경(being well-respected)	
소속감(sense of belonging)	
따뜻한 관계(warm relationship with others)	
안전(security)	

1.3.4 필요(needs)

소비자의 필요(needs)란 "개인이 추구하는 바람직한 상태와 실제 상태의 차이로 인한 결핍 문제(problem) 해소의 욕구"를 의미한다. 소비자가 "바람직하다"고 생각하는 상태는 소비자마다 약간씩 차이가 있을 수 있으나 대체적으로 비슷한 것으로 알려져 있다. 예를 들어, 대부분의 소비자는 식사 후 대여섯 시간이 지나면 자연스럽게 배고픔과 허기를 느낄 수 있다. 이는 몸의 신진대사와 일체의 활동을 위해 필요한 탄수화물, 단백질 등 필수 영양소가 필요하다는 신호로 해석할 수 있다. 바로 이런 것이 우리에게 흔히 생겨나는 필요(needs)의 사례라고 볼 수 있다. 철학자 세네카(Seneca)와 프롬(Fromm)은 필요를 육체로부터 생겨나는 자연스러운 욕구로 보았다.

칼(Kahle)은 필요가 발생할 경로로 자아성취(self-fulfillment), 자아존중(자부심, self respect), 성취감(sense of accomplishment), 신바람(excitement), 즐거움(fun and enjoyment in life), 타인의 존경(being well-respected), 소속감(sense of belonging), 따뜻한 관계(warm relationship with others), 안전(security) 등 아홉 가지 방향을 제시했다. 매슬로우(Maslow)는 소비자에게 발생하는 필요를 생리적 필요(physiological needs, 물, 음식, 주거공간), 안전 필요(safety needs, 보호), 사회적 필요(social needs, 소속감, 사랑), 존경 필요(esteem needs, 자긍심, 타인의 인정, 지위), 자아 실현(self-actualization needs, 자기 계발) 등 다섯 가지 유형으로 구분하여 제시하였다.

그림 1-3 욕구, 필요, 요구의 관계

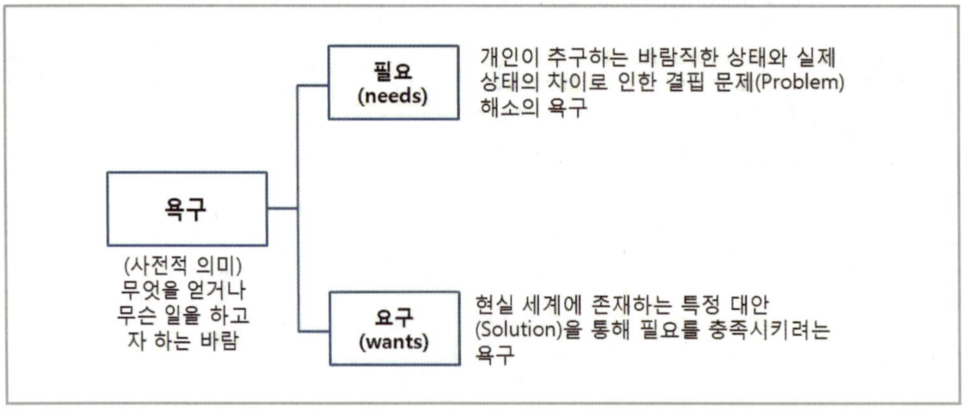

1.3.5 요구(wants)와 수요(demand)

소비자의 요구(wants)란 "현실 세계에 존재하는 특정 대안(solution)을 통해 필요를 충족시키려는 욕구"를 의미한다. 예를 들어, 다른 사람으로부터 존경받고 싶은 필요(needs)가 고급 승용차를 통한 존경 확보라는 요구(wants)로 표출될 수 있다. 영양소에 대한 필요(needs)를 구체적으로 충족시켜 주는 대안으로 패스트푸드, 아이스크림, 라면 등을 통한 영양분 공급에 대한 요구(wants)를 형성할 수 있다. 필요(needs)가 "문제해결 욕구"라면 요구(wants)는 "솔루션 확보 욕구"의 성질을 가진다고 할 수 있다.

특정 제품이나 서비스 등 구체적인 솔루션에 대한 요구(wants)가 구매능력에 의해 뒷받침되어 교환의 실제 성사가능 상태로 확인될 때 그것을 수요(demand)라고 한다. 마케터로서는 교환을 이끌어내는 데 관심이 있으므로 결국 수요에 관심을 가지게 되는데, 수요를 파악하는 과정에서 요구(wants)와 필요(needs)의 연결관계를 세심하게 음미하는 자세가 요구된다.

이 책에서는 필요(needs)와 요구(wants)를 통칭하는 일반 용어로 "욕구"를 사용하기로 한다. 이 책에서는 필요(needs)와 요구(wants)를 구분하지 않아도 마케팅에 대한 이해를 증진하는 데 문제가 없다고 판단될 경우 이들을 포괄하는 일반 용어 "욕구"를 사용하였다.

1.3.6 가치(value)

소비자는 자신이 지니고 있는 요구(wants)가 얼마나 충족되는지에 민감하다. 마케팅 분야에서는 "소비자가 체감하는 요구(wants) 충족 수준"을 가치(value)라고 부른다. 참고로 경제학 등 다른 분야에서는 소비자 요구 충족 수준으로서의 가치(value)를 효용(utility)이라는 다른 이름으로 부르기도 한다. 이 책에서는 마케팅 분야의 전통을 따라 소비자가 체감하는 요구 충족 수준을 나타낼 때 주로 가치(value)라는 용어를 사용하기로 한다.

가치(value)는 총가치(total value)와 순가치(net value)로 구분될 수 있다. 순가치는 총가치에서 소비자가 치러야 하는 경제적 · 심리적 비용 등 일체의 비용을 차감하여 구해질 수 있다. 소비자의 반응은 순가치가 얼마나 높으냐에 따라 달라지므로 순가치가 더 중요한 개념이라고 볼 수 있다. 마케터는 소비자가 체감하는 순가치를 어떻게 증진시킬 것인가에 초점을 맞추어야 한다. 이 책에서 말하는 가치는 주로 순가치에 초점을 맞추고 있으며 총가치를 의미하는 경우에는 '총가치'로 구별하여 기술하였다.

(1) 고객가치

마케터의 목표는 스스로의 목적을 달성하는 것이지만, 소비자의 목표는 자신의 가치를 극대화하는 것이다. 소비자는 자기가 지불해야 하는 제품 가격보다 기대되는 제품의 총가치가 충분히 클 때 구매를 결정한다. 이 책에서는 마케팅 분야의 관행을 참조하여 소비자가 체감하는 순가치를 "고객가치"라는 용어로 표현하였다.

마케터는 소비자가 지각하는 총가치와 소비자의 비용(price)의 차이가 크도록 하여 소비자가 최대한의 순가치를 체감할 수 있도록 하는 창조적인 능력을 발휘하여야 한다. 이를 통해 경쟁제품보다 높은 수준의 순가치를 제공하게 될 때 소비자가 구매하게 될 것이다. 소비자의 총가치와 제품 가격의 차이는 마케터가 소비자에게 제시하는 순가치라고 할 수 있다. 고객가치란 바로 순가치를 의미한다. 고객가치는 소비자 입장에서 지불한 것(비용)과 얻은 것(총가치)의 차이로 인식된다.

고객가치 = (총가치) - (금전적 비용 + 시간적 비용 + 심리적 비용)

소비자가 제품이나 서비스를 통해 얻는 총가치에는 소비자가 그 제품 자체로부터 직접적으로 얻을 수 있는 편리함 등 활용가치뿐만 아니라 주변 사람에게 과시하면서 향유할 수 있는 심리적 충족감도 포함될 수 있다. 예를 들어, 소비자가 손목시계를 구입하여 얻을 수 있는 고객가치에는 시간관리 편리성만이 아니라 주변 사람에게 보여줌으로써 누릴 수 있는 상징적 만족감도 포함된다.

소비자가 이러한 총가치를 얻는 과정에서 감수한 비용에는 금전적으로 지불한 화폐의 양뿐만 아니라, 그 제품이나 서비스에 대한 정보를 찾고, 여러 대안 중에서 최선의 대안을 선택하고 매장에서 흥정하는 등 구매하는 전과정에서 들어간 시간과 번거로움도 비용의 일부로서 포함되어야 한다. 구매에 대한 노력을 기울이는 과정에서 다른 일이나 취미활동, 휴식 등을 포기해야 했기 때문이다. 또한, 구매과정에서의 심리적 갈등이나 구매 후 갈등(예: 만족 여부) 등도 심리적 비용으로서 고려되어야 할 것이다.

고객가치 공식에 따라서 마케터가 고객가치를 보다 많이 창출하기 위해서 취할 수 있는 방안으로서는 다음과 같은 몇 가지 방법이 있다. 첫째, 고객의 총가치를 높이고 비용을 동시에 낮추기, 둘째, 고객의 비용을 높이되 대신에 총가치를 더 크게 높이기, 셋째, 고객의 비용을 낮추면서 총가치는 조금만 줄이기 등이 그것이다. 마케터가 고객가치를 보다 많이 창출할수록 고객 입장에서는 제품이나 서비스를 구매하고 사용하는 과정에서 경험하는 느낌들이 긍정적일 것이다.

만약, 소비자의 순가치(net value)가 음이 될 경우, 즉 제품이나 서비스의 가격이 지나치게 높다고 생각될 경우에는 고객이 반품이나 환불, 배상 등을 요구하기도 한다. 때로는 고객이 그 제품서비스에 실망하여 다시는 재구매하지 않게 되며, 적극적으로 부정적인 소문을 주변사람들에게 전파하거나 언론 등을 통해 불만을 말함으로써 기업에게 커다란 손실을 안겨줄 수도 있다. 이것을 우리는 마케팅의 실패(marketing failure)라고 부른다.

문제는 마케터들이 직면하는 현대 마케팅 환경은 수요에 비해 공급이 압도적으로 많다는 점이다. 산업과 경제가 발전하게 되면서 동종 제품의 경쟁, 대체재의 위협이 커지면서 소비자가 체감하는 상대적 가치를 끌어올리기가 어렵게 되면서 대량생산을 통해 상대적으로 원가를 저렴하게 낮추는 방법이 선호되어 왔다. 그러나 원가를 낮추는 방법에도 한계가 존재하기 때문에 미래의 경쟁사회에서 살아남기 위해서는 창조적인 마케팅 활동을 통해 고객가치를 획기적으로 높이는 방법을 모색할 필요가 있다.

예를 들어, 겉으로 드러나지 않아 충족되지 못하는 소비자의 숨은 욕구를 통찰함으로써 아무도 필요성을 자각하지 못하거나 생각조차 못했던 제품이나 서비스를 출시할 경우 고객가치를 획기적으로 제고할 수 있을 것이다. 이와 같은 창조적인 마케팅 능력은 경쟁자의 모방이 어려워 비교를 불허하는 우위로 이어져 비약적인 이익 창출을 가능하게 할 수 있다. 카세트플레이어에서 CD플레이어로, 다시 MP3로 발전하는 음악재생 관련 방법의 변경은 소비자의 요구에 따라서 후발적으로 반응한 것이 아니고 마케터가 능동적으로 변화를 주도해서 성공했다는 점에 주목해야 한다.

(2) 고객만족

고객만족(customer satisfaction)이란 소비자가 제품이나 서비스를 구입하기 이전에 “기대했던 가치수준이 충족되는 정도”를 의미한다. 다시 말해서, 고객만족은 “소비자가 구매 전에 갖고 있던 기대에 대하여 구매 후 인식한 제품의 성능이나 서비스 성과에 대해 평가를 하고 비교해 본 뒤에 갖게 되는 즐거움, 실망감 등의 심리"라고도 볼 수 있다.

제품의 성능이나 제공받은 서비스가 기대에 못 미칠수록 고객만족도가 낮아질 것이다. 고객의 기대와 구매 후 평가가 일치하는 비율이 높을수록 고객의 만족도는 증가하게 된다. 만약, 고객의 기대를 뛰어넘는 평가를 받는다면 고객의 만족도는 훨씬 더 크게 증가할 것이다.

고객만족 수준이 높아질수록 만족한 고객이 반복해서 구매하며 호혜적인 관계로 발전하면서 스스로의 구매뿐만 아니라 입소문을 통한 주변의 추가 구매 유발을 통해 마케터의 성과가 개선된다는 점이 잘 확인되고 있다.

그러나 고객의 만족도가 높다는 것이 무조건 고객의 충성도가 높다는 의미는 아니다. 고객의 만족도는 가장 불만족단계인 1단계부터 가장 만족하는 단계인 5단계까지 측정될 수 있다. 1단계의 고객들은 매우 불만족하는 고객들로서 그 기업의 제품이나 서비스를 영원히 구매하지 않거나 주변사람들에게 적극적으로 불만을 털어놓으면서 나쁜 소문을 퍼뜨릴 수도 있다. 2단계부터 4단계까지의 고객들은 중간단계의 만족을 하는 고객이지만 매우 유동적이다. 이들은 경쟁기업의 제품이나 서비스를 구매하는 이탈 고객이 될 수도 있고 자사의 충성고객이 될 수도 있어 이들에 대한 적극적 고객유지 전략이 필요하다. 5단계의 고객들은 자사의 제품이나 서비스를 반복구매하고 주변사람들에게 적극적으로 구매를 권유할 수도 있다. 만족도가 가장 높은 고객들은 브랜드나 기업과 강한 심리적 유대감을 갖고 있기 때문이다.

기피 → 불만족 → 만족 → 감동 → 고객성공

동일한 제품이나 서비스라 하더라도 고객이 느끼는 만족도가 다르기 때문에 고객의 만족수준을 계량화하기란 어렵지만, 고객이 만족 이상의 긍정적 변화를 경험하도록 기업의 전반적인 수준을 상향시키는 평가척도로서 고객성공의 개념이 강조되고 있다.

고객의 소비 후의 반응으로서 가장 부정적인 것은 고객이 기업을 기피하는 것이다. 기업이 제공하는 제품이나 서비스의 가치가 개선될 여지가 전혀 없고, 고객의 의견을 수용할 수 있는 준비가 안 되어 있을 경우 고객은 불만을 제기하기보다는 그 기업을 기

그림 1-4 고객가치와 마케터의 생존 부등식

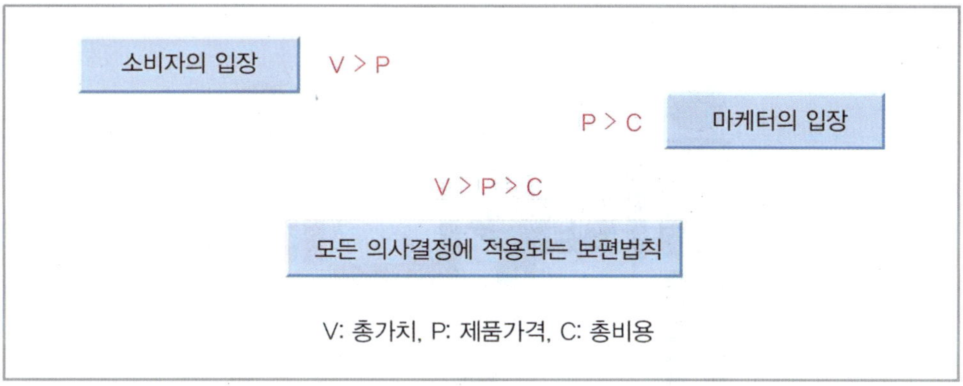

자료원: 윤석철, 경영학의 진리체계, 경문사, 2001, 일부 수정인용.

피하는 것이 시간이나 비용 면에서 더 효율적일 것이다. 따라서 고객이 자신의 불만을 적극적으로 표출하고 제품이나 서비스의 개선을 적극 요구함으로써 기업이 고객의 불만을 인지할 수 있다면 기업은 고객으로부터 한 번 더 기회를 얻은 게 되므로 다행스러운 일이다.

고객의 불만족을 파악하고 기업이 적극적으로 개선하여 고객의 만족을 얻게 되면, 그 다음 단계로서 고객감동을 목표로 하여야 한다. 고객의 감성을 자극하고 깨우고, 고객이 필요로 하는 바를 기업이 미리 알아내어 제공하는 것은 고객을 만족시킬 뿐만 아니라 고객을 감동시킨다. 기업의 성공은 고객의 성공과 연결되어 있다. 고객이 구매하는 제품이나 서비스를 통해 추구하는 목적을 완벽하게 달성할 수 있다면 고객이 성공하는 것이고, 고객을 성공시키는 기업의 미래는 보장된다. 기업이 고객의 입장이 되어 보는 것, 기업과 고객이 하나라는 생각이 고객성공의 기반이 된다.

1.3.7 4P와 4C: 마케팅 믹스(marketing mix)

(1) 4P

마케터가 의사결정을 통해 통제할 수 있는 의사결정 변수는 크게 네 가지로 분류할 수 있다. 즉, 제품(product: 고객의 필요와 요구를 만족시키는 재화, 서비스 혹은 아이디어), 가격(price: 제품을 얻기 위해 지불하는 것), 유통 또는 장소(place: 소비자가 제품을 구매하는 장소), 촉진(promotion: 구매자와 판매자 사이의 커뮤니케이션) 네 가지를 우리는 흔히 줄여서

그림 1-5 4P

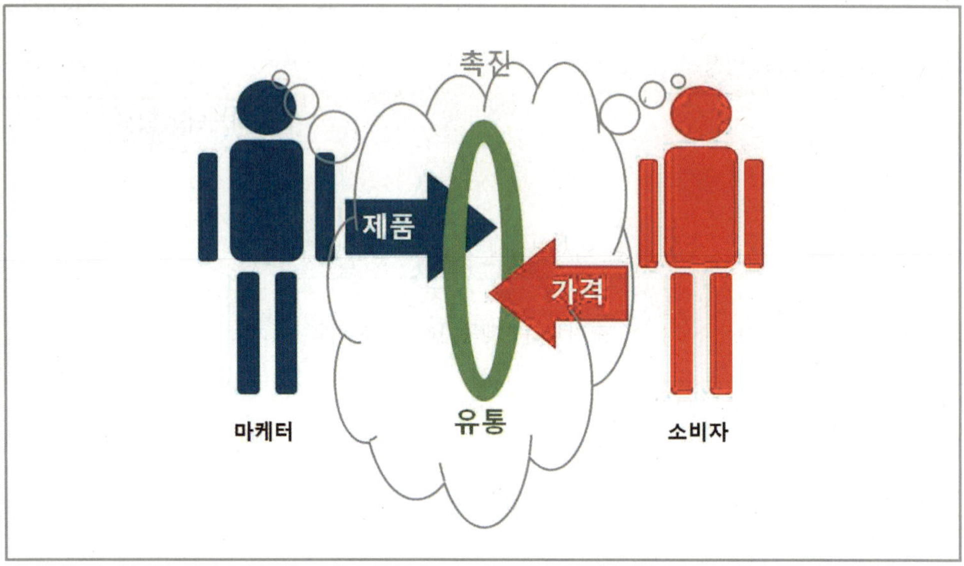

4P라고 부른다. 주의할 점은 4P는 네 "개"가 아니라 네 "종류"를 의미한다는 점이다. 각각의 P 속에는 여러 가지 구체적 의사결정 변수가 내포되어 있다. 제품(product)을 예로 들면, 품질, 디자인, 제품브랜드, 포장, 라벨 등과 관련된 복잡한 의사결정 요소를 내포하는 개념이다.

4P라는 용어는 공교롭게도 P로 시작하는 네 단어의 공통점에 착안해서 1960년대 초 제롬 맥카시(Jerome McCarthy) 교수가 붙인 명칭이다. 이 네 가지 변수들은 마케터가 통제가능하고 나아가 이 변수들을 어떻게 배합하느냐에 따라 경영성과가 결정되기 때문에 마케팅 믹스(marketing mix)라고 부르기도 한다. 마케터를 요리사에 비유하자면 4가지 범주의 다양한 재료인 셈이다.

그러나 4P로 불리는 이 네 가지 변수가 마케터의 중요한 마케팅 의사결정 활동을 모두 설명하는 데 제한점이 있다는 견해도 분명 존재한다. 예를 들어, 학자에 따라서는 촉진활동의 개념이 너무 광범위하므로 여기에서 인적판매(personal selling)를 따로 분리하고, 정치적 요소(politics), 홍보(publicity)를 첨가하여 7P로 명명하기도 한다. 정치적 요소와 여론도 기업의 마케터의 노력에 따라 어느 정도 기업에게 유리하도록 유도할 수 있다고 보는 것이다. 혹은 서비스마케팅의 관점에서 사람(people), 과정(process), 물리적 증거(physical evidence)를 첨가하여 또 다른 7P로 규정하기도 한다.

그림 1-6 4P와 4C의 관계

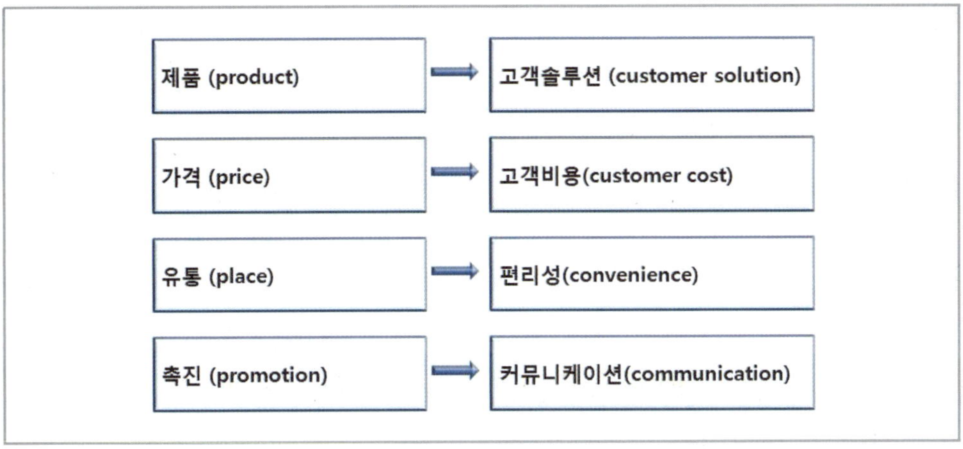

(2) 4C: 4P의 다른 이름

앞에서 살펴본 4P의 개념이 마케터 관점에서 마케팅 변수를 정의한 반면, 최근에는 고객의 입장에서 마케팅 관리를 보아야 한다는 주장이 제기되고 있다. 마케터의 입장에서만 마케팅 믹스 변수를 다루다 보면 부지불식간에 교환의 상대방이자 호혜적 관계의 상대방인 소비자의 욕구에 대한 감수성이 무뎌질 수 있다는 우려에 기반을 둔 이러한 주장은 일정한 지지를 얻고 있다. 마케터 중심의 4P를 소비자 중심의 4C로 전환시켜보면 좋을 것이라는 다음의 주장은 로터본(Lauterborn)의 아이디어를 토대로 하고 있다.

우선 4P에서 제품(product)의 경우에는 소비자가 이 제품을 어떻게 바라볼 것인가, 어떤 가치를 부여할 것인가를 먼저 파악해야 한다. 이것을 고객솔루션(customer solution)이라고 할 수 있다. 4P에서 가격(price)의 경우 고객의 입장에서는 비용지출, 구매하는데 들어가는 노력과 시간, 잘못 구매하거나 다른 대안을 포기해야만 하는 심리적 부담이라고 할 수 있다. 이러한 고객비용(customer cost)을 지불하는 고객의 입장에서 가격을 바라보아야 한다. 같은 가격이라 하더라도 각 개별소비자가 소득이 다를 것이므로 그들이 느끼는 가격에 대한 시각은 다를 수밖에 없다. 그 가격을 지불하고 구매했을 때 얼마나 사용할 수 있는지, 사용 후에 어떻게 처분할지 등은 고객 입장에서 비용(cost) 관점으로 접근해야 한다.

4P에서 유통 또는 장소(place)는 어느 한 곳의 장소를 의미하는 것이 아니라 제품과 서비스가 생산되어서 소비자의 구매순간까지 이어지는 과정으로 이해되어야 한다.

따라서 판매되는 장소가 중요한 것이 아니라 고객이 편리하게 구매할 수 있는 정도가 중요하다. 고객이 구매하는 방법(시간과 장소)이 편리하다면, 그 곳이 인터넷의 가상공간이라 하더라도 상관없다. 이러한 의미에서 유통 또는 장소(place)로서 정의되는 대신에 편리성(convenience)으로 정의되는 것이 더 적합할 것이다.

촉진(promotion)이라는 용어는 기업이 일방적으로 고객에게 정보를 전달하고 소비욕구를 자극한다는 의미가 담겨져 있다. 이러한 과거의 일방적인 커뮤니케이션 방법으로는 고객의 변화된 요구와 불만에 귀를 기울일 수 없고 경쟁에서 다른 기업에게 뒤처질 수밖에 없다. 고객이 원하는 것은 쌍방향의 커뮤니케이션이다. 따라서 프로모션이라는 용어 대신에 커뮤니케이션(communication)으로 정의되어야 옳을 것이다.

이상에서 살펴본 바와 같이 고객솔루션(customer solution), 고객비용(customer cost), 편리성(convenience), 커뮤니케이션(communication)을 4C라고 부른다.

참고로 용어의 혼동을 피하기 위해 중요한 마케팅 참가자들을 4Cs로 지칭하는 경우도 있다는 점을 알아둘 필요가 있다. 즉, 기업이나 비영리단체 등의 회사(company), 도소매상으로서의 유통경로구성원(channel), 경쟁사(competitors), 고객(customer) 또는 소비자(consumer)를 마케팅 참가자로서의 4Cs라고 부르기도 한다.

사례 1-3 기부금의 흐름과 성과를 알고 싶어하는 기부자의 욕구를 충족하여 기부를 활성화하는 사회복지법인 아이들과미래

사회복지법인 '아이들과미래'는 기부금이 투명하게 사용되는지, 그리고 올바른 용도로 사용되는지, 나아가 기대하던 성과를 발휘하는지 알고 싶어하는 기부자의 욕구를 충족시킴으로써 기부자의 기부행위를 활성화시켜가고 있다.

아이들과미래는 불황인 2012년에도 기부금 액수가 늘었다. 아이들과미래의 기부금 증가비결 중 하나로 투명한 회계가 꼽힌다. 송자(76) 아이들과미래 이사장은 "100원을 쓰더라도 어디에 썼는지 알고 싶어 하는 기부자의 욕구를 충족시키는 게 우선"이라며 "기부자가 행복해져야 더 많은 기부를 불러올 수 있다"고 지적한다. 실제로 이를 실현하기 위해 아이들과미래는 번거로움을 무릅쓰고 투명한 살림살이와 더불어 그것을 증빙할 장치를 마련하여 기부자들의 욕구를 충족시키기 위해 노력하였다.

우선, 단돈 100원 쓰더라도 결재받고 영수증 붙여 전표를 10년간 보관함으로써 기부금이 누구에게 사용되었는지 정확하게 확인할 수 있는 장치를 마련했다.

예를 들어, 아이들과미래는 2012년 8월 6일 800원짜리 15㎝ 자 한 개와 각 3,000원짜리 사무용 노트 3권을 샀다. 이때 9,800원의 돈을 쓰기 위해 내부 품의서를 만들어 팀장의 결재를 받고, 구입한 문구점의 사업자번호와 결제수단(법인 체크카드)을 기재했다. 전표 뒷면에는 문구점이 발행한 영수증이 붙어 있다.

그리고 같은 날 아이들과미래는 교통사고로 부모가 숨진 아이들에게 생일선물을 보냈다. 삼성화재가 후원하는 사업인데, 역시 같은 방식으로 증빙이 남아 있다. 2만300원짜리 컨버스화 4켤레, 3만4,200원짜리 티셔츠를 샀다. 어느 학교에 다니는 어떤 아이가 선물을 받았는지 이름과 연락처도 기재돼 있다. 이 선물들을 세 가정에 보냈는데, 한 곳당 2,500원인 택배비 7,500원도 각각의 영수증이 모두 붙어 있다. 이런 내역은 기부자인 삼성화재가 언제든 확인할 수 있다. 이런 지출증빙 내역이 어른 손으로 한 뼘 정도 되는 두께로 매월 5~6권씩 나온다. 아이들과미래 이미현 매니저는 "누가 언제라도 확인할 수 있도록 창고에 10년간 보관한다"고 말했다.

나아가 아이들과미래로부터 재원을 지원받는 곳에도 번거롭더라도 영수증이 첨부된 지출내역서를 요구함으로써 기부금이 실제로 사용되는 현장까지도 투명성이 확보되도록 하였다. 만일 아이들과미래로부터 자금을 지원받는 아동시설이 아이들과미래와 마찬가지로 돈 씀씀이를 투명하게 관리하지 않으면 지원이 끊길 수 있다. 예를 들어, 국민은행의 기부금을 받아 진행하는 '희망공부방 사업'은 저소득층 아이들에게 학습지도를 해주는 사업으로 한 시설에 6개월에 100만원씩 지원한다.

지원 대상으로 선정된 울산의 한 지역아동센터가 아이들과미래에 낸 수입 · 지출 보고서를 보면 100만원을 쓴 각각의 지출과 그에 따른 모든 영수증이 첨부돼 있어 돈 샐 틈 없다는 게 한눈에 나타난다. 지난번에 100만원을 지원받고 남은 돈이 1,303원이고, 새로 100만원을 받은 이후 이자가 412원 생겼다는 것도 모두 증빙이 되어 있었다. 또 어느 학교의 어떤 학생을 누가 몇월 며칠에 가르쳤는지 표로 정리돼 있다. 아이들과미래 박두준 상임이사는 "우리가 투명하게 한다는 소문을 들은 기업들이 먼저 우리에게 사회공헌사업을 제안해 오는 경우가 많다"고 말했다.

기부금 사용과정과 결과에 대한 투명한 확인장치를 제시한 사회복지법인 아이들과미래의 최근 성공 체험은 스스로가 필요로 하는 것을 상대로부터 얻는 데는 먼저 상대의 욕구를 충족시켜 줄 솔루션을 제시하는 것이 효과적일 수 있다는 마케팅 패러다임이 접목된 사례로 해석될 수 있을 것이다.

자료원: 조선일보 2012. 12. 26.

사회복지법인 아이들과미래 기부금 모금 현황

CHAPTER 2

마케팅 환경분석

2.1 마케팅 환경의 의의

2.2 외부 거시적 환경

2.3 외부 미시적 환경

2.4 내부 환경

2.5 마케팅 환경분석

Marketing Management

사례 2-1

AI(artificial intelligence) 기반 알고리즘으로 소비자 욕구를 파악하여 맞춤 영상을 추천하는 넷플릭스(Netflix)

넷플릭스(Netflix)는 1997년 8월 창립한 미국의 OTT(over-the-top) 스트리밍 서비스 회사다. 넷플릭스는 배급 계약을 통해 영화와 TV 시리즈를 제공하며 넷플릭스 오리지널스라는 자체 제작물도 제공한다. 2022년 기준으로 전 세계 2억명 이상의 가입자를 보유하고 있다. 넷플릭스는 컴퓨터의 인터넷 브라우저나 스마트 TV에 설치된 애플리케이션 소프트웨어, TV, 스마트폰, 비디오 게임 콘솔, 가상 현실 헤드셋 등을 통해 접속된다.

넷플릭스 홈페이지

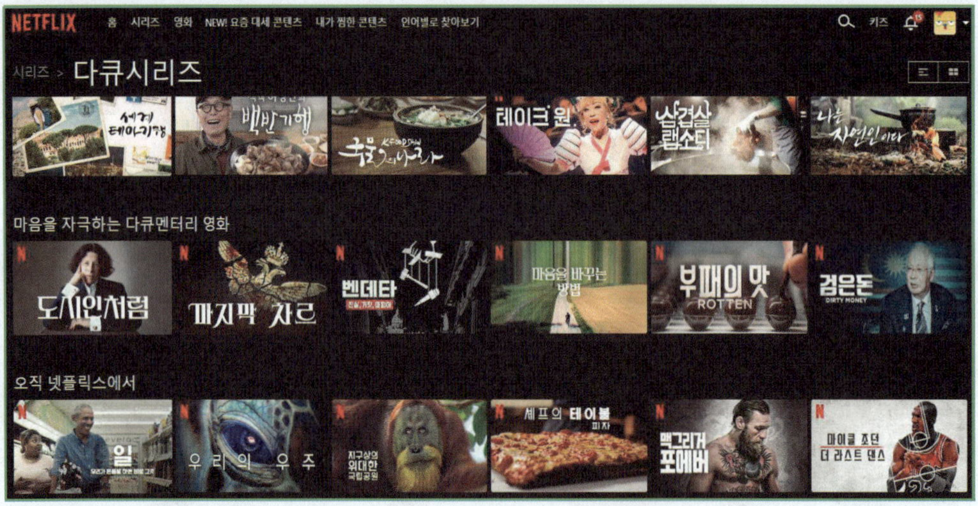

자료원: https://www.netflix.com/.

넷플릭스는 DVD대여 서비스로 출발했다. 넷플릭스는 개인 맞춤형 추천을 제공하기 위해 DVD 대여 정보를 기반으로 영화를 추천하는 자체 알고리즘(algorithm)을 구축하고 시네매치(Cinematch)로 명명했다. 이 알고리즘의 목표는 사용자의 영화 만족도 평점 예측이었다. 기다릴 필요 없이 바로 영상을 볼 수 있는 지금과 달리 DVD 타이틀을 주문해 집에서 받아보는 데 며칠이 걸렸다. 다음에 보고 싶은 DVD를 만나려면 미리 주문해야 했다. 시네매치 알고리즘은 사용자가 다음 비디오를 선택할 수 있도록 도와주었다.

넷플릭스는 기존 동영상 추천 알고리즘 시네매치를 발전시켜 더 효과적인 동영상 추천을 제공하고자 계속 노력했다. 2006년, 넷플릭스는 알고리즘 추천 결과를 개선하기 위한 넷플릭스 프라이즈 콘테스트를 개최했다. 넷플릭스의 추천 시스템인 시네매치의 품질을 10% 이상 최고로 개선하는 사람(들)에게 100만 달러를 주겠다는 콘테스트였다. 더불어 넷플릭스는 방대한 영화 이용자 데이터베이스를 개방했다. 넷플릭스 프라이즈가 발표되자마자 전세계에서 5,000팀이 달려들었고, 3년간 186개국에서 4만팀 이상의 데이터 분석가들이 넷플릭스 추천시스템의 성능 개선 콘테스트에 뛰어들었다. 결국 추천 알고리즘 성과를 10.06% 개선시킨 'BellKor's Pragmatic Chaos'팀이 우승했다. 이때 개발된 알고리즘은 이후의 추천시스템 업그레이드에도 반영된 것으로 알려졌다.

2007년 넷플릭스는 미국내 동영상 스트리밍 서비스를 시작했다. 이후 캐나다를 시점으로 전세계로 서비스 영역을 넓혔고, 최근 190여개국 2억여명의 가입자가 이용하고 있다. 넷플릭스는 가입자가 지루하지 않게 만족도를 유지할 수 있는 적합도 높은 동영상을 소비하도록 해야 한다. 이때 중요한 것이 동영상 추천이다. 가입자가 이탈하지 않고 구독을 이어갈 수 있는 힘이 여기서 나온다. DVD 대여 이용자와 스트리밍 서비스 이용자의 이용 패턴이 달라졌고, 전 세계로 서비스가 확대되면서 동영상을 추천할 때 고려해야 할 사항이 많아졌다.

넷플릭스는 자체 추천 알고리즘을 비교적 투명하게 공개한다. 선택영상 리스트, 배제영상 리스트, 시청시간대, 시청단말기, 좋아요 표시여부, 영상의 어느 지점에서 되감거나 멈추는지, 시청완료 여부 등이 사용되는 것으로 알려져 있다. 서비스 이용자는 수집된 정보 분석에 맞추어 분류된다. 보기 패턴이 유사한 이용자는 동일한 그룹으로 분류된다. 넷플릭스 추천 시스템에 또 다른 특별한 방법이 추가된다. 그것은 비디오에 태그를 붙이는 것이다. AI나 인간이 비디오를 보는 방식으로 수행된다. '원작소설 기반 동영상', '우주 관련 동영상' 등의 태그가 예다. 사용자로부터 수집한 정보와 영상에 첨부된 태그 정보는 머신러닝이 적용된 알고리즘을 거쳐 추천에 활용된다.

넷플릭스는 추천 알고리즘 개선을 위한 노력을 계속하고 있다. 사용자가 클릭할 가능성이 높은 동영상을 추천할수록 플랫폼에 머무는 시간이 길어진다. 즉, 추천 알고리즘이 플랫폼을 성장시키는 핵심 요소인 셈이다. 최근 폭발적으로 발전하고 있는 AI 기술은 넷플릭스가 추천 알고리즘을 고도화할 기회와 경쟁자의 추천 역량이 높아지는 위협의 양면적 환경 요소로 다가오고 있다.

자료원: 김현식(2022), 코케팅, 경문사, 동아사이언스, 2016. 3. 24., 전자신문, 2020. 10. 05.

사례 2-2

사물인터넷 시대로 질주하는 기업들

사물인터넷 시대가 도래하고 있다. 미국 네트워크 장비업체 시스코(Cisco)의 체임버스 회장은 도래하고 있는 사물인터넷 혁명에 뒤처지는 기업은 도태될 수 있다는 주장을 한 바 있다.

사물인터넷(Internet of Everything, IoE)이란 사물, 사람, 업무, 데이터가 모두 연결된 네트워크를 말한다. 쉽게 말해 모든 것이 연결되는 만물인터넷이다. 사물인터넷 시대로 세계가 빠르게 진입하고 있는 배경에는 스마트폰이 있다. 스마트폰을 통해 별도의 장비 없이도 사물과 연결될 수 있게 되어 결국 사물을 조종할 수 있게 되면서 사람들은 사물인터넷 시대의 도래를 예측하게 된 것이다. 시스코(Cisco) 연구에 따르면 2008년을 기점으로 스마트폰이 본격 보급되면서 네트워크에 연결된 세계 사물 수가 세계 인구 수를 추월하여 빠르게 증가하고 있다. TV, 세탁기, 냉장고 등 가전제품은 물론 안경, 옷, 신발 등 매우 다양한 사물들이 네트워크에 연결되고 있다. LG전자는 2014년 4월 스마트폰을 통해 광파오븐, 냉장고, 세탁기, 에어컨 등의 가전제품을 조종할 수 있는 홈챗(HomeChat) 모바일 메신저 서비스를 출시하였다.

애플 스마트기기와 연동하여 운동량 측정 가능한 나이키 플러스

나이키(Nike)는 애플과 제휴로 나이키 운동화에 설치한 센서를 이용해서 아이팟, 아이폰, 아이패드에서 운동 거리, 속력, 칼로리 등을 확인할 수 있는 나이키 플러스(Nike+) 서비스를 출시하였다. 2013년 8월 1,800만명이 나이키 플러스 서비스를 이용하고 있으며 이용자는 계속 증가할 것으로 예상되고 있다.

아마존(amazon)은 2014년 4월 대시(Dash)라는 원스톱 구매, 결제, 주문 스캐너를 공개했다. 아마존은 캘리포니아 지역에서 연회비 300 달러의 '프라임 프레시 식품 배송 서비스' 가입 회원들

을 대상으로 대시를 시험 중이다. 대시는 집에서 이용하는 기기다. 커피, 소금, 케첩이 갑자기 동났을 때 그냥 대시를 바코드에 대면 와이파이로 연결된 스마트폰이나 태블릿 PC를 통해 그 물건이 장동으로 장바구니에 담기게 되며, 이후 결제를 진행하면 된다. 마치 집이 마트처럼 바뀌는 것처럼 느껴질 수 있다.

편리한 원스톱 집안 쇼핑 스캐너, 아마존 대시

구글(Google)은 사물인터넷 시대로 전사적 차원에서 뛰어들고 있다. 2014년 1월 스마트 온도계 생산 기술을 지닌 신생기업 네스트랩스 인수, 2014년 6월 스마트홈 시장으로의 열쇠 중 하나인 CCTV 업체 드롭캠 인수, 2014년 7월 의료용 스마트 콘택트렌즈 관련 노바티스와 라이센스 계약 체결 등 일련의 의사결정은 사물인터넷 시장을 겨냥하고 있다.

시스코의 체임버스 회장의 말처럼 사물인터넷 기술이 초래하는 환경 변화는 성공 기회의 창문과 도태 위협의 창문을 동시에 열고 있는 셈이다. 마케터로서는 사물인터넷 시대의 도래와 같은 환경 변화 속에 숨겨진 기회를 살리고 위협을 통제하기 위해 최선을 다해야 할 것이다.

자료원: 커넥팅랩, 모바일트렌드 2015, 2014. 미래의 창, The Wall Street Journal, 2014. 4. 16.

2.1 마케팅 환경의 의의

2.1.1 마케팅 환경의 개념

마케팅 환경(marketing environment)이란 "마케팅 과정과 결과에 영향을 미치는 주변적 조건이나 상태"를 의미한다. 마케팅환경은 외부 거시적 환경, 외부 미시적 환경, 내부 환경으로 구분할 수 있다. 외부 거시적 환경은 마케터가 속한 사회에 전반적으로 영향을 미침으로써 마케터에게 간접적으로 영향을 미치는 일체의 외부 환경요인을 통칭한다. 중요한 외부 거시적 환경요인으로는 경제적 환경, 인구통계적 환경, 사회문화적 환경, 정책적 환경, 기술적 환경 등이 꼽힌다.

외부 미시적 환경은 마케터의 마케팅 의사결정과 결과에 직접적으로 영향을 미치는 일체의 외부 환경요인을 통칭하는 말이다. 대표적 외부 미시적 환경요인으로는 소비자 환경, 공급자 환경, 경쟁자 환경, 유통기관 환경 등을 들 수 있다. 여기서 거시적 환경과 미시적 환경은 획일적으로 구분되는 것이 아니고 자신의 특성이나 활동 영역 등을 고려

그림 2-1 마케팅 환경

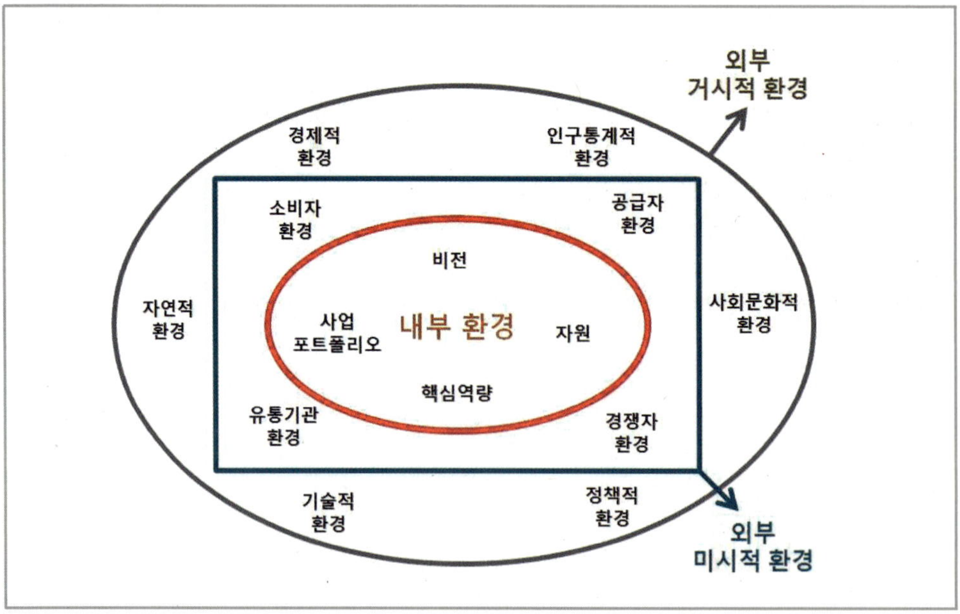

하여 마케터가 일정 정도 조정할 수 있다는 점에 주의할 필요가 있다.

내부 환경은 마케터의 독특한 조직 특성, 역량 특성, 사업 특성 등 마케터 조직 내부의 환경요인을 지칭한다. 대표적 내부 환경요인으로는 인적 재무적 자원 등 조직의 자원, 신제품 연구개발 역량 등 조직의 핵심 역량, 현재 사업 포트폴리오, 미래 비전 등이 꼽힌다.

2.1.2 마케팅 환경의 중요성

마케팅 환경이 마케팅 과정과 결과에 영향을 미치는 방식은 다양하다. 예를 들어 물가 변동 등의 경제적 환경의 변화는 기업의 제품가격이나 생산원가에 막대한 영향을 미치기도 한다. 최근에 화장품과 같은 생필품뿐만 아니라 항공산업에서도 저비용항공사들이 틈새시장을 노리고 시장에 진입하여 기존업체를 긴장하게 하는 경우가 있다. 통신산업에서는 Wibro, DMB와 같은 새로운 통신기술이 등장하면서 소비자의 단말기 선호도도 함께 변화하는 경향을 보여주고 있다. 그 밖에도, 달러 대비 원화의 환율이 하락할 경우에는 원가경쟁력이 약화되어 해외시장에서 고전하는 위기를 맞을 수도 있지만, 기업의 재무구조 개선을 촉진하고 원가보다는 품질이나 기술경쟁력을 높이기 위한 동기부여의 계기가 될 수도 있다. 반면에 환율이 상승하면 수출상품의 가격경쟁력이 높아지고, 수출시장이 활성화될 수도 있다. 이처럼 마케팅 환경은 마케터에게 치명적인 위협요인으로 다가올 때도 있으며 중요한 기회요인으로 다가올 때도 있기 때문에 한시도 눈을 뗄 수 없는 요소라고 할 수 있다. 마케터는 마케팅 환경에 대한 지속적인 모니터링과 특이 동향에 대한 치밀한 분석을 토대로 현명한 의사결정을 할 수 있어야 한다.

앞에서 살펴본 마케팅 믹스 변수는 마케터가 결정하고 통제하기 용이한 데 반해, 마케팅 환경은 직접 통제하기 불가능하거나 매우 어려운 것이 현실이다. 그러나 마케팅 환경을 통제 불가능한 대상으로만 보는 대신 가능한 범위 내에서 마케팅 환경을 스스로에게 유리하도록 관리해가는 적극적인 자세도 필요하다. 마케팅 환경을 통제하고 관리하는 대표적인 사례로는 대정부 로비활동, 신기술 벤처기업에의 자본참여, 경쟁자 진입 가능성을 고려한 저가정책 실시 등이 있다.

참고자료 2-1

공유경제

지속가능 성장에 대한 열망과 모바일 통신기술의 만남은 공유경제라는 새로운 비즈니스 패러다임을 탄생시켰다. 컨설팅 기관 PWC에 의하면 미국 내 44%의 응답자가 공유경제에 대해 잘 알고 72%가 사용의향이 있는 것으로 나타났다. 과거에는 자기 소유의 물건을 남과 공유한다는 것이 여러모로 불편하였다. 우선 전혀 모르는 사람에게 물건을 빌려주었을 때 발생하는 문제가 걱정되었고, 수요와 공급을 매칭시켜 주는 시장이 없어서 정보가 제한적이었으며, 물건을 빌려주고 돌려받는 과정이 번거로웠다. 그러나 휴대폰 인증을 통해 신원을 확인할 수 있고, 모바일앱에서 정보검색은 용이하며, 위치정보를 활용하여 가까운 곳에서 물건을 대여할 수 있게 되었다. 이제 공유경제가 활성화될 제반 여건이 모바일 기술로 인해 확보되었으므로 공유경제 기업들이 늘어나는 것은 시간 문제라고 볼 수 있다. 부지가 마련되고 상품이 준비되면 장이 자연스럽게 서듯이 공유경제도 이제 도약단계에 있다고 보면 될 것 같다.

공유경제의 예(우버택시, 카카오택시, 카바자르)

이미 미국에서는 공유경제 서비스가 생활 속에 깊숙이 침투해 있다. 미국에 출장을 가는 비즈니스맨들이 가장 어려워하는 것 중의 하나가 현지 교통수단이었는데 요즈음 한국에서 우버앱을 설치하고 신용카드를 등록하면 미국에서 우버를 마음대로 사용할 수 있다. 평균 차량 대기시간도 3분 이내이고 결제도 자동으로 되고, 택시보다 저렴하다. 또한 미국으로 배낭여행을 가는 청년들은 에어비앤비를 이용하여 대도시의 비싼 숙박비를 절감할 뿐만 아니라 현지인들 삶 속에 들어가서 친구를 사귀고 문화를 체험한다.

고객의 상대편에 있는 서비스 제공자의 입장에서 공유경제는 유휴 자산과 노동력을 대여함으로써 부수입을 올릴 수 있게 하였다. 우리가 소유하고 있는 모든 물건들의 활용도는 매우 낮다. 집에 공간은 차지하지만 간헐적으로만 이용하는 물건들이 많은데 이러한 물건들이 기회비용을 발생시키는 것이다. 예를 들어 집에서 잘 안 쓰는 물건들을 다 처분하여 방 하나를 비울 수 있다면 그 방을 대여하여 수입을 올릴 수 있는데 물건들이 그 방을 차지하면서 올릴 수 있는 수입을 상실하는 것이 기회비용인 것이다.

개인이 가지고 있는 대표적인 자산이 자동차와 집인데 이들을 적극적으로 공유한다면 아주 괜찮은 부수입을 올릴 수 있다. 미국 대도시에서 우버를 운전하는 사람들의 부수입은 월3천달러 정도이고 이는 시간당 3만원 정도의 임금이라고 한다. 그리고 빈방 하나로 에어비앤비를 할 경우 뉴욕에서 연간 5천달러를 벌고 있다고 포춘지는 보도하였다. 더구나 자신의 집이나 차를 제공하는 시간을 상황에 따라 신축적으로 조절할 수 있다는 이점도 있다. 공유경제는 대여, 노동력 제공, 음악 스트리밍, 기증, 물물교환 등 여러 형태를 띨 수 있다. 그리고 대여 대상도 빈방, 자동차, 사무실, 주차장, 공구, 의류, 운동기구 등 거의 모든 제품이 가능하다. 상호 노동력을 제공하는 공유경제도 있는데 미국의 한 사이트에서는 애완견 오너들이 서로 상대방의 애완견을 돌봐준다고 한다.

그러나 공유경제를 운영하는 것은 결코 쉬운 일이 아니다. 유럽에서 우버운전자가 범행을 저지르는가 하면 에어비앤비 투숙객이 호스트 집의 물건을 훔치는 경우도 있었다고 한다. 이용자나 서비스 제공자가 사이트에 등록을 하고 신원을 인증 받기는 하지만 여전히 서비스에 허점은 있는 것이다. 그러므로 거래에서 발생하는 모든 사고나 불만을 플렛폼 관리회사가 해결해 주어야 한다. 또한 플렛폼 제공자는 기술과 인력을 투입하여 사기를 미연에 방지해야 한다.

공유경제 중에서도 가장 많이 언급되는 것이 자동차이다. 왜냐하면 자동차는 하루 가동률이 5%~10% 밖에 되지 않으면서도 비용은 많이 드는 자산이기 때문이다. 자동차에 들어가는 비용은 차량할부금, 유류비, 보험비, 수리비, 주차비, 범칙금 등으로 가처분 소득의 상당부분을 차지할 수도 있다. 그러므로 젊고 학력이 높은 도시 거주민들이 자동차 소유를 하지 않는다는 통계가 있다. 현재 미국 인구의 15%가 우버와 같은 라이드셰어링을 이용하였는데 대졸 이상 도시인구 중에서는 사용 비율이 39%나 된다. 우버는 현재 400억달러의 기업가치를 인정받고 있으며 막대한 투자자금으로 사세를 전세계로 확장하고 있다. 우버와 경쟁하는 리프트는 미국 주요 도시만을 상대로 영업하고 있으며 침투가격으로 시장을 공략하고 있다. 이 밖에도 수많은 후발주자들이 있는데 뉴욕시에만 10개의 라이드셰어링 회사들이 있다고 한다.

우버나 리프트는 자동차와 더불어 운전자도 제공하는 반면 미국의 짚카는 시간제로 자동차만 대여한다. 시간제 카셰어링은 렌터카와 유사한 개념이지만 1일 단위가 아니라 더 적은 단위로 대여가 가능하다는 것이 특징이다. 그러나 차를 빌리려 가야 하는 번거로움과 주차공간 부족으로 오퍼레이션 상에 고전을 겪고 있다. 한국에서는 쏘카와 그린카가 있고, 독일에 카투고, 프랑스에 모비젠 등이 있다. 호주의 카넥스트도어는 자신이 가지고 있는 차를 이웃에게 빌려주는 비즈니스이다. 호주에서는 이처럼 개인이 자신의 차를 상업용으로 렌트하는 것을 허용하고 있다.

마지막으로 공유경제에서 빼놓을 수 없는 것이 중고판매 및 물물교환이다. 미국의 비피닷컴은 불과 2년만에 수천억원의 매출을 올리는 중고차 매매 사이트가 되었는데, 판매자와 구매자가 딜러가 아닌 일반인이라는 특징을 가지고 있다. 즉, 딜러와 일반인 사이에 존재하는 정보의 비대칭성 문제를 해결하기 위해 같은 정도의 정보를 가지고 있는 순수 개인 사이에만 매매를 하게 하는 사이트이다. 한국에서는 꿀카가 유사한 비즈니스 모델로 딜러의 참여가 없는 순수 개인간 거래를 하고 있다. 마지막으로 한국의 카바자르는 개인간 자동차 물물교환을 표방하고 있다. 개인 소유주들이 커뮤니티를 형성하여 그 커뮤니티 안에서 자동차를 교환하는데 카바자르는 차량 상태를 점검해 주며 교환할 때의 차액을 설정해 준다.

이러한 공유경제 기업들의 등장으로 인해 자동차회사의 매출이 줄 것이라는 우려를 하기도 하지만 아직은 자동차 제조판매를 위협할 정도가 아니라고 전문가들은 말하고 있다. 맥킨지에 의하면 자동차 판매는 완만하게나마 성장할 뿐만 아니라 현재 5,000조의 자동차산업이 공유경제로 말미암아 6,500조로 확대될 것이라고 예측하고 있다. 산업은 계속해서 생성되고 소멸되고 있다. 디지털 혁명은 거의 모든 산업의 패러다임을 흔들어 놓았다. 이제 자동차산업도 전기차와 공유경제의 영향으로 패러다임 전환을 맞이하고 있다.

자료원: 주우진, 이코노미조선, 2016. 10. 19.

2.2 외부 거시적 환경

외부 거시적 환경은 마케터가 속한 사회에 전반적으로 영향을 미침으로써 마케터에게 간접적으로 영향을 미치는 일체의 외부 환경요인을 통칭한다. 중요한 외부 거시적 환경요인으로는 경제적 환경, 인구통계적 환경, 사회문화적 환경, 정책적 환경, 기술적 환경 등이 꼽힌다.

외부 거시적 환경에 대한 일반적인 분석과정은 다음과 같다. 첫째, 거시적 환경의 파악을 위해서는 지속적인 조사와 분석시스템을 갖추고 있어야 한다. 기업 외부에서 발생하는 다양한 환경변화에 대한 정보는 전문조사기관의 2차 자료뿐만 아니라 기업내부에서 자체적으로 확보한 자료의 형태로 수집된다. 둘째, 환경요인 중 자사에 영향을 미칠 만한 자료들을 선별한다. 영향력의 순서에 따라 중요한 자료와 그렇지 않은 자료가 구분되어진다. 셋째, 자사에 영향을 미치는 거시적 환경의 변화가 구체적으로 자사의 제품과 시장경쟁력에 어떠한 영향을 미치는지 분석한다. 이 단계에서는 거시적 환경변수

그림 2-2 외부 거시적 환경

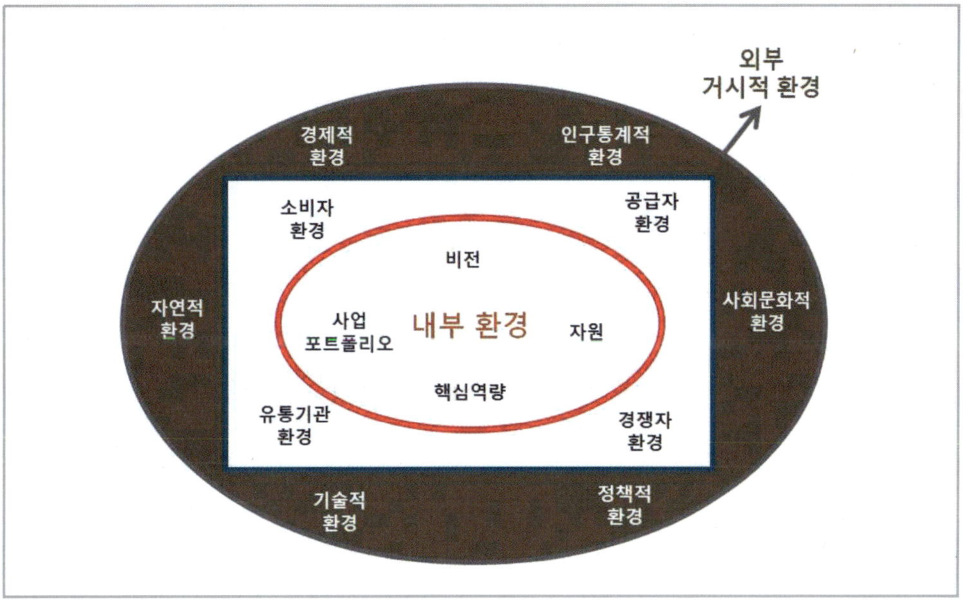

가 자사의 매출과 수익에 어떠한 원인역할을 하는지 구체적으로 수치로 계산되어진다. 넷째, 마케팅 전략을 수정하거나 새로 개발한다. 거시적 환경변수의 영향력을 고려하여 현재의 마케팅 전략을 업그레이드하는 작업이 필요하다.

2.2.1 경제적 환경

경제적 환경이란 "마케터가 속한 경제의 전반적 조건이나 상태"를 말한다. 경제적 환경요인으로는 원자재가격의 변동, 인플레이션, 세금, 소득의 변화, 금리변동, 임금상승률, 임대료, 경기주기, 실업률 등 국가경제 요인과 더불어 EU 재정위기, 중국내 중산층 급증, 전세계 불황, 국가간 FTA 활성화 등 세계경제 요인이 포함된다. 이러한 요인들은 국내외 소비자의 구매력이나 소비지출에 적지 않은 영향을 미치기 때문에 외부 거시적 환경분석에서 가장 우선시되는 환경요인 중 하나다. 예를 들어 원자재가격, 임금, 임대료 등이 상승하면 제품가격에 반영되어 가격 인상요인이 되고, 품질이 개선되지 않는 한 매출이 감소하게 된다. 또한 실업이나 세금인상, 인플레이션 상황 하에서는 가계의 실질구매력이 감소하기 때문에 기업의 마케팅 활동에도 부정적인 영향을 미친다. 마케터는 이러한 경제적 환경의 상황을 염두에 두고 마케팅 활동을 전개해야 한다. 예를 들어, 인플레이션 상황에서 사용되는 마케팅 활동의 예는 다음과 같다.

- 덜 비싼 원료와 재료로 대체한다.
- 생산비를 낮추기 위해 상품특징을 줄이거나 없앤다.
- 무료설치, 운반, 장기보증 같은 상품서비스를 낮추거나 없앤다.
- 포장비를 낮추기 위해 값싼 포장재를 사용한다.
- 기존의 모델과 규격의 수를 줄인다.
- 새로운 절약형 브랜드나 일반 브랜드를 만든다.
- 마케팅 전략 및 전략의 조합을 경쟁상황과 소비자의 욕구와 선호도에 따라 즉각적으로 변화시킨다.

2.2.2 인구통계적 환경

인구통계적 환경은 "인구의 조건이나 상태"를 말한다. 예를 들어 국가의 인구 규모와 구성의 변화율, 성별 분포, 연령별 분포, 가구 형태별 분포, 도시 농촌 인구 분포 등은 마케터가 관심을 가지는 대표적인 인구통계적 환경요인에 속한다고 할 수 있다. 이러한 요인들은 소비자의 필요와 요구에 근원적인 변화를 야기할 수 있어 외부 거시적 환경 분석에서 중요하게 여겨진다.

예를 들어, 2010년 인구주택총조사 분석자료에 따르면 한국 사회의 고령화 속도가 매우 빠르다. 65세 이상 고령 인구가 5년 만에 24% 급증하면서 전체 인구의 11.3%를 차지하는 것으로 나타났다. 고령 인구 증가폭은 전체 인구 증가율(2.8%)보다 8배 큰 셈이며, 전국 모든 시 · 도는 고령 인구 비율이 7%를 넘어 '고령화 사회'에 진입했다.

이에 발맞추어, 한국보건산업진흥원이 발표한 '고령친화산업 현황 및 전망'에 따르면 국내 실버산업의 규모는 2010년 33조원, 2020년에는 125조원으로 늘어날 전망이다. 연평균 14%의 성장률인 셈이다. 세부적으로 보면 2020년 경에 실버산업 중 금융 산업이 전체 시장의 절반 가까이 되는 49%를 차지하고 그 뒤를 이어 식품(13%), 여가(13%), 요양(10%) 등이 차지할 것으로 전망된다고 한다. 이처럼 인구통계적 환경은 새로운 마케팅 기회를 모색하는 마케터가 지속적으로 관심을 기울이고 점검해야 할 환경요인 중 하나이다.

참고자료 2-2

크리스텐슨의 와해성 기술혁신

- 존속성 기술(sustaining technology)은 주력시장의 욕구를 충족시키고, 와해성 기술(Disruptive Technology)은 하위시장이나 새로운 시장의 욕구를 충족시킨다(그림 2-3 참고).
- 기업의 성장은 와해성 기술을 이용할 때 성공가능성이 높다.
  존속성 기술혁신: 시장 내의 선도 기업과 경쟁해야 하기 때문에, 성공가능성이 낮다.
  와해성 기술혁신: 선도기업이 경시하는 하위틈새 시장이나 새로운 시장을 공략하기 때문에, 경쟁을 피함으로써 성공가능성이 크다.
- 신사업은 세 가지 방법으로 진출 가능한데, 이 중에서 하위시장이나 새로운 시장을 공략하는 방법이 경쟁자를 보다 효과적으로 물리칠 수 있다.
- 하위 시장이나 새로운 시장을 공략할 때, 소비자가 진정으로 원하는 제품을 출시할 수 있도록 도와줌으로써 시장규모를 키워나갈 수 있다.
- 하위시장과 새로운 시장에 진입하는 와해성 전략이 효과적이기 위해서는 잠재고객이 확실히 존재하여야 하며, 더 나아가 기존 상품과 충돌할 수 있는 상황을 제거해야 한다.

자료: Innovato's Solution(Harvard Business Press), Seri 자료 등.

그림 2-3 존속성 기술 vs. 와해성 기술

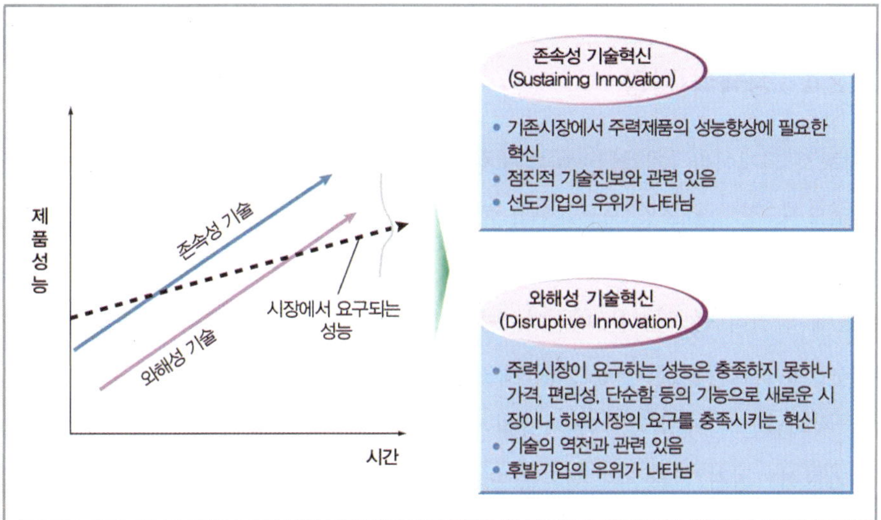

2.2.3 사회문화적 환경

사회문화적 환경은 "마케터가 속해 있는 사회의 구성원들이 문화적 조건에 맞추어 생성하여 계승해 온 신념, 태도, 의견 등 일체 생활양식"을 말한다. 대표적으로 마케팅 활동의 대상이 되는 소비자들의 특성 변화와 밀접한 관련이 있다. 쉽게 말해 소비자들이 살아가는 생활양식방식 혹은 라이프스타일로 대표되는 환경요인이라고 할 수 있다.

최근 우리나라의 사회문화적 환경의 큰 변화로 손꼽히는 현상 중 하나로 여성 활동의 증가를 꼽을 수 있다. 2008년 기준으로 전체 여성취업자는 1,000만명인데, 이것은 주부들의 사회활동 증대와 소득증대에 기인한 바가 크다. 여성들의 취향은 주거형태의 선호에도 영향을 미쳐서 단독주택보다는 살기에 편리한 아파트에 대한 선호도를 높여 아파트 가격의 상승을 부추기기도 하였다. 또한 포장이사나 각종 배달서비스도 전업주부의 감소와 밀접한 연관관계가 있다.

독신가구 증가, 웰빙문화 추세 등도 두드러진 최근의 사회문화적 현상으로 꼽힌다. 이미 선진국을 중심으로 독신가구를 표적고객으로 하는 제품과 서비스가 등장하고 있는데, 우리나라에서도 같은 현상이 발생하고 있다. 나아가 비만치료제나 다이어트 식품, 뇌기능개선제, 탈모치료제 등 웰빙문화와 관련된 제품들이 쏟아지고 있다.

2.2.4 정책적 환경

정책적 환경이란 "기업 등 마케터가 속한 조직의 이해에 영향을 미치는 일체의 법률적, 제도적, 정치적 조건"을 말한다. 예를 들어, 독과점 금지와 관련한 규제, 노동관계 법률, 소비자보호 관련 규제, 환경보호 규제, 공정거래에 관련한 규제 등은 기업의 마케팅 활동에 당연히 큰 영향을 미친다. 법률이나 규제는 기업의 특정 활동을 금지하거나 억제하는 데 목적이 있기 때문에, 규제의 변화는 부정적인 경우만 있는 것이 아니고 이전에 금지되었던 마케팅 활동을 가능하게 해주는 긍정적 변화를 일으키기도 한다. 다시 말해, 법률적 · 정치적 환경의 변화는 이전에는 필요해 보이지 않았거나 수익성이 없어 보였던 마케팅 활동을 응용할 수 있는 기회를 주기도 한다. 특히 개방경제체제에서 FTA 등 국제적인 조약이 체결되거나 교역상대국의 법률이 변화될 경우에는 기업의 수출경쟁력에도 영향을 미친다. 예컨대, 정부의 환경보호 관련 규제에 대응하여 기업이 적극적으로 산림보호, 재활용품 수거와 활용, 친환경제품 개발 등의 그린마케팅(Green Marketing) 활동을 펼치기도 하는데, 2020년까지 전 세계 환경시장의 규모를 약 2조 8천억 달러로 예측하고 있다.

참고자료 2-3

제조물책임법

제조물책임(Product Liability)이란 제조물의 결함으로 인하여 소비자 · 이용자 · 제3자가 생명 · 신체 또는 재산상 피해를 입은 경우 제조자 · 판매자 · 수입업자 등 제품의 제조 · 판매에 관여한 자에게 부과하는 손해배상책임을 말하며, 생산물책임이라고도 한다. 제조물책임제도는 제조물의 결함으로 손해가 발생한 경우 결함에 대한 제조자의 과실 여부에 관계없이 손해배상책임을 지우는 제도이다. 이 제도는 제조업체로 하여금 보다 완벽한 제품을 생산하도록 하여 소비자에게 더 큰 만족을 주기 위한 것으로, 1962년 미국 캘리포니아주 대법원이 처음 인정한 후 미국에서 발달하여 전 세계로 확산된 제도이다.

오늘날 제조업체는 기술집약적인 제품을 홍수처럼 시장에 내놓고 있다. 그리고 우리들은 복잡하고 다단계적인 유통과정을 거쳐 대량으로 공급된 제조물을 사용하며 살아가고 있다. 그러한 제품은 바다 건너 멀리서 이름 모를 생산자에 의해 만들어진 것일 수도 있다. 이러한 제품 가운데 혹시 하자있는 제조물이 있을 경우 그것이 우리에게 미치는 여러 가지 영향들에 주목할 필요가 있다.

최근에 뉴스에 자주 등장하는 자동차급발진사고도 제조물의 결함과 연계되는 것이다. 우리나라는 이러한 문제를 해결하기 위하여 그 동안의 논의를 계속 해오다가 2000년에 제조물책임법이 제정되었으며, 2002년 7월부터 시행되었다.

소비자는 제조업자나 판매업자의 브랜드를 신뢰하여 계속해서 등장하는 신제품을 구입하고 있지만, 충분한 상품지식을 소비자측에 기대하는 것은 무리이므로 이 분야에서 우리나라에서도 소비자 권익의 두터운 보호 필요성이 시급하였다.

제조물책임법은 제조물의 결함으로 인해 소비자가 생명 · 신체 또는 재산상의 손해를 입었을 때 제조물 생산자 또는 유통업자가 배상을 하여야 하는 내용을 담고 있다. 이 법이 제정되어 종래에는 가령 가전제품의 폭발사고로 인한 피해를 배상받으려면 소비자가 제조업자의 과실을 입증해야 했지만 이제는 제조물의 결함만 입증하면 가전제품의 제조업자가 배상책임을 지게 되었다.

자료원: 김준호, 민법강의, 법문사, 2007; 김형배, 민법학강의, 신조사, 2008.

최근 우리나라에서 제조물책임법(Product Liability: 일명 PL법)을 제정한 바 있는데, 이는 마케터의 제품 관리 노력을 증가시키고 있다. 이 법률에 따라서 소비자의 권익은 더 강력하게 보호받게 되었으나 기업으로서는 제품관리 노력을 증가시키는 과정에서 추가적인 비용을 부담하게 되었다.

2.2.5 기술적 환경

기술적 환경이란 "소비자의 욕구를 충족시킬 수 있는 제품이나 서비스 등 일체 솔루션을 만들어내는데 쓰이는 지식, 도구, 기법 등의 조건이나 상태"를 의미한다. 급속한 기술의 변화와 첨단제품시장에서의 영향력을 고려하면 기술적 환경의 변화는 기업의 마케팅 활동에 직접적인 영향을 미친다고 볼 수 있다. 기술적 환경의 변화는 새로운 제품, 효율적인 제조 공정, 기존 제품의 개선, 새로운 유통경로, 새로운 커뮤니케이션 채널 등을 야기할 수 있으며, 이는 마케터에게 새로운 기회나 위협 요인이 될 수 있다. 오늘날 대부분의 기업은 제품 및 서비스 생산과 판매를 기술에 의존한다. 기술력을 갖춘 기업은 생산과 영업비용을 절감할 수 있고 상품의 질을 향상시킬 수도 있으며, 소비자의 요구수준을 제품에 즉각적으로 반영할 수도 있어서 시장에서 제품의 지배력을 강화하는 효과가 있다.

참고자료 2-4

정보통신 기술(ICT. information and communication technology)

정보통신 기술이란 정보의 수집, 가공, 저장, 검색, 송신, 수신 등의 과정에서 사용되는 방식 또는 절차다. 좁은 의미의 정보통신 기술은 디지털 기술에 기반을 둔 현대의 정보통신 기술을 뜻한다. 현대의 정보통신 기술은 디지털 기술과 중첩된다. 넓은 의미의 정보통신 기술은 좁은 의미의 정보통신 기술을 뜻하는 현대의 디지털 정보통신 기술부터 문자통신이나 전기통신까지 모두 포괄한다.

자료원: 김현식(2022), 코케팅, 경문사.

현재 우리나라의 IT(Information Technology) 산업분야의 발전에 힘입어 PC 보급률과 인터넷 사용인구비율은 세계 최고수준이다. 이러한 환경에서는 소비자 유행의 변화가 빠르고 소비자의 정보습득능력이 높아지기 때문에 산업 내 경쟁 정도가 더 격화되는 경향이 있다. IT 환경의 주요한 특징으로는 연결성 · 상호작용성 · 개방성의 세 가지 요인을 꼽을 수 있다. 연결성이란 시간이나 장소에 관계없이 언제 어디서나 소비자간 혹은 소비자 · 기업 간의 실시간 커뮤니케이션이 가능한 특성으로 모든 구매자와 판매자가 지리적 · 시간적 제약을 받지 않고 접촉할 수 있음을 뜻한다. 상호작용성이란 두 당사자 간의 쌍방향적인 자극의 선날 성노라고 이해할 수 있는데, 디지털환경에서의 고객과 기업의 직접적인 상호작용은 고객에게 가치를 창출하여 주며, 관계구축의 단계를 마련하여 준다. 또한 상호작용이 증가함에 따라 고객들은 보다 자주 서비스를 이용하고, 서비스의 성능을 이해하는 데 더 많은 시간을 투자하며, 활동시간을 증대시키게 된다. 개방성은 정보접근의 용이성으로 소비자의 정보를 증가시켜 소비자 · 기업과의 관계에서 보다 많은 권력과 권한이 소비자에게로 옮겨가게 한다.

이를 구체적으로 살펴보면 다음과 같다. 우선 변화된 기술적 환경에서의 고객은 적극적인 참여자로서의 모습을 가지고 기업의 마케팅프로세스에 깊숙이 참여하고 있다. 과거 서비스 접점에서 단기적으로 좁은 범위에서만 일어나던 고객참여를 이제는 기업의 전 부서로 확대할 수 있게 되었으며, 고객의 역할을 보다 분명하게 알려주고 또 관련 지식과 정보를 적시에 제공해 줄 수 있게 되었기 때문이다. 고객참여 한계의 극복은 다음과 같은 디지털 인프라로 인해 가능해졌다. 먼저 '정보개방성'으로 이를 통해 고객에 대한 정보와 교육을 충분히, 또 적시에 제공함으로써 고객이 부분적으로 종업원으로서 역할을 수행할 수 있게 하였다. 그리고, '연결성'을 통해 언제 어디서나 고객이 기업과 연결될 수 있게 함으로써 장소와 시간에 구애 받지 않고 기업과 고객이 의견을 교환하며, 가치관을 공유할 수 있게 되면서 상호작용이 깊이 있게 일어나게 되었다. 다음은 '커뮤니티 상호작용'으로 소비자들은 온라인 커뮤니티를 통해 기업과 제품에 대한 많은 정보를 축적 · 공유할 수 있게 되면서 고객이 기업과의 관계에서 주도적인 역할을 할 수 있게 하였으며, 쉽게 참여할 수 있는 환경을 제공하였다. 마지막으로 '구조명확성'은 고객참여에 있어 고객역할의 명확성에 대한 사이트의 구조적 측면으로, 목표역할 명확성을 교육시키지 않고 고객들을 활용하는 경우, 고객들은 성과와 관계없는 자신의 역할을 수행할 수 있는데, 이러한 구조명확성을 제공함으로써 고객의 역할에 대해 명확한 기준을 제시해 줄 수 있다.

참고자료 2-5

유비쿼터스 환경에서의 새로운 유통혁명

새로운 환경의 도입은 항상 새로운 1위 유통업태를 만들어내었다. 1800년대 후반 도시로의 인구집중이라는 사회적 환경은 백화점이라는 새로운 유통업태를 탄생시켰으며 이러한 백화점 업태는 한때 매출 1위 업태로 자리잡았었다. 그리고 1900년대 초반에는 자동차의 보급이 할인점이라는 업태를 발전시켜 대부분의 선진국에서 할인점이 1위 업태로 자리잡게 되었다. 따라서, 과연 어떠한 유통업태가 유비쿼터스 환경을 바탕으로 탄생되어 1위 유통업태로 진화하게 될 것인지는 학문적으로나 실무적으로 매우 중요한 연구과제라고 할 수 있다.

한국의 소비자들은 과거와는 다른 욕구를 가지게 되었다. 첫째, 취업주부의 급격한 성장으로 인하여 가용 가사 시간이 축소되고 있다. 둘째, 미혼 독신시장의 확대에 따라서 소량 구매를 희망하는 인구가 늘어나고 있다. 셋째, 고령화사회의 진입에 따라 무거운 상품을 스스로 들고 집으로 운반하는 것을 매우 어렵게 생각하는 고객이 늘어나고 있다. 넷째, 주 5일제에 따른 여가생활에 대한 욕구의 증대로 이틀간의 휴일을 보다 효율적으로 활용할 수 있는 방안을 찾게 되었다.

또한 디지털TV의 보급은 가정 내 실질적 구매력을 지니고 있는 주부 및 노년층에게 직접적으로 영향을 미쳐 유비쿼터스 환경하에서의 1등 유통업태 탄생에 초석을 다질 것으로 보인다.

디지털TV를 통하여 새로운 서비스의 제공이 가능하며, 이는 새로운 유통업태가 가지는 특성이라고 할 수 있다. 이를 정리하여 보면 아래와 같다.

첫째, 매장의 제품을 실시간 동영상으로 보면서 고르고 주문하는 서비스를 들 수 있다. 둘째, 정기적인 배송서비스이다. 고객들은 쇼핑에 들이는 시간을 줄이기 위해서 자신들의 주문정보를 유비쿼터스 환경을 통하여 편리하게 유통업체에게 제공할 수 있게 되었다. 셋째, 식품의 경우 컨설팅서비스가 제공될 수 있다. 자신의 가족들의 주문을 입력하는 순간 유통업체 데이터베이스는 그 가족에게 적절한 식단 등을 제안할 수 있으며, 이에 따라 고객들이 굳이 주문을 하지 않더라도 고객 가족에게 맞춤형 상품을 제공할 수 있을 것이다.

이러한 유비쿼터스 환경의 신업태를 통해서 고객의 경우 시간과 비용 면에서 비효율적이었던 전통적 오프라인 쇼핑의 불만을 해소할 수 있으며, 기업의 경우 실제 과거 오프라인 매장이 가진 여러 가지 문제를 해결할 수 있을 것으로 보인다. 즉, 주차장의 면적을 줄일 수 있으며, 인터넷을 통한 판매와 고객의 정기구매 등에 의해 기업의 재고보유량도 혁신적으로 줄여나갈 수 있게 되는 등 새로운 유통의 시대가 열릴 수 있을 것이다.

자료원: 주우진 · 김재범, 인터넷마케팅, 경문사, 2002.

그림 2-4 우리나라 지난 100년간 기온변화

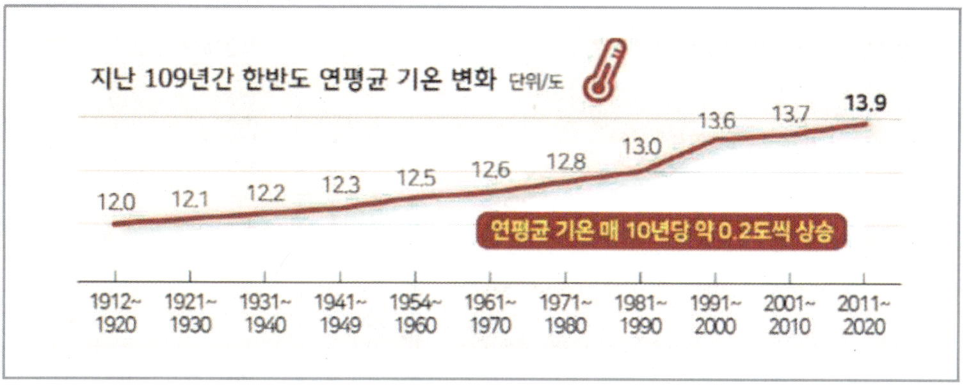

자료원: 강원도민일보.

2.2.6 자연적 환경

자연적 환경이란 "마케터가 속한 조직의 이해에 영향을 미치는 일체의 자연적 조건"을 말한다. 자연적 환경이 마케터의 의사결정에 제대로 반영되지 않으면 잠재적인 위험에 노출될 수도 있으므로 마케터로서는 자연적 환경의 변화가 시사하는 의미를 놓치지 않도록 체계적인 분석과 대응이 필요하다.

예를 들어, 최근 우리나라 우리나라의 기후는 빠르게 변화하고 있다. 지구 온난화로 지난 100여년간 세계 기온이 평균 0.74도 오르는 동안 한반도는 1.7도나 올라 겨울이 짧아지고 여름이 길어지고 있으며, 수온 상승으로 근해 어류도 제주도는 물론 독도까지 열대성 어류가 진출하였으며, 한류성 어류 어획량은 급감하였다. 아울러 2006년부터 5년간 장마 기간과는 별개로 6~8월 간 강우량이 집중되고 있는 추세를 보이고 있으며, 한반도에 장마가 끝난 뒤에도 자주 나타나고 있는 국지성 호우가 '스콜'을 닮아가는 등 이전과는 확연히 달라진 날씨 성향을 보여 전체적으로 한반도가 빠르게 따뜻해지고 있는 것으로 분석되고 있다. 반면 역설적으로 겨울에는 북극 인근지역의 차가운 기단이 팽창하면서 한반도 인근지역에 한파가 찾아오는 경우도 많아지고 있다.

이러한 자연적 환경의 변화는 마케터에게 기회와 위협을 제공하게 되므로 현명한 대응이 요구된다. 예를 들어, 봄 · 가을 패션에 대한 과거 수요를 토대로 공급량을 준비해 놓은 의류업체들은 점점 짧아지는 봄 · 가을 기간으로 인해 전반적인 매출 감소 가능

그림 2-5 기온변화에 따른 우리나라 과일과 어종 변화

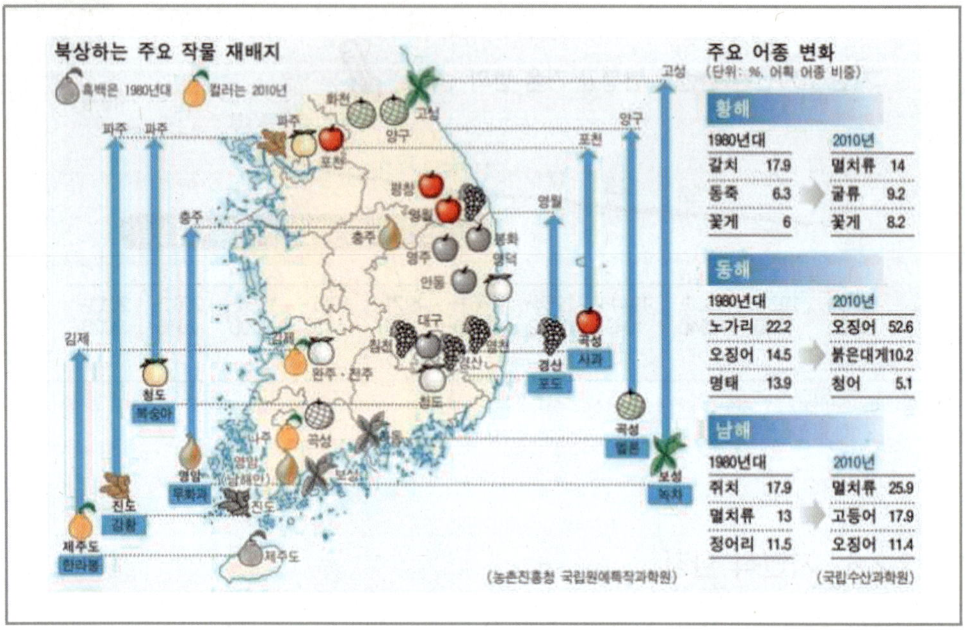

자료원: 농촌진흥청.

성에 대비해야 하는 상황에 처하고 있는 것이 현실이다. 이들의 향후 마케팅 성과에는 기후변화에 대한 준비와 대처도 영향을 미치게 될 것이다.

2.3 외부 미시적 환경

외부 미시적 환경은 마케터의 마케팅 의사결정과 결과에 직접적으로 영향을 미치는 일체의 외부 환경요인을 통칭하는 말이다. 대표적 외부 미시적 환경요인으로는 소비자 환경, 공급자 환경, 경쟁자 환경, 유통기관 환경 등을 들 수 있다.

하바드 대학의 포터(Porter) 교수가 산업 매력도를 이해하기 위한 틀로 제시한 바 있는 5 요인 모형은 마케터가 외부 미시적 환경요인을 이해하는 데 요긴하게 사용될 수

그림 2-6 마이클 포터 교수의 5 Forces Model

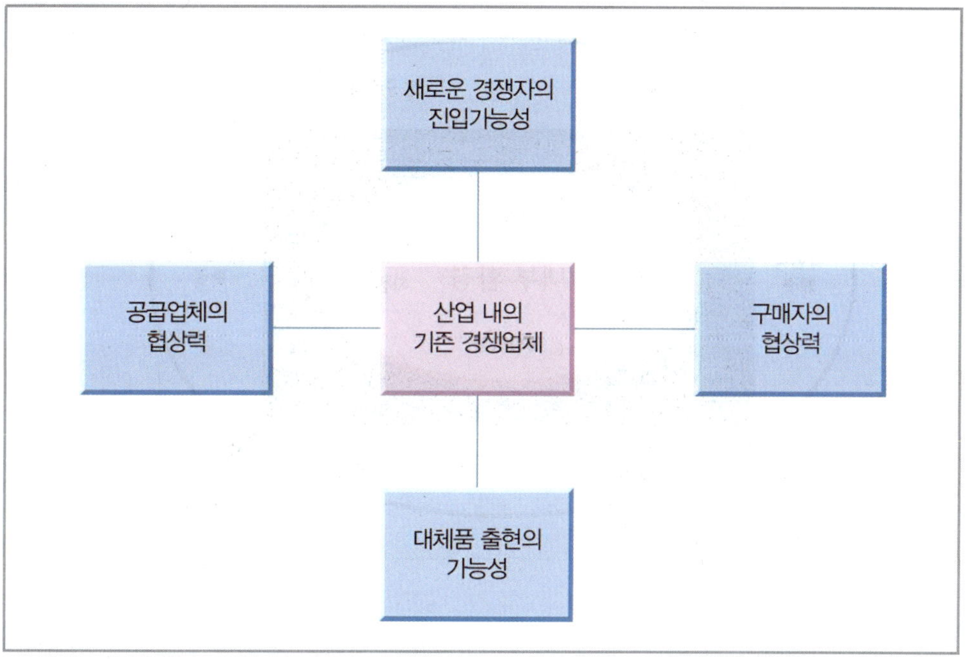

있다. 5 요인 모형에서는 공급자, 구매자, 기존 경쟁자, 잠재 경쟁자, 대체제의 5 요인을 제시하지만, 이 책에서는 이를 일부 수정하여 소비자 환경, 공급자 환경, 경쟁자 환경, 유통기관 환경의 4 요인으로 외부 미시적 환경요인을 나누어 기술하기로 한다.

2.3.1 소비자 환경

소비자는 "스스로의 욕구를 충족시키기 위해 마케터가 제시하는 제품을 구입하거나 사용하는 사람"이다. 당연히 소비자 환경이란 이러한 "소비자와 관련된 여러 조건이나 상태"를 의미한다. 마케터 입장에서 볼 때 소비자는 교환의 상대방이자 가치 창출의 동반자이다. 소비자는 교환 과정을 통해 마케터가 생존하거나 성장하는 데 필요한 것을 건네주는 매우 중요한 존재이다.

소비자는 저마다 자신만의 욕구를 지니고 있으므로 마케터는 수없이 많은 소비자 중에서 어떤 소비자의 어떤 욕구에 초점을 맞추는 것이 바람직할지 고민할 필요가 있다. 예를 들어, 커피숍에서 커피를 마시는 다양한 소비자의 사정은 저마다 다르고 커피숍을

그림 2-7 외부 미시적 환경

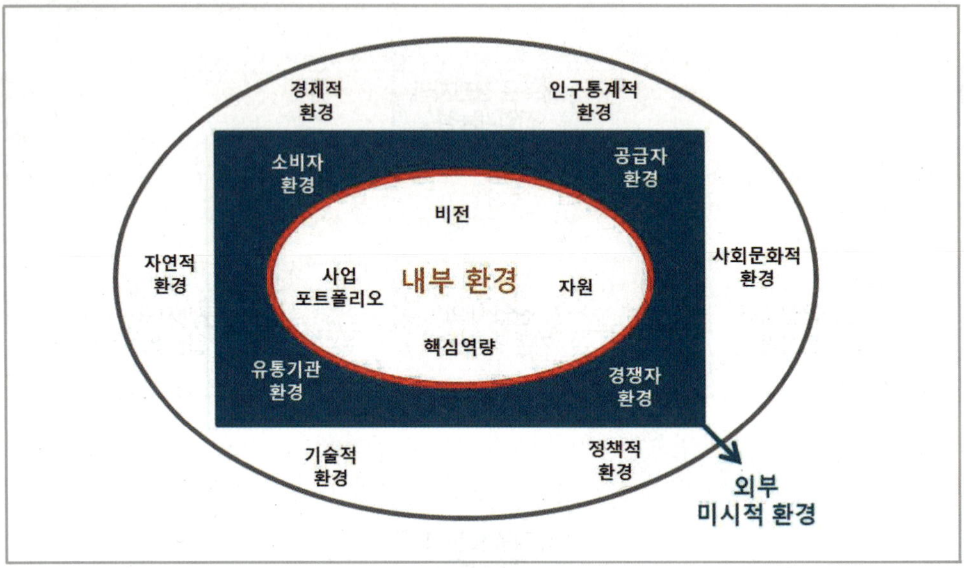

선택할 때 고려하는 기준도 다를 수 있다. 커피 맛이 중요한 소비자가 있는가 하면 대화하기 편안한 공간과 의자가 중요한 소비자가 있을 수 있다. 마케터는 원하는 것이 서로 다른 소비자 유형별로 시장세분화를 하고 여러 모로 바람직한 표적 소비자 유형을 선정하는 것이 제한된 마케팅 자원으로 보다 큰 성과를 거두는 데 유리할 수 있다.

마케터가 제대로 된 마케팅 의사결정을 내리기 위해서는 소비자의 교환 참여 및 가치 창출 과정에서 행해지는 일련의 소비자행동의 의미와 이유를 충분히 이해할 수 있어야 한다. 이 책의 소비자행동 이해 부분에서는 소비자행동을 이해하고 그 시사점을 마케팅 의사결정에 반영하는 데 필요한 내용을 기술하고 있다.

2.3.2 공급자 환경

공급자 환경이란 마케팅 과정에서 필요한 일체 요소의 "공급자와 관련된 여러 조건이나 상태"를 의미한다. 공급자는 "원재료, 부품, 장비, 자금, 정보 등 마케팅 과정에서 필요로 하는 일체의 요소를 제공하는 주체"를 말한다. 공급자의 예를 들자면, 원재료 공급자나 부품 공급자 외에도 마케팅 자금의 공급자인 금융기관, 마케팅 정보의 공급자인 시장조사기관 등이 포함될 수 있다.

고품질의 원재료나 부품을 효율적으로 제공할 수 있는 공급자의 수가 많으면 마케터가 마케팅 계획을 수립하는 데 선택할 수 있는 대안이 많아져 유리하며 마케팅 성과 제고에도 긍정적인 영향을 미칠 수 있다. 마케팅 자금 공급자인 금융기관의 수가 많고 결제서비스 등 다양한 서비스를 보다 잘 제공할수록 마케터가 교환과정의 결제과정을 용이하게 설계할 수 있게 된다. 나아가 이는 소비자의 구매과정을 편리하게 함으로써 마케팅 성과를 제고하는 데 기여할 수 있을 것이다. 마케팅 정보의 공급자인 시장조사 기관의 수가 많고 조사품질이 높을수록 마케터가 정확한 시장정보를 합리적인 비용으로 활용할 수 있게 되어 마케팅 조사의 부담을 덜 수 있다.

2.3.3 경쟁자 환경

경쟁자 환경이란 "경쟁자와 관련된 일체의 조건이나 상태"를 의미한다. 여기서 경쟁자란 "중복되는 소비자의 동일하거나 유사한 욕구를 충족시키려고 노력하는 현재적 혹은 잠재적 마케터"를 의미한다.

경쟁자를 제대로 파악하기 위해서는 마케터의 입장만이 아니라 소비자의 입장에서 생각해 볼 줄 알아야 한다. 음료시장에서 경쟁자를 파악하는 예를 들어보기로 하자. 기업간 경쟁관계만 본다면 기존의 경쟁업체로서 펩시콜라, 롯데칠성, 해태음료 등 주요 거대기업들을 떠올려 볼 수 있다. 여기에 신규 경쟁업체로서 제약회사나 외국계 음료회사의 진출을 예상해 볼 수 있다. 그리고 시각을 바꾸어서 제품 범주에 따른 경쟁관계로 파악한다면 탄산음료, 기능성음료, 과일음료, 식이섬유음료, 주류, 녹차, 커피, 우유, 요구르트, 생수 등 다양한 제품군들이 고려될 수 있다. 여기에 신규 제품으로서 저탄산음료, 퓨전장르의 음료, 전통차 등을 고려한다면 경쟁관계는 무한히 확대될 수 있다.

그런데 소비자의 욕구에 따라 그 제품이 어느 상황에서 소비되는지를 기준으로 분류한다면 경쟁관계를 다시 그려 볼 수도 있다. 다이어트 효과를 위해 소비자가 무가당 과일음료를 선택할 수도 있지만, 합성감미료가 들어간 탄산음료를 구매하거나 보다 적극적으로 비만방지 기능성 음료를 구매할 수도 있을 것이다. 졸음방지를 위해서는 카페인이 들어간 커피나 기능성음료 중에서 어떤 것을 구매해야 할 것인지 고민할 지도 모른다. 갈증해소를 위해서는 기능성 이온음료를 선택할 수도 있지만, 생수를 구매할 수도 있다. 영화관, 회식자리, 회의, 운동 후 등의 소비상황을 고려한다면, 소비자의 선택 조

그림 2-8 2014년 국내 업종별 경쟁자 환경

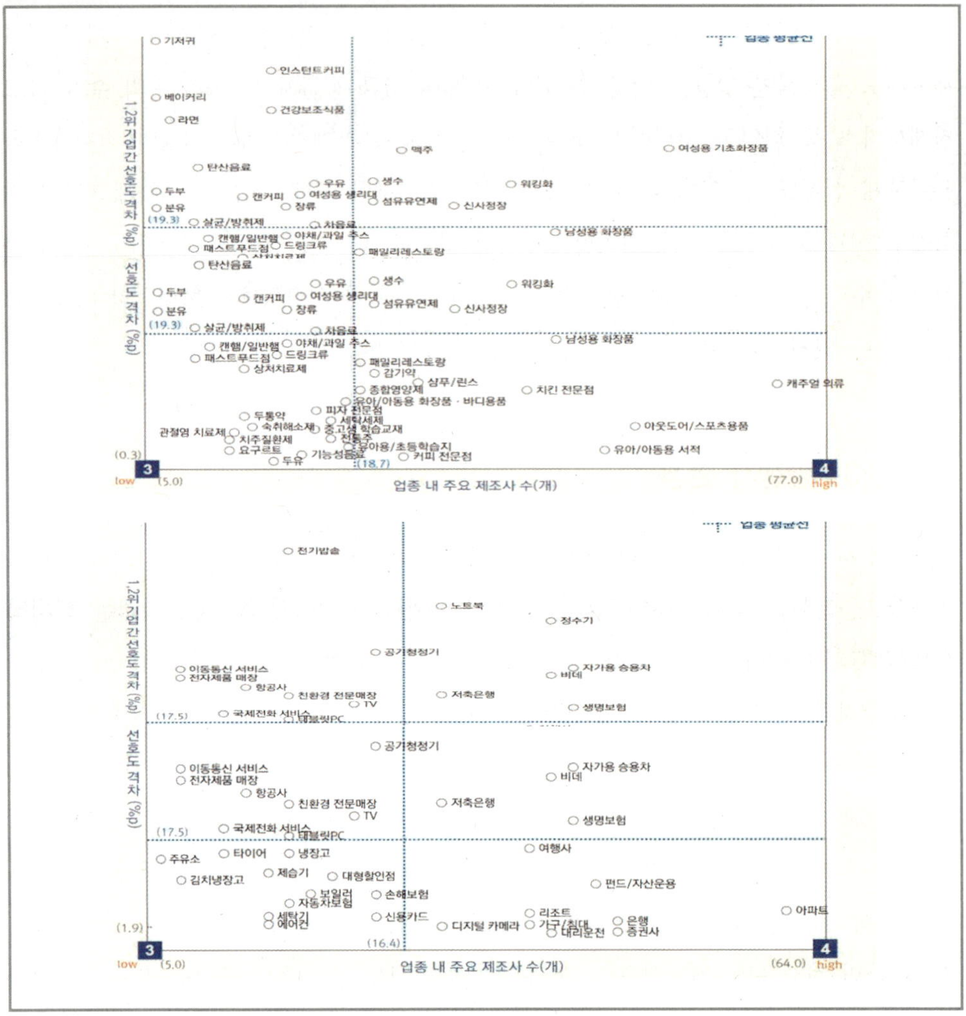

자료원: KOBACO, 소비자행태연구 MCR 연례보고서, 2014, KOBACO 홈페이지.

합은 더욱 다양해질 것이다.

마케터는 소비자의 구매패턴을 잘 이해하고 자신과 경쟁하는 기업과 제품이 어떤 것인지 명확히 정의한 후에 소비자의 구매상황에 따라 선호하는 제품의 특성이 어떻게 달라지는지 파악할 필요가 있다.

2.3.4 유통기관 환경

유통기관 환경이란 "유통기관과 관련된 일체의 조건이나 상태"를 의미한다. 여기서 유통기관이란 "생산자로부터 소비자로 제품이나 서비스를 전달하는 데 개입하는 도매상, 소매상 등 일체의 중개자"를 의미한다.

다양한 유통기능을 수행하는 풍부한 유통기관이 존재하는 경우는 그렇지 않은 경우에 비해 마케터가 마케팅 계획을 수립하는 데 보다 자유로운 여건을 누릴 수 있다. 유통기관이 부족한 경우에는 마케터가 직영하는 매장을 활용해야 하며 그 과정에서 적지 않은 마케팅 비용이 발생할 수 있다. 이는 결국 마케팅 성과 제고에도 부정적인 영향을 미칠 수 있다.

최근 주목되는 유통기관 환경의 변화 중 하나로 인터넷을 통한 유통의 활성화 현상을 꼽을 수 있다. 인터넷은 기업이 가장 효과적으로 이용할 수 있는 마케팅의 무대이다. 인터넷이라는 획기적인 도구의 등장으로 인터넷 사용자는 날로 급증하고 있다. 이러한 인터넷에서는 생산자와 소비자, 기업과 고객 간의 상호작용이 활발히 이루어지며, 누구나 쉽게 접근할 수 있는 글로벌 환경의 제공이 가능하다. 인터넷 사용가능 인구가 확산되면서 이제 마케터들은 쌍방향 커뮤니케이션이라는 크나 큰 장점을 가진 인터넷을 이용하여 가격 · 제품 · 촉진 · 물류 등의 효과를 극대화하는 노력을 더욱 적극적으로 펼칠 수 있게 되었다.

인터넷 전자상거래가 인터넷 사용인구의 급속한 증가와 함께 새로운 시장으로 부각되고 있음에 따라 기업이나 소비자에게 적지 않은 영향을 미치고 있다. 따라서 인터넷 마케팅도 기존의 오프라인상의 마케팅과는 다른 여러 가지 특징을 띠게 되었다.

첫째, 유통채널이 단순해진다. 기존의 상거래가 평상 도매상과 소매상을 거쳐 소비자에게 제품이 전달되는 반면, 인터넷 전자상거래는 인터넷을 통해 직접 소비자에게 전달되기 때문에 유통채널이 단순하고 소비자는 저렴한 가격으로 제품을 구입할 수 있는 장점을 누리게 된다.

둘째, 시간과 지역의 제한이 없다. 인터넷은 24시간 접속이 가능하며, 전세계와 연결되어 있어 제한된 영업시간 중에만 거래를 하는 기존의 상거래와는 달리 언제든 어느 때라도 인터넷을 통해 제품정보를 수집하고 전세계의 제품을 거래할 수 있다는 특징을 지닌다.

셋째, 고객의 수요에 대한 정보획득이 편리하다. 기존에는 시장조사방식이나 영업사원이 수요를 파악하여 이 정보를 다시 입력하는 방식으로 운영하였으나 전자상거래는 인터넷을 통하여 수시로 정보를 획득할 수 있다.

넷째, 쌍방향 통신에 의한 1 대 1 마케팅활동이 가능하다. 기존의 상거래방식은 소비자의 의사에 상관없이 기업의 일방적인 마케팅활동이 주류를 이루었다. 그러나 인터넷 전자상거래는 인터넷을 통해 소비자와 1 대 1 통신이 가능하기 때문에 소비자와의 상호작용적인 마케팅활동을 하게 된다.

다섯째, 판매거점이 필요 없다. 기존의 상거래는 시장이나 상점 등 물리적인 공간 내에서 전시에 의해 판매를 하거나 고객을 직접 방문하여 판매하는 방식을 취하나 인터넷 전자상거래는 네트워크를 통해 보다 많은 정보를 제공하고 이러한 정보를 이용하여 판매를 한다.

여섯째, 고객수요에 대한 즉각적인 대응이 가능하다. 기존의 상거래가 여러 단계의 유통채널을 통해 판매하고 일방적 마케팅활동을 전개하는 데 반해, 인터넷 마케팅은 쌍방향 네트워크를 통하여 고객에게 직접판매를 함으로써 고객의 수요에 신속하게 대처할 수 있다.

일곱째, 투자자본이 적게 소요된다. 기존의 상거래방식은 영업점 운영을 위한 토지나 건물 등의 구입, 임대에 많은 자본을 필요로 하였으나 인터넷 전자상거래는 인터넷 서버의 구입 또는 임대, 홈페이지 구축 등의 비용만 소요되기 때문에 경제적으로도 매우 효율적이다.

2.4 내부 환경

내부 환경요인으로는 인적 재무적 자원 등 조직의 자원, 신제품 연구개발 역량 등 조직의 핵심역량, 현재 사업 포트폴리오, 미래 비전 등이 꼽힌다.

2.4.1 비 전

비전(vision)이란 "마케터 혹은 마케터가 속한 조직이 실현하고자 하는 미래의 바람직한 상태" 혹은 "바람직한 미래상"을 말한다. 비전은 수개월 혹은 1년 전후로 설정되는 일반 조직 목표에 비해 장기적인 성격이 강하여 5년 혹은 10년 등 중장기적 기간을 염두에 두고 설정되는 경향이 있다.

비전이 담당하는 역할은 몇 가지로 정리된다. 우선 비전은 마케터가 속한 조직의 성격을 규정하고 조직이 앞으로 나아갈 방향을 제시함으로써 앞날의 불확실성을 줄이고 지향점을 유형화하는 기능을 수행한다. 나아가 비전은 조직 구성원의 동기부여 요인이자 행동지침 요인으로 작동한다. 당연히 마케터가 마케팅 의사결정을 내릴 때 지침을 제공해 준다. 결국 비전은 마케팅 활동의 성과를 측정하고 피드백할 때 사용하는 평가 기준의 근거를 제공하기도 한다. 경우에 따라 비전에 맞추어 사업 포트폴리오 재편성이 이루어지기도 한다.

마케터는 다양한 의사결정 상황에서 조직의 비전에 대한 정합성 수준을 의식적으로 고려함으로써 조직 전체의 나아갈 방향과 부합되는 마케팅 활동이 전개되도록 해야 한다.

그림 2-9 내부 환경

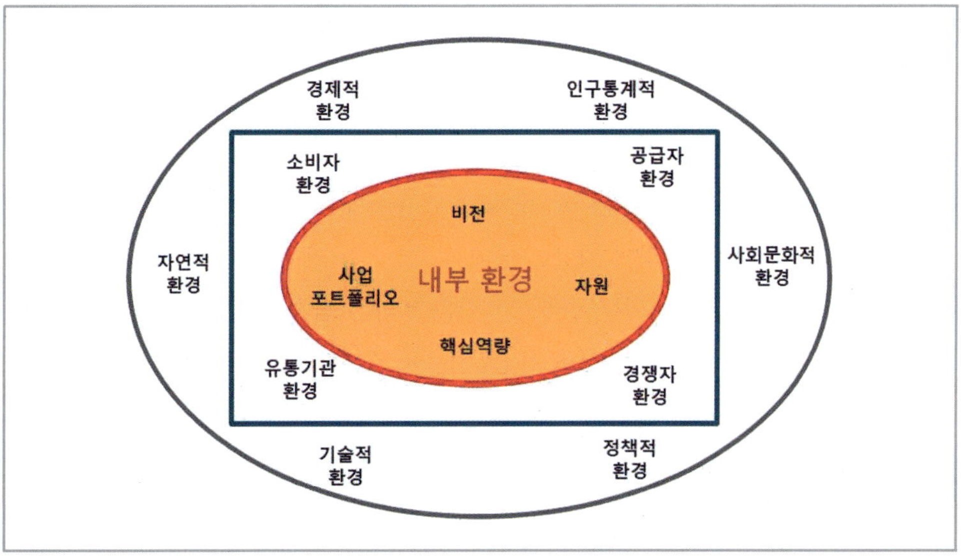

2.4.2 자 원

자원(resources)이란 "마케터 혹은 마케터가 속한 조직이 보유한 인적·재무적 자원일체"를 지칭한다. 풍부한 인적 · 재무적 자원을 보유한 대기업과 그렇지 않은 소규모 기업은 유사한 외부 환경에 처해 있더라도 마케팅 의사결정의 방향이 달라질 수 있다. 예를 들어, 새로운 국가간 FTA가 발효될 때 해외 소비자를 겨냥하여 유통 채널을 설계할 때 인적 · 재무적 자원이 풍부한 대기업이 현지에 구축할 수 있는 유통 채널의 형태와 소규모 기업의 대안은 다를 수 있다.

주의할 점은 마케터가 활용할 수 있는 현재의 정태적 자원수준도 중요하지만 미래에 변화될 동태적 자원수준도 충분히 고려해야 한다는 점이다. 마케터는 새로운 마케팅 기회를 모색하거나 위협 요인을 감지할 때 스스로의 현재 자원수준과 미래 확장 가능한 자원수준을 고려하여야 한다.

2.4.3 핵심역량

핵심역량(core competences)이란 "다양한 시장에 걸쳐서 고객 가치를 높이는 데 이용될 수 있으며 경쟁자가 모방하기 어려운 자신만의 내부 역량"을 지칭한다. 핵심역량은 예를 들어 기술적 노하우, 신뢰할 수 있는 고객 · 공급자관계, 충성도 높은 조직구성원, 창의적인 조직문화 등 여러 가지 형태로 존재할 수 있다.

핵심역량의 중요한 특징으로는, 우선 고객가치를 증진시켜 경쟁우위의 원천이 된다는 점, 다음으로 경쟁자가 모방하기 어렵다는 점, 끝으로 다양한 사업과 제품에 사용해도 소진되지 않고 오히려 조직학습을 통해 강화된다는 점 등이 꼽힌다.

1990년 핵심역량 개념을 제시한 플랄라드 · 하멜(Prahalad and Hamel)은 기업 조직을 나무에 비유하며 핵심역량이 다양한 열매에 해당하는 제품들에 접목되어 성과를 창출하는 데 기여하는 기반이 되는 뿌리의 역할을 한다는 점을 지적한 바 있다.

캐논은 광학기술을 핵심역량으로 육성함으로써 카메라, 복사기 등 광학기술이 접목될 수 있는 다양한 시장을 향한 마케팅 활동을 전개하였다. 혼다는 엔진기술을 핵심역량으로 육성함으로써 자동차, 모터사이클 등 엔진기술이 활용될 수 있는 다양한 영역으로 제품을 전개해 가고 있다.

마케터는 조직의 핵심역량이 무엇인지 파악함으로써 어떤 방향으로 마케팅 활동을 전개할지 지침을 얻을 수 있다. 다시 말해서, 마케터는 핵심역량을 지렛대로 활용하기 좋은 쪽으로 신제품 개발의 방향을 모색하는 것이 유리할 수 있다.

2.4.4 사업 포트폴리오

(1) 사업의 정의

사업 포트폴리오(business portfolio)란 "단일 개체에 의해 운영되는 모든 사업의 집합"을 말한다. 여기서 사업(business)이란 "이윤 확보 등 개인이나 조직의 목적 달성을 위해 재화나 서비스 등 일체 솔루션을 제공하는 활동"을 의미한다. 경우에 따라 그러한 활동을 영위하는 조직(organization)을 의미하는 경우도 있다. 사업의 정의를 살펴보면 마케팅의 개념과 매우 흡사하게 설정되어 있다는 사실을 발견할 수 있다. 이는 마케팅과 사업이 매우 깊은 상호관련성을 가진다는 사실을 시사하는 증거 중 하나로 볼 수 있다.

과거에는 사업을 정의할 때 공급자 입장에서 보는 제품 중심 접근(예: 화장품 사업)에 치중하는 것이 관행으로 받아들여졌지만, 오늘날에는 소비자 시각에서 바라보는 욕구 중심 접근(예: 아름다움 사업)이 마케터의 시각을 넓히는 데 유리하다는 점이 밝혀져 보다 우월한 사업 정의 방식으로 인정되고 있다. 다시 말해 마케터는 스스로 사업을 규정할 때 겉으로 드러나는 제품 형태에 매몰되지 말고 소비자의 어떤 욕구를 풀어주느냐에 주목할 필요가 있다. 예컨대 스탠다드 오일(Standard Oil)사의 마케터라면 스스로의 사업을 '휘발유와 경유 사업'으로 규정하기보다는 '에너지 공급 사업'으로 규정하는 것이 보다 풍부한 마케팅 기회를 포착하여 살리는 데 유리하다는 점을 인식할 필요가 있다. 이처럼 소비자 중심적인 욕구 중심 접근방식에 입각하여 사업을 정의하고 있는 사례를 살펴보면, 제록스(Xerox)의 '사무실의 생산성 향상', 레브론(Revlon)사의 '희망을 판매하는 기업', 소니(Sony)사의 '즐거움의 제공', 스탠다드 오일(Standard Oil)사의 '에너지의 공급', 콜롬비아 영화사(Columbia Pictures)의 '오락의 제공', 냉난방기계업체인 캐리어(Carrier)의 '온화한 가정 분위기 구현' 등을 들 수 있다.

마케터가 속한 조직이 운영하는 다양한 사업은 서로의 마케팅 방향에 직 · 간접적인 영향을 미치게 되므로 사업 포트폴리오에 대한 이해는 마케팅 의사결정 과정에서 반드시 필요한 과정 중 하나로 볼 수 있다. 마케터는 사업 포트폴리오에 대한 체계적인 모니터링을 통해 마케팅 의사결정에 대한 시사점을 얻을 수 있다. 현실세계에의 마케터들이 사업 포트폴리오를 모니터링하여 마케팅 의사결정에 필요한 시사점을 얻는 데 활용하는 도구들로는 BCG 매트릭스, GE 매트릭스 등 다양한 모델이 사용되는 것으로 알려져 있다.

(2) BCG 매트릭스

BCG 매트릭스의 의미

BCG 매트릭스는 성장률과 상대적 시장점유율 두 가지를 기준으로 사업들을 배치한 분석표이다. 보스턴 컨설팅 그룹(Boston Consulting Group)이 개발하였다고 하여 BCG 라고 불린다. 이 매트릭스의 특징은 각 사업의 상대적 매력도 비교가 쉽다는 점이다.

시장성장률의 경우 제품시장의 연 성장률이 10% 이상이면 고성장, 10% 이하면 저성장으로 분류하고 상대적 시장점유율은 자사의 사업단위의 시장점유율을 최고의 점유율을 지닌 경쟁자의 시장점유율로 나누어 산출하게 된다. 이때 이 값이 일정값보다 크면 매력적, 작으면 비매력적으로 분류한다.

그리고 이 매트릭스상에 각 전략 사업부의 매출 크기를 원의 지름으로 표현하여 전체 사업의 분포를 일목요연하게 나타낼 수 있다.

그림 2-10 BCG 매트릭스

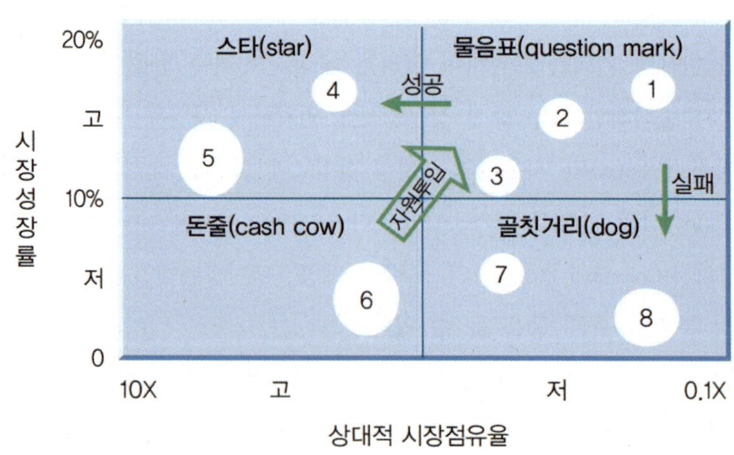

BCG 매트릭스에서 상대적 시장점유율과 시장성장률을 기준으로 사업의 매력도를 크게 네 가지로 구분지어 볼 수 있는데, 각각에 대해 물음표(Question Mark), 스타(Star), 돈줄(Cash Cow), 골칫거리(Dog) 등의 명칭을 부여하고 있다.

기업사업의 발전은 보통 물음표사업에서 시작하여 스타사업, 돈줄사업, 골칫거리사업으로 옮아가는 순서를 밟는다.

물음표사업에서는 성장가능성은 높으나 현실적으로 시장점유율이 낮아서 경쟁력이 취약한 경우 미래의 이익창출을 위한 마케팅 자원을 더 투자해야 할지 기업으로서 고민에 빠지게 된다. 일반적으로 시장점유율 증가를 위해 확대(build)전략을 펼친다. 물음표사업이 성공하면 스타사업과 돈줄사업으로 발전할 수도 있지만, 그렇지 못할 경우에는 골칫거리사업으로 전락하여 철수해야 하는 사업이 되기도 한다.

스타사업에서는 말 그대로 시장점유율도 높고 현재의 상대적 시장점유율도 높아서 시장지배적인 위치에 있게 된다. 따라서 기업의 사업부문들이 이 스타사업에 많이 위치할수록 기업은 미래에도 성공적인 경영활동을 할 것이라고 예측할 수 있다. 스타사업에 속하는 제품들은 제품수명주기로는 도입기나 성장기 단계에 놓여있는 획기적인 히트상품일 경우가 많다. 스타사업에서 벌어들인 수익은 그대로 스타사업에 재투자되는 것이 현명하다.

돈줄사업(현금젖소사업)은 미래의 성장가능성은 낮으나 현재의 상대적 시장점유율이 높아서 기업의 현금흐름 창출에 기여하고 있는 경우이다. 제품수명주기로는 성숙기 단계에 위치한 제품들로서 기업은 새로운 제품의 개발과 신규투자를 할지 아니면 현재의 돈줄이 되는 사업을 확장할지 고민하게 된다. 보통은 시장점유율을 그대로 유지하는 전략이나 수확전략을 펼친다. 돈줄사업이 스타사업과 구분되는 점은 이 돈줄사업에서 벌어들인 자금은 스타사업을 훨씬 능가하고 기업의 중심사업인 경우가 많기 때문에 이 사업에서 수확한 자금을 기반으로 물음표사업이나 스타사업을 지원할 수도 있고, 기업의 주주들에게 배당금을 지급하거나, 연구개발비 등 기업의 미래수익 창출의 자금 공급원으로 활용할 수 있다는 점이다.

골칫거리사업은 시장성장률도 낮고 현재의 시장점유율도 낮아서 기업으로서는 빨리 포기 또는 철수하고 싶은 사업이다. 이 부분의 사업을 퇴출시켜서 다른 부분의 사업에 투자하는 것이 훨씬 이익이지만, 재고가 소진되고 유휴시설을 가동시켜야 하는 이유 때문에 일정기간 골칫거리사업을 지속해야 하는 경우도 있다. 시장의 유행이 변동하거나 기업의 마케팅 노력으로 이 골칫거리사업이 스타사업이나 돈줄사업으로 변모하기도 하지만, 대부분의 경우에는 비효율적인 사업으로 평가되어 매각처분되거나 사업부가 해체되는 수순을 밟게 된다.

(3) GE 매트릭스

GE 매트릭스의 의미

GE 매트릭스는 GE그룹과 맥킨지(Mckinsey) 컨설팅사가 공동으로 개발한 매트릭스이다. GE는 1960년대 말, 맥킨지 컨설턴트들과 공동으로 사업부문간 성과 우수성을 비교하기 위한 매트릭스 개발에 착수하였다. 그 결과 전략에 있어서 근본적으로 새로운 개념, 즉 전략사업단위(SBU)라는 개념이 등장하였다. 전략사업단위 개념에 따르면, 다양한 사업부문을 갖는 기업은 제품유형에 따라 각기 다른 제품시장으로 나뉘어져야 한다. GE는 BCG의 포트폴리오 매트릭스를 항구적으로 채택하는 것을 검토하였으나, BCG 모델은 시장성장률과 시장점유율이라는 두 개의 변수에만 의존하여 너무 제한적이며 부정확한 판단과 예측에 취약하다고 판단하여 자체 개발하기로 하였다. 이에 따라, 1971년 맥킨지의 컨설턴트인 마이크 알렌(Mike Allen)은 GE의 부품 · 재료 부문을 분석하는 과

그림 2-11 GE 매트릭스

산업 매력도 \ 경쟁적 우위	강점	보통	약점
높음	투자 및 성장	투자 및 성장	현상유지
보통	투자 및 성장	현상유지	사업축소/철수
낮음	현상유지	사업축소/철수	사업축소/철수

정에서 비즈니스 스크린 매트릭스를 개발하였다. 다른 대기업들도 1979년부터 GE의 성공을 본받아 GE 매트릭스를 도입하기 시작하였다.

GE 매트릭스는 기업 외적 요인으로 산업(시장)매력도와 기업 내적 요인으로 경쟁적 우위를 사용하여 사업부를 평가 · 분석하고 다양한 평가요인을 포함함으로써 BCG 매트릭스의 단점을 보완하였다. GE 매트릭스의 수직축에는 산업(시장)매력도, 수평축은 기업의 경쟁적 우위를 나타낸다.

산업매력도(Industry Attractiveness Index)란 시장성장률, 시장의 규모, 산업수익률, 산업의 경기, 계절민감도, 경쟁강도 등 기업 외부 요인들에 대한 평가의 종합점수이다.

기업의 경쟁적 우위지표(Business Strength Index)는 시장점유율, 매출성장률, 가격과 원가 상의 우위, 제품품질, 자금력, 고객과 시장에 대한 지식, 기술력 등과 같은 기업 내부 요인들에 대한 평가의 종합점수이다.

일반적으로 GE 매트릭스를 토대로 제시되는 전략은 다음과 같다. 우선 사업강점과 산업매력도가 높은 전략사업단위(SBU)에 대한 투자를 증가시킨다. 반면, 사업강점과 매력도가 낮은 전략사업단위에 대한 투자는 축소시킨다. 양 극단 사이에 있는 전략사업단위에 대해서는 선택적 투자가 이뤄지며, 산업매력도와 사업강점의 정도에 따라 다양한 전략 수행이 가능하다.

[그림 2-11]에서 보았을 때 파란색으로 나타낸 부분은 사업성장을 위해서 투자해야 하는 부분들로서 점점 투자액이 늘어나는 경향이 있다. 녹색 부분은 외부경쟁에서 살아남을 만큼의 현상유지적인 양만큼 투자방법을 선택한다. 빨간색 부분은 현금회수에만 주력하고 전략사업에 대한 투자를 최소화하며 수확전략이나 철수전략을 선택한다.

GE 매트릭스와 BCG 매트릭스의 비교

GE 매트릭스는 BCG 매트릭스와 유사한 점이 많다. 이들은 모두 기존의 성공적인 사업부문으로부터의 잉여자원을 미래 유망부문에 선택적으로 배분하여 투자함으로써, 대기업의 사업부문을 관리한다는 아이디어에서 출발하였다. 분석단위로서 독립적인 전략사업단위라는 개념이 사용되고 있는 점도 비슷하다.

또한 BCG 매트릭스에서의 시장성장률은 GE 매트릭스에서의 산업(시장) 매력도에 해당하고 BCG 매트릭스에서 시장점유율은 GE 매트릭스에서 경쟁적 우위라는 척도로 대응이 가능하다. 그러나 두 접근법 간에는 몇 가지 차이점이 존재한다.

그림 2-12 SWOT 도표 작성 예시

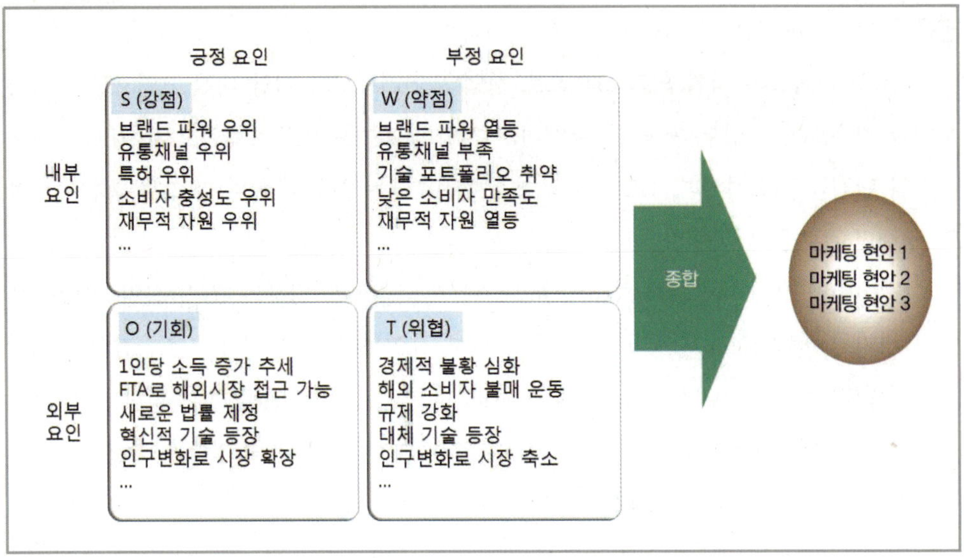

첫째, 사업 강점의 정의에 있어서 BCG 매트릭스는 시장점유율이라는 단일한 변수를 사용하는 데 반해서, GE 매트릭스는 훨씬 더 많은 변수들을 사용한다. 또한 산업(시장)의 매력도 경우에 있어서도 BCG 매트릭스가 시장성장률이라는 단일변수를 사용한다면, GE 매트릭스는 다양한 변수를 사용하고 있다. 둘째, GE 매트릭스는 9개의 구획으로 구성되는 반면, BCG 매트릭스는 4개의 구획으로 이루어진다. 따라서, GE 매트릭스는 BCG 매트릭스보다 자세하고 정확한 전략을 펼칠 수 있게 도와준다. 셋째, GE 매트릭스는 투자수익에 관심을 갖는 데 비해, BCG 매트릭스는 현금흐름에 초점을 맞춘다.

2.5 마케팅 환경분석

마케터는 외부 거시적 환경, 외부 미시적 환경, 내부 환경 등 다양한 마케팅 환경요인에 대한 끊임없는 모니터링과 유연한 마케팅 조사를 통해 마케팅 현안이 무엇인지

도출하고, 각각의 마케팅 현안을 어떻게 전개할지에 대한 시사점을 도출해야 한다.

일반적으로 마케터는 외부 환경요인에 대한 분석을 통해 마케팅의 기회(Opportunity) 요인과 위협(Threat) 요인을 파악하는 데 도움을 받게 된다. 나아가 내부 환경분석 과정을 통해 스스로의 강점(Strength) 요인과 약점(Weakness) 요인에 대한 이해도를 높일 수 있다. 흔히 이들 기회, 위협, 강점, 약점 요인을 종합하고 마케팅 방향에 대한 시사점을 얻기 위해 SWOT(Strength, Weakness, Opportunity, Threat) 분석을 이용하기도 한다. SWOT 분석은 SWOT 도표를 중심으로 이루어진다. 마케터는 SWOT 분석을 통해 내 · 외부 환경을 입체적으로 파악하여 마케팅 계획을 수립하는데 도움을 받을 수 있다. SWOT 분석은 네 가지 구획으로 일목요연하게 도식화되어 있어서 마케터의 현황 및 문제점을 쉽고 정확하게 파악할 수 있다. 나아가 SWOT 분석은 기업의 내 · 외부 상태를 동시에 파악할 수 있도록 도와주어 마케터가 마케팅 현안을 발굴하거나 마케팅 방향을 확립하는 데 도움을 준다.

마케터가 SWOT 분석을 실시하는 과정은 다음과 같다. 첫째, 앞에서 기술한 외부 거시적 환경, 외부 미시적 환경, 내부 환경요인에 대한 조사를 실시한다. 이때 활용되는 마케팅 조사방법과 절차는 이 책의 해당 부분을 참조할 수 있다. 둘째, 내부 환경요인에 대한 자료로부터 도출한 정보를 마찬가지로 간략하게 요약하여 강점(Strength) 요인과 약점(Weakness) 요인으로 분류한 후 각각 S(Strength) 분면과 W(Weakness) 분면에 기입한다. 셋째, 외부 거시적 환경, 외부 미시적 환경요인에 대한 자료로부터 도출한 정보를 간략하게 요약하여 기회(Opportunity) 요인과 위협(Threat) 요인으로 분류한 후 각각 O(Opportunity) 분면과 T(Threat) 분면에 기입한다. 넷째, 자유로운 아이디어 발상과 토론을 통해 S(Strength) 분면의 요인을 활용하여 O(Opportunity) 분면 요인의 기회를 살려가는 방안과 T(Threat) 분면의 위협을 방지해가는 방안을 도출해 본다. 아울러, W(Weakness) 분면의 요인을 보완함으로써 O(Opportunity) 분면 요인의 기회를 살려가는 방안과 T(Threat) 분면의 위협을 방지해가는 방안을 도출해 본다. 다섯째, 도출된 마케팅 방안들을 사전에 설정한 기준에 비추어 체계적으로 평가함으로써 우선순위를 설정한 후 최우선 현안부터 구체적인 마케팅 계획을 수립하여 실행한다.

사례 2-3 환경에 적응하여 살아남는 항공사, 사우스웨스트

9.11테러와 이라크전쟁 등으로 세계 항공업계를 주도해왔던 미국의 거대 항공사들이 적자의 늪에서 빠져나오지 못하고 파산보호신청을 하는 등 위기를 맞고 있다. 그러나 이 와중에도 수익을 남기며 꿋꿋이 버티는 항공사도 있다. 세계 항공업계의 판도는 이 소용돌이 속에서 어떻게 변할 것인가? 과연 어떤 항공사가 살아남고 어떤 항공사가 사라질 것인가? 살아남는 항공사의 비결은 어디에 있는가?

주목할 항공사는 사우스웨스트항공이다. 1971년 창립 이래 31년 연속 흑자를 내는 항공사로, 지금은 미국 최고의 기업으로 자리매김을 한 사우스웨스트항공. 미국 대학생들이 가장 취업하고 싶어하는 기업 1위를 달리고 있는 기업이 바로 사우스웨스트항공이다.

사우스웨스트항공의 성공비결은 ▲환경적응성 ▲내부정합성으로 요약할 수 있다.

항공사로서는 후발주자인 사우스웨스트사(社)는 다른 항공사가 외면하던 500마일 이내의 항로를 겨냥하며 성공의 실타래를 풀기 시작했다. 이는 인접도시간 수시로 왕복하는 출퇴근 비즈니스 승객이 중심을 이루는 시장이었다. 다른 항공사에서 낮게 평가하던 이 시장의 잠재력을 꿰뚫어 본 것이 사우스웨스트사 성공의 첫걸음이었던 것이다.

육상교통을 이용하는 승객을 유인할 수 있을 정도로 요금을 낮추기 위해선 항공기 운항의 효율성을 극대화해야만 한다. 이를 위해 사우스웨스트사는 B737 기종 한 가지만을 보유하고 있다. 이 때문에 조종사 훈련에서 정비에 이르기까지 많은 비용을 절감할 수 있었다. 또한 값싼 항공권을 찾는 비즈니스 이용객이 많은 것에 주목하여 항공료를 파격적으로 낮추는 대신 일체의 서비스를 줄여 원가를 최소화했다. 비행거리가 짧은 만큼 기내식을 제공하지 않고 대신 땅콩과 스낵 종류만 제공해 비용을 최소화하고 노선에 따라서는 승무원도 없앴다.

또한, 여행사를 통한 항공권 판매도 중단하여 줄어든 수수료 부담분을 저가격 정책으로 이어나가 비싼 항공료에 부담을 느끼는 비즈니스맨들 사이에 폭발적인 인기를 끌었다. 그리고 지정좌석도 없이 선착순으로 앉고 싶은 좌석에 앉게 하여 좌석 배정에 괜히 시간을 빼앗아 승객들에게 불편을 주지 않도록 했다. 이러다 보니 모든 항공절차가 승객의 관점에서 이루어질 수 있었다. 항공기 운항 정시성도 미 항공사 최고를 자랑하는데 이것도 고객의 욕구를 철저히 파악한 전략의 하나다. 사우스웨스트사는 도착한 지 15~20분 정도면 다시 이륙할 정도로 정시성을 생명으로 한다. 이는 한 가지 기종만을 운영하여 철저한 정비가 바탕을 이루고 있지만 객실승무원이 바쁘면 항공기를 조종하는 기장까지 객실업무를 돕게 하는 유연성도 한 몫하고 있다고 볼 수 있다.

사우스웨스트 홈페이지

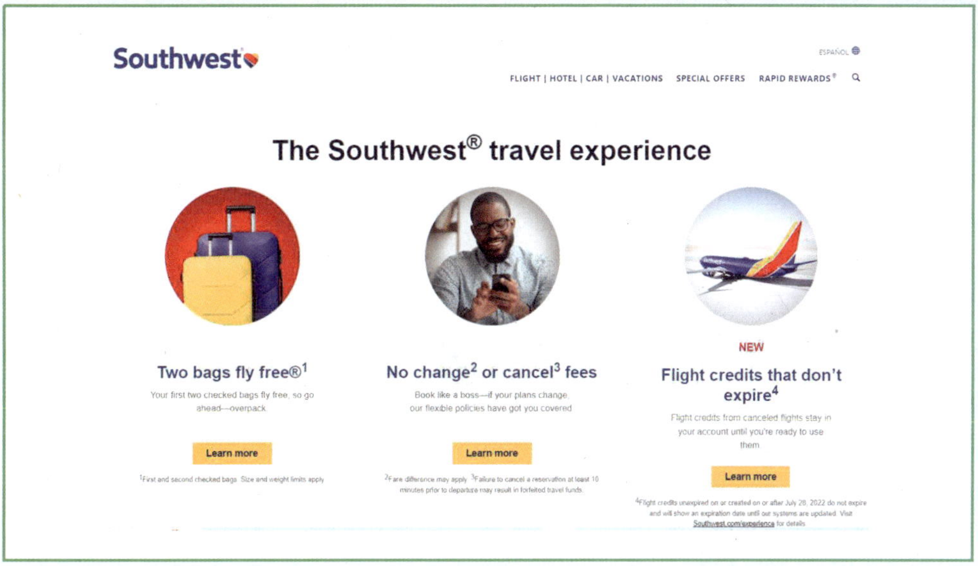

자료원: 사우스웨스트 홈페이지. https://www.southwest.com/flying-with-southwest/?clk=GSUBNAV-AIR-FLYINGSOUTHWEST.

사우스웨스트를 벤치마킹해서 실패한 항공사

사우스웨스트사의 성공을 보고 이를 벤치마킹한 항공사가 있었다. 바로 컨티넨탈항공사였다. 하지만 컨티넨탈항공사는 두 마리 토끼를 모두 잡으려하는 우를 범했다. 바로 기존의 풀서비스 항공 노선을 유지하면서 동시에 사우스웨스트식의 저가 노선을 운항하는 것이었다. 결과는 참담한 실패를 가져왔다. 서로 다른 시스템이 뒤엉켜 서로의 발목을 잡고 효율성을 악화시키고 원가부담을 상승시켰다. 국내선 항공기는 연발과 결항을 밥먹듯이 하게 되고 수하물 이동으로 출국수속 또한 지연되었다. 풀서비스 고객유지를 위해 여행사 발권체제를 포기할 수 없었던 컨티넨탈은 저가 노선 고객이 여행사를 통해 항공권을 구매해도 막을 도리가 없었다. 그 결과 수수료 부담도 전혀 줄지 않았다. 컨티넨탈항공사는 이 후유증이 겹쳐 결국 파산보호신청을 하게 되었고 지금은 없어졌다.

자료원: 주간 항공동향 200호, 2003. 4. 14. 일부 수정.

CHAPTER 3

소비자행동 이해

3.1 소비자행동 개관
3.2 소비자 구매의사결정과정
3.3 소비자 정보처리과정
3.4 소비자행동의 사회문화적 영향요인
3.5 소비자행동의 개인심리적 영향요인

Marketing Management

사례 3-1 소비자 구매 과정 편리성을 제고한 스타벅스 코리아(Starbucks Korea)

스타벅스(Starbucks)는 미국 시애틀에 본사를 둔 세계 최대 커피 전문점 및 로스터리(roastery) 매장 체인점이다. 1971년 커피 원두 소매점으로 출발한 스타벅스는 1980년대부터 커피전문점으로 성장해왔다. 스타벅스 코리아(Starbucks Korea)는 스타벅스 미국 본사와 신세계 그룹의 합작법인으로 출발하여 1999년 1호점을 오픈한 이래 1,000개 이상의 매장을 운영하고 있다. 2021년 지분변동이 발생하였으나 기본적으로 원두 구매, 매장 인테리어 등 본사와의 협업이 지속되고 있다.

스타벅스 사이렌 오더

스타벅스 코리아는 소비자에게 사이렌 오더(Siren order)를 내포한 스타벅스 앱을 제공하여 편리하게 제품선택지의 다양성을 누리도록 했다. 사이렌 오더는 2014년 5월 스타벅스 코리아에서 전세계 처음으로 선보인 디지털 기반 주문-결재 시스템이다. 사이렌 오더는 사용자가 스타벅스 앱을 켜고 주문을 시작하면 매장을 자동으로 인식한다. 소비자는 사이렌 오더의 메뉴 선택을 통해 상세한 맞춤 메뉴를 주문할 수 있다.

사이렌 오더가 내포된 스타벅스 앱이 매장 위치를 인식하는 방법은 두 가지다. 하나는 스마트폰 위치기반서비스(LBS)에 널리 쓰이는 GPS(Global Positioning System)다. 사용자는 GPS 기준으로 반경 2km 이내에 위치한 스타벅스 매장으로 사이렌 오더를 사용할 수 있다. 다른 하나는 초음파다. 스타벅스 앱을 처음 설치할 때 마이크의 접근을 요청한다. 스타벅스 매장을 자세히 보면 검은색 장비가 천장에 매달려 있는 것을 볼 수 있다. 이 장비는 사람의 귀에는 들리지 않는 초음파를 쏘는 스피커다. 각 스타벅스 매장에는 자체 주파수가 할당된다. 스타벅스 앱은 스마트폰의 마이크를 통해 이 초음파를 인식하고 매장이 어디에 있는지 인식한다. 공기 진동을 이용하는 초음파는 바람 등 실외 환경의 영향을 덜 받는 매장 내 상황에서 주로 활용된다.

사용자가 사이렌 오더로 커피 한 잔을 주문할 때도 기본 옵션과 퍼스널 옵션을 통해 (디)카페인 여부, 온도, 사이즈, 샷 추가 여부, 물 양, 얼음 양, 시럽 종류/양, 휘핑크림 종류/양, 드리즐 종류/

양, 우유 종류/양 등 편리하게 선택 가능한 조합 수가 수만에 이른다. 사이렌 오더는 간단명료한 조작으로 극단적으로 맞춤화 된 메뉴를 사용자가 경험하도록 돕는다. 사이렌 오더 주문 건수도 빠르게 늘고 있다. 2014년 5월 스타벅스 코리아의 사이렌 오더 도입 이후 2019년 9월 누적 주문 건수 1억건을 돌파할 때까지 5년 걸렸다면, 이후 누적 2억건까지는 겨우 1.5년 걸렸다고 한다. 근래 스타벅스 코리아 전체 주문·결제의 4분의 1이 사이렌 오더로 이뤄진다고 한다.

스타벅스 코리아는 사이렌 오더를 통해 소비자에게 구매 행위 과정의 주도권을 더 많이 넘겨주고 상호 윈윈하는 길을 걷고 있는 셈이다.

자료원: IT조선 2017. 4. 19., 김현식(2022), 코케팅, 경문사, 한경닷컴 2022. 5. 18.

사례 3-2 '나홀로족' 소비자 행동

우리나라 1인 가구는 1990년 9.0%에서 2010년 23.9%로 지난 20년간 빠르게 증가해 왔으며 1인 가구 증가세는 당분간 지속될 것으로 보인다. 통계청 장래가구추계에 따르면 전체 가구에서 1인 가구가 차지하는 비중은 2020년 29.6%, 2030년 32.7%로 꾸준히 늘어나는 것으로 예측되고 있다. 1인 가구의 증가는 소비를 늘리는 경향으로 이어진다. 주거, 내구재 등 공유 가능한 소비를 1인 가구는 홀로 소비해야 하기 때문이다. 1인 가구의 독특한 욕구는 '나홀로족' 소비자 행동으로 표출된다. 한 취업 포털의 설문조사에 따르면 대학생 네 명 중 세 명은 자신을 '나홀로족'으로 여겼다. 이들은 외부와 단절된 채 일체의 사회적 관계를 거부하는 '히키코모리(引き籠もり)' 또는 '코쿤(cocoon)족'과는 다르다. 하고 싶은 일을 혼자 할 뿐이다. 필요에 따라 사람들과 어울리기도 하지만, 자신의 취향과 선택에 따라 '홀로 됨'을 마다하지 않는다. '나홀로족'의 소비자 행동은 독특한 측면이 존재한다.

▸ 1인 전용 식당

신촌에 위치한 일본식 라멘집. 7년 전 문을 연 이곳은 '1인 전용 식당'으로 식권부터 무인자판기를 통해 구입해야 한다. 한 줄에 5석씩 네 줄, 복도식으로 만들어진 식당의 전체 자리 수는 20석 규모. 칸막이가 쳐진 독서실 형태라 옆 사람과 눈이 마주칠 일도 없다.

라면집 사장은 "평일엔 200명 정도, 주말엔 300명 정도가 음식점을 찾는다"고 말했다. "처음에는 식당에 들어왔다 놀라서 그냥 나가는 사람들도 많았어요. 식당이 뭐 이렇게 생겼나 했던 거겠죠. 근데 문 연지 4, 5개월 만에 흑자로 돌아서더라고요. 아무래도 우리나라에선 혼자 식사를 하는 게 익숙하지 않은데, 여긴 혼자서도 편하게 먹을 수 있으니 좋아하는 것 같아요."

▸ 혼자 가면 커피값 깎아주는 1인 우대 카페

서교동의 D 카페. 카페 한쪽에는 칸막이 쳐진 1인용 자리가 있다. 이곳은 홀로 온 손님들이 음료를 주문하면 디저트의 값을 깎아주고, 음료를 다시 채워줄 때는 3,000원을 할인해 준다. 가게에 앉아 있는 손님 모두 혼자였다. 카페 주인은 "혼자 온 사람들이 남 눈치 안 보고 편히 즐기다 가도록 배려한 건데 혼자 오는 손님들이 너무 많아져 걱정"이라고 했다.

▸ 1인 전용 노래방

H대 근처 S 노래방. 1인 전용 노래방이다. 16개의 작은 방들이 다닥다닥 붙어 있다. 좁은 공간이지만 있을 건 다 있다. 음량, 에코 등을 직접 조절하는 사운드 믹서와 마이크, 헤드셋까지. 어떤 소음도, 시선도 없는 나만의 콘서트장에서 나만의 애창곡을 마음껏 부를 수 있다. 녹음도 가능하다. 녹음한 노래는 리모컨 조작으로 바로 USB에 옮기거나 이메일로 전송이 가능하다. 낮 시간대 이용료는 1시간에 6,000원, 2시간에 10,000원. 직원은 "하루 120명 가까이 몰려 2시간씩 대기하는 날도 많다"고 했다. 그는 "1인실이다 보니 장비 설치에 돈이 더 들지만 손님이 알아서 혼자 놀다 가기 때문에 종업원 인건비가 별로 안 든다"고 말했다.

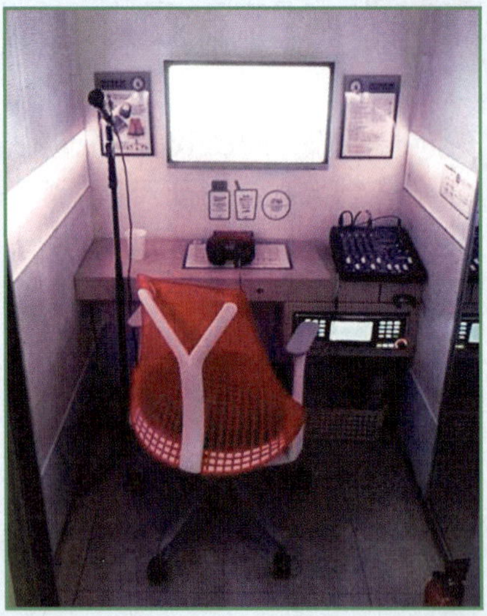

▸ 1인 전용 미니 제품

나홀로족은 4~6인용으로 많이 나오는 일반 가정용 식재료가 부담되기 때문에 적당한 양과 신선도를 유지하는 '1인용 반조리제품'과 '소포장 식품'을 선호한다. 홈플러스나 롯데마트 등 대형마트 업체들의 경우 소포장 제품을 확대하며 나홀로족을 겨냥하고 있다. 250㎖짜리 미니 와인이나 맥주, 60~80g짜리 소형 김치팩 등이 대표적인 인기 상품이다.

공간 활용도가 좋은 소형 전자제품도 인기다. 핸디형 청소기, 46L짜리 소형 냉장고, 1 3kg 내외 미니 세탁기, 1, 2인용 전기밥솥 등이 대표적이다. 롯데마트의 한 직원은 "최근 출시한 쿠쿠미니는 작은 사이즈에 프리미엄 기능을 담은 3인용 압력 밥솥"이라며 "쾌속취사(13분) 기능으로 1인분 밥도 빠르게 지어 먹는 편리함이 장점"이라고 했다. 혼자 사는 데 많은 노력을 필요로 하지 않는 소형 전자제품들은 나홀로족에겐 안성맞춤이다.

자료원: 오마이뉴스 2013. 2. 10., 주간조선 2010. 3. 15., 중앙일보 2014. 4. 13. 정리.

3.1 소비자행동 개관

3.1.1 소 비 자

소비자는 소비자행동의 주체이다. 사전적 의미에서 볼 때 소비자란 "스스로의 욕구를 충족시키려고 제품이나 서비스를 사거나 쓰는 사람"이다. 소비자는 단위에 따라 개인소비자와 조직소비자, 누가 최종적으로 사용하느냐에 따라 구매자와 사용자로 나눌 수 있다. 개인소비자는 최종적으로 재화나 서비스를 소비하는 개개인을 말한다. 조직소비자는 영리를 목적으로 소비를 하는 기업조직과 종교단체, 대학, 정부 등과 같은 공공기간이 포함된 비영리조직으로 나눌 수 있다. 그리고 제품과 서비스를 구입하는 사람과 실제 사용하는 사람들이 일치하지 않는 경우가 발생하는데, 이와 같은 차이에 따라 구매자와 사용자로 소비자를 구분하기도 한다. 제품을 구입하는 사람과 실제 사용하는 사람은 제품에 대한 구매결정과정에서 차이가 있다. 예를 들어, 내가 선물하기 위해 구입할 경우와 직접 쓰기 위해 구입할 경우는 다르다.

인터넷 문화가 폭발하면서 기존 소비자에 대한 특징과 종류 역시 변화되고 있다. 지금까지 소비자는 단순히 제품을 구매하기 위한 수동적인 존재로 인식되어왔다. 구매

평가와 소비자운동이 이후 활발해졌지만 이슈화되기에는 많은 한계가 있었다. 하지만 오늘날 인터넷은 지금까지와는 전혀 다른 소비자의 모습을 보여주고 있으며 지속적으로 변화하고 있다. 인터넷 소비자들은 인터넷 공간을 구심점으로 삼아 새로운 제품에 대한 정보와 평가, 나아가 제품설계에까지 영향을 미치는 적극적인 소비자 개념인 프로슈머로까지 발전하고 있다.

3.1.2 소비자행동

제대로 된 마케팅 자극을 소비자에게 제시하여 소비자의 긍정적 반응을 이끌어내기 위해서는 먼저 소비자행동 전반에 대한 통찰이 필요하다.

벨치 · 벨치(Belch & Belch, 2004)에 따르면 소비자행동(consumer behavior)이란 "소비자들이 그들의 필요와 욕구를 만족시키기 위한 제품과 서비스를 선택, 구매, 사용, 평가 및 처리하거나 찾기 위해 참여하는 일련의 과정과 활동"이다. 엥겔 · 블랙웰 · 미니어드(Engel, Blackwell & Miniard, 1995)는 "행동을 결정하는 데 선행하고 뒤따르는 의사결정 과정을 포함하여 개인이 재화와 서비스를 획득하고, 소비하며, 배분하는 데 직접 관련된 행동"으로 정의하고 있다. 쉬프만 · 카눅(Schiffman & Kanuk, 1978)은 "소비자들이 기대하고 있는 제품과 서비스를 이용하고 구입하고 평가해서 그들의 욕구를 충족시켜 줄 수 있는 행동"이라고 말하였다.

이와 같이 일반적으로 통용되는 소비자행동에 대한 정의를 살펴보면 "제품과 서비스를 구매하거나 소비하기 원하는 사람들이 행동하는 모든 활동"을 소비자행동으로 규정하고 있다. 모든 활동 안에는 "구매를 위한 구체적인 과정뿐만 아니라 구매 이후의 평가와 사후활동까지를 모두 포함"한다.

사람들이 소비행동을 하는 이유는 매우 다양하다. 갑작스럽게 돈이 생겨 제품에 대한 욕구가 일어날 수도 있고, 이사나 결혼과 같은 환경이나 신상의 변화가 소비행동을 하게도 한다. 주위사람이나 친구들의 영향으로 소비행동을 하기도 하고, 광고나 판매원의 영향에 의해 구매욕구가 일기도 한다. 그 가운데는 내 · 외적인 평가와 정보처리, 구매의사결정 등과 같은 일련의 합리적인 과정을 통해 설명될 수 있는 것들이 존재하는가 하면 도저히 이해될 수 없는 비합리적인 이유를 통해 소비가 발생하는 경우도 있다.

소비자행동 이해의 틀은 [그림 3-1]로 요약할 수 있다. 투입요소로는 제품, 가격,

그림 3-1 소비자행동 이해의 기본 틀

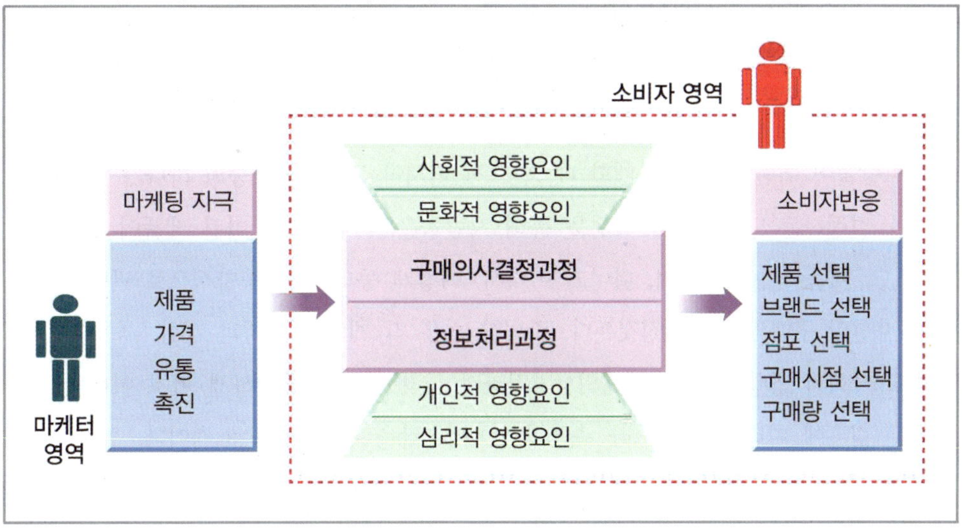

유통, 촉진 등 마케팅 믹스가 전개되어 소비자에게 제시되는 마케팅자극이다. 똑같은 마케팅자극이 소비자들에게 들어와도 마지막 산출인 소비자반응은 제각각일 수 있다. 이러한 차이를 설명하기 위해 소비자행동 모델에서는 세 가지를 제시하고 있다. 첫째는 소비자 구매의사결정과정, 둘째 소비자 정보처리과정, 그리고 셋째는 소비자행동에 영향을 미치는 사회문화적 · 개인심리적 영향 요인이다.

위키피디아(www.wikipedia.org)에서 언급한 바와 같이 결국 소비자행동을 이해한다는 것은 사람들이 어떻게 구매하며, 무엇을 구입하며, 언제, 어떤 이유로 구입하는 지에 대해 연구한다는 것이다. 마케터로서는 소비자가 스스로의 욕구를 충족시키기 위해 자신을 둘러싼 환경 속에서 어떤 과정을 통해 구매를 결정하고 이를 행동으로 옮기는지를 보다 잘 이해함으로써 효과적인 마케팅 자극을 설계하여 제시할 수 있는 단서를 얻을 수 있을 것이다.

3.2 소비자 구매의사결정과정

사람들이 어떤 제품을 구매할 때, 반드시 거쳐야 되는 과정 중의 하나가 바로 제품 구매를 결정하는 단계다. 이 과정을 통해 사람들은 구체적으로 어떤 제품이 필요하며, 왜 꼭 그 제품이어야만 하며, 나아가 어디서, 어떻게 등의 답을 종합적으로 판단해 최종적인 자신의 구매의사를 결정짓는다. 주의할 점은 각 개인의 성향과 경험, 제품의 성질, 그리고 사회적 영향에 따라 구매의사결정과정이 각 단계를 확실하게 거쳐 이행될 수도 있지만 경우에 따라 압축되거나 축약되어 매우 짧을 수도 있다는 점이다. 일반적으로 발견되는 소비자 구매의사결정과정은 문제인식, 정보탐색, 대안평가, 구매, 구매 후 행동 등 다섯 가지 단계로 이루어진다.

3.2.1 문제인식

어떤 제품이나 서비스에 대한 소비자의 구매행위가 발생하려면 필요(needs)를 스스로 인식하는 과정이 선행되어야 한다. 자신의 실제상황과 바람직한 상태 간의 간격이 커질수록 소비자는 스스로의 문제(problem), 즉 필요(needs)를 비로소 인식하게 된다.

소비자의 구매의사결정과정이란 결국 소비자가 스스로의 필요를 충족시키기 위해 적당한 수단을 찾아가는 과정이다. 그러므로 필요의 인지는 구매의사결정과정의 첫 번째 단계로 소비자가 문제를 인식하고 이에 대한 해결책을 갈구하는 단계이다.

문제의 인식이 구매의사결정과정으로 이어지기 위해서는 충분한 동기부여가 필요하다. 예를 들어, 배고픔이라는 신호로 인해 인지하게 된 영양소 섭취에 대한 필요(needs)가 김밥을 사 먹어야겠다는 요구(wants)로 이어지기 위해서는 매우 허기지고, 간

그림 3-2 소비자 구매의사결정과정

푸른 솔 색깔이 탈색되며 교체 필요시점을 알려주도록 디자인된 오랄B 인디케이터 칫솔

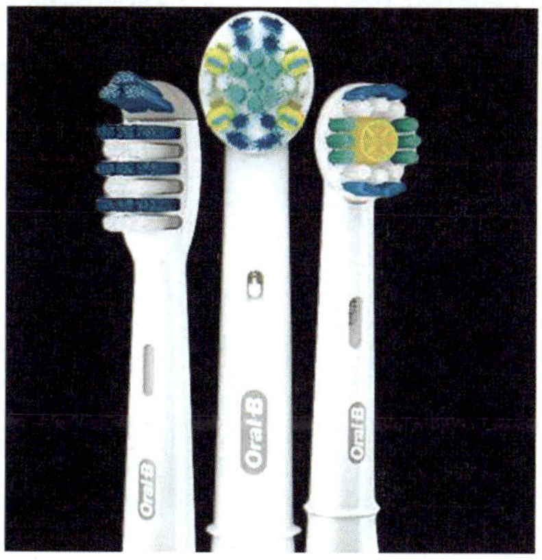

편하게 식사를 해야 한다는 동기가 강하게 부여되어야 한다.

문제인식의 유발요인으로는 내적인 요인과 외적인 요인이 있다. 내적인 요인으로는 배고픔 · 갈증 같은 생리적 욕구의 발생, 사용하고 있는 제품이 모두 소비되는 상황의 발생(예: 화장실의 떨어진 휴지, 바닥난 자동차 휘발유)을 들 수 있다. 외적인 요인으로는 가족이나 준거집단의 영향 그리고 기업의 마케팅 노력(예: 광고) 등이 있다.

마케터는 자사의 제품이나 서비스와 관련된 필요를 인지하고 있는 소비자집단을 발견하거나 경우에 따라 스스로의 문제를 보다 잘 인식하도록 마케팅 자극을 제시할 필요가 있다. 예컨대, 엔진오일 교한 서비스를 제공한 카센터에서는 다음 엔진오일 교환 필요시점이나 주행거리를 알려주는 것이 문제인식을 도와준다는 점에서 바람직할 수 있다.

3.2.2 정보탐색

정보탐색은 소비자들이 자신의 문제를 인식한 이후 문제해결 수단에 대한 여러 가지를 정보를 찾아보는 단계이다. 예를 들어, 해외여행을 앞두고 낡은 아날로그 카메라를 대체하려는 필요를 인식하게 된 소비자는 디지털카메라에 대한 정보를 탐색하게 될 수 있다. 디지털카메라의 중요 속성은 무엇인지, 어떤 메이커가 있는지, 각 메이커마다 제품의 장단점은 무엇인지, 어디에서 사는 것이 싼지 등에 대해서 인터넷을 뒤지기도 하고, 친구에게 물어보기도 하고, 카메라점을 방문해 보기도 한다. 디지털카메라와 같이 비교적

고가이고 고관여된 제품일수록 정보탐색 노력을 많이 하게 된다. 일반적으로 소비자는 고관여된 제품이나 정보가 적거나 시간이 많을수록 정보탐색을 많이 하는 경향이 있다.

소비자의 정보탐색은 내적 탐색(internal search)과 외적 탐색(external search)으로 나눌 수 있다. 내적 탐색은 내 기억 속에 있는 관련정보를 회상하는 것을 말하다. 특히 제품에 대한 정보가 충분하고, 그것을 충분히 기억하고 있고, 과거 만족스러운 선택대안이 있을 경우 내적 탐색은 많이 사용된다. 내적 탐색은 비교적 저관여된 제품이나 일상적인 구매행동에서 많이 사용된다. 그러나 내적 탐색만으로 해결되지 않는 경우에 소비자는 외부의 정보를 탐색하게 된다. 고관여된 제품의 경우 소비자는 적극적으로 외부정보원천을 탐색하게 된다. 소비자가 정보를 획득하게 되는 외부원천으로서는 기업의 정보(예: 광고, 점포, 포장, 판매원 등), 소비자 정보(가족, 친구, 동료 등) 그리고 정부, 공공기관, 언론기관과 같은 중립적 원천이 있다. 최근에 인터넷 쇼핑이 활성화되면서 온라인 구전은 중요한 정보원천이 되고 있다. 사용자들의 사용후기나 댓글 등은 다른 어떤 정보원천보다 구매에 직접적인 영향을 미치고 있기 때문에 마케터는 온라인 구전정보를 검색하고 모니터링하는 것이 중요하다.

3.2.3 대안평가

스스로의 문제(필요, needs)를 인지하여 내외적인 정보탐색과정을 거친 소비자는 몇 개의 선택대안을 가지게 된다. 이들 선택대안들을 소비자 나름의 기준에 의해 평가하여

그림 3-3 대안의 평가

속성	속성별 중요도	각 브랜드에 대한 평가		
		A	B	C
가격	40	8	3	5
연비	30	5	3	7
스타일	20	5	5	5
메이커 명성	10	3	7	5
평가점수(태도점수)		600	380	560

선호 우선순위를 정하는 단계를 대안평가 단계라고 한다. 예를 들어, 첫 차를 구매하는 사람이 정보탐색 결과, 3개의 선택대안 자동차가 선정되었다면, 어떤 평가기준을 가지고 셋 중에서 하나를 선택하게 될 것이다. 소비자들은 여러 평가기준을 가지고 각 대안들을 평가하는데, 이를 선택기준이라고 한다. 자동차의 경우는 가격, 브랜드(메이커), 연비, 스타일, 크기 등이 선택기준이 될 수 있다.

[그림 3-3]은 대안을 평가하는 예를 보여주고 있다. 예를 들어, 자동차의 가격, 연비, 스타일, 메이커 명성의 속성중요도를 각각 40, 30, 20, 10으로 가중치를 주고 3개의 자동차 브랜드를 10점 만점으로 각 속성평가를 내린다. A브랜드의 경우 가격이 8점, 연비가 5점, 스타일이 5점, 메이커 명성이 3점으로 나왔다. 이 각각의 속성평가점수에 속성중요도를 곱하여 더하게 되면 600점(40×8+30×5+20×5+10×3)이라는 평가점수가 나오게 된다. B의 경우 380점, C의 경우 560점이 나오게 된다. 이 평가점수는 그 소비자의 각 브랜드에 대한 태도점수라고 할 수 있다. 따라서 이 소비자는 브랜드A라는 자동차에 대한 태도점수가 가장 높기 때문에 A자동차를 가장 선호할 것이며, A자동차를 선택하여 구매할 가능성이 높다고 할 수 있다.

그림 3-4 2014년 국내 소비자 휴대폰, 이동통신 구매 기준

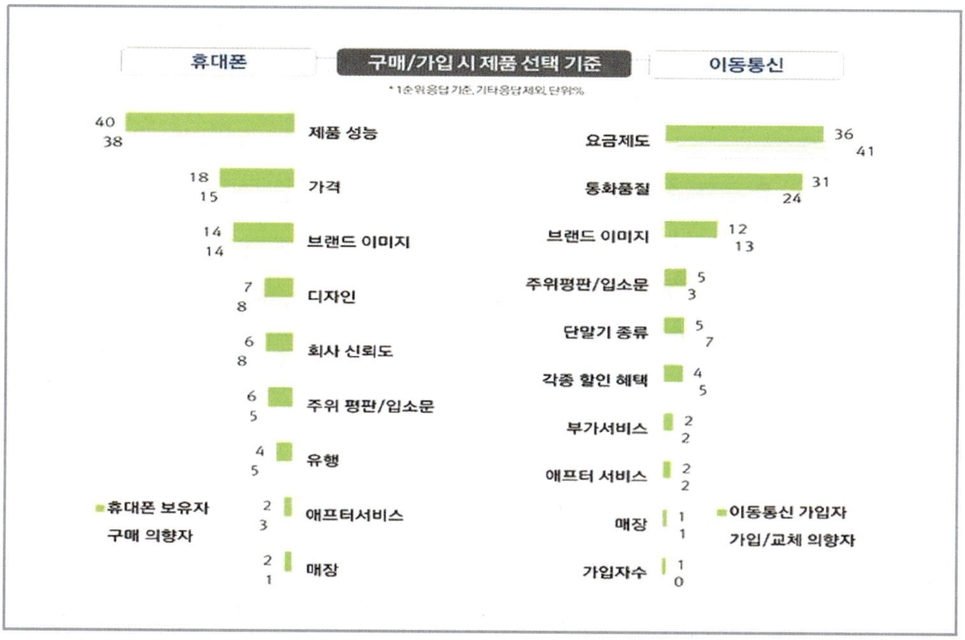

자료원: KOBACO, 소비자행태연구 MCR 연례보고서, 2014, KOBACO 홈페이지.

이러한 평가 및 선택기준은 각 개인의 구매목적, 상황, 중요도에 따라 차이가 있다. 구매 전 단계에서 브랜드와 해당 제품에 대한 다양한 경험은 평가를 내리는 데 있어 선호도에 긍정적이거나 부정적인 영향을 미친다.

마케터는 자사 제품의 강점을 적극적으로 제시하거나 불리하게 작용할 수 있는 오해를 불식시키는 일련의 노력을 통해 소비자의 대안평가 단계에서 높은 우선순위를 차지할 수 있어야 한다.

3.2.4 구 매

대안의 평가를 통해 구매대안을 결정한 소비자는 구매하기로 결정한 대안을 실제로 구매하게 된다. 소비자가 구매하기로 결정한 대안을 실제로 구매하는 행위단계를 구매단계라고 한다. 그러나 대안평가과정을 통해 구매하기로 결정된 제품이 항상 구매로 연결되지는 않는다. 예를 들어, A치약을 구매하기로 결심하고 수퍼마켓에 들어간 소비자는 1+1 할인행사를 하고 있는 B치약을 구매하기도 한다. 특히 점포 내의 여러 가지 자극은 소비자의 구매단계에서 영향을 미치게 된다. 예를 들어, 구매시점 전시, 세일, 판매원의 권유, 포장 등에 의해 소비자들은 특정제품의 구매결심을 변경하기고 한다. 따라서 마케터의 마케팅 노력은 소비자 구매의사결정과정뿐만 아니라 구매와 관련된 모든 과정에 쉬지 않고 계속되어야 경쟁사에게 고객을 뺏기지 않게 된다.

3.2.5 구매 후 행동

소비자가 구매 후 경험하고 표출하는 일체의 내적, 외적 반응을 구매 후 행동단계로 본다. 구매 후에 소비자들이 겪는 것 중의 하나가 구매 후 부조화(postpurchase dissonance)이다. 이것은 구매한 제품이 구매하지 않은 다른 유사제품보다 더 나쁠지도 모른다는 심리적 불편감을 말한다. 이것은 구매 후 불만족과는 다른 일종의 소비자가 느끼는 의구심 내지는 구매확신의 부재상태이다. 특히 고관여 제품 구매의사결정이나 각 대안제품의 평가점수에 큰 차이가 없을 경우 구매부조화는 커지게 된다. 구매부조화를 해소하기 위해서는 구매한 제품의 장점을 의도적으로 부각시키고 단점을 축소시켜 주어야 한다. 최근 많은 기업들이 구매 후 해피콜이나 감사메일을 통해서 구매확신을 가지게 하는 것이 부조화 감소전략의 사례라고 하겠다.

소비자는 구매 후에 만족하거나 불만족하게 된다. 예를 들어, 소비자가 기대했던 것보다 제품의 성과가 낮았을 경우 소비자는 불만족하게 된다. 즉, 소비자는 구매 이전에 가지고 있었던 제품에 대한 기대와 구매 후에 지각한 제품성과 간의 차이가 소비자 만족을 결정하게 되는 것이다. 만족한 소비자는 그 제품을 반복 구매하여 브랜드 로열티를 형성하거나, 제품에 대한 우호적인 구전을 널리 퍼뜨리기도 한다. 반대로 불만족한 소비자는 다시는 그 제품을 구매하지 않거나, 부정적인 구전을 퍼뜨리거나, 더 나아가 배상요구, 법적 소송을 제기하기도 한다. 고객 불만족이 야기하는 비용과 손실은 적시 않기 때문에 마케터는 고객만족 수준을 높이기 위해서 노력해야 한다.

3.3 소비자 정보처리과정

소비자 정보처리과정은 소비자가 마케팅 자극에 노출되어 주의를 기울이고, 정보의 내용을 지각 · 이해하고 그 제품에 대한 신념과 태도를 형성하며 기억하기까지의 과정을 말한다. [그림 3-5]와 같이 소비자 정보처리과정은 노출, 주의, 지각, 반응, 기억의 단계로 나누어 볼 수 있다.

3.3.1 노 출

사람들이 어떤 정보를 처리할 때는 정보를 인지할 수 있는 최초 자극이 있어야 한

그림 3-5 소비자 정보처리과정

다. 일반적으로 소비자는 제품판매와 관련된 모든 자극에 노출되는 단계를 거쳐 주의를 기울이고 최종적으로 이해하고 기억하는 단계로 발전한다. 노출(exposure)은 "외부 자극에 대한 최초 단계로 시각·청각·촉각·미각·후각 등 오감 중의 하나 이상의 감각이 활성화된 상태"를 말한다. 노출에는 소비자가 자신의 욕구를 해결하기 위해 또는 보다 많은 정보를 얻기 위해 스스로가 해당되는 목적을 가지고 행동하는 의도적 노출, 소비자가 원하지 않았지만 자연스럽게 판매자극에 노출되는 우연적 노출, 소비자가 필요한 정보만을 선별해 노출수준을 지정하는 선택적 노출이 있다. 마케터는 소비자에게 노출될 자극을 적절하게 제시하여 소비자 정보처리과정에서 이어지는 이후 단계를 간접적으로 통제할 수 있다.

노출의 강도가 강해져 결국 감각기관에서 인지하는 수준에 이르면 소비자의 감지(sensation)가 이루어진다. 감지는 "소비자가 감각기관에서 얻어진 자극을 전기화학적 신호로 변환하여 중앙신경계를 통해 뇌로 보내는 과정"이다. 마케터가 마케팅 자극을 제시할 때 소비자가 감지할 수 있도록 제시해야 한다. 만일 소비자가 감지할 수 있는 범위 바깥에서 자극을 제시하게 된다면 쓸모없는 마케팅 예산의 낭비 사례가 될 수 있다. 예를 들어, 고속도로변 광고 입간판을 통해 소비자에게 메시지를 전달하고 싶다면 운전중인 소비자가 감지할 수 있는 거리 이내에 자극을 제시해야 할 것이다.

3.3.2 주 의

소비자들이 아무리 많은 자극에 노출된다고 하더라도 한꺼번에 모든 자극정보를 처리할 순 없다. 그러므로 사람들은 선별적으로 해당 자극들에 집중하게 되는 일종의 정보처리시스템을 가지고 있다. 개인의 선호, 관심, 욕구, 몰입도, 태도, 상황 등에 따라 각 자극들은 순차적으로 처리된다. 주의(attention)는 "소비자가 특정한 자극에 뇌의 정보처리용량을 집중적으로 할당하는 과정"을 말한다.

주의에 영향을 미치는 자극요인들로는 구체적이고 확실한 언어, 색다른 자극, 유명인 모델, 유머, 두드러진 색상이나 대조 등이 있다. 고관여 제품의 경우 제품정보에 주의하는 경향이 있고 저관여 제품의 경우는 광고의 배경적 요소나 연출에 주의를 기울이게 된다. 예를 들어, 두드러진 색상의 포장이 지나가던 소비자의 눈을 사로잡는 경우가 바로 소비자가 주의를 기울이는 상황이다. 마케터로서는 소비자에게 제시하는 각종 마케팅 자극이 소비자의 주의를 끌어야만 소비자 정보처리과정의 다음 단계로 이행할 수 있으므로 소비자의 주의를 끌 수 있는 자극을 설계하는 데 신경을 쓸 필요가 있다.

3.3.3 지 각

지각은 "감각기관으로부터 입력된 신호를 뇌가 카테고리별로 조직화하고 그 의미를 해석하는 과정"을 말한다. 지각은 각 개인의 신념과 태도 등이 반영되는 주관성, 관심있는 자극만을 지각하는 선택성, 기억 속에 잠깐 머무는 일시성 그리고 자극정보를 하나의 통일된 형태로 만드는 총합성의 특성이 있다. 소비자는 다양한 외부 자극들을 종합해 특정한 대상, 또는 제품을 의미화하는 과정을 거치는데 바로 이를 지각적 조직화라고 한다. 예를 들어 '국산차는 경제적이다'라는 신념은 국산차의 많은 정보들을 조직적으로 지각한 결과이다. 지각적 해석에는 지각적 범주화와 지각적 추론이라는 원리가 적용된다. 지각적 범주화는 소비자가 입력된 자극을 통해 기존 기억체계와 연결해 자신만의 방법으로 대상을 이해하는 것이며, 지각적 추론은 소비자 자신의 직접 평가보다는 다른 단서들을 통해 추리하는 것이다. 예를 들어, 가격이 비싼 화장품을 품질도 좋을 것이라고 추론하는 것을 말한다. 마케터는 소비자의 지각방식을 감안하여 보다 긍정적으로 해석될 수 있는 마케팅 자극을 설계하여 소비자가 쉽게 이해할 수 있도록 제시하는 것이 바람직하다.

3.3.4 반 응

정보를 지각한 소비자는 이 정보에 대한 반응을 보이게 된다. 여기에는 인지적 반응과 감정적 반응이 있다. 인지적 반응은 "정보처리를 하는 동안 떠올린 생각"들의 형태로 나타난다. 예를 들어, 어떤 광고메시지에 대한 수긍하는 생각이나 부정하는 생각이다. 감정적 반응은 소비자가 "정보처리를 하는 동안 발생하는 느낌"들의 형태로 나타난다. 예를 들어, 어떤 광고를 보고 감동을 느꼈다든지, 기분이 나빴다든지 하는 것들이다. 긍정적인 인지/감정적 반응은 자극에 대한 긍정적인 태도를 형성하게 하고, 부정적인 인지는 태도에 부정적인 영향을 미치게 된다. 또한 이러한 태도는 정보의 저장(기억형성)에도 영향을 미치게 된다. 마케터는 자신이 제시하는 제품이나 브랜드에 대한 소비자의 긍정적 반응이 나타나도록 마케팅 자극을 설계하여 제시하는 것이 바람직하다.

3.3.5 기 억

소비자들은 정보처리단계의 최종 과정으로 기억이라는 작업을 한다. 기억이란 "정보를 저장하고 필요시 인출하는 과정"이다. 기억은 소비자의 기억장치에서 이루어지는데, 소비자의 기억장치는 감각등록기-단기기억-장기기억으로 구성되어 있다. 감각등록기는 외부에서 입력된 정보를 잠시 보관하는 곳이며, 단기기억은 감각등록기로부터 온 정보와 장기기억에서 인출된 정보를 처리하는 장치로 뇌의 전두엽 부근에서 담당한다. 장기기억은 단기기억에서 처리된 정보를 영구히 저장하는 장치로 대뇌피질 부근에서 담당한다. 소비자들은 자신들의 욕구와 기호, 관심 등에 따라 기억을 할지 그리고 만약 기억을 한다며 오래 기억해야 할 것인지 아니면 잠시 기억할 것인지를 판단하게 된다. 장기기억장치에는 관련 정보들이 네트워크 형태로 저장되어 있고, 필요시 인출되어 구매의사결정에 영향을 미친다. 기억된 정보는 이후 정보탐색, 주의, 이해단계를 통해 표출된다. 우리가 어떤 대상을 기억할 때는 끊임없는 반복을 통해 기억하거나, 개인의 정보처리 수준에 따라 기억의 종류가 달라지기도 하며, 유입된 정보를 처리하기 위해 지속적으로 노력해야 하는 경우도 있다. 대개 독특한 광고메시지나 리허설이 많이 된 정보, 단서가 많은 정보, 개인에게 관여된 정보는 기억잠재력이 높다. 마케터로서는 '앞뒤 번호가 동일한 대리운전 전화번호'나 '제품 진열대 옆 입간판'들처럼 자사 브랜드나 주문 전화번호가 쉽게 저장되고 나아가 구매 여부가 결정되는 중요한 순간에 잘 떠오를 수 있도록 마케팅 자극을 제시하거나 배치하는 것이 바람직하다.

사례 3-3 가장 기억나는 광고

한국방송광고진흥공사(KOBACO)의 2014 소비자행태연구 MCR(Media & Consumer Research)에 따르면 가장 많은 국내 소비자들(15.5%)이 가장 기억나는 광고로 전지현과 이정재의 '잘생겼다' 광고(SKT광고)를 꼽았다. 이 SKT광고는 소비자들의 화제를 불러 오면서 지난해 가장 기억나는 광고 10위에서 2014년 1위로 올라섰다. 여기서 잘 기억난다는 말은 광고 연상도가 가장 높다는 점을 의미한다.

2014 가장 기억나는 광고 순위

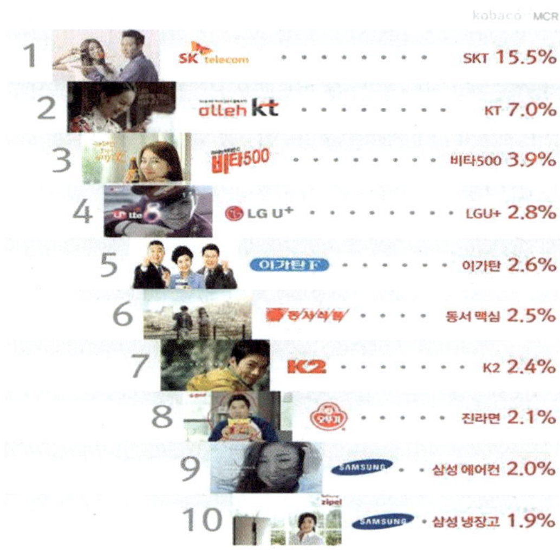

2013년 '빠름빠름빠름', 'ALL-IP송', 'Really?', '아니라오' 등의 노래와 유행어를 낳으며 가장 기억나는 광고 1위를 차지했던 KT Olleh 광고는 2014년 2위를 차지했다.

자료원: KOBACO, 소비자행태연구 MCR 연례보고서, 2014, KOBACO 홈페이지.

3.4 소비자행동의 사회문화적 영향요인

3.4.1 문 화

문화(culture)란 "사회 구성원들이 공유하는 법, 관습, 가치관, 도덕 등 규범, 가치관을 포괄하는 사회 전반의 생활양식"을 말한다. 문화는 사람들이 오랜 세월에 걸쳐 이룩한 사회적 유산 또는 생활방식이다. 문화는 각 세대 간의 학습에 의해 전달되는 특성을 가지고 있기 때문에 사회의 규범과 기준을 포함하고 있다. 문화는 사회구성원을 통해 공유되는 가치로 고정되지 않고 끊임없이 변화하며, 한 사회의 표준으로 개인의 욕구에 대한 한계를 규정하기도 한다. 문화의 구성요소로는 물질적 요소, 사회적 기관, 언어, 가치와 신념체계, 관습과 의례 등이 있다. 문화적 요인은 소비자행동에 영향을 미친다. 황금돼지해(2007년)에 태어난 아이들이 복이 많다는 우리나라의 문화적 가치 때문에 그 해에 출산율은 매우 높았으며 유아복 등 유아용품의 수요는 급증하였다. 최근에는 문화를 활용하거나 제품이나 서비스에 문화를 녹여 넣으려는 마케팅 노력이 주목을 받고 있다. 제품에 문화적 스토리텔링 요소를 가미하면 부가가치도 높아지고 매출액도 증대될 수 있는 것으로 알려져 있다.

3.4.2 사회계층

사회계층(social class)은 한 사회 내에서 같은 지위에 있는 사람들로 구성된 집단으로 정의한다. 사회계층은 한 사회 내에서 비교적 영속적이고 동질적인 집단구분인데, 대체로 직업 · 소득 · 교육수준 등에 의해 나누어진다. 사회계층은 지위를 나타내고 상징한다. 해당되는 각 사회계층에 속하는 사람들은 계층에 따라 공유하는 태도나 행동 등에서 차이를 보이고 각 사회계층을 구성하는 구성원들 간에는 일종의 동질감을 갖는다. 각 사회계층은 해당되는 사회계층의 개인에게 영향력과 구속력을 미친다. 즉, 상류계층 · 중류계층 · 하류계층의 구매선택 기준, 여가활동, 선호하는 정보매체, 충동구매 정도, 광고메시지의 선호 등에 있어서 차이를 나타낸다. 예를 들어, 상류층일수록 인쇄매체를 선호하고, 충동구매를 잘 하지 않으며, 여가 · 레저를 즐기며, 명품브랜드를 선호하는 경향이 있다.

3.4.3 준거집단

일반적으로 준거인이란 다른 사람들의 행동의 기준이 되거나 모범을 보임으로써 영향을 미치는 사람이며, 준거집단도 마찬가지로 각 개개인의 행동에 영향을 주는 집단이라고 정의할 수 있다. 즉, 준거집단이란 어떤 대상과 관련된 소비자의 태도형성이나 행동에 어떤 기준점을 제공하는 집단이라고 할 수 있다. 예를 들어, 청소년들은 또래집단이 강력한 준거집단으로 작용하여 서로 입는 옷이나 신발 그리고 휴대폰 구매에 영향을 주게 된다.

사례 3-4

'있어빌리티', 소비자의 숨겨진 욕구

있어빌리티

누구나 한번쯤 식당에 가서 음식을 먹기 전에, 음식 세팅을 다시 하고 '있어 보이게'사진을 찍어본 경험이 있을 것이다. 이러한 현상을 일컫는 소비 트렌드 '있어빌리티'에 대해 소개하고 이러한 현상이 실제 마케팅의 영역에서 어떻게 활용되고 있는지 알아보자.

있어빌리티는 '있다+ability' 즉, '있다'와 능력을 뜻하는 영어단어 '어빌리티(ability)'를 결합한 신조어로 실체와 상관없이 대단히 있어 보이게 만드는 능력을 뜻하는 단어이다. 있어빌리티는 2016년 소비 트렌드의 하나로 제시되었으며 재력 있어빌리티, 지성 있어빌리티, 센스 있어빌리티 총 3단계로 나누어진다.

1단계는 재력 있어빌리티 유형으로 가장 보편화된 행태라고 할 수 있다. 해외여행, 명품, 고급 레스토랑 등의 인증샷을 통해 나의 재력을 과시하는 유형으로 최근 재력 있어빌리티의 정점을 찍은 분야는 바로 캠핑 및 등산용품 시장이라고 할 수 있다. 동네 뒷산을 등산하는데도 히말라야를 등반할 것 같은 명품 '장비병'에 걸린 중년의 사람들이 이에 해당된다고 할 수 있다.

2단계는 지성 있어빌리티로, 한 분야를 깊이 있게 파고들 시간은 없으나 '있어 보이는' 사람으로 보이고 싶어 얕은 지식을 넓게 알고 있으려는 유형의 사람을 의미한다. 최근 출간된 '지적 대화를 위한 얇고 넓은 지식'이 높은 판매고를 기록했는데 이러한 흥행의 이면에 있어빌리티를 추구하는 소비자의 행태가 담겨있다고 할 수 있겠다. 또한 친구를 만나러 갈 때 읽지도 않는 책을 가져간다던가 얕고 지적인 게시글을 위해 인문학 책을 구입한 경험이 있는 사람도 이에 해당된다고 할 수 있다.

3단계는 센스 있어빌리티로, 자신만의 세련된 감각을 자랑하면서 남들의 시선을 즐기며 유행에는 관심 없는 듯 자신만의 개성을 뽐내는 심리를 의미한다. 남들이 모르는 음악, 브랜드, 레스토랑, 해외 유명인사를 알고 있다는 사실을 과시해 본 적이 있다면 이에 해당된다고 할 수 있다.

이러한 행태에 맞물려 많은 브랜드들이 소비자들의 있어빌리티 욕구를 충족시키기 위해 마케팅을 펼치고 있는데 대표적인 성공 사례로 콜라보레이션(collaboration)이 있다. 2015년 11월, SPA브랜드 H&M은 명품 브랜드 발망(Balmain)과 콜라보레이션 이벤트를 진행했는데, 실제로 이는 소비자들에게 고가의 명품 브랜드를 저렴한 SPA 브랜드 가격에 살 수 있다는 뿌듯함을 안겨준 케이스로 큰 성공을 거두었다. 당시 명동, 가로수길 H&M 매장 앞에서 콜라보레이션 제품을 구입하기 위해 며칠 밤을 지새우며 기다린 소비자들의 모습이 기사에 담겨 소비자들의 있어빌리티 욕구를 여실히 보여주었다고 할 수 있다. 또한 2016년 7월, 가성비 좋은 브랜드 유니클로(Uniqlo)와 고가브랜드 띠어리(Theory)의 콜라보레이션도 좋은 반응을 얻었다.

그렇다면 이러한 있어 보임을 내세우는 소비 트렌드를 무조건 부정적으로 봐야 하는 것일까? 이에 대해 〈트렌드코리아 2016〉에서는 이제는 허세를 바라보는 시각도 바뀌고 있다고 제시하였다. 즉, '있어 보이게 하는'을 강조하면 있는 척이 되지만, '능력'에 방점을 찍으면 포장력이자 연출력이 되고 자신을 브랜딩하는 하나의 기술이 될 수 있다는 것이다. 또한 있어빌리티는 누구에게나 나타날 수 있는 자연스러운 현상이며, 자신의 존재감을 드러내는 것은 인간의 본성이기 때문에 자신을 긍정적으로 내보이려는 이러한 욕구가 삶의 의지를 북돋는 동기부여가 될 수도 있다고 학자들은 말하고 있다.

자료원: 트렌드 코리아 2016 (서울대 소비 트렌드 분석센터의 2016 전망), TV 조선 LIVE 2016. 9. 8. "있어보이게 하는 것도 능력" 있어빌리티 열풍, 광고의 모든 것(All about ads) '우리는 있어빌리티를 원한다'.

준거집단이 소비자행동에 미치는 영향은 크게 규범적 · 정보적 · 가치표현적 차원 등 세 가지로 나누어 볼 수 있다. 규범적 영향이란 보상을 얻거나 처벌을 피하기 위해 집단에 순응하게 하는 영향이다. 정보적 영향은 지각위험이 있는 구매상황에서 전문적인 준거집단에 제공하는 정보의 영향이다. 가치표현적 영향이란 준거집단과의 일체감을 통해 자아 이미지를 강화시키는 영향이다. 준거집단의 영향은 특히 구전을 통해서 전달된다. 눈에 잘 띄고, 쉽게 구별할 수 있으며, 중요하고, 지각위험이 높은 제품의 경우 준거집단의 구전영향이 크다. 최근에는 온라인 구전의 효과는 매우 큰데, 영화의 경우에는 온라인 영화평점 등 관람후기 등이 구매선택에 영향을 지대하게 미치고 있다.

3.4.4 가 족

가족에 대한 사전적인 정의는 혈연이나 입양 등으로 구성된 집단 또는 구성원이다. 가족은 경제적 · 사회적 · 정서적 기능을 가지고 있다. 동일한 공간에서 동일한 생활을 하고 있으므로 가족 구성원들은 상호 밀접한 관계를 맺고 있다. 그리고 소비행동에도 영향을 미친다. 가족생활주기(Family Life Cycle)에 따라서 소비행태는 달라진다. 즉, 독신기 – 신혼부부기 – 취학 전 자녀기 – 취학 후 자녀기 – 자녀독립기 – 노부부기 – 노년독신기

그림 3-6 2014년 국내 기혼소비자 vs. 미혼소비자

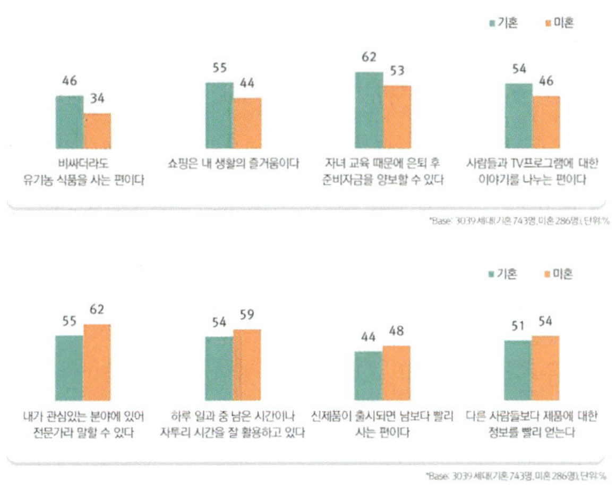

자료원: KOBACO, 소비자행태연구 MCR 연례보고서, 2014, KOBACO 홈페이지.

등에 따라 주택 · 가구 · 식품 등의 소비행태는 다르다. 편의품의 경우는 주부가 주로 구매하지만 자녀가 구매에 영향을 미치기도 한다.

3.5 소비자행동의 개인심리적 영향요인

3.5.1 학 습

소비자는 스스로의 욕구를 충족시키기 위해서 부단히 노력하지만, 21세기의 복합한 제품의 홍수 속에서 소비자는 무엇을 구매해야 할지 충분히 알지 못해 힘들어 할 때가 많다. 이럴 때 소비자는 스스로의 욕구가 어떤 제품과 브랜드로 잘 충족될 수 있는지 알아야 하는데, 이때 필요한 것이 바로 학습이다. 학습(learning)이란 "경험 또는 훈련의 결과로 나타나는 행동 또는 정신과정의 비교적 영속적인 변화"를 말한다. 제품 지식, 평판, 브랜드 충성도 등도 소비자 학습을 거쳐 생기는 것들이다. 소비자 학습은 연합(association), 보상(reward), 모델링(modeling) 등을 통해 이루어질 수 있다.

연합(association)은 어떤 것을 다른 것과 공간적 시간적으로 인접하여 제시하기를 반복하면 사람이 그 둘을 함께 생각하게 되는 현상을 의미한다. P&G는 자신들의 타이드(Tide) 세제와 깨끗한 옷을 연합시키기 위해 오랫동안 반복해서 광고를 한 바 있다. 마케터로서는 자신의 제품이나 브랜드를 소비자 욕구와 연합시킬 필요가 있다.

보상(reward)은 소비자 행동에 맞추어 긍정적 결과를 얻을 수 있도록 하여 그 행동을 강화해가는 학습방식을 말한다. 마케터는 자사 제품을 구입한 소비자가 만족할 수 있도록 사후 관리에 신경을 씀으로써 추후 반복구매행동을 학습시킬 수 있을 것이다,

모델링(modeling)은 다른 사람의 행동을 통해 학습하는 방식을 의미한다. 마케터는 잘 알려진 유명인을 내세워 자사 브랜드에 대한 긍정적 태도와 행동을 노출시켜 소비자들이 이를 학습하도록 유도할 수 있다.

3.5.2 개 성

개성(personality)은 외부 환경에 대해 일관되고 지속적인 반응을 유발하는 소비자 개인의 심리적 특성이라고 정의된다. 그리고 쉽게 변화하지는 않지만 시간흐름이나 특정한 사건 등에 따라 지속적으로 변화하기도 한다. 다양한 외부 자극이나 환경에 대해 사람들은 저마다 일관된 반응과 행동을 보이는데, 이와 같은 행동형태에 따라 개성을 구분할 수 있다. 프로이드의 심리분석이론과 동기연구이론, 사회심리이론, 특성이론, 자아개념이론 등이 개성을 설명하는 주요 이론들이다. 심리분석이론은 프로이드가 제안한 것으로 인간의 개성시스템은 이드(id), 자아(ego), 초자아(superego)로 구성된다. 개성을 구성하는 세 요소들이 상호작용하면서 무의식적인 동기를 유발하고, 유발된 동기가 인간행동으로 구체화됨으로써 개성으로 발현된다는 것이다. 동기이론에 따르면 개인의 행동은 인간의 무의식적인 동기에 따라 나타난다고 한다.

사회심리이론은 개인이 자신의 욕구를 충족시키기 위해 사회적으로 어떻게 행동하는지를 연구한 이론으로 사회변수를 개성을 형성하는 주요 변수로 제안하고 있으며 무의식보다는 의식적인 동기를 더 중요시한다. 특성이론은 개성을 일종의 특성들의 집합으로 규정하고 있다. 특성의 정도에 따라 개성이 차이가 난다고 주장한다. 자아개념이론은 각 개인이 자신에 대해 느끼는 모든 생각들을 개성으로 정의한다. 사람들은 자신에 대해 느끼는 이미지나 감정, 생각들이 존재하는데 이를 자아개념화를 통해 개성으로 나타난다고 한다.

3.5.3 라이프스타일

라이프스타일(lifestyle)이란 "사람들이 저마다 삶을 살아가는 방식"을 의미한다. 라이프스타일은 각 개인이 어떤 과정을 거쳐 어떻게 살아왔으며 앞으로 어떻게 살아갈지를 보여준다. 이와 같은 삶의 기록은 소비자로서의 구매형태나 욕구에도 영향을 미친다. 다만, 개성과는 달리 비교적 쉽게 변화하기도 한다. 라이프스타일을 측정하는 방법으로는 사이코그래픽스나 AIO가 쓰인다. 사이코그래픽스(psychographics)는 소비자의 심리적 특성을 반영하는 것으로 행동(activities), 관심(interests), 의견(opinions)을 의미하는 AIO로 통칭한다.

그림 3-7 VALS 체계도

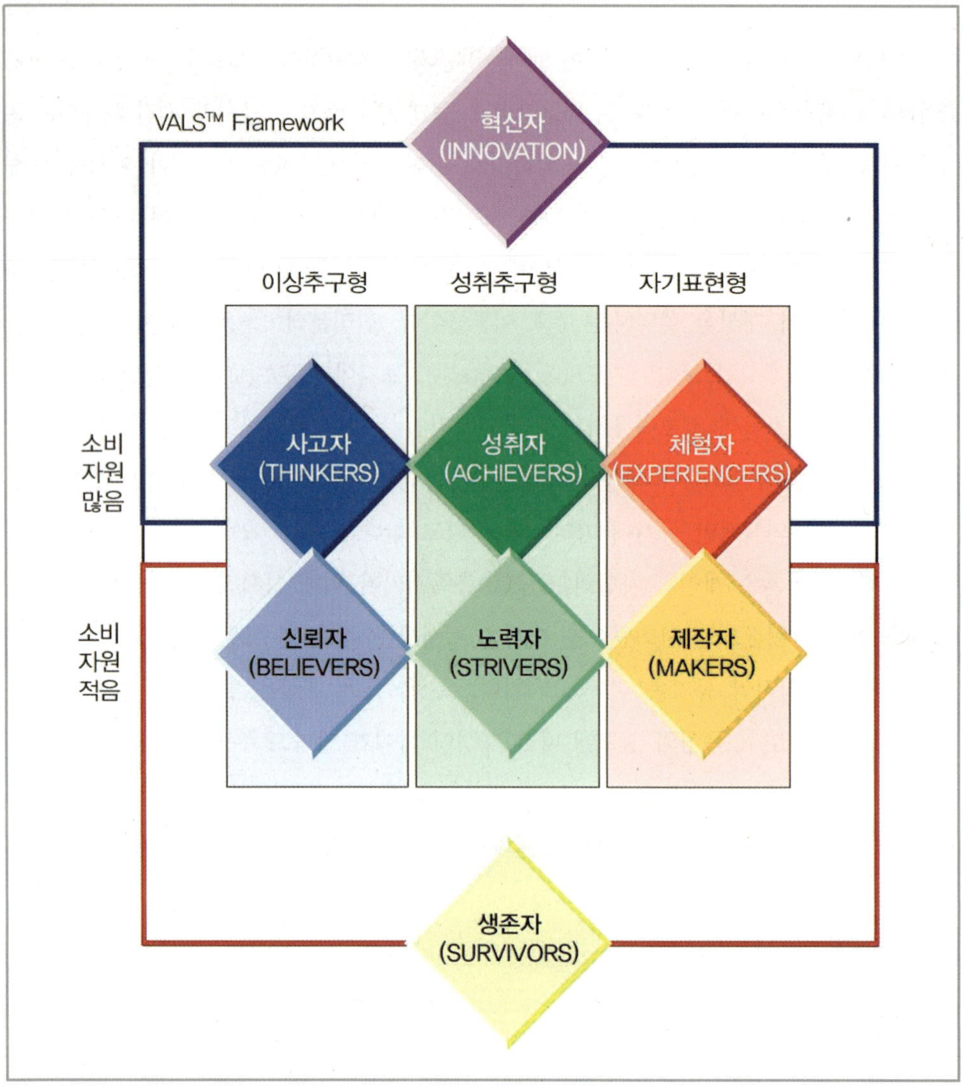

자료원: http://www.sric-bi.com/VALS/types.shtml.

실제로 가장 많이 사용되는 라이프스타일 분류방식 중 하나로 The Value and Lifestyle(VALS) Program이 주목받고 있다. VALS는 미국 스탠포드연구소가 미국 소비자들의 가치관에 따라 라이프스타일이 어떻게 구별되는지 추적하기 위해 개발한 것으로 각 소비자의 가치관, 라이프스타일에 따라 소비자집단을 세분화한다. VALS 프로그램에 따르면 소비자는 이상추구형, 성취추구형, 자기표현형의 3유형으로 구분되는데, 각 유형의 소비자는 소비할 수 있는 자원이 많고 적음에 따라 뚜렷하게 다른 라이프스타일과 소비 패턴이 나타난다.

마케터로서는 소비자들의 라이프스타일에 대한 심도있는 통찰을 토대로 자신의 제품이 높은 수준의 가치를 창출하는 데 적합한 소비자 유형을 모색함으로써 마케팅 성과를 제고하는 데 도움을 받을 수 있을 것이다.

사례 3-5 슈머(Sumer)

"생산자와 소비자의 관계가 달라지고 있다. 기업은 고객에게서 새로운 제품 아이디어, 광고 아이디어, 슬로건을 얻고 있다. 프로슈머들의 아이디어는 곧바로 신제품에 반영된다. 우리 사회는 점점 프로슈머 경제가 되고 있다." 미래학자인 앨빈 토플러는 다시 한번 생산자(Producer)가 소비자(Consumer)인 '프로슈머(Prosumer) 경제'에 대해 강조했다. 그러나 토플러의 프로슈머 이론 역시 독자, 소비자의 아이디어로 날로 다양하게 진화하고 있다. 소비자는 단순한 프로슈머를 넘어 역할과 분야에 새롭게 탄생하고 있다. 그리고 마담슈머, 트라이슈머, 크리슈머 등 다양한 슈머에 맞춰 기업의 마케팅전략 역시 함께 진화하고 있다.

▸ 마담슈머(Madamsumer = Madam + Consumer)

구매결정력을 지닌 주부 프로슈머를 뜻한다. 한국의 주부는 '아줌마'를 넘어 지적 능력, 경제력, 사회활동 경험 등을 바탕으로 '마담'으로 진화하고 있다. 주부를 대상으로 마케팅을 펼치는 많은 기업이 제품 개발 · 생산 · 평가에 이르기까지 마담슈머의 의견에 귀를 기울이고 있다. 마담슈머가 제 실력발휘를 하고 있는 상품은 아파트다. 가장 고가의 상품이라고 할 수 있는 아파트는 '주거생활'을 판매하는 특수성 때문에 주부의 의견에 유독 민감할 수밖에 없다. 대우건설은 총 8명의 마담슈머로 구성된 리더스클럽을 운영 중이다. 이들은 1년 동안 총 8가지 과제를 수행한다. 매월 과제에 대한 발표를 하고 직원과의 정기회의 및 토론을 통해 자신의 의견을 내놓는다. 아파트 외부와 내부 시설, 조경, 홈페이지에 이르기까지 속속들이 이들의 의견이 반영된다. 대우건설 관계자는 "현명한 마담슈머가 모인 리더스클럽을 통해 주택의 주 소비자인 주부의 시각으로 푸르지오의 상품과 서비스에 대해 냉정한 평가를 내릴 수 있었다"고 밝혔다. 서울 성수동 이마트 본사 '테이스트 키친'에서는 9명으로 구성된 주부평가단이 A, B, C 세 가지 등급 게맛살 제품의 맛을 비교 분석하는 '관능평가'를 실시한다. 주부들은 미각에 집중하기 위해 칸막이 방에 한 명씩 들어가 푸드스타일리스트가 넣어주는 게맛살을 먹어보고 평가지를 작성한다. 예를 들어 "A제품은 짠맛과 단맛이 모두 강해서 부담스럽다," "B제품은 단맛이 강해 느끼하고, 뒷맛이 텁텁하다" 등의 평가를 하는 것이다. 주부들은 설렁탕, 차돌된장찌개, 그리고 명절에는 과일 추석선물세트를 비교하고 평가한다. 주부들은 과일을 먹어보고 당도, 질감, 색, 향, 단단한 정도를 종합적으로 평가한다. 또한 선물세트 포장 디자인과 재질, 용량, 가격도 평가한다. 주부평가단에 참여하고 있는 소비자들은 "개인적으로 맛에 대한 안목을 넓히면서 스스로 전문가라는 자부심을 가지게 된다," "내가 맛을 조절한 제품이 상품으로 나온 것을 볼 때마다 뿌듯하다" 등의 반응을 보이고 있다. 주부평가단은 서류심사 후 미각테스트를 거쳐 선발된다. 이들은 판매 중이거나 개발 중인 상품에 대해 평가하고, 상품은 이 평가에서 일정 점수 이상을 얻어야 출시된다. 이마트에서 판매되고 있는 제품은 대부분 주부평가단을 거쳐서 만들어진다.

▸ **트라이슈머(Trysumer = Try + Consumer)**

소유가 아닌 경험을 산다. 그들에게는 새로운 경험이 구매에 있어 더 중요하다. 트라이슈머는 간접적 정보에 의존하기보다 새로운 서비스 · 제품 · 맛 등을 직접 경험하길 원하는 체험적 소비자를 뜻한다. 나이키는 이런 소비자의 경향을 반영해 영국, 이탈리아, 프랑스 등에서 'Trial Vans'을 운영하고 있다. 이 밴은 약 1,000켤레의 운동화를 싣고 다니면서 사람들이 신발을 신고 뛰어볼 수 있도록 빌려준다. 사전예고 없이 사람들이 조깅하는 공원, 호수 등의 장소에서 진행된다. 소비자는 여러 스타일의 운동화 중 마음에 드는 것을 골라 원하는 만큼 달려볼 수 있다. 다만 신발 반납시 연락처와 운동화에 대한 의견만 적어내면 된다. 한국에서도 젊은 사람이 자주 모이는 코엑스, 명동 등지에 애플 체험 스토어, 소니 체험 스토어 등이 생기고 있다. 모두 트라이슈머를 공략하기 위한 마케팅이다.

▸ **크리슈머(Cresumer = Creative + Consumer)**

'나는 창조한다, 고로 존재한다.' 창조를 통해 개성을 표현하려는 욕구를 가진 창조적 소비자 크리슈머는 프로슈머가 업그레이드된 형태이다. 이들은 주로 음악, 미술, 문학 등의 창작 분야를 활용해 생산에 참여하거나 아이디어를 상품화한다.

기업이 앞다퉈 공모전에 적극 나서고, 패션과 미술의 콜래보레이션(Collaborations, 협업)이 활발한 요즘 트렌드에 미친 크리슈머의 활약은 눈부시다. 캐주얼 브랜드 엘록(ELOQ)은 지난 4월 티셔츠 디자인 공모전을 개최했다. '오아시스'라는 주제로 소비자가 직접 입고 싶은 티셔츠 프린트를 디자인해 응모하고 우수작은 실제 제품으로 제작됐다. 세계적인 브랜드 유니클로(UNIQLO)에서도 '유니클로 크리에이티브 어워드(UNIQLO Creative Award)'라는 이름의 티셔츠 디자인 공모전을 실시, 수상작품은 프린트 티셔츠로 상품화해 전 세계의 유니클로 매장에서 판매한다. 아디다스의 또다른 브랜드 '아디칼라' 역시 크리슈머의 욕구를 반영한다. 소비자는 직접 아디다스 제품에 자신이 원하는 이미지나 그림을 그려넣어 이를 입고 신을 수 있다.

▸ **메타슈머(Metasumer = Meta + Consumer)**

평범한 제품에 변화를 더해 새로운 제품으로 진화시키려는 소비자를 일컫는 말이다. 지난 5월 30일 오리온에서는 '내가 만든 초코파이'란 주제로 대회가 개최됐다. 참가자는 저마다 기존의 초코파이에 자신의 아이디어를 보태 맛, 질감, 영양 등의 요소를 고려해 업그레이드된 초코파이를 선보였다. 해마다 열리는 '농심 라면왕 선발대회'도 대표적인 사례이다. 100여명의 본선 진출자가 선보인 요리는 라면에 대한 수준을 한차원 끌어올렸다는 평가를 받았다. 특히 지난 대회에는 외국인의 참여도 늘어 한국 라면의 위상을 실감하는 계기가 되기도 했다. 그 밖에,

- 스포츠 관전 및 참여에 깊은 관심을 가지고 있는 소비자를 뜻하는 스포슈머(Sposumer)
- 뷰티 관련 제품이나 서비스에 있어서 효율적으로 구매하는 뷰티슈머(Beautysumer)
- 다른 사람의 사용 후기를 참조해 동일한 기호 및 성향 등을 중시해 상품을 구입하는 트윈슈머(Twinsumer)
- 웰빙-로하스(Lifestyle of Health And Sustainability) 열풍에 걸맞게 유기농식품과 친환경 제품을 선호하는 그린슈머(Greensumer) 등도 프로슈머의 진화로 볼 수 있다.

자료원: "'슈머' 전성시대 그들을 유혹해야 마케팅이 뜬다," 해럴드경제, 김선희 기자, 2007. 8. 9., 국민일보 2012. 9. 23. 수정 인용.

CHAPTER 4

마케팅 조사와 마케팅 정보시스템

4.1 마케팅 조사

4.2 인터넷 마케팅 조사

4.3 마케팅 정보시스템

Marketing Management

사례 4-1 소비자가 참여하는 디자인 평가로 시장의 욕구를 읽는 스레드리스(Threadless)

스레드리스(Threadless)는 2000년 설립하여 미국 시카고에 본사를 두고 있는 회화예술인 커뮤니티 겸 전자상거래 웹사이트다. 디자인 의류 제작/판매를 핵심으로 삼는 스레드리스는 회화예술인들이 그들의 작품을 위한 캔버스로 사용할 수 있는 새로운 제품군으로 사업영역으로 확장하고 있다.

스레드리스는 새롭게 업로드 된 디자인을 평가하는 투표시스템(voting system)과 주제별 온라인 포럼(online forum)을 통해 시장의 욕구 흐름을 파악한다. 스레드리스는 이용자가 디자인에 대해 투표할 수 있는 투표시스템을 운영한다. 이용자는 스레드리스 웹사이트 투표시스템을 통해 자신의 의견을 1-5 등급으로 표현할 수 있다. 각 디자인은 1주일 동안 점수를 매긴 후 스레드리스 직원의 검토를 거쳐 최고 점수를 받은 디자인 중 약 10개의 디자인을 선정해 인쇄하여 출시한다.

스레드리스 투표 페이지

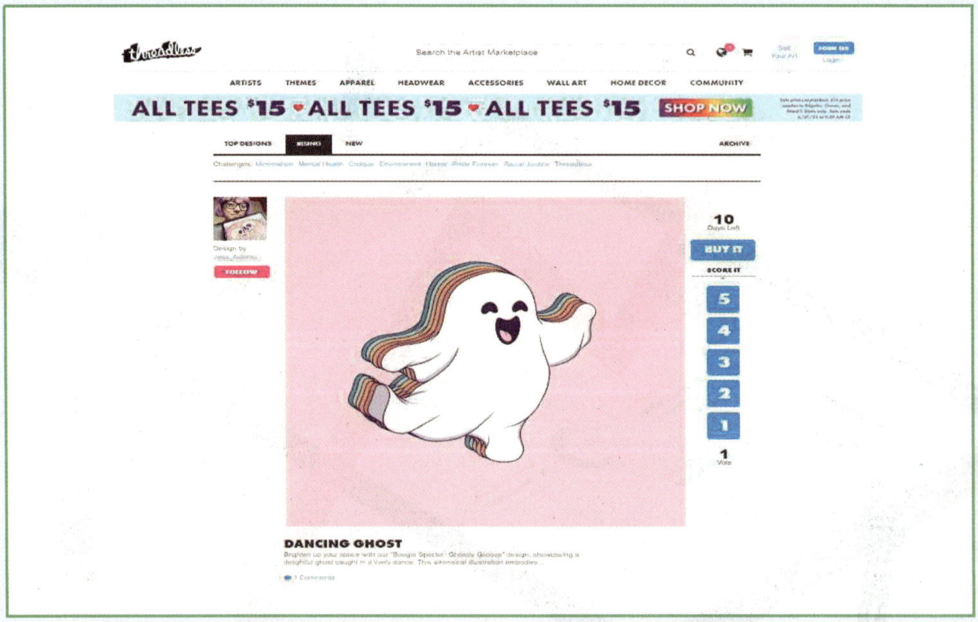

자료원: https://www.threadless.com/designs/.

스레드리스는 회화예술인 상점, 팁 및 요령, 예술 및 디자인, 프로젝트를 포함한 다양한 주제별 온라인 포럼을 운영한다. 온라인 포럼은 자신의 디자인에 대한 피드백을 받고자 하는 디자이너나 전체 프로세스에 대한 도움이 필요한 디자이너에 초점을 맞추어 운영한다. 온라인 포럼을 통해 스레드리스 이용자는 피드백을 받고자 하는 디자인을 중심으로 서로 의견을 소통할 수 있다.

스레드리스 온라인 포럼(online forum)

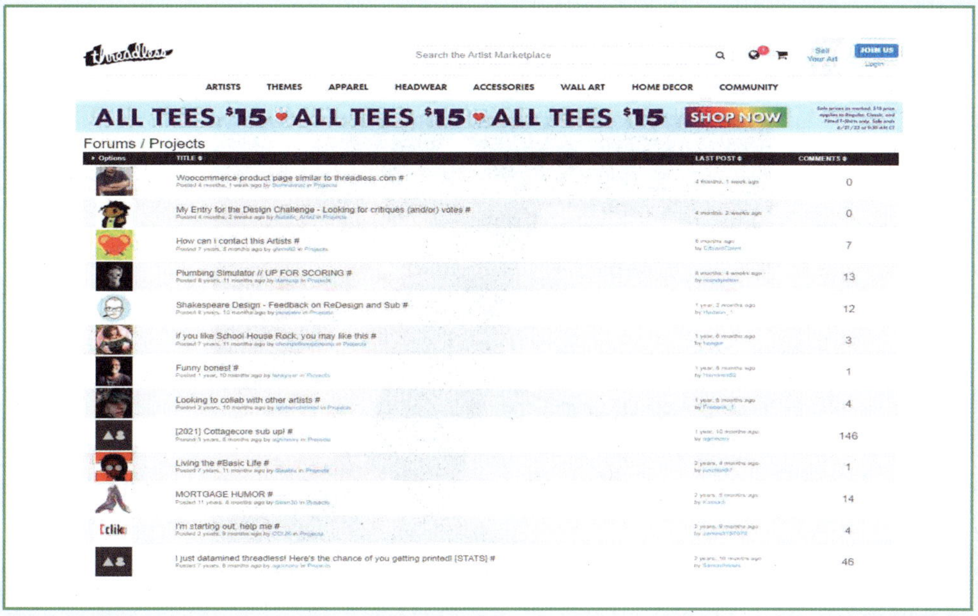

자료원: https://www.threadless.com/forum/projects.

스레드리스는 투표시스템과 온라인 포럼을 운영함으로써 스레드리스 이용자들이 더 원하거나 덜 원하는 욕구의 강도를 읽고 제품 개발에 즉각 반영하는 셈이다.

자료원: 김현식(2022). 코케팅. 경문사.

사례 4-2

'날씨 판매지수'를 통한 수요예측

과거 매출기록을 토대로 날씨에 따른 예상 판매량을 알려주는 시스템을 운영하는 파리바게뜨

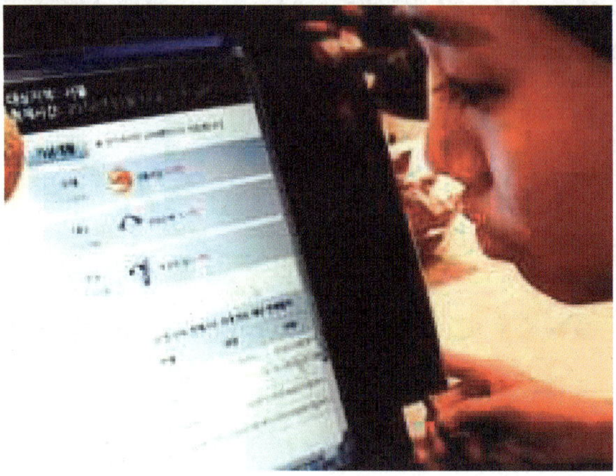

날씨정보를 활용하는 기업들이 늘고 있다. 과거엔 발전 · 운수 · 보험 분야에서 재해예방 차원에서 날씨에 관심을 가졌지만 최근엔 제조 · 유통 분야에서도 수요예측과 재고관리에 날씨정보를 활용하고 있다. 매출정보와 기상정보라는 방대한 데이터를 분석하고 활용하는 '빅 데이터(big data)' 기술이 정교해지면서 나타난 변화다. 참고로 빅 데이터는 기존 기술로는 분석 · 처리하기가 어려울 정도로 방대하고 복잡한 데이터를 말한다. 최근 IT가 발달하면서 빅 데이터를 활용해 사회현상을 분석하고 기업 경영, 질병 연구 등에 이용하는 기법이 개발되고 있다. 대표적인 사례 중 하나가 SPC의 파리바게뜨다. SPC는 2012년 6월 식품업계에서 처음으로 '날씨 판매지수'를 만들었다. 최근 5년간 전국 169개 지점의 기상관측 자료와 10억건 이상의 점포별 상품판매 데이터를 분석한 자료다. 이 자료는 실시간으로 전국 3,100여 파리바게뜨 점포의 단말기에 제공된다. 2012년 11월 9일 파리바게뜨 서울 종각 매장에서 매니저가 계산대 단말기 화면을 누르자 '일별 날씨 판매지수 최대 변동' 항목에 제품 이름이 떴다. 생크림 케이크 항목 옆에 '토요일 50.15%, 일요일 27.15%' 같은 숫자가 나타났다. 매장 주변 날씨예보, 요일 등의 요소를 종합했을 때 최근 2주 평균보다 그만큼 매출이 늘어날 전망이라는 뜻이다. 이들은 "비가 오면 피자빵 같은 조리빵이 많이 나가는 걸 감(感)으로 알았지만 이제는 구체적인 데이터가 있어 판매를 예측하고 주문할 때 도움이

된다"고 말한다. SPC는 날씨지수 도입 한 달만에 조리빵 매출이 30% 늘었다고 밝혔다.

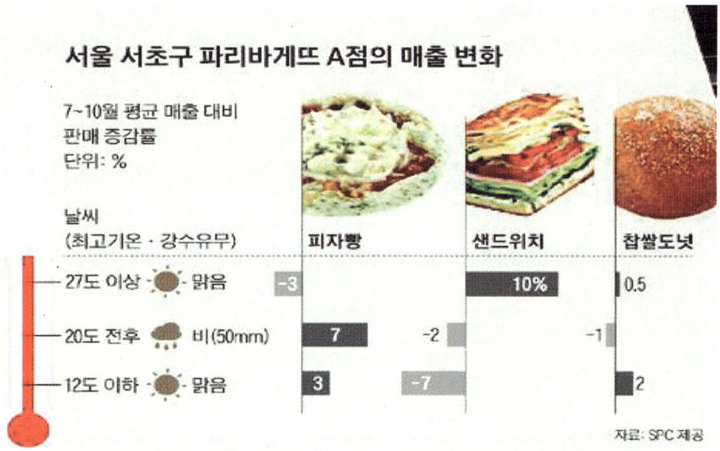

파리바게뜨를 운영하는 SPC는 통상 2일 전에 대리점에서 생산주문을 받는데 요즘처럼 날씨가 갑자기 추워지면 하루 전에도 호빵을 보내달라는 주문이 폭주한다. 문제는 오후 3시에 주문을 마감해 공장을 돌리면 다음 날까지 제품을 공급하기 어렵다는 데 있다. 이 회사는 이런 문제를 해결하기 위해 날씨예보로 수요를 예측, 생산량을 조절하고 있다. 초겨울 기온과 호빵 판매량이 어떤 상관관계를 가질까. 정답은 기온이 1도 떨어지면 호빵 판매량은 6만개 늘어난다는 것. 하지만 최저기온이 영하 1도 아래로 떨어지면 판매량은 다시 달라진다. "생산량을 다시 줄입니다. 너무 추워도 호빵이 안 팔리기 때문이죠."(SPC 관계자)

유통업체 중엔 편의점이 날씨정보 활용에 가장 적극적이다. CU는 각 편의점 단말기에 날씨정보와 함께 권장 주문량 정보를 제공하고 있다. 날씨정보, 과거 매출, 재고량을 토대로 제품이 얼마나 팔릴지 예측한 자료다. 이 시스템을 도입한 후 물류센터 재고일수는 15일에서 7일로 줄었고 매출은 30% 늘어났다. 삼각김밥 · 샌드위치처럼 날씨에 영향을 받고, 유통기간이 짧은 제품의 경우 폐기량이 40% 줄었다고 한다.

의류회사들은 분기 · 연간 단위로 기상예측정보를 활용한다. 통상 6개월 전에는 생산계획을 확정해야 하기 때문이다. 아웃도어 의류업체인 블랙야크는 기상정보업체 케이웨더와 함께 '제품 수요 예측 솔루션'을 개발, 올 봄 · 여름 시즌 제품기획 때부터 활용하고 있다. 이 회사는 기온 변동이 평년보다 심할 것이라는 기상정보를 바탕으로 재킷 주문량을 늘렸고, 실제 지난 봄 재킷 매출은 전년 대비 60% 늘었다. 블랙야크는 기상정보를 활용, 전년 대비 323억원 정도의 매출증가 효과를 본 것으로 자체 평가하고 있다. 현대건설도 건설기상예보시스템, 전담 예보관을 둬 건설비용을 연간 140억원이나 절감하고 있다. 장충동왕족발은 비가 오면 주문이 늘어난다는 점에 착안, 기상

정보를 분석해 생산량을 조절한다. 제습기를 만드는 위닉스는 습도예보를 바탕으로 홈쇼핑 방송 스케줄을 잡는다.

▸ 국내 43개 업체 날씨경영 인증

한국기상산업진흥원은 지난해부터 날씨정보를 활용하는 기업에 '날씨경영 인증'을 해주고 있다. 지금까지 43개 업체가 받았다. 한국기상산업진흥원 안정준 기획이사는 "국내 기상정보업체가 16개 있고 날씨 관측 · 분석 기술도 세계 7위 수준이지만 이를 이용하는 기업은 아직 적다"며 "날씨로 인한 위험을 최소화하고 수익을 극대화하려면 날씨정보를 적극적으로 이용해야 한다"고 말했다.

자료원: 조선일보 2012. 11. 16.

4.1 마케팅 조사

4.1.1 마케팅 조사의 개념과 중요성

마케팅 조사(marketing research)는 "마케팅 의사결정 과정에 도움이 될 수 있는 정보를 얻기 위해 필요한 일체의 자료를 체계적으로 획득·분석·해석하는 과정"을 의미한다.

미국 마케팅학회(American Marketing Association)는 마케팅 조사를 "마케팅 의사결정에 도움되는 정보를 규정하고, 그 정보를 얻기 위해 필요한 자료 수집방법을 계획하고, 이에 따라 자료를 수집 및 분석하며, 그 시사점을 마케터에게 전달하는 것"으로 정의하고 있다.

마케팅 조사와 비슷한 용어로 시장조사가 있는데, 시장조사는 소비자들의 집합인 어떤 시장을 조사하는 것으로서, 마케팅 조사의 한 부분으로 이해할 수 있다. 실제로 시장조사 외에도 신제품 혹은 신기술 조사, 유통채널 조사 등 다양한 마케팅 조사가 이루어진다.

결국 마케팅 조사는 "마케터가 속한 세상, 즉 마케팅 환경이 정보를 통해 마케터에게 생생하게 연결될 수 있도록 하는 과정"이라고 볼 수 있다.

마케팅 조사가 제대로 이루어져 마케터가 마케팅 환경을 제대로 파악하는 상태를 지속적으로 유지할 수 있게 될 경우, 마케팅 기회를 놓치지 않고 위협요인을 보다 잘 예방할 수 있을 것이다. 나아가 마케터가 효율적인 마케팅 프로그램을 개발하고 수행하는 데도 도움이 될 것이다. 반대로 마케팅 조사가 제대로 이루어지지 않을 경우 마케터가 기회를 놓치거나 위협요인을 간과하게 될 수 있으며, 비효율적인 마케팅 프로그램이 전개되어 성과를 악화시킬 수 있다는 점도 명심해야 할 것이다.

4.1.2 마케팅 조사의 유형

마케팅 조사는 마케팅 과정에 따른 용도별로 (1) 마케팅 현안 도출을 위한 조사, (2) 마케팅 현안별 마케팅 방향 설정을 위한 조사, (3) 4P 마케팅 믹스 계획 및 실행을 위한 조사 등의 세 가지 유형으로 구분될 수 있다.

그림 4-1 마케팅 과정별 마케팅 조사 예시

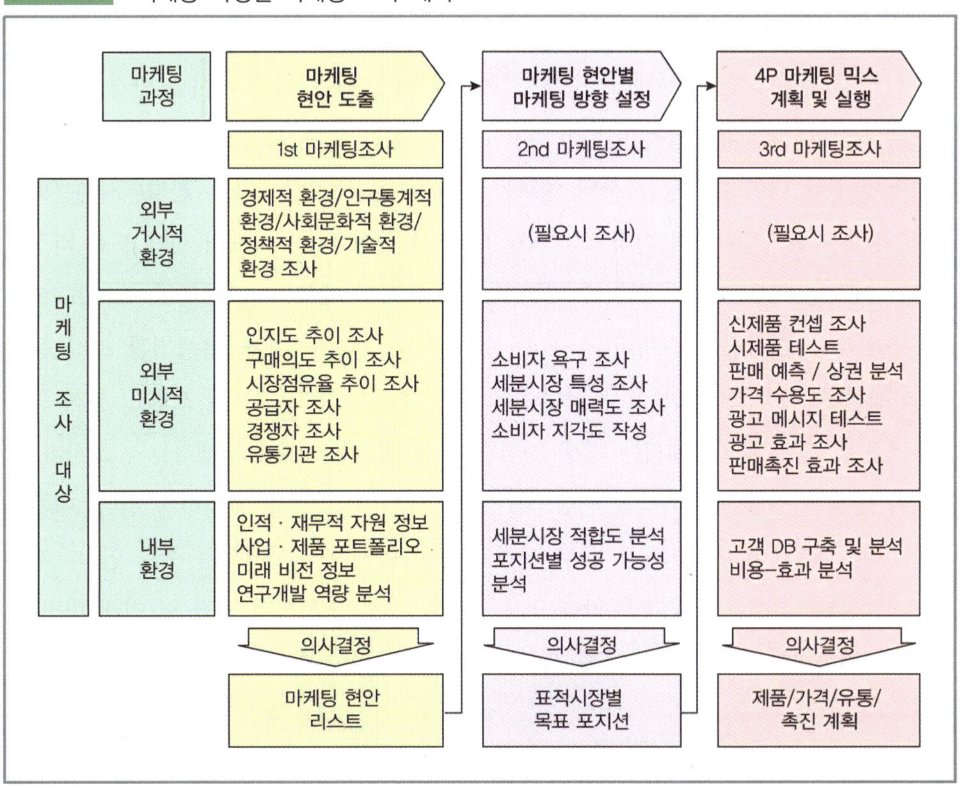

마케팅 현안 도출에서 현안별 마케팅 방향 설정, 그리고 4P 마케팅 믹스 계획 및 실행에 이르기까지의 전 과정에 대한 마케팅 조사는 다음과 같이 정리할 수 있다.

(1) 마케팅 현안 도출

성공적인 마케팅 과정의 첫 단계는 마케팅 현안을 제대로 발굴하는 것이다. 마케팅 현안이란 마케터가 하고자 하는 일(what to do)이다. 일종의 우선순위가 높은 마케팅 과업(marketing task)라고도 볼 수 있다. 마케팅 현안은 정해져 있는 것이 아니라 복잡한 상황 속에서 설정되어야 한다. 예컨대, 기존 마케팅 활동을 변화시킬지, 새로운 영역의 마케팅 활동을 시도할지, 중장기적 마케팅 활동을 시작할지, 단기적 마케팅 활동을 전개할지 등 다양한 대안 중에서 선택될 수 있다.

마케터가 속하여 마케팅 의사결정을 내려야 하는 곳은 진공 속이 아니라 외부 거시적 환경요인, 외부 미시적 환경요인, 그리고 내부 환경요인이 상호작용하는 복잡한 세계다. 자칫 잘못하면 중요한 기회를 놓치거나 심각한 위협을 간과하여 원치 않는 결과를 손에 쥘 수 있으므로 내외부 환경요인에 대한 면밀한 이해를 토대로 정곡을 찌르는 마케팅 현안 혹은 현안들을 발굴할 줄 알아야 한다.

마케팅 현안 도출 과정에서 이루어지는 마케팅 조사는 외부 거시적 환경, 외부 미시적 환경, 내부 환경에 걸쳐 이루어진다. 마케팅 현안 도출 과정에서 이루어지는 외부 거시적 환경에 대한 마케팅 조사의 예로는 경제적 환경/ 인구통계적 환경/ 사회문화적 환경/ 정책적 환경/ 기술적 환경 모니터링 및 조사 등이 있다. 마케팅 현안 도출 과정에서 이루어지는 외부 미시적 환경에 대한 마케팅 조사의 예로는 시장 조사, 브랜드 인지도/ 구매의도/ 시장점유율 추이 조사, 공급자 조사, 경쟁자 조사, 유통기관 조사 등이 있다. 예컨대, 시장조사에서는 시장성장률과 시장기회의 평가, 소비자 트렌드 분석 등이 이루어진다. 경쟁자 조사에서는 경쟁 영역별 진입 및 퇴출 예상 경쟁자들의 조사가 진행되며 경쟁 기업들의 내외적인 역량 및 전략 그리고 성과들을 분석하게 된다. 마케팅 현안 도출 과정에서 이루어지는 내부 환경에 대한 마케팅 조사에서는 주로 인적 · 재무적 자원 정보/ 신제품 연구개발 역량 정보/ 사업 · 제품 포트폴리오 정보/ 미래 비전 등에 대한 지속적인 모니터링을 통해 시사점을 얻는 노력이 이루어진다.

(2) 마케팅 현안별 마케팅 방향설정

마케팅 현안이 도출되면 마케터가 수행해야 할 마케팅 과정상의 다음 단계는 그 마케팅 현안을 어떻게 실행할지 '방향'을 설정하는 일이다. 다시 말해 마케터는 우선순위가 높은 현안부터 각각의 현안별로 어떻게 마케팅 활동을 전개하는 게 좋을지 의사결정하는 과정이 수반되어야 한다. 이러한 마케팅 현안별 마케팅 방향설정은 보통 시장세분화(segmentation), 표적시장 선정(targeting), 포지셔닝(positioning)의 세 개의 세부 단계를 거쳐서 이루어질 수 있다. 일각에서는 이를 머릿글자를 따서 STP로 부르거나 전략적 의사결정으로 칭하기도 한다. 이에 대한 자세한 내용은 이 책의 해당 부분을 참고함으로써 이해하는 데 도움을 받을 수 있을 것이다.

우선순위가 높은 마케팅 현안별로 어떻게 마케팅 활동을 전개하는 게 좋을지 의사결정하는 마케팅 방향설정 과정에서 이루어지는 마케팅 조사는 주로 외부 미시적 환경, 내부 환경에 걸쳐 이루어진다. 외부 거시적 환경에 대한 조사는 특별한 필요가 발생할 때 제한적으로 수행하는 것이 일반적이다. 마케팅 현안별로 어떻게 마케팅 활동을 전개하는게 좋을지 의사결정하는 마케팅 방향설정 과정에서 이루어지는 외부 미시적 환경에 대한 마케팅 조사의 예로는 소비자 욕구 조사, 세분시장 특성 조사 및 매력도 분석, 소비자 지각도 작성 등이 이루어진다. 마케팅 현안별로 어떻게 마케팅 활동을 전개하는게 좋을지 의사결정하는 마케팅 방향 설정 과정에서 이루어지는 내부 환경에 대한 마케팅 조사에서는 세분시장 적합도 분석, 포지셔닝 대안별 성공 가능성 분석 등이 이루어진다.

(3) 4P 마케팅믹스 프로그램 개발 및 실행

우선순위가 높은 현안별로 어떻게 마케팅 활동을 전개하는 게 좋을지 마케팅 방향이 설정되고 나면 마케터가 수행해야 할 마케팅 과정상의 다음 단계는 그 마케팅 '방향'에 부합되도록 4P 마케팅믹스 프로그램을 개발하고 실행하는 일이다. 4P 마케팅믹스 프로그램은 결국 마케팅 변수에 대한 구체적 계획을 의미한다. 4P 마케팅믹스 프로그램은 보통 문자 그대로 제품, 가격, 유통채널, 촉진의 네 가지 마케팅 도구 변수별로 수립된다. 이에 대한 자세한 내용은 이 책의 해당 부분을 참고함으로써 이해하는 데 도움을 받을 수 있을 것이다.

우선순위가 높은 마케팅 현안별로 설정한 마케팅 방향에 부합하는 4P 마케팅 믹스 프로그램 개발 및 실행 과정에서 이루어지는 마케팅 조사는 주로 외부 미시적 환경, 내부 환경에 걸쳐 이루어진다. 외부 거시적 환경에 대한 조사는 특별한 필요가 발생할 때 제한적으로 수행하는 것이 일반적이다. 마케팅 현안별로 설정된 마케팅 방향에 부합하는 4P 마케팅믹스 프로그램 개발 및 실행 과정에서 이루어지는 외부 미시적 환경에 대한 마케팅 조사의 예로는 신제품 컨셉 조사, 시제품 테스트, 판매예측, 가격 수용도 조사, 상권 분석, 광고 메시지 테스트, 광고효과 조사, 판매촉진효과 조사 등이 이루어진다. 마케팅 현안별로 설정된 마케팅 방향에 부합하는 4P 마케팅믹스 프로그램 개발 및 실행 과정에서 이루어지는 내부 환경에 대한 마케팅 조사의 예로는 고객 DB 축적 및 분석, 비용-효과 분석 등이 이루어진다.

4.1.3 마케팅 조사 절차

마케팅 조사는 [그림 4-2]와 같은 단계로 진행될 수 있다.

(1) 마케팅 조사목표 설정

마케팅 조사는 마케터의 의사결정에 도움을 주기 위해 이루어지므로 문제해결 지향적인 시각이 요구된다. 실제 마케팅 의사결정자가 생각하는 문제와 실제 해결해야 할 것에 대한 명확한 정의가 필수적이다. 나아가 좋은 마케팅 조사가 이루어지기 위해서는 마케팅 의사결정자의 문제의식과 조사 담당자 간의 합의가 필요하다.

그림 4-2 마케팅 조사 절차

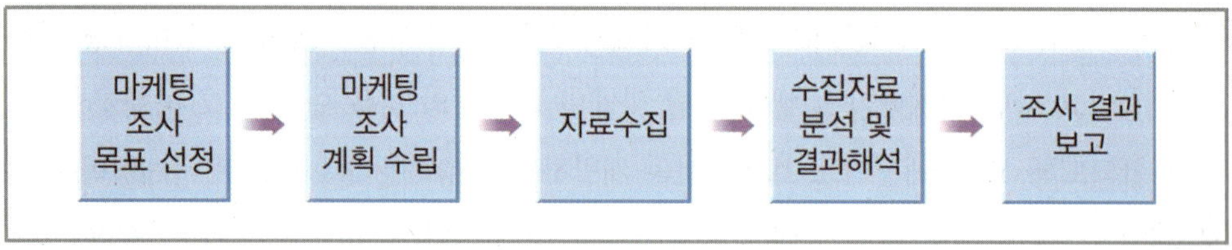

참고자료 4-1

광고효과 분석 방법

인지율조사법

광고에 대한 인지비율을 분석하여 광고효과를 측정하는 방법으로 분석의 기준은 광고목표 설정시 광고의 커뮤니케이션 측면에서 확정한 목표인지율을 광고 실시 후 얼마나 달성했는지 측정하는 것이다. 인지율은 크게 아래 네 가지로 구분한다.

- 최초 상기도: 전체 응답자 중 해당제품의 상표명을 가장 먼저 응답한 조사대상자의 총비율
- 비보조 인지율: 전체 응답자 중 해당제품의 상표명을 스스로 기억한 응답자의 총비율
- 보조 인지율: 전체 응답자 중 해당제품의 상표명을 듣고서 비로소 기억한 응답자의 총비율
- 종합 인지율: 비보조 인지율 + 보조 인지율 조사를 효과적으로 실시하기 위해서는 정기적으로 경쟁사와 대비하여 조사를 지속적으로 실시 · 분석함으로써 광고효과를 측정할 수 있다.

메시지 침투율 조사

광고목표에서 설정한 핵심메시지가 목표소비자층에 얼마나 전달되었는가를 분석함으로써 광고효과를 측정할 수 있다. 이러한 핵심메시지는 소비자가 행동으로 옮기는 커뮤니케이션의 과정에서 보면 발전적인 단계로써 제품을 사용토록 사용유인력(Usage Pull)을 높이는 역할을 한다.

AD-Score 조사

TV-CF에 대한 소비자의 수용태도에 대한 조사로서 컴퓨터를 이용한 테스트 프로그램을 사용하는 집단실험법이다. 이 조사결과는 광고효과의 다양한 측면을 평가할 수 있으며 특히 경쟁제품의 광고구성과 메시지의 침투력을 종합적으로 분석할 수 있어 광고의 커뮤니케이션 측면에 대한 분석에 효과적이다.

주요 조사내용은 내용전달력(메시지 전달력), 흥미유발력, 광고의 구성요소별 평가, 광고효과 측면별 평가, 광고효과력 등이다.

의사결정자와 조사자 간의 문제 정의와 합의가 이루어지면 마케팅 조사를 통해 확보되어야 할 최종 정보(Information)가 무엇인지 구체적으로 규정해야 한다. 이러한 조사목표 설정은 후속되는 조사과정에서 수집되는 자료(Data)의 형태에서부터 분석 그리고 결과보고에 이르기까지의 전반적인 조사과정에 지침이 되는 기준점을 설정하는 것을 의미한다.

(2) 마케팅 조사계획 수립

조사 목표를 정의하고 필요한 정보를 규정한 이후에는 조사계획을 세워야 한다. 조사계획 과정에서 이루어지는 의사결정에는 조사유형 결정, 자료유형 결정, 표본선정, 자료수집방법 결정 등이 포함된다.

조사유형

조사목적과 필요한 정보에 따라 다음의 세 가지의 조사유형으로 구분되어질 수 있다: 탐색조사(exploratory research), 기술조사(descriptive research), 인과관계조사(causal research)

탐색조사 탐색조사(exploratory research)는 조사목적을 분명하게 정의하기 어렵거나, 어떤 정보가 필요한지 불문명한 경우 사용하는 것이 일체의 탐험적 조사이다. 탐험조사에서 얻어진 정보를 바탕으로 조사목적을 분명하게 정의할 수 있다. 이런 탐험조사를 위한 방법으로는 문헌조사, 표적집단면접법, 전문가의견조사 등을 이용한다.

기술조사 기술조사(descriptive research)는 실제 시장의 특성을 정확하게 분석하기 위해 수행하는 조사이다. 예를 들어, 음료시장 전반에서 자사의 탄산음료가 치지하는 비율의 정도를 알아보는 조사나 광고시청 후 고객들의 태도나 만족도 등을 분석하는 조사를 말한다. 기술조사는 설문조사나 데이터 수집을 통해 진행되어진다.

인과관계조사 인과관계조사(causal research)는 특정 사건에 대한 원인이 무엇인지 밝히는 조사이다. 현상에 대한 인과관계를 밝히는 것은 인과관계조사만이 가능하다. 예를 들어 음료회사의 경우 집행한 광고비 지출과 매출 간의 인과관계조사에 의하여 “만약 광고비 지출을 20% 늘리면 전체 매출은 5% 늘어날 것이다”라는 예측을 할 수 있다. 그러나 매출을 늘리는 원인이 광고비 지출 때문이라고 단정하기 어렵다. 예를 들어, 매출에 영향을 미치는 원인은 광고 이외 판촉활동이나 제품가격의 수준변화 그리고 경쟁제품의 변화 등에 영향을 받을 수 있기 때문이다.

그러므로 인과관계를 분명히 밝히려면, 우리가 관심을 갖고 있는 원인변수(광고비) 이외에 결과변수(매출)에 영향을 미칠 수 있는 다른 모든 변수들의 영향을 배제한 상태에서, 원인변수가 변하면 결과변수도 변하는지를 보아야 한다. 이것은 일반적 설문조사로는 불가능 하며, 실험(experiment)이라는 조사방법을 사용하여 할 수 있다.

참고자료 4-2

기관발행 2차 자료원

경기 전반 관련 자료

경제통계연보(한국은행), 한국주요경제지표(통계청), 한국통계연감(통계청), 도시가계연보(통계청), 물가연감(통계청), 한국경제연감(전국경제인연합회), 경제정책정보(한국경제연구원), 주요산업동향지표(산업연구원), 주요경제지표(삼성경제연구소), LG경제(LG경제연구원), 한국의 경제활동(대우경제연구소), 신한리뷰(신한경제연구소), 경제정책정보(국민경제교육연구소), 일본경제동향(신한종합연구소)

기업 매출, 이익, 재무구조 자료

회사연감(매일경제신문사), 한국기업총람(한국산업정보원), 한국경제연감(한국경제인연합회), 전국기업체총람(대한상공회의소), 전자공시시스템(금융감독원), 상장기업재무분석(코스탁시장본부), 유통업체연감(한국체인스토어협회), 한경기업정보(한국경제신문사), 식품유통연감(식품저널), 회사연감(매일경제신문사)

소비자 라이프스타일 관련 자료

HRC Media Index(한국리서치), KBS 국민생활시간조사(한국방송공사), 생활 속의 통계(통계청), 한국인의 경제활동(대우경제연구소), 소비자 라이프스타일(제일기획), 한국패션브랜드연감(어패럴뉴스사), 연합연감(연합뉴스), 기타 광고대행사 사보

인구사회학적 통계자료

한국통계연감(통계청), 인구주택총조사보고서(통계청), 한국의 사회지표(통계청), 한국통계월보(통계청), 경제통계연보(한국은행), 전국통계연감(한국도시행정연구소), 한국도시연감(행정자치부), 서울통계연보(서울시), 총사업체통계조사보고서(통계청), 한국유통총람(한국유통물류정보센타), 주택조사통계(대한주택공사), 보건연감(보건신문사), 한국식품연감(농축산신문), 건설교통통계연보(건설교통부), 한국축산연감(농수축산신문), 경제정책정보(한국경제연구원), 산업정보화백서(한국경제신문), 지방행정구역연감(한국도시행정연구소)

제품별, 업종별 시장상황 및 제품정보

제품별, 업체별 시장규모총람(데이코산업연구소), 상품정보(한국물가협회), KINDS(한국언론재단), 각종 연감류/전문지/잡지, 식품연감, 전자연감, 전자신문, 자동차통계월보, 자동자회보, 일본경제동향, 광고계동향, 화장품신문, 월간 셀룰러(이상 관련협회)

자료유형

조사목적과 필요한 정보에 수집되는 자료의 형태는 1차 자료와 2차 자료로 분류된다. 1차 자료(primary data)는 조사자가 직접 수집한 자료를 말한다. 즉 조사자가 조사목적을 위해 필요한 정보형태를 설문의 형태로 데이터를 분석하여 결과를 도출한 것을 말한다. 2차 자료(secondary data)는 이미 존재하는 자료로 다른 조사목적을 위해 사전에 결과분석된 자료를 의미한다. 2차 자료는 사전에 분석 완료된 자료를 이용하는 것으로 데이터 수급에 비용절감 및 시간을 절약할 수 있다는 장점을 가지나 조사목적이 다른 결과물로 현 문제점에 대한 적용한계를 가지게 된다는 단점이 존재한다. 아래의 표는 기관발행의 2차 자료의 원천을 모아놓은 것이다.

(3) 자료수집

자료수집 과정에는 자료수집방법 결정, 표본선정, 실제자료수집 등이 포함된다.

자료수집방법 결정

자료수집방법은 크게 설문조사와 관찰조사로 나눌 수 있다.

설문조사　설문조사(survey)란 주로 설문지를 이용하여 조사자와 응답자 간에 질문과 응답을 통해 데이터를 수집하는 방법을 가리킨다. 설문조사에서 응답자를 접촉하는 방법은 크게 대인면접, 전화조사, 우편/팩스조사, 인터넷조사 등이 있다.

- **대인면접법**(personal interview)이란 조사원이 응답자와 대면접촉을 통해 데이터를 수집하는 방식을 가리킨다. 대인면접은 숙달된 조사원이 응답자와 대면접촉을 하면서 진행하므로, 응답자가 질문내용을 이해하지 못하는 경우 자세한 설명이 가능하고, 상품이나 샘플 등을 보여줄 수 있으며, 응답자로 하여금 긴 설문지에도 응답하게 할 수 있다는 장점을 갖고 있다. 그러나 비용이 많이 들고 조사를 완료하는 데 시간이 오래 걸린다는 단점도 갖고 있다.
- **전화조사법**(telephone interviews)이란 조사원이 전화를 통하여 응답자로부터 데이터를 수집하는 방식을 가리킨다. 전화면접은 비용이 비교적 적게 들고, 조사가 빨리 완료되며, 무작위로 응답자를 선정하기 때문에 대표성이 높은 표본을 얻을 수 있다는 장점을 갖고 있다. 그러나 10~15분 이상 조사가 어렵고, 복잡한 질문을 하기 어려우며, 무엇을 보여주면서 할 수 없다는 한계점을 갖고 있다.

그림 4-3 리서치회사의 전화조사원

• **우편/팩스 조사**(mail/FAX survey)란 우편이나 팩스를 이용해서 설문지를 보내고, 응답자가 완성한 설문지를 역시 우편이나 팩스로 보내도록 함으로써 데이터를 수집하는 방식을 가리킨다. 우편조사는 조사원 인건비를 절약할 수 있다는 정점이 있지만, 응답률이 매우 낮기 때문에 실질적으로는 비용이 적게 들어간다고 할 수 없다.

• **인터넷 조사**(internet survey)란 인터넷 홈페이지에 설문지를 만들어 놓고 방문자들로 하여금 설문지에 응답하도록 함으로써 데이터를 수집하는 방식을 가리킨다. 인터넷 조사의 장점은 낮은 비용으로 빠른 시간 내에 조사를 마칠 수 있다는 것이다. 그러나 여기서 '낮은 비용'이라는 말은 응답자로부터 데이터를 수집하는 비

그림 4-4 인터넷 조사 대행업체 예

용이 적게 든다는 것을 뜻할 뿐이다. 실제로는 하드웨어 및 소프트웨어를 갖추고, 인터넷 조사에 경험이 있는 조사인력을 확보하고, 인터넷 환경에 적합한 조사방법을 개발하는 데에 많은 비용이 들어간다. 현재는 이런 인터넷 조사를 대행하는 업체도 온라인에서 지원이 되고 있다.

- **설문조사방법의 장 · 단점 비교** 대인면접은 수집가능한 데이터의 양은 대인면접과 인터넷 조사가 많다. 유연성 부분에 있어서는 대인면접법이 높아 다양한 형식의 설문을 진행하는 데 효과를 가질 수 있다. 응답률의 경우 우편/팩스 조사가 가장 낮은 응답을 하고 대인면접법에 대한 응답의 정도가 가장 높다. 표본의 대표성은 전화조사가 가장 높은데, 이는 무작위 선정이 가능할 뿐 아니라 지역적으로 구분이 되어 있는 전화번호를 이용하므로 지역간의 대표성을 충분히 가질 수 있는 장점이 있다. 설문의 진행에 있어 가장 중요한 비용의 부분에 있어서는 대인면접의 비용이 가장 높으며 인터넷 조사 및 우편조사의 비용이 상대적으로 낮다. 대인면접법의 높은 비용의 원인은 사람이 직접 진행하는 방법으로 인건비가 높게 책정되는 부분에 의해 발생된다.

관찰조사 관찰조사(observation survey)란 관찰에 의해 현상의 특성이나 인간의 행동 등을 기록하는 조사방법으로 주로 거리에서 고객의 구매행동을 관찰하는 방법이 사용된다. 관찰방법은 크게 참여관찰과 비참여관찰로 나누어 볼 수 있다.

- **참여관찰**(participant observation)이란 실제적인 행위관찰을 위해 관찰자가 피험자 집단에 참여하여 관찰하는 방법이다. 사회학연구에서 주로 쓰이며, 참여자의 신분이 드러나지 않도록 주의해야 한다. 예를 들면, [그림 4-5]의 참여관찰의 예와

표 4-1 대인면접, 전화조사, 우편/팩스 조사, 인터넷 조사의 장 · 단점

	대인면접	전화조사	우편/팩스 조사	인터넷 조사
수집가능한 데이터 양	많음	적음	보통	많음
유연성	높음	보통	낮음	보통
응답률	높음	보통	낮음	보통
표본의 대표성	보통	높음	낮음	낮음
비용	높음	보통	낮음	낮음
시간	느림	빠름	느림/보통	빠름

그림 4-5 참여관찰의 예

http://www.envirosell.com/index.php?option=com_content&task=view&id=237&Itemid=141.

같이 대형마트에서 피조사자들의 구매행동을 확인하기 위해 관찰자는 피조사자 옆을 함께 다니면서 구매행동을 조사하게 되고 준비된 서식을 기록하게 된다. 이 때 관찰자의 신분이 드러나지 않도록 하는 것이 중요하다.

- **비참여관찰**(non-participant observation)에는 위장카메라와 같은 기계를 사용하여 관찰하는 방법과, 방안에서 하는 행동을 밖에서는 관찰할 수 있으나 방안의 사람

그림 4-6 비참여관찰의 예

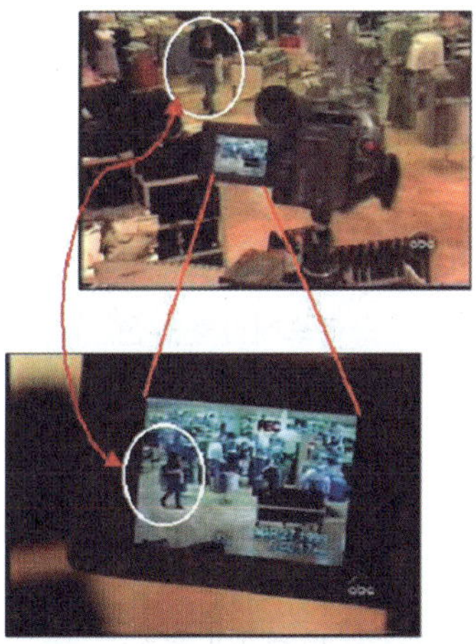

http://www.envirosell.com/index.php?option=com_content&task=view&id=238&Itemid=140.

은 관찰 당한다는 것을 알 수 없도록 고안된 장치를 이용하는 이른바 커버트 업저베이션(covert observation) 등이 있다. [그림 4-6]의 비참여관찰의 예와 같이 많은 유통업체나 백화점이 매장 내부에 있는 CCTV에 찍혀진 고객들의 행동을 보고 소비자 구매행동을 분석하는 방법을 이용하고 있다.

표본선정

표본선정은 자료수집방법의 결정 이후 진행한다. 일반적으로 마케팅 조사는 모든 사람을 대상으로 조사가 불가능하므로 전체를 잘 대표할 수 있는 몇백 명 또는 몇천 명의 응답자들을 어떻게 선정할 것인가를 결정해야 한다. 표본선정의 순서는 [그림 4-7]과 같다.

모집단의 정의 모집단(population)이란 어떤 조사의 대상이 될 수 있는 사람의 전체를 가리킨다. 그리고 표본(sample)이란 모집단의 특성을 잘 나타낼 수 있도록 모집단으로부터 추출된 일부 대상들을 가리킨다. 그러나 이렇게 모집단을 정의하면 어디까지가 소비자인지 명확하지 않고, 범위도 너무 넓기 때문에 좀더 구체적으로 정의할 필요가 있다.

표본프레임의 선정 표본프레임(sampling frame)이란 모집단에 포함된 조사대상들의 명단이 기재된 리스트를 가리킨다. 전화조사의 경우 전화번호부가 표본프레임으로 이용된다. 그 밖의 조사에서는 조사의 목적에 적합한 특별한 표본프레임이 쓰인다.

그림 4-7 표본선정과정

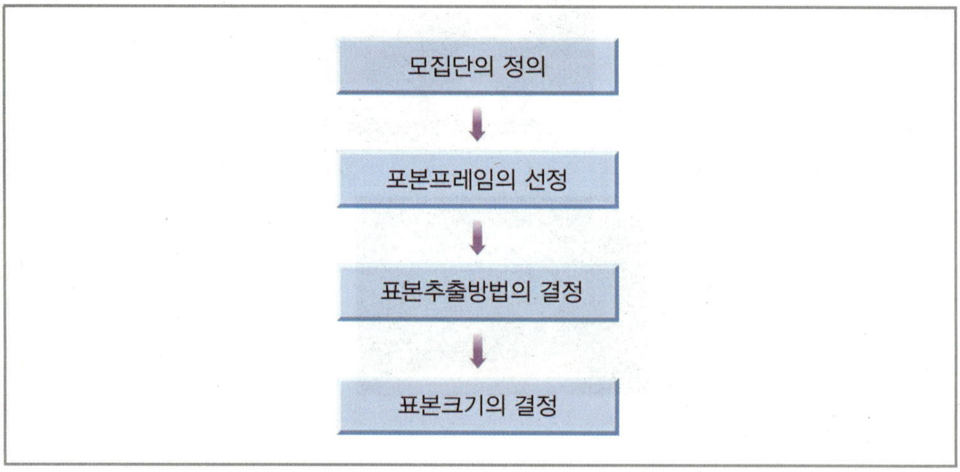

표본추출방법의 결정　표본추출방법은 크게 확률표본추출과 비확률표본추출로 나누어진다.

- **확률표본추출**(probability sampling)이란 모집단 내의 각 대상이 표본이 뽑힐 확률이 얼마인지를 알 수 있는 표본추출방법을 가리킨다. 확률표본추출을 사용하면 통계학에서 배운 신뢰구간을 계산할 수 있고, 추출된 표본이 모집단을 얼마나 잘 대표하는지 추정할 수 있다는 장점이 있다.
- **비확률표본추출**(nonprobability sampling)이란 모집단 내의 각 대상이 표본에 뽑힐 확률이 얼마인지를 알 수 없는 표본추출방법을 가리킨다. 이 방법은 대개 표본프레임이 없을 때 이용되는데, 이 방법을 사용하면 신뢰구간을 계산할 수 없고, 추출된 표본이 모집단을 얼마나 잘 대표하는지를 알 수 없다는 단점이 있다. 마케팅 조사에서는 표본프레임이 없는 경우가 많기 때문에, 비확률표본추출이 더 많이 쓰인다.

표본크기의 결정　표본의 크기는 예산과 시간적인 한계성을 고려해 크기를 설정하게 된다. 흔히 표본의 크기가 커질수록, 표본이 모집단을 잘 대표할 것이라고 생각하지만, 어떤 표본추출방법을 사용했느냐에 따라 결과는 달라질 수 있다. 일반적으로 전국 단위의 설문조사의 경우 표본 수는 600~1,200명 정도의 표본크기가 일반적이다. 전국 단위가 아닌 한 개의 도시나 지역을 단위로 할 때는 300명 이상이 적당하다.

실제자료수집

실제 자료수집 과정에서는 오류로 이어질 수 있는 잘못된 자료수집 사례를 최소화할 수 있는 체계적 관리가 필요하다. 조사원들이 응답자들의 접촉하고 결과물들이 수집되기 시작되면 조사 담당자는 조사가 진행되는 과정을 모니터하면서, 필요하다면 신속하게 적절한 조치를 취해야 한다. 예를 들어, 전화조사를 하는 경우 조사담당자가 조사원과 응답자의 통화를 청취하면서, 조사원들이 잘못하는 점이 없는지를 확인해야 한다. 또는 조사원이 지정된 장소에서 면접을 하고 있는지 확인하는 것이 필요하다. 검증(validation)이란 조사원들의 조사결과를 조사담당자가 확인하는 것을 가리키는 것으로 매우 중요하다.

그림 4-8 SPSS 프로그램의 예

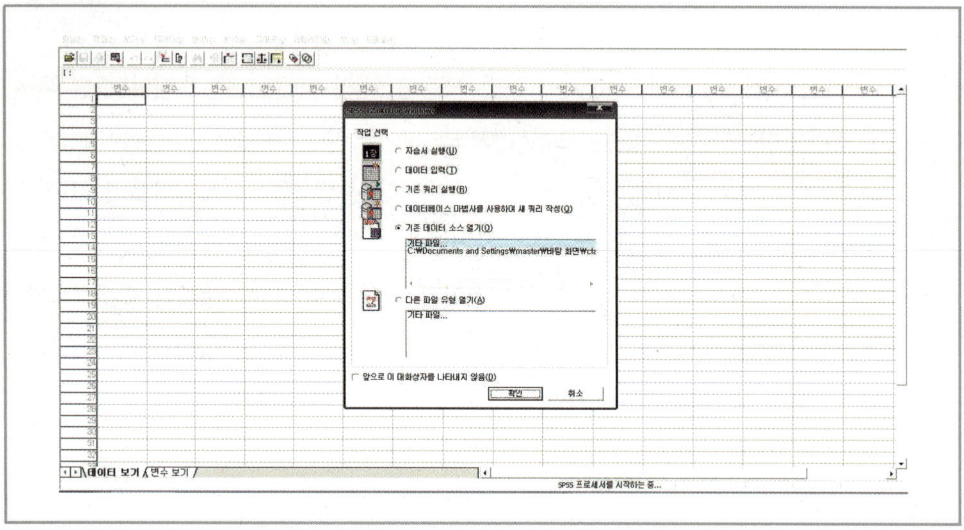

(4) 수집자료 분석 및 결과해석

자료 수집이 완료되면 수집자료를 분석하기 위해 분석 가능한 형태로 변환하는 과정과 분석 실행, 그리고 결과를 해석하는 과정이 이어진다.

데이터 파일 가공

설문지를 통해 수집된 데이터는 대부분 컴퓨터를 이용하여 분석하게 되므로, 컴퓨터가 읽을 수 있는 파일형태로 전환되어야 한다. 대부분의 조사 담당자는 대체적으로 [그림 4−8]과 같이 SPSS(Statistical Package for Social Science)와 같은 통계 패키지를 이용하여 데이터를 분석하므로, 데이터 파일도 통계 패키지가 요구하는 형태로 만들어져야 한다.

데이터 분석 및 결과해석

조사담당자는 데이터 분석을 통해 조사의 목적을 충족시킬 수 있는 정보를 도출한다. 이를 위해서, 조사담당자는 여러 가지 방법으로 데이터를 분석해야 한다. 간단하게는 표나 그래프를 그리는 것에서부터, 회귀분석과 같은 통계적 기법들을 적용시키기도 한다. 조사담당자가 높은 수준의 통계적 지식을 가져야 하는 것은 물론이고, 조사를 의뢰한 회사의 마케팅 관리자도 분석결과에 대한 충분한 해석 능력이 있어야 한다. 이를 기반으로 하여 마케팅 의사결정에 적용할 수 있는 시사점을 도출하게 된다.

(5) 조사 결과보고

조사 결과보고를 위해 조사보고서 작성 및 프리젠테이션의 과정을 진행하게 된다. 분석결과는 보고서로 만들어져서 마케팅 의사결정 관계자들 앞에서 구두로 발표(presentation)되는 것이 일반적이다. 조사 담당자는 조사대상 상품에 대한 지식이 아무래도 부족하기 때문에, 분석결과를 조사 담당자 혼자시 해석하고 보고서를 작성하면 엉뚱한 보고서가 만들어지기 쉽다. 그러므로 조사 담당자는 조사를 의뢰한 회사의 마케팅 관리자와 분석결과를 어떻게 해석할 것인지에 대해 자주 협의하면서 보고서를 작성해야 한다.

4.2 인터넷 마케팅 조사

기존의 오프라인기업들이 마케팅 의사결정에 필요한 정보를 수집하기 위해 마케팅 조사를 실시하듯 온라인기업들도 인터넷 사업을 위해 필요한 정보를 인터넷이나 기타 매체를 이용하여 수집하게 된다. 가장 오래된 인터넷 조사형태로는 e-mail 설문을 생각할 수 있다. e-mail을 통해 설문지를 보내고 그 응답도 e-mail을 통해서 돌려받는 방법이다. 그러나 최근에는 설문지가 HTTP와 같은 형식으로 전달되어서 굳이 되돌려주지 않아도 화면상에 click만 하여도 되도록 발전되었다. 인터넷상에서 설문지를 이용하여 수집되는 소비자반응정보 이외에 흔히 인터넷 조사를 통해 얻을 수 있는 정보의 대표적인 것으로는 회원가입정보, click-stream, logfile 정보 혹은 cookie를 통한 정보들을 생각해 볼 수 있다.

사례 4-3

MS Explorer

인터넷 익스플로러 4.0. 출시 후 MS사는 시장침투수준을 파악하기 위해 세계적인 조사회사인 Roper Starch Worldwide(RSW)사에게 시장조사를 의뢰하였다. RSW사는 무작위표본추출전화면접(random telephone interview)을 통해 시장조사를 실시하였다. 시계열 표본설계(longitudinal design)에 따라 표본으로 추출된 가구들의 인터넷 사용행동을 2주간에 걸쳐 측정하였다. 2주간 조사결과 Explorer가 실험참가자들의 웹브라우저 사용횟수 가운데 40% 정도의 점유율을 차지한 것으로 나타났다. 전화면접조사결과는 MS로 하여금 웹의 접속에 사용되는 S/W에 대한 사용자들의 욕구와 선호도를 보다 잘 이해하는 계기가 되었다. 전화면접과 함께 MS사는 웹사이트를 이용한 실사(서베이)도 병행하였다. MS사는 인기사이트를 통해 서베이 실시에 대해 공지한 다음 조사에 참여할 인터넷 사용자를 선발하였다. 이 조사를 통해 MS사는 사용자 등의 웹브라우징 행동 및 웹 탐색용 S/W의 여러 특성에 대한 선호도를 파악하는 데 도움을 받았다. 조사결과를 통해 얻어진 통찰력은 인터넷 explorer의 지속적인 제품향상과 브라우저 시장에서의 점유율 확대에 큰 도움을 주었다.

Microsoft explorer homepage

4.2.1 인터넷 마케팅 조사의 정의

인터넷 마케팅 조사란 인터넷 환경에서 마케팅 활동을 수행하는 데 필요한 여러 정보를 수집하는 과정으로 정의될 수 있다. 인터넷 마케팅 조사는 크게 온라인기업에 의해 실시되는 마케팅 조사와 오프라인기업에 의해 실시되는 마케팅 조사로 나누어 볼 수 있다. 온라인기업의 마케팅 조사는 다시 인터넷을 활용한 마케팅 조사와 인터넷을 활용하지 않는 마케팅 조사로 분류된다. 온라인기업의 인터넷을 활용한 마케팅 조사방법의 예로는 인터넷 사이트에 들어온 방문자들이 인터넷을 서핑하는 행동 등을 조사하는 click－stream이나 cookie와 같은 방법, 인터넷 사이트를 돌아다니면서 문서의 내용 중에서 원하는 내용만을 조사해오는 search 방법, 인터넷 상에서 설문조사를 실시하는 인터넷 서베이 등을 사용하여 정보를 수집하는 방법 등을 들 수 있다. 또한 온라인기업은 기존의 오프라인 조사방법을 활용한 인터넷 사용실태 조사를 통해 마케팅정보를 수집할 수도 있다. 한편 오프라인기업들은 오프라인 마케팅활동을 수행하기 위해 인터넷을 통해 자료를 수집하는 인터넷 서베이를 실시할 수 있다.

4.2.2 인터넷 자료수집방법

온라인기업이 사용하는 대표적인 자료수집방법 중 인터넷을 활용하는 인터넷 서베이, click－stream, cookie, text－research 등을 중심으로 설명하도록 한다.

(1) 인터넷 서베이

인터넷 서베이법은 온라인기업이 인터넷 사업을 위해 혹은 오프라인기업이 인터넷과는 직접적인 관련성이 없는 사업을 위해 인터넷을 통해 관련정보를 얻는 것을 말한다. 인터넷 서베이법은 기존의 오프라인 서베이방법에 비해 상대적으로 적은 조사비용, 조사기간의 단축, 응답자 접근의 용이성 등과 같은 장점이 있다. 인터넷 서베이법도 오프라인 서베이와 마찬가지로 설문지를 이용하여 조사를 하게 되지만, 응답자에 따라 질문의 난이도나 구조를 변경시키는 등의 상호작용적인 설문을 만들거나 음악이나 동영상을 활용할 수가 있다. 또한 오프라인 조사의 경우는 조사대상자의 응답을 취합한 후 통계

표 4-2 온 · 오프라인 기업의 인터넷 조사 활용

	인터넷 조사 활용방식
온라인 기업	click－stream, cookie, text－search, 인터넷 서베이
오프라인 기업	인터넷 서베이

처리를 해야 하지만, 인터넷 서베이에서는 응답을 하는 순간마다 필요한 분석을 실시하거나 동일한 응답자에게 반복적으로 조사를 할 수 있는 장점이 있다. 이와 같이 실시간 분석기능이 가능한 것은 단순히 인터넷을 이용한 조사이기 때문이 아니라, 데이터베이스와의 원활한 연동기능 및 웹 OLAP(on-line analytical process)이 구현되기 때문이다. 따라서 인터넷 서베이는 단순히 웹을 이용하여 조사대상자의 응답을 받고 이를 저장하는 것 이상을 의미하는 것으로써 데이터베이스 연계기술, 실시간 자료처리기술들이 융합된 정보시스템이라고 할 수 있다.

(2) 인터넷 서베이의 종류

인터넷 서베이의 종류는 크게 e-mail 사용법, 홈페이지 활용법, 전문조사사이트 활용법 등으로 나눌 수 있다.

e-mail 사용법 설문지를 워드프로세서 등의 파일형태로 조사대상자에게 보내면 응답자는 파일을 열어서 응답을 한 후에 다시 e-mail로 회송하는 형태이다. 그러나 정보기술의 발달로 인해 설문지를 단순한 워드형태로 발송하는 것이 아닌 인터넷에서 사용하는 HTTP 문서형태로 발송하는 것이 더 많이 사용된다. 이러한 설문지는 응답자가 응답을 하고 확인을 누르는 순간 별도의 노력없이 응답이 자동적으로 전송된다. 그러나 인터넷 서베이에서는 누가 응답을 했는지 항상 기록에 남을 수 있기 때문에 응답자의 익명성 보장이 어렵다는 단점이 있다.

그림 4-9 http://www.pollnow.com/korea

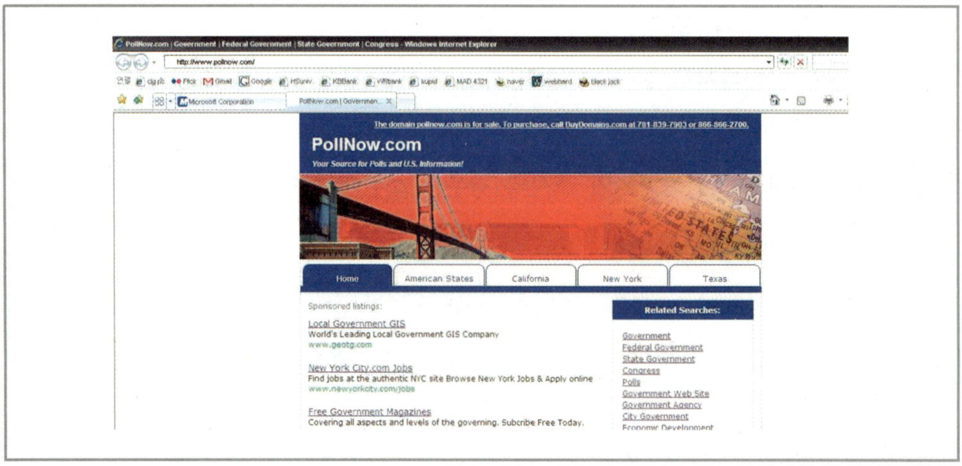

홈페이지 활용법　조사자의 홈페이지나 사이트에 올려놓고 응답자들이 홈페이지를 방문하여 응답을 남기도록 하는 방법이다. 이러한 방법은 사이트에서 조사내용에 대한 응답을 바로 처리하기 때문에 다양한 형태의 실시간 분석을 가능하게 하며, 응답자에 따라 질문의 순서나 구조를 보다 쉽게 바꿀 수 있다는 이점이 있다. 또한 응답자가 자신의 신분을 밝히지 않는다면 어느 정도 익명성을 보장하는 데에도 도움이 된다. 이 조사방법의 또 다른 장점은 HTTP 설문문서 작성에 전문적이지 못한 사람이라도 손쉽게 설문지를 만들어주는 조사 전문사이트들이 있다는 것이다. 예를 들어, [그림 4-9]에서 보듯이 http://www.pollnow.com/korea와 같은 곳에서는 자동으로 조사자가 원하는 형태의 설문을 만들어 준다. 그러나 홈페이지나 자신의 사이트에 들어오는 응답자에 한에서만 조사를 수행하기 때문에 대표성 보장의 한계를 가지게 된다.

그림 4-10　인터넷 서베이 전문사이트: www.embrain.com vs. www.greenfield.com

전문사이트 활용 전문사이트를 활용하는 방법은 자신의 홈페이지 사이트가 아닌 전문 조사사이트에 자신의 설문지를 등록하는 방법이다. 이러한 조사사이트는 일반적으로 회원제로 운영되어, 조사자가 원하는 조사내용을 조사사이트에 게시해 놓고 사이트에 들어오는 사람들에게 조사하거나 해당 사이트에 등록된 사람들에게 e-mail을 보내서 조사를 진행하게 된다. 이외에도 전문조사 사이트는 인터넷상에서 조사 의뢰자의 브랜드나 사이트의 매력도 등을 조사해 주는 tracking 서비스를 제공하기도 한다. 국내의 사이트 중에는 같은 사이트를 그 예로 들 수 있다.

(3) 인터넷 서베이 절차

인터넷 서베이 절차는 오프라인 서베이 방법과 유사한 면이 있다. 모집단이 인터넷 사용자로 제한되는 한계점을 가지고 조사의 실시와 자료처리 및 분석과정을 거쳐 결과를 도출하게 된다. 일반적인 조사방법의 절차와 같이 가장 우선적으로 조사를 위한 목표 및 조사계획을 세워야 한다. 계획된 조사방법을 통해 온라인에 맞는 설문지를 작성 및 구성하고 온라인의 특정 사이트에 설문을 게제하게 된다. 일정한 설문기간 동안 온라인을 통한 설문이 진행되어지고 실시간으로 결과들이 분석되어 조사자에게 정보를 제공하게 되는 절차를 가진다. 인터넷 서베이 절차는 다음 [그림 4-11]과 같다.

인터넷 서베이의 조사계획 및 목표설정은 오프라인 서베이와 동일한 계획 및 목표설정을 하게 된다. 자세한 내용은 마케팅 조사목표선정을 참조하기 바란다. web-based 설문지 작성은 오프라인 설문지를 온라인 코딩에 의해 웹 문서화 작업을 하는 것으로 온라인 상에서 클릭만으로 설문에 응답하고 회신이 가능하도록 프로그래밍 작업을 하는 것을 의미한다. 설문지 작성이 완료되었을 경우 온라인에 특정한 URL을 임대하거나 서버를 운영하여 온라인에 설문지를 링크시킨다. 그 후 응답자들이 특정한 사이트에 접속, 온라인 설문을 하면 서버에서 설문한 내용을 바탕으로 실시한 온라인 분석을 실

그림 4-11 인터넷 서베이 절차

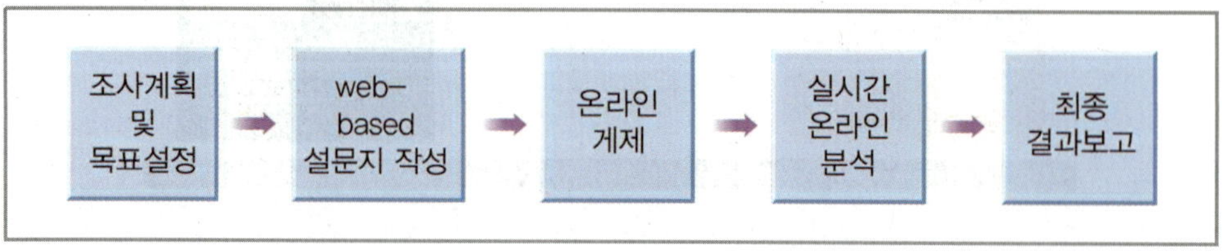

시하게 되며 결과값까지 제공하게 되는 일반적인 순서를 따른다.

(4) Click-Stream 방법

click-stream 방법은 인터넷 사업에 필요한 정보를 인터넷을 통해서 수집하는 대표적인 방법의 하나로서, 소비자들이 자사 사이트에 들어와서 어떤 활동을 하는지를 기록한 것을 말한다. 인터넷 사업을 위해서 홈페이지나 사이트를 운영하는 기업은 서버와 log파일을 보관할 수 있으며 이 log파일에 click-stream 정보가 담겨지게 된다. 일반적으로 log파일 분석이라고 한다.

log파일에 담겨지는 click-stream 정보에는 자사의 홈페이지나 사이트에 접속을 해서 어떤 파일이나 화면을 본 사건별로 접속한 날짜와 시간, 접속한 사람의 인터넷 주소, 이름, 컴퓨터명, 자사의 인터넷 주소, 사이트에서 소비자가 실행한 행동명령, 사이트 내의 디렉터리, 소비자가 실행한 명령의 처리상태나 사용된 데이터의 크기 및 시간과 통로 그리고 소비자 pc의 브라우저 버전, 프로그램 모듈, 사용된 cookie 및 소비자가 방문했던 직전 사이트 등이 포함된다. click-stream 정보의 종류는 서버 및 서버에 설치된 SW에 따라 달라질 수 있으며, 기업이 서버를 보유하지 않고 hosting이나 임대서비스를 받는 경우에는 서버 서비스업체가 일차 가동된 형태의 정보를 제공하기도 한다.

인터넷 사업을 하는 회사는 서버를 이용해서 click-stream 정보를 어렵지 않게 얻을 수 있다. 이러한 자료는 회원정보나 이용자들의 실제 행동정보를 얻을 수 있는 장점을 가진다. click-stream 정보를 활용하는 가장 용이한 방법은 인터넷 서버를 설치하면

그림 4-12 click-stream 분석결과 예

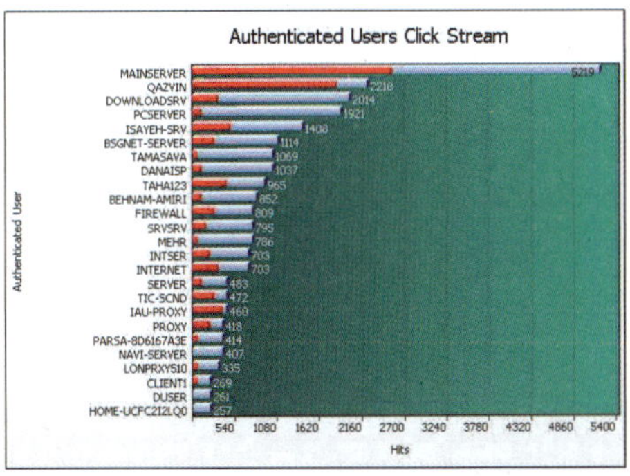

http://www.quest.com 보고서에서 일부 인용.

서 log파일을 분석하는 프로그램 모듈을 함께 설치하는 것이다. click-stream 정보를 활용하여 얻게 되는 가장 기본적인 보고서의 유형으로는 고객들이 자사 사이트에 와서 click한 숫자에 대한 통계, 고객들이 사이트에 접속한 숫자에 대한 통계, 고객이 자주 찾는 품목이나 디렉터리에 대한 통계 등을 들 수 있다. 이러한 분석들은 서버에 장착한 분석프로그램에 의해 자동적으로 생성된다.

인터넷 기업은 click-stream 정보의 분석을 통해 고객이 자사 사이트에 들어와서 활동을 시작할 때 그에게 맞는 차별화된 서비스를 초기에 자동적으로 제공하는 개인화(personalization) 마케팅 전략수립에 유용하게 활용할 수 있다.

(5) Internet Search 분석

internet search 방법은 search robot 혹은 agent를 이용하는 것을 말한다. 대표적인 것으로 인터넷 전자상거래에서 팔고 있는 제품들에 대한 가격비교 사이트들을 그 예로 들 수 있다. internet search를 사용하면 2차 자료를 인터넷을 통해 효과적으로 수집할 수 있다. 많은 기업들이 현재에도 기사검색 서비스나 유료 DB를 사용하고 있지만 이러한 것들을 체계적으로 활용하거나 시스템화하면 유용한 인터넷 정보수집도구가 될 수 있을 것이다. 현재 많이 사용되는 internet 문서파일 형식인 html에서는 이러한 search가 쉽지 않지만 보다 발전된 형태인 XML 방식이 확산되면서 문서 자체가 DB구조를 갖출 수 있기 때문에 더 쉽게 이용이 가능하다. 그러나 인터넷 agent를 이용하는

참고자료 4-3

Cookie

cookie는 소비자가 방문했던 사이트의 이름, 자신의 ID명과 서버명 등의 정보가 포함되어 있는 파일들이 소비자 자신이 소유한 컴퓨터의 특정장소에 저장되는 것을 말한다. 이는 다음에 소비자가 특정 사이트를 재방문하면, cookie에 저장된 정보를 자동으로 사이트의 서버가 읽어서 소비자의 방문행태나 특성에 따라서 소비자별로 차별적인 정보나 광고 등을 보여주는데 활용된다. cookie의 문제점은 소비자가 사용하는 컴퓨터에 기록되는 정보이기 때문에 그 소비자가 다른 컴퓨터를 사용한다든가 혹은 같은 컴퓨터를 다른 사람이 사용하면 과거 자료와의 연속성이 상실되는 한계를 가진다.

것은 전체 인터넷의 정보를 모두 검색하여 제공하는 것에 한계를 가지고 있기 때문에 검색결과에 맹신을 가지는 오류를 갖지 않는 것이 중요하다. 그러나 오프라인상의 제한된 정보수집보다는 더 많은 정보의 수집이 가능하다는 것이 우위적 요소를 가진다.

사례 4-4 마케팅 조사의 실패, 코카콜라 New Coke

1980년도 초반, 전 세계에서 가장 가치 있는 브랜드로 인정받고 있으며 인지도가 높은 단어라는 조사결과까지 있었던 코카콜라(Coca Cola)가 문제에 봉착했다. 미국 청량음료시장에서 1위 자리를 빼앗길지도 모른다는 불안한 전망이 대두된 것이다.

펩시(Pepsi)가 공격적인 '펩시 챌린지' 캠페인을 통해 시장점유율을 높여가고 있는 상황이었기 때문에, 코카콜라는 1위 자리를 놓치지 않기 위해 자동판매기나 패스트푸드 식당처럼 제한된 시장에서의 우월한 위치에 점점 더 의존하게 되었다.

이 브랜드의 든든한 파트너인 다이어트 콜라가 성공을 거두면서 문제의 심각성이 더욱 커졌다. 다이어트 콜라의 판매량이 늘어나고 사람들이 새로운 브랜드로 옮겨가기 시작하면서부터 설탕을 넣은 콜라를 마시는 사람들의 수가 계속 줄어들었기 때문이다.

뉴코크와 코카콜라 클래식

마침내 애틀랜타에 있던 코카콜라 본사의 한 팀이 펩시 챌린지 캠페인 효과를 차단하기 위한 임무에 착수했다. 콜라 맛을 감정하기 위한 블라인드 테스트가 진행되었고 사람들이 펩시콜라의 맛을 더 좋아한다는 결과가 나왔다. 경영진은 이 결과를 바탕으로 새로운 콜라를 개발하기로 결정했다. 이들이 정한 새로운 제조공식은 다이어트 콜라를 기초로 했지만 인공감미료 대신 고과당 옥수수 시럽을 사용해 원래의 콜라보다 더 달고 부드러운 맛을 내는 음료수를 만들어냈는데, 실제로 그 맛은 펩시콜라와 비슷했다.

코카콜라는 그 뒤 유래 없는 대규모 시음 패널조사를 실시하면서 25만명이 넘는 사람들을 면접조사한 결과는 새로운 콜라의 맛을 좋아하는 사람들이 훨씬 더 많은 것으로 드러났다.

이제 경영진이 고민해야 할 문제는 새로운 콜라와 기존 콜라를 함께 판매할 것인지 아니면 완전히 대체할 것인지 하는 것이다. 기존의 콜라를 그대로 시장에 놔두고 새 콜라와 함께 판매할 경우, 두 제품의 판매량이 나뉘어 펩시에게 이 분야의 1위 자리를 내주게 될 것을 걱정한 그들은 기존의 콜라를 새로운 콜라로 완전히 대체하기로 결정했다.

코카콜라는 이런 내용을 비밀로 유지할 필요가 있었다. 소비자들에게 새롭게 개선된 콜라를 원하는지 묻는 시장조사(브랜드 테스트)를 시행하지 않은 상태에서 이런 결정이 내려졌던 것이다. 마침내 1985년 4월 23일, 뉴코크가 출시되었고 기존 콜라의 생산은 그 주말부터 중단되었다.

그러나 뉴코크는 큰 재앙이었다. 미국 전체가 분노했으며 7월 11일에는 소비자들의 항의에 시달린 최고경영진이 마침내 '클래식 코크(Classic Coke)'라는 이름으로 전통적인 콜라의 맛을 되살린다는 기자회견을 열어야 했다. 맛이 더 좋아진 새로운 콜라를 환영하기는커녕 수백만명의 미국인들은 맛도 보기 전부터 그 콜라를 싫어했다. 그리고 설사 맛을 봤다고 하더라도 대부분의 사람들은 자기가 여전히 원조 콜라의 맛을 더 좋아한다며 스스로를 설득시켰다.

그들에게 있어 콜라는 단순한 제품 이상의 존재였던 것이다. 이것은 관습이자 삶의 한 방식이었다. 어려서부터 함께 자라고 자신과 굳은 관계를 맺고 있다고 느끼는 그런 대상인 것이다. 예전의 콜라로 복귀를 선언한 후, 다행스럽게도 소비자의 분노가 가라앉았고 사람들은 사랑하던 클래식 코크의 귀환을 축하했다. 코카콜라는 비록 1985년에는 펩시에게 1위 자리를 내주었지만 다시 출시된 원조콜라가 1986년에 왕좌를 되찾아 이후 꾸준한 성장세를 유지하고 있다.

뉴코크는 그렇게 자취를 감추었다.

자료원: 자일스 루리, 시장조사의 기술, 리더스북, 2004.

4.3 마케팅 정보시스템

4.3.1 마케팅 정보시스템의 정의와 구성

현대의 마케팅 환경은 복잡하고 변화의 속도도 빨라 마케팅 의사결정 과정에서 요구되는 마케팅 환경에 대한 정보가 보다 빠르고, 정확하게 마케터에게 전달될 필요성이 커지고 있다. 많은 마케터들은 보다 빠르고, 정확하게 필요한 정보를 얻을 수 있는 수단 중 하나로 효율적인 마케팅 정보시스템을 꼽고 있다.

사례 4-5 GE-지식공유

1999년 잭 웰치 회장이 한국을 방문했을 때 한 경영자가 물었다.

"세계에서 가장 존경받는 기업의 경영자로 선정된 리더십의 비결이 무엇입니까?"

그 질문에 잭 웰치 회장은 이렇게 말했다.

"딱 한 가지입니다. 나는 내가 어디로 가는지 알고 있고, GE의 전 구성원은 내가 어디로 가는지 알고 있습니다."

성공하는 회사는 총체적인 목적에 관한 한, 최고 경영진부터 말단직원에 이르기까지 하나의 공감대를 이루고 있다. 아무리 현명한 경영전략이라도 직원들과의 공감대가 형성되지 못한다면 실패하고 만다. 일의 전체적인 구성과 절차를 알고 있는 상태에서 업무를 수행하는 것과 그렇지 못한 것은 성과 차원에서도 엄청난 격차가 생겨나기 때문이다. 일을 쉽게 하는 조직일수록 간단하고 명료한 프로세스를 확보하고 있으며, 한명도 빠짐없이 일사불란하게 그 프로세스를 준수하고 있다.

우편발송을 많이 해본 사람은 자기만의 봉투붙이기 노하우를 가지고 있다. 봉해지는 부분을 한꺼번에 접은 다음 내용물을 넣고, 풀칠을 해야 할 부분만 겉으로 나오게 일렬로 늘어뜨린 다음 쓱쓱 풀을 칠하고 한꺼번에 접어서 봉합을 한다. 물론 이런 단순한 작업 외에도 저마다 해당 업무에 대해 자기만의 노하우를 갖게 마련이다. 그런 사람들은 남들이 1시간 걸려 할 것을 10분이면 해치운다. 이게 바로 전문성이다. 이런 개인적인 노하우를 모든 사람들이 시행착오 없이 똑같이 수행할 수 있다면 업무효율이 얼마나 높아질지는 금방 상상할 수 있는 일이다.

얼마 전 자사 물류창고에 들렀더니 물건을 차량에 옮기고 내리는 곳에 적재선이 표시되어 있지 않았다. 물론 모두들 이 분야에 전문가들이라 적재선 표시가 없어도 능숙하게 적재할 수 있다는 얘기였다. 필자는 당장 페인트를 사다가 적재선을 그으라고 지시했다. 아무것도 아닌 것처럼 보이지만, 선 하나만 표준화해주어도 그것이 강인한 약속이 되어서 처음해 보는 사람이라도 아무런 부담 없이(스트레스 받지 않고) 업무를 수행할 수 있다. 전문가의 노하우는 누구나 알기 쉽게 보여주고 공개해야만 더 빨리 공유되고 확산되어서 쓸데없는 에너지 낭비가 줄어든다. 그리고 이제까지 엉뚱한 데 소모해온 에너지를 시장점유율과 고객확보율을 높이는 데 좀더 투여할 수 있다. 이렇듯 개개인이 자기만의 실수, 연습, 오랜 시간의 축적과정에서 얻은 지혜를 프로세스에 녹아들게 하는 것이 바로 조직 차원의 혁신이다.

조직은 '어떻게 하면 모든 사람이 더욱 쉽게, 불필요한 혼란 없이 업무를 할 수 있게 할 것인가'를 끊임없이 고민해야 한다. 그래서 창의적인 발상이 더 높은 단계로 진화하도록 조직의 역량을 점점 상향평준화해야 한다. 아무리 좋은 전략이라도 직원들이 공유하지 못하면 전략으로서의 위력을 발휘할 수 없다. 전사적인 업무 노하우 개선을 위해서는 늘 공유와 점검을 통해서 공통의 지식수준을 높일 필요가 있다.

자료원: 전옥표, 이기는 습관 中, 쌤앤파커스.

마케팅 정보시스템은 "마케터가 의사결정 과정에서 필요로 하는 정보를 적시에 수집하여 분석한 후 전달하기 위한 조직, 절차, 장비 등 일체의 시스템"을 말한다. 즉, 마케팅 정보시스템은 마케팅 문제를 해결하기 위해 기업 내외의 자료를 체계적으로 수집·분석·정리하여 마케팅 담당자들에게 시의적절한 정보를 제공함으로써 마케팅 의사결정에 도움을 줄 수 있도록 하는 시스템이다. 마케팅 정보시스템은 크게 다음과 같은 네 가지 요소인 내부자료, 마케팅 첩보, 마케팅 조사, 마케팅 의사결정지원시스템으로 구성된다.

(1) 내부자료

내부자료는 "마케터가 속한 조직 내부에서 개별적으로 만들어 놓은 1차 자료들 중

그림 4-13 마케팅 정보시스템

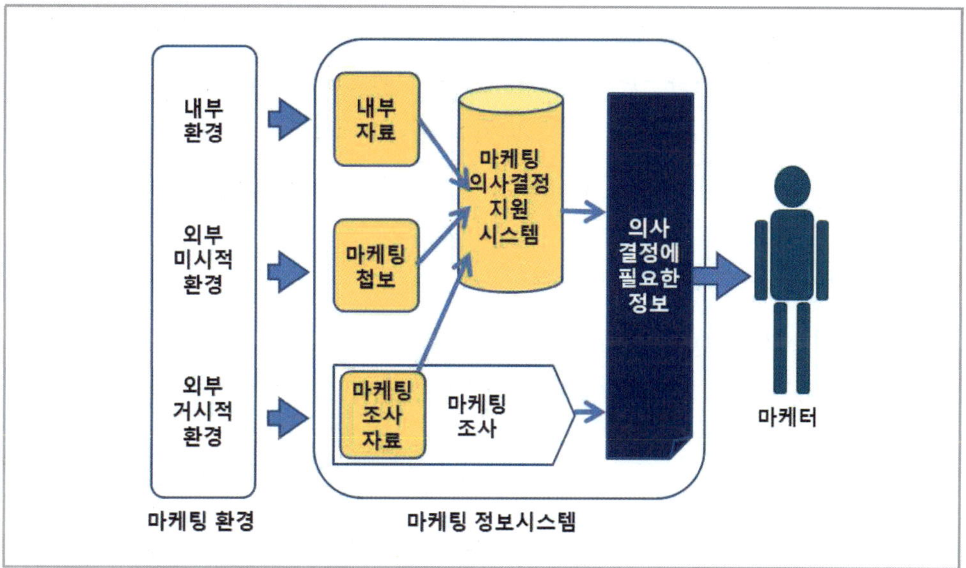

에서 향후 이용 가능하다고 판단되는 자료들을 일상적인 절차에 의해 조직 내부에 보관하는 일체의 기존 자료"를 말한다. 기업 등 대부분의 조직은 많은 부서들로 구성되어 있어 서로 다른 목적에 맞게 수집된 각 부서별 자료가 혼재하지만 경우에 따라 마케터에게 필요할 수 있다. 내부자료의 예로는 고객 DB 자료, 제품 DB 자료, 판매 자료, 거래기록, 재고정보 등을 꼽을 수 있다. 마케터가 이와 같이 혼란스러운 자료를 제대로 이용할 수 있으려면 유기적인 정보의 상호 지원이 있어야 가능하다. 따라서 최근의 많은 기업은 지식경영(knowledge management)이라는 기업정보의 공유를 우선으로 하는 목표를 수립하고 회사 내부의 자료들을 상호 공유하고 이용할 수 있도록 기반을 준비하는 노력들을 하고 있다.

(2) 마케팅 첩보

마케팅 첩보(marketing intelligence)란 표적시장, 유통경로, 경쟁자, 일반대중, 시장환경 등 "외부 거시적 환경 요인과 미시적 환경 요인에 대한 일상적인 동향 자료"를 가리킨다. 마케팅 조사가 어떤 구체적인 마케팅 문제를 해결하기 위해 자료를 수집하여 분석하는 것이라면, 마케팅 첩보는 어떤 구체적인 문제를 해결하기 위한 것이 아니라, 언젠가 필요할 때를 대비하여 지속적으로 수집되는 동향 자료를 의미한다. 마케팅 첩보의 원천으로는 인터넷, 잡지, 신문, 고객 패널, 영업사원, 유통업체, 정부 자료 등을 들 수 있다. 마케팅 첩보는 내부적인 마케팅 활동에 있어서 수집되는 정보와 고객의 정보 그리고 외부적 마케팅 정보를 지속적으로 수집하고 보관 그리고 이용하는 것을 의미한다. 따라서 지속적인 마케팅 환경에 초점을 가지고 정보를 수집하는 활동이 매우 중요하며 수집된 정보 또한 활용하는 것도 중요하다.

(3) 마케팅 조사

마케팅 조사(marketing research)는 "마케팅 의사결정 과정에 도움이 될 수 있는 정보를 얻기 위해 필요한 일체의 자료를 체계적으로 획득·분석·해석·전달하는 과정"을 의미한다. 마케팅 조사를 통해 마케터가 확보하는 정보는 의사결정에 즉시 활용될 수 있다.

그런데 많은 비용과 시간을 들여서 마케팅 조사 프로젝트를 실시한 다음에 그 보고서를 체계적으로 보관하고 있는 조직들은 많지 않다. 그래서 조사 보고서를 찾기 위해서 이사람 저사람 수소문하거나, 비슷한 조사 프로젝트를 중복해서 실시하는 낭비가 드물지 않다. 이 문제를 해결하려면, 과거의 조사보고서를 데이터베이스로 만들어서 저장하여야 한다.

뿐만 아니라, 조직이 보유하고 있는 일체의 제품이나 브랜드에 대해서 표준화된 조사방법과 문항을 사용함으로써, 상품간 또는 브랜드 간에 조사결과를 비교해 볼 수 있도록 하는 것도 중요하다.

(4) 마케팅 의사결정지원 시스템

마케팅 의사결정지원 시스템(MDSS; marketing decision support system)은 "마케터가 의사결정에 필요한 데이터를 직접 분석하여 필요한 정보를 뽑아낼 수 있도록 만들어진 통계적·수학적인 분석기법들과 각종 H/W, S/W의 집합체"를 가리키는 말이다. 실제로는 실무에 종사하는 마케팅 관리자들이 통계적·수학적인 분석기법들에 익숙하지 않기 때문에 데이터를 직접 분석하는 것이 어려울 수도 있다. 그래서 이 분야에서 가장 앞서고 있는 미국의 마케팅 조사회사들은 전문가시스템(export system)과 통계적 분석기법들을 결합하여, 컴퓨터로 하여금 대량의 데이터를 자동적으로 분석하게 한 다음, 마케팅 관리자가 꼭 알아야 할 중요한 정보만을 요약해서 전달하는 서비스를 제공하고 있다.

4.3.2 마케팅 의사결정지원 시스템

전통적 마케팅정보시스템(MKIS)은 "마케팅 의사결정에 필요한 정보를 체계적으로 수집 · 분석하여 필요시 마케터에게 제공하는 시스템"이다. 마케팅 의사결정 지원 시스템(MDSS)은 이에 더하여 "마케터가 컴퓨터, 모바일 장치 등 일체의 터미널을 통해 정보를 직접 조작함으로써 의사결정의 대안을 곧바로 발견할 수 있는 시스템"을 말한다. 즉, MDSS는 마케팅 의사결정에 필요한 자료를 상시적으로 수집 · 분석 및 보관하고, 필요시 의사결정자에게 제공하여 문제해결 대안을 마련해 주는 시스템이다. 예를 들어, 마케터가 이번 달 광고비 집행을 의사결정하고자 할 때 MDSS는 과거의 광고비집행과 성과에 대한 데이터를 불러와서 이를 각종 의사결정통계모형에 분석하고, 아주 쉬운 대화형 인터페이스를 통해 마케터에게 광고비 집행에 대한 대안을 제시한다. 일반적으로 MDSS는 다음과 같은 특성을 갖는다.

첫째, 마케팅 의사결정지원시스템은 문제해결을 지원한다. 즉, MDSS는 마케팅 관리자의 의사결정을 직접적으로 지원하기 위한 시스템이다. 둘째, 통계학적인 의사결정 모델을 이용한다. MDSS는 의사결정에 필요한 통계적 모델을 갖춤으로써 문제해결을 지원할 수 있다. 셋째, 아주 쉬운 대화적 기능의 인터페이스를 갖추고 있다. 마케터와 시스템과의 상호대화에 의하여 의사결정 대안을 발견하게 한다. 넷째, 사용자 특성에 맞는 시스템이다. MDSS는 사용자에게 개인화된 대안과 의사결정지원정보를 제공한다.

CHAPTER 5

시장세분화와 표적시장선정 전략

5.1 시장세분화 및 표적시장선정 개요
5.2 시장세분화
5.3 표적시장선정

Marketing Management

사례 5-1 애경 케라시스-시장세분화, 표적시장선정, 포지셔닝 전략

케라시스는 2002년 다국적기업 P&G와 유니레버가 주도해온 프리미엄 샴푸시장에 뛰어들었다. 1990년대 중반부터 염색, 퍼머, 스타일링 등으로 보다 적극적인 헤어관리가 확산되면서 젊은 소비자층의 모발손상이 가속화되었고 헤어 케어에 대한 욕구가 다양해지기 시작했다. 소비자들의 다양한 욕구는 전통적으로 모발세척제로서의 샴푸에서 영양공급, 보습효과, 머릿결 개선 등의 기능성 샴푸로 빠르게 변환되기 시작했고 새로운 요구에 맞는 새로운 제품개발 요구 역시 높아지고 있었다.

자신을 표현하고 가꾸는 데 관심이 큰 젊은 여성 소비자층은 모발관리에도 관심과 투자를 아끼지 않았다. 백화점에서는 고급 헤어케어 브랜드가 생겨났으며, 고급 모발관리 살롱, 헤어전문 피부과까지 등장하는 등 전반적으로 고급화 · 전문화되는 경향을 보였다.

소비자의 다양화 · 전문화 욕구에 힘입어 프리미엄 샴푸시장은 1,000억대의 시장으로 급성장했고 2002년 5월 케라시스는 손상모발을 위한'헤어클리닉 시스템'이라는 제품 컨셉을 가지고 모발 손상 원인과 정도에 따라 처방한 맞춤형 고급샴푸로 프리미엄 샴푸시장 공략에 나섰다.

케라시스의 표적시장은 인구통계학적으로는 20~34세의 여성으로, 직업군은 대학생 및 직업을 가진 미혼 · 기혼여성 또는 외부활동이 많은 주부였다. 구매행태적으로는 기본적으로 가격보다는

브랜드 지향 소비자를 대상으로 하였으며, 백화점이나 헤어살롱 유통브랜드에 대해서는 구매욕구는 높으나 가격저항을 느끼는 반면, 저가 브랜드에 대해서는 제품신뢰성과 선호도 자체가 낮은 소비자층으로 손상모발 케어 및 건강모발 관리에 관심이 많은 여성을 대상으로 하였다.

케라시스의 포지셔닝은 전문성과 고급스러운 이미지에 주안점을 두었다.

전문성과 고급스러움을 지향하는 포지셔닝을 구현하기 위한 케라시스의 마케팅믹스 전략은 (1) 제품측면에서는 샴푸/린스 외에 두피클리닉과 앰플 등 지속적인 제품 라인업을 통해 헤어클리닉 시스템이라는 컨셉을 강화시켰으며, 제품의 패키지도 고급감과 전문적 이미지가 집약된 용기 및 그래픽 디자인을 시도하였다. (2) 가격측면에서도 ACP(Actual Consumer Price) 기준 팬틴보다 10% 비싼 가격을 책정하였다. (3) 프로모션에서는 배우 고소영을 기용하여 고급스러운 느낌과 배우라는 전문성을 제품에 투영해 브랜드가 가진 차별적인 포지셔닝을 강화하고자 하였다. (4) 유통측면에서는 프리미엄 샴푸시장의 80%를 차지하는 할인점 등 대형슈퍼마켓에 집중하였으며, 매장 도우미들도 기존의 타사 도우미들이 가격 프로모션을 하는 데 비해 케라시스 도우미들은 제품력과 전문성을 전달하도록 하여 차별화를 기하였다.

샴푸제품 소비자인식조사(TNS소비자 패널조사, 수도권 거주 20~40대 여성 811명, 2004/2005년) 결과 케라시스의 포지셔닝 노력은 성공적으로 소비자에게 수용되었다는 것이 제품 포지셔닝 맵을 통해 나타났다.

이와 같은 시장세분화, 표적시장선정, 포지셔닝 전략 및 이를 일관되게 실행하는 마케팅믹스 전개에 힘입어 케라시스는 2006년(5/6월) 기준, 시장점유율 10% 이상을 기록하며 최고 브랜드군에 진입하는 성과를 달성할 수 있었다.

2015년 샴푸시장 지각도

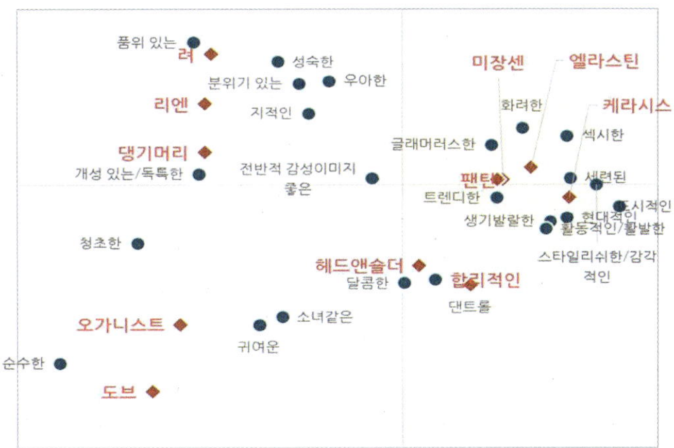

2002년부터 시작된 케라시스의 브랜드 스토리는 이후에도 계속되고 있다. 애경은 2012년에 케라시스 퍼퓸샴푸를 출시하면서 프리미엄 샴푸시장에 또 하나의 변화를 가져왔다. 제품의 기능적인 측면만 아니라 소비에서 소소한 즐거움을 찾으려는 소비자의 경향을 겨냥한 것이 적중하였다. 퍼퓸샴푸는 강력한 모발케어기능에 향이라는 즐거움의 요소를 추가하여 새로운 시장을 개척하였다. 용기는 일러스트 작가 옐레나 제임스와 협업으로 개성있는 디자인을 적용하였다. 이러한 노력에 힘입어 케라시스는 프리미엄 샴푸시장에서 최초상기도와 고객만족도가 가장 좋은 브랜드로 자리매김하였다(2015년 글로벌 리서치 조사).

최근 샴푸시장은 프리미엄샴푸, 탈모샴푸, 두피샴푸, 친환경샴푸 시장으로 세분화되는 양상을 보인다. 이는 샴푸시장을 가장 잘 설명하는 시장세분화 기준 중 하나가 모발상태라는 사실을 의미한다. 즉, 스타일링 등으로 손상된 모발에는 프리미엄샴푸, 스트레스 및 건강상의 이유로 머리가 빠질 때는 탈모샴푸, 비듬에는 두피샴푸, 민감한 모발에는 친환경샴푸가 소비자 욕구충족 수단으로 받아들여지고 있다. 애경은 프리미엄샴푸, 탈모샴푸, 두피샴푸, 친환경샴푸 시장으로 이루어진 국내 샴푸시장 속에서 2014년부터 케라시스 네이처링 샴푸로 새로운 도전을 하고 있다.

자료원: 애경 케라시스 사업부.

5.1 시장세분화 및 표적시장선정 개요

5.1.1 시장세분화 및 표적시장선정의 의미

고객의 욕구가 다양화되고 자신들이 바라는 것을 분명히 알고 원하게 되면서, 그리고 기업 간 경쟁이 심화되면서 과거의 제품중심(product-centric)의 기업은 고객중심(customer-centric)으로 변화할 수밖에 없게 되었다. 모든 소비자를 동일하게 취급하고 단일제품의 대량생산, 대량유통, 대량 촉진활동으로 전체 고객에게 접근하는 매스마케팅은 다양해진 소비자의 욕구를 만족시켜 줄 수가 없으며 또 정보원천이 TV, 라디오뿐 아니라 인터넷, 홈쇼핑채널, 텔레마케팅, 우편카탈로그, 잡지 등으로 다양해지고 유통채널의 수가 급증함에 따라 매스마케팅을 통해 대중에게 접근하는 것은 과거보다 훨씬 힘들고 많은 비용을 필요로 하게 되었다. 당연히 전체 고객을 대상으로 모든 고객의 개별화된 욕구를 다 만족시키는 것 또한 마케터의 입장에서는 불가능하다. 설사 가능하더라도 점점 증가하는 경쟁자들이 각각의 세분시장을 철저하게 공략하는 상황에서 상대적으로 우월한 고객가치를 창출하기란 매우 어려운 것이 현실이다.

따라서 현대의 경쟁적 마케팅 환경 속에서는 마케터의 한정된 자원과 역량 하에서 경쟁자 대비 경쟁우위를 갖기 위해서는 이처럼 유사한 욕구를 가진 동질적인 고객을 그룹화하고 그 중에서 스스로가 가장 높은 가치를 창출할 수 있는 고객군을 선정하여 그들의 욕구를 차별적으로 충족시킬 수 있어야 한다. 이를 일각에서는 과거의 매스마케팅(mass-marketing)에 대비된다는 의미에서 미시마케팅(micro-marketing)이라 칭하기도 한다.

문제는 "어떻게 고객을 파악하고 나누며, 마케터가 차별화된 경쟁력을 가지기 위해서 어떤 기준을 가지고 특정 고객군을 선정할 것인가"이다. 시장세분화와 표적시장선정은 이러한 문제에 대한 답을 고민하는 과정이다.

5.1.2 상황별 시장세분화 및 표적시장선정 방식

시장세분화 및 표적시장선정의 접근방법은 먼저 고객을 유사한 그룹으로 구분하는 세분화가 이루어지고, 그 다음 세분시장을 경쟁상황 그리고 기업의 역량과의 부합 정도 등을 바탕으로 평가하여 경쟁우위를 가질 수 있는 고객군을 선정하는 표적시장선정이 이루어진다. 그런 다음 선정된 시장에서 경쟁사와 차별화하여 해당기업의 강점으로 무엇을 소비자의 인식 속에 부각시킬 것인가를 결정하는 포지셔닝 전략을 결정하고 4P 마케팅 믹스를 전개하게 된다. 포지셔닝 전략은 다음 장에서 다루게 된다.

마케터로서는 당면 마케팅 현안(懸案, issue)에 맞추어 적절한 시장세분화 및 표적시장선정 과정을 밟아나갈 필요가 있다. 예를 들어, 당면 마케팅 현안이 신규시장 진출이나 신규 브랜드 도입의 경우라면 전반적인 시장의 경쟁상황을 파악하고 새로운 시장기회를 포착하는데 주안점을 두고 시장세분화 및 표적시장선정 과정이 이루어진다. 일반적으로 이런 경우에는 기존 고객기반이 없으므로 서베이나 외부데이터를 이용하여 경쟁사 기반의 포지셔닝 분석 및 고객욕구 분석을 통해 기존 제품들이 충족시켜 주지 못하는 갭을 발견하는 데 초점을 맞추는 경향이 있다. 이러한 갭 중에서 기업의 역량과 시

그림 5-1 전략적 현대마케팅 접근체계

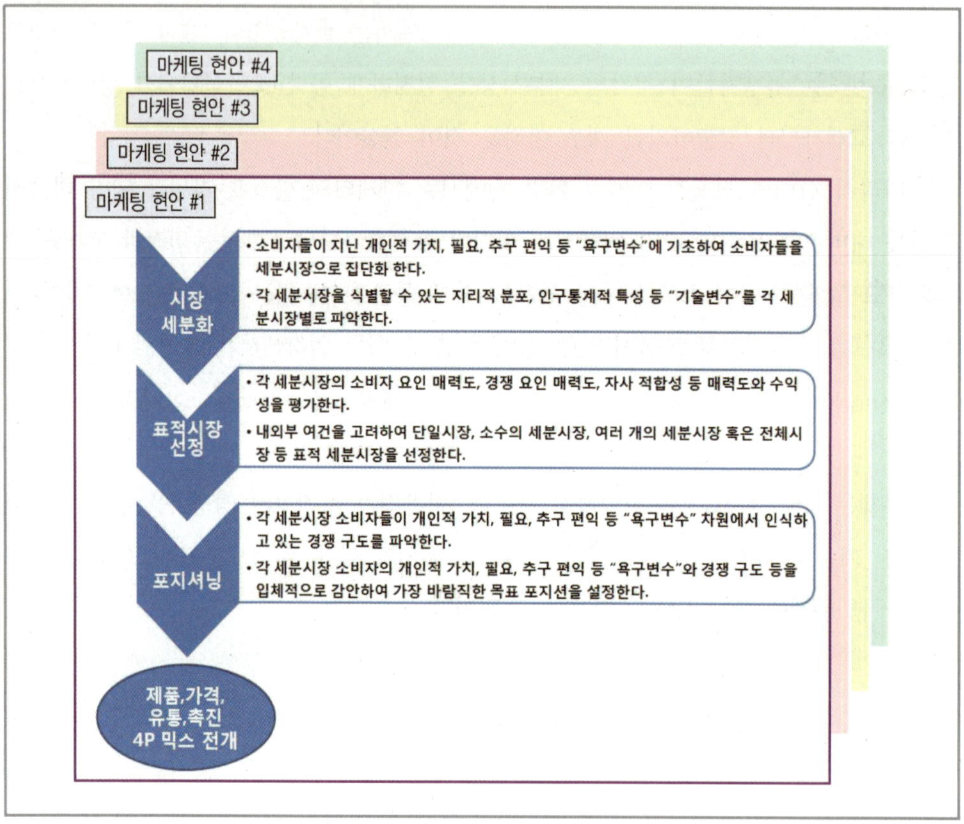

장여건을 고려하여 가장 최적의 세분시장을 선정한다. 그런 다음 선정된 시장의 고객특성을 분석하여 포지셔닝 전략을 수립한 후 이에 기반하여 마케팅 믹스를 결정하여 실행하게 된다.

다음으로 당면 마케팅 현안이 기존제품의 영역에서 제품을 확장하거나 재포지셔닝을 시도하는 경우에도 마찬가지로 기존 시장의 경쟁구도를 파악하고 기존 고객의 불만 및 욕구 혹은 잠재고객의 욕구를 반영하여 새로운 시장기회를 포착한다. 이처럼 기존제품 확장의 경우에는 기존 시장의 경쟁구도에 대한 분석을 통해 잠재기회가 있는 시장에 대해 표적시장 선정이 이루어지는 것이 일반적이다.

끝으로 당면 마케팅 현안이 고객관리인 경우에는 보통 고객 행동변수를 활용한 시장세분화가 이루어진다. 그 다음 나누어진 세분시장별로 고객 특성을 분석하여 각 고객군별 맞춤형 고객관리방안을 도출하여 실행하게 된다.

표 5-1 마케팅 현안별 시장세분화 방법

마케팅 현안 예	근거자료	시장세분화 및 표적시장선정 과정의 특징
신규시장 진출	• 주로 survey 및 외부 데이터	• 기존 고객 기반이 없으므로 경쟁구도분석을 통해 시장의 니치를 발견하고 타겟팅이 이루어짐
기존제품 확장	• 주로 내부 데이터(고객특성 및 거래이력) • 필요시 survey	• 기존제품시장에 대한 고객정보 보유 • 이 정보를 이용, 신규시장 기회를 발견
고객관리 (기존고객&잠재고객)	• 주로 내부 데이터(고객특성 및 거래이력) • 필요시 survey	• 일반적으로 고객행동에 따른 세분화를 한 후 고객특성 세분화를 함

이처럼 당면 마케팅 현안의 성격에 따라 시장세분화나 표적시장선정의 방식이 약간씩 다르게 나타날 수 있다. 따라서 마케터는 당면한 마케팅 현안의 성격을 염두에 두고 그에 적합한 시장세분화와 표적시장선정 과정을 진행해야 할 것이다.

5.2 시장세분화

5.2.1 시장세분화의 개념

시장세분화(Segmentation)란 "서로 다른 제품이나 마케팅 믹스를 요구하는 집단으로 시장을 구분하고 나누는 과정"을 말한다. 이때 각각의 집단을 "세분시장"이라고 부른다. 마케팅관리 영역에서 말하는 시장이 소비자 집합이라는 점을 고려한다면 결국 세분시장은 "서로 다른 욕구를 가진 각각의 소비자 집합"인 셈이다. 이 책에서는 서로 다른 제품 혹은 서로 다른 마케팅 믹스를 선호하게 만드는 각 세분시장 소비자의 욕구 차이를 잘 설명해 주는 차원을 '욕구변수(needs/wants variables)'라는 개념으로 묘사하기로 한다.

시장세분화는 소비자의 요구에 입각하여 단순히 시장을 분류하는 데 그쳐서는 안되고 반드시 각각의 세분시장을 외부에서 식별할 수 있는 '꼬리표'가 붙어야 한다. 왜냐하

그림 5-2 시장세분화 개념

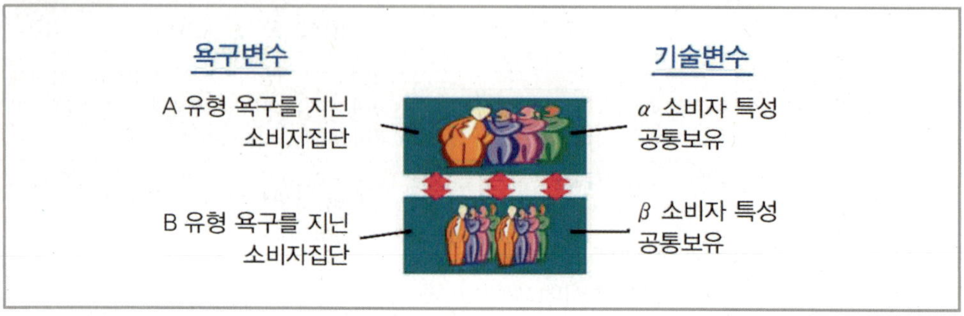

면 실체적 세분시장이 실존하더라도 외부에서 각 세분시장을 식별하기 어렵다면 마케터가 세분시장 소비자의 요구에 부응하는 대안을 제시하는 효과적인 마케팅을 하기 어렵기 때문이다. 이 책에서는 이러한 일종의 '꼬리표'를 일련의 '기술변수(descriptor variables)'로 지칭하기로 한다. 기술변수는 각 제품이나 서비스 소비자의 서로 다른 개인적 가치, 서로 다른 욕구 등을 일일이 조사하지 않고도 추측할 수 있게 해주는 열쇠가 된다.

결국 시장세분화는 '욕구변수'와 '기술변수'의 '쌍(雙)'에 따라 시장을 크거나 작은 조각으로 세분화하는 과정인 셈이다. 이때 가능하다면 '욕구변수'와 '기술변수'가 서로 중복되지 않도록 시장세분화를 하는 것이 마케팅 믹스 설계를 위해 편리하다. 다시 말해서 혼동의 여지가 적은 명료한 세분시장별로 독특하게 최적화된 마케팅 믹스를 적용할 수 있도록 하는 시장세분화야말로 마케터에게 도움이 되는 것이다. 시장세분화는 본질적으로 시장에 대한 통찰력을 얻는 과정이어서 마케터가 시장세분화를 통해 얻는 혜택은 '자신만의 시장 지도(map)'를 얻는 것에 비유할 수 있다.

그림 5-3 시장세분화의 용도

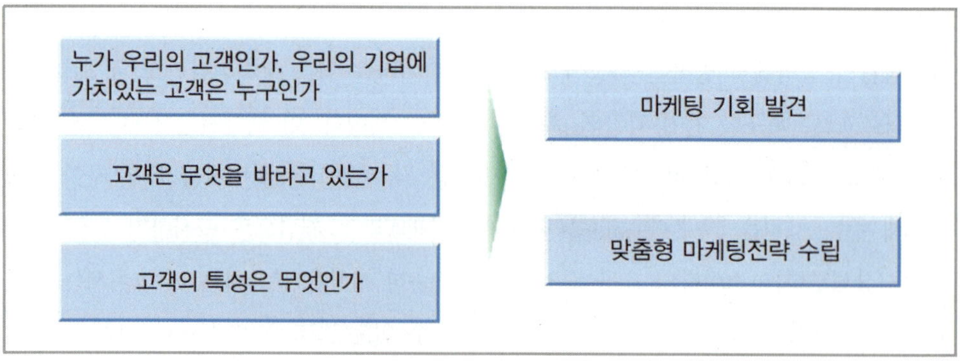

표 5-2 치약시장 세분화 사례

세분시장명	"감각"형	"사교"형	"독립"형	"고민"형
욕구변수 [추구편익]	좋은 맛, 향	미백	저가	충치예방
기술변수 [인구통계변수]	어린이	청(소)년	성인남성	대가족
기타 특성	자기중심성, 쾌락적 성향, 민트 치약 애용	사교성, 활동적 성향, 흡연 성향	자주성, 경제성 중시, 대량 사용	근심걱정 많음, 보수적 성향, 대량 사용

자료원: Haley, Russell (1968), "Benefit Segmentation: A Decision-oriented Research Tool", Journal of Marketing, Vol. 32 Issue 3, pp. 30-35. 수정 인용.

5.2.2 시장세분화의 중요성

20세기 등장을 전후로 혜성같이 등장하여 '객관적으로 이상적'인 마케팅 방향을 추구하던 포드(Ford) 자동차의 매스마케팅(mass marketing) 철학은 시간이 흐르면서 대부분의 산업에서 나타난 소비자요구 다변화, 경쟁자 증가, 매스마케팅 효과 감소 현상과 맞물려 점차 약점을 드러냈다. 새롭게 등장한 대안적인 마케팅 철학이 '선택한 표적시장'에 맞추는 미시마케팅이다. 특별한 언급이 없는 한 현대 마케팅은 미시마케팅을 기본으로 삼는다. 현대 마케팅에서는 실질적인 마케팅 활동이 이루어지기 이전에 시장세분화, 표적시장선정을 통해 어떤 소비자들을 겨냥하여 마케팅 자원을 집중하는 것이 바람직한지 결정해야 하다는 점을 강조하고 있다.

시장세분화 과정을 통하여 마케터는 몇 가지 효과를 누릴 수 있다. 우선 시장세분화를 통해 숨겨진 마케팅 기회를 포착하는 데 유리한 고지를 점령할 수 있다. 시장의 경쟁구도 분석을 통해 시장에서 충족되지 않은 욕구들을 발견하거나 기존 고객의 세분화 과정에서 고객의 마음속에 숨어 있는 욕구를 읽어내고 새로운 마케팅 기회를 발견할 수 있게 된다.

시장세분화를 통해 누릴 수 있는 두 번째 효과는 마케터의 차별화가 가능해진다는 점이다. 마케터가 속한 조직이 전체 고객을 대상으로 모든 욕구를 다 만족시키는 것은 조직의 한정된 자원을 감안할 때 효율적이지 않다. 한정된 자원 내에서 경쟁력을 확보하기 위해서는 소비자를 동질적인 유사 그룹으로 나누고 그 중에서 기업이 가장 경쟁력을 발휘할 수 있는 세분시장을 선정하여 차별화된 편익을 제공하는 것이 마케팅의 효율성을 높일 수 있는 지름길이 될 수 있다. 또 기업의 역량과 부합하는 세분시장을 선정하여 집중함으로써 타사와 차별화된 경쟁력을 확보할 수 있게 된다.

시장세분화를 통해 누릴 수 있는 세 번째 효과는 마케터가 속한 조직의 자세를 고객지향적으로 바꿀 수 있는 전환점을 확보할 수 있다는 점이다. 시장세분화 과정에서 소비자를 유사 그룹으로 나누고 그들의 욕구를 분석하는 과정은 마케터가 속한 조직의 제품 중심 관리마인드를 고객중심으로 바꾸는 시발점이 될 수 있다. 세분화 과정은 누가 우리 고객인지, 우리에게 수익을 가져다주는 고객이 누구인지 그리고 그들이 무엇을 원하는지, 그들의 특성은 무엇인지를 파악하고 구분하는 과정이다. 이러한 과정에서 마케터는 자사의 고객에 대해 알게 되며 그들이 원하는 바를 파악하고 기업 내부에 반영하여 고객중심의 관리를 가능케 한다. 고객이 원하는 바가 반영되어 제품 생산이 이루어지고, 판매가 이루어지며, 고객관리가 이루어지게 된다. 실제로 조직을 유사한 욕구나 특성을 가지는 고객군에 따라 운영하는 기업들도 있다.

끝으로 시장세분화를 통해 누릴 수 있는 네 번째 효과는 동질적인 고객 그룹별로 맞춤형 고객관리나 마케팅 전략이 수립될 수 있어 마케팅 성과를 제고하는 데 유리하다는 점이다. 전체 고객을 대상으로 하는 매스마케팅의 경우는 다양한 고객의 욕구를 충족시키기가 어렵지만 고객을 유사한 욕구를 가진 그룹으로 구분함으로써 각 세분시장별로 고객의 욕구를 보다 잘 충족시켜 줄 수 있고, 또한 고객군별로 맞춤형 마케팅믹스 전략을 실행함으로써 마케팅 활동의 성과를 높일 수 있게 된다.

5.2.3 욕구변수

욕구변수란 "소비자의 서로 다른 욕구를 드러내주는 변수"다. 욕구변수를 규명하는 작업은 시장세분화 과정에서 최우선적인 과제 중 하나로 꼽힌다.

욕구변수는 제품이나 서비스 소비자의 교환참여행위를 야기하는 서로 다른 동기, 서로 다른 선호, 서로 다른 목적 등을 마케터가 파악하고 이해할 수 있게 도와준다. 나아가 마케터가 소비자에게 무슨 서비스를 어떻게 제시할지 결정할 참고자료가 된다. 욕구변수는 마케터가 각 세분시장 소비자에게 마케팅 믹스를 어떻게 설계하여 제시할지 결정하는 가늠자 역할을 하게 된다.

표 5-3 욕구변수

주요 예시	개 념
개인적 가치 (personal value)	"바람직하다"고 생각하는 상태에 대한 개인적 신념체계. 소비자마다 조금씩 서로 다른 바람직한 상태에 대한 믿음의 차이를 야기하는 개인의 추구성향
필요 (needs)	개인적 가치에 비추어 본 "바람직한 상태"와 현재의 실제상태의 차이로 인한 결핍 문제
추구 편익 (benefit sought)	소비자가 제품의 소비를 통해 얻은 결과로서의 혜택. 소비자가 제품의 소비자를 통해 필요를 충족하고 개인적 가치에 부합되는 상태로 나아가는 수단이자 연결고리 역할을 함. 기능적(functional), 사회적(social), 감정적(affective), 지적(epistemic), 미적(aesthetic), 쾌락적(hedonic), 상황적(situational), 총체적(holistic) 편익으로 분류될 수 있음

욕구변수로 가장 많이 사용되는 변수의 예로는 개인적 가치(personal values), 필요(needs), 추구 편익(benefits sought) 등을 꼽을 수 있다.

개인적 가치(personal values)란 "바람직하다고 생각하는 상태에 대한 개인적 신념체계"를 의미한다. 소비자마다 조금씩 서로 다른 바람직한 상태에 대한 견해의 차이를 야기하는 개인의 추구 성향을 나타낸다고 볼 수 있다.

필요(needs)는 개인적 가치에 비추어 본 "바람직한 상태와 현재의 실제 상태의 차이로 인한 결핍 문제(problem) 해소의 욕구"라고 할 수 있다.

그림 5-4 수단-목적 사슬 예

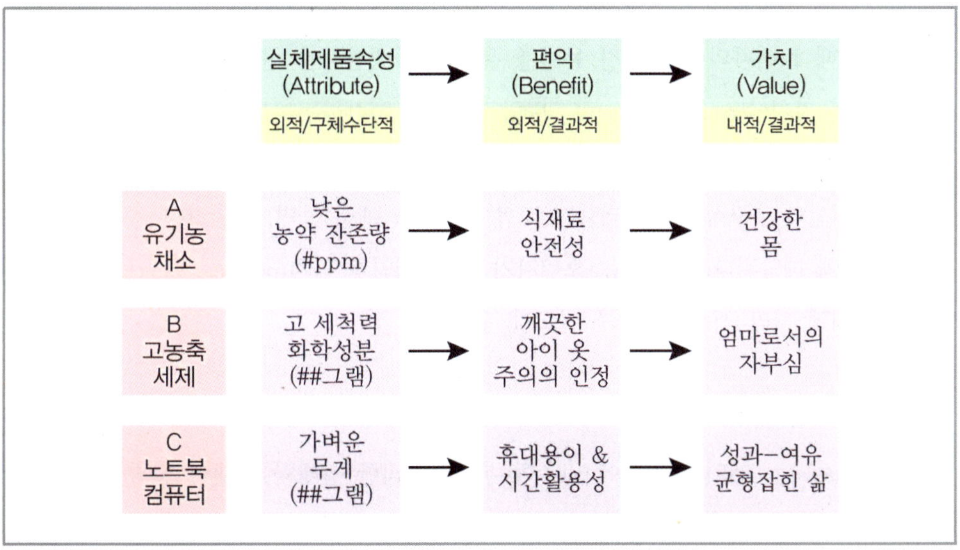

추구 편익(benefits)은 "소비자가 제품의 소비를 통해 얻는 결과로서의 혜택"을 의미한다. 예를 들면, 사용편리성, 시간절약성 등이 이에 해당된다. 추구 편익은 소비자가 제품의 소비자를 통해 필요를 충족하고 개인적 가치에 부합되는 상태로 나아가는 수단이자 연결고리 역할을 하게 된다.

개인적 가치(personal values)나 필요(needs)는 추구 편익(benefits sought)보다 소비자의 근본적인 문제에 주안점을 두는 욕구변수인 반면 추구 편익은 필요보다 제품이나 서비스의 속성에 주안점을 두는 욕구변수로 볼 수 있다.

주의할 점은 '개인적 가치', '필요'나 '추구 편익' 등 욕구변수들이 별개의 개념이 아니라 일정 수준 상호 관련성이 존재한다는 점이다. 경우에 따라 서로 관련성 있는 개념들이 수단－목적으로 연결될 수 있다는 수단－목적 사슬(means－end chain) 이론의 견지에서 보면 '편익'이 '필요' 충족의 수단이 될 수 있는 셈이다.

마케터는 보다 근본적인 차원에서 욕구변수를 규명하고 싶을 때는 '개인적 가치'나 '필요' 차원으로 시장세분화를 시도하는 것이 편리할 수 있다. 반면에 마케터가 제품이나 서비스 설계를 위해 상대적으로 구체적인 시사점을 얻고 싶을 때는 '추구 편익' 차원으로 시장세분화를 하는 것이 유리할 수 있다.

(1) 개인적 가치

개인적 가치(personal values)란 이 책에서 주로 사용하는 '효용(utility)'으로서의 '가치(value)'와는 구별되는 별개의 개념으로, "바람직한 상태를 규정함으로써 제대로 실현되지 않을 때 소비자의 문제해결 동기를 유발하는 핵심적인 신념들(beliefs)"이다. 다시 말해 개인적 가치(personal values)란 "바람직하다고 생각하는 상태에 대한 개인적 신념체계"를 의미한다. 소비자마다 조금씩 서로 다른 바람직한 상태에 대한 견해의 차이를 야기하는 개인의 추구성향을 나타낸다고 볼 수 있다. 예를 들면, 생활안정, 즐거움, 소속감 등이 이에 해당된다. 마케터는 소비자가 어떤 개인적 가치(personal values)에 비중을 많이 두는지에 따라 시장세분화를 시도할 수 있다.

(2) 필 요

필요(needs)는 개인적 가치에 비추어 본 "바람직한 상태와 현재의 실제 상태의 차이로 인한 결핍 문제(problem) 해소의 욕구"라고 할 수 있다. 필요(needs)는 개인적 가치

(personal values)에 따라 형성되는 '바람직한 상태'가 제대로 실현되지 못할 때 생겨나는 문제 해결의 욕구를 의미한다. 예컨대 탄수화물, 단백질 등 필수 영양소에 대한 주기적 욕구는 소비자가 가지는 필요의 한 예가 될 수 있다. 대부분의 소비자는 식사 후 대여섯 시간이 지나면 자연스럽게 배고픔과 허기를 느낄 수 있다. 이는 몸의 신진대사와 일체의 활동을 위해 필요한 탄수화물, 단백질 등 필수 영양소가 필요하다는 신호로 해석할 수 있다. 바로 이런 것이 우리에게 흔히 생겨나는 필요(needs)의 사례라고 볼 수 있다.

(3) 추구 편익

추구 편익(benefits)은 "소비자가 필요 충족을 도모하며 구매하려는 제품이나 서비스로부터 기대하는 특정한 혜택이나 이점"을 지칭한다. 다시 말해 편익(benefits)이란 "소비자가 직접 느끼거나 관찰할 수 없는 제품이나 서비스의 소비로부터 얻어지는 추상적 특성"이다. 결국 추구 편익은 "소비자가 제품의 소비를 통해 얻는 결과로서의 혜택"을 의미한다. 예를 들면, 사용편리성, 시간절약성 등이 이에 해당된다. 추구 편익은 소비자가 제품의 소비자를 통해 필요를 충족하고 개인적 가치에 부합되는 상태로 나아가는 수단이자 연결고리 역할을 하게 된다. 라이(Lai)는 소비자 추구 편익을 기능적(functional), 사회적(social), 감정적(affective), 지적(epistemic), 미적(aesthetic), 쾌락적(hedonic), 상황적(situational), 총체적(holistic) 편익으로 분류한 바 있다.

5.2.4 기술변수에 의한 시장세분화

일반적으로 시장세분화 방식은 기술변수(descriptor variables)를 따라 분류하는 경향이 있다. 시장세분화 방식은 크게 고객 특성에 의한 시장세분화 방식과 고객 행동에 의한 시장세분화로 분류할 수 있다. 주의할 점은 모든 시장세분화 방식에서 각 세분시장은 욕구변수 측면에서 서로 다를 때에 한해서 서로 다른 세분시장으로 분리되어야 한다는 점이다.

(1) 고객특성에 의한 시장세분화

지리적 시장세분화

지리적 세분화는 시장을 국가, 도, 시, 군 · 구, 동 · 읍 등 다양한 지역군으로 구분

그림 5-5 대한민국 주요 세대 특징

구분	특징
베이비붐 세대 1954~1964년 출생 소비자	▸ 6.25전쟁 후 다산의 시기에 태어난 우리나라의 베이비붐세대는 인구학적 특성으로 인해 과밀과 과잉을 경험하였고, 정치적으로는 유신세대로서 민주화를 위해 투쟁함. ▸ 한국사회에서 본격적으로 체계적인 교육을 받기 시작한 세대로서 교육을 중시하며, 합리적인 선택을 하는 소비양식을 보이고, 저축에 큰 가치를 두는 경향이 있음. ▸ 가족 중심적 가치관이 강하며, 다른 세대보다 절약하고 검소함. 계획적 소비를 하며, 시간절약에 민감함.
X세대 1965~1979년 출생 소비자	▸ 민주화, IMF 경제위기, 정보화, 문화개방, 자립의 5가지 공통된 경험을 통해 자기중심적, 현실주의적, 개방적, 진보적, 유행추구의 세대적 특성을 가짐. ▸ 자기중심적이고 기존 관습에 얽매이지 않고 진보적 성향을 보이며 현실주의적이고 유행에 민감함. 타인을 의식하지 않고 자신의 의견을 표현하는 자기중심적이고 개방적인 성향을 보이고 개성표현을 위해 유행과 브랜드를 추구하는 성향이 두드러짐. ▸ 돈의 가치를 인정하고 할인쿠폰을 적극 활용하는 등 실용적인 소비행태를 보임. 집단보다 개인을 우선시하고, 가족을 중요하게 여기지만 가족을 위해 자신을 희생하지 않으며, 능력만 있으면 혼자 사는 것을 선호함. 전반적으로 베이비붐세대와 Y세대의 중간적인 특성 지님.
Y세대 1980~1995년 출생 소비자	▸ 컴퓨터가 일반화된 첫 세대. 인터넷－MP3－태블릿－스마트폰으로 이어지는 기술 발전에 점진적으로 적응하며 성장함. 인터넷 쇼핑몰에서 오락처럼 쇼핑하기를 즐김. ▸ 1일 평균 인터넷 이용 시간이 2시간에서 4시간에 달함. 인터넷을 정보탐색, 구매, 오락, 게임, 이메일, 커뮤니티 활동 등에 다양하게 사용함. ▸ 자아존중, 타인과의 원만한 관계, 성취감, 자아실현, 삶에서의 즐거움, 흥분과 짜릿함을 중시함. 감각적 쾌락적 소비, 패션 지향적 행동 경향을 보임.
Z세대 1996~2010년 출생 소비자	▸ X세대의 자녀로 IMF 이후 출생해 유년기 내내 긴축재정과 성장정체를 경험함. 청소년기에는 2008년 미국발 금융위기로 세계 경제침체를 겪음. ▸ X세대 부모로부터 의견을 존중받으며 교육받은 편으로 현실감과 자립심이 강한 편임. ▸ 처음부터 모바일 매체 환경 속에서 성장하며 페이스북이나 트위터 등 검열없는 SNS를 통해 세계와 소통함. "디지털 네이티브(디지털 원주민)" 세대라고 불리기도 함.

자료원: 김우성, 허은정 (2007), "베이비붐세대, X세대, Y세대 소비자들의 소비관련 가치관과 라이프스타일의 비교", 소비문화연구, 제10권 제4호, pp. 31-53, KCC Design Blog, "Gen Z_1 밀레니얼과는 다른 뭔가 다른 세대", 2019.5.2. https://kcccolorndesign.com/243 참조.

한다. 기업은 이 중 한 개 혹은 몇 개의 지역에서만 활동하거나 지역적 차별성에 유의하면서 전 지역에서 활동할 수도 있다. 힐튼호텔(Hilton Hotels)은 로비와 룸을 지역에 맞게 맞춤식으로 구성하였다. 미국의 북동부지역에 위치하는 힐튼은 더 도시적인 분위기를 띠는 반면, 남서부지역에 위치하는 힐튼은 전원적인 분위기를 띠고 있다. 지역에 따라 세분화하는 것이 미국에서는 일반적이다. 지리적 세분화에 의해 지역에 따라 다른 마케팅전략을 사용하는 것은 아니다. 실제 미국의 많은 기업이 지역에 따라 다른 제품이나 가격전략을 사용하지는 않고 있는데, 그 이유는 마케팅비용 때문이다. 점차 마케팅전략은 똑같이 가져가고 마케팅전략의 구체적인 실행 측면은 지역에 따라 달리 가져가는 추세를 보이고 있다.

인구통계적 시장세분화

인구통계적 세분화란 나이, 생애주기(life stage), 성별, 소득, 교육수준, 세대, 사회계층 등을 기반으로 시장을 분류하는 방법이다. 인구통계적 변수는 고객을 그룹별로 나눌 때 가장 대중적으로 사용되는데, 그 이유는 소비자의 욕구 및 선호가 인구통계적 변수와 연관성이 높고 또 인구통계적 변수가 측정이 용이하기 때문이다. 설사 표적시장이 심리적 변수 혹은 구매행태를 중심으로 구분되었더라도 시장의 규모를 가늠하거나 표적시장에 효과적으로 도달하기 위해 어떤 매체를 사용해야 할지 예상하기 위해서는 인구통계 데이터가 필요하다.

나이와 생애주기 소비자의 욕구와 능력은 나이와 함께 변화한다. 유아용품 전문업체 거버(Gerber)는 이에 착안하여 기존의 이유식뿐 아니라 취학 전의 아동을 위한 "Graduates"을 출시했다. 거버 이유식을 구매했던 부모들이 아이가 성장함에 따라 거버 이유식의 연장선에 있는 Graduates을 구매할거라 기대했기 때문이다.

그러나 하루가 다르게 변화하고 다양한 삶의 형태가 공존하는 현대사회에서는 나이와 생애주기만으로 한 사람의 직업, 욕구, 관심사 등을 파악하기 힘들다. 포드사(Ford

Motor Company)는 비싸지 않은 스포츠카를 원하는 젊은 층을 표적으로 머스탱(Mustang)을 디자인했으나 실제 머스탱의 구매자의 연령대가 높은 것을 보고 그들의 표적시장이 외형이 아닌 심리적으로 젊다는 사실을 깨달았다고 한다.

성 별 여성은 의사결정을 내리는 데 있어 여러 가지 사항을 고려하고 제품간의 이점을 비교하고 주변인들의 반응을 의식하며 결정을 위해 함께 고민하는 반면, 남성은 목적지향적으로 자신의 목적을 달성하게끔 도와주는 변수만을 고려하며 독단적인 결정을 내린다. 이러한 메시지 정보처리과정의 차이점은 광고 커뮤니케이션 에서 활용될 수 있다.

제품에도 성 전형성이 부여되어 일부 제품은 더 남성적 혹은 더 여성적으로 포지셔닝되기도 한다. 맥도날드(McDonald's)가 어린이들에게 친근하게 다가가는 가족중심의 레스토랑으로 여성스러운 느낌을 준다면, 버거킹(Burger King)은 양질의 맛있는 고기를 사용하고 남성의 왕성한 식욕에 어필하는 등 남성적으로 포지셔닝한다. 여성의 수요에 부응하며 여성운동화를 출시해 한때 높은 시장점유율을 차지한 리복(Reebok)에 비해 나이키(Nike)는 인물이나 사물의 적극적이고 격렬한, 동적인 이미지를 포착하는 인쇄물과 광고에서 알 수 있듯 더 남성적으로 포지셔닝하였다.

소득수준 소득수준(income)에 따른 세분화는 자동차, 의류, 금융상품 및 서비스 등 많은 제품 분야에서 오랫동안 사용되어온 방법이다. 카드사 등 금융업에서는 고객의 소득수준을 반영하여 금융상품을 설계 · 제공하고 우수고객을 집중 관리한다. 또 고객의 소득수준별로 대출한도 및 일회사용한도 등의 수준을 정하고 리스크 관리를 한다. 하지만 소득수준과 소비수준은 일관되지 않으므로 마케터가 소비자의 소득수준 정보를 갖고

있더라도 정확한 수요를 예측하기는 힘든 경우도 있다. 가령 자동차시장에서 경제적인 소형차는 소득수준이 낮은 사람들보다는 지위에 대한 이상적 기준에 비추어 자신을 낮게 평가하는 사람들이 구매하고 중형차나 세단은 정작 자신을 실제보다 더 부유하다고 평가하거나 그렇게 평가 받기를 원하는 사람들에 의해 구매되는 경우도 있기 때문이다.

심리적 변수를 활용한 시장세분화

동일한 인구통계학적 그룹에 있는 사람들이더라도 성격 및 가치관 등에 따라 구분될 수 있다. 심리적 변수에 의한 세분화는 특정제품의 구입은 구매자의 성격 및 생활방식을 반영한다는 가정을 바탕으로 하는 세분화이다. 먼저 인구통계학적 데이터를 사용하고 이를 보충하기 위한 것으로 심리적 변수를 많이 사용한다. 심리적 데이터는 브랜드 포지셔닝을 하고, 마케팅 크리에이티브 전략을 짤 때 유용하다.

라이프스타일 라이프스타일(lifestyle)은 관심분야, 활동량, 태도 등에 따라 구분되기도 하고 때로는 소비자가 시간적 제약을 받느냐의 여부에 따라 분류할 수도 있다. 예를 들어, 시간적 제약을 경험하기 때문에 여러 가지 일을 동시에 처리하는 멀티태스킹(multitasking)의 성향이 다분한 소비자는 운전하면서 식사를 때우거나 운동을 겸하기 위해 자전거로 출퇴근을 할 수도 있다. 이와 같은 소비자들을 만족시키고자 하는 기업들은 간편하면서 효율적인 서비스를 창출하는 데에 집중하면 매출증대에 효과적일 수 있다.

성 격 기업들은 제품브랜드에 성격을 부여하여 브랜드의 성격(personality)이 표적고객의 그것과 부합하도록 하는 시장세분화를 진행한다. 예를 들어, 나이키(Nike)와 렉서스(Lexus)는 소비자에게 짜릿한 즐거움과 세련되고 고급스러움이라는 이미지가 전달되기를 바란다. 이렇듯 브랜드의 특성에서 자신이 가진 특성과의 적합점을 찾는 소비자는 자기 표현수단의 하나로써 해당 브랜드의 제품을 구매할 가능성이 높다.

(2) 고객행동에 의한 시장세분화

고객특성에 따른 세분화가 고객 자체의 요인에 기반한 세분화라면 고객행동에 따른 세분화는 고객과 제품과의 상호작용에서 겉으로 드러나는 요인들로 이루어지는 세분화이다. 특정제품 사용경험의 유무, 사용행태, 사용빈도 등에 따라 고객을 세분화하는 방법이다. 고객행동 변수에 따른 세분화는 고객과 제품과의 관계에서 보여지는 요인들로 이루어지는 세분화이기 때문에 해당 기업과 고객과의 거래를 통해 발생하는 거래이력 및 접촉이력 데이터 등을 기반으로 세분화가 이루어지는 경우가 많다.

사례 5-2 삼성전자의 글로벌고객 세분화와 표적고객군 선정사례

소비자가 전자제품의 기술적인 측면뿐만 아니라 감성적인 디자인 측면까지 요구하게 되면서 삼성전자의 글로벌 표적고객군의 특성도 2004년까지 분별 있는 브랜드구매자에서 2005년 이후 고품질의 삶을 추구하는 고객으로 바뀌고 있다. 삼성전자는 글로벌 표적고객을 선정하기 위해 고객 특성변수에서 인구통계적 기준 및 심리적 기준과 고객행동변수에서 하이테크제품에 대한 태도 및 사용액 등의 여러 가지 기준을 동시에 이용하여 고객을 세분화하였다.

세분화 결과 1) 인구통계기준으로는 25세에서 45세 사이의 연령으로 교육수준이 높고 비교적 높은 소득수준의 스타일을 중요시 하는 고객군이 선정되었다. 2) 심리적 기준에서는 열정적이고 창의적이며 우수한 제품에 대한 안목이 있고 좋아하는 고객군이 선정되었다. 3) 하이테크에 대한 태도 측면에서는 하이테크제품에 높은 관심이 있고, 하이테크제품의 혁신 수용자이며, 소득의 많은 부분을 지출하는 고객군이 선정되었으며, 4) 라이프스타일 측면에서는 지식과 커뮤니티를 추구하고 열심히 일하고 열심히 여가를 즐길 줄 아는 고객군이 선정되었다.

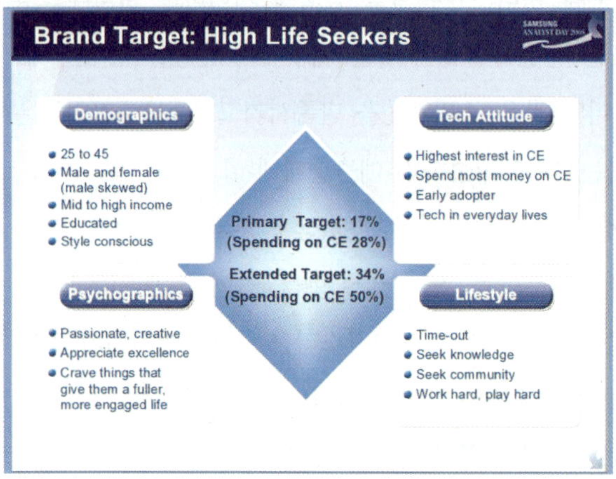

위의 여러 가지 세분화기준에 의해 선정된 표적고객군은 '높은 삶의 질을 추구하는 고객(high life seeker)'으로 정의되었다. 이들 고객 중에서 전자제품(consumer electronics)에 소득의 28%를 지출하는 고객을 핵심 표적고객으로(전체 고객의 17%에 해당), 전자제품에 소득의 50%를 지출하는 고객을 확장 표적고객으로 선정하였다(전체 고객의 34%에 해당).

자료원: 삼성전자 IR자료(2005), 글로벌마케팅전략.

사례 5-3 세분시장별 "추구편익(Benefit)"을 공략하는 P&G

미국의 대표적인 생활용품 제조업체 P&G(Proctor & Gamble)는 세탁 및 설거지 세제부터 비누, 샴푸, 화장지, 방취제, 화장품, 일회용기저귀, 스킨케어용품까지 이름만 들어도 알 만한 다수 브랜드 제품을 관리 및 판매하고 있다. 따라서 샴푸브랜드 팬틴과 비달사순은 모두 P&G 자체 내의 상품이지만 슈퍼마켓 선반에서의 경쟁은 피할 수 없는 것이다. 그렇다면 P&G는 무엇 때문에 하나의 선두 브랜드에 자원을 집중시키기보다 여러 개의 브랜드를 도입했을까? 정답은 소비자가 제품을 구매할 때 원하는 편익(benefit)의 조합은 저마다 다르기 때문이다. 세탁세제의 예를 들어보자. 우리는 옷의 때를 빼기 위하여 세제를 사용한다. 그러나 우리는 이와 별개로 구매한 세제가 경제적이고, 세척력이 강하고, 천을 부드럽게 해주고, 상쾌한 느낌을 주며, 취향에 따라 강하거나 부드러운 혹은 거품이 적거나 많은 등의 다양한 편익을 제공해 주기를 바란다. 하지만 모든 이들이 주요 편익을 모두 다 원하지는 않는다. 어떤 사람들에게는 세척력이 가장 중요하지만 또 다른 사람들에게는 상쾌한 향을 주는지의 여부가 가장 중요할 수도 있기 때문이다. 그러므로 세탁세제 구매자 내에서도 세분화된 그룹이 존재하며 각각 저들만을 위한 특별한 편익을 추구한다. P&G는 이처럼 고객층마다 다른 욕구에 착안하여 다음의 주요 세탁세제 세분시장을 겨냥하여 각 그룹의"추구편익"에 맞는 브랜드를 개발하였다.

- 타이드(Tide): "fabric cleaning and care at its best"기름진 얼룩에 강한 다용도 가족 세제이다.
- 치어(Cheer): "color expert"색상의 변질이나 표백으로 인한 옷의 손상을 방지하는 세제이다.
- 게인(Gain): "great cleaning power and a small that stays clean"깨끗하고 상쾌한 향을 주는 세제이다.
- 에라(Era): "the power tool for stain removal and pretreating"효소 (advanced enzyme)가 들어있어 잘 빠지지 않는 때를 깨끗이 지워주고 청결한 세탁을 돕는 세제이다.
- 아이보리 스노우(Ivory Snow): 맑고 깨끗한, 부드러운 세척을 위한 세제이다.
- 드레프트(Dreft): 옷을 깨끗하고 충분히 세척해 주어 아가 피부처럼 부드럽게 만드는, 특별히 고안된 세제이다.

P&G는 이 밖에도 더 세분화된 니치 마켓을 공략하기도 하였다. 예를 들어, 타이드를 구입하려는 소비자는 일반 타이드를 살 수 있거나 타이드의 7가지 포뮬레이션(Tide with Bleach, Tide Liquid with Bleach Alternative, Tide Rapid Action Tabs, Tide High Efficiency, Tide

Clean Breeze, Tide Mountain Spring, Tide Free) 중 하나를 살 수도 있는 것이다.

시장을 세분화하고 여러 개의 표적시장을 선정하고 각 세분시장의"추구 편익"을 적절히 공략함으로써 P&G는 각 세분시장에 매력적인 가치를 제공하였다. 그 결과, P&G는 미국 세탁세제시장에서 $40억에 가까운 수익을 창출하였으며 타이드 하나의 브랜드만으로 전체 시장 38%의 점유율을 차지하였다. P&G의 모든 브랜드를 합하면 미국 시장의 60%를 차지하는데 이 수치는 경쟁사 유니레버(Unilever) 점유율의 3배 이상이다.

자료원: P&G 웹사이트(www.tide.com), Kotler, Principles of Marketing 수정.

사용경험수준에 의한 시장세분화

소비자의 제품사용 경험 및 상태에 따라 시장은 한번도 제품을 사용한 적이 없는 비사용자(nonusers), 과거에 제품을 사용해 보았던 이전사용자(ex-users), 제품을 사용할 가능성이 있는 잠재사용자(potential users), 처음 제품을 사용한 첫회사용자(first-time users) 그리고 제품을 정기적으로 사용하는 정규사용자(regular users) 등으로 구분된다. 해당 산업에서 시장점유율이 높은 기업이라면 많은 수익창출을 기대할 수 있는 '잠재고객'을 공략하기 위한 방안을 연구해 볼 수 있다. 예를 들어, 노년층을 위한 의약품을 개발하는 제조사라면 노년층으로 이동하는 5~60대의 주부들을 잠재고객으로 생각할 수 있고 유아관련 제품을 판매하는 기업이라면 곧 엄마가 될 임산부가 이에 속할 수 있다.

사용빈도에 의한 시장세분화

소비자의 제품사용빈도에 따라 시장은 제품을 가끔(light), 보통(medium), 많이(heavy) 사용하는 소비자들로 분류될 수 있다. 많이 사용하는 사용자(heavy user)는 대체적으로 소수에 불과하지만 전체 소비량에 가장 크게 기여한다. 예를 들어, 맥주를 많이 마시는 사람(heavy beer drinkers)은 맥주를 가끔 즐기는 사람의 7배 가량을 더 마시기 때문에 전체 맥주시장의 87%를 차지한다고 한다.

충성도 수준에 의한 시장세분화

소비자의 제품에 대한 긍정적인 태도 정도에 따라 구분하는 방법이다. 소비자들은 특정기업, 브랜드, 점포에 대해 다양한 정도의 충성도를 가지고 있다. 브랜드 충성도가 높은 시장이란 어떤 상황에서도 한 브랜드만 고집하는 소비자가 많은 그룹에 의해 좌우된다.

기업은 충성도의 단계를 분석하여 여러 가지를 배울 수 있다. 첫째, 브랜드 충성도가 가장 높은 그룹을 통해 제품의 강점이 무엇인지 파악할 수 있다. 둘째, 2~3개의 브랜드에 충성도를 가진 그룹을 통해 어떤 브랜드들이 시장에서 가장 경쟁력이 있는지를 파악할 수 있다. 셋째, 자주 다른 브랜드로 옮기는 그룹을 통해 마케팅 맹점이 무엇인지를 파악하여 개선방안을 시도할 수 있다. 마지막으로 습관적 구매, 무관심, 낮은 가격, 높은 전환비용, 대체재의 부재 등이 브랜드 충성도라고 판단되기 쉬우므로 실제 관찰되

표 5-4 고객특성 기술변수

종류	기술변수
지리적 요인	• 지역: 서울, 경상도, 전라도, 충청도 등 • 도시: 서울, 부산, 광주 등 • 인구밀도: 인구 100만 이하, 500만 이하 등 /도심, 근교, 시골 • 기후: 남부, 북부, 북동부, 남서부 등
인구통계적 요인	• 성별: 남녀 • 연령: 10대, 20대, 30대등 • 가족규모: 1, 1~2, 3~4, 5+ • 교육수준: 고졸, 대졸, 대학원졸 이상 등 • 결혼 여부: 미혼, 기혼 등 • 직업: 전문직, 사무직, 서비스직, 학생, 주부 등 • 소득수준: 월소득 1,000만원 이상, 500~1,000만원, 300~500만원, 300만원 미만 등 • 생애주기: 독신, 신혼, 출산자녀, 취학/교육자녀, 은퇴 후 등 • 생애 이벤트: 입학, 취업, 졸업, 결혼, 출산, 취업 등 • 사회적 계층: 상류층, 중류층, 하류층 등
심리적 요인	• 라이프스타일: – 성취형, 노력형, 생존형 등 – 신귀족형, 현실적소비형, 전통가치형 등 • 성격: 강압형, 사교형, 권위형, 야망형 등

는 구매행동의 이면에 어떤 이유가 존재하는지 살펴봐야 한다.

참고자료 5-1

데이터베이스 마케팅 및 CRM과 고객세분화의 관계

CRM(고객관계관리 : Customer Relationship management)의 기본적인 목표는 고객이 원하는 바를 파악하여 대응함으로써 해당 기업에 대한 고객의 로열티를 제고시키고 기업에 머무는 기간을 연장하여 고객의 생애가치를 제고시키고자 하는 것이다. 고객관계관리를 위해서는 고객에 대한 여러 가지 정보를 수집하고 다양한 분석기법을 통해 고객관리를 위한 통찰력을 얻어내야 한다.

데이터베이스 마케팅과 CRM은 유사한 개념으로 통용되고 있다. 즉 양자 모두 다양한 분석기법들을 활용하여 고객데이터로부터 개별 고객의 가치, 욕구, 행동패턴 등을 예측해 내고 거기에 맞는 고객관리전략을 수립, 실행함으로써 고객과의 관계를 지속시켜 나간다는 것을 목표로 하고 있다.

굳이 구분하자면 데이터베이스 마케팅은 고객정보 분석과 그 분석에 기반한 맞춤화된 캠페인 전략 수립에 무게를 두고 있는 반면, CRM은 데이터베이스 마케팅을 포함하면서 그보다 상위개념으로 기업과 고객이 만나는 모든 접점(customer touch-point)에서의 고객관계관리를 포괄하는 개념이라고 할 수 있다. 즉 CRM은 마케팅 캠페인전략 뿐 아니라 영업접점, 서비스접점 관리까지를 포함한다. 이들 고객 접점에서 고객정보를 수집하고, 수집된 고객정보를 분석하고, 분석된 정보를 다시 고객접점에서 활용해서 어떻게 고객대응력을 제고시킬 수 있을 것인가를 고민한다.

위의 정의에서 알 수 있듯이 데이터베이스 마케팅이나 CRM은 그 개념에서부터 이미 고객세분화를 필요로 하고 있다. 고객관계관리를 위해서는 고객이 원하는 것이 무엇인지를 파악해야 하고 유사한 욕구를 가진 고객을 구분해 내야 한다. 또한 기업의 입장에서는 2:8법칙이라 불리는 파레토룰(Pareto rule)에 의해 기업수익의 80%를 차지하는 20%의 고객을 구분해 내고 다른 고객에 비해 기업의 자원을 더 투자하여 특별히 관계관리를 해야 한다. 이런 이유로 고객가치에 대한 세분화가 필요해진다. 고객의 욕구나 가치세분화 외에도 관계관리를 위해 고객특성 및 구매패턴 등 고객행동에 따른 세분화가 요구된다. 즉 데이터베이스 마케팅이나 CRM에서 고객분석이나 세분화는 관계관리를 위한 출발점이라 할 수 있다.

사례 5-4 RFM을 이용한 고객가치 세분화 및 고객관리 사례

기업이 전사적으로 차별적인 고객관리를 수행하기 위해서는 고객의 가치를 이해하는 것이 필수적이다. 고객가치의 정의를 전사적으로 공유하게 됨으로써 기업은 가치 높은 고객에게 집중할 수 있게 되고, 고객을 보다 더 심도 있게 이해할 수 있으며, 마케팅 및 타 부서의 협업을 통한 고객관리가 가능해진다.

국내의 한 백화점은 관련정보 분석을 통해 고객을 올바르게 이해하고, 수익성 있는 고객을 지속적으로 유지시킬 수 있도록 RFM에 기반하여 고객가치 세분화를 수행하고 이를 바탕으로 고객관리전략을 수립 · 실행하였다.

M(Monetary: 얼마나 많이 구매했는가)에 대해서는 연평균 객단가를 기준으로 3그룹으로, F(Frequency: 얼마나 자주 구매했는가)에 대해서는 분기당 내점횟수를 기준으로 3개의 그룹으로 구분하였다. 이 사례에서는 R(Recency: 얼마나 최근에 구매했는가)은 관리의 단순성을 위해 구분하지 않았다.

RFM Segmentation

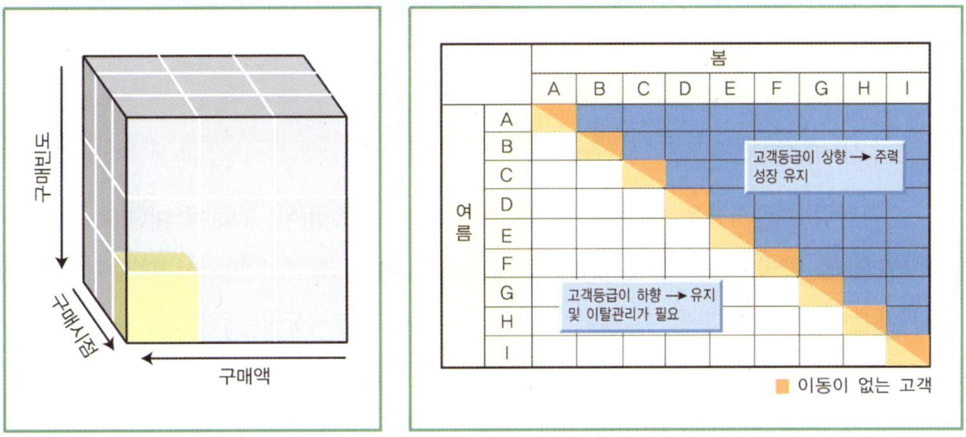

이 백화점은 RFM을 이용하여 고객을 총 9개의 그룹으로 구분하고 분기별로 고객군의 등급간 이동을 분석하였다. 고객이동추이 분석을 통해 크게 등급 이동이 없는 고객, 등급이 떨어진 고객, 등급이 상향된 고객으로 구분된다. 등급이 떨어진 고객들에 대해서는 왜 떨어졌는지에 대한 이유를 분석하고 이탈방지 및 유지를 위한 고객관리전략을 수립하였다. 또한 F(Frequency) 상위 고객이 줄고 있을 때는 방문활성화를 위한 캠페인을 시행하고, F 상위 M(Monetary) 하위 고객이 늘고 있을 때는 객단가를 높일 수 있는 전략을 개발하였다. 예로 cross-selling을 위한 패키지(package) 상품을 개발하는 것이 그것이다. 고객등급이 상향 전이한 고객들에 대해서는 주력성장 고객군으로 구분하고 사용증대를 위한 캠페인을 한다. 또 지속적으로 상위등급을 유지하는 고객은 우수 로열고객군으로 구분하고 전략적으로 관리하였다.

자료원: 국내 백화점 고객세분화 및 고객관리 프로젝트 자료.

5.2.5 시장세분화의 성공조건

(1) 접근성

접근성(accessibility)이 있는 시장만이 시장세분화 대상이다. 마케터가 접근할 수 없는 시장이라면 세분화의 대상으로 의미가 없으므로 배제되어야 한다. 다만 단기적으로 접근성이 제한적일지라도 중장기적으로 접근 가능한 시장이라면 포함될 여지가 있을 것이다.

접근성이 확보되려면 물리적 교환 채널과 의사소통 채널이 존재해야 한다. 마케터는 각 세분시장에 대한 적절한 접근 채널과 의사소통 채널이 확보되도록 시장세분화를 해야 한다.

(2) 측정성

각각의 세분시장은 의사결정에 참고할 수 있는 특성(예: 규모)에 대한 측정이 가능해야 한다. 마케터가 시장세분화 결과를 토대로 하여 표적시장을 선정할 수 있으려면 각 세분시장의 매력도를 판단할 수 있어야 한다. 세분시장별 매력도를 판단하려면 각 세분시장의 규모, 성장속도, 서비스 선호 강도 등 주요 지표가 측정될 수 있어야 한다.

측정성(measurability)은 마케터가 표적시장별로 마케팅 의사결정을 하는 데도 필수적으로 요구되는 조건이다. 표적시장을 대상으로 적용할 각 마케팅 자극의 강도를 결정하려면 당연히 세분시장의 주요 속성이 측정되어 판단될 수 있어야 하는 셈이다.

그림 5-6 시장세분화의 성공조건

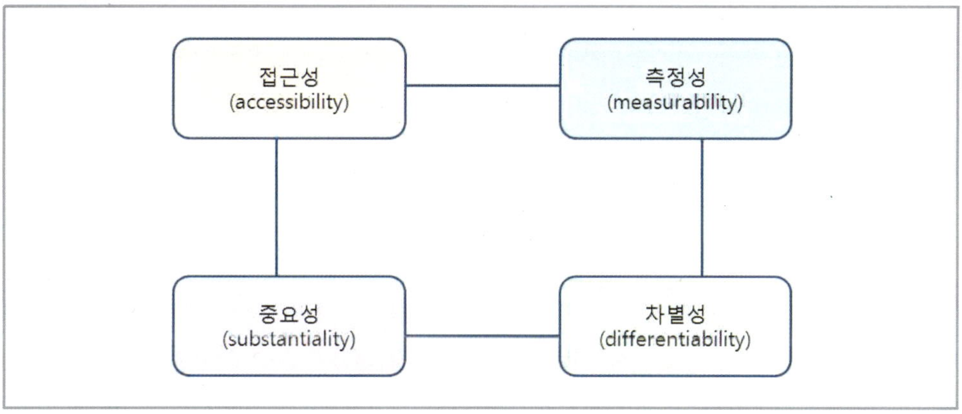

(3) 중요성

중요성(substantiality)은 세분시장의 규모에 관한 조건이다. 세분시장은 심각한 무리가 발생하지 않는 한 크게 분류하는 것이 바람직하다. 이상주의자의 접근방식이라면 제품이나 서비스에 대한 각 소비자의 서로 다른 요구에 맞춰가고자 할 수도 있지만, 현실적으로 극도의 세분화는 개별 세분시장에 대한 과잉맞춤 과정에 의해 막대한 마케팅 비용 증가를 수반할 수 있으므로 유사한 요구를 하는 집단은 묶어주는 것이 바람직하다.

(4) 차별성

차별성(differentiability)은 세분시장의 이질성에 관한 조건이다. 각각의 세분시장은 마케터가 시행하는 마케팅 믹스에 대해 각기 다르게 반응해야 한다. 역으로 중요한 마케팅 자극에 상이하게 반응하지 않는 세분시장이라면 서로 묶어주는 것이 바람직할 수 있는 것이다.

예를 들어 선진국 소비자와 개발도상국 소비자가 건강검진서비스 구매시 중요하게 생각하는 기준이 다를 경우에만 양자를 서로 다른 세분시장으로 구분할 것을 검토해야 한다.

마케터는 서비스 속성에 대한 요구나 가격 민감도 등 소비자 요구가 다를 경우에만 서로 다른 세분시장으로 구분해 줄 필요가 있다.

5.3 표적시장선정

5.3.1 표적시장선정의 의미

시장세분화 과정을 마친 마케터는 어떤 세분시장을 어떻게 공략할 것인지 결정해야 한다. 표적시장은 우선 공략 대상 세분시장을 일컫는 말이다. 다시 말해 표적시장이란 "시장세분화 과정을 통해 파악된 잠재력 있는 세분시장 중 한정된 마케팅 자원을 보유한 마케터가 집중적으로 마케팅 자원을 투입하여 성과를 극대화할 수 있는 한 개 또는 여러 개의 세분시장"이다. 자연스럽게 표적시장선정(Targeting)은 "세분시장들 중에서 표적시장을 선정하는 과정"을 일컫는다.

시장세분화가 제대로 이루어졌다면 표적시장은 시장세분화 과정을 거쳐 도출된 세분시장들 중에서 선정된다. 만일 시장세분화 과정을 거쳐 도출된 세분시장 외의 세분시장을 표적으로 선정해야 한다면 앞서 시행한 시장세분화 과정의 결함에 대한 재검토가 필요할 수 있다.

마케터는 표적시장을 어떻게 공략할 것인지를 결정하는 글로벌 표적시장 진입방법도 결정해야 한다. 일반적으로 표적시장 선정과 표적시장 진입방법의 결정은 선후보다는 병행적으로 이루어지는 종합적 의사결정을 통해 이루어지는 경향이 있다.

5.3.2 표적시장선정의 고려요인

마케터는 표적시장 선정을 위하여 세분시장에 대한 평가기준을 세우고 평가를 하게 된다.

마케터가 사용할 수 있는 평가기준으로는 세분시장 소비자요인의 매력도와 세분시장 경쟁요인의 매력도, 그리고 세분시장의 자사에 대한 적합성 등을 꼽을 수 있다.

마케터는 시장세분화 과정을 거쳐 얻은 세분시장별로 세분시장 소비자요인의 매력도와 세분시장 경쟁요인의 매력도, 그리고 세분시장의 자사에 대한 적합성 등을 평가하여 세분시장별로 우선순위를 설정하여 표적시장선정을 하게 된다.

(1) 세분시장의 소비자요인 매력도

마케터는 시장세분화과정을 통해 규명한 세분시장 각각의 매력도에 대한 판단을 내려야 한다. 마케터가 매력도 판단과정에서 각각의 세분시장별로 검토할 필요가 있는 항목의 예는 다음과 같이 정리할 수 있다.

세분시장 크기

세분시장 크기는 세분시장에 소속된 소비자 수나 세분시장에서 발생하는 수익 금액으로 추정할 수 있다. 일반적으로 소비자 수가 많으면 수익 금액도 커지게 되는 상관관계가 있지만, 소비자별 구매액이 상이할 경우에는 수익 금액으로 세분시장의 크기를 추정하는 것이 바람직하다.

다른 조건이 동일하다는 가정을 할 경우 세분시장 크기가 클수록 마케터의 입장에서 볼 때 높은 매력도를 지닌 것으로 볼 수 있다.

문제는 세분시장 크기가 클 경우 경쟁자의 주목을 끌어 경쟁강도가 높을 가능성이 있듯이 마케터는 다른 조건을 종합적으로 고려하여야 한다.

표 5-5 표적시장선정의 고려요인 예시

세분시장 평가요인	세분시장 세부평가항목	가중치	제1 세분시장	제2 세분시장	제3 세분시장	제4 세분시장
세분시장 소비자요인 매력도	세분시장 크기	10	3	9	5	1
	세분시장 성장성	10	4	8	4	2
	세분시장 리스크	10	2	8	6	3
세분시장 경쟁요인 매력도	경쟁자 수	10	6	3	9	8
	경쟁자 역량	10	7	2	8	4
	잠재경쟁 강도	10	7	3	8	5
자사에 대한 적합성	자원량 적합도	20	7	6	9	3
	전략 적합도	20	8	6	8	2
종 합		100	590	570	740	330
우선순위			#2	#3	#1	#4

세분시장 성장성

세분시장 성장성은 세분시장에 소속된 소비자 수나 세분시장에서 발생하는 수익 금액의 성장성으로 추정할 수 있다. 일반적으로 양자는 상관관계가 있다.

다른 조건이 동일하다는 가정을 할 경우 세분시장 성장성이 높을수록 마케터의 입장에서 볼 때 높은 매력도를 지닌 것으로 볼 수 있다.

다만 세분시장 성장성이 높을 경우 해당 세분시장의 보조를 맞추기 위해 추가적으로 투입해야 하는 마케팅자원의 규모도 비례하여 커질 가능성이 있어 마케터는 자사의 자원 등 여타 요인을 종합적으로 고려하여야 한다.

세분시장 리스크

세분시장 리스크는 그 세분시장이 시장으로서 얼마나 안정적으로 기회를 제공해줄지를 나타내는 지표라고 볼 수 있다. 마케터는 본국 이외의 세분시장에 대한 평가 시에 리스크 요인도 충분히 검토할 필요가 있다.

참고로 세분시장 리스크 요인은 세분시장 소비자요인의 매력도 차원에 포함시켜 분석하기도 하지만 경우에 따라 별도의 유형으로 분류하여 접근할수도 있다.

(2) 세분시장의 경쟁요인 매력도

마케터는 시장세분화 과정을 통해 규명한 세분시장별로 경쟁요인 매력도에 판단을 내려야 한다. 마케터가 세분시장별 경쟁요인 매력도에 판단과정에서 고려할 필요가 있는 주요 항목의 예는 다음과 같이 정리할 수 있다.

경쟁자 수

세분시장별로 현재 도달하여 마케팅활동을 하는 경쟁자가 많을수록 그 세분시장의 경쟁요인 매력도는 낮아진다.

특히 자사와 차별화되지 않는 직접적 경쟁자에 대한 면밀한 분석이 필요하다. 일반적으로 자사와 상이한 방식을 통해 해당 세분시장을 공략하는 경쟁자보다 자사와 유사성이 높은 경쟁자가 자사의 성과에 큰 영향을 미치기 때문이다.

그림 5-7 표적시장선정의 고려요인

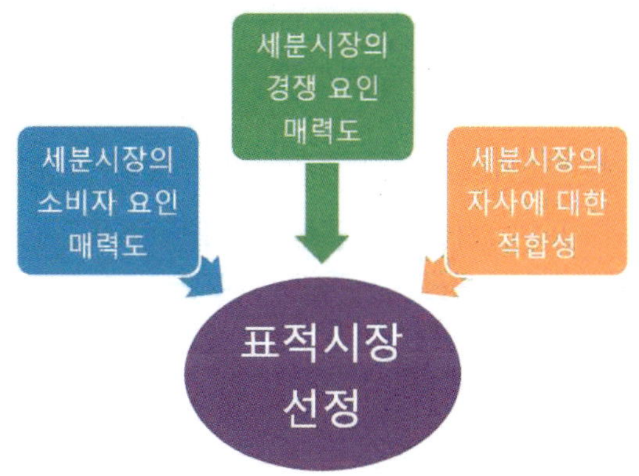

경쟁자 역량

세분시장별로 현재 경쟁자의 역량이 강할수록 그 세분시장의 경쟁요인 매력도는 낮아진다. 경우에 따라 경쟁자 수가 아무리 많아도 자사의 경쟁력이 압도할 만큼 경쟁자 역량이 상대적으로 낮을 경우 그 세분시장의 경쟁요인 매력도는 생각보다 양호할 수 있다.

이때 마케터는 전문가로서의 주관적 소견에만 의지해 경쟁자와 자사의 상대적 역량을 평가하기보다 세분시장 소비자의 판단에 토대를 두고 평가하는 것이 바람직하다. 왜냐하면 소비자가 중시하지 않는 측면에서의 강점보다는 소비자가 중시하는 측면에서의 강점이 성과에 훨씬 큰 영향을 미치기 때문이다.

잠재경쟁 강도

세분시장별로 미래에 도달 가능하고 도달할 가능성이 높은 잠재경쟁자가 많고 잠재경쟁자의 역량이 강하게 나타날수록 그 세분시장의 경쟁요인 매력도는 낮아진다.

마케터로서는 동일한 업태를 운용하는 잠재 경쟁자를 우선 감안해야 하지만 유사하거나 간접적으로 관련 있는 업태에 속한 잠재경쟁자도 포괄적으로 고려할 필요가 있다.

(3) 세분시장의 자사에 대한 적합성

마케터는 시장세분화 과정을 통해 규명한 세분시장의 자사에 대한 적합성에 대한 판단을 내려야 한다. 마케터가 세분시장의 자사에 대한 적합성 판단과정에서 각각의 세분시장별로 검토할 필요가 있는 항목의 예는 다음과 같이 정리할 수 있다.

자원량 적합도

마케터는 세분시장 공략에 요구되는 자원량을 자사가 보유하고 있거나 조달할 수 있을 때 그 세분시장의 자원량 적합도를 높게 부여할 수 있다.

소비자요인 매력도와 경쟁요인 매력도가 높아도 감당하기 힘든 자원량이 요구된다면 그 세분시장의 자원량 적합도가 낮아 표적시장으로 선정할지 여부에 대한 신중한 검토가 필요하다.

상대적으로 자원량이 많은 큰 조직의 경우 자원량 적합도 면에서 보다 많은 재량권을 향유할 수 있다.

전략 적합도

마케터는 세분시장의 소비자요인 매력도와 경쟁요인 매력도가 높고 감당할 수 있는 자원이 있을지라도 성급하게 표적시장으로 선정하기 전에 그 세분시장과 중장기적인 자사 전략과의 적합도를 판단해야 한다.

자사 핵심역량(core competence)이 잘 접목될 수 있으면 단기적 성과만이 아니라 중장기적으로도 그 세분시장에서 성과를 창출할 가능성이 있다고 볼 수 있다.

자사의 전략적 지향성과 부합하지 못하면 단기적으로 성과를 낼 수 있을지라도 중장기적으로 대가를 지불해야 할 수도 있으므로 신중한 판단이 요구된다.

5.3.3 표적시장선정 유형

세분시장들을 평가한 후에는 상황에 따라 몇 개의 세분시장을 표적할 것인지, 즉 세분시장들 중 어떤 시장에 얼마만큼 집중할 것인가를 결정해야 한다. 마케터는 비슷한 욕구를 가진 단일시장, 소수의 세분시장, 여러 개의 세분시장 혹은 전체시장 등 세분시장들을 각각 또는 그룹별로 평가한 후 선정된 표적시장의 개수에 따라 적절한 마케팅 전략을 실행한다. 마케팅 전략 실행에는 다음과 같은 표적시장선정의 세 가지 유형이 고려될 수 있다.

그림 5-8 표적시장선정 유형

단일시장 집중화 전략
- 단일시장에 한 가지 제품 집중
- 단일시장에 여러 가지 제품 집중

다수시장 차별화 전략
- 여러 시장에 한 가지 제품을 가지고 마케팅믹스를 달리하여 접근
- 여러 시장 혹은 전체시장에 각 시장에 맞는 여러 제품을 가지고 차별화

다수시장 비차별화 전략
- 여러 시장 혹은 전체시장에 동일하거나 유사한 제품이나 마케팅 믹스로 접근

(1) 단일시장 집중화

집중화 전략을 사용하는 기업은 조그마한 세분시장보다는 높은 점유율을 가진 소수의 세분시장 또는 니치 마켓(niche market)을 표적시장으로 선정한다. 니치 마켓은 규모가 작은 편이므로 대기업들의 주목을 적게 받기 때문에 중소기업이 진출할 때도 효과적인 포지셔닝이 가능하다. 따라서 해당 기업은 경쟁사들에게 시장에 진출해 있음을 확실히 인식시킬 수 있고 시장의 특성에 맞는 제품, 가격, 마케팅 프로그램 등을 제안하여

자료원: 포르셰 홈페이지. https://www.porsche.com/usa/?referrer_url=https%3A%2F%2Fwww.porsche.com%2F.

표적시장으로부터 수익을 창출할 수 있다. 포르셰(Porsche)가 스포츠카 시장에 집중하는 예가 대표적이다. 집중화 전략은 단일시장에 여러 제품을 마케팅할 때 적용되기도 한다. 예를 들어, 어떤 기업이 정부 산하의 연구소만을 상대로 실험관련 도구들을 판매한다면 그 기업은 해당 연구소만 상대함으로써 전문적인 고객 지식기반을 이용하여 리더가 될 수 있다. 그러나 집중화 전략은 보다 좁은 시장을 공략하므로 표적시장의 수요가 감소하거나 시장성장성에 변동이 생길 때 혹은 경쟁사가 진입할 시 위험이 따른다.

(2) 다수시장 차별화

다수시장 차별화 전략은 단일제품으로 여러 시장에 접근하는 제품 전문화 전략, 단일제품으로 여러 시장에 접근하지만 여러 시장을 핵심 표적시장과 확장 표적고객으로 구분하고 마케팅 믹스를 달리하여 접근하는 제품 전문화와 집중화 전략의 중간 형태의 전략 그리고 다양한 제품으로 여러(혹은 전체) 시장의 욕구에 맞게 접근하는 선택적 전문화 전략으로 구분할 수 있다.

제품 전문화

제품 전문화 전략을 사용하는 기업은 동일한 제품을 용도와 욕구에 맞도록 마케팅 믹스 요소들을 변화시켜 마케팅하기도 한다. 미국의 생활용품기업 암앤해머(Arm &

자료원: 암앤해머 홈페이지. https://www.armandhammer.com/en/baking-soda/baking-soda-products.

Hammer)는 베이킹소다가 빵을 만들 때뿐 아니라 냉장고 방향제, 탈취제 대용으로도 사용될 수 있음을 강조하여 요리를 위해 베이킹소다를 원하는 1차적 세분시장과 방향제를 원하는 타 세분시장 모두에서 시장점유율을 높일 수 있었다. 커뮤니케이션하는 방법에는 차이를 두더라도 제품 자체를 세분시장의 욕구에 맞게 조정하지는 않는 것이다.

계층적 전문화

동일한 제품으로 상이한 세분시장에 마케팅 믹스를 달리하여 접근한다는 점에서 제품 전문화 전략과 유사하지만 시장의 중요도를 달리하여서 핵심 표적시장(primary target)과 확장 표적시장(extended target)으로 구분하여 접근하는 계층적 전문화 전략이 있을 수 있다.

앞서 삼성전자 글로벌고객 세분화와 표적고객군 선정 사례에서 삼성전자는 글로벌 표적고객군을 선정함에 있어 '높은 삶의 질을 추구하는 고객(high life seeker)' 중에서 전자제품에 소득의 28%를 지출하는 고객을 핵심 표적고객(전체고객의 17%에 해당)으로, 전자제품에 소득의 50%를 지출하는 고객을 확장 표적고객(전체고객의 34%에 해당)으로 선정하였다. 맥도날드는 10대를 핵심 표적고객으로 선정하고 있으면서도, 아침을 거르는 사람이나 노인들을 확장 표적시장으로 관리하고 있다. 또 행복한 가족은 맥도날드를 함께 즐긴다는 이미지로 전체 가족시장을 확장 표적시장에 포함시키고 있다. 이처럼 구분된 표적시장과 확장시장에는 광고를 포함한 마케팅믹스의 메시지가 다양한 버전으로 관리되어 전달되며 마케팅활동의 비중은 표적시장에 더 무게를 두게 된다.

선택적 전문화

선택적 전문화를 사용하는 기업은 매력적인 여러 세분시장들을 선택할 수 있어서 기업의 위험요소를 분산하는 장점이 있다. 세계적 호텔체인 매리어트 호텔(Marriott Hotel)은 고객의 편의에 맞게 풀서비스 호텔인 JW 메리어트 호텔(JW Marriot Hotel), 저렴한 장기여행을 원하는 고객을 위한 페어필드 인(Fairfield Inn), 늦은 시간의 체크인이 가능하고 다양한 식사 옵션을 제공하는 코트야드(Courtyard), 아늑한 집과 같이 부엌과 거실 및 침실, 작업공간을 갖춘 장기투숙호텔 레지던스 인(Residence Inn), 비즈니스 사업자들의 미팅을 위한 메리어트 컨퍼런스 센터(Marriott Conference centers) 등의 다양한 호텔과 리조트 등을 운영하고 있다. 그러나 선택적 전문화 전략을 사용하는 기업은 각 세분시장에 적합한 마케팅계획을 수립해야 하므로 마케팅 리서치, 매출분석, 광고 및 유통관리 등에 많은 시간과 노력을 투자해야 하며 매출의 증가와 더불어 비용의 증가에 대해서도 예상해야 한다. 한편 기업은 과도하게 많은 세분시장을 표적할 경우 효율적이지 못한 시장관리로 고객의 불만을 사거나 추가비용의 증가로 수익성을 악화할 수 있는데 이런 상황에서는 역세분화(counter- segmentation)를 이용하여 세분화된 시장의 재통합을 고려해 볼 수 있다.

(3) 다수시장 비차별화

제너럴 모터스(General Motors), 마이크로소프트(Microsoft), 코카콜라(Coca-Cola) 등 역량 있는 거대기업만이 구사할 수 있는 매스마케팅(mass-marketing) 전략의 일종이다. 기업은 세분시장 간의 차이에 연연하지 않고 전 시장을 표적하며 각 시장고객들의 가장 대중적인 특성으로 유도할 수 있는 하나의 제품과 마케팅 프로그램을 기획한다. 비차별화 전략은 가능한 한 많은 소비자들에게 어필할 수 있는 제품과 프로그램을 전 시장에 제공하는 마케팅을 뜻한다. '대량생산'과 연장선에 있으며 제품 라인이 한정적이므로 연구개발, 제조, 재고, 마케팅 리서치, 광고, 제품관리 등의 비용을 절감할 수 있어 가격의 변동에 민감한 세분시장에서는 성공할 수 있다. 그러나 니치 마켓을 표적하여 고객의 입맛에 맞는 서비스를 제공하는 경쟁사들과 대면하면 큰 타격을 입을 수 있으므로 일반 마케터들은 거의 사용하지 않는 전략이다. 더군다나 상품을 광고할 수 있는 다양한 매체들이 소개되면서 기업들은 무수한 일반소비자를 대상으로 하는 매스마케팅 대신 특정 세분시장에 접근하는 마케팅을 더 선호하는 추세이다.

5.3.4 표적시장선정시 고려사항

우리는 지금까지 표적시장이 왜 필요한지, 세분시장들을 평가하는 기준은 무엇이고 표적시장이 선정되었을 때 사용할 수 있는 마케팅전략에는 어떤 것들이 있는지 살펴보았다. 마케터가 잠재력 있는 표적시장을 선정하여 마케팅 노력을 집중하는 일은 제한된 자원 하에서 목적을 달성하는 데 긴요한 과정으로 볼 수 있다. 이때 마케터는 다음의 추가적 고려사항들을 염두에 둠으로써 장기적 성과를 제고하는 데 도움을 받을 수 있을 것이다.

(1) 표적시장의 윤리적 선정

표적시장의 선정과정은 논란을 야기하기도 한다. 사회는 마케터가 어린이나 빈곤층과 같은 사회적 약자들을 표적대상으로 불공정한 이익을 취득하거나 유해한 상품을 선전하는 활동의 자제를 요구한다. 한 예로 시리얼산업은 사리판단이 부족한 어린이들에게 집중적인 마케팅을 하여 비난의 대상이 되어왔다. 비평가들은 귀여운 만화 캐릭터들이 등장하는 광고메시지가 아이들의 자제력을 떨어뜨리고 과도한 설탕이 함유된 시리얼의 섭취를 쉽게 생각한다고 우려한다. 맥도날드(McDonald's)도 저소득 빈곤층을 표적시장으로 몸에 좋지 않은 고지방 메뉴를 판매한다 하여 비난을 받고 있다. 그러나 어린이와 소수민족 등을 표적으로 하는 모든 마케터가 비난을 받지는 않는다. 콜게이트 주니어(Colgate Junior) 치약은 어린이들이 더 길게 더 자주 이를 닦을 수 있도록 만드는 특성을 가지고 있어 좋은 습관형성에 도움을 주었다. 따라서 이슈는 어떤 그룹이 표적시장으로 선정되었는지가 아니라, 어떻게 그리고 무엇을 위하여 선정되었느냐는 것이다. 마케터로서는 표적시장 선정시 스스로가 얻는 것뿐만이 아니라 해당 표적시장에 어떤 영향을 미치게 될 것인지에 대해서도 고려함으로써 윤리적인 표적시장 선정이 이루어질 수 있도록 해야 할 것이다. 이는 장기적으로 마케터의 평판에 유리하게 작용하여 지속가능한 성장의 밑거름으로 작용할 수 있을 것이다.

(2) 순차적 표적시장 공략

마케터는 초기에 하나의 표적시장만을 선정하였더라도 점차 역량을 키워나가면서 표적시장의 갯수를 늘리기도 한다. 표적시장의 수가 하나 이상으로 늘어난다면 기존의 표적시장과 새로운 표적시장의 상호관계(예: 고정비용 및 기존 인력의 활용, 표적시장의 만족도 등)에 대해서도 생각해야 한다. 아울러 이와 같이 표적시장을 확장하고자 할 때에는 기업의 추후 마케팅계획을 알리지 않고 시장 하나하나에 천천히 진입하는 편이 현명하다. 기업의 입장에서는 자사의 다음 표적시장을 경쟁사가 감지하도록 방치하는 것이 좋을 수 없기 때문이다. 일본 자동차업체 도요타(Toyota)가 미국 자동차시장에 진입한 과정은 순차적 표적시장 공략의 사례 중 하나로 볼 수 있다. 도요타는 미국 진출 초기 터셀, 코롤라 등의 소형차 시장으로 진입했다. 이후 소형차 시장의 교두보를 기반으로 캠리, 아발론 등의 중형차를 소개하며 표적시장의 범위를 확장하였고, 결국 럭셔리 자가용 렉서스를 내놓기에 이르렀다.

이처럼 시간의 흐름을 반영한 순차적 표적시장선정 방식을 동태적 표적시장선정 방식이라고도 한다. 마케터는 정태적 표적시장선정 방식과 동태적 표적시장선정 방식을 적절하게 혼용하여 마케팅 성과를 극대화할 필요가 있다.

CHAPTER 6

포지셔닝 전략

6.1 포지셔닝의 개념

6.2 포지셔닝의 중요성

6.3 포지셔닝 과정

6.4 포지셔닝 유형

Marketing Management

사례 6-1 빅토리아시크릿의 포지셔닝 전략

빅토리아시크릿의 포지셔닝 전략은 '일상적으로 입을 수 있는 고급스럽고 세련된' 여성용 속옷으로 함축된다. 대부분의 기업들은 미국의 소비자들이 유럽의 소비자들과는 달리 보여지는 것보다는 실용성을 중요시한다고 생각하였다. 기존 속옷제품들은 실용성만을 강조하거나 지나치게 화려하여 일상적으로 입기에는 부담스러웠다. 빅토리아시크릿은 젊은 여성들이 무엇을 원하는지를 아주 분명하게 파악하였다. 미국 중산층이 패션 트렌드를 빨리 수용하지 못하는 것은 취향의 문제가 아니라 접근가능성이라고 믿었다. 또한 사회적 트렌드에서도 여성의 결혼적령기가 길어지면서 연애기간이 길어지고, 갈수록 성에 관한 태도가 개방적으로 바뀌면서 보여지는 속옷이 중요해질 것이라는 것을 감지하였다. 빅토리아시크릿은 이러한 사회적 변화와 여성의 심리를 파악하여 '세련되고 고급스럽게 보여지면서 일상적으로 입을 수 있는 속옷'으로 목표 포지션을 설정하였다.

포지셔닝 결정 후 빅토리아시크릿은 아래와 같은 마케팅믹스를 전개하여 실제로 소비자들의 인식 속에서 목표 포지션에 자리매김하는 데 성공을 거두었다.

- 표적고객 선정: 고급스럽고 세련된 속옷을 선호할 미국의 중산층 여성을 주요 표적(target)고객으로 선정하였다. 란제리시장의 기존 기업들은 연인이나 아내에게 선물하려는 남자가 주요 구매계층이라고 생각했다. 남성의 눈으로 섹시하다고 느끼는 란제리는 여성에게는 전혀 매력적이지 않고 불편하기만 한 경우가 많았다.
- 제품개발: 빅토리아시크릿은 한 단계 업그레이드된 속옷을 위해 유럽 란제리에서 영감을 얻고, 최상의 소재를 사용하고 엄격한 제작과정을 거쳐서 화려한 색감과 독특하고 개성있는 디자인의 란제리를 만들어 란제리 패션의 최첨단 유행을 반영하였다.
- 가격: 고급스러운 이미지의 포지셔닝에 맞게 고가 전략을 취하였다. 빅토리아시크릿 속옷의 평균 소매가는 일반백화점의 제품 대비 2배 이상이다. 가격의 상한선을 꾸준히 높여 5년만에 속옷의 평균 소매가를 200%가량 인상했다.
- 유통: 고급스러운 이미지의 포지션에 맞게 여성들이 속옷에 대한 특별한 체험을 할 수 있는 란제리 부티크나 고급백화점을 주요 유통채널로 삼았다. 소비자의 감각과 감성에 호소하는 매장 프랜차이즈를 전국적으로 운영했으며 독특한 매장 컨셉을 유지하였다.
- 촉진: 빅토리아시크릿 브랜드를 세운 '가상의 인물'로 빅토리아라는 여성을 창조하여 빅토리아시크릿 브랜드를 홍보하고 그 성격을 설명할 때 빅토리아라는 가상의 인물의 가치관과 센스 등을 인용했다. 참고로 빅토리아는 영국계와 프랑스계 피를 물려받은 세련되고 화려한 모델이다. 빅토리아는 고급스럽고 세련된 취향을 가진 여성이면서 동시에 섹시함의 의미를 끝없이 새로 창조하는 여성이다.

자료원: "소비의 새물결, 트레이딩 업," 보스턴컨설팅그룹, 발췌 요약.

6.1 포지셔닝의 개념

포지셔닝(positioning)은 '위치화'를 의미하는데 일반적으로 외래어인 "포지셔닝" 자체로 사용하는 경향이 있다. 이 책에서도 대다수가 사용하는 포지셔닝이라는 용어를 사용하기로 한다. 포지셔닝(positioning)이란 "표적 시장 소비자의 마음(mind, 생각)에 자신의 제품이나 서비스를 자리매김시킬 목표 포지션(position, 위치)을 설정하고 바로 그 자리에 실제로 자리매김하도록 일련의 마케팅 활동을 전개해 가는 과정"이다. 여기서 포

그림 6-1 광의의 포지셔닝과 협의의 포지셔닝

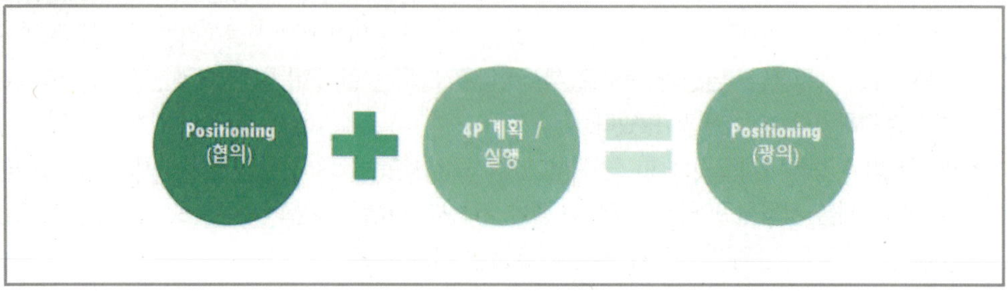

지션은 마케터의 제안이 표적 시장 소비자의 마음 속에서 자리 잡는 위치를 지칭한다. 마케팅 분야에서 포지션은 특별히 "소비자들의 인식 속에서 자사의 제품이 경쟁 제품에 대비하여 차지하고 있는 상대적 위치"를 의미한다.

포지셔닝은 단일 의사 결정이라기보다는 연속적인 의사결정으로 구성된다. 포지셔닝의 과정은 다음과 같다. 먼저 지향하는 목표 포지션을 설정한다. 좁은 의미의 포지셔닝은 이와 같은 목표 포지션 설정과정만을 지칭한다. 일종의 사전적(ex ante) 포지셔닝인 셈이다. 다음은 제품, 서비스 혹은 브랜드가 목표 포지션에 자리매김하도록 마케팅 믹스를 설계하여 실행해가는 과정이다. 넓은 의미의 포지셔닝은 사전적으로 목표 포지션을

그림 6-2 아이폰의 목표 포지션

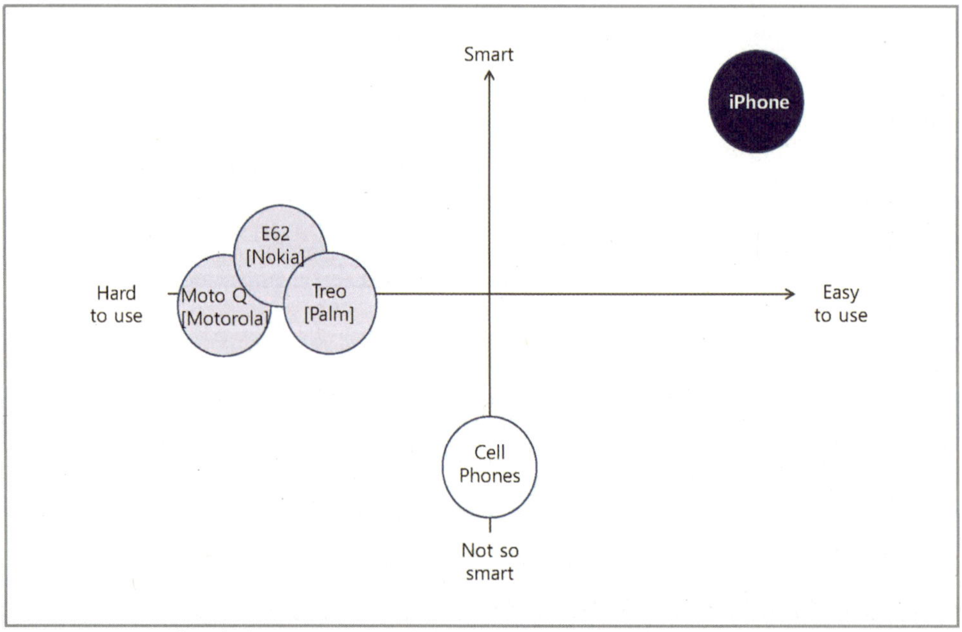

자료원: Jobs, Steve(2007), "iPhone Presentation", January 중에서 수정 인용.

설정하는 과정과 마케팅 믹스를 설계하여 실행해 가는 과정을 모두 포괄한다.

참고자료 6-1

인식의 법칙

마케팅의 주제는 제품인가 아니면 고객의 기억과 판단을 지배하고 있는 인식체계인가?

마케팅의 세계에 있어서 최고의 제품이란 것은 없다. 소비자나 잠재 고객의 마음 속에 담겨 있는 인식이 바로 실체이다.

예를 들어, 미국 자동차 시장의 판매고에서 상위를 차지하고 있는 일제 수입자동차 세가지는 혼다, 도요타, 닛산이다. 대부분의 마케팅 종사자들은 이 세 가지 브랜드 간의 싸움이 품질과 외형, 가격을 바탕으로 이루어진다고 생각한다. 틀린 생각이다. 혼다나 도요타, 닛산이라고 할 때 사람들이 각각 무엇을 생각하느냐에 따라 어느 브랜드가 이길지가 결정된다. 마케팅은 '인식의 싸움'인 것이다. 일본의 자동차 제조업자들은 일본 국내에서 파는 것과 똑같은 자동차를 미국에서 팔고 있다. 만약 마케팅이 제품 간의 싸움이라고 가정한다면 두 나라에서의 판매순위가 같아야 할 것이다. 그러나 일본에서 혼다는 도요타와 닛산에 이어 3위를 차지하고 있다. 일본에서는 도요타가 혼다보다 4배 이상으로 많은 자동차를 팔고 있다.

그렇다면 일본의 혼다와 미국의 혼다 사이에 무슨 차이점이 있는가? 제품은 동일하지만 소비자의 기억속에 들어있는 인식이 다르다. 일본 소비자의 기억 속에는 혼다가 오토바이 제조사로 남아있기 때문에 많은 일본인들이 오토바이 회사에서 만든 자동차를 사고 싶어하지 않기 때문이다.

마케팅은 제품이 아니라 인식의 싸움이다. 마케팅은 그런 인식을 다루어가는 과정이다.

자료원: 마케팅불변의 법칙, 알리스&잭트라우트, 발췌 요약.

포지셔닝은 좁은 의미와 넓은 의미로 사용된다. 좁은 의미에서 포지셔닝이란 "표적 시장 소비자의 마음(mind, 생각) 속에서 명확하고, 차별되며, 바람직한 위치(일종의 '명당')에 자리매김할 것을 목표로 설정하기"이다.

넓은 의미에서의 포지셔닝은 "좁은 의미에서의 포지셔닝 과정과 더불어 그 이후 목표 포지션에 초점을 맞춘 4P 믹스 전개를 통해 목표 포지션에 실제로 자리매김해 가는 과정"을 포괄적으로 의미한다.

이 책에서는 포지셔닝을 좁은 의미 위주로 사용하기로 한다. 특별히 넓은 의미로 포지셔닝 용어를 사용할 때는 이를 밝히기로 한다.

6.2 포지셔닝의 중요성

6.2.1 마케팅 믹스의 지침 제시

마케팅은 '제품의 싸움'이 아니라 '인식의 싸움'이라고 말한다. 제품의 품질만이 마케팅의 성패를 좌우한다는 생각에 젖어 있는 한 여간해서 성공을 거두기란 어렵다. 소비자가 그 제품을 어떻게 인식하느냐도 그에 못지않게 중요하기 때문이다. 인식의 차이가 판매량의 차이를 좌우하는 결정적 요인이다. 따라서 마케터는 소비자에게 인식되기를 원하는 제품의 편익이나 이미지를 정하고, 그러한 편익이나 이미지가 강력하게 전달하여 소비자의 인식 속에 자리잡도록 해야 한다. 시장을 잘 나누고 표적시장을 잘 선정하였어도 제품의 편익이 소비자의 인식 속에 자리잡지 못하면 소용이 없게 된다. 표적고객군에게 제품의 편익이 명확하게 인식되고 고객의 구매 순간 그 제품이 소비자의 머리 속에 가장 먼저 떠올라야만 구매로 연결될 수 있게 된다. 포지셔닝은 구매의 순간 가장 먼저 떠오르는 제품이 되도록 제품의 차별화된 특성과 이미지를 효과적으로 전달하는 가치제안(value proposition)을 결정하고, 이를 마케팅믹스 전략을 통해 지속적으로 고객과 커뮤니케이션하는 모든 구체적인 마케팅 커뮤니케이션 활동인 것이다. 결국 포지셔닝은 마케터의 다양한 마케팅 노력의 지침서 역할을 함으로써 보다 목표지향적인 마케팅 활동이 이루어지도록 한다. 예컨대 특정 브랜드에 대해 독특한 판매제안(USP: Unique Selling Proposition)을 개발하고, 이를 일관되게 전달하는 포지셔닝 과정은 표적시장 소비자와의 커뮤니케이션을 용이하게 하고 마케터가 속한 조직 내부적으로도 종업원들이 무엇이 중요한가를 이해하도록 하여 조직 관리의 효율성을 높이게 된다.

6.2.2 브랜드 인지도 및 수익성 제고

성공적으로 이루어진 포지셔닝은 표적시장 소비자의 브랜드 인지도를 제고하는데 효력을 발휘한다. 복사기 하면 제록스가 떠오르고 컴퓨터하면 IBM이 떠오른다. 브랜드가 제품군을 대변해서 소비자의 마음 속에 떠오르는 것이다. 또 볼보(Volvo) 하면 '안전성', 메르세데스(Mercedes) 하면 '품격', 크레스트 치약은 '충치예방', 비트 하면 '때가 쏙~비트(세척력)'와 같이 이들 브랜드들은 특정 제품속성이나 편익의 대명사처럼 인식되고 있다. 이와 같이 제대로 된 포지셔닝은 고객에게 브랜드의 개념을 쉽고 명확하게 전달하여 소비자의 뇌리에 오랫동안 남을 수 있도록 한다. 일반적으로 브랜드 인지도는 보조인지도(재인: recognition)와 비보조인지도(회상: recall)로 구성되어 있다. 여기서 보조인지도, 즉 재인이란 광고 등이 제시된 후에 소비자의 기억 속에 제시된 정보가 존재하는지 '확인'하는 과정이고, 비보조인지도인 회상은 소비자가 습득 및 저장한 정보를 자체적으로 '인출'하는 과정을 뜻한다. 소비자는 브랜드명을 제시하고 해당 브랜드를 인지하는지 여부를 확인하는 보조인지를 비보조인지에 비해 쉽게 한다고 한다. 예를 들어, 사람들에게 신라면을 아는지 물었는데 10명 중 7명이 그렇다고 대답한다면 보조인지도가 70%인 것이고 라면이라는 제품 카테고리 중 떠오르는 브랜드를 물었을 때 신라면이라고 응답한 사람이 5명이라면 비보조인지도가 50%인 것이다. 브랜드 인지도와 함께 관리되어야 하는 또 하나의 요소는 최초상기도(TOMA: Top of Mind Awareness)이다. 고객들이 특정제품 카테고리를 생각할 때 상기하는 최초 브랜드가 당사의 브랜드라면 최초상기도가 상대적으로 높다고 볼 수 있다. 한 기업에서 실시한 '섬유유연제' 인지도에 의하면 피죤은 최초상기도가 60%, 비보조인지도는 100%에 근접해 샤프란과 쉐리의 인지도를 월등히 앞섰다. 피죤의 높은 인지도는 소비자의 현재 사용만이 아니라 향후 브랜드 재구매의향과 밀접하게 관련된다.

결국 포지셔닝을 통해 브랜드 인지도가 높아질 경우 마케터의 시장점유율과 수익성이 높아지게 된다. 시장점유율도 결국은 고객이 브랜드에 대해 얼마나 잘 알고 있는지에 좌우되기 때문이다. 롯데제과의 자일리톨 껌은 제품 카테고리의 초기시장에 진입하여 대부분의 소비자의 마음에 강하게 자리매김할 수 있었다. 따라서 경쟁사가 유사한 디자인과 기능의 제품을 출시한다 해도 획기적인 차별화 없이는 생존하기 어려운 것이다. 이처럼 마케터의 현명한 포지셔닝 과정은 시장점유율과 수익성 제고로 연결될 수 있다.

6.2.3 경쟁지위 개선

(1) 경쟁열위 상황에서의 포지셔닝

소비자에게 허츠(Hertz)는 세계에서 가장 큰 자동차 렌탈회사, 코카콜라는 세계 제일의 청량음료, 포르셰는 가장 좋은 스포츠카 중의 하나로 인식되고 있다. 이들 브랜드는 소비자의 인식 속에 각자의 위치를 고수하고 있고 이러한 위치는 다른 업체가 좀처럼 따라잡기가 힘들다. 경쟁자가 시장에서 확고한 포지션을 유지하고 있는 경우 마케터는 시장에서의 기존 포지션을 재고해야 한다. 이 경우 포지셔닝 대안은 첫째, 현재의자신의 위치를 소비자의 인식 속에 강화시키는 것이다. 에이비스(Avis)는 자동차 렌탈산업에서 자신의 위치가 2위임을 인정하고 '우리는 2인자이며 그래서 더욱 노력한다'는 이미지를 부각시켰다. 세븐업은 코카콜라의 아성을 무너뜨리기가 힘들다는 것을 인정하고 오히려 '콜라가 아닌 음료(Uncola)'임을 강조하였다. 두 번째 전략은 경쟁사가 차지하지 않고 시장에 아직 남아있는 포지션을 확보하는 것이다. 크레스트(Crest)가 충치라는 단어를 차지해 버렸기 때문에 클로즈업(Close－Up: 상쾌한 숨결), 울트라 브라이트(Ultrabrite: 이를 하얗게), 에임(Aim: 좋은 맛) 등은 맛이나 미백효과 등 다른 속성들을 부각했다. 세 번째 전략은 소비자의 인식 속에서 경쟁사의 위치를 깎아내리는 방법이다. 파파이스 프라이드치킨은 KFC를 겨냥하여 '맛없는 치킨으로부터 미국을 구하라'라는 포지셔닝을 하였으며, 웬디스 햄버거의 유명한 광고에서는 경쟁사 햄버거를 보고 70세 노인이 '햄버거 고기는 어디 있는 거야?(where's the beef?)'라고 하며 경쟁사 햄버거의 고기가 적다는 것을 강조하였다. 네 번째 방법은 배타적 클럽(exclusive－club) 전략으로 자신을 포함한 시장의 우위 그룹을 만들고 자신이 그 그룹의 멤버임을 강조하는 전략이다. 미국 3위의 자동차 업체였던 크라이슬러는 상위 3대 기업(Big Three)이라는 아이디어를 도입하고 상위 3대 기업이 최고라는 이미지를 심어줌으로써 시장열위의 약점을 보완하는 전략을 사용하였다.

(2) 재포지셔닝(re-positioning)

소비자의 인식 속에 확고하게 자리잡고 있는 1위 브랜드 이외의 마케터는 경쟁자와 차별화할 수 있는 새로운 카테고리에서 시장을 리드하는 전략을 모색할 수 있다. 앞서 세븐업은 시장 1위의 비-콜라음료(uncola)로 포지셔닝하였고, 포르셰는 시장 1위의 소형스포츠카로, 다이얼은 시장 1위의 방취비누로 자리매김하였다. 즉 어떤 마케터가 새로운 아이디어와 제품을 소비자의 마음 속에 심기 위해 소비자가 "그 마케터 혹은 브랜드에 대해 형성하고 있던 기존 포지션을 변경하려는 노력"을 재포지셔닝이라고 볼 수 있다. 브랜드 재포지셔닝이 필요한 상황은 크게 기존 브랜드의 매출이 감소할 때, 유행의 영향으로 표적시장의 취향이 변할 때, 경쟁사 브랜드의 전략적 수정에 대응하는 것이 필요할 때 등으로 구분할 수 있다. 세계적인 의류브랜드 버버리(Burberry)가 체크패턴과 한정된 제품라인으로 일관하는 동안 경쟁사들은 여성을 목표시장으로 제품의 넓이를 확장하며 고급스러운 이미지를 구축하였다. 매출하락과 보수적인 이미지로 시장에서 고전하던 버버리는 새로운 브랜드 아이덴티티 정립의 필요성을 느꼈고 재포지셔닝을 시도하였다.

6.3 포지셔닝 과정

포지셔닝 과정은 표적시장 소비자의 욕구와 경쟁구도 파악, 목표 포지션 설정, 목표 포지션 지향 4P 전개 등의 단계로 이루어진다.

그림 6-3 포지셔닝 과정

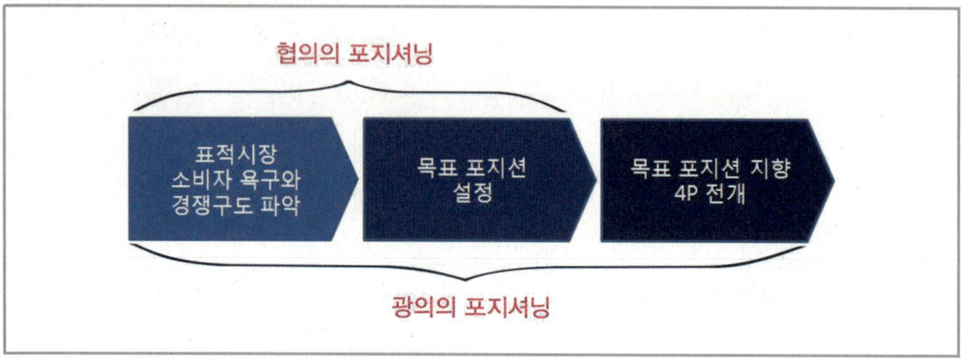

6.3.1 표적시장 소비자 욕구와 경쟁구도 파악

소비자욕구 및 경쟁구도 파악은 현재 시장에 출시되어 있는 자사제품의 포지셔닝이 적합한지를 확인하거나 새로운 포지션으로 변경이 필요할 때 혹은 새로운 제품을 시장에 출시하기 전 포지션을 결정할 때 이루어진다.

차별화된 가치제안을 발견하기 위해서는 먼저 현재 시장에 나와 있는 제품들의 가치제안의 강약점을 파악해야 하고, 소비자들에게 이들이 어떻게 인식되고 있는지, 소비자들이 어떤 제품들을 서로 유사하거나 상이하게 인식하고 있는지 그리고 소비자들이 중요하게 생각하는데 현재 시장에 있는 제품으로는 충족이 안 되는 욕구는 무엇인지 등을 분석하는 일이 먼저 선행되어야 한다. 이러한 분석을 통해 자사 제품의 강약점, 포지셔닝의 적합성 여부를 파악할 수 있고 새로운 시장기회를 발견할 수 있게 된다. 소비자의 지각이나 욕구, 경쟁구도를 파악하는 방법에는 정성적인 방법(질적 방법)과 정량적인 방법(양적 방법)이 있다. 일반적으로 지각도 혹은 포지셔닝맵 등의 도표가 활용된다. 지각도(perceptual map) 혹은 포지셔닝맵(positioning map)은 시장에 출시되어 있는 여러 제품들에 대해 소비자가 지각한 특성이나 제품간의 경쟁관계, 소비자들이 원하는 새로운 이상점 등을 일목요연하게 보여주는 도표이다.

(1) 질적 방법

포커스그룹 인터뷰(FGI: Focus Group Interview)는 소그룹의 소비자를 대상으로 진행

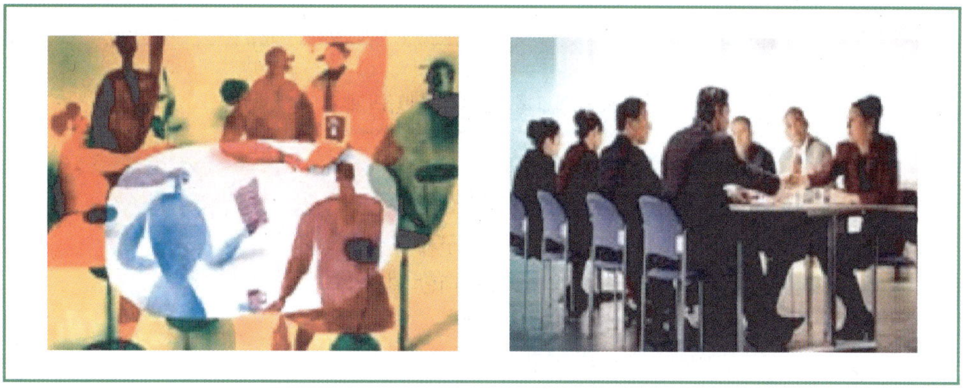

하는 구조화되어 있지 않은 자연스러운 인터뷰를 지칭한다. 포커스그룹 인터뷰는 포지셔닝 과정에서 소비자의 생각과 숨겨진 욕구 등을 새롭게 도출해 내는 용도로 사용되는 경향이 있다. 포커스그룹 인터뷰는 포지셔닝을 위한 소비자 지각을 파악하는 목적 외에도 탐색적 연구가 필요한 많은 연구주제에 이용된다.

양적인 방법의 설문조사로는 잘 드러나지 않는 소비자의 생각, 즉 행동에 영향을 미치는 기저에 깔린 심리적 요인이나 행동에 이르기까지의 구체적 과정 그리고 소비자 자신도 명확하게 느끼고 있지 못했던 잠재된 욕구 등을 파악해 내기 위해 질적인 방법의 포커스그룹 인터뷰가 이용될 수 있다. 포커스그룹 인터뷰는 이러한 것들을 잘 이끌어내는 것이 관건이라고 할 수 있다. 따라서 인터뷰를 진행하는 사람(보통 moderator라고 부른다)의 역할과 자질이 중요해진다.

인터뷰 진행자는 인터뷰 주제에 대해 풍부한 경험과 지식을 보유하고 있어야 하며 동시에 숙련된 컨트롤 기술에 의해 인터뷰를 자연스럽게 유도해서 자신의 의견이 개입되지 않게 하면서 모든 참가자들의 의견이 골고루 충분히 도출될 수 있게 해야 한다. 인터뷰 참가자도 연구주제에 대한 충분한 관심과 경험을 해본 사람들이어야 한다.

포커스그룹은 일반적으로 8명에서 12명 사이가 적절한 것으로 알려져 있다. 포커스그룹이 너무 적은 수의 응답자로 구성이 되면 다양한 의견을 듣지 못하게 되고 너무 많은 수의 응답자로 구성이 되면 의견들이 너무 산만해져서 한 주제에 대해 집중적으로 토의하기가 어려워진다. 인터뷰 논의시간은 보통 한시간에서 세시간 사이로 하는 것이 바람직하며, 한시간에서 한시간 반 사이로 논의시간을 설정하는 것이 일반적이다. 토의내용은 녹음을 하거나 녹화를 하여 토의 이후에 정확한 내용분석에 이용된다.

그림 6-4 포커스그룹 인터뷰 진행단계

포커스그룹 인터뷰 진행단계

- 연구목적 파악과 연구문제의 정의
- 포커스그룹 인터뷰의 목적과 구체적 질문 정의
- 포커스그룹 인터뷰의 진행에 대한 설계
- 논의결과에 대한 분석 및 검토
- 결과정리 및 향후 연구방향 결정

포커스그룹 인터뷰 진행절차는 먼저 연구목적이나 인터뷰의 목적을 명확히 정의하고 어떤 소비자들을 포커스그룹을 구성할 것인지, 어떤 질문을 할 것인지, 인터뷰진행은 어떻게 할 것인지 등에 대한 계획과정이 필요하다. 계획에 따라 인터뷰를 진행하고 나면 논의된 결과를 분석해서 향후 연구방향을 결정하거나 다음 단계로 진행되어야 할 일들을 계획한다.

애경은 섬유유연제 아이린을 출시하기 전 포커스그룹 인터뷰를 통해 기존 섬유유연제 제품의 사용과정에서의 경험과 장단점 그리고 새롭게 바라는 섬유유연제 속성이 무엇인지를 분석하였다. 그 결과 기존제품들은 주로 세탁 후의 섬유의 부드러움이나 잔향에 소구하고 있는 데 반해 소비자들이 건강에 대한 관심이 많아지면서 부드러움뿐만 아니라 피부를 보호할 수 있는 점에 욕구가 있다는 것을 발견하였다. 그래서 '스킨케어(skin care)'로 포지셔닝을 결정하고 천연식물성 성분과 은나노의 내추럴한 느낌의 고급스러운 원료를 사용한다는 것을 강조하며 25세에서 39세까지의 건강이나 웰빙을 추구하는 젊은 주부층을 표적고객으로 삼게 되었다.

포커스그룹 인터뷰는 설문조사에서 밝혀내기 어려운 소비자행동의 이유를 많이 밝혀주며, 소비자의 잠재되어 있는 욕구를 발견하고 새로이 출시될 신제품 컨셉에 대해 사전에 고객반응을 예측하는 데 큰 도움이 된다.

사례 6-2

미국 자연주의마켓 Whole Foods 포지셔닝

저가전략과 공급업체와의 우호적인 관계를 기반으로 꾸준히 성장해온 미국 최대의 소매유통업체 월마트(Wal-Mart)는 크고 작은 유통업체들과의 경쟁에서 절대적인 우위를 지니고 있다. 홀푸드마켓(Whole Foods Market)은 이러한 월마트에 정면으로 대응하는 대신 유기농식품을 주력상품으로 포지셔닝하여 성공한 기업이다.

"Whole Foods, Whole People, Whole Planet"의 목표를 지향하는 홀푸드마켓은 전미에 150개 이상의 상점을 운영하는 고급 식료품 체인으로 포지셔닝하였고, 오스틴(Austin, TX), 볼더(Boulder, CO), 앤아버(Ann Arbor, MI) 등지와 영국, 캐나다에 상점을 열어 교육받은 부유층을 표적고객으로 선정하였다. 홀푸드마켓은 건강한 삶과 환경에 대한 관심이 높고 부유하며 높은 교육수준을 지닌 주요 고객층에게 유기농 소다, 스무 가지에 달하는 콩류, '다시'와 같은 해조류 등의 식품과 천연비누 및 화장지를 판매한다. 또 각각의 홀푸드마켓 상점은 해당 지역사회에 어떻게 기여할 수 있을지 나름의 운영방안을 정하여 자원봉사 직원들에게 경제지원을 해주고 지역환경에 투자를 실천하고 있다. 예를 들어, 홀푸드마켓 상점은 '5% Days'라는 시스템을 통하여 일 년에 정해진 횟수의 날만큼 일일 총 수익의 5% 가량을 교육기관 및 비영리단체에 환원한다. 뿐만 아니라 고객에게 친환경 생산방식, 동물 임상실험의 잔인성, 바다 먹거리의 보호와 건강의 중요성 등에 대해 알리고 친환경단체를 재정적으로 지원함으로써 더 살기 좋은 세상을 만들기 위해 노력한다는 기업이미지를 심어주고 있다.

이와 같이 경쟁사인 월마트가 도달하지 못한 고객층을 찾아내어 이들이 원하는 가치를 제공하는 강력한 포지셔닝, 지역사회의 발전을 위한 약속과 봉사활동으로 홀푸드마켓은 일반 식료품 소매점들의 몇 배에 달하는 매출을 올리는 미국 제일의 자연식품 체인점으로 성장할 수 있었다.

자료원: 홀푸드마켓 웹사이트(www.wholefoodsmarket.com), 위키피디아 백과사전.

하지만 포커스그룹 역시 한계가 있다. 인터뷰 진행자가 숙련된 스킬이 부족할 경우 소비자의 숨은 생각을 잘 밝혀내지 못할 수 있다는 것이다. 또 소비자가 실제 해당제품과 서비스를 사용하는 환경에서 조사되는 것이 아니라, 설정해 놓은 공간에 와서 얘기를 나누는 것이기 때문에 조사자와 소비자 간에 공감대가 형성된다고 해도 소비자 자신이 구체적으로 어떻게 제품이나 서비스를 이용하는지를 잘 모르는 경우에는 파악되는 정보에 한계가 있게 된다.

이러한 점들을 보완하여 보다 심층적으로 소비자의 행동과 동기를 찾아내기 위해 최근 '관찰조사기법'이 도입되고 있다. 소비자의 집을 방문하거나 매장에서 비디오 촬영을 하여 미처 소비자도 인지하지 못했던 중요한 행동원인을 밝혀낸 것이 성공사례로 소개되고 있다. 관찰조사는 15~25명 정도의 대상자를 선정하여 집이나 사무실 등 실제 제품이 사용되는 공간으로 직접 찾아가서 소비자가 제품을 사용하는 과정을 관찰하면서 소비자에게 특정한 행동의 이유나 특정한 순간의 느낌을 물어볼 수 있는 기법이다. 또한 관찰이 끝난 후, 그 결과를 분석하여 다시 소비자에게 추가 인터뷰도 실시한다.

(2) 양적 방법

포지셔닝맵을 양적 방법으로 작성할 때 자주 사용하는 도구 중 하나가 다차원척도법(MDS: Multi-dimentional Scaling)이라는 프로그램이다. 다차원척도법에는 제품간의 거리를 통해 유사성을 나타내주는 기법(KYST), 여러 가지 속성별로 제품을 평가하여 제품간의 경쟁구도를 나타내주는 기법(PROFIT) 그리고 이러한 소비자의 지각에 대한 진단적인 분석 외에 소비자의 제품 선호도를 나타내는 기법(MDPREF), 제품간 유사성과 선호도를 동시에 보여주는 기법(PREFMAP) 등 여러 가지 기법들이 있다.

포지셔닝맵의 작성절차는 다음과 같다. 우선 소비자들이 제품선택에서 중요하게 생각하는 제품속성이나 특성들을 파악한다. 그리고 이러한 제품속성이나 특성들에 대한

그림 6-5 제품간 유사성을 이용한 포지셔닝맵

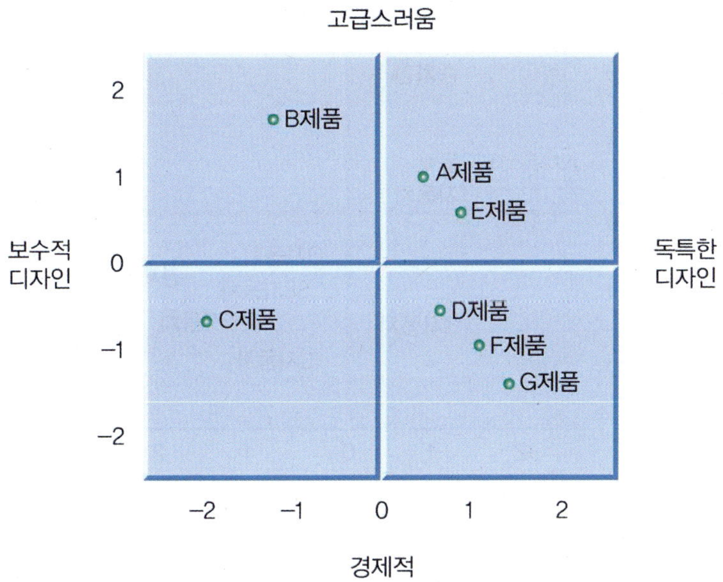

소비자의 평가자료를 설문조사를 통해 구한다. 소비자의 평가자료가 구해지면 다차원척도법 프로그램을 이용하여 포지셔닝맵을 작성하게 된다.

[그림 6−5]는 다차원척도법 중 KYST기법을 이용하여 좌표 상의 두 차원으로 제품간 유사성을 표현한 예이다. 제품간 유사성을 2차원의 공간 위에 나타내어 제품들 사이의 구조 또는 관계를 쉽게 파악할 수 있다. 그림의 예를 보면, D, E, F제품은 유사한 그룹으로 가격은 약간 저가이지만 독특한 디자인을 가진 제품군임을 알 수 있고, C제품은 다른 제품과 비교적 동떨어져 있으며 저렴한 가격에 디자인이 단순한 제품이라는 것을 알 수 있다. 좌표 축의 이름은 출력된 결과를 보고 조사자가 해석하여 이름을 붙이게 된다.

[그림 6−6]은 다차원척도법 중 PROFIT기법을 이용한 것으로 제품들 간의 유사성 정보 외에도 제품특성에 대한 평가자료를 반영하여 포지셔닝맵 상에 각 특성의 방향과 제품들의 상대적 위치를 보여주는 예이다. 국내자동차 제품들 간의 유사성 거리 외에도 승차감과 경제성이라는 두 특성에서 제품들이 어떻게 위치하고 있는가를 파악할 수 있다.

그림 6-6 유사성과 특성을 고려한 제품 포지셔닝맵

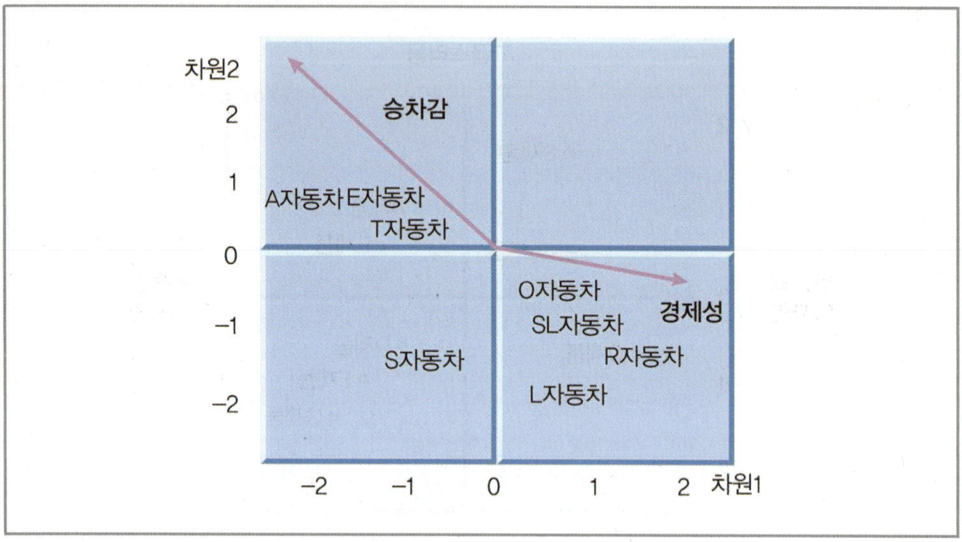

포지셔닝맵의 활용 측면을 살펴보자. 출시되어 있는 자사 제품의 포지셔닝맵을 작성하였다면 먼저 자사 제품의 시장에서의 위치와 경쟁구도를 파악할 수 있다. 또한 원래 의도한 대로 소비자의 인식 속에 포지셔닝이 되었는지 적합성을 판단하거나, 자사 제품과 유사한 제품이 너무 많아 치열한 경쟁 속에 있는지 등을 확인하여 그 결과에 따

그림 6-7 포지셔닝맵을 이용한 우유시장 경쟁구도 파악

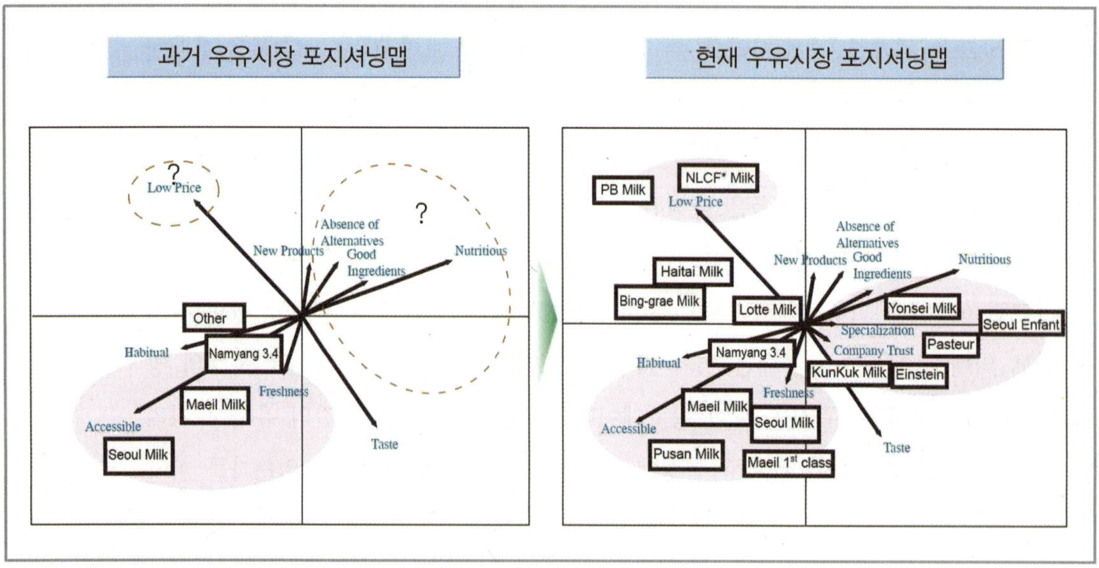

라 재포지셔닝 여부를 결정할 수도 있다.

위 그림에서 본 두 포지셔닝맵(KYST기법, PROFIT기법)의 예는 그 자체로 비어 있는 시장의 편익을 보여주고 있다. 따라서 이러한 지점은 경쟁이 치열하지 않다는 것은 유추할 수 있다. 아래 그림은 다차원척도법 중 PROFIT기법을 이용하여 국내 우유시장의 포지셔닝맵을 작성한 예이다. 과거의 포지셔닝맵을 통해 비어 있는 새로운 시장기회를 발견한 업체들이 시장에 진출해 있는 것을 현재의 포지셔닝맵을 통해 알 수 있다.

또 소비자의 선호도나 제품중요도 평가정보를 반영하는 MDPREF나 PREFMAP기법을 이용한 포지셔닝맵의 경우는 소비자의 이상점이 파악이 되므로 새로운 시장기회를 보기 쉽게 파악할 수 있다.

6.3.2 목표 포지션 설정

목표 포지션 설정은 포지셔닝 과정의 핵심이다. 목표 포지션 설정은 좁은 의미의 포지셔닝을 의미한다. 마케터는 포지셔닝 포커스그룹 인터뷰나 다차원척도법을 통해 지각도를 작성하여 경쟁구도와 소비자 요구의 윤곽을 파악한 후 이를 토대로 목표 포지션을 새로 설정하게 된다. 기존 서비스 포지션을 변경해 갈 새로운 포지션을 설정할 수도 있고 새로 시도하는 서비스의 초기 포지션을 설정할 수도 있다.

마케터는 목표 포지션을 설정하기 위해 고려할 수 있는 후보 포지션들에 대한 평가

그림 6-8 바람직한 목표 포지션의 조건

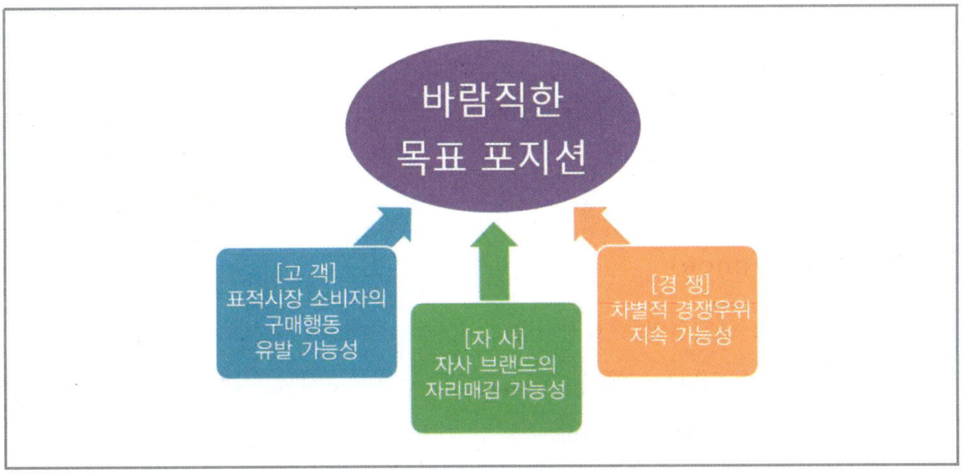

표 6-1 목표 포지션 선정기준 예시

포지션 평가요인		포지션 세부평가항목	가중치	제1포지션	제2포지션	제3포지션	제4포지션
고객 요인 매력도	표적시장 소비자의 구매행동 유발 가능성	적합성	16.6	7	9	5	1
		신뢰성	16.6	5	8	4	2
자사 요인 매력도	자사 브랜드의 자리매김 가능성	실행성	16.6	9	3	3	8
		전달가능성	16.6	7	2	5	4
경쟁 요인 매력도	차별적 경쟁우위 지속 가능성	이익실현성	16.6	9	6	3	3
		방어용이성	16.6	8	6	78	2
종 합			100	747.0	564.4	448.2	332.0
우선순위				#1	#2	#3	#4

기준을 세우고 평가를 하게 된다. 바람직한 목표 포지션은 우선 소비자요인으로서 표적시장 소비자의 구매행동 유발 가능성이 높고, 다음으로 자사요인으로 경쟁자보다 먼저 자리매김할 수 있는 가능성이 높으며, 그리고 경쟁요인으로 경쟁자가 모방하기 어려워 그 자리에 지속적으로 자리매김해 갈 수 있는 위치이다.

마케터는 지각도를 통해 도출한 후보 포지션별로 표적시장 소비자의 구매행동 유발 가능성, 자사 브랜드의 자리매김 성공 가능성, 그리고 차별적 경쟁우위 지속 가능성 등을 평가하여 각 포지션별로 우선순위를 설정하여 목표 포지션을 선정하게 된다.

(1) 표적시장 소비자의 구매행동 유발 가능성

마케터는 지각도를 통해 도출한 각각의 후보 포지션의 표적시장 소비자의 구매행동 유발 가능성에 대한 판단을 내려야 한다. 마케터가 각 후보 포지션의 표적시장 소비자의 구매행동 유발 가능성 판단 과정에서 검토할 필요가 있는 항목의 예는 다음과 같이 정리할 수 있다.

적합성(relevance)

마케터가 후보 포지션별로 표적시장 소비자의 구매행동 유발 가능성을 판단할 수 있는 중요한 기준 중 하나는 적합성(relevance)이다. "이 포지션은 과연 표적시장 소비자가 중요하게 생각하는 속성을 반영하는가?"에 대한 검토는 표적시장 소비자의 구매행동 유발 가능성을 판단하는 과정에서 필수적이다. 적합성이 높은 포지션일수록 표적시장 소비자의 구매행동 유발 가능성 면에서 긍정적이다.

예를 들어, 과거 투명한 콜라, 투명한 맥주 등 '깨끗함'을 강조한 포지션을 추구한 마케터들의 시도가 일정 시간 이후 대부분 실패로 끝났는데, 이는 적합성 측면에서 부정적인 포지션이었기 때문으로 해석할 수 있다. 다시 말해, 콜라나 맥주가 투명하다는 점은 일시적으로 흥미로울 뿐 소비자가 중요하게 생각하는 속성을 담아내지 못했기 때문에 지속적인 성공을 거둘 수 없었던 셈이라고 보여진다. 이처럼 적합성이 낮은 포지션은 표적시장 소비자의 구매행동 유발 가능성 면에서 부정적으로 평가된다.

신뢰성(believability)

후보 포지션의 표적시장 소비자의 구매행동 유발 가능성을 판단할 수 있는 또다른 중요한 기준으로는 신뢰성(believability)을 들 수 있다. "표적시장 소비자에게 이 포지션에 걸맞는 브랜드로서 믿음을 줄 수 있는가?"에 대한 검토 역시 표적시장 소비자의 구매행동 유발 가능성을 판단하는 데 필요하다. 신뢰성이 높은 포지션일수록 표적시장 소비자의 구매행동 유발 가능성 면에서 높게 평가된다.

예를 들어, 구체적 속성을 제시하거나 정량적인 기준을 제시하여 '증빙 가능성'을 높이는 방안은 신뢰성을 확보하는 방법 중 하나로 알려져 있다. 역으로 구체적인 속성이나 정량적인 기준을 제시하기 어려울수록 표적시장 소비자로부터 신뢰성을 얻는 데 어려움을 경험할 가능성이 높으므로 표적시장 소비자의 구매행동 유발 가능성 면에서 부정적으로 평가되어져야 한다.

(2) 자사 브랜드의 자리매김 가능성

마케터는 지각도를 통해 도출한 각각의 후보 포지션의 자사 브랜드의 자리매김 가능성에 대한 판단을 내려야 한다. 마케터가 각 후보 포지션의 자사 브랜드의 자리매김 가능성 판단과정에서 검토할 필요가 있는 항목의 예는 다음과 같이 정리할 수 있다.

실행성(feasibility)

후보 포지션의 자사 브랜드의 자리매김 가능성을 판단할 수 있는 중요한 기준 중 하나는 실행성(feasibility)이다. "과연 이 포지션에 걸맞는 마케팅 활동을 실행하고 이 포지션에 걸맞는 결과를 실현할 수 있는가?"에 대한 검토는 자사 브랜드의 실질적인 자리매김 가능성을 판단하는 과정에서 필수적이다. 실행성이 높은 포지션일수록 자사 브랜드의 자리매김 가능성 면에서 긍정적이다.

예를 들어, 점점 더 많은 항공사들은 '정시도착, 정시출발' 포지션을 주장하는 데 조심스러운 자세를 보인다. 왜냐하면 그와 같은 포지션에 자리매김할 만큼 안정적인 시간관리를 하는데는 자사의 노력 외에도 공항 사정, 기상 사정 등 영향요인이 너무 많다는 점이 걸림돌로 작용한다는 점을 깨닫게 되었기 때문이다. 이처럼 실행성이 낮은 포지션은 자사 브랜드의 자리매김 가능성 면에서 부정적이라고 판단된다.

전달 가능성(communicability)

후보 포지션의 자사 브랜드의 자리매김 가능성을 판단할 수 있는 또다른 중요한 기준으로는 전달 가능성(communicability)을 들 수 있다. "이 포지션에 자리매김하기 위해 필요한 정보를 표적시장 소비자에게 성공적으로 전달할 수 있는가?"에 대한 검토 역시 자사 브랜드의 실질적인 자리매김 가능성을 판단하는 데 필수적이다. 전달 가능성이 높은 포지션일수록 자사 브랜드의 자리매김 가능성 면에서 높게 평가된다. 참고로 전달 가능성에 대한 판단은 주로 마케팅 커뮤니케이션, 즉 촉진활동의 성공 가능성과 관련된다.

예를 들어, 표적시장 소비자가 기존에 가지고 있는 지식과 너무 괴리되는 연상은 쉽게 형성될 수 없으므로 전달 가능성 면에서 부정적이라고 볼 수 있다. 이처럼 전달 가능성이 낮은 포지션은 자사 브랜드의 자리매김 가능성 면에서 부정적으로 평가되어져야 한다.

(3) 차별적 경쟁우위 지속 가능성

마케터는 지각도를 통해 도출한 각각의 후보 포지션의 차별적 경쟁우위 지속 가능성에 대한 판단을 내려야 한다. 마케터가 각 후보 포지션의 차별적 경쟁우위 지속 가능성 판단과정에서 검토할 필요가 있는 항목의 예는 다음과 같이 정리할 수 있다.

이익 실현성(profitability)

후보 포지션의 차별적 경쟁우위 지속 가능성을 판단할 수 있는 중요한 기준 중 하나는 이익 실현성(profitability)이다. "과연 이 포지션에 자리매김하는 것이 우리에게 충분한 이익을 가져다 줄 것인가?"에 대한 검토는 차별적 경쟁우위 지속 가능성을 판단하는 과정에서 필수적이다. 이익 실현성이 높은 포지션일수록 차별적 경쟁우위 지속 가능성 면에서 긍정적이다.

예를 들어, 어떤 포지션에 자리매김하고 그 자리를 지켜내기 위해 투입해야 하는 마케팅 비용이 너무 과다하여 수익보다 크거나 수익에 필적한다면 이익 실현성 면에서 매우 낮게 평가되어야 한다. 이처럼 이익 실현성이 낮은 포지션은 마케팅 자원의 고갈을 초래할 수 있다는 점에서 차별적 경쟁우위 지속 가능성 면에서 부정적으로 평가하게 된다.

방어 용이성(defensibility)

후보 포지션의 차별적 경쟁우위 지속 가능성을 판단할 수 있는 또다른 중요한 기준으로는 방어 용이성(defensibility)을 들 수 있다. "이 포지션에 자리매김하는 데 성공한 이후 이 포지션의 차별적 우위를 지속적으로 누릴 수 있는가?"에 대한 검토 역시 차별적 경쟁우위 지속 가능성을 판단하는 데 필수적이다. 방어 용이성이 높은 포지션일수록 차별적 경쟁우위 지속 가능성 면에서 높게 평가된다.

예를 들어, 온라인 쇼핑몰의 '무료배송 차별화' 포지션은 경쟁자에 의해 쉽게 모방될 수 있어 비록 초기 차별화에 성공할지라도 방어 용이성 면에서 부정적이라고 볼 수 있다. 이처럼 방어 용이성이 낮은 포지션은 차별적 경쟁우위 지속 가능성 면에서 부정적으로 평가되어져야 한다.

6.3.3 목표 포지션 지향 4P 실행

일단 목표 포지션을 선정한 마케터는 적절한 4P 믹스의 계획과 실행을 통해 자신의 솔루션이 목표 포지션에 걸맞는다는 점을 표적시장 소비자들에게 효과적으로 전달해야 한다. 좋은 목표 포지션을 설정하였어도 표적시장 소비자의 인식 속에 제대로 자리잡지 못하면 그 효과를 발휘할 수 없다. 포지셔닝에 걸맞는 일관성 있는 4P 믹스의 실행이 중요해지는 이유가 여기에 있다. 이때 포지셔닝을 통해 결정된 목표 포지션은 4P 믹스의 표적 역할을 한다. 다시 말해 목표 포지션에 확실하게 자리매김하기 위해서는 광고, PR, 판매촉진, 인적판매 등 마케팅 커뮤니케이션 노력 뿐 아니라 제품, 가격, 유통관리와 같은 전반적 마케팅믹스 요소들을 철저하게 목표 포지션 지향적으로 일관성있게 전개해야 한다.

예를 들어, 목표 포지션을 '가장 안전한 승용차'로 정했다면, 이러한 개념에 맞도록 차체 충격흡수 장치, 에어백, 고성능 브레이크 등에 주안점을 두어 획기적으로 안전한 제품 개발을 추진해야 하며, 안전성에 대한 의구심을 야기할 수 있는 낮은 가격은 지양하는 것이 바람직할 수 있다. 마찬가지로 안전성에 대한 부정적 연상을 줄일 수 있도록 낡거나 허름한 매장보다는 잘 관리되는 느낌을 전달할 수 있는 고급 매장 중심으로 유통경로를 구축해야 하며, '가장 안전한 승용차'라는 메시지에 대한 공감대를 형성하는데 마케팅 커뮤니케이션의 초점이 맞춰져야 할 것이다.

주목할 만한 사실 중 하나는, 목표 포지션을 철저하게 지향하는 지속적 4P 전개는 다양한 차별화 효과를 발생시켜 보다 높은 마케팅 성과로 이어질 수 있다는 사실이다. 심지어 동일한 제품이라도 이미지를 차별화할 수 있다면 경쟁우위를 가지게 되며 또한 프리미엄 가격설정이 가능하다. 에비앙은 알프스산맥의 가장 깨끗한 천연수, 미네랄워터라는 이미지를 부각시킴으로써 다른 생수에 비해 높은 가격을 받고 있다. 우리나라에서는 제주 삼다수가 제주도 화산 현무암층의 천연수라는 제품 컨셉으로 제주도 이미지를 부각시켜 타사 제품에 비해 리터당 더 높은 가격을 받고 있다. 물이라는 제품은 맛, 색, 향에서 제품 자체의 차별화가 어려운 카테고리(generic category)이지만 에비앙과 삼다수는 마케팅 커뮤니케이션을 통한 이미지 구축을 통해 차별화에 성공한 사례로 꼽힌다.

6.4 포지셔닝 유형

표적시장 소비자에게 교환을 권유하며 가치제안(value proposition)을 하는 마케터가 시도하는 포지셔닝은 매우 다양하게 나타날 수 있다. 포지셔닝은 복잡한 환경 요인만이 아니라 이를 해석하는 마케터의 창의성에 따라서도 달라질 수 있으므로 단순하게 규정하기 어렵다. 예를 들어, 마케터는 표적시장 소비자의 욕구에 따라 최고 품질, 최고 성능, 최고 스타일, 최고 서비스, 최저 가격, 최고 안전성, 최고 속도, 최상의 편리함, 최상의 기술, 최상의 신뢰성, 최고 품격 등 다양한 대안 중에서 포지셔닝을 시도할 수 있다. 이러한 다양성은 포지셔닝을 통해 선정되는 목표 포지션이 표적시장 소비자의 인식(mind) 어딘가로 지정되므로, 소비자 인식의 자유로움만큼 포지셔닝도 다양하게 시도될 수 있다는 점에 기인한다.

다양한 방식의 포지셔닝 유형화 시도 중에서 상대적으로 많이 사용되는 방식 중 하나는 편익(benefits) 유형에 맞춘 포지셔닝 유형 분류다. 이 책에서는 편익(benefits) 유형에 맞춰 포지셔닝 유형을 살펴보았다. 참고로, 편익(benefits)은 "소비자가 제품의 소비를 통해 얻는 결과로서의 혜택"을 의미하며, 구체적인 제품 속성들과 고객 가치 사이의 연결고리 역할을 하는 것으로도 알려져 있다. 구체적 제품 속성－편익－가치 사이의 연결 관계는 5장 시장세분화 부분에 추가 기술되어 있다. 그리고 자세한 편익의 개념은 이 책의 7장. 제품관리 부분에 추가 기술되어 있다. 이하에서는 라이(Lai)가 제시한 기능적(functional), 사회적(social), 감정적(affective), 지적(epistemic), 미적(aesthetic), 쾌락적(hedonic), 상황적(situational) 편익 등 여러 유형별로 포지셔닝 유형을 정리하였다. 자세한 편익의 개념은 이 책의 7장. 제품관리 부분에 추가 기술되어 있다.

(1) 기능적 편익 포지셔닝

기능적(functional) 편익은 "제품의 물리적, 기능적 성과"를 의미한다. 기능적 편익은 소비자가 소비 과정에서 직접 체험할 수 있는 구체적이고 유형적인 제품 속성(attributes)에서 파생된다.

기능적 편익 포지셔닝은 소비자의 현재 소비 관련 문제를 해결할 수 있는 특정 기능적 속성이나 그 속성의 혜택을 제시하는 포지셔닝 방식이다. 질레트의 마하3 면도기는 3중 면도날로 밀착 면도를 베지 않고 손쉽게 면도할 수 있다는 장점을 부각시켰다. 유니레버의 바세린(Vaseline) 인텐시브 레스큐 바디로션은 피부 내 수분을 3배 증가시켜 주고 수분증발을 막아주므로 건조한 피부에 효과적인 보습효과를 제공한다는 점을 소구하였다.

일반적으로 B2C시장을 겨냥한 포지셔닝에서 많이 이용되는 기능적 편익의 예로는 편리함, 안전성, 깨끗함 등을 꼽을 수 있으며, B2C시장을 겨냥한 포지셔닝에서 많이 이용되는 기능적 편익의 예로는 높은 제품품질, 빠른 배송, 더 나은 서비스 등을 들 수 있다. 도미노 피자(Domino's Pizza)는 '30분 배달보증제'를 국내에도 일부 적용하여, 피자주문 후 45분 이상 경과하면 가격을 할인해 주고 1시간 이상이 경과하면 무료로 제공하는 제도를 운영중이다. 테슬라(Tesla)는 '기름 한 방울 없이 3초 만에 0에서 100까지 갈 수 있는 유일한 스타일리시한 자동차'로 포지셔닝한 바 있다.

(2) 사회적 편익 포지셔닝

사회적(social) 편익은 "사회계층, 사회지위, 사회집단 등과 관련된 제품의 연상(association)을 통해 지각되는 편익"을 의미한다. 의류, 보석 등 외부적으로 두드러지는 시각적 자극을 제시하는 제품류에서 사회적 편익이 제시되는 경우가 많다.

사회적 편익 포지셔닝은 소비자의 그룹소속감, 동질감 등에 대한 심리적 욕구에 소구하는 포지셔닝 방식이다. 해당 제품을 사용함으로써 소비자가 원하는 그룹이나 역할,

이미지를 가질 수 있게 된다는 믿음과 결부시키는 것이다. 주로 보석, 화장품, 주류, 담배나 자동차 등에서 자주 사회적 편익 포지셔닝을 이용한다.

사회적 편익 포지셔닝은 특정 소비자그룹에 그 제품이 최고라고 포지셔닝하는 방법이기도 하다. 표적시장 소비자 그룹에게 그들의 욕구를 가장 잘 충족시켜 주는 제품으로 소구하면서 해당 제품을 제품의 전형적인 사용자로 묘사되는 사람들을 대변하는 아이콘으로 기억되게 하는 것이다. 현대 베르나는 자동차를 처음 구입하는 사람들이 타는 자동차로 포지셔닝하였고, 닌텐도 DS는 게임초보자들도 쉽게 다가갈 수 있는 게임기로 포지셔닝하였다. 메르세데스 벤츠는 '최고 럭셔리 카를 원하는 사람들을 위한 차'로 포지셔닝한 바 있다. 사용자그룹에 의해 제품을 포지셔닝하는 경우는 사용자그룹을 상징적으로 대변하는 유명인을 광고모델로 기용하기도 한다.

(3) 감정적 편익 포지셔닝

감정적(affective) 편익은 "제품이 불러일으키는 느낌(feeling)이나 감정 상태(affective state)를 통해 지각되는 편익"을 의미한다. 감정적 편익은 추석 송편, 크리스마스 트리처럼 문화적 의미와 관련되는 경우가 많다.

감정적 편익 포지셔닝은 제품이 불러일으키는 느낌이나 감정 등을 통해 소구하는 포지셔닝 방식이다. 할리 데이비슨의 마케팅 컨셉은 '제품을 판다' 아니라 '타는 즐거움을 판다' 또는 자유, 자아실현을 위한 '라이프스타일 제안'이다. 오토바이의 디자인과 부

품을 고급화하고 예술성을 가미하여 싼값의 제품이 아니라 고가의 예술작품이라는 브랜드 이미지를 구축하고 이동수단의 기능적 편익보다는 '자유를 탄다, 나를 위해 달린다, 몸도 모터사이클의 일부다'라는 미국적 자유와 일탈, 거친 개성 등 상징적이며 자아실현적인 편익을 제공하는 컨셉으로 포지셔닝하여 성공한 경우이다.

(4) 지적 편익 포지셔닝

지적(epistemic) 편익은 "호기심이나 지식욕구를 충족시키는 제품의 새로운 요소를 통해 얻어지는 혜택"을 의미한다. 신제품 구입, 다양성추구 구매나 탐색적 소비 행동 등은 지적 편익을 추구하는 소비자 행동의 사례로 볼 수 있다.

지적 편익 포지셔닝은 제품이 불러일으키는 호기심이나 지식 욕구 충족 요소로 소구하는 포지셔닝 방식이다. 독특한 제품 카테고리로 스스로를 부각시키는 방식도 한 예가 될 수 있다. 많은 기업들이 시장을 선도하기 위해 가장 중요한 것은 고객들의 마음속에 최초로 진입하는 일이라고 생각한다. 그러나 굳이 선발주자가 아니더라도 제품 카테고리 내에서 최초로 새로운 영역을 개척하여 진입하면 선발주자 못지않은 성공을 거둘 수 있다. IBM이 컴퓨터사업으로 긍정적인 평가를 받기 시작할 무렵 NCR 등 다른 경쟁업체들은 IBM의 점유율을 뺏기 위하여 컴퓨터 시장에 뛰어들었다. 그러나 경쟁사들의 행보에 아랑곳하지 않고 새로운 분야인 '미니컴퓨터' 시장에 진출한 신생업체 DEC(Digital Equipment Corporation)는 IBM에 이어 시장 2위를 차지하였다.

국내 바디클렌저 시장에서는 아모레퍼시픽의 '해피바스'가 스스로를 새로운 카테고리 제품이라는 점을 소구하여 유니레버(Unilever)의 '도브'를 누르고 점유율 1위에 등극한 바 있다. 도브는 국내에 진출한 5년여 동안 '샤워 후에도 촉촉한 피부유지'를 차별점으로 매출과 시장점유율에서 우수한 성적을 거두어 왔다. 존슨앤존슨(Johnson&Johnson)과 LG생활건강 등이 출시한 바디클렌저는 도브와 동일한 차별점으로 시장점유율을 빼앗고자 하였다. 그러나 웰빙 열풍이 시작된 2004년, 아모레퍼시픽은 허브향이 나고 '아로마테라피 효과'를 강조한 해피바스를 들여와 포지셔닝을 시도하였다. 아모레퍼시픽은 크지 않다고 여겨지는 클렌저 시장 내에서 새로운 아로마 카테고리를 발견하여 포지셔닝을 시도하여 성공을 거둔 바 있다.

사례 6-3

버버리의 성공적 브랜드 재포지셔닝

버버리의 탄생

1880년 21살 토마스 버버리(Thomas Burberry)는 영국 햄프셔에 있는 자신의 가게에서 신소재 원단으로 개발한 뛰어난 내수성과 통기성의 개버딘을 소개하였다. 버버리는 원단의 우수한 특성과 품질로 군인, 탐험가, 비행사 등에 의해 애용되었는데, 특히 유명 영화배우들의 버버리 착용 - 고전적인 트렌치코트, 체크무늬의 머플러, 핸드백 등 - 은 대중들에게 강하게 어필할 수 있었다.

버버리의 쇠퇴

스테디셀러였던 버버리는 시간이 흐름에 따라 진부하게 취급 받으며 가치를 잃어가고 있었다. 그 이유는 다음의 두 가지이다. 첫째, 남성고객 위주의 제품 및 제품라인의 한정성이었다. 타 명품 브랜드들이 주요 소비층인 여성을 공략하기 위한 핸드백, 향수 등의 다양한 제품을 출시하는 동안 주요 표적이 남성이었던 버버리는 트렌치코트와 폴로티셔츠 정도를 주력 제품으로 내놓았다. 디자인 부문에서도 지속적으로 변화를 추구하는 타 브랜드와 달리 고유의 색과 체크무늬로 일관하였다. 둘째, 브랜드이미지 관리가 소홀하였다. 버버리는 명품브랜드임에도 불구하고 백화점이 아닌 다수의 소규모 상점에게 판매를 허용하는 등 유통기관의 관리가 소홀하여 대중에게 고급 브랜드이미지를 심어주는 데 성공하지 못하였다. 그리고 명품으로서의 가치를 높이기 위한 '디마케팅' 에 실패했다. 예를 들어, 파리의 루이비통 매장은 명품의 가치를 손상시키지 않기 위해 제품을 구매하는 여행객들의 신원정보를 확인하고 자사의 상품이 대량 구매되지 않도록 시스템을 운영하고 있다. 한편 런던의 버버리 매장은 한국 여행객을 위한 전담직원을 두는 일면에서 알 수 있듯이 제품 판매에 급급하여 브랜드 가치를 높이는 마케팅 전략을 수행하지 않고 있다. 게다가 1891년에 문을 열어 오래된 상점의 외관과 매장 내 분위기 역시 깔끔함을 갖추지 못하였다.

버버리의 부활: 재포지셔닝

낙후된 브랜드 이미지로 어려움을 겪던 버버리는 1997년 패션계의 거물 로즈 마리 브라보를 영입하면서부터 재기에 성공하였다. 로즈는 우선 이름있는 사진작가 마리오 테스티노와 스텔라 테넌트, 케이트 모스 등의 유명 모델을 영입하여 브랜드이미지를 개선하고자 하였다. 그리고 제품의 디자인, 색상에 변화를 주고 신제품을 개발하였다. 버버리에 새로이 영입된 질 샌더의 수석디자이너 로베르토 메니체티는 젊은 소비층을 유도하기 위하여 비키니, 머리두건, 가방 등 제품의 범위를 확장하였고 기존에 없던 향수, 아동복, 액세서리(시계) 등 제품도 개발하여 신세대의 이목을 끄는 데 노력하였다. 또한 전통 디자인에서 탈피하여 체크무늬의 명도와 방향, 색상에 변화를 주고 코트와 같은 겉옷에도 파스텔 계열의 색상을 선보여서 새로움을 주었다. 다양한 제품개발과 디자인 혁신 외에도 버버리는 전문매장을 개업하였다. 과거의 소규모 매장이 아닌 큰 규모의 고급스러운 인테리어를 갖춘 각국 주요 도시의 매장은 브랜드 이미지 쇄신에 기여했을 뿐 아니라 제품을 원하는 외국인들의 욕구를 고려한 결정이었다.

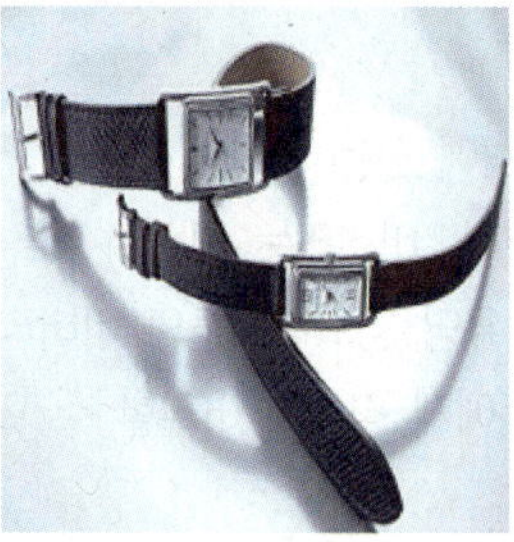

버버리 재포지셔닝의 의의 및 시사점

버버리는 초기의 성공 이후 브랜드가 진부해졌음에도 불구하고 표적시장의 욕구를 이해하고 그에 맞는 포지셔닝이 무엇인지 탐구하는 노력이 부족하였다. 하지만 새로운 CEO 로즈 마리 브라보를 영입하면서 브랜드 구매고객이 중장년층뿐 아니라 구매파워를 가진 젊은 층도 함께 표적으로 삼는 전략이 바람직하다는 점을 인식하고 20대를 위한 제품개발과 보수적인 디자인에 변화를 단행하면서 브랜드의 이미지를 개선하고 기존의 고객도 유지함과 동시에 새로운 고객층을 확보할 수 있었다. 명품브랜드 역시 대중의 인기가 많을수록 수익을 올릴 수 있지만 지나치게 보편화될 경우 희소성이 줄어들 수 있기 때문에 항상 세심한 관리가 필요하다.

자료원: Harvard Business Review.

(5) 미적 편익 포지셔닝

미적(aesthetic) 편익은 "미적 감각에 부합하거나 자기를 드러내 줄 수 있는 제품력을 통해 얻어지는 혜택"을 의미한다. 미적 편익은 보통 매우 주관적인 편이다. 제품 외관에 대한 관심, 패션 추구 소비행동 등은 미적 편익을 추구하는 소비자 행동의 사례로 볼 수 있다.

미적 편익 포지셔닝은 제품의 외관이나 디자인 등 미적감각 부합 요소를 통해 소구하는 포지셔닝 방식이다.

외관(form)은 외형적으로 차별될 수 있는 크기, 형태, 구조 등을 의미한다. 디즈니랜드(Disneyland)는 그 자체가 갖는 거대한 규모를 강조하여 세계 최대의 놀이공원이라는 물리적 외관을 이용한 포지셔닝을 하였다. 두바이에 위치한 7성 호텔 버즈 알 아랍(Burj Al Arab)은 해안에서 떨어진 바다 위에 인공섬을 조성하여 돛단배를 형상화한 독특한 건물로 수많은 관광객의 발걸음을 이끈다.

제품 디자인은 제품의 물리적 속성들을 통합하는 개념으로 고객의 입장에서 잘 디자인된 제품이란 시각적 즐거움을 주며 사용이 용이한 제품이다. 경쟁이 심화되고 빠르게 변화하는 시장에서는 가격과 기술만으로 차별성을 만들어 내기에 충분치 않다. 애플(Apple) 컴퓨터는 심플하고 세련된 디자인으로 출시한 후 얼마되지 않아 시장에서 두 번째로 잘 팔리는 컴퓨터가 되었다. 앱솔루트 보드카는 앱솔루트 병을 수집하는 마니아가 있을 정도로 병을 예쁘게 디자인하여 보드카 시장을 석권했다. 보드카가 러시아 술임을 감안할 때 스웨덴의 앱솔루트가 이렇게 선전한 것은 디자인이 한몫을 한 것이다. 재규어(Jaguar)의 볼륨감 있는 곡면의 고급스러운 곡선미는 자동차 구매자들이 그 차별화된 디자인에 프리미엄을 지불하도록 만든다.

(6) 쾌락적 편익 포지셔닝

쾌락적(hedonic) 편익은 "즐거움이나 기쁨을 증진시키고 스트레스나 괴로움을 경감시켜 줄 수 있는 제품력을 통해 얻어지는 혜택"을 의미한다. 스포츠 관람, 휴가여행, 영

화감상, 코믹한 장신구 구매 행동 등은 쾌락적 편익을 추구하는 소비자 행동의 사례로 볼 수 있다. 쾌락적 편익 포지셔닝은 우아하게 보이거나 환상적 느낌을 갖는다거나 훌륭한 맛과 향을 느끼고 싶다는 등 감각적 즐거움에 대한 소비자의 욕구에 소구하는 방식이다. 혼다 S2000은 주행을 통한 흥분이나 상쾌함이라는 쾌락적 편익을 통해 포지셔닝하였다. 애플의 아이팟 셔플(iPod shuffle)은 슬로건 'Life is random'처럼 계획대로 사는 지루함에서 벗어나고자 하는 소비자에게 다음 곡이 무엇인지 예상하지 못할 때 느끼는 스릴과 재미를 제공할 수 있음을 강조하여 포지셔닝했다.

(7) 상황적 편익 포지셔닝

상황적(situational) 편익은 "특정한 환경 상황에서 얻어지거나 증진되는 혜택"을 의미한다. 상황적 편익은 사회적 편익이나 여타 편익을 증진시키는 특정한 상황을 통해

얻어진다.

상황적 편익 포지셔닝은 제품이 어떠한 상황에서 사용되는지와 관련된 포지셔닝 방식이다. 지프차인 그랜드 체로키(Grand Cherokee)는 '산악지형에 사는 사람보다 더 기동성 있다'는 가치 제안으로 언덕이나 산악지형을 운전할 때 뛰어나다는 것을 보여주었다. 게토레이는 운동 후 갈증해소에 좋은 음료로 포지셔닝하였다. 제품의 사용상황에 의한 포지셔닝은 장기적인 포지셔닝 유지를 위하여 사용상황에 변화를 줄 수도 있다. 예를 들어, 미국 식품업체 크래프트사(Kraft)의 오레오는 생일과 같이 특별한 날, 특별한 사람과 함께 먹는 과자로 오랫동안 포지셔닝 해왔다. 그러나 오레오는 기존시장 확대를 위해 '미니오레오'를 출시하여 특별한 날뿐 아니라 언제 어디서나 편하게 스낵처럼 즐길 수 있는 과자라고 사용상황 범위를 확장함으로써 지속적인 포지셔닝에 성공하였다.

CHAPTER 7

제품관리

7.1 제품의 이해
7.2 개별제품관리
7.3 집합제품관리
7.4 제품의 유형

Marketing Management

사례 7-1 소통수단으로서의 사과

태풍이 몰아친 1991년 일본 아오모리현의 사과 농부들은 90%에 달하는 낙과 문제에 직면한 바 있다. 큰 피해를 극복하기 위한 고민 끝에 한 농부의 흥미로운 시도가 채택되어 위기극복의 기폭제가 된 바 있다. 대학입시 준비중인 자녀의 합격을 기원하는 학부모와 친척들에게 "떨어지지 않은 사과"의 의미를 담아서 제시하자는 아이디어가 바로 그것이었다.

아오모리현의 사과 사례는 다양하게 학습되어 응용되고 있다. 일례로 충청북도 충주시에서는 사과에 문양을 새길 수 있는 '문양사과 스티커'를 제작하여 지역 재배농가에 배부한다. 사용되는 문양은 LOVE, 長壽, 合格, 萬福, 福, 氣, 희망 등 17종에 달하며 스티커로 수십만 매 제작하여 사용하고 있다. 문양사과는 봉지를 씌워 재배하다 봉지를 벗기고 문양 스티커를 부착한 후 수확할 때 스티커를 제거함으로써 문양이 새겨진 사과를 얻는 과정을 통해 생산된다. 문양사과는 일반 사과보다 높은 가격이 매겨져 시험일, 기념일 등에 대형마트, 백화점 등을 통해 유통되며, 소비자들이 선물용으로 선호하는 것으로 알려져 있다.

겉모습은 '사과'이지만 비타민C와 섬유질 등 영양소 섭취수단의 사과에 머무를 수도 있는 반면 격려와 위로의 의미도 담아내는 풍부한 의사소통 매체로서의 사과로 변화할 수도 있는 것이다.

자료원: 충북일보 2009. 3. 23., 중부매일신문 2009. 3. 23. 참조하여 작성.

사례 7-2 호박 메신저

호박이 마음을 전하는 메신저가 될 수 있을까. 농촌진흥청은 2012년 7월 16일 호박 표면에 글자나 문양이 나타나도록 하는 기술을 개발했다고 밝혔다.

호박 껍질에 흠집을 내면 상처가 아물면서 코르크층이 만들어져 껍질 위로 도드라지는 특성을 이용한 것이다. 덩굴에 호박이 달린 지 5~12일 지났을 때가 글자를 새기는 적기다. 또 글자나 그림은 껍질에서 2~5mm 깊이로 새기는 것이 가장 적당하다고 농진청은 설명했다. 글씨가 선명하게 나타나는 품종은 터키터반, 접시호박, 미니호박 등 관상용 호박이다. 식용으로 많이 먹는 길쭉한 애호박은 글씨가 잘 드러나지 않는다. 농진청 시험 재배에선 '사랑해', '축 결혼' 등의 글자가 마치 호박 표면에 솟아오르는 것처럼 나타났다.

지금까지 이렇게 농작물 표면에 글씨가 나타나게 한 작물은 사과와 복숭아 정도였다. 특히 사과는 입시철에 맞춰 '합격' 등의 글자를 새겨 상품화됐다. 사과 등은 과실에 스티커를 붙여 햇빛 노출을 조정하는 방식으로 글자가 나타나도록 한다.

이에 비해 호박은 글자 자체가 표면 위에 양각처럼 도드라져 입체감이 더 있다. 윤무경 농진청 채소과장은 "호박은 대표적인 웰빙식품"이라며 "글자 넣는 기술을 활용하면 호박의 용도가 식용에서 선물용이나 농촌 체험 관광상품으로 넓어질 것"이라고 말했다. 다시 말해서 호박이 비타민과 섬유질의 섭취수단을 너머 마음을 담아내어 전달하는 메신저로 재탄생할 수 있게 된 셈이라고 하겠다.

자료원: 중앙일보 2012. 7. 18.

7.1 제품의 이해

7.1.1 제품의 정의

제품(製品, product)이란 말은 '공장에서 만들어 낸 유형의 재화'라는 좁은 의미에서 점점 넓은 의미를 지니는 상태로 일반화되어 폭넓게 사용되고 있다.

제품은 이를 보는 주체에 따라 기본 성격이 달라질 수 있는데, 공급자는 공급주체의 역할에 주목하여 '공급자가 시장에 제시하는 각종 속성(attribute)의 집합체'라는 점을 강조하는 경향이 있으며, 소비자는 '자기 욕구를 만족시켜 주는 편익(benefit)의 집합체'라는 점을 강조하는 경향이 있다.

이 책에서는 공급자와 소비자의 입장을 모두 충족시키는 제품(product)의 개념([그림 7-1] 참조)을 사용하기로 한다. 따라서 제품(product)이란 "소비자의 관심, 획득, 사용, 소비대상이 될 수 있도록 누군가에 의해 시장에 내어져 소비자의 욕구를 충족시켜 줄 수 있는 모든 것"이다. 물론 여기서 제품은 유형의 재화 외에 서비스, 장소, 체험, 아이디어 등 교환을 위해 시장에 내놓을 수 있는 다양한 것들을 모두 포함할 수 있다. 결국 소비자의 문제를 해소하는 수단으로 교환의 대상이 될 수 있는 일체의 솔루션(solution)은 모두 제품(product)이 될 수 있는 셈이다.

그림 7-1 제품 개념규정의 틀

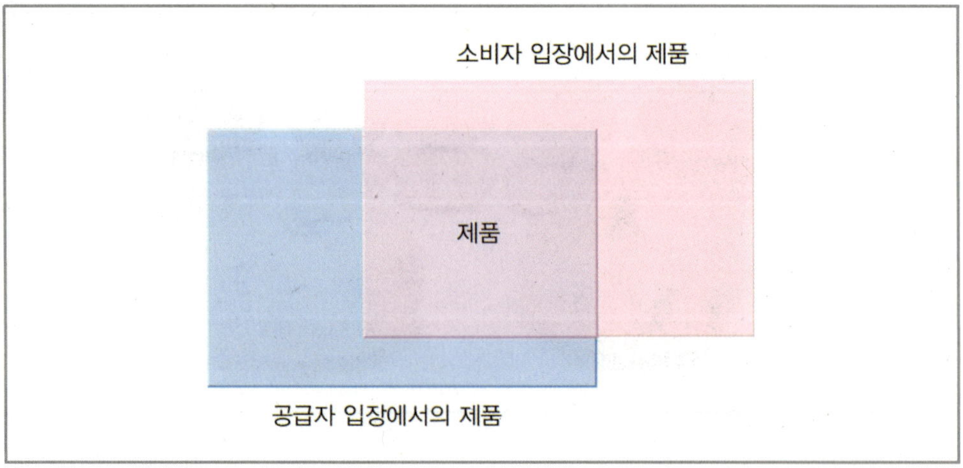

7.1.2 제품의 본질: '그릇'으로서의 제품

제품의 본질을 꿰뚫어봄으로써 현명한 마케터로서의 역할을 수행할 수 있는 방안 중 하나로 제품을 '그릇'에 비유해 보는 방법이 있다. '그릇'의 비유에서는 제품을 '핵심제품'과 '실체제품'의 중층적 구조로 바라본다. 이하에서는 각각을 살펴봄으로써 제품의 본질을 꿰뚫어볼 수 있는 기회를 가지도록 한다.

'그릇'으로서의 제품

(1) 핵심제품

핵심제품은 마케터가 "표적시장 소비자에게 건네주려는 편익(benefit)의 정수"를 지칭한다. 핵심제품은 "구체적인 제품의 속성들이 기능하여 결과적으로 소비자에게 전해지는 중요한 편익"을 지칭한다. 핵심제품은 코틀러(Kotler)가 다양한 저서에서 지적한 핵심편익(core benefit)에 해당된다. 정리하자면, 핵심제품은 구체적인 제품 속성들의 설계 방향을 규정하는 목표(goal)이며, 동시에 소비자 욕구 충족의 길목이자 수단(means)인 셈이다. 마케터로서는 핵심제품 개념을 제대로 설정해야 제품속성 수준을 효과적으로 결정할 수 있게 되며, 나아가 자신의 욕구충족에 기여할 수 있다는 확신을 표적시장 소비자에게 심어줄 수 있게 되는 첫걸음을 내딛는 셈이다.

마케터가 핵심제품에 대한 개념을 잡기 위해서는 "도대체 소비자가 상당한 대가를 기꺼이 지불하고 구입해 가는 게 무엇인가?" 자문해 볼 필요가 있다.

전동드릴을 구입하려는 소비자는 버튼을 누르면 드릴이 회전하는 무거운 금속기계

그 자체를 장만하려고 값비싼 대가를 지불하지 않는다. 바로 그 기계 덩어리를 사용함으로써 누릴 수 있는 '쉽고 편리한 구멍 뚫기 솔루션'에 대가를 지불하는 것이다.

마케터는 핵심제품의 지평을 확대할 수 있는지 가능성을 모색하고 끊임없이 핵심제품에 집착할 필요가 있다. 그런데 현실 세계의 마케터들은 구체적인 제품의 속성 차원에서 벌어지는 치열한 경쟁에서 우위를 점하기 위해 노력하다보면 핵심제품과의 연결고리를 놓치기 쉽다.

특히 마케터가 핵심제품 개념을 제대로 설정하기 위해서는 소비자가 자신의 욕구를 충족시키는 과정에서 추구하는 편익에 대한 전반적인 통찰이 요구된다. 일반적으로 제품 구매와 소비를 통해 소비자가 추구하는 편익(benefit)들은 기능적(functional), 사회적(social), 감정적(affective), 지적(epistemic), 미적(aesthetic), 쾌락적(hedonic), 상황적(situational), 총체적(holistic) 편익 등 여덟 가지로 나뉠 수 있다. 라이(Lai)가 제시한 각각의 개념은 다음과 같다.

기능적(functional) 편익

기능적(functional) 편익은 "제품의 물리적, 기능적 성과"를 의미한다. 기능적 편익은 소비자가 소비 과정에서 직접 체험할 수 있는 구체적이고 유형적인 제품 속성(attributes)에서 파생된다.

사회적(social) 편익

사회적(social) 편익은 "사회계층, 사회지위, 사회집단 등과 관련된 제품의 연상(association)을 통해 지각되는 편익"을 의미한다. 의류, 보석 등 외부적으로 두드러지는 시각적 자극을 제시하는 제품류에서 사회적 편익이 제시되는 경우가 많다.

감정적(affective) 편익

감정적(affective) 편익은 "제품이 불러일으키는 느낌(feeling)이나 감정 상태(affective state)를 통해 지각되는 편익"을 의미한다. 감정적 편익은 추석 송편, 크리스마스 트리처럼 문화적 의미와 관련되는 경우가 많다.

지적(epistemic) 편익

지적(epistemic) 편익은 "호기심이나 지식욕구를 충족시키는 제품의 새로운 요소를 통해 얻어지는 혜택"을 의미한다. 신제품 구입, 다양성추구 구매나 탐색적 소비행동 등은 지적 편익을 추구하는 소비자행동의 사례로 볼 수 있다.

미적(aesthetic) 편익

미적(aesthetic) 편익은 "미적 감각에 부합하거나 자기를 드러내줄 수 있는 제품력을 통해 얻어지는 혜택"을 의미한다. 미적 편익은 보통 매우 주관적인 편이다. 제품 외관에

표 7-1 제품을 통해 소비자가 추구하는 편익

유 형	개념 및 특징
기능적(functional) 편익	"제품의 물리적, 기능적" 성과를 의미한다. 소비자가 소비과정에서 직접 체험할 수 있는 구체적이고 유형적인 제품 속성(attributes)에서 파생된다
사회적(social) 편익	"사회계층, 사회지위, 사회집단 등과 관련된 제품의 연상(association)을 통해 지각되는 편익"을 의미한다. 의류, 보석 등 외부적으로 두드러지는 시각적 자극을 제시하는 제품류에서 사회적 편익이 제시되는 경우가 많다
감정적(affective) 편익	"제품이 불러일으키는 느낌(feeling)이나 감정상태(affective state)를 통해 지각되는 편익"을 의미한다. 감정적 편익은 추석 송편, 크리스마스 트리처럼 문화적 의미와 관련되는 경우가 많다
지적(epistemic) 편익	"호기심이나 지식욕구를 충족시키는 제품의 새로운 요소를 통해 얻어지는 혜택"을 의미한다. 신제품 구입, 다양성 추구 구매나 탐색적인 소비행동 등은 지적 편익을 추구하는 소비자행동의 사례로 볼 수 있다
미적(aesthetic) 편익	"미적 감각에 부합하거나 자기를 드러내줄 수 있는 제품력을 통해 얻어지는 혜택"을 의미한다. 보통 매우 주관적인 편이다. 재품 외관에 대한 관심, 패션 추구 소비행동 등은 미적 편익을 추구하는 소비자행동의 사례로 볼 수 있다
쾌락적(hedonic) 편익	"즐거움이나 기쁨을 증진시키고 스트레스나 괴로움을 경감시켜 줄 수 있는 제품력을 통해 얻어지는 혜택"을 의미한다. 스포츠 관람, 휴가여행, 영화감상, 코믹한 장신구 구매행동 등은 쾌락적 편익을 추구하는 소비자행동의 사례로 볼 수 있다
상황적(situational) 편익	"특정한 환경상황에서 얻어지거나 증진되는 혜택"을 의미한다. 사회적 편익이나 여타 편익을 증진시키는 특정한 상황을 통해 얻어진다
총체적(holistic) 편익	"함께 존재하는 여러 제품과의 보완성(complementarity), 어울림(compatibility), 일관성(consistency)을 통해 지각되는 편익"을 의미한다. 여러 제품이 결합되어 나타나는 시너지를 통해 얻어질 수 있는 것으로 알려져 있다

자료원: Lai, Albert Wenben(1995), "Consumer Values, Product Benefits and Customer Value: A Consumption Behavior Approach", in Advances in Consumer Research Volume 22, Association for Consumer Research, pp. 381-388 참고 작성.

그림 7-2 제품관리 의사결정 과정

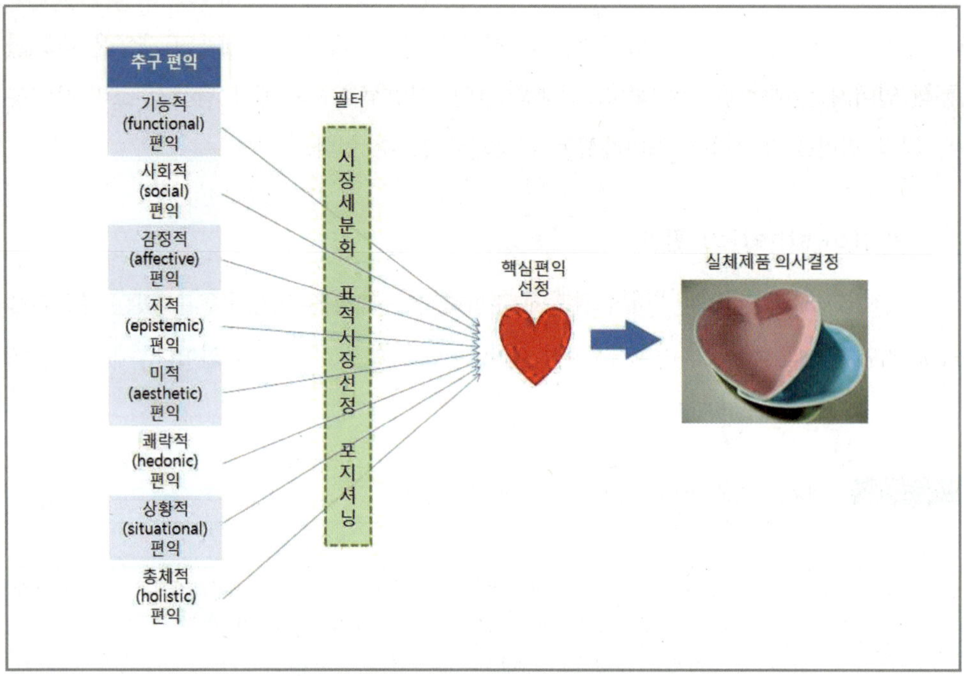

대한 관심, 패션 추구 소비행동 등은 미적 편익을 추구하는 소비자행동의 사례로 볼 수 있다.

쾌락적(hedonic) 편익

쾌락적(hedonic) 편익은 "즐거움이나 기쁨을 증진시키고 스트레스나 괴로움을 경감시켜 줄 수 있는 제품력을 통해 얻어지는 혜택"을 의미한다. 스포츠관람, 휴가여행, 영화감상, 코믹한 장신구 구매행동 등은 쾌락적 편익을 추구하는 소비자행동의 사례로 볼 수 있다.

상황적(situational) 편익

상황적(situational) 편익은 "특정한 환경상황에서 얻어지거나 증진되는 혜택"을 의미한다. 상황적 편익은 사회적 편익이나 여타 편익을 증진시키는 특정한 상황을 통해 얻어진다.

참고자료 7-1

Kotler의 제품 개념

Kotler는 제품을 핵심제품, 유형제품, 확장제품이라는 3차원으로 개념화하였다. 첫째, 핵심제품이란 소비자의 문제를 해결해 주는 핵심적인 편익을 의미한다. 수십만원을 지불하여 소니의 캠코더를 구입하는 소비자가 진정으로 산 것은 무엇인가? 우리 삶의 중요한 순간을 편리하게 저장해 두고 즐길 수 있는 솔루션을 구입한 셈이라는 주장이다.

둘째, 유형제품은 핵심제품, 즉 소비자의 문제를 해결해 주는 핵심적인 편익을 실체화시킨 것이다. 소니 캠코더를 예로 든다면, 브랜드명, 디자인, 색상, 포장 등 물리적인 속성들의 집합체를 지칭한다.

셋째, 확장제품은 핵심제품과 유형제품 외에 보조적인 속성들을 통칭하는 말이다. 판매원의 사용법 설명, 무상 및 유상 품질 보증, 저리 신용판매 등 다양한 부가적 편익들을 예로 들 수 있다.

자료원: Philip Kotler and Gary Armstrong, Principles of Marketing, Prentice Hall, 12th ed., 2006, p.279. 수정 인용.

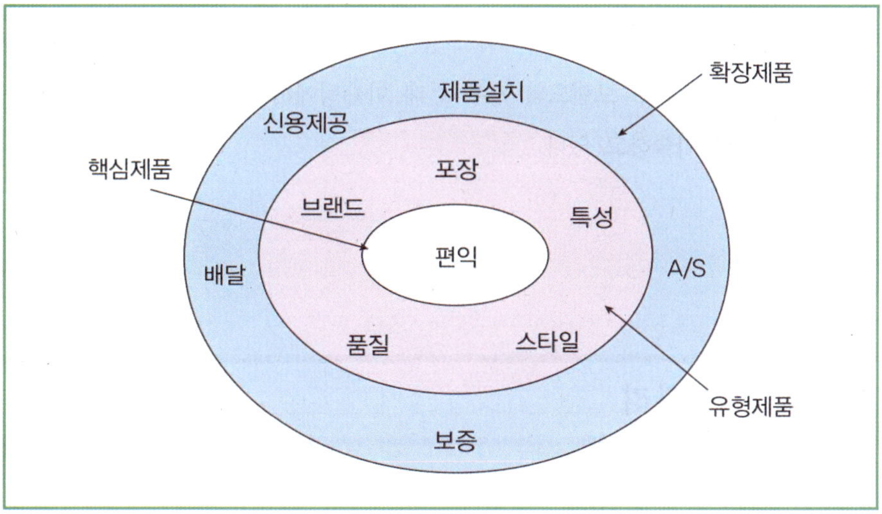

제품의 3차원

총체적(holistic) 편익

총체적(holistic) 편익은 "함께 존재하는 여러 제품과의 보완성(complementarity), 어울림(compatibility), 일관성(consistency)을 통해 지각되는 편익"을 의미한다. 총체적 편익은 여러 제품이 결합되어 나타나는 시너지를 통해 얻어질 수 있는 것으로 알려져 있다.

주의할 점은 핵심제품이 중요하지만 그것만으로는 소비자의 문제를 해결해 줄 수 없다는 점이다. 핵심제품 자체를 소비자에게 건네줄 수는 없다. 앞의 예에서 '쉽고 편리한 구멍 뚫기 솔루션'을 마법처럼 소비자에게 건네줄 수는 없으며 반드시 어떤 실체적 제품이 매개해야만 한다. 이 책에서는 그것을 '실체제품'으로 기술하기로 한다.

(2) 실체제품

실체제품은 마케터가 "표적 소비자에게 건네주려는 핵심제품을 담고 있는 그릇"을 지칭한다. 일반적으로 소비자가 오감에 의한 경험을 통해 알고 있거나 기억하고 있는 품질, 디자인, 포장, 라벨 등 다양한 제품의 면면은 대부분 실체제품에 대한 설명이다.

명심할 점은 '그릇' 자체가 아니라 '그릇'에 담아서 소비자에게 제시할 '핵심제품'이 중요하다는 사실을 잊지 않는 것이다. '그릇'에 대한 의사결정은 철저하게 전달하려 하는 '핵심제품'에 입각해서 이루어져야 한다는 점이다.

이하에서는 제품 '그릇'을 특징짓는 다양한 차원 중에서 중요성을 인정받고 있는 품질, 디자인, 브랜드, 포장, 라벨, 부가서비스 등 주요 차원별로 마케터가 직면할 수 있는 사안들을 기술한다. 참고로 브랜드의 경우 현대 마케팅에서 차지하는 나름대로의 비중을 감안하여 별도로 기술하고 있다.

7.2 개별제품관리

제품관리란 마케팅 목적 달성을 위해 이루어지는 마케터의 의사결정 중에서 "제품과 직접 관련성을 가지는 일체의 의사결정"이다.

제품관리는 다양한 유형으로 분류될 수 있지만 제품 구성요소별로 의사결정이 이루어지는 개별제품 차원의 의사결정과 제품구색차원별로 의사결정이 이루어지는 집합제품 차원의 의사결정으로 구분하는 방식이 주로 사용된다.

개별제품 관리 의사결정에는 제품품질, 디자인, 브랜드, 포장, 라벨, 부가서비스 등에 대한 의사결정이 포함된다.

(1) 제품품질

제품품질(product quality)을 생산자 위주의 시각에 입각하여 좁게 규정하면 "얼마나 결점이 적은가"의 정도로 정의할 수 있다. 반면 고객 중심 시각에서 제품품질을 규정하면 "고객 욕구 충족 능력에 영향을 미치는 제품특성들에 대한 지각된 우수성"으로 정의할 수 있다. 다시 말해 제품품질은 "소비자의 욕구를 충족시키는 역할을 하는 제품 특성이 얼마나 우수한가에 대한 주관적 판단"인 셈이다. 이 책에서는 고객 중심의 제품품질

그림 7-3 개별제품관리 의사결정

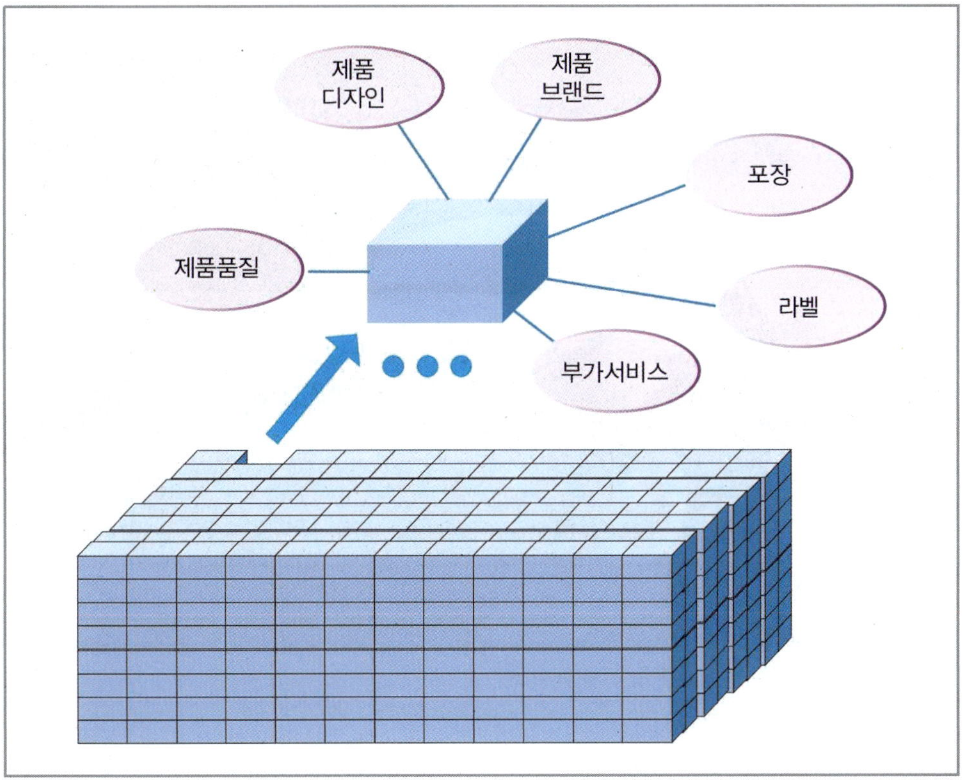

정의를 사용하기로 한다.

제품품질은 수준(level)과 일관성(consistency)이라는 두 가지 차원으로 분해할 수 있다. 먼저 마케터는 제품이 그 고유한 기능을 수행할 수 있는 능력을 어떤 수준으로 보유토록 할 것인지에 대한 의사결정을 반드시 해야 한다. 이는 성능적 품질(performance quality)로 불리기도 한다. 기아의 대형차 K7은 더 부드러운 승차감, 더 높은 안전성을 제공한다는 점에서 경차 모닝보다 성능적 품질 면에서 더 우수하다고 말할 수 있다.

다음으로 마케터는 목표로 정한 성능을 결함 없이 얼마나 안정적으로 구현할 수 있도록 할 것인지에 대한 의사결정도 필요하다. 이는 적합성 품질(conformance quality)로 불리기도 한다. 적합성 품질 면에서 보면 모닝은 K7과 대등한 품질수준을 갖추었다고 말할 수 있다. 왜냐하면 고객이 지불하는 가격과 그에 따르는 기대에 부합되는 품질을 일관성 있게 구현할 수는 있기 때문이다.

마케터는 비용 등 여러 제약조건 하에서 핵심 편익이 잘 구현되도록 제품품질에 대한 의사결정을 해야 한다.

적합성 품질이 우수한 모닝 자동차

마케터가 제품품질에 대한 의사결정을 할 때 주의해야 할 점은 소비자가 제품에서 무엇이 품질을 구성하는지에 대한 견해가 통일되지 않는 경우가 적지 않다는 사실이다. 그 까닭은 근본적으로 개인별로 서로 다른 기호가 제품품질을 판단하는 과정에 개입될 수밖에 없기 때문이다. 따라서 마케터는 제품품질에 관한 올바른 의사결정을 하기 위해 표적고객이 스스로의 욕구를 충족시키는 데 중요하다고 생각하는 제품 특성들이 무엇이며 그들이 형성하고 있는 기대가 무엇인지에 늘 귀를 기울여야만 한다.

(2) 제품디자인

디자인(design)은 주어진 목적을 조형적으로 실체화하는 동사적 의미와 그 결과인 의장(意匠)·도안을 말하는 명사적 의미로 쓰이는 용어다. 디자인은 주어진 어떤 목적을 달성하기 위하여 여러 조형요소(造形要素) 가운데서 의도적으로 선택하여 그것을 합리적으로 구성하여 유기적인 통일을 얻기 위한 창조활동이며, 그 결과의 실체가 곧 디자인이다.

특히 미국 산업디자이너협회에서는 "생산자와 사용자에게 모두 편익을 줄 수 있도록 상품의 기능, 가치, 외관을 최적화하는 전문적 활동"으로 디자인을 정의한다.

결국 제품디자인은 제품의 외관을 지칭하는 스타일(style)과 더불어 제품 본연의 유용성까지 좌우한다. 결국 제품디자인이란 제품구성요소를 전체적으로 배치하는 과정이라고 할 수 있다.

그림 7-4 디자인의 어원과 의미

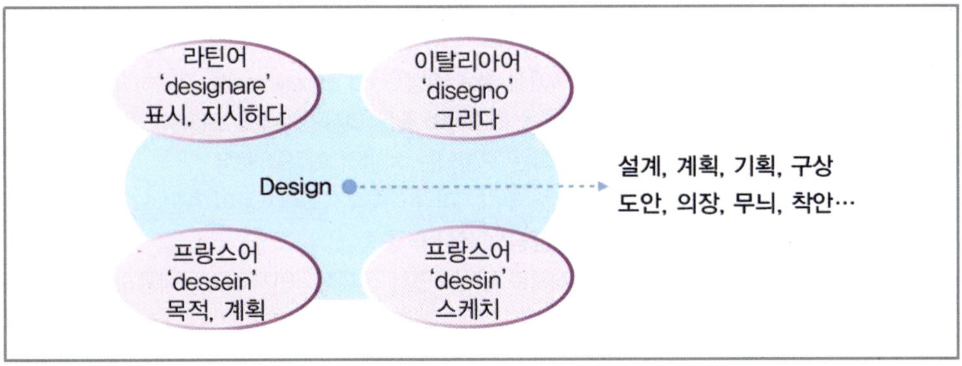

자료원: 삼성경제연구소 이슈페이퍼, "디자인의 진화와 기업의 활용 전략," 2008. 9. 4, p.1 인용.

2010년 미국 '2010 굿디자인 어워드' 자동차 부문 수상작, 기아 K5

좋은 디자인은 제품의 외양을 개선시키는 데 그치지 않고 품질을 향상시키며 소비자가 다루기 쉬운 디자인으로서 핵심편익을 가장 잘 담아내고 전달하는 디자인이다.

가구에서 가전제품, 정보통신기기에 이르기까지 수많은 소비재와 산업재에서 디자인의 중요성은 점점 공감대를 넓혀가고 있다. 미국의 경우 디자인 비용은 생산과 마케팅 비용에서 불과 2% 정도만을 차지하지만 폭스바겐(Volkswagen)사의 비틀(Beetle)이나

참고자료 7-2

좋은 디자인

좋은 디자인(Good Design)이란 '고객에게 좋은 경험(Good Experience)을 제공하고 핵심편익을 가장 잘 담아내고 전달하는 디자인'을 의미하며 좋은 디자인의 4대 조건은 다음과 같다.

- Look Different(독창성): 다른 제품과는 구분되는 차별적 매력을 보유
- Feel Good(六感 만족): 시각 · 청각 · 후각 · 미각 · 촉각 · 교감(제품이 주는 느낌) 등 모든 감각적 요소를 개선하여 사용자의 감성적 욕구를 충족
- Easy to Use(사용 편의성): 기본적으로 안전하면서 신체적 · 인지적으로 사용하기 쉬우며, 본래 용도 및 기능에 맞게 작동
- Identity(정체성): 기업의 디자인 철학이 일관되게 반영되어 기업 고유의 이미지를 구축

자료원: 삼성경제연구소, CEO Information(2005년, 514호), 수정 인용.

사례 7-3 디자인의 재발견

알앤디플러스(RND+) 디자인 컨설팅사의 인식전환 디자인은 생활용품에 생명력과 가치를 부여함으로써 명품 디자인으로 자리매김하고 있다. 일반적인 멀티탭은 먼지가 많이 쌓여 안전에도 문제가 있을 뿐 아니라 공간 인테리어적인 면에서는 눈에 거슬리는 아이템이다. 이 같은 인식을 바꾸기 위해 탄생한 것이 동물형상의 멀티탭인 '멀티 테일(Multi-tail)'이다. 콘센트 구멍이 바닥을 향하다 보니 먼지 걱정은 물론 거추장스러워 보였던 전선은 네 발로 서 있는 동물의 꼬리로 표현, 친근하고 갖고 싶은 인테리어 소품으로 탄생했다. 제품디자인이 미적 편익과 기능적 편익을 증진시킬 수 있다는 점을 보여주는 사례다.

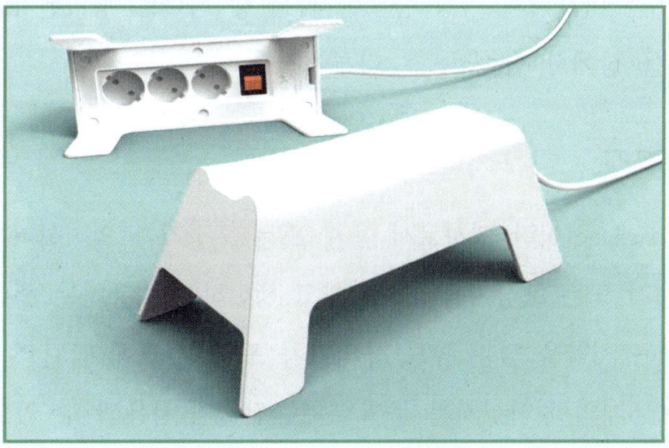

자료원: 매경닷컴 2014. 11. 1. 수정 인용.

애플(Apple)사의 아이폰(i-Phone) 시리즈처럼 좋은 디자인은 엄청난 성과를 가져오기도 한다.

(3) 제품브랜드

제품브랜드(brand)란 "마케터가 자신의 제품(product)을 식별시키고 다른 경쟁자의 제품으로부터 차별화시킬 목적으로 사용하는 명칭, 말, 기호, 상징 또는 이들의 결합체"

이다.

소비자는 제품브랜드를 제품의 주요 구성요소로 여기며, 제품브랜드 자체가 제품에 더 많은 가치를 부여할 수 있다. 예를 들어, 동일한 부품이 사용되어 실체적으로 동등한 기능을 수행하는 모니터일지라도 LG 플래트론처럼 잘 알려진 브랜드가 있을 때에 비해 낯선 브랜드가 사용된 경우에 품질이나 예상가격에 대한 평가가 달라진다.

제품브랜드는 자사 제품과 타사 제품을 구분하거나 여러 자사 제품을 구분하는 '식별 기능'을 기본적으로 수행한다. 아울러 제품브랜드는 '오뚜기 백세카레'처럼 제품의 특징을 알리는 정보전달기능, '존슨즈 베이비 로션'처럼 사용자를 암시하는 시장세분화 기능, '삼성 갤럭시'처럼 브랜드 명성을 통해 제품품질을 알리고 신뢰감을 전달하는 신뢰구축기능 등을 수행한다.

좋은 브랜드는 핵심편익과 부합하는 제품브랜드이다. 마케터는 핵심편익을 잘 담아내고 전달할 수 있는 제품브랜드를 찾아내서 사용하기 위해 노력해야 한다.

브랜드관리는 마케터의 가장 중요한 과제 중 하나로 평가된다. 따라서 브랜드관리 의사결정은 다음 장에서 심층적으로 다루어진다.

(4) 제품포장

제품포장(package)이란 명사로서 용기 또는 포장지를 의미하거나, 동사로서 특정한 제품을 위한 용기 또는 포장지를 디자인하고 생산하여 적용하는 행위들 혹은 과정을 의미한다. 포장에는 치약을 담는 튜브 등의 1차 포장, 튜브에 담긴 치약을 담는 종이상자 등의 2차 포장, 5개의 치약상자를 묶어 수송, 진열에 사용될 수 있도록 한 운송포장 등이 포함된다.

마케터는 핵심편익이 잘 담겨져 전달될 수 있는 제품포장을 선택하는 것이 바람직하다.

제품포장의 기본적 기능은 제품을 담아내고 이를 보호하는 것이다. 하지만 시장이 성숙하며 경쟁제품이 증가하고 차별화 여지가 줄어들며 유통과정에서의 경합이 치열해지면서 마케팅 수단으로서 소비자의 주의를 끌고 제품에 대한 풍부한 정보를 전달하여 판매에 기여해야 하는 제품포장의 추가적인 기능이 점점 중요해지고 있다. 포장의 주요 목적은 다음과 같이 정리될 수 있다.

소비자에게로의 전달과정에서 제품보호

포장은 선적, 수송 중에 제품이 손상되는 것을 방지한다. 의약품, 식품은 특히 이 점이 중요하다. 아울러 포장은 도난방지 역할도 수행한다. CD처럼 소형제품의 포장이 필요 이상으로 큰 이유도 여기에 있다.

구매 이후의 제품보호

포장되지 않은 덩어리 형태의 제품에 비해 포장된 제품이 보통 더 편리하고 깨끗하며 부패, 유출로 인한 손실이 덜하다. 특히 아스피린 시럽의 마개처럼 어린이 보호용 잠금장치가 있으면 사용과정에서 직면할 수 있는 잠재적인 위험을 덜어줄 수 있다.

유통업체의 수용성 제고

제조업체는 포장시 도매업체와 소매업체의 편리성을 고려하여 포장형태를 선택하는 것이 바람직하다. 포장의 크기와 형태가 도매 및 소매 매장에서 제품을 쌓거나 진열하기에 적합해야 한다. 만일 지나치게 특이하여 소비자의 주의를 끌기에 좋으나 유통업체의 보관과 진열이 불편하다면 유통업체는 그 제품을 취급하지 않으려 할 것이다.

소비자의 구매자극

"쇼핑객은 매장에 20분 머물 뿐이며 1초에 20개의 제품을 본다." 따라서 슈퍼마켓의 통로, 할인점의 매대에서 포장은 '소리 없는 판매원' 역할을 한다.

제대로 된 포장은 마케터의 단계적인 의사결정을 통해 구현될 수 있다. 먼저 마케터는 특정 포장이 제품을 위해 어떤 역할을 해야할지를 분명히 규정한 포장 컨셉(packaging concept)을 확정해야 한다. 그 다음에 크기, 모양, 재질, 색상, 문구 등 포장의 다차원적 요소별로 세부 의사결정이 뒤따라야 한다.

예컨대 설탕분량 조절이 용이한 커피믹스 용기, 사용자의 편리성을 고려한 마요네즈 용기, 어린이의 관심과 호감을 이끌어내기 위한 만화주인공 캐릭터 포장 등은 적절한 포장 컨셉이 선행되고 나서 구현된 성공적인 포장사례로 볼 수 있을 것이다.

포장은 궁극적으로 제품차별화의 주요 요소 중 하나가 될 수 있다. 코카콜라(Coca Cola)의 독특한 유리병과 이를 계승한 페트(PET)병은 그 한 예이다.

마케터는 포장방식의 선택시에 다음 사항을 고려해야 한다.

계열포장을 시도한 비타민워터

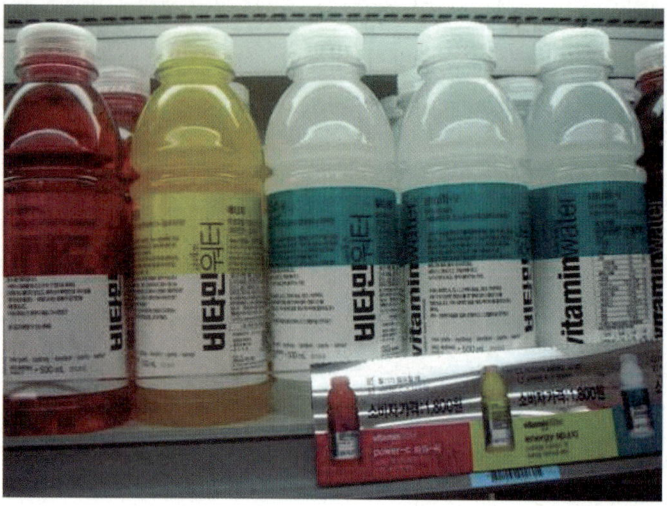

계열포장

계열포장(family packaging)이란 관련성이 있는 제품에 유사한 포장을 사용하는 방식을 일컫는 말이다. 미국의 캠벨 수프(Campbell Soup)는 농축수프 제품군에 유사한 포장을 사용한다. 일반적으로 제품들의 품질이 비슷하고 용도가 유사한 경우에 계열포장의 타당성이 높은 것으로 알려져 있다.

멀티포장

멀티포장(multiple packaging)이란 용기 하나에 복수의 동일한 제품을 넣는 포장방식을 일컫는 말이다. 사탕, 골프공, 과자, 맥주 등 많은 제품이 멀티포장된다. 실증연구에서도 멀티포장이 제품의 매출을 증가시킬 수 있다는 점을 지적하고 있다.

신기술 활용 가능성

마케터는 신소재, 혁신적 개폐방식 등 새로운 포장기술의 추이에 민감하게 대응해야 한다. 경우에 따라서 비용이 많이 드는 광고보다 포장의 혁신이 더 적은 비용으로 매출을 증진시킬 수 있다는 점이 발견되었다.

(5) 라 벨

라벨(label)이란 제품에 부착되어 있는 표지이다. 라벨은 제품포장의 일부로 포함되어 제시되거나 별개의 꼬리표(tag)로 제시된다. 마케터는 다음 기능들을 고려하여 핵심 편익이 제대로 전달될 수 있는 라벨을 선택하는 것이 바람직하다.

라벨의 기능은 주로 다음과 같이 세 가지로 정리될 수 있다.

제품식별

라벨은 우선 제품을 식별(identification)할 수 있도록 한다. 오뚜기 마요네즈라는 라벨의 문구는 투명한 포장용기 안에 들어있는 흰색 물질이 오뚜기 브랜드의 보유자가 생산한 마요네즈라는 점을 알려준다.

제품특성 설명

다음으로 라벨은 제품의 특성을 설명(description)하기도 한다. 유통기한, 성분, 가격 등은 최근에 중요시되는 라벨의 내용이다. 불완전하거나 사실을 호도하는 내용을 담기도 하고 제품의 크기, 종류, 수를 혼동할 수 있게 제시된 라벨에 대한 비판은 늘 제기되어 왔다. 최근까지 거짓 혹은 속임수 라벨에 대한 소비자의 불만이 증가하면서 정부와 공공기관의 규제와 요구가 증가하고 있다.

제품판매 촉진

라벨은 제품의 판매를 촉진(promotion)시키는 역할을 수행할 수도 있다. 매력적인 라벨을 그 자체로 소비자의 관심을 이끌어내어 교환에 기여할 수 있다.

다양한 라벨의 형태 중에서 대표적인 몇 가지를 살펴보면 다음과 같다.

브랜드라벨

제품에 부착시키는 브랜드를 문자 그대로 브랜드라벨(brand label)이라고 부른다. 예컨대 캘리포니아 지방의 오렌지에 찍혀 있는 선키스트(Sunkist) 도장은 브랜드라벨이다. 기본적으로 제품식별에 기여할 뿐 충분한 정보를 제시하지는 않는다.

베스킨라빈스 아이스크림 케이크 포장과 설명라벨

설명라벨

설명라벨(descriptive label)은 제품 사용용도, 취급법, 성능, 함유성분, 관련 특성 등 제품에 관한 실질적 정보를 제시하는 라벨을 일컫는 말이다. 최근 정부 및 공공기관에 의해 의무화되고 있는 라벨형태다.

등급라벨

제품의 품질을 식별할 수 있도록 숫자나 문자로 표기해 놓은 것을 등급라벨(grade label)이라고 한다. 감자, 고구마 등의 농산품과 육류 등 1차 산업에서 생산한 제품에 많이 사용된다.

(6) 부가서비스

부가서비스(product support services)란 실체적 제품에 부가된 서비스 요소를 총칭한다. 제품설명, 배달, 설치, 보증, 애프터서비스 등 다양한 활동들이 부가서비스에 포함된다.

마케터는 부가서비스를 통해 제품의 경쟁력에 영향을 미칠 수 있다. 마케터가 부가서비스를 적절하게 전개하기 위해서는 지속적인 의사결정이 필요하다. 우선 마케터는 소비자가 기존의 부가서비스에 얼마나 가치를 부여하는지 주기적으로 측정해 보아야 한다. 서베이, FGI(focus group interview) 등 다양한 방법이 사용될 수 있다. 이때 소비자가 바라는 새로운 부가서비스에 대한 아이디어를 정리하는 작업이 병행되어야 한다.

다음으로 마케터는 각 부가서비스를 제공하는 데 소요되는 비용을 측정해야 한다. 이를 통해 소비자에게 가치가 있으면서 마케터에게 이윤을 제공할 수 있는 부가서비스 체계를 새롭게 갱신할 수 있다.

7.3 집합제품관리

마케터는 제품라인의 넓이, 제품라인의 길이, 제품아이템의 깊이, 제품믹스의 일관성 수준 등 네 가지 차원에서 집합제품관리 의사결정을 할 수 있다.

(1) 제품라인과 제품믹스

제품라인(product line)이란 서로 밀접하게 관련되어 있는 일련의 제품들을 묶어서 일컫는 말이다. 제품이 서로 관련성이 높은 경우는 제품기능 방식 면에서의 유사성이 높거나, 같은 소비자들에게 판매되거나, 동일한 유통경로를 이용하거나, 가격대가 겹치

그림 7-5 집합제품관리 의사결정

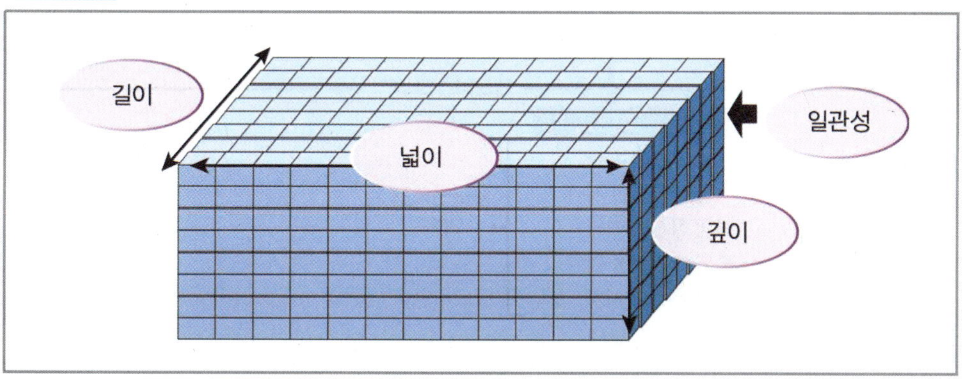

는 상황 등이 고려될 수 있다. 제품라인은 그 수가 많아질 경우 위계(hierarchy)를 이루기도 한다. 예컨대, 미국 에이본(Avon)사의 제품라인은 Beauty, Wellness, Jewelry, Accessories, Inspirational 제품군 등으로 구성된 주요 제품라인 아래에 각각 다양한 하위제품라인을 두어 전체적으로 1,300여개의 개별제품을 운용하고 있다.

제품믹스(product mix)란 특정 마케터가 교환을 위해 제시하는 일체의 제품라인을 묶어서 일컫는 말이다. 결국 제품믹스는 제품라인들로 구성된다. 제품믹스의 관리는 곧 제품라인의 관리로 전환될 수 있으므로 제품라인과 제품믹스에 대한 의사결정은 동전의 양면처럼 연결되어 있다.

제품믹스는 넓이(width), 길이(length), 깊이(depth), 일관성(consistency)이라는 4개의 차원으로 관리될 수 있다.

제품믹스 넓이란 특정 마케터가 취급하는 제품라인의 수이다.

표 7-2 LG생활건강 생활용품 사업부의 제품믹스

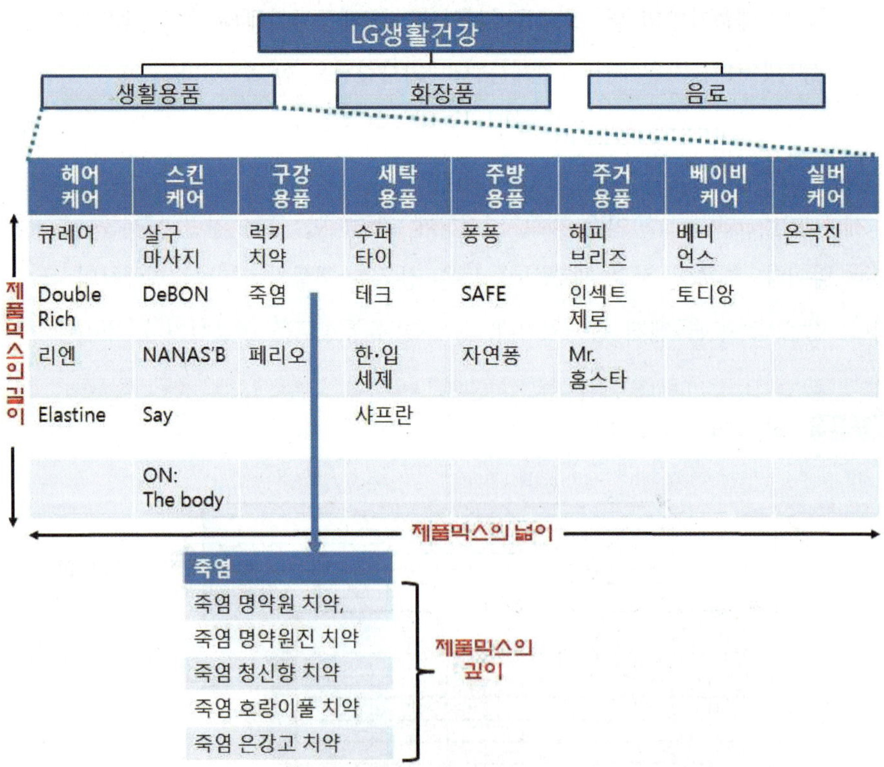

제품믹스 길이란 특정 제품라인 내에 포함되어 있는 제품아이템의 수이다. 각 제품라인의 길이는 서로 다를 수 있으므로 현실적으로 각 제품라인별로 길이의 관리가 요구된다.

제품믹스 깊이란 개별제품의 버전 수이다. 참고로 개별제품(product item)이란 크기, 형태, 가격, 기타 특성으로 확연히 구별할 수 있는 제품라인 속의 어떤 식별단위이다.

제품믹스 일관성이란 제품라인이 용도, 유통경로, 생산요건 등의 측면에서 서로 얼마나 밀접하게 관련되어 있는지의 정도이다.

(2) 제품믹스 넓이 의사결정

제품믹스 넓이란 특정 마케터가 취급하는 "제품라인의 수"이다. 프랑스 미셰린(Michelin)사의 제품믹스는 타이어 제품라인, 지도 제품라인, 레스토랑등급평가 서비스 제품라인으로 구성되어 있다. 미국 P&G사는 수십 개의 제품라인에서 250여개의 개별 브랜드를 운용하고 있다.

마케터는 새로운 제품라인을 추가하거나 기존 제품라인의 일부를 삭제하는 변화를 시도하거나 기존 제품믹스의 넓이를 유지할 수 있다. 이때 새로운 제품라인을 추가하는 것은 혁신적인 신제품 개발과 맞물려 있으며, 경우에 따라서 새로운 제품라인의 추가가 새로운 사업부의 출범 혹은 신사업의 시작과 일맥상통할 수 있다.

제품믹스 넓이에 대한 의사결정과정에서 반드시 고려되어야 하는 요소는 다음과 같이 두 가지로 정리할 수 있다.

- **이익기여도** 마케터가 제품믹스 넓이를 선택할 때 가장 기본적인 고려사항은 이익기여도가 될 수 있다. 제품라인 단위별로 포트폴리오 분석을 통해 성장가능성과 수익성을 분석하여 결과적으로 향후 이익기여도가 높을 것으로 예상되는 제품라인을 추가하거나 향후 이익기여도가 낮을 것으로 예상되는 제품라인을 제거해야 한다. 이때 제품라인별로 효율적 관리가 이루어질 수 있도록 제품라인들을 재편성할 수도 있다. 왜냐하면 제품라인도 마케터의 목적달성을 위한 인위적 관리단위 중 하나이기 때문이다. 예컨대 기능성음료들의 이익기여도가 충분히 커진다면 기능성음료들을 독립적인 제품라인으로 떼어낼 수 있고, 전체 음료들의 이익기여도가 지나치게 작아진다면 음료 제품라인을 식품 제품라인에 흡수시킬 수 있는 것이다.

- **시너지** 마케터가 제품믹스 넓이를 선택할 때 고려해야 할 또 하나의 요소는 시너지(synergy)이다. 비록 자체 이익기여도가 충분치 못하더라도 평판에 미치는 영향이 크거나 필수 구색으로 제품믹스 전체 성과에 기여할 수 있는 등 간접적인 이익기여도가 존재한다면 해당 제품라인을 제거하거나 축소하는 것이 해로울 수 있다.

(3) 제품믹스 길이 의사결정

제품믹스 길이란 "특정 제품라인 내에 포함되어 있는 제품 아이템의 수"이다. 각 제품라인의 길이는 서로 다를 수 있으므로 현실적으로 각 제품라인별로 길이의 관리가 요구된다. 제품믹스 길이에 대한 의사결정은 제품라인 길이에 대한 의사결정으로 환원된다. 마케터는 자사가 보유한 각 제품라인 길이를 확장 · 축소 · 유지할지 고민하고 의사결정을 내려야 한다. 만일 개별제품(product item)의 수를 늘려서 제품라인 전체의 이윤을 증가시킬 여지가 있다면 해당 시점의 제품라인 길이는 지나치게 짧은 것이므로 개별제품의 수를 늘려가는 것이 바람직하다. 물론 개별제품의 수를 줄여서 이윤을 증가시킬 수 있다면 그 반대의 의사결정이 바람직할 것이다.

대부분의 마케터는 이윤과 더불어 매출의 성장에도 신경을 쓰기 때문에 제품라인은 길어지는 것이 일반적이나 이로 인한 생산, 마케팅 등 관련비용의 증가로 어느 시점에 선가는 불필요해졌거나 이윤창출에 기여하지 못하는 제품의 삭제가 요구되는 것이 현실이다.

마케터가 제품라인의 길이를 늘리는 방식에는 상향확장(upward stretch), 하향확장(downward stretch), 양방향확장(two-way stretch) 등이 있다. 문자 그대로 상향확장은 기존 제품에 비해 더 높은 품질과 가격을 보유한 제품을 추가해가는 것이고, 하향확장은 그 반대의 경우이며, 양방향확장은 상향확장과 하향확장을 동시에 추구하는 것이다.

삼성전자와 LG전자는 기존의 냉장고 제품라인에 각각 고급형 냉장고인 지펠과 디오스를 추가하였다. 일본의 도요타(Toyota) 자동차와 니산(Nissan) 자동차는 상향확장의 일환으로 각각 렉서스(Lexus)와 인피니티(Infinity) 제품군을 추가하였다.

롤렉스(Rolex) 시계는 하향확장의 일환으로 기존 Rolex Submariner 제품군의 가격에 비해 1/3 수준의 가격대를 표방하는 Rolex Tudor 제품군을 추가하였다.

미국의 메리어트(Marriott) 호텔은 상하향확장의 일환으로 고품격을 추구하는 고객을 대상으로 르네상스(Renaissance) 호텔을, 실속을 추구하는 고객을 겨냥하여 코트야드(Courtyard)와 페어필드 인(Fairfield Inn)을 추가하였다. 현대자동차는 포니, 엑셀의 성공 이후 소나타, 그랜저, 에쿠스, 제네시스 등의 고급차종을 추가하는 한편 경차모델도 추가한 바 있다.

(4) 제품믹스 깊이 의사결정

제품믹스 깊이란 개별제품의 버전 수이다. 참고로 개별제품(product item)이란 크기, 형태, 가격, 기타 특성으로 확연히 구별할 수 있는 제품라인 속의 어떤 식별단위이다.

기본적으로 개별제품을 다양한 버전으로 펼쳐서 제시하거나 단일 버전으로 제시하는 의사결정은 복수의 매력적인 표적시장과 목표 포지션이 마케터가 개별적으로 추구하기에 용이하도록 선명하게 드러나 차별적으로 접근할 수 있는지 여부에 달렸다. 만일 각각의 표적시장과 목표 포지션이 차별적으로 접근가능할 정도로 선명하게 드러나지 않는다면 별도의 개별제품으로 분명하게 구분하여 제시하는 것이 어려우므로 부분적인 차이를 부여한 버전들을 제시할 필요가 있다.

예컨대 LG생활건강의 마케터는 럭키치약, 죽염, 페리오 등 다양한 구강용품 제품 중에서 죽염 치약의 구매를 고민하는 소비자가 잇몸의 상태와 개인적 취향을 고려하여 죽염 명약원 치약, 죽염 명약원진 치약, 죽염 청신향 치약, 죽염 호랑이풀 치약, 죽염 은강고 치약 등 다양한 버전 중에 하나를 선택할 수 있도록 복수의 버전을 제시하고 있다.

또한 콜게이트(Colgate)사에서는 Colgate Total 치약과 관련하여 기본형, 미백용 젤형, 2 in 1형, 민트 후레쉬형 등의 버전을 제시하여 소비자들이 다양한 버전 중에서 하나를 선택할 수 있도록 제품믹스의 깊이 관리를 하고 있다.

(5) 제품믹스 일관성 의사결정

제품믹스 일관성이란 제품라인이 용도, 유통경로, 생산요건 등의 측면에서 서로 얼마나 밀접하게 관련되어 있는지의 정도이다.

상충작용의 문제로부터 파생되는 문제를 극복하고 하나의 조직으로 존속하는 것이 타당성을 가지기 위해서는 제품라인들 사이에 최소한의 일관성은 반드시 요구된다.

제품믹스 일관성에 대한 마케터의 의사결정은 어떤 측면에서 일관성을 가질 것인가와 얼마나 높은 수준의 일관성을 가질 것인가로 구성될 수 있다.

먼저 적절한 일관성의 차원 중에서 가장 많이 언급되는 것 중 하나가 핵심역량과의 연계성이다. 일본 캐논(Canon)사는 광학과 렌즈기술을 토대로 카메라, 복사기, 팩스 등의 제품라인을 보유하고 있다. 1980년대에 캐논(Canon)사가 당시 급성장하던 컴퓨터 시장을 겨냥한 제품라인을 추가했다가 실패한 경험은 핵심역량을 활용하지 못할 때 직면할 수 있는 잠재적 위험을 잘 보여준다.

다음으로 마케터는 제품라인 사이의 일관성을 보다 강화하거나 완화 혹은 유지할 수 있다.

기본적으로 제품믹스 일관성에 대한 의사결정은 마케터가 하나의 사업영역에서의 성공을 추구하느냐 그렇지 않고 복수의 사업영역에서의 성공을 추구하느냐에 달렸다.

예컨대 P&G나 콜게이트(Colgate)사의 제품라인들은 동일한 유통경로를 통해 판매되는 생활용품이라는 점에서 비교적 높은 수준의 일관성이 있으나, GE의 제품라인들은 전구에서 제트엔진, 금융서비스에 이르기까지 다양한 제품라인에서 25만여개 이상의 다양한 개별제품들을 전개하며 비교적 낮은 수준의 일관성을 토대로 성과를 창출하고 있다.

7.4 제품의 유형

제품의 유형은 다양한 방식으로 나뉠 수 있다. 그 중에서도 마케팅관리의 시사점을 풍부하게 줄 수 있는 유익한 분류방식으로 꼽히는 것 중 하나가 "무엇에 쓰려고 제품을 구입하는가"라는 제품 구입목적에 따라 소비재와 산업재로 분류하는 방식이다. 개인적인 문서출력을 위해 구입하는 A4용지는 소비재로 분류되나 업무용 자료출력을 위해 구입하는 A4용지는 산업재로 분류된다.

마케터는 제품 유형별로 나타나는 다양한 특징을 염두에 두고 제품관리 의사결정을 해야 한다.

7.4.1 소비재

소비재란 개인적 소비를 위해 최종소비자가 구입하는 제품이다. 소비재 분류방식 중 가장 많이 사용되는 방식의 하나가 쇼핑습관(shopping habits)의 차이를 이용하는 것이다. 소비자의 쇼핑습관에 따라 소비재를 분류할 경우, 편의품(convenience goods), 전문품(specialty goods), 선매품(shopping goods), 비탐색품(unsought goods) 등 네 가지 유형으로 분류될 수 있다.

편의품

편의품(convenience goods)은 소비자가 필요를 느낄 때 수시로 구매하는 소비재이다. 비누, 캔디, 신문, 패스트푸드 등이 편의품에 포함된다. 소비자는 편의품을 구입할 때 보통 탐색, 비교 등 구매를 위한 노력을 최소한으로 들이려는 경향을 보인다. 편의품은 보통 싸고 수많은 곳에서 판매되는 경향이 있다.

전문품

전문품(specialty goods)은 독특한 특징을 가지거나 브랜드 차별성을 지니는 소비재이다. 고가의 스포츠카, 유명디자이너 의류, 유명의사의 의료서비스 등이 전문품에 포함된다. 특정 소비자들은 편의품을 구입할 때 특별한 구매노력을 들이는 경향을 보인다. 전문품은 보통 고가이며 극소수의 점포에서 판매되는 경향이 있다.

선매품

선매품(shopping goods)은 편의품보다 상대적으로 구입빈도가 낮은 소비재이다. 가구, 의류, 중고차, 가전제품, 항공서비스 등이 선매품에 포함된다. 소비자는 선매품을 구입할 때 품질, 가격, 스타일 등 다양한 기준별로 충분한 정보를 수집하여 신중하게 비교하는 경향을 보인다. 선매품은 보통 편의품보다 적은 매장에서 판매되며 소비자의 비교를 도와주기 위한 다양한 판매지원이 이루어지는 경향이 있다.

비탐색품

비탐색품(unsought goods)은 소비자가 잘 알지 못하거나 알더라도 능동적으로 구입하려 하지 않는 소비재이다. 생명보험, 장례서비스 등이 비탐색품에 포함된다. 소비자는 비탐색품을 능동적으로 구입하려고 하지 않기 때문에 비탐색품의 판매를 위해서는 다른 유형의 소비재보다 훨씬 강도 높은 광고, 인적판매 등의 마케팅 노력이 요구된다. 참고로 혁신적인 제품은 광고 등을 통해 알려지기 전까지 소비자가 능동적으로 찾지 않으므로 비탐색품에 준하는 마케팅이 요구된다.

7.4.2 산업재

산업재란 조직이나 개인이 재가공이나 업무용으로 구입하는 제품을 지칭한다. 산업재를 분류하는 방식은 다양하지만, 완제품에 투입되는 정도를 기준으로 삼아 자재(materials), 자본재(capital items), 소모품류(supplies and services)의 3유형으로 분류하는 방식이 많이 활용된다.

자 재

자재(materials)에는 원자재(raw materials)와 가공자재(manufactured materials)가 포함된다. 원자재에는 목재, 원유, 철광석 등의 천연자재(natural products)와 밀, 과일, 야채 등의 육영자재(farm materials)가 포함된다. 가공자재(manufactured materials)에는 철, 시멘트 등의 부속자재(component materials)와 소형모터, 타이어 등의 부품(parts)이 포함된다. 대부분의 가공자재는 산업재 사용자에게 직접 판매된다.

자본재

자본재(capital items)에는 고정재(installations)와 이동재(accessory equipment)가 포함된다. 고정재(installations)에는 공장, 사무실 등의 건축구조물(buildings)과 발전기, 수퍼컴퓨터시스템, 엘리베이터, 프레스 등의 고정설비(fixed equipment)가 포함된다. 이동재(accessory equipment)에는 전동공구, 지게차 등의 공장기기(factory equipment)와 컴퓨터, 팩스 등의 사무기기(office equipment)가 포함된다.

소모품류

소모품류(supplies and services)에는 소모품(supplies)과 산업서비스(business services)

가 포함된다. 소모품(supplies)에는 석탄, 종이, 연필 등의 운영용 소모품(operating supplies)과 페인트, 못, 비 등의 유지보수용 소모품(repair and main－tenance items)이 포함된다. 산업서비스(business services)에는 컴퓨터 유지보수, 청소 등의 유지보수 서비스(repair and maintenance services)와 법률 컨설팅, 경영 컨설팅, 광고 서비스 등의 사업지원 서비스(business advisory services)가 포함된다.

CHAPTER 8

브랜드 관리

8.1 브랜드 이해

8.2 브랜드 관리

8.3 브랜드 자산관리

Marketing Management

사례 8-1

카카오프랜즈, 라인프랜즈 캐릭터 열풍

국내 스마트폰 메신저 어플리케이션 중에서 가장 많이 쓰이는 두 종류는 '카카오톡'과 '라인'이다. 카카오톡은 국내시장을 조기에 선점해서 사용자 수를 급격히 늘렸고, '무료'와 '편리함'을 기반으로 성장했다. 반면 네이버의 라인은 국내보다 일본에서 먼저 등장했다. 일본 동일본 대지진이 계기가 되어 재난상황이 많은 일본에 쉽게 연락을 취할 수 있는 메신저를 보급하려는 목표로 만들어졌다. 현재 라인은 일본의 국민 메신저의 위상을 가지고 있다.

이러한 두 메신저가 최근 캐릭터를 통한 마케팅에 노력을 쏟고 있다. 캐릭터의 사용에 먼저 관심을 쏟은 곳은 라인으로, 기존 독자층을 확보하고 있던 웹툰 캐릭터들과 라인 마스코트들을 만들어 큰 성공을 거둔다. '라인프랜즈'라고 불리는 이 캐릭터들은, 우스꽝스럽고 귀여운 표정을 바탕으로 메신저와 블로그에서 사용할 수 있는 스티커부터 시작해 애니메이션, 생활용품, 화장품까지 다양한 영역에 진출해 있다. 카카오는 라인보다 한발 늦게 캐릭터 시장에 뛰어들었지만, 국내 메신저 서비스 1인자 위치에 힘입어 그 위용을 과시하고 있다. '카카오프랜즈' 캐릭터들도 다양한 콜라보레이션 상품들을 만들어내고 있으며, 방향제, 머그컵, 샴푸 등 영역의 제한 없이 뻗어나가고 있다.

이러한 캐릭터가 남녀노소를 불문하고 인기를 끌고 있는 이유는 무엇일까? 한 기업 관계자의 말에 따르면 개성 있는 스토리와 선명한 성격의 역할이 크다고 한다. 두 메신저 캐릭터들 모두 고유의 재미있고 특별한 이야기를 가지고 있고, 캐릭터별로 성격이 다 다르다. 누군가는 무뚝뚝한 표정으로 상냥하게 행동하며, 또 다른 캐릭터는 다이나믹한 표정 변화를 보여준다. 이를 통해 독자는 캐릭터들과 소통하게 되고, 어떤 정서적 유대관계를 갖게 된다. 또한 캐릭터를 활용하여 메시지 발신자의 정서 상태를 재미있게 전달하는 역할을 할 수 있다. 이는 헬로키티 같은 캐릭터가 가지지 못한 부분이다.

카카오톡과 라인은 캐릭터를 활용한 마케팅으로 브랜드 이미지를 제고하고, 고객들의 충성도를 높이고 있다. 플래그십 스토어는 줄을 서서 겨우 들어갈 수 있을 정도로 인기를 끌고 있으며, "홍대 플래그십 대전"이라 불릴 정도로 그 경쟁 또한 치열해지고 있다. 캐릭터 산업의 수익성이 높아지고 시너지 효과가 더욱 커지고 있는 만큼, 두 인기 모바일 플랫폼은 온라인과 오프라인 모두에서 생활 밀착형 아이템들을 내놓으며 소비자들의 마음을 사로잡고 있는 중이며 그 활용 폭이 더욱 넓어질 것으로 예상한다.

자료원: 아시아경제, 2016. 9. 29.; 티타임즈, 2016. 7. 15.; 프라임경제, 2016. 8. 31.;
앱스토리매거진, 2014. 9.

사례 8-2 유통업체브랜드 시대의 도래

최근 대형할인점을 중심으로 수익성 향상과 차별적인 마케팅을 위해 자체브랜드 상품의 판매비율을 높이려는 움직임이 나타나고 있다. 유통업체브랜드란 유통업체가 독자적으로 기획하고, 하청업체에 생산을 위탁하거나 직접 생산하여 자체개발한 상표를 부착하여 판매하는 제품으로, 제조업체브랜드(NB, National Brand)와 대비되는 개념이다.

유통업체브랜드(PB: Private Brand)

국내에서 유통업체브랜드는 1997년 이마트가 할인점 최초로 '이플러스 우유'를 선보인 이후 현재 대형할인점 매출의 10~15% 가량(2006년 기준, 이마트 9.7%, 홈플러스 16.5%, 롯데마트 10.4%)을 차지할 정도로 급성장하고 있다. 대형할인점들이 향후 자체브랜드 매출비중을 30% 이상으로 끌어올리겠다는 전략을 내세우고 있어, 유통업체브랜드의 성장은 지속될 것으로 보인다. 유통업체브랜드 열풍은 대형할인점뿐만 아니라 편의점, 홈쇼핑 등 타 유통형태로 확산되고 있고, 상품 카테고리 또한 초반에는 범용화 정도가 큰 식품, 생필품 부문이 대부분이었으나 점차 의류, 가전제품 등의 영역으로 확장되고 있다.

유통업체브랜드의 성장은 비단 국내만의 현상은 아니다. 국내에 유통업체브랜드가 등장하기 전에 이미 유럽, 미국 등 선진국에서 Sam's Choice(월마트), Safeway Select(세이프웨이), Nature's Classics(K마트) 등 유통업체브랜드가 시작되었고, 현재 유통업체브랜드는 소매시장 매출의 15~40%를 차지하고 있다. 세계적인 유통기업인 월마트의 경우 매출의 40%가 자체브랜드 상품에서 발생하고 있고, 독일에는 자체브랜드 상품만을 취급하는 알디(Aldi)와 같은 소매점도 존재한다.

국내에서 최근 급속하게 유통업체브랜드가 성장하는 이유는 무엇인가? 대형유통점의 포화와 경쟁강화가 유통업체브랜드 상품성장을 촉진하게 된 배경으로 보인다. 유통산업연구소에 의하면 국내 대형할인점은 2006년 기준 340여개로 국내시장의 잠재수요를 감안하면 거의 성숙기에 달했다는 전망이다. 이로 인해 신규점포 출점의 영향을 많이 받는 연평균 신장률이 1998~2002년 37%에서 2003~2006년 9.2%로 떨어졌으며, 대형 3사의 기존점포신장율도 1% 미만으로 전형적인 성숙시장의 양상을 보이고 있다.

상황이 이렇게 되자 대형할인점들은 새로운 수익원과 타 할인점과 차별화된 마케팅에 대한 필요성을 느끼게 되었고, 그 두 목적을 모두 충족시켜 줄 수 있는 방법으로 자체브랜드 개발에 주목한 것이다. 유통업체브랜드는 제조업체브랜드에 비해 광고 등 마케팅 비용과 복잡한 유통비를 줄임으로써 절감된 비용의 일부를 가격할인으로, 일부는 유통점의 추가수익으로 가져갈 수 있다는 이점이 있다. 그래서 일반적으로 유통업체브랜드의 수익률은 제조업체브랜드 대비 약 10% 가량 높다. 뿐만 아니라 유통업체브랜드는 해당 유통점에서만 독점으로 판매하는 제품으로 고객들이 유통업체브랜드의 매력적인 가치를 충분히 인식하게 만든다면, 고객의 점포충성도를 높일 수 있는 좋은 수단이 될 수 있다.

자료원: LG주간경제, 2007. 12. 12. 인용.

'브랜드가 아니다. 소비자다' NO BRAND의 열풍

'브랜드가 아니다. 소비자다'. 이마트 자체브랜드(PB)인 '노브랜드(No Brand)'의 슬로건이다. 이마트 관계자는 브랜드의 정체성을 브랜드가 아닌 소비자로 정의함으로써 소비자의 입장에서 가장 필요한 것이 무엇인지 이해하자는 뜻이 담겨 있는 슬로건이라는 점을 설명했다.

노브랜드는 제품 본연의 기능을 제외한 모든 불필요한 것을 줄여 가격을 낮춘다. 중간 유통단계를 줄이고, 화려한 제품 포장 대신 최대한 단순하게 포장하였으며, 유명한 스타 모델을 사용하는 등의 과다한 마케팅 비용도 줄였다. 실속을 중시하는 소비자들이 좋은 품질의 제품을 합리적인 가격에 만날 수 있게 한다는 취지다. 기존의 자체브랜드가 가격경쟁력만을 주로 강조하였다면, 이마트의 노브랜드는 가격경쟁력은 물론 소비자의 욕구를 정확히 파악하는 브랜드로 포지셔닝하는 데 심혈을 기울이고 있다.

저마다 각 브랜드의 경쟁력을 강조하는 국내시장에서 이마트의 노브랜드는 '신선하다'는 평가를 받고 있다. 2015년 4월 첫 출시 때 1억 9000만원이던 노브랜드의 월 매출은 2016년 8월 192억원을 돌파했다. 같은 달 이마트는 용인 기흥에 노브랜드 제품만 전문으로 판매하는 '노브랜드 스토어'를 열었다. 9월엔 당진과 하남에 각각 노브랜드 스토어 2호점과 3호점을 개점했다. 결과적으로 2016년 한 해 노브랜드의 국내 매출은 1천억원을 돌파했다. 이마트의 노브랜드(No Brand)는 유통업체 자체브랜드(PB)를 한 단계 더 업그레이드시켰다는 평을 받으며 자체브랜드의 새로운 장을 열고 있는 사례로 주목받고 있다.

이마트 노브랜드 주요 상품 가격

노브랜드 상품	가격	경쟁 상품 대비
물티슈	800원(100장)	52% 저렴
기저귀	8900원(40장, 대형)	19% 저렴
화장지	5500원(70m, 24개)	50% 저렴
락스	3300원(4L)	47% 저렴
주방세제	3980원(4L)	54% 저렴
감자칩	890원(110g)	61% 저렴
전자레인지	5만2000원	47% 저렴

경쟁 상품은 동종 상품군 가운데 이마트 판매 1위 또는 2위 제품 기준.
자료: 이마트

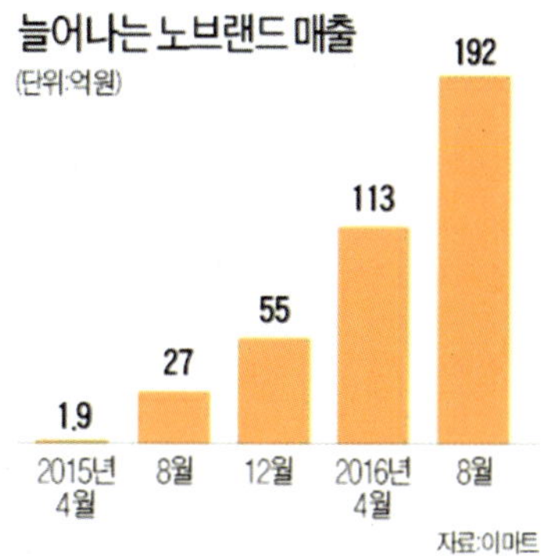

자료원: 한국경제신문 2016. 10. 3., 비주얼다이브(Visual Dive) 2016. 8. 24., 연합인포맥스 2016. 9. 19. 정리.

8.1 브랜드 이해

8.1.1 브랜드 정의

브랜드란 "마케터가 자신의 제품(product)을 식별시키고 다른 경쟁자의 제품으로부터 차별화시킬 목적으로 사용하는 이름, 어구, 기호, 상징 또는 이들의 결합"이다. 브랜드라는 단어도 노르웨이어 'brandr'에서 유래되었다고 한다.

원래의 의미는 '태우다'로 가축 소유자가 자기 가축의 털가죽을 일부 태워 남의 가축과 식별해오던 관행에 뿌리가 있는 셈이다.

브랜드를 만든다는 것은 곧 하나의 제품이 식별될 수 있고 다른 제품으로부터 차별화되도록 적당한 이름, 어구, 기호, 상징 등을 선택하는 것이다.

8.1.2 브랜드 구성요소

브랜드 구성요소(brand elements)란 이름, 어구, 로고, 상징 등과 같이 어떤 한 브랜드를 식별할 수 있도록 하고 차별화시키는 서로 다른 요소를 의미한다.

브랜드명(brand name)이란 "브랜드 구성요소 중 글자, 단어, 숫자 등과 같이 말로 표현될 수 있는 부분"이다. 예를 들어, 코카콜라, 페리오, 맥도날드 등의 글귀가 이에 해당된다.

브랜드마크(brand mark)란 "상표 구성요소 중 로고, 디자인, 특이글자조합 등과 같이 말로 표현되지 않고 눈으로 식별할 수 있는 부분"이다. 예를 들어, 악어그림(라코스테), 금빛 M 로고(맥도날드) 등이 이에 해당된다.

등록브랜드(trade mark)란 "브랜드명이나 브랜드마크 중에서 특허청 등 공공기관에 등록되어, TM 표시와 함께 사용되는 항목들"이다.

표 8-1 브랜드요소별 특성

	기억용이성	의미전달성	적응성	전이성	보호가능성
브랜드명	브랜드 재인과 회상 제고 가능한 대안 선택 용이	때로 간접적이나 거의 모든 연상을 이끌어낼 수 있음	어려움	다소 제한적	양호한 편
로고, 상징	브랜드 재인 제고에 유용	때로 간접적이나 거의 모든 연상을 이끌어낼 수 있음	일반적으로 재디자인 가능	탁월함	탁월함
캐릭터	브랜드 재인 제고에 유용	비제품 심상과 브랜드 개성에 유용	경우에 따라 재디자인 가능	다소 제한적	탁월함
슬로건	브랜드 재인과 회상 제고 가능한 대안 선택 용이	대부분의 연상을 명확히 전달 가능	수정 가능	탁월함	탁월함

자료원: Keller, Strategic Brand Management, 2nd ed., 2003에서 인용.

8.1.3 브랜드의 중요성

소비자 입장에서 볼 때 브랜드가 있으면 다음과 같은 이점이 있으므로 브랜드가 중요성을 가진다.

우선 브랜드는 소비자가 제품을 쉽게 식별하게 해준다.

브랜드는 소비자가 체감하는 구매위험을 줄여줄 수 있다. 브랜드는 제품의 자료원을 알려주어 그 제품에 대한 책임이 누구에게 있는지 분명하게 알려주고 제조업체가 품질관리에 노력하게 만들어 소비자의 신뢰를 높일 수 있다. 특히 경험재(experience goods)나 신뢰재(credence goods)의 품질을 판단하는 데 도움을 줄 수 있다.

브랜드는 소비자의 구매과정을 보다 효율화시킬 수 있다. 예컨대 특정 브랜드에 대한 경험과 지식을 보유한 소비자는 특정제품에 대한 고민이나 정보탐색에 들이는 노력을 그만큼 줄이고 보다 빠르게 의사결정할 수 있다.

마케터 입장에서 볼 때 브랜드는 다양한 이점을 제공하므로 중요하다.

일차적으로 브랜드는 제품취급과 관리과정의 효율성을 높여준다. 마케터는 다양한 제품을 각각의 브랜드를 중심으로 회계, 재고관리과정 등을 표준화할 수 있다.

브랜드는 제품에 독특한 연상을 부여하고 나아가 다른 제품과 차별화시킬 수 있는 수단으로 쓰일 수 있어 제품을 법적으로 보호할 수 있는 바탕을 제공한다. 예컨대 브랜드명은 등록브랜드(trade mark)로 등록하여 보호하고, 제품포장은 저작권을 통해 보호할 수 있다.

브랜드와 관련된 좋은 경험과 지식이 축적된 소비자가 형성하는 충성도(loyalty)는 마케터에게 보다 높은 성과를 가져다줄 수 있다. 예컨대 소비자가 코카콜라를 눈을 가리고 마실 때에 비해 실제상황에서 훨씬 더 많이 마시는 이유도 코카콜라 브랜드에 대한 소비자의 충성도가 가져다주는 효과로 설명할 수 있다.

8.2 브랜드 관리

8.2.1 브랜드 구조

마케터는 브랜드 구조를 설계해야 한다. 마케터가 선택할 수 있는 브랜드 구조의 설계대안에는 개별브랜드 방식, 공동브랜드 방식, 혼합브랜드 방식 등이 있다.

(1) 개별브랜드 구조

개별브랜드(individual brand) 방식은 각각의 개별제품에 독립적인 브랜드를 대응시키는 방식이다. 예컨대 P&G는 비달사순, 헤드앤숄더, 팬틴 등의 샴푸브랜드를 각각 별도로 운용하고 있다. 이러한 제품이 같은 기업의 제품이라는 사실은 포장용기의 뒷면에 있는 라벨에 아주 작은 글씨로 식별할 수 있을 뿐이다.

개별브랜드 방식의 장점은 어떤 브랜드가 실패해도 다른 브랜드에 미치는 영향이 제한적이라는 점과 각 브랜드별로 차별화된 브랜드이미지를 창출하기에 유리하다는 점 등이다.

개별브랜드 방식의 단점은 각각의 브랜드를 소비자 기억 속에 각인시키는 데 드는 마케팅 자원이 별도로 요구되어 전체적으로 많은 자원이 소요된다는 점이다.

(2) 공동브랜드 구조

공동브랜드(family brand) 방식은 여러 제품에 동일한 브랜드를 적용하는 방식이다. 기업명 혹은 별도의 브랜드가 사용될 수 있다. 예컨대 오뚜기 식품은 오뚜기 케첩, 오뚜기 마요네즈, 오뚜기 카레 등과 같이 서로 다른 개별제품에 기업명을 동일한 브랜드로 사용하고 있다.

경우에 따라 제품계열단위로 공동브랜드를 사용하기도 한다. 예컨대 미국 시어스(Sears) 백화점에서는 가전제품에 Kenmore, 공구에 Craftsman, 의류에 Land's end 등을 사용한다.

공동브랜드 방식의 장점은 기존의 브랜드가 확립되어 있는 경우에 각각의 브랜드를 소비자 기억 속에 각인시키는 데 드는 마케팅자원이 별도로 요구되지 않아 전체적으로

표 8-2 브랜드 구조 의사결정

	개별브랜드	공동브랜드	혼합브랜드
개 념	개별제품에 각기 다른 브랜드명이 대응되는 방식	개별제품에 공통되는 브랜드명이 배치되는 방식	개별제품에 공통되는 브랜드명과 각기 다른 브랜드명이 혼합되어 배치되는 방식
장 점	개별제품에 공통되는 브랜드명과 각기 다른 브랜드명이 혼합되어 배치되는 방식	• 개별제품별 브랜드 관리비용이 최소로 요구됨 • 신제품 도입시 단기간 내 인지도 확보 가능	개별브랜드와 공동브랜드의 장점이 결합될 가능성
단 점	개별제품별 브랜드 개발, 유지비용이 별도로 요구됨	• 개별제품의 실패가 여타 제품에 미치는 영향이 막대함 • 개별제품 간 차이점에 대한 소비자의 혼돈을 유발할 가능성	개별브랜드와 공동브랜드의 단점이 결합될 가능성
사 례	케라시스(애경샴푸) 하나로(애경샴푸) 에스따르(애경샴푸)	오뚜기 케첩 오뚜기 카레 오뚜기 마요네즈	농심 신라면 농심 너구리 농심 안성탕면

최소한의 자원이 소요된다는 점이다.

공동브랜드 방식의 단점은 한 제품의 실패가 공동브랜드를 통해 전체 제품에 쉽게 악영향을 미칠 수 있다는 점과 브랜드이미지가 혼란스러워질 개연성이 있다는 점 등이다.

(3) 혼합브랜드 구조

혼합브랜드 방식은 각각의 개별제품에 공동브랜드와 개별브랜드를 결합시켜 적용하는 방식이다. 예컨대 농심은 농심 신라면, 농심 안성탕면, 농심 너구리 등과 같이 서로 다른 개별제품에 기업명과 개별브랜드를 결합시켜 사용하고 있다.

혼합브랜드 방식은 개별브랜드 방식의 장점과 공동브랜드 방식의 장점을 취할 수 있다는 점에서 매력이 있으나, 역으로 각각의 단점이 결합될 수 있다는 위험도 있다.

(4) 브랜드 위계

브랜드 위계(brand hierarchy)란 기업에서 제시하는 모든 브랜드를 상호관계에 따라 정리할 때 자연스럽게 형성되는 위계(hierarchy) 형태의 구조를 일컫는 말이다.

브랜드 위계는 기업의 다양한 브랜드 전략을 요약할 수 있는 유용한 도식화 수단

중 하나이다.

순수한 개별브랜드 구조를 가질 경우에 브랜드 위계가 형성되지 않고 각 브랜드가 개별적으로 제시될 수 있으나 현실적으로 이처럼 순수 개별브랜드 구조를 고집하는 사례는 매우 드물다. 따라서 복수의 제품을 취급하는 기업이 일반적으로 앞 절에서 제시한 브랜드 구조에 대한 의사결정을 하면 자연스럽게 기업마다 서로 다른 고유의 브랜드 위계구조가 형성된다.

미국 GM사의 Park Avenue Ultra버전을 예로 살펴보면 다음과 같이 위계별로 각 브랜드 요소를 분해할 수 있다. 마케터는 각각의 브랜드 요소가 소비자에게 노출되는

그림 8-1 GM의 브랜드 위계

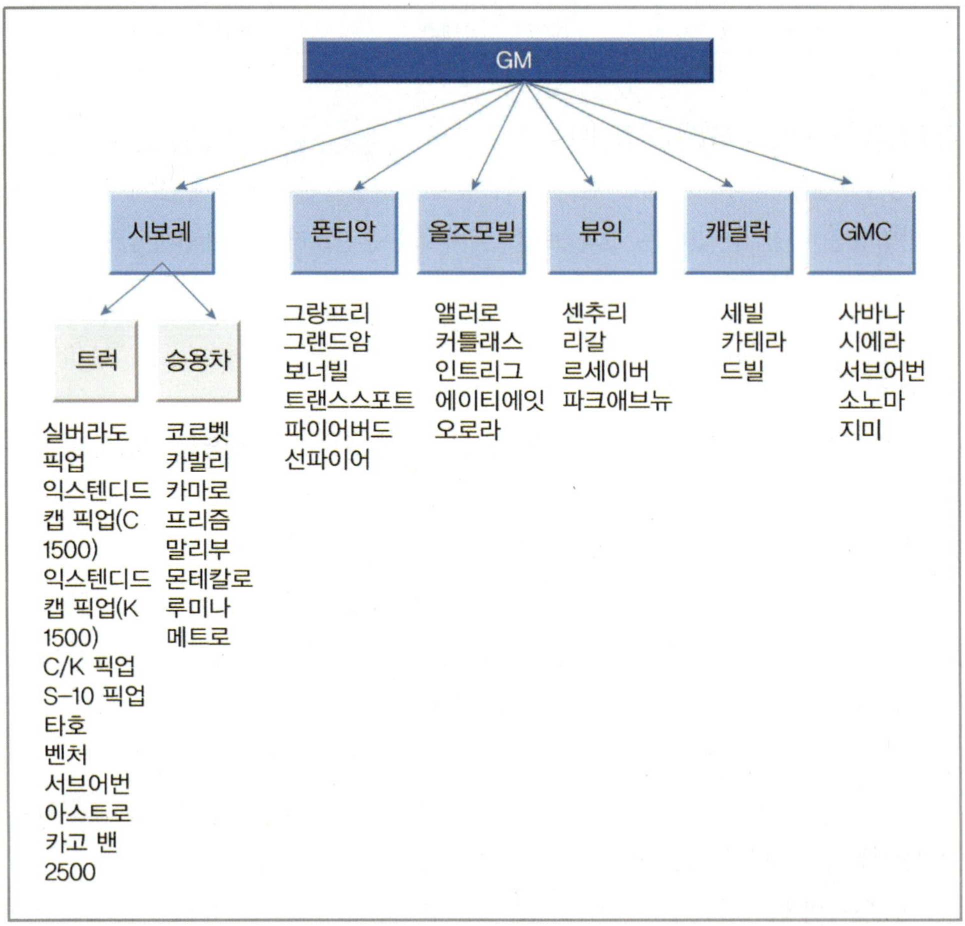

자료원: 2001 Tuck Brand Audit Project, Keller, Strategic Brand Management, 2nd ed., 2003에서 재인용.

강도를 조절할 수 있다.

- 기업브랜드: GM
- 제품라인 브랜드: Buick
- 개별제품 브랜드: Park Avenue
- 브랜드 수식어: Ultra

8.2.2 브랜드 도입과정

마케터는 각 브랜드를 도입하는 과정에서 필요한 의사결정을 해야 한다. 마케터가 브랜드 도입과정에서 직면하는 의사결정은 다음과 같이 정리될 수 있다.

- 브랜드를 도입할 것인가?
- 자체브랜드를 사용할 것인가?
- 기존브랜드를 활용할 것인가?

(1) 브랜드, 쓸 것인가 쓰지 않을 것인가

브랜드는 관리효율을 높이고 차별화수단을 제공하는 등 다양한 이점을 주지만, 브랜드를 사용하는 것은 책임을 수반한다.

우선 브랜드가 존재 · 유지될 수 있도록 마케팅자원을 투입하고 관리해야 한다. 예컨대 브랜드명이 새겨진 라벨을 제품에 부착하거나 광고를 통해 알리기 위해서 일정수준 이상의 재원이 투입되어야 한다.

다음으로 소비자가 브랜드를 식별할 수 있으므로 제품의 일관성을 유지할 수 있어야 한다. 예컨대 쉽게 부패하는 생선, 계란 등에 브랜드를 사용하기 위해서는 먼저 신선도 등 제품품질을 관리할 수 있는 시스템이 선행되어야 한다.

최근에는 브랜드의 중요성이 잘 알려지면서 대부분의 제품에 브랜드가 사용되는 추세이지만 경우에 따라 브랜드를 쓰지 않는 무상표품도 여전히 존재한다.

무상표품(generics)은 문자그대로 브랜드를 붙이지 않고 제시되는 제품이다. 예컨대 쌀(임금님표 여주쌀), 과일(햇사레 복숭아), 채소(팔당 유기농 채소) 등 다양한 분야에서 브랜드가 속속 도입되고 있지만 지금도 농수산물은 브랜드 없이 거래되는 경우가 많다.

무상표품은 브랜드를 붙이지 않고 포장비용, 광고비용 등을 절감하여 제조업체브랜드나 유통업체브랜드 제품보다 훨씬 저렴하게 판매된다.

(2) 제조업체브랜드와 유통업체브랜드

제조업체브랜드(national brand)란 제조업체가 스스로 선택하여 사용하는 자신의 브랜드이다. 예컨대 삼성전자는 가전제품에 하우젠, LG전자는 냉장고에 디오스라는 제조업체브랜드를 사용한다.

유통업체브랜드(private brand)란 유통업체가 제조업체로부터 구입하여 판매하는 제품에 사용하는 브랜드이다. 예컨대 GS수퍼는 함박웃음 우유, 이마트는 이마트 콜라를 판매한다.

과거 수십년간 제조업체브랜드가 시장을 지배해왔지만 월마트 등 거대 유통업체의 성장과 함께 도매업체, 소매업체가 유통업체브랜드를 도입하는 사례가 계속 증가하고 있다.

미국 전체 소비용품 판매 중 20% 이상을 유통업체브랜드가 차지하고 있다.

(3) 라이센스브랜드

라이센스브랜드(license brand)란 제조업체 혹은 유통업체가 라이센스 비용을 지불하고 사용하는 다른 기업의 브랜드이다. 예컨대 아동용 가방 · 신발 · 의류 등에 사용되는 스펀지밥, 곰돌이 푸우, 해리포터 등의 브랜드명과 캐릭터는 라이센스 수수료를 지불하고 사용된다.

1970년대 연간 약 40억달러에서 2000년대 약 1,700억달러로 북미대륙 라이센스브랜드의 매출이 증가해왔다. 최근에는 니켈로디언(Nickelodeon) 케이블방송의 캐릭터가 부착된 제품의 매출만 해도 연 50억달러에 달한다.

(4) 복합브랜드

복합브랜드(co-brand)란 복수의 기업이 함께 사용하는 브랜드이다. 공동브랜딩(co-branding)은 복수의 기업이 특정 브랜드를 함께 사용하는 브랜드 사용방식이다.

공동브랜드의 장점은 브랜드 자산증대에 기존 브랜드를 두 개 이상 활용할 수 있다는 점, 단독으로 진출하기 어려운 제품범주로 진출할 수 있는 기회를 제공한다는 점 등이 있다. 예컨대 선트러스트 은행(SunTrust Bank)는 월마트(Wal-Mart)와 제휴하여

그림 8-2 브랜드 의사결정 순서도

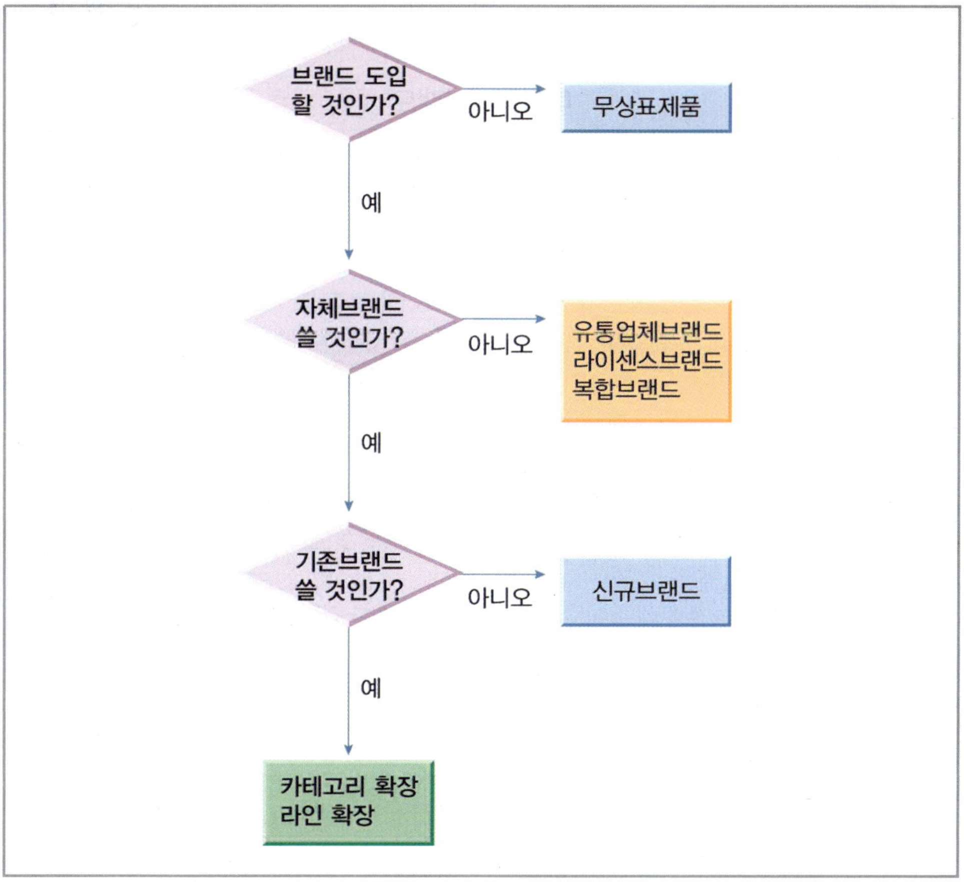

Wal-Mart Money Center by SunTrust라는 공동브랜드를 사용한 금융서비스를 시작하였다. 월마트(Wal-Mart) 점포에서 현금이체 등의 금융서비스가 제공됨으로써 양사 모두 고객서비스 수준을 높일 수 있게 되었다.

공동브랜드의 단점은 제휴 상대기업에 대한 제휴유지비용이 많이 소요될 수 있다는 점이다. 기업간의 제휴관계 출범과 유지에는 복잡한 계약과 라이센스 등이 수반되며, 서로의 마케팅 노력을 합리적으로 분담하기 위한 조정과정도 세심한 관리를 요구한다. 나아가 상호 간에 신뢰를 형성하고 강화할 수 있는 노력이 지속적으로 요구된다.

참고자료 8-1

디자이너브랜드

최근 외부 유명디자이너가 기업의 제품을 디자인하고 디자이너의 이름을 브랜드화하는 디자이너브랜드 마케팅활동이 늘어나고 있다.

디자이너브랜드는 본래 패션산업에서 나온 개념으로, 유명 패션디자이너의 이름을 딴 브랜드를 말한다. 최근 기업활동에 디자인의 중요성이 더욱 강조되면서 그 동안 패션분야에 한정되어 사용된 디자이너브랜드가 가전, IT, 스포츠용품, 자동차, 생활용품, 건축물 등 다양한 분야에서 활용되고 있다.

예컨대, LG전자는 이탈리아 패션디자이너 로베르트 까발리, 한글 디자인으로 유명한 패션디자이너 이상봉, 명품 패션업체 프라다 등과 협력하여 지속적으로 디자이너 휴대폰을 출시하여 인기를 얻고 있다. 삼성전자도 패션디자이너 안나수이, 배시존슨 등과 협력하여 휴대폰을 선보인 바 있다.

코오롱스포츠는 세계적인 산업디자이너인 아릭레비와 손잡고 프리미엄 등산복을 출시하였다. 기존의 등산복을 뛰어넘은 혁신적인 디자인이라는 이미지를 전달하기 위해, 그의 후광을 브랜드 커뮤니케이션 활동에 활용하고 있다. 이를 위해 아릭레비의 모습을 담은 사진을 고급 패션 및 스포츠 잡지에 광고하고 매장홍보물 등으로 사용하는 등 다양한 마케팅활동을 전개하고 있다.

아디다스는 기능성만을 강조하는 스포츠용품업체에서 벗어나 패션브랜드로의 이미지 제고를 위해 스포티한 패션디자인의 선두주자인 영국의 디자이너 스텔라 맥카트니와 디자이너브랜드 계약을 맺었다. 그녀가 디자인한 '아디다스 by 스텔라 맥카트니' 스포츠웨어는 '운동하러 갈 때 입을 옷이 없어 고민하는 여성을 위한 의류'라는 컨셉으로 출시된 후 인기를 모으고 있다.

벤츠는 명품디자이너인 아르마니가 실내 인테리어와 외관을 디자인한 '아르마니 CLK' 한정판 100대를 출시하면서 세계 최고 명품의 만남이라는 언론의 화려한 조명을 받았다. 벤츠는 아르마니 CLK의 홍보를 위해 신차를 아르마니 패션쇼 등에 등장시키고 백화점 아르마니 매장 옆에 전시하는 등 아르마니 고객의 눈길을 사로잡기 위해 노력하였다.

최근에는 기업들이 '디자이너'를 넘어 '예술가'와 손을 잡는 사례도 속속 등장하고 있다. LG화학은 김기창 화백의 작품을 접목한 인테리어 브랜드 지인(Z:IN)을 출시해 호응을 얻었다. 또한 행남자기는 사진작가 김중만의 작품을 활용한 식기세트를 선보여 주목을 받았다.

그렇다면 최근 기업들이 디자이너브랜드에 주목하는 이유는 무엇일까?

우선, 디자이너의 명성은 브랜드 차별화를 위한 강력한 수단이 될 수 있다. 제품 차별화가 점점 더 어려워지고 있는 상황에서 유명디자이너의 독특한 디자인과 명성이 주는 감성적 특성은 브랜드 포지셔닝에 도움이 된다.

둘째, 제품의 가격프리미엄을 얻을 수 있는 수단으로서 유용하다. 유명디자이너가 디자인을 하고 그의 이름을 브랜드화 했다는 사실만으로도 소비자에게 평균 이상의 가격을 요구할 수 있는 일종의 명분이 생긴 셈이다. 예컨대, 마이크로소프트의 필립스탁 마우스는 세계적인 디자이너인 필립스탁이 디자인한 제품으로 유명세를 치르고 있는데, 마이크로소프트의 일반 마우스에 비해 두 배가 넘는 가격에 팔리고 있다.

셋째, 품질에 대한 확신을 강화시킬 수 있다. 유명디자이너와의 제휴는 디자인에 대해 호감을 갖게 하고 브랜드에 대한 신뢰성을 증대시켜, 궁극적으로는 품질에 대한 긍정적인 인식을 심어줄 수 있다. 최근 조사업체인 AC닐슨이 전 세계 42개국 21,000명을 대상으로 실시한 '디자이너브랜드 인식에 관한 조사'에 따르면 응답자의 62%가 '디자이너브랜드는 일반 브랜드보다 고품질'이라고 답했다.

반면에 유명디자이너를 활용한다는 것은 단기적 효과창출 측면에서 긍정적이지만, 비싼 로열티로 인해 장기적으로는 비효율적일 수 있다는 단점이 지적되기도 한다. 더불어 기업들이 내부 디자이너 육성에 주력하기보다 해외 유명디자이너와의 제휴라는 비교적 쉬운 방법을 선택한다는 지적도 나오고 있다. 기업과 디자이너의 협력은 디자인 개발만을 위한 한정적 제휴에 그치는 것이 아니라 포괄적인 협력관계를 구축 · 유지해 나가는 것이 바람직하다. 기업이 이미 만들어 놓은 상품컨셉에 디자이너가 단순히 '그림을 그리는 수준'으로 디자인에 소극적으로 관여한다면 디자이너브랜드는 실패하기 십상이다. 상품가치의 완벽한 구현을 위해서는 제품 기획, 개발, 생산, 마케팅 등 폭넓은 차원에서의 협력까지 확대할 필요가 있다.

자료원: 박정현, "디자이너 브랜드 성공학" 및 LG주간경제(2007. 11. 7) 발췌 요약.

(5) 라인 확장

라인 확장(line extension)이란 제품라인 안에서 새로운 형태, 색상, 원료 등을 지닌 신제품에 기존 브랜드를 함께 사용하는 행위이다. 실제로 신제품 개발시에 가장 많이 시도되는 방식 중 하나가 라인 확장이다.

라인 확장의 장점은 신제품을 출시할 때 브랜드 관련 비용을 낮출 수 있으며 새로운 브랜드를 도입하는 데 따른 위험을 피할 수 있다는 점이다.

라인 확장의 단점은 원래 브랜드가 지녔던 생생한 의미가 희석되고 소비자의 혼란을 유발할 수 있다는 점, 자사의 다른 제품 매출을 빼앗아 오는 자기잠식(cannibalization)을 야기할 수 있다는 점 등이다. 라인 확장은 자기잠식이 없거나 매우 작으면서 경쟁브랜드의 매출을 빼앗아 올 수 있을 때 매우 효과적일 수 있다.

(6) 카테고리 확장

카테고리 확장(category extension)이란 기존의 브랜드를 새로운 제품라인 혹은 새로운 제품라인에 속하는 신제품에 적용하는 행위이다. 예컨대 킴벌리-클라크사가 종이기저귀 하기스를 유아용 샴푸 · 로션 · 연고 · 목욕비누 등 유아용 욕실용품 제품라인들로 확장시켰다.

카테고리 확장의 장점은 신제품을 출시할 때 소비자의 인지도 확보기간을 극적으로 단축할 수 있고 새로운 브랜드 도입에 따른 막대한 촉진비용을 절감할 수 있다는 점이다. 카테고리 확장의 단점은 원래의 브랜드 이미지가 희석될 수 있고, 새로운 제품이 실패할 경우에 기존제품에도 부정적인 영향이 미칠 수 있다는 점 등이다.

마케터는 카테고리 확장을 고려할 때 기존의 브랜드에 대한 소비자 연상이 신제품에 부적합하지 않은지를 철저하게 점검해야 한다.

(7) 신규브랜드

신규브랜드(new brand)란 문자 그대로 새롭게 개발된 브랜드이다. 신규브랜드 개발은 곧 새로운 브랜드 요소를 개발하여 사용하는 과정이다.

여기서 브랜드 요소란 브랜드명만이 아니고 로고, 상징 등을 포괄한다.

일반적으로 브랜드 요소를 선택하는 기준으로 다음의 여섯 가지가 있다.

사례 8-3 개인이름 딴 브랜드 붐

개인이름을 이용한 상표등록이 크게 늘고 있다. 특허청에 따르면 개인이름으로 출원된 상표는 2005년 392건에서 지난해에는 555건으로 늘어났다.

이처럼 개인이름으로 된 상표출원이 증가하고 있는 것은 자기 자신의 이름을 브랜드화하는 것이 사업 성공의 열쇠가 된다는 인식이 확산되고 있기 때문으로 풀이된다.

지난 5년간(2002~2006년) 개인이름으로 출원된 상표는 총 2,160건. 이 중 상표를 가장 많이 출원한 개인이름은 스팀청소기로 이름이 알려진 '한경희'씨로 총 42건을 출원해 1위를 차지했다. '진주원'(24건), '정철'(22건), '신준식'(20건) 등이 뒤를 이었다.

분야별로 보면 '서비스업'에 1,309건(60.6%)이 출원돼 가장 많았고 '식품 · 곡물류'에 391건(18.1%), '종이제품 · 사무용품류'에 79건(3.7%), '의류 · 신발 · 모자류'에 77건(3.6%), '화장품 · 비누류'에 46건(2.1%)이 출원됐다.

장세순 발아현미

자료원: 매일경제신문, 2007. 6. 19. 부분 인용.

- **기억용이성(memorability)** 브랜드 요소는 본질적으로 잘 기억될 수 있어야 한다. 브랜드명, 로고, 상징 등이 소비자에게 쉽게 인식되고 잘 상기될수록 바람직하다.
- **의미전달성(meaningfulness)** 마케터가 추구하는 브랜드 연상이 소비자에게 보다 잘 형성될 수 있도록 브랜드 요소가 이를 촉진시킬 수 있어야 한다. 브랜드 요소는 그 제품유형을 잘 담아내고 나아가 해당 브랜드제품의 이점이나 특성을 잘 표현할수록 바람직하다.
- **호감성(likability)** 브랜드 요소가 시각적 · 언어적 · 미적으로 즐거움을 줄 수 있어 소비자의 호감을 이끌어낼수록 바람직하다.
- **적응성(adabtability)** 시간경과에 따라 소비자의 가치관과 취향이 달라지므로 브랜드요소는 시간의 경과에 따른 진부화를 잘 견뎌낼 수 있어야 한다.
- **전이성(transferability)** 브랜드 요소는 다른 제품범주와 다른 지역으로 확장되어서도 마찰 없이 사용할 수 있을수록 바람직하다. 일반적으로 덜 구체적일수록 다른 제품범주로 확장될 수 있고 문화적으로 고유한 의미를 덜 가질수록 다른 지역으로 확장될 여지가 크다.
- **보호가능성(protectability)** 브랜드 요소가 법적으로 보호받을 수 있고 경쟁자의 모방이 어려울수록 바람직하다. 마케터가 브랜드 요소의 보호가능성을 판단할 수 있는 손쉬운 방법 중 하나로는 특허정보원(KIPRIS) 사이트 검색이 있다.

8.3 브랜드 자산관리

8.3.1 브랜드 자산의 정의

마케터와 소비자에게 브랜드는 단순한 이름, 어구, 기호, 상징 이상의 어떤 의미를 지닌다. 예컨대 낯선 브랜드와 삼성, LG브랜드는 전자제품 구매과정에 있는 한국 소비자에게 매우 큰 차이가 있는 것으로 느껴진다. 최근에는 그와 같은 차이를 일종의 '자산

(asset, equity)'으로 간주하는 경향이 있다.

캘러(Keller)는 브랜드 자산(brand equity)이란 "어떤 브랜드에 대해 축적된 지식(knowledge)이 그 브랜드의 마케팅에 대한 소비자반응을 차등화시키는 효과"라고 정의한다.

이러한 정의에는 다음과 같은 세 가지 의미가 강조될 수 있다.

- **차등적 효과** 마케팅에 대한 소비자반응이 차등적임을 나타낸다.
- **브랜드 지식** 이처럼 차등적인 소비자반응은 브랜드에 대한 소비자 지식의 소산이다. 다시 말해, 시간경과에 따라 소비자가 경험을 통해 해당 브랜드를 보고 듣고 느낀 점으로 인해 생겨난 것이라는 의미다.
- **마케팅에 대한 소비자반응** 특정브랜드에 대한 소비자의 차등적 반응은 그 브랜드에 대해 시행한 모든 마케팅 차원과 관련된 인식, 선호, 행동 등으로 나타난다.

다른 말로 바꿔본다면 브랜드 자산은 "어떤 제품이나 서비스가 어떤 브랜드를 가졌기 때문에 발생된 바람직한 마케팅효과의 재무적 환산치" 혹은 "해당 브랜드가 없을 때에 비해 높아진 고객의 브랜드 충성도 증가분, 시장점유율 증가분, 수익 증가분"이다.

그림 8-3 2022년 세계 최상위 브랜드 자산 순위

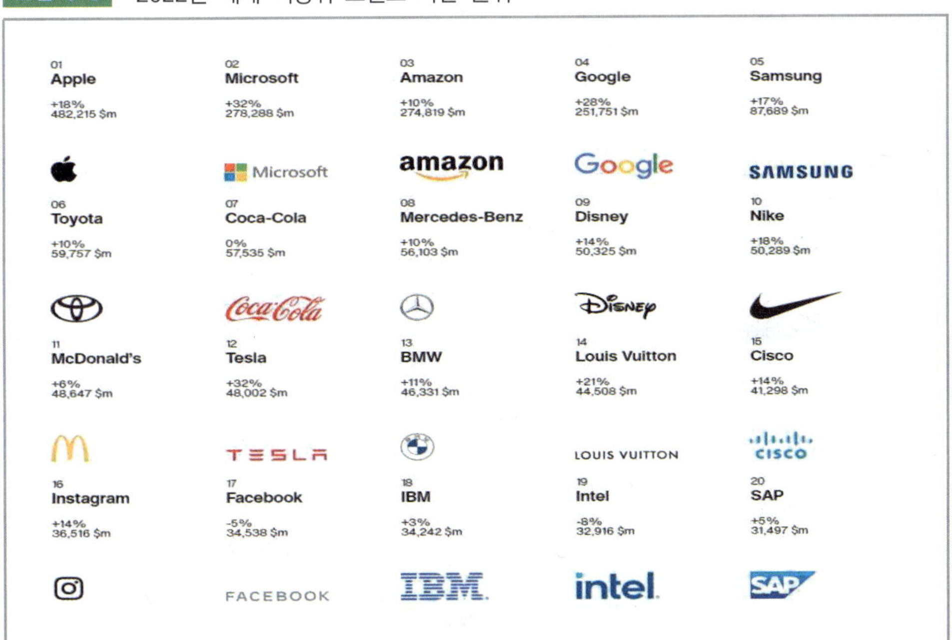

자료원: 인터브랜드 홈페이지.

브랜드 가치평가(brand valuation)는 브랜드의 자산적 가치를 추정하는 과정이다. 특정브랜드를 구입하기 위해 고객이 추가로 지불하려고 하는 금액은 브랜드의 자산적 가치를 측정하는 데 사용되는 중요한 척도 중 하나이다. 2014년 인터브랜드에서 발표한 자료를 보면 애플의 브랜드 자산가치는 1,188억달러, 구글은 1,074억달러, 삼성은 454억달러인 것으로 추정된다.

8.3.2 브랜드 자산의 원천

무엇이 브랜드 자산을 창출하는 원천인가? 고객중심적인 브랜드 자산의 관점에서 볼 때 그 답은 바로 브랜드 지식(brand knowledge)이다. 왜냐하면 브랜드 지식이 해당 브랜드에 대한 소비자의 차등적 효과를 창출하기 때문이다.

마케터가 필요로 하는 것은 소비자 기억 속에 브랜드 지식이 어떻게 자리잡고 있는지를 파악하고 잘 표현해 내어 활용하는 것이다. 이때 심리학자들이 개발해 놓은 연상네트워크기억모델(associative network memory model)이 도움이 될 수 있다.

브랜드 지식(brand knowledge)은 기억 속에 존재하는 "브랜드노드(brand node)와 그 브랜드노드에 연결고리(link)로 연결된 다양한 정보노드들의 구성체"이다. 노드는 저장된 정보와 개념을 나타내고 연결고리는 이런 정보나 개념들 사이의 연상 강도를 나타낸다.

그림 8-4 애플 브랜드 지식의 예

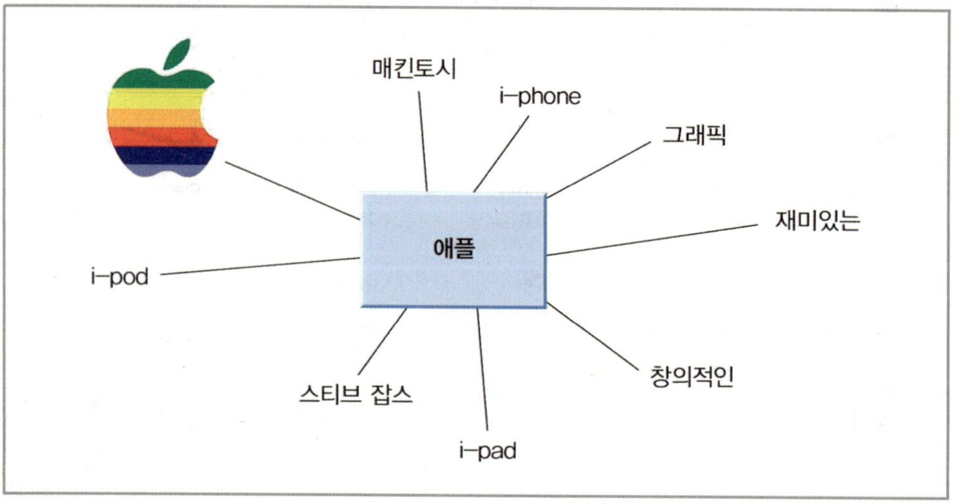

자료원: Keller, Strategic Brand Management, 2nd ed., 2003에서 수정 인용.

브랜드 지식은 특히 두 가지 차원에서 특징화할 수 있는데, 그 두 가지 구성요소는 브랜드 인지도(brand awareness)와 브랜드 이미지(brand image)이다.

무엇이 브랜드 자산을 존재토록 하는가? 브랜드 자산은 소비자가 브랜드에 대해 높은 인지도를 가지고 있고, 그 소비자의 기억 속에 강하고 호의적이며 독특한 브랜드 연상이 존재할 때 형성된다.

(1) 브랜드 인지도

브랜드 인지도(brand awareness)란 다양한 상황 속에서 소비자가 브랜드를 보조인지(recognition)하거나 비보조인지(recall)할 수 있는 능력이다. 보조인지는 특정브랜드가 주어질 때 소비자가 그 브랜드를 전에 보거나 들은 적이 있는 것으로 정확히 구별해 내는 과정이다. 보조인지는 객관식 문제에 답하는 과정에 비유될 수 있다. 예컨대 구매의사결정이 특정 점포 안에서 이루어진다면 눈앞에 브랜드가 제시되어 있으므로 보조인지가 보다 중요할 수 있다.

비보조인지는 관련 제품유형이나 그 제품유형이 충족시키는 필요, 구매상황, 사용상황 등이 단서로 주어질 때 기억 속에서 특정브랜드를 회상해 내는 과정이다. 비보조인지는 주관식 문제에 답하는 과정에 비유될 수 있다. 예컨대 점포 바깥이나 온라인 서비스처럼 그 브랜드가 바로 눈앞에 있지 않은 상황에서는 기억 속에서 그 브랜드를 상기해 낼 수 있는 비보조인지가 더욱 중요한 관건이 된다.

그렇다면 높은 수준의 브랜드 인지도를 통해 마케터가 얻을 수 있는 이점은 무엇일까? 다음과 같은 세 가지 이유 때문에 소비자 의사결정에서 중요한 역할을 하게 된다.

- **학습 촉진** 한 브랜드노드가 기억 속에 확실하게 자리잡고 있어야 그 브랜드와 관련된 서로 다른 정보들이 연상으로 그 브랜드노드에 쉽게 연결될 수 있다. 따라서 브랜드 인지도가 높아 기억 속에 확립된 브랜드노드는 소비자가 브랜드 연상을 보다 용이하게 학습할 수 있게 만든다.
- **고려 촉진** 브랜드 인지도가 높아지면 소비자가 고려대상으로 여기는 고려대상 브랜드집합에 속하게 될 가능성이 높아진다. 일반적으로 소수의 브랜드만이 포함되는 고려대상 브랜드집합에 속하게 되면 그렇지 못한 브랜드에 비해 구매될 확률이 높아지게 된다.
- **선택 촉진** 경우에 따라 소비자는 좀더 친숙하고 이름난 브랜드를 구매하기도 한

그림 8-5 브랜드 지식의 핵심적 관리 차원

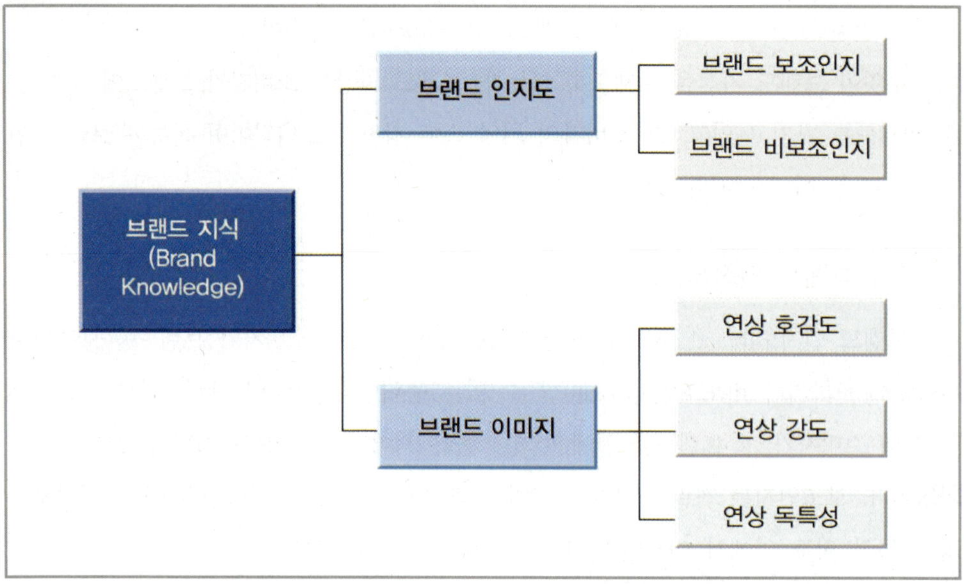

다. 소비자가 구매의사결정에 특별한 노력을 기울이지 않는 저관여의사결정시에는 브랜드 인지도만으로도 충분히 소비자의 구매를 유발할 여지가 있다.

브랜드 인지도는 어떻게 높일 수 있을까? 보조인지(recognition)와 비보조인지(recall)로 나누어 방법을 모색해 보기로 한다.

- **보조인지 제고** 보조인지를 높이는 데 가장 효과적인 방법으로 알려진 것이 '반복노출'이다. 소비자가 그 브랜드를 보고 듣고 생각하여 더 많이 경험할수록 그 브랜드가 기억 속에 강하게 새겨질 가능성이 커진다. 소비자로 하여금 브랜드명, 로고, 상징, 슬로건, 캐릭터 등의 브랜드 요소를 접할 수 있게 해주는 광고, 판촉, PR(public relations) 등 모든 활동이 브랜드 요소에 대한 인지도와 친밀성을 높일 수 있다. 이와 같은 반복노출은 소비자 기억 속에 심어진 브랜드노드의 강도, 즉 인식능력을 증가시키게 된다. 참고로 브랜드 요소의 보충을 통해 브랜드명을 시각적 · 언어적으로 강화하는 것도 반복노출의 효과를 보다 심화시키게 된다.
- **비보조인지 제고** 비보조인지를 높이기 위해서는 기억 속에서 브랜드가 관련 제품유형이나 구매상황, 소비단서 등과 연결되어야 한다. 관련 제품유형, 구매상황, 소비단서 등에 대한 창의적인 슬로건이나 CM송 등이 효과적일 수 있다.

(2) 브랜드 이미지

브랜드 이미지(brand image)란 소비자 기억 속에 새겨진 브랜드 연상(brand association)이 형성하는 전체적인 인상이다.

브랜드 연상(brand association)은 기억 속에서 브랜드노드에 연결되어 있는 또다른 정보의 노드이다. 예컨대 애플(Apple) 컴퓨터를 생각해 보자. 애플(Apple) 컴퓨터를 생각하면 무엇이 떠오르는가? 어쩌면 사과모양 로고, i-pod, 노트북, 훌륭한 디자인, 스티브 잡스, 매킨토시, 혁신적 그래픽 등 다양한 것들을 떠올릴 수 있는데, 그것들 각각이 브랜드연상(brand association)이다.

유리한 브랜드 이미지는 어떻게 해야 유발되는가?

바람직한 브랜드 이미지는 소비자의 기억 속에 강하고 호의적이며 독특한 연상을 브랜드와 연결시키는 마케팅프로그램에 의해 창출된다.

- **브랜드 연상의 호감도(favorability) 제고** 브랜드 연상은 소비자가 느끼는 호감도 면에서 다양하게 분포된다. 소비자의 욕구충족에 효과적일수록 그 속성이나 편익에 대한 브랜드 연상이 호의적으로 평가된다. 참고로 욕구충족을 위해 중요하지 않은 속성이나 편익에 대한 연상은 호감도를 높이기가 어렵다고 알려져 있다. 따라서 마케터로서는 표적고객의 욕구충족에 필수적인 속성이나 편익에 대한 호의적 연상을 창출하는 데 초점을 맞추는 것이 현명하다.
- **브랜드 연상의 독특성(uniqueness) 제고** 브랜드 연상이 경쟁브랜드와 공유될 가능성은 늘 존재한다. 브랜드 연상의 독특성이 높으면 경쟁브랜드와 차별적인 성과를 야기할 가능성도 높아진다. 여기서 독특한 브랜드 연상이란 경쟁브랜드와 공유되지 않는 차별적인 브랜드 연상이다. 마케터로서는 호감도를 높이기에 적절한 브랜드 연상 중에서 독특성도 가미할 수 있는 대상을 선별하여 마케팅 노력을 집중하는 것이 바람직하다.
- **브랜드 연상의 강도(strength) 제고** 브랜드 연상이 브랜드노드에 얼마나 강하게 연결되어 있는지를 나타내는 브랜드 연상의 강도는 소비자정보처리의 양과 질에 달려있다. 소비자가 특정브랜드 연상을 깊이 생각하고 그것을 기존 브랜드 지식에 강하게 연결시킬수록 그 브랜드 연상이 강해질 수 있다. 아울러 특정브랜드 연상에 연결된 단서의 수가 많을수록 그 정보노드가 활성화될 가능성이 커지므로 필요한 브랜드 연상은 다양한 정보노드를 연결시키는 노력이 필요하다.

참고자료 8-2

불황기의 브랜딩 전략 - 욕구의 원형(RAW)을 가진 브랜드만이 생존

1998년 한국은 IMF로 말미암아 불황의 늪을 걷고 있었고, 2009년 다시 아직 끝이 보이지 않는 불황기를 맞이하고 있다. 과거가 현재의 가장 훌륭한 예언자인 만큼 10년 전의 경험을 되돌아보고 2009년 불황기의 브랜딩 전략을 생각해 볼 수 있을 것이다.

10년 전 자료를 뒤져보면 '지식경영'과 '브랜드경영'이 불황 솔루션으로서 가장 많이 제시되었던 것을 확인할 수 있다.

10년이 지난 지금 전 세계적 경제재앙 속에서 대부분의 경영지식인들은 불황의 타개책과 대안으로 다시 '브랜드'를 말하고 있다.

그렇다면 이런 불황의 상황에서 어떻게 하면 강력한 브랜드를 구축할 수 있을까?

불황은 소비자에게 불황의 스트레스를 잊고 새로운 욕구를 만들게 하며, 기존의 습관성 소비에서 벗어나 이른바 '합리적 소비연구'라고 불리는 '작은 사치'를 찾는 방식으로 바뀌게 한다. 따라서 불황이야말로 자신의 시장에 대해 소극적 대처와 낙관적 방만함으로 일관하는 1등 브랜드의 허를 찌르거나, 신규브랜드가 새로운 시장에서 잉태되기에 매우 적합한 시기라고 할 수 있다.

브랜드를 만들 때 마케터들이 브랜드 연금술의 재료로 쓰는 것이 첫 번째가 판타지(fantasy)이고, 두 번째가 RAW, 세 번째가 슈퍼내추럴(supernatural)이다. 판타지는 사랑할 만한 브랜드로서의 스토리이며, RAW는 욕구의 본질, 슈퍼내추럴은 브랜드의 중독과 찬양이라고 말할 수 있다. 이 세 가지를 모두 사용할 수 있다면 그야말로 최고의 브랜드라고 할 수 있을 것이다. 그런데 이 셋 중에서도 RAW는 불황일 때 소비자가 선택하는 최종기준이 된다.

예를 들어, 호황일 때 어떤 사람은 자신의 젊음을 과시하고자 옷, 선글라스, 향수, 색조화장품 같은 여러 상품을 최대한 많이 구매하려 들 것이다. 그러나 불황 속에서 소비자는 여러 가지 상품 중에서 젊음을 가장 직접적으로 빠르게 보여줄 수 있는 하나의 상품(품목)만을 선택하게 된다. 그 다음 단계로 자신이 선택한 단일상품군에서 젊음을 제대로 느끼게 하는 이미지, 컨셉 그리고 메시지가 있는 브랜드를 구매하려 할 것이다. 결국 '젊음'의 원형(RAW)을 강하게 그리고 완전하게 가진 브랜드만이 생존하게 된다는 것이다.

불황 속에서 소비자의 선택은 욕구의 RAW(원형, 본질, 재해석, 새로운 문화)를 제대로 간직한 브랜드이다.

자료원: Unitas Brand (Vol.7) Editor's letter, 발췌 요약.

8.3.3 브랜드 자산관리 과정

브랜드 자산관리 과정을 4단계로 정리하면 다음과 같다.

- **목표브랜드 지식구조 설정** 먼저 마케터는 소비자 기억 속에 자리잡기를 희망하는 브랜드 지식구조를 명확하게 설정해야 한다. 예컨대 바람직한 브랜드 인지도 수준은 어디인가? 바람직한 브랜드연상의 호감도, 독특성, 강도는 각각 어느 수준인가? 등에 대한 결정을 내려야 한다.
- **커뮤니케이션 믹스 선별 및 실행** 목표로 설정한 브랜드 지식구조를 실제로 창출하기 위해 사용할 수 있는 다양한 커뮤니케이션 수단의 강·약점을 비교·평가하여 현실의 제약조건 하에서 활용할 수 있는 최상의 커뮤니케이션 믹스를 구성한 후 실행해야 한다. 관행과 외부 사례에 안주하기보다 자유로운 대안을 모색하고 각각의 비용과 효익을 토대로 대안을 모색하는 열린 자세가 중요하다.
- **지속적인 성과평가 및 피드백** 마케터는 소비자의 기억 속에서 자리잡고 있는 브랜드 지식구조의 변화를 측정해 낼 수 있는 성과추적시스템을 운용해야 한다. 이를 통해 마케터는 기존 마케팅활동 중 어떤 것이 보다 효과적인지 평가하고 향후 어떤 마케팅활동이 보다 효과적일지 선택할 단서를 얻을 수 있다.

  아울러 이러한 성과추적시스템은 경쟁브랜드의 브랜드 지식까지도 추적할 수 있어야 한다. 왜냐하면 경쟁브랜드와 공유되지 않는 차별적인 브랜드 연상을 창출하고 육성하기 위한 아이디어를 얻을 수도 있기 때문이다.
- **신중한 브랜드 확장** 마케터는 기존브랜드를 확장하여 사용할 수 있다고 생각되는 후보제품군을 도출하고 각 후보별로 브랜드 확장의 적정성을 판단하여 브랜드 확장 여부 및 대상을 선정해야 한다. 이때 브랜드 확장 이후 초래될 원래 브랜드 이미지로의 피드백 효과를 후보별 적정성 판단과정에서 면밀히 검토해야 한다.

마케터가 브랜드자산을 관리할 때 주의해야 할 지침을 두 가지로 정리하면 다음과 같다.

- **장기적 안목** 지금 실행하는 마케팅활동이 창출하는 브랜드 지식은 미래의 마케팅활동 성과에 영향을 미치므로 단기적인 안목으로는 브랜드 자산을 제대로 관리할 수 없다. 성공적인 브랜드 자산관리를 위해서는 현재의 재무 적성과에 직접적인 영향을 주지 않더라도 소비자의 기억 속에서 자리잡고 있는 브랜드 지식의 변

참고자료 8-3

브랜드 관리 실패를 부르는 행위

가축의 몸통에 인두불로 지져서 소유권를 표시하던 것을 브랜드의 효시라고 하지만 좀더 진보된 의미의 브랜드는 중세 유럽 귀족의 문장(紋章)으로 볼 수 있다. 당시 문장은 단순히 가문을 식별하기 위한 수단을 넘어서 그 가문의 정신을 상징하고 미학적으로도 매우 아름답게 디자인되어 오늘날의 브랜드와 흡사한 외형과 기능을 가지고 있었다. 특히 문장의 영문표기(coat of arms)는 '무기(방패)에 표시하는 상징'이라는 의미를 담고 있다. 생사가 오고 가는 전쟁터에서 군인들을 식별하고, 지켜주고, 용기를 주는 역할을 문장이 하였던 것이다. 이러한 문장의 전통이 제품으로 옮겨갔기에 유럽에서는 브랜드가 상업적인 목표 이상의 가치를 지니고 있다.

일등을 하는 것보다 일등을 지키는 것이 더 어렵다고 한다. 브랜드도 만드는 것 못지 않게 브랜드를 유지하고 관리하는 일이 어렵다. 그럼에도 불구하고 브랜드에 계속적인 노력을 기울여야 하는 것은 브랜드가 지속가능한 성장에 크게 기여하기 때문이다. 브랜드가 얼마나 중요한가를 보여주는 한 예로 인터브랜드 글로벌 100대 브랜드(Interbrand 100 Best Global Brands)의 국적을 순서대로 보면 미국, 독일, 일본이고 나머지 유럽국가와 한국은 2~3개 정도로 혼조세를 보이고 있다. 마치 올림픽에서 금메달 수로 국가랭킹을 메기듯이 일등 브랜드 수로 그 나라의 경제력을 가늠할 수 있는 것이다.

그러나 오늘날 한국에서의 브랜드 관리는 어떠한가? 아쉽게도 브랜드에 대한 철학이 부재한 가운데 단기적인 성과주의에 치우쳐 있다고 생각한다. 단기적인 성과추구는 브랜드의 미래를 담보로 현재 이익을 최대화하는 것이기 때문에 궁극적으로 브랜드를 망가뜨릴 것이다. 더구나 이러한 행동유형은 소수의 실패한 기업들만 범하는 것이 아니고 대다수의 기업들이 하고 있다라는 점이 아쉬움을 자아낸다. 그러면 브랜드를 망가뜨리는 행위에는 어떠한 것들이 있는지 살펴보도록 하자.

첫째, 브랜드 로고가 자주 바뀐다.

로고가 너무 자주 바뀌는 것을 볼 수 있다. 한국에서는 스포츠웨어, 통신서비스, 가전, 생활용품을 망라하는 많은 제품 영역에서 브랜드를 상징하는 로고가 계속 바뀌는 것을 볼 수 있다. 반면에 나이키 브랜드는 창업 당시부터 지금까지 '수우쉬(Swoosh)' 심볼을 유지하고 있으며 코카콜라는 120년 넘게 영문 필기체로 쓴 'Coca-Cola' 로고를 거의 변형 없이 쓰고 있다. 이는 서구에서 브랜드의 효시가 가문의 문장인 것을 생각하면 이해가 된다. 가문의 문장을 함부로 바꿀 수 없듯이 브랜드 로고도 쉽게 바꿀 수 없는 것이다. 그리고 로고뿐만 아니라 색상이나 용기의 형태도 서구에서는 변화를 많이 주지 않는다. 코카콜라의 상징색은 늘 붉은색이었으며 아직도 펫트병의 형태를 가운데가 잘룩한 원조 병모양을 유지하고 있다. 보석상 티파니는 '티파니 블루'라고 하는 옅은 푸른색을 상징색으로 하고 있어서 쇼핑백만 보아도 티파니 브랜드를 연상하게 한다.

반면에 한국의 유수 브랜드들은 로고, 색상, 형태를 다 바꾸는 것을 볼 수 있다. 브랜드가 소비자의 인식에 각인되는 시간이 약 5년이라고 상정해 볼 수 있는데 만일 6년차에 로고 디자인을 바꾸어 버린다면 지난 5년 간 쌓아온 브랜드 인지도는 상당부분 무너져 버릴 것이다. 물론 주기적으로 로고를 업데이트는 해야 한다. 그러나 브랜드 관련 업데이트는 마치 남성 드레스 셔츠를 디자인하듯이 아주 작은 부분을 변화시키지만 새로운 상품인 것처럼 느껴지게 하여야 한다. 이처럼 제한된 범위에서 변화를 주는 것은 디자이너의 더 많은 창의성을 요구할 것이다.

둘째, 브랜드 빌딩에 성공한 기업은 계속적인 투자를 하지 않는다.

일단 브랜드가 형성되면 '본전 뽑을' 생각으로 지속적인 투자를 하지 않는다. 한국의 인터넷 포털들이 한때는 TV광고를 많이 하였다. 하지만 일단 포털 순위가 매겨지고 브랜드가 구축된 다음에는 TV광고를 하지 않고 있다. 그러나 토종 포털들이 계속해서 자신의 브랜드에 투자하지 않는다면 네티즌들은 구글과 같은 외래 포털로 옮겨갈 수도 있다. 뿐만 아니라 새롭게 등장한 모바일 앱으로 이용자가 이동하면 포털의 광고 수입은 점점 줄어들 것이다.

약 25개의 십억달러 (한화로 약 1조원) 브랜드를 가지고 있는 P&G는 주요 브랜드에 관한 TV광고를 꾸준히 집행하고 있다. 그리고 각 브랜드 별로 3달 이상 TV광고 휴지기를 가지는 것을 미국에서는 금기시한다. 이에 반하여 한국 브랜드들은 6개월, 심지어 1년까지 TV광고 휴지기를 가지는 것을 볼 수 있다. 한번 브랜드 파워가 떨어지면 그것을 끌어올리는 데 더 많은 비용이 들므로 휴지기를 오래 가지는 것은 바람직하지 않다.

셋째, 패밀리 브랜드를 잘 맞지 않는 산업에도 적용시킨다.

하나의 성공적인 브랜드를 다른 제품군이나 다른 산업에 적용하는 것을 브랜드 확장이라고 하는데 브랜드가 너무 넓게 확장되면 오리지널 브랜드 컨셉이 약해지고 전문성이 결여되어 보인다. 예를 들어 롤렉스라는 브랜드는 고급 시계에만 붙여야지 중저가 시계에는 절대로 붙여서는 안 된다. 그리고 롤렉스 브랜드를 시계 외의 다른 제품군으로 확장하는 것도 어울리지 않는다.

그러나 한국의 재벌구조에서는 같은 회사 이름이 자동차, 조선, 증권, 신용카드 등 너무 다양한 산업에 걸쳐서 붙여지는 것을 볼 수 있다. 한국 소비자의 특성상 이러한 패밀리 브랜딩이 내수시장에서는 허용될지 몰라도 글로벌 시장에서는 통하지 않는다. 만일 BMW에서 증권업을 한다면 당신은 그 서비스를 이용하겠는가? 또는 스마트폰의 브랜드명이 야구팀과 동일하다면 그 스마트폰을 사겠는가? 어떤 외국인 친구가 필자에게 "배를 만드는 일본 회사에서 노트북 PC를 같은 브랜드로 팔고 있는데 전혀 전문성이 느껴지지 않는다"라고 한 적이 있었다. 한국 기업은 현대, 삼성, SK와 같은 기업 브랜드를 모든 업종에 붙이는데 글로벌 진출 관점에서 다시 생각해 봐야 할 일이다.

이 밖에도, 전사적인 지원을 받아야 하는 브랜드 관리를 마케팅 부서에만 위임하는 것도 좋지 않은 관행이다. 그리고 브랜드 헌장이 없어서 담당자가 바뀔 때마다 브랜드 컨셉이나 로고가 바뀌고 있다. 이제 지속적인 경쟁우위와 글로벌화를 위해 브랜드 체계를 다시 잡아가야 할 때라고 생각된다.

자료원: 주우진, 이코노미조선, 2016. 9. 7.

화에 촉각을 기울이는 장기적 안목과 자세가 요구된다.

- **폭넓은 안목** 특정브랜드와 관련된 마케팅활동은 직접 혹은 간접적인 경로를 통해 소비자 기억 속의 브랜드 지식에 영향을 미친다. 성공적인 브랜드 자산관리를 위해서는 브랜드 인지도와 브랜드 이미지에 직접적인 영향을 미치는 커뮤니케이션 외에도 제품자체, 가격, 유통경로관리과정 등 광범위한 마케팅활동이 브랜드 지식에 미칠 영향에 대한 심층적인 고려가 필요하다.

CHAPTER 9

신제품 개발과 제품수명주기 관리

9.1 신제품의 의의
9.2 신제품 성공의 조건
9.3 신제품 개발과정
9.4 제품수명주기 관리

Marketing Management

사례 9-1 소비자 참여 신제품디자인 콘테스트의 강자, 스레드리스(Threadless)

스레드리스(Threadless)는 2000년 설립하여 미국 시카고(Chicago)에 본사를 두고 있는 회화예술인 커뮤니티(artist community) 겸 전자상거래 웹사이트(e-commerce website)다. 스레드리스(Threadless)는 회화예술인들(artists)이 그들의 작품을 위한 캔버스로 사용할 수 있는 새로운 제품군을 사업영역으로 차례차례 도입하고 있다.

스레드리스(Threadless)의 독특한 경영활동 중 하나가 일주일 주기의 디자인 콘테스트(design challenge)다. 스레드리스(Threadless)는 매주 디자인 콘테스트(design challenge)를 진행한다. 디자인은 스레드리스(Threadless) 온라인 커뮤니티를 통해 수집되어 선별된다. 매주 약 1,000개의 디자인이 온라인 커뮤니티상의 디자인 제출 페이지로 업로드 된다. 스레드리스(Threadless)는 평균 점수와 커뮤니티 피드백을 바탕으로 매주 약 10개의 디자인을 선정해 의류, 장신구 등에 인쇄하여 온라인 스토어 등을 통해 전 세계로 판매한다.

스레드리스(Threadless) 주간 디자인 콘테스트(design challenge)

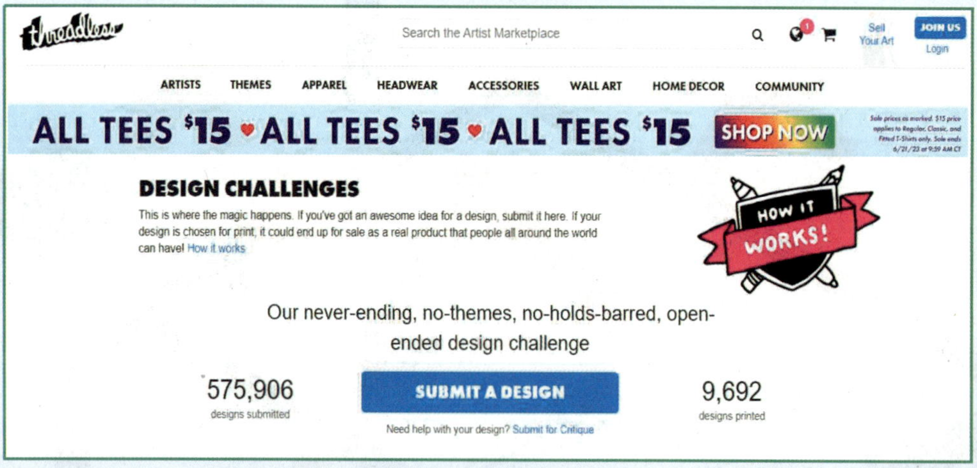

자료원: https://www.threadless.com/make/submit/.

대부분의 스레드리스(Threadless) 티셔츠는 스크린 프린팅 기법(screen printing technique)으로 인쇄된다. 스크린 프린팅(screen printing)은 망사 스크린의 미세한 공백들을 통해 셔츠에 수성 잉크를 도포하는 원리를 사용한다. 장점은 소규모 시설로 여러 색상의 곡면 인쇄가 가능하며 비용이 적게 든다는 점이다. 다만, 대량 인쇄에는 적합하지 않다는 점이 단점이다.

작품을 인쇄한 디자이너는 해당 제품 판매로부터 발생하는 이익의 20%를 로열티(royalty)로 월별 수령한다. 주간 디자인 콘테스트(design challenge) 우승자에게 2,500달러의 상금을 제공하던 스레드리스(Threadless)는 2014년부터 우승자에게 일종의 디지털 상품권인 기프트코드(gift code) 250달러 어치를 제공하고 판매에 대한 로열티(royalty)를 제공하고 있다. 물론 회화예술인이 본인 작품에 대한 대부분의 권리를 보유하는 식이다.

스레드리스(Threadless)는 주간 디자인 콘테스트(design challenge) 외에도 주제별 디자인 콘테스트(design challenge)를 진행한다. 이는 스레드리스(Threadless)가 디자인과 제품 구색을 주제별로 관리하는데 도움이 된다. 참가자 입장에서도 좋은 점이 있다. 주제별 디자인 콘테스트 수상자는 추가 현금 보상을 얻을 수 있다. 구체적으로 1등은 현금 1,250달러와 기프트코드 250달러, 2등은 현금 500달러와 기프트코드 250달러, 3등은 현금 250달러와 기프트코드 250달러를 받는다. 그 밖에도 모든 응모자의 디자인(1위 수상자 포함)은 인쇄되어 판매되는 경우 단위제품당 최대 20달러를 받게 된다. 이는 소비자 만족도를 높이는데도 기여한다.

스레드리스(Threadless) 주제별 디자인 콘테스트(design challenge)

자료원: https://www.threadless.com/minimalism3/.

시스템화 한 디자인 콘테스트가 스레드리스의 핵심역량 중 하나로 꼽히고 있다. 독특한소비자 참여 신제품개발 시스템을 안정적으로 운용하면서 의류 외 다각화를 시도하는 스레드리스의 전략은 앞으로도 흥미로운 연구 대상이다.

자료원: 김현식(2022), 코케팅, 경문사, https://en.wikipedia.org/wiki/Threadless.

사례 9-2 반응적 신제품 개발전략의 성공신화, 갤럭시 시리즈

선제적(proactive) 신제품 개발전략을 통해 스마트폰 시장을 개척해 온 애플과 달리 삼성전자는 반응적(reactive) 신제품 개발전략을 통해 갤럭시 시리즈를 시장에 내놓으면서 짧은 시간 안에 선도자를 따라잡고 보다 앞서 나가기 위해 치열한 경합을 펼치고 있다. 참고로 선제적 신제품 개발전략은 숨어 있는 시장기회를 발견하여 능동적으로 신제품을 출시함으로써 시장을 선도해가는 방식인 데 반해 반응적 신제품 개발전략은 경쟁제품 출시 등 신제품 개발을 유발하는 외부 요인이 자연스럽게 발생하도록 기다리다가 빠르게 신제품을 추격 출시하는 방식을 의미한다.

삼성전자는 애플이 아이폰 시리즈를 통해 화면 터치 방식의 스마트폰 시장을 개척하며 스마트폰 시장의 방향성을 확립해가는 징후를 확인하면서부터 축적된 신제품 연구개발 역량을 총동원하여 빠르게 신제품을 연속적으로 출시하였다. 이후 초기의 일방적인 열세를 극복하고 불과 2, 3년만에 주요 신제품 출시자로서의 지위에 도달하게 되었다. 실제로 삼성전자에서 출시한 갤럭시 S3는 출시 5개월만에 전세계 3,000만대, 갤럭시 노트2는 2개월만에 500만대 판매를 돌파하는 등 기록적인 판매량을 기록하였다. 이는 갤럭시 S2와 갤럭시 노트에 비해 2배 이상 빠른 속도이다. 국내에서 300만대 판매 돌파에 걸린 시간을 보면 갤럭시 S가 1년, 갤럭시 S2가 4개월, 갤럭시 S3가 3개월로 나타나 갤럭시 S 시리즈의 성공적인 성과가 확인된다.

삼성전자와 애플의 스마트폰 판매량

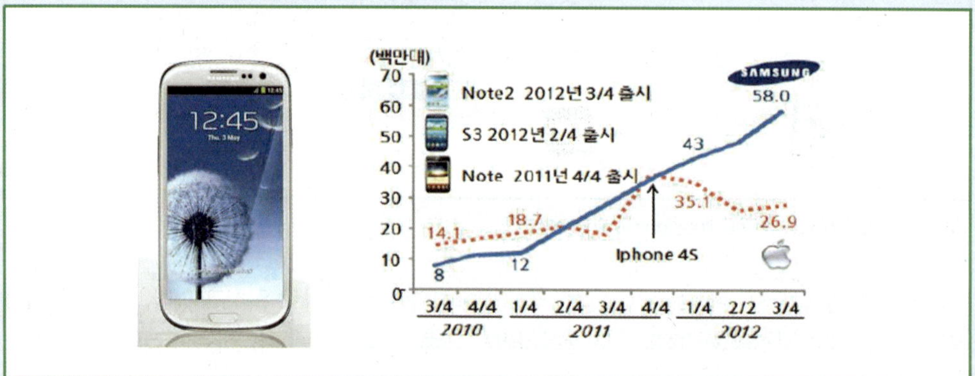

이러한 갤럭시 시리즈를 통한 연속적인 신제품 성공에 힘입어 삼성전자는 스마트폰 판매량 세계 1위에 올라서며 스마트폰 개척자인 애플과의 판매량 격차를 확대하고 있다. 2012년 3사분기 판매

량이 약 5,800만대로 2,700여만대를 판매한 애플과의 격차가 2배 이상 나는 것으로 확인된 바 있다.

애플의 높은 이익률에는 미치지 못하지만 2012년 현재 기준으로 유일하게 애플의 스마트폰 신제품 개발 역량에 필적할 만큼 성과를 내면서 규모의 경제를 누리고 있는 삼성전자의 마케팅 성과는 최근의 신제품 개발 성공사례 중 하나로 꼽을 수 있을 것이다.

자료원: 삼성경제연구소 CEO Information 2012. 12. 12. 참조 정리.

사례 9-3 성숙기의 위기징후와 삼성전자의 고민

2014년을 지나며 상황은 급변하고 있다. 갤럭시 시리즈의 성공가도와 함께 2013년 하반기 삼성전자 주가와 영업이익이 사상 최대에 달한 이후 불과 1년 지난 2014년 10월 빠르게 찾아온 스마트폰 실적 저하와 함께 주가는 최고점 대비 30% 하락하고 영업이익도 전년 동기 대비 절반 이하로 떨어지고 있다.

2014년을 지나며 스마트폰 시장은 성숙기로 접어드는 징후를 보이고 있다. 시장조사기관 IDC 발표에 따르면 2013년 전세계 스마트폰 시장은 39% 선장했으나, 2014년에는 19%로 급감하고 있다. 게다가 향후 성장전망도 어두워 2017년에는 8% 성장하는 데 그칠 것으로 전망했다. 우리나라 역시 스마트폰 가입자 수가 2014년 4,000만명 수준에 달하여 미취학 아동 등 일부를 제외한 전국민 1 스마트폰 시대를 맞고 있다. 갤럭시 시리즈가 겨냥하는 선진국 프리미엄 스마트폰 시장은 이제 교체수요만 남은 셈이다.

급속히 성장하고 있는 중저가 스마트폰 시장은 새로운 차원의 경쟁이 벌어지고 있다. 중국의 샤오미는 구글의 안드로이드 운영체제를 자체적으로 변형한 변형 안드로이드 운영체제(Android

Open Source Platform)을 적용하여 자국 내 중저가 스마트폰 소비자들에 필요한 앱 위주로 제공하며 자신들의 팬으로 만들어가고 있다. 심지어 스마트폰이 조립 PC처럼 모듈화되고 있기도 하다. 구글이 후원하는 조립형 스마트폰 프로젝트인 아라(Ara)는 인도에서 100달러 대의 조립형 스마트폰 출시를 하고 있다.

삼성전자로서는 너무 늦기 전에 성공 모멘텀을 회복해야 하는 입장이지만 난제가 중첩해 있는 형국이다. 갤럭시 스마트폰 시리즈를 출시하며 반응적 신제품 개발전략의 성공신화를 써 온 삼성전자는 지금의 도전에 슬기롭게 대처할 수 있을 것인가. 결국 성숙기로 치달으며 경쟁이 심화하는 스마트폰 시장에서 지금 내리고 있거나 앞으로 내릴 의사결정들이 결과를 알려줄 것이다.

자료원: 커넥팅랩, 모바일트렌드 2015, 2014, 미래의 창.

9.1 신제품의 의의

9.1.1 신제품의 개념

신제품(new product)이란 문자 그대로 '새로운 제품'을 의미한다. 마케터와 소비자 모두 '새로움'을 공감할 만큼 높은 수준의 '새로움'을 구현한 혁신적 제품은 당연히 신제품으로 보아야 한다. 그런데 마케터만 '새로움'을 느낄 수 있을 뿐 소비자가 '새로움'을 체감하기 어려울 만큼 낮은 수준의 '새로움'을 구현한 개선형 제품은 신제품으로 부르는 것이 바람직한지 논의가 필요할 수 있다.

부즈 · 앨런 · 해밀턴(Booz, Allen, and Hamilton)은 이를 높은 수준의 새로움을 제공하는 신제품부터 낮은 수준의 새로움을 제공하는 신제품까지 다음과 같은 서로 다른 신제품 유형으로 제시하고 있다. 혁신적 신제품(new-to-world products), 신제품라인(new product lines), 라인 내 추가제품(additions to existing product lines), 부분개선제품(improvements of existing products), 재포지셔닝제품(repositionings), 비용절감제품(cost reduction). 혁신적 신제품은 전례 없던 신시장을 창출하는 높은 수준의 새로움을 제공하는 신제품을 의미하며, 반대편 극단인 비용절감제품은 기존제품과 거의 유사한 편익을 보다 낮은 비용으로 구현하는 낮은 수준의 새로움을 제공하는 신제품을 의미한다고 볼 수 있다.

마케터와 소비자의 '새로움' 체감수준이 다를 경우 신제품 개념 규정이 생각만큼 쉽지 않다는 점에 착안하여 도입기간이나 시장점유율 등 다른 잣대를 사용하여 신제품을 규정하는 경우도 있다. 미국의 연방거래위원회 규약(FTC, 1967)에 따르면 실질적인 면에서의 변화가 있는 제품으로 시장에 도입된지 6개월 이내의 제품인 경우에만 신제품이라고 광고할 수 있다. 연구자들 중에는 최근 도입되어 시장점유율 10% 미만인 제품만을 신제품으로 규정하기도 한다.

이 책에서는 마케터가 어떤 수준의 새로움을 제공하는 신제품인지 판별하고, 그 신제품을 어떻게 개발하고 관리하는 것이 효과적인지 시사점을 도출하는 데 유리하도록 "마케터(기업) 입장에서 '새로움'을 인정하는 제품"을 신제품으로 정의하여 사용하기로 한다. 현장에서 실무적으로 신제품을 규정해야 하는 경우 이 책의 신제품 정의를 토대로 각자의 마케팅 상황에 맞게 '도입 6개월 이내' 혹은 '시장점유율 10% 이내' 등의 추가적 조건을 부가할 수 있을 것이다.

9.1.2 신제품의 중요성

신제품은 마케터와 마케터가 속한 조직의 생존과 성장에 필수적이다. 왜냐하면 기존 제품에 대한 소비자의 요구가 충족되거나 보다 나은 경쟁제품이 등장하게 되면 마케터의 성과는 악화될 수밖에 없기 때문이다. 결국 신제품을 개발하지 않는다면 결국 마케터가 속한 조직의 생존이 힘들어지는 시점이 언제고 닥칠 것은 명약관화하다.

다행히 신제품 개발이 성공적으로 이루어지면 그 보상은 클 수 있다. 애플(Apple)이 아이폰을 개발한 이후 아이패드, 아이폰 후속모델을 연속적으로 히트시키면서 불과 수년 사이에 세계에서 가장 가치를 지닌 기업으로 성장한 사례를 보면 신제품 개발의 보상이 얼마나 클 수 있는지 확인할 수 있다. 부즈 · 앨런 · 해밀턴(Booz, Allen, and Hamilton) 등 다양한 연구의 자료에 의하면 3년 이내 개발된 신제품이 매출의 25%를 차지하거나 5년 이내 개발된 신제품이 조직 성장률의 25% 이상을 견인한다고 한다.

문제는 신제품 개발 노력이 매번 성공을 거두기 어려우며, 실제적으로 실패율이 높다는 데 있다. 부즈 · 앨런 · 해밀턴(Booz, Allen, and Hamilton)도 신제품 아이디어 7개 중에서 하나 정도가 신제품으로 시장에 출시되며, 나아가 그 중에서도 일부만이 성공을 거둔다는 사실을 발견한 바 있다. 결국 마케터로서는 신제품을 효과적으로 확충하기 위해 세심한 노력을 기울여야 할 것이다.

9.1.3 신제품 개발전략

마케터는 선제적(proactive) 신제품 개발 전략 혹은 반응적(reactive) 신제품 개발 전략을 통해 신제품을 확보할 수 있다.

어반 · 하우저(Urban and Hauser)에 따르면 선제적 신제품 개발전략은 숨어 있는 시장기회를 발견하여 능동적으로 신제품을 출시함으로써 시장을 선도해가는 방식인 데 반해 반응적 신제품 개발전략은 경쟁제품 출시 등 신제품 개발을 유발하는 외부 요인이 자연스럽게 발생하도록 기다리다가 빠르게 신제품을 추격 출시하는 방식을 의미한다.

애플(Apple)이 아이폰을 선제적으로 출시하자 삼성전자가 갤럭시폰을 반응적으로 출시한 사례에서 나타나듯이 상황과 조건에 맞추어 적절한 신제품 개발전략을 구사할 수 있다. 일반적으로 시장의 규모가 충분히 크고 특허 등을 통해 선제적 신제품의 장점을 보호할 수 있으며 경쟁자가 모방하기 어려울수록 선제적 신제품 개발전략이 적합하며, 반대의 조건에서는 반응적 신제품 개발전략이 유리한 것으로 알려져 있다.

9.2 신제품 성공의 조건

성공적인 신제품을 개발하기 위해서는 신제품의 성공요인과 실패요인을 철저히 파악한 후 전사적인 시스템으로 대응하여 개발하여야 한다. 신제품 개발에 있어서 다음 [표 9-1]과 같은 성공요인과 실패요인이 있다.

표 9-1 신제품의 성공요인과 실패요인

성공요인	실패요인
소비자의 욕구 충족	부정적인 조사결과 무시 후 진행
기업능력과 부합	시장크기의 과대평가
동일한 고객층	새롭지 않은 신제품
기술혁신	좋지 않은 디자인
디자인의 우월성	잘못된 제품 포지셔닝
최고경영자의 관심	과다한 개발/광고 비용
체계적 신제품 개발과정 적용	경쟁자의 반응

9.2.1 신제품 성공요인

신제품의 성공요인으로 다음의 일곱 가지를 들 수 있다.

(1) 소비자의 욕구 충족

개발된 신제품은 소비자의 욕구를 충족시켜야 한다. 이는 가장 기본적이며 중요한 요소이다. 일본의 혼다(Honda)자동차는 일본 자동차 제조업체 중에서 가장 늦게 자동차 생산을 시작하였으나 CVCC(Compound Vortex Controlled Combution)란 복합와류연소엔진을 개발하여 이를 탑재한 소형차를 생산하였다. CVCC를 통해 세계최초로 미국의 배출가스규제기준인 머스키법을 지킬 수 있게 되었고 이런 신기술을 시장에 도입함으로써 첨단기술을 지닌 기업이란 이미지로 소비자들에게 확실히 각인되어 성공할 수 있었다. 또한 미래에셋의 경우는 저금리시대의 증권투자의 리스크를 해결하는 상품인 뮤추얼펀드(Mutual Fund)를 국내 최초로 도입해 큰 성공을 거두었다.

(2) 기업능력과 부합

기업의 능력이 신제품 개발에 요구되는 활동과 부합되어야 한다. 이를 위해서는 기업의 핵심 역량을 지렛대로 활용하는 것이 좋다. 기업의 핵심 기술을 활용하여 신제품을 개발함과 동시에, 또 이를 통하여 기존의 성공한 브랜드를 확장시킬 수 있을 것이다. 예를 들어, 던힐(Dunhill)은 과거에 자동차 액세서리나 의류공급에서 출발하여 현재 담배, 라이터, 만년필, 액세서리 등 남성패션의 다양한 제품을 출시하고 있다. 이는 던힐만의 고유한 기업능력인 브랜드 이미지를 다양한 제품에 활용한 것이라 볼 수 있다.

(3) 동일한 고객층

기업이 보유하고 있는 고객층은 기업의 귀중한 자산이다. 고객을 새롭게 확보하기 위해서는 많은 비용과 노력이 수반되기 때문이다. 이에 기업은 동일한 고객층을 대상으로 신제품 개발활동을 하는 것이 효율적이다. 예를 들어, 씨티그룹은 경쟁이 심화되고 있는 금융업계에서 고객을 놓치지 않기 위해 고객이 은행에 찾아오면 예금, 대출, 신용카드, 보험, 투자, 리스를 한번에 해결할 수 있도록 원스톱 서비스를 개발하여 제공하고 있다.

(4) 기술혁신

기업은 끊임없이 기술을 혁신하는 노력을 기울여야 한다. 기술혁신은 많은 자본과 인력을 필요로 하여 실패할 경우 위험을 수반하나 성공할 경우에는 기업으로 하여금 선도자 이점(pioneer advantage)을 가지게 한다. 혁신적인 기술을 활용한 신제품은 초기에 제품을 출시할 때 경쟁자가 없기 때문에 높은 가격에 판매될 수 있다. 또한 처음에는 선도자로서 유통과정, 원자재 조달 등 유리한 포지셔닝에서 경쟁할 수 있고, 고객이 가장 먼저 떠올릴 수 있는 기업으로 먼저 자리잡을 수 있게 되어 후발 진입 기업에 대한 시장진입 장벽의 구축도 가능하다.

이러한 기술혁신의 성공과 실패가 극명하게 나타는 시장이 바로 자동차시장이다. 도요타(Toyota)의 프리우스(Prius) 자동차는 가솔린과 전기를 사용하는 하이브리드 자동차로서 연비가 동종차의 2배나 된다. 프리우스는 지속적으로 유가가 상승하는 시기에 미국 소비자들에게 인기를 끌었다. 이를 통해 미국에서 기술 선구자로서의 도요타 자동차의 이미지 또한 향상되었다. 반면 GM은 1996년부터 1999년까지 전기차를 개발했으나 배터리 충전 기술이 부족하여 소비자들에게 외면당하게 되었으며 막대한 손해를 입었다.

사례 9-4 이자녹스의 신제품 개발

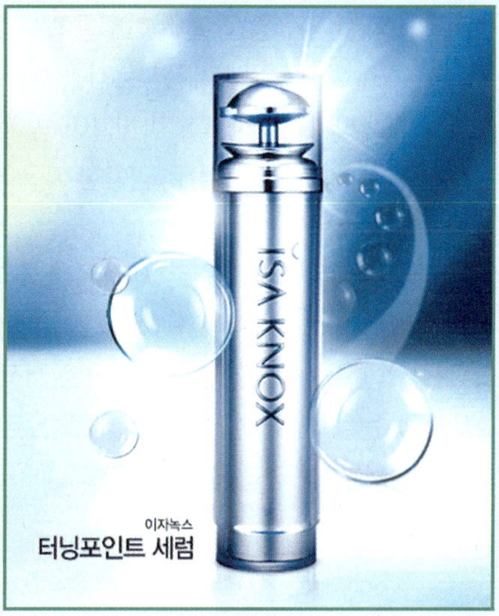

"Of the Consumer, By the Consumer, For the Consumer"

LG 생활건강 화장품사업부 이자녹스(ISA KNOX) 팀은 2005년 2월 5명의 BM(Brand Manager) 외에 또 한 명의 BM을 추가했다. 주동운 기능성 제품라인 담당 BM은 '20대 후반, 30대 초반을 위한 기능성 제품'이라는 신제품 개발 카테고리를 정한 후 홈페이지를 통해 표적 연령대의 신제품 개발에 참여할 소비자를 모집했다. 사실상 구체적인 제품컨셉이나 신제품 개발 아이디어는 없는 상태였다. 이자녹스팀은 대신에 소비자의 아이디어를 적극 반영하여 소비자를 위한 제품을 선보일 새로운 시도를 해보고 싶었다. 새로운 제품을 사용해 보고 주변에게 의견을 전달하는 단순한 의견 선도자와는 달리 제품 기획 및 유통의 모든 생산과 판매활동에 직접적으로 참여해 영향력을 행사하는 프로슈머(Prosumer: Producer와 Consumer의 합성어, 앨빈 토플러의 '제3의 물결'에서 처음 언급) 그룹에게 LG 생활건강은 제품라인 담당자만이 가질 수 있는 BM이라는 칭호를 붙여주었다. 그들의 의견을 존중하고 적극 반영하겠다는 의지의 상징이었다.

프로슈머란 신제품 개발에 있어서 해당시장의 소비자로서 기업 내의 다른 부서나 동종 산업군의 다른 기업에 종사해 본 경험이 있거나 높은 지식수준을 갖추고 있어 제품개발에 있어서 전문가적인 역할을 담당할 수 있는 사람으로 정의된다(Griffin A. and Somermeyer S. 2007). 프로슈머는 일반 소비자의 입장을 이해하고 대변할 뿐만 아니라 신제품을 개발하는 회사와 직접적으로 이해관계를 지니고 있지 않기 때문에 편파적인 시각에서 벗어나 자유롭게 의견을 개진할 수 있는 위치에 있다. 직접적으로 제품개발의 책임이 프로슈머에게 귀속되지 않기 때문에 제품개발팀원들보다 더 자유롭게 의견을 개진할 수 있고 팀원만큼이나 전문적인 지식을 갖고 있기 때문에 개발에 있어서의 문제점 또한 발견하고 지적할 수 있다.

2005년 2~11월까지 소비자 BM들은 지속적으로 온라인과 오프라인 미팅에서 제품컨셉에서부터 유통전략까지의 과제를 나누며 회사측에 자신의 의견을 개진했다. 20대 후반 어느 순간, 거울

속 자신의 얼굴이 낯설게 느껴지는 '피부노화가 시작되는 그 시점'에 필요한 제품을 개발하고 싶다는 소비자 BM들의 공통적인 생각은 '터닝포인트'라는 제품컨셉으로 구체화되었다. 이에 1990년대 중반 국내 최초로 기능성 화장품시장을 개척한 LG 생활건강의 연구진의 기술력과 소비자의 아이디어가 결합되면서 주름개선 및 미백효과를 지닌 세럼을 출시하게 되었다.

터닝포인트 세럼 개발이 순탄한 것만은 아니었다. 분명 사용 후 개선효과가 뛰어난 제품임에도 불구하고 효소 캡슐사용에서 유발된 과도한 유분감이 문제가 되었다. 사용감을 높이는 것이 기술적으로 어려워 제품성공을 확신할 수 없어 제품출시를 포기할 어려움에 처했다. 이때 회사측에 제품개발에 대한 자신감을 불어넣어 끝까지 개발을 이루게 한 주체는 다름 아닌 소비자 BM이었다. 3개월간 고된 연구 끝에 제품사용감을 높인 제품은 5개의 디자인 기안 중 소비자 BM이 고른 용기에 담겨 시장에 출시되었다. 마진율이 높거나 매출증대에 기여할 수 있는 제품을 찾는 유통관계자들도 소비자 BM들이 만들고 검증한 제품에 대해 신뢰감을 갖게 되어 자신감 있게 제품을 소비자에게 선보일 수 있었다.

시장에 출시된 터닝포인트 세럼은 소비자의 뜨거운 반응을 일으켰다. '소비자들이 직접 검증한 제품'이라는 사실이 소비자들이 믿고 구매할 수 있도록 촉진효과로 작용하기도 했다. 무엇보다도 그 성공요인은 소비자만의 아이디어로 시작해 소비자의 욕구를 충족시킬 수 있는 고품질의 제품을 소비자의 눈을 사로잡을 수 있는 방법으로 마케팅한 결과라 할 수 있다. 이자녹스팀은 향후에도 소비자 BM을 적극 활용할 생각이다.

자료원: Griffin, Abbie, and S. Somermeyer, The PDMA Toolbook for New Product Development 3, John Wiley & Son, Inc., 2007; 장업신문 2001. 10. 17; 장업신문 2006. 12. 11; Cosmetic Mania News, 2005. 9. 3; 이자녹스 홈페이지(www.isaknox.co.kr).

프로슈머의 역할

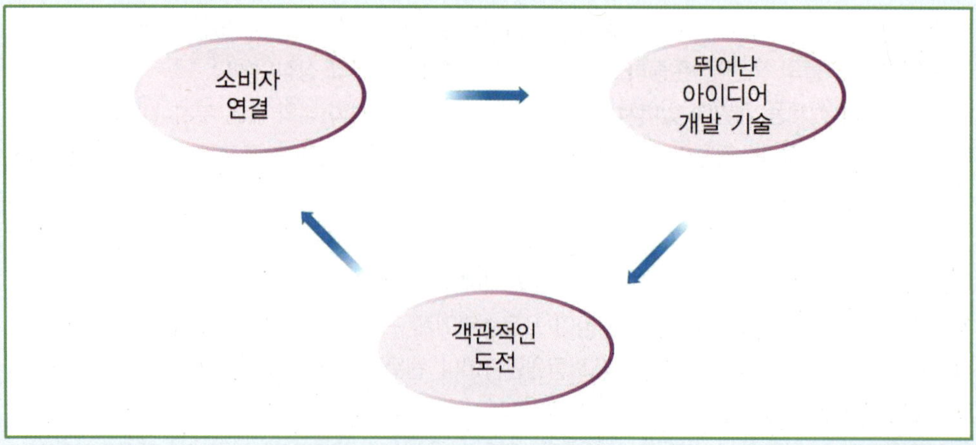

자료원: Griffin, Abbie, and S. Somermeyer, The PDMA Toolbook for New Product Development 3, John Wiley & Son, Inc., 2007.

(5) 디자인의 우월성

기술 차원에서의 경쟁이 심화되는 경우 뛰어난 디자인은 큰 경쟁적 우위를 지닐 수 있다. 샤프(Sharp)는 과거 단순한 기계의 공급에서 벗어나 심미적 측면, 촉감과 사용시 편리함, 사용 및 조작이 용이함, 설치 · 저장 · 수리 · 청소가 용이, 생산 및 재활용 용이함의 측면을 강조하는 휴먼웨어적 디자인을 추구하여 시장의 큰 반응을 얻고 있다. 애플(Apple)사의 경우 디자인은 이 기업의 지속적 경쟁우위의 원천이 되고 있다. 시사주간지 TIME은 애플(Apple)사의 iPhone을 2007년 올해의 발명품(Invention of the year)으로 선정하였는데 디자인이 아름답다는 것을 그 첫 번째 이유로 꼽았다. 2001년에 애플은 mp3플레이어 ipod를 당시 200달러가 넘는 가격에 출시했다. 소비자들은 워크맨 복제품을 50달러 이하로 살 수 있었던 시기였다. 그렇지만 디자인이 인상적인 기기(Impressive Piece of Design)란 소문이 나면서 2003년에는 100만개 이상이 팔려나갔다.

(6) 최고경영자의 관심

최고경영자 또는 영향력 있는 임원이 참여하고 관심을 가져 기업의 자원이 신제품 개발에 잘 배분되도록 하며 여러 부서가 협력하도록 하여야 한다. 특히 최고경영자의 관심은 개발팀의 동기부여에 도움이 된다. 애플(Apple)사의 최고경영자인 스티브 잡스는 ipod를 구상하고 개발에 중심적인 역할을 담당했다. 또한 휴대폰업계 CEO들은 신제품의 기능과 서비스 등을 먼저 시험해 보기 위해 자신의 휴대폰을 최신 제품으로 자주 교체하며 반자발적인 조기수용자(early adaptor)로서의 역할을 하기도 한다.

(7) 체계적 신제품 개발과정 적용

신제품 개발은 체계적인 개발과정을 통해 이뤄져야 한다. 제품 개발의 모든 단계에는 시장조사를 통한 고객의 소리가 반영되어야 한다. 또 충분한 제품 테스트 과정을 거쳐야 하며, 위원회를 활용하여 의사결정을 효율적으로 진행하고, 손익분석을 통한 리스크 관리도 해야 할 것이다. 휴맥스의 경우 1990년대 중반 디지털셋톱박스를 개발하였는데 국내에 수요가 부족하여 유럽시장에 수출을 시작하였다. 하지만 기술력이 부족하여 수출을 시작한 다음 해 절반이 반품되어 돌아왔고, 그 해 내내 제품을 수리하는 과정을 겪었다. 이 과정을 거치며 단점을 보완한 신제품을 개발해서 시장에 내놓았을 때 비로

소 소비자의 호응이 매우 좋아지게 되었다.

9.2.2 신제품 실패원인

신제품 실패에는 다음과 같은 이유가 있다.

(1) 부정적인 조사결과 무시 후 진행

소비자 조사결과가 부정적으로 나오는 데도 불구하고 이를 무시하고 신제품 출시를 진행하는 것이다. 기업은 신제품 개발의 매 단계마다 소비자의 요구가 가장 중요하다는 것을 잊어서는 안 된다. 기업은 소비자의 신제품에 대한 욕구가 없거나 제품을 구매할 만큼 충분하지 않음에도 불구하고 기업이 관심 있는 제품을 개발하여 시장에 무조건 내놓는 경우도 있다. 휴맥스의 경우 1980년대 자동차후방카메라를 개발하여 출시하였으나 당시 소비자들의 기호에 비해 너무 앞선 기술이었기 때문에 성공하지 못하였다. 또 애플(Apple)사의 최고경영자였던 스티브 잡스는 매킨토시 성공 이후에 '혁신을 위한 혁신'을 추구하는 고질적인 기술집착증에 빠져 시장조사를 외면한 기술혁신적인 PC를 출시하게 된다. 그 결과 2003년 애플사의 세계 PC 점유율은 2%에도 미치지 못하게 되었다.

(2) 시장크기의 과대평가

신제품에 대한 욕구를 가진 소비자들의 수를 과대하게 계산하여 신제품의 수요가 많을 것이라 가정하는 것이다. 적정 규모의 수요시장이 뒷받침되지 않은 채 진행한 신제품은 수익창출에 실패하게 된다. 따라서 수요시장의 예측과 수익성 검증이 무척 중요하다. 특히 신제품일수록 소비자가 구매까지 할 의향이 있는 시장을 공략하는 것이 중요하다.

(3) 새롭지 않은 신제품

신제품이 기존제품에 비해 혁신적인 요소가 없기 때문에 소비자의 반응을 이끌어내지 못하는 경우이다. 소비자에게 왜 신제품을 구매해야 하는지 이유를 제공하지 못하므로 소비자는 구매할 필요를 느끼지 못하게 된다. 비슷한 주제를 가진 '괴물'과 '용가리'가 좋은 예가 될 수 있다. 봉준호 감독의 '괴물'은 주제가 별로 독특하지 않음에도 불구하고 가족애가 담긴 탄탄한 줄거리와 실감나는 영상으로 한국영화 역사상 가장 많은 관객을 동원하게 되었다.

(4) 좋지 않은 디자인

오늘날은 기술의 발달로 인해 대부분 제품이 어느 정도 수준의 기술을 달성하고 있다. 그렇기 때문에 제품구매의 주 이유가 디자인이 되는 경우가 많다. 아무리 기술이 뛰어나더라도 디자인이 뒷받침해 주지 못한다면 실패하고 만다. 2004년 초, 한국의 모토로라는 품질경영을 내세우며 제품기능을 향상 시키는 데 노력하고 있었으나, 내수시장을 장악하고 있던 삼성과 팬택, LG 등 경쟁기업에게 밀려 고전을 면치 못했다. 한국의 모토로라를 살린 것은 기술혁신이 아니라 디자인혁신이었다. 면도날처럼 얇다는 의미의 레이저(Razr)폰이 시장에서 큰 성공을 거둔 것이다. 레이저폰이 기존 모토로라의 다른 기종에 비해 특별한 성능을 갖춘 것은 아니었다. 다만 디지털 감성에 맞춘 뛰어난 디자인이 성공의 핵심 요인이었다.

(5) 잘못된 제품 포지셔닝

신제품이 매우 혁신적일 지라도 신제품이 소비자에게 어떻게 전달되느냐가 성공여부를 결정할 수 있다. 따라서, 광고 · 소구점 · 가격 등을 고려한 적절한 마케팅 전략의 수립은 신제품의 성공적 시장 안착에 있어 매우 중요하다고 할 수 있다. 대우일렉트로닉스는 2001년에 세제를 넣지 않고도 세탁이 가능한 무세제 세탁기 마이더스를 출시했다. 이는 특수 전기분해장치를 통해 수돗물의 성분을 세탁과 살균이 가능한 세탁이온수로 변환하도록 하는 원리이다. 하지만 대우 일렉트로닉스는 무세제 세탁기에 대한 소비자의 공감대가 충분히 형성되지 않은 상태에서 제품을 출시한 탓에 실패에 이르고 말았다. 반면 기능 및 가격 전략이 적절히 수립된 삼성과 LG의 이온 드럼세탁기는 대대적인 성공을 거두게 되었다.

(6) 과다한 개발/광고 비용

과다하게 개발하거나 광고를 한다고 반드시 성공하는 것은 아니다. 신제품 개발에 있어서 개발과정에 드는 예산을 고려해야 한다. 제약산업은 신제품 개발 위험이 가장 큰 대표적인 산업이다. 세계 최대의 제약회사 화이자는 2007년 10월 흡입형 인슐린 제

사례 9-5

Sony AIBO – 세계 최초 상용화 애완로봇

1999년 SONY사는 세계 최초의 감성 지능형 엔터테인먼트 로봇 'AIBO'를 출시하였다. 기존의 로봇은 기능 측면에 한정되어 반복적이고 정교함을 필요로 하는 산업로봇과 소비자의 삶에 밀착되어 능동적으로 서비스를 제공하는 가정용 서비스로봇으로 이분화되어 개발되었었다. 하지만 SONY는 '생활에 유용한 로봇'이라는 한정적 개념에서 벗어나 인간의 관계에 대한 정서적 욕구를 채우는 로봇이라는 개념에서 출발하여 AIBO를 만들어내었다. 'AIBO'는 인공지능(Artificial Intelligence: 인공지능)과 Robot의 합성어로써 '친구'라는 일본어 의미를 담고 있다. 강아지 모양의 이 로봇은 네발로 걷고 뛰며 공을 가지고 놀기도 하지만 실제 애완동물과 달리 배변처리 문제를 발생시키지는 않는다. 소비자들의 '친구'로서의 정서적인 욕구를 충족시키기는 하지만 실생활에 있어서 가사를 효율적으로 하는 데 필요한 노동력을 제공하지 않는 오직 엔터테이너의 역할만을 담당한다.

엔터테인먼트 로봇으로 최초 개발된 AIBO ERS-110는 2,500달러의 고가 제품으로 온라인에서만 판매되었음에도 불구하고 출시된 3,000대가 20분만에 나가는 기록을 세웠다. 이 로봇은 애

완동물을 키우기 힘든 공용주택이 많은 일본의 노인층에서 매우 선풍적인 인기를 끌었고 신제품에 높은 관심을 가진 애호가들에게서도 좋은 반응을 이끌어냈다. 2000년 소니는 신모델 AIBO ERS-210을 출시하였는데 이는 기존모델과 달리 음성인식 기능이 있어서 '춤추자'라는 말에 노래를 부르며 눈을 반짝이며 곡에 맞춰 몸을 흔들기도 한다. 등과 턱에 내장된 센서로 사람의 터치에 민감하게 반응하며 더욱 다양한 감정적인 표현을 보인다. 이후 무선랜을 장착한 모델은 다양한 소프트웨어와 함께 시장에 출시되었는데 이를 통하여 사용자는 AIBO를 통해 이메일 메시지를 듣거나 PC를 이용하여 AIBO를 원격조정할 수 있다.

제품 초기에 미국 출시분 2,000대를 사기 위한 경쟁으로 소니사의 홈페이지가 다운될 정도로 반응이 뜨거웠고 여전히 AIBO에 대한 소유자들의 극찬이 이어졌지만 대부분의 미국 소비자들은 '하는 일 없는 로봇'에 1,500달러를 지불하는 대신 저가의 보급형 장난감을 택했다. Poo-chi나 Rocket the Wonder Dog 등 100 달러 이하의 다소 기능이 떨어지는 로봇들이 2000년 높은 판매율을 기록했다.

소니는 감성형 지능 엔터테인먼트 로봇의 시장을 개척하여 기술 선도자로써의 자리매김을 하였다. 그렇지만 그간 전 세계적으로 약 150,000대 이상의 AIBO가 팔렸음에도 불구하고 소니는 수익창출에서는 부진을 면치 못했다. 내수 및 수출시장에서 힘든 경쟁상황에 있던 소니는 2005년 4분기 수익성이 낮은 엔터테인먼트 로봇 시장을 정리하기로 결정했다. 높은 제품 개발비용을 감당하기 힘들었을 뿐더러 신제품이 수익창출에 기여하는 데까지 소요되는 시간이 길었기 때문이다.

자료원: Moon,Youngme E., "Sony AIBO: The World's First Entertainment Robot." Harvard Business Review, 2005, pp.502–510; 동아일보, 2002. 3. 18; 한국경제신문, 2000. 6. 4; AIBO 홈페이지(http://www.aibo-kennel.com).

재인 엑스베라의 시장철수를 발표했다. 화이자는 신약개발에 막대한 자금을 투입했으나 소비자들의 외면을 받아 28억달러 가량의 손실만 입은 채 판매를 중단했다. 당초 화이자는 2007년 연말까지 20억달러의 매출을 예상하였으나 1,200만달러 수준의 판매를 올리는 데 그친 것이다. 이 신약은 FDA의 승인을 받아 안정성도 검증되었으나 매출부진으로 중간에 탈락하게 되었다. 미국의 한 애널리스트는 "제약산업 역사상 가장 충격적인 실패"라고 월스트리트저널과의 인터뷰에서 이 시장철수를 평가했다.

(7) 경쟁자의 반응

경쟁자가 쉽게 신제품을 모방할 수 있거나, 경쟁자가 지나친 저가전략으로 나올 경우 신제품이 성공하기 어렵다. 이러한 모방으로 인한 시장침식은 식품시장에서 흔히 찾아볼 수 있다. 특히나 의장권이 완전히 존중되지 않는 시장에서의 모방은 문제가 심각하다. 따라서 선두기업이나 추종기업 모두 경쟁기업의 반응을 주시해야 할 것이다.

9.2.3 성공적 신제품 개발을 위한 시스템

(1) 시장정보 수집을 위한 시스템

신제품 아이디어의 원천은 기술, 고객, 기업내부, 유통업자나 부품업체, 시장 트렌드 등의 다양한 정보로부터 얻을 수 있으므로, 시장정보 수집을 위해서는 체계적인 대응이 필요하다. 사내 연구소 및 유관 연구소의 기술동향을 꾸준히 파악하고, 기업 내 사내 생산부서나 서비스 부서 혹은 기업 외부의 유통업자 또는 부품 공급자로부터 정보를 얻는 시스템을 확보해 두어야 한다. 경쟁사, 타기업, 외국기업의 동향, 시장 트렌드 환경의 변화, 라이프스타일의 변화, 법률 변화, 환경보호법의 변화를 모니터링하는 시스템을 갖추도록 해야 한다.

기업에서는 최근 직원들 간의 신제품 개발을 공유하도록 하는 시스템을 갖추고 있다. 소니의 경우 플레이스테이션 개발팀이 웹사이트를 개설하여, 전 직원들이 어떤 제품이 개발되고 있는지를 공유하도록 하였다. 삼성도 그룹, 각 계열사별로 모든 임직원이 자유롭게 신제품 및 신사업 아이디어를 제안하도록 하고 있다. P&G의 경우는 신제품 아이디어의 절반을 회사 내의 R&D(Research & Development)가 아닌 회사 밖에서 C&D(Connect & Development)로 발굴하고 있다. 이 효과는 제품 개발주기를 절반으로 줄이고 생산성은 높인다는 것이다. 다음 이자녹스의 예는 기업에서 소비자의 정보 수집을 위한 시스템을 어떻게 활용하고 있는지 보여준다.

(2) 계획된 긴장감

신제품 개발을 위해서는 기업조직 내에 어느 정도 계획된 긴장감이 필요하다. 최고경영층은 개발팀에게 많은 자율성을 보장하지만, 개발팀에게 '불가능해 보이는' 목표를 제시함으로써 계획된 긴장감을 유발할 수 있다. 3M의 연구원은 접착력이 떨어지는 접착제를 개빌하여 제품개빌에 실패한 줄 일있다. 그렇지만 이를 딜부착이 쉬운 메모지의 접착제로 활용하게 되었다. 탈부착이 쉬운 메모지를 개발하는 과정에도 어려움이 있었지만, 이 메모지를 상품화하여 시장테스트하는 과정에도 실패가 있었다. 하지만 끊임없는 노력과 긴장감을 통해 'Post－It'이란 히트상품을 개발하게 되었다.

(3) 동시공학

동시공학은 신제품 개발을 위해서 전체 프로세스를 담당하는 연구개발, 디자인, 제품생산, 마케팅, 재무부서들이 통합된 정보통신망과 전산시스템 아래 팀을 이루어 동시적으로 진행하는 방식을 말한다. 이 개념이 등장하게 된 배경은 1980년대 기업경쟁의 심화, 급속한 기술혁신, 제품의 다양화, 제품수명의 단축 등 변화하는 환경에 재빨리 대처하기 위해서 업무처리 효율의 향상과 신속한 의사결정이 가능한 생산체제를 갖추고자 노력하게 된 데에서 비롯되었다. 동시공학을 활용함으로써 각 부서는 공동으로 프로젝트를 진행하며 상호교류를 활발하게 하기 때문에 제품개발의 성공가능성을 높이고 상위 개발단계가 완료되기 전에 하위단계가 진행됨으로써 공정상의 문제노출이 쉬워져 즉시 대응할 수 있기에 제품개발의 시행착오를 줄이게 된다. 개발과 테스트 과정까지의 전과정이 동시에 진행되기 때문에 개발기간을 단축시킬 수 있으며 전 과정을 반복적으로 진행하여 완벽한 신제품을 출시하여 높은 수익률을 올릴 수 있는 장점이 있다.

이러한 동시공학은 제품개발이 경쟁적으로 이루어지는 자동차산업에서 많이 활용된다. 1986년 닛산(Nissan)자동차 회사는 제26차 도쿄자동차전시회에서 실제 생산 준비가 되지 않은 시험적인 모형차인 Be－1을 선보였다. 이 모형차에 대한 젊은이들의 반응이 뜨겁자 닛산은 잠재고객들의 수요가 사라지기 전에 실제적으로 개발하기로 하였다. 닛산은 Be－1 전담팀을 구성하였고 관련부서뿐만 아니라 공급부품업체들과 함께 동시공학을 활용하여 1년만에 제품을 출시했다. Be－1은 1987년의 히트제품이 되었다.

(4) Team 구성

신제품 프로젝트 팀은 독립법인처럼 매출 및 이익에 대한 책임과 권한을 갖도록 하여, 팀 구성원이 전원 사내기업가정신(intrapreneurship)과 기존의 사고를 초월하는 도전정신(self transcendence)을 갖추도록 해야 한다. 팀 구성원은 사내 직원, 외부 인사(컨설턴트, 교수, 전문가), 다양한 부서(마케팅, 연구개발, 디자인), 다양한 전공(문과, 이과, 예술 …)으로 이루어진 다양한 구성원인 경우 더욱 새로운 아이디어를 개발할 가능성이 높고 여러 시각에서 신제품을 바라볼 수 있게 된다. 프로젝트의 조직과 관리는 신제품의 성과에 영향을 미치기 때문에 매우 중요하다. 일부 기업의 경우는 신제품 개발을 위한 프로젝트 팀이 없는 경우도 있는데, 신제품 개발을 위해서는 팀이 반드시 구성되어야 한다. 또한 신제품 개발 초기부터 마지막 단계까지 계속 팀이 관리를 해야 하고, 개발되는 도중에 해체되어서는 안 된다. 그리고 팀리더가 명확한 책임을 지도록 해야 한다.

팀활동은 단계별로 체계적인 활동에 의해 이루어져야 한다. 3M은 지난 20년간 사내 75개 부서 중 신제품 개발성과가 좋은 팀에 대한 연구를 바탕으로 팀런칭시스템

그림 9-1 3M의 팀 런칭 시스템

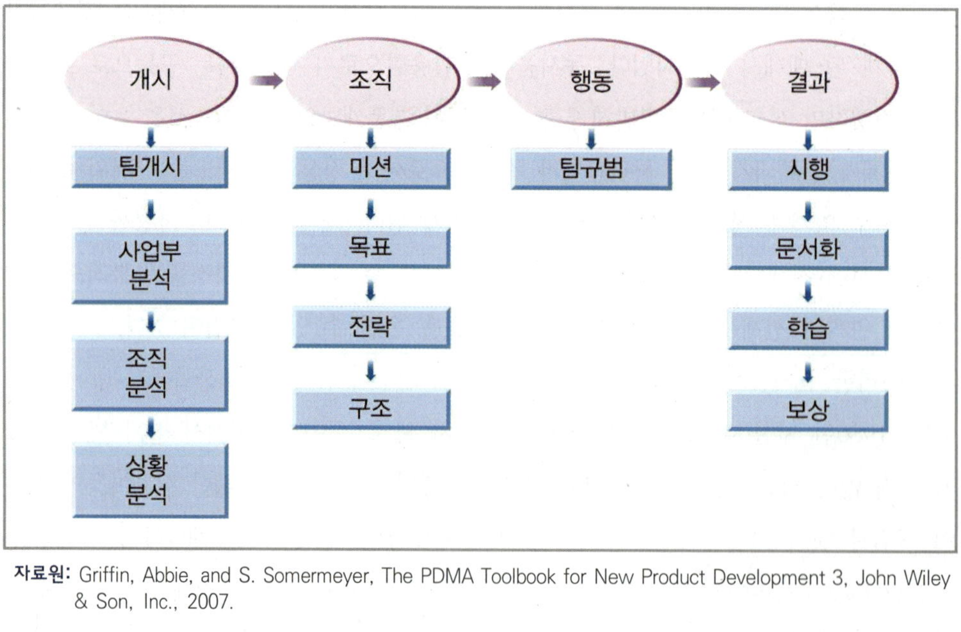

자료원: Griffin, Abbie, and S. Somermeyer, The PDMA Toolbook for New Product Development 3, John Wiley & Son, Inc., 2007.

(Team Launch System: TLS)을 개발하였다. 이는 팀에 있어서 높은 성과를 달성하기 위한 가이드라인으로 제시되며 각 팀은 주어진 상황이나 자원에 근거해서 이 TLS를 응용해서 시행하게 된다. TLS에서 모든 팀들은 높은 성과를 달성하기 위해 개시, 조직, 행동, 결과의 4단계를 지나게 된다.

개시단계에서는 팀을 구성하고 팀이 처한 사업부, 조직별, 상황적 요인에 대한 분석을 바탕으로 팀의 조직 내의 중요성을 평가하고 그에 따라 권한이양의 정도와 지원 자원의 양을 결정한다. 제품개발이 무척 긴급하거나 수익성이 큰 사업으로 예상되는 경우 팀활동에 더 큰 자원을 집중하게 되는 것이다. 조직단계에서 팀 내의 조직을 정비하고 미션, 목표, 전략, 구조를 결정한다. 이 단계에서의 내용이 명확해야 그 다음의 활동들의 일관성과 통일성이 보장된다. 세 번째로 실행단계에서 리더의 규칙에 따라 주어진 목표를 이루기 위한 활동을 진행한다. 신제품 개발단계에서 실제적인 활동들이 이뤄지는데 관리자와의 통합된 관계로 신제품 개발의 장애물을 극복하고 한정된 자원을 효율적으로 사용하는 것이 중요하다. 마지막 결과단계는 그 간의 활동들을 정리하고 문서화하여 조직에게 공유하는 단계이다. 이 단계에서 신제품 개발과정에 있어 공헌한 팀원들에게 적절한 보상을 주어 의욕을 고취시킨다.

TLS에 있어서 모든 단계는 완벽하게 순차적으로 이뤄져야 한다. 특별히 개시단계와 조직단계를 충실히 이행해야 한다. 이 두 단계는 기업의 막대한 투자자금과 시간, 에너지를 요구하지만 막상 실제적으로 팀활동의 결과물이 드러나지 않기 때문에 기업은 이 단계를 생략하거나 소홀히 하는 경우가 많다. 하지만 이 단계에서의 활동이 충분히 이행되지 않으면 팀활동을 아예 잘못 시작함으로써 그 이후의 활동에 있어서 일관성을 잃게 되고 나아가 잘못된 결정을 되돌리기 위해 재작업을 해야 하는 등의 손해를 감수하게 된다.

(5) 연속적인 제품 출시

한 가지 아이디어로 이루어진 신제품은 금방 모방이 가능하기 때문에 계속적인 후속모델을 준비해야 한다. LG전자의 경우 윈도우 비스타를 적용한 노트북을 10~16인치까지 아홉 가지의 풀라인업으로 출시하여 소비자의 다양한 요구에 대응하고 있다. 제품의 속성에 따른 라인업뿐만 아니라 한 가지 아이디어보다는 여러 아이디어를 '테마'로 엮는 방법도 있다. 삼성전자 애니콜의 경우 'Digital Exciting'은 휴대폰이 단순 전화기가 아니라 흥미진진한 경험을 제공한다는 테마로 다양한 제품을 계속 출시하고 있다. 다음 애경 POINT 클린징은 연속적인 제품을 출시하여 성공한 사례라고 볼 수 있다.

(6) 학 습

신제품 개발을 위해 지속적으로 학습해야 하며, 특히 타분야에 대해 체계적으로 팀 내 비공식적 조직을 활용하여 학습해야 한다. 또한 신제품 전략은 학습을 통해 개발된다. 실패사례를 연구하는 것도 필요하다. 사례를 연구하여 발표하는 것을 통해 학습은 전달될 수 있다.

신제품 개발은 단번에 성공하는 경우가 드물다. 그러므로 실패를 타산지석으로 삼아 성공적인 제품을 개발하여야 한다. 또한 사내에서는 실패를 용납하는 분위기가 필요하다. 우리는 최고 타자의 타율이 3할 5푼임을 기억해야 할 것이다. 빌 게이츠의 윈도우 상품은 3번의 큰 실패를 거쳤지만 빌 게이츠의 추진력과 믿음 그리고 철저한 원인분석으로 성공작이 나왔고 그는 세계 제일의 부자가 되었다. 미국 전자수첩시장 점유율 1위인 3Com사의 Palm Pilot은 철저한 실패분석을 통한 학습으로 성공한 제품이다.

9.3 신제품 개발과정

성공적인 신제품 개발을 위해서는 진행 단계별로 체계적 검토를 거쳐 개발에 임하는 것이 중요한 것으로 알려져 있다. 다음의 신제품 개발과정은 일반적으로 선제적 신

그림 9-2 신제품 개발과정

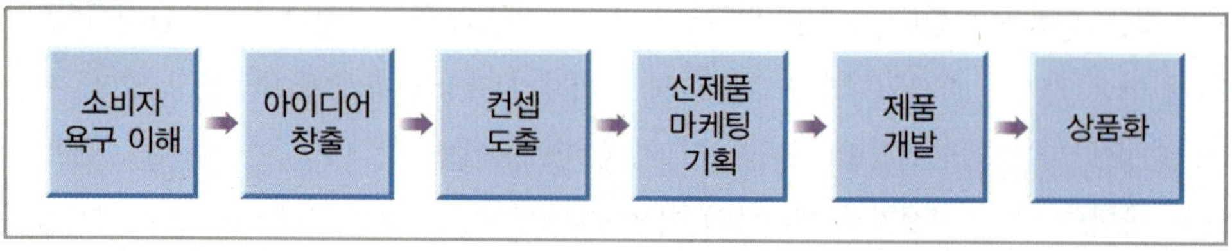

제품 개발전략에서 사용되지만 반응적 신제품 개발전략에서도 사용된다. 균형잡힌 신제품 개발과정은 [그림 9−2]와 같은 단계를 거치게 되는데, 이를 간략히 요약한다면 다음과 같다. 먼저 소비자의 욕구를 이해하여 신제품 아이디어를 창출하고, 창출한 아이디어를 통해 제품 컨셉을 개발한 후, 개발한 컨셉을 검증하여 최종 신제품 컨셉을 선정한다. 이후 마케팅전략을 수립하고 나서 사업성 분석에서 여전히 문제가 없으면 제품을 실제로 개발하여 상품화하는 단계를 거친다. 다만 신제품 개발과정은 제품의 유형이나, 시장상황 등에 따라 달라질 수 있다. 특히 새로운 기술의 발견과 같은 공급자 기회 요인(seeds)이 먼서 발굴된 후 이를 활용할 수 있는 욕구들을 연결시킴으로써 신제품 아이디어와 컨셉으로 발전시켜가는 경우도 많이 있다.

9.3.1 소비자 욕구 이해

(1) 소비자 욕구 파악

소비자의 욕구를 파악하는 데 사용되는 마케팅 조사방법은 정량적 접근법과 정성적 접근법으로 구분된다. 정량적 접근법은 수치화된 통계를 사용하여 분석하는 것으로 주로 확인적인 설문조사 방법이며, 정성적 접근법은 단어나 이미지를 통해 알려지지 않은 욕구, 의미 등을 파악하는 데 사용되는 방법이다. 정량적 접근법에서 주로 사용하는 방법은 선호조사와 속성중요도조사가 있다. 선호조사는 소비자가 구매의사결정을 하게 하는 주요 대안에 대한 선호도를 측정하고, 순위를 매기도록 하는 방법이다. 속성중요도조사는 여러 속성을 제시하고 소비자가 중요하게 여기는 속성을 중요도 순으로 평가하도록 하는 설문조사이다.

소비자의 문제를 파악하거나 욕구를 찾아내는 것은, 어떤 경우는 심지어 소비자 자신도 문제로 느끼지 못하는 경우가 있으며, 또한 기업이 소비자의 새로운 욕구를 발견해 주기도 하기 때문에 정량적인 방법들을 사용하여 파악하는 것 외에도 정성적인 방법도 많이 사용하게 된다. 다음의 정성적 방법들은 소비자의 욕구를 파악하는 것뿐만 아니라, 신제품 전 개발단계에서 활용될 수 있다. 이러한 방법의 목적은 제품의 기회를 발굴하고 소비자의 라이프스타일을 전반적으로 이해하는 것이다.

사례 9-6

소비자의 욕구 분석, 신제품 아이디어, 디자인 반영을 위한 기업의 활동

기업은 소비자들을 활용하여 신제품에 대한 요구를 알아내는 데 다양한 활동을 하고 있다. 먼저 트렌드헌터가 있는데, 트렌드에 민감한 소비자들을 '트렌드헌터'로 선정하여 시장의 트렌드로 파악하고 있다. 태평양은 라네즈 Elite Woman을 선정하여 20대 중반 여성들의 선호와 트렌드를 파악하고 있다. 파리바게트도 주부와 대학생으로 구성된 트렌드헌터를 운영하고 있다. LG생활건강의 트렌드리포터, LG파워콤의 트렌드헌터 등이 있다. 이러한 트렌드헌터들은 소비자로서 트렌드를 파악하여 기업에 제공하고 신제품 요구를 반영할 뿐만 아니라 마케팅활동의 주체가 되기도 한다.

또한 신제품에 소비자들의 아이디어를 반영하기 위한 활동들도 있다. 삼성전자의 경우 휴대폰 고객들이 상품개발과 마케팅에 직접 참여하도록 하는 '애니콜 드리머즈'를 운영하고 있으며, 에어컨, 냉장고, 오븐 등 신상품체험단도 운영하고 있다. 현대자동차의 경우는 '오토프로슈머'를 운영하는데, 차량성능과 마케팅활동 평가에 소비자들의 의견을 반영하고 있으며, 신차에 대한 사전 시장조사도 실시하고 있다. SK네트웍스는 상품개발에 대한 아이디어를 제공하고 직접 소비자가 탐구하고 함께 생활하며 잠재적 욕구를 파악하는 '머커스(Muckers)'라는 커뮤니티를 지원하고 있다. GS홈쇼핑의 경우는 'NPD(New Product Development)프로세스'라는 소비자집단을 선정하여 소비자들이 신상품 선정에 참여하도록 하고 있다. 해외의 경우 모토로라는 Q위키(www.Motoqwiki.com)라는 웹사이트를 통해 이용자들이 자발적으로 카메라 등 각종 기능 사용법과 단말기 최적화 방법 등을 올리도록 하고 있다. 웹사이트를 활용하게 되면 다양하고 많은 소비자들이 동시에 접속할 수 있으며, 또한 소비자들 간의 상호작용도 실시간으로 활발히 일어나게 된다.

소비자들이 신제품 디자인에 직접 참여하도록 하는 기업의 활동도 있다. 프랑스 소프트웨어 업체인 'Dassault System'의 '3dswym(3 Dimension See What You Mean)' 온라인 프로그램은, 소비자가 프로그램에 접속하면 신제품의 3차원 이미지를 보여주고, 색깔과 크기를 직접 디자인할 수 있게 한다. 그 후 직접 디자인한 제품의 매장 내 진열상태를 볼 수 있게 하고, 또한 소비자의 집과 사무실에 신제품이 놓인 것을 보여준다. 이러한 프로그램의 사용을 통해 마케팅 비용을 1/3로 절감하였으며, 소비자들을 직접 디자인에 참여시켜 제품에 대한 애착을 늘려 브랜드에 대한 고객충성도가 향상되는 효과가 있었다.

자료원: 한국경제신문, 2006. 11. 9; 한국경제신문, 2007. 3. 13; 한국경제신문, 2007. 5. 4; 한국경제신문 2007. 8. 2; 노컷뉴스, 2007. 2. 7.

일 대 일 인터뷰(1 : 1 interview)

선도사용자(lead user)나 혁신자(innovator)들을 대상으로 새로운 아이디어를 도출할 때 매우 유용하다. 이들의 라이프스타일과 관련된 행동에 대해 개인들이 어떻게 생각하고 이해하는지에 대한 통찰력을 제공한다. 이들은 문제가 무엇인지를 알고 그에 대한 해답도 제공할 수 있다. 개별 소비자를 대상으로 면접자가 질문하고 소비자가 응답하는 과정을 통해 진행하는 방법으로, 민감하거나 깊이 있는 주제를 다룰 때 유용하다. 면접자는 반드시 가이드라인을 설정하고 면접을 실시하는 것이 좋다. 인터뷰는 면접을 진행하면서 더 이상 새로운 발견점이 도출되지 않을 때까지 실시한다.

참고자료 9-1

소비자 중심의 디자인을 고려한 신제품 개발 접근방법

소비자들이 원하는 긍정적인 경험(user experience)을 파악하며, 이 경험에서 한차원 더 나아간 것이 기대(expectation)이다. 기대에는 표를 보듯이 세 가지 차원이 있는데, 첫째 제품이 사용자의 라이프스타일과 이미지에 적절히 영향을 미치는지(look and feel), 둘째 제품이 기대한 대로 작동하며 경험을 더 좋게 하는 기술을 제공하는지(performance), 셋째 제품이 사람들이 원하는 가치를 제공하는지(psychecono–metrics)이다. 이러한 기대를 이해해서, 다음 차원에서는 제품 속성(attributes)으로 변화시킨다. 보고 느끼는 부분은 감각요소(sensory factors)로 변환시키고, 성능은 사양(features)으로, 심리경제학적인 부분은 표적시장(target market)으로 이끌어낸다. 이러한 속성이 명시화(manifestation)된 것이 제품이 된다. 감각요소는 스타일(style)로, 사양은 기술(technology)로, 표적시장에 따라 가격과 브랜드 전략(price and brand strategy)으로 나타낼 수 있다. 이것은 디자인, 엔지니어링, 마케팅의 세 가지 차원에서 구현된다.

최근 신제품 개발시 Ergonomics의 관점이 중시되고 있다. Ergonomics란 ergo(일)와 no–mics(규칙)의 합성어로, 인간공학(Human Factors)과 거의 같은 단어로 사용되고 있다. 19세기 말 Frederick W. Taylor가 처음 연구하였는데, 제품을 개발할 때 인간의 심리를 연구하여 반영해야 한다는 의미를 담고 있다. 인간공학의 관점이란 신제품 환경에서 소비자들과 제품과의 상호작용을 첫째 인지적 지각(cognitive percep–tion)과 둘째 물리적 접촉(physical contact)의 측면에서 중요하게 보는 것이다. 소비자가 신제품을 인지하게 될 때에는 기존의 제품을 인지하는 것과 크게 달라서는 안 되고 일관되게 하여야 변화를 받아들이기가 쉽다. 또한 소비자가 제품의 물리적인 면을 편안하게 느껴야 하고 작동을 편리하게 해야 한다. 이런 인간공학적인

면을 고려하지 않고 제품을 개발하게 되면, 소비자들의 관점보다는 기술개발자들의 입장에서 제품을 만들게 되기 때문에, 소비자들이 제품을 쉽게 이해하지 못하게 된다.

자료원: Jonathan Cagan & Craig M Vogel, Creating breakthrough products: Innovation from product planning to program approval, Prentice Hall, 2002.

관 찰

소비자가 제품을 사용할 때 얻는 혜택이 무엇인지, 발생하는 문제는 무엇인지, 소비자의 숨겨진 욕구는 무엇인지를 발견하고자 하는 목적으로, 소비자가 제품을 사용하는 과정을 관찰할 뿐만 아니라 소비자의 생활을 관찰하여 소비자에게서 욕구를 파악하는 방법이다. 관찰 대상 소비자를 선정하고 관찰을 실시하면서 세세한 내용까지 자세히 기록한다. 관찰시 소비자가 관찰받고 있다는 느낌이 들지 않도록 자연스러운 환경을 조성하는 것이 중요하다. 제품을 사용하는 맥락과 특정활동에 대해 이해할 수 있다.

특히 최근 소비자의 욕구를 파악하기 위한 심층 참여관찰의 일환으로 문화인류학적 접근법(Ethnography: 에쓰노그라피)이 많이 대두되고 있다. 에쓰노그라피란 사람들이 그들이 속한 맥락(context)에서 어떻게 행동을 하는지를 이해하기 위해 사용된 인류학자들의 참여관찰 방법이다. 가설을 미리 설정하지 않고 귀납적으로 가설을 도출하고, 전체적인 시각으로 접근한다. 신제품 개발에 있어서 맥락이란 매일 제품을 사용하는 환경, 사람, 목적, 다른 제품과의 관련성 등에 관한 것이다. 소비자가 기존의 제품이나 서비스를 어떻게 사용하는지를 탐구하여 사용하는 데 있어서 어떤 어려움을 느끼고 있는지를 알아보고, 왜 특정행동을 하고 있는지 구매결정을 어떻게 하는지를 맥락 안에서 이해하고자 한다.

FGI(Focus Group Interview)

집단을 대상으로 면접을 실시하는 정성적 소비자조사의 한 방법으로, 소비자 욕구 파악 및 신제품 컨셉 검증에 유용하다. 한 명의 소비자가 도출하기 어려운 아이디어를 5~10명 정도의 소비자들을 통해 다양한 의견을 창출하는 데 유용한 방법이다. 여러 소비자의 대화를 이끌기 위해서는 인터뷰진행자가 필요한데, 인터뷰진행자는 집단면접을 설계하고 실시하는 리더의 역할을 하는 사람이다. 인터뷰진행자는 소비자를 대상으로 선정하여 모집하고, 면접가이드를 만들어 집단토론을 이끌어간다.

FGI의 장점은 소비자들의 반응에 따라 면접가이드를 융통성 있게 활용해 나갈 수 있다는 것이다. 무응답 비율이 낮고, 복잡한 내용을 직접 설명할 수 있기 때문에 질문할 수 있다. 마케팅이나 기업의 실무 담당자들은 카메라를 설치하여 소비자들의 집단면접을 하는 과정을 관찰할 수도 있다. 또한 FGI방법은 쉽게 소비자들을 모을 수 있고, 비용이 다른 방법들보다 상대적으로 저렴하다. 단점으로는 편견이 개입될 수 있으며, 응답자가 다른 사람들을 의식하여 솔직하게 대답하지 않을 수도 있으며, 집단편향현상이 발생할 수도 있다는 점 등을 꼽을 수 있다.

ZMET

은유를 기반으로 이미지 연상을 통해 소비자 욕구를 파악하거나 아이디어를 도출하는 방법으로 하버드 대학의 잘트만(Zaltman)이 창시한 방법이다. 생각은 이미지이며, 은유를 통해 소비자의 생각과 행동을 이해할 수 있다고 가정하고 있다. 소비자의 생각과 감정을 이끌어내고 묘사하고 지도를 그리는 것이 목적이다.

ZMET(Zaltman Metaphor Elicitation Technique)은 조사대상 소비자를 선정하고 이들에게 파악하고 싶은 내용과 관련된 이미지를 1주일 정도의 기간 동안 8~10개 정도 찾아오라고 한다. 소비자가 이 이미지를 왜 선정하였는지를 인터뷰를 통해 파악하고, 소비자가 언급한 개념들을 묶어서 그룹핑(grouping)하고, 그룹핑한 개념들을 연결하는 매핑(mapping)을 통해 소비자 욕구를 파악하거나 신제품 아이디어를 도출한다.

(2) 소비자 욕구 분석

소비자의 욕구 분석을 위한 방법으로 많이 사용되는 예로는 VOC, KANO 등을 꼽을 수 있다. 마케터는 이러한 소비자 욕구분석 방법을 이용하여 보다 입체적으로 소비자 욕구를 이해하려는 노력을 기울여야 한다. 특히 소비자 욕구 이해의 가장 중요한 목표 중 하나는 "아직 제대로 충족되지 못하고 있는 욕구를 발굴하는 것"이라는 점에 유의해야 한다. P&G 신제품 개발과정의 핵심 중 하나가 '미충족 욕구 발견'임은 잘 알려져 있다.

그림 9-3 KANO 구분체계

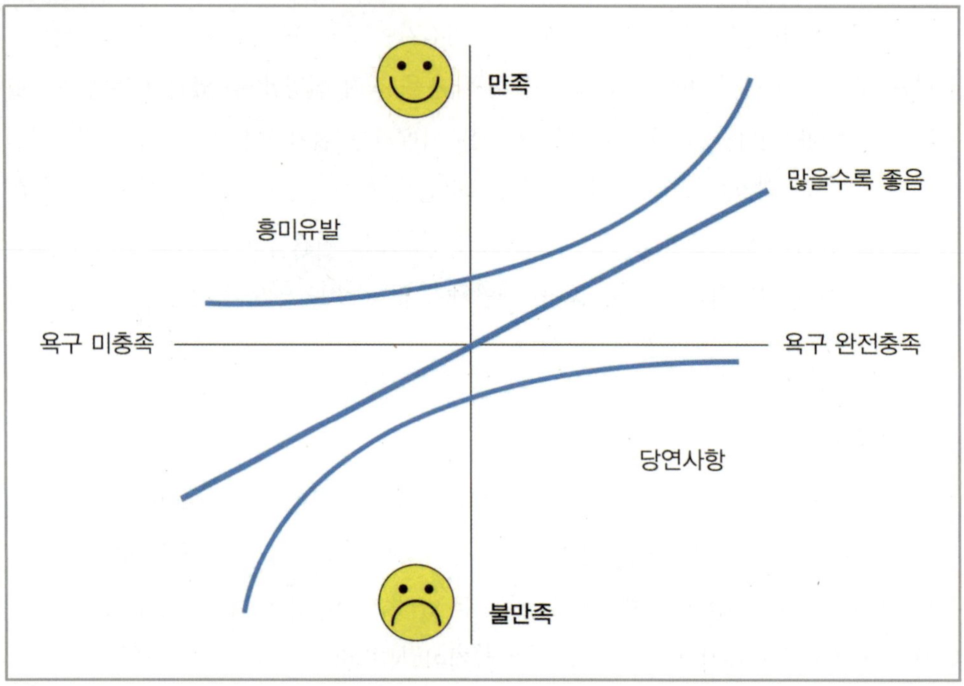

자료원: Brian D. Ottum, "Quantitative Market Research," in The PDMA Handbook of New Product Development, ed. Kenneth B. Kahn, George Castellion, and Abbie Griffin, New Jersey : John Wiley & Sons, 2005, p.291.

VOC

VOC(Voice of the Customer)란 용어는 그리핀 · 하우저(Griffin and Hauser, 1993)의 논문에서 최초로 등장하여 많은 사람들이 사용하고 있다. VOC는 소비자의 언어로 된 필요(needs)와 요구(wants)의 집합이라고 할 수 있다. 소비자가 원하는 가장 중요한 욕구사항을 파악하는 것이 성공적인 신제품 개발에 우선되어야 한다. 소비자가 자신이 실제로 원하는 것이 무엇인지를 정확히 말하기는 어렵기 때문에, 신제품 개발자가 소비자의 이야기를 듣고 관찰하고 욕구를 소비자의 언어로 파악하는 데 사용된다. VOC를 통해 가능한 상세한 욕구 명세를 발견하는 것이 목적이다. 주로 일 대 일 인터뷰를 많이 사용하며, 인터뷰를 통해 얻게 된 소비자의 욕구를 유사한 욕구로 묶는 그룹핑(grouping)을 통해 각 그룹의 우선순위와 중요도를 파악한다. 이때 욕구를 묶는 작업과 우선순위를 파악하는 작업에 모두 소비자를 참가시킨다. VOC는 신제품 개발단계뿐만 아니라 소비자의 불평과 불만을 피드백 받아 제품수명주기 전 단계에서 활용할 수 있다.

KANO

KANO는 소비자의 욕구를 분류하는 데 매우 유용한 방법이다. 소비자의 욕구를 기대하지는 못했지만 기쁨을 주는 흥미유발(exciter) 욕구, 충족되지 않으면 소비자들이 실망하게 되는 많을수록 좋은(more is better) 욕구, 당연사항 욕구(must－be)의 세 가지로 분류하여, 기업이 집중해야 할 욕구의 유형과 정도에 대해 알려줄 수 있다. 흥미유발 욕구는 고객만족에 가장 큰 영향을 주는 요소로, 충족되지 않아도 불만족하지는 않으나 제공시 만족도가 증가하게 된다. 많을수록 좋은 욕구는 충족도와 만족도가 비례한다. 당연사항 욕구는 반드시 있어야 하는 욕구이며, 충족되더라도 만족도가 높아지지 않는다. 기업은 흥미유발 욕구와 많을수록 좋은 욕구에 주로 집중하여 신제품의 개발을 진행해 나가면 될 것이다. 이 방법은 욕구를 분류하기는 하지만, 세 가지 구분된 욕구 안에서의 우선순위를 알 수는 없고, 또 소비자에게 욕구를 어떤 어휘로 표현하느냐에 따라 반응이 다르게 나올 수 있으므로 주의를 기울여야 하는 방법이다.

사례 9-7

3M의 수술용 드레이프 개발 사례

제품이나 시장에 대해 풍부한 지식을 가진 선도사용자의 아이디어를 바탕으로 신제품이나 새로운 서비스의 컨셉을 개발하는 구체적인 과정은 MIT의 Eric von Hippel에 의해 연구되었다. Hippel 교수는 3M의 과학기술자들과 함께 선도사용자 활용법을 신제품 개발에 적용하고 이 방법이 기존 전통적 컨셉 개발보다 우수함을 입증했다. 3M의 신제품을 대상으로 조사한 결과 개발 5년 후를 기준으로, 선도사용자 개발제품이 기존 방법에 의해 개발된 제품의 매출 평균보다 매출이 8배가 높았다. 이러한 선도사용자에 의한 신제품 컨셉 개발은 단순히 의견선도자에 의한 컨셉 검증 차원을 넘어선다. 선도사용자는 심도 있는 인터뷰를 통해서 해당 문제에 대해서 잠재적인 욕구를 표면화시키고 그 해결책까지 제시해 본다. 기업은 그와 비슷한 문제를 가지고 있는 타 산업분야에서의 선도사용자와 기술자의 의견을 종합하여 현재의 기술력과 결합하여 새로운 제품을 창조하는 것이다. 선도사용자는 제품 컨셉 개발의 모든 단계에서 주축이 된다. 이 방법은 새로운 시장을 발견하거나 혁신제품을 개발하는 데 큰 도움이 된다. 다음은 3M의 수술용 드레이프 부서가 활용한 사례이다.

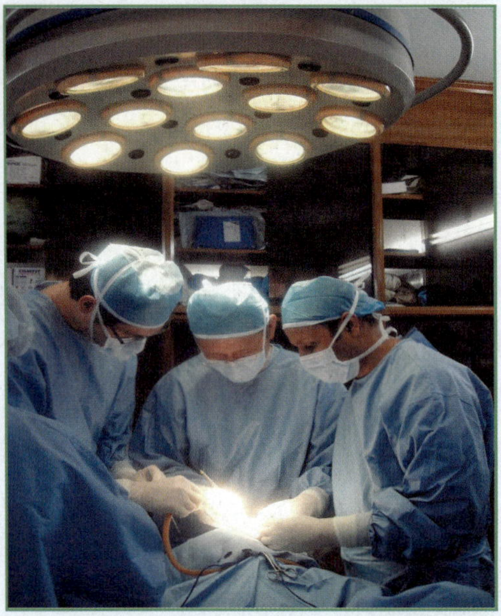

1996년, 3M의 외과시장 사업부 수술용 드레이프(Surgical Drape: 수술하기 전 환자의 절개부위에 감염을 방지하기 위해 붙이는 얇은 플라스틱 필름) 부서는 새로운 수익 창출원을 모색하고 있었다. 비록 이 분야에서 선두주자의 지위에 있었지만 1990년 이후로 새로운 제품을 내놓고 있지 못했다. 3년간 혁신적인 수술용 가운을 개발했으나 시장에서 실패한 경험은 이 부서가 새로운 소비자 욕구를 파악해야 성공할 수 있다는 인식을 심어주기에 충분했다. 돌파구가 될 만한 제품을 개발하기 위해 마케팅, R&D, 생산 부분에서 6명을 뽑아 선도사용자를 이용한 컨셉 개발 프로젝트를 시작했다.

먼저 잠재적인 선도사용자를 찾기 위해 전화면접을 이용하여 목표시장에 관련된 주제에 대해 충분한 전문적 지식을 가진 사람들에게 문제를 설명하고 관련 지식을 더 많이 가진 다른 사람을 추천받아 네트워크를 만들었다. 여기에 다른 시장관련 선도사용자를 추가시킴으로써 초기에 의료전문가들로 한정되어있던 선도사용자그룹이 수의사 및 메이크업 아티스트까지 확대되었다. 계속된 선도사용자들과의 세미나를 통해 기술자들은 개발도상국 의료분야의 감염 욕구를 발견하게 되었다. 이후 개선된 1회용 수술용 드레이프를 개발하기 위해 선도사용자그룹은 감염원인과 감염예방에 대해 더 깊게 학습하고 마지막 단계로 2박 3일간의 워크샵을 통해 제품 컨셉을 구체화하였다. 그 후 경영진과의 워크숍에서 3M의 기존 기술을 활용하여 세가지 주요한 아이디어를 개발했다. 개발도상국을 표적으로 한 저렴한 수술용 접착필름라인과 혈액 및 호흡기관을 매개로 하여 감염되는 경로를 차단하는 제품, 손에 쥐고 활용하는 제품류로 3M은 기존의 제품라인을 벗어나 다양한 제품 컨셉을 구체화할 수 있었다.

자료원: 리처드 해리먼 · 제프 모지, 노혜숙 역, 창의력 주식회사, 푸른숲, 2004; Cornelius Herstatt and Eric von Hippel, "From Experience Developing New Product Concepts Via the Lead User Method: A case Study in a 'Low Tech Field'," Journal of Product Innovation Management, 1992, pp.213-221; Eric von Hippel and Mary Sonnack,, "Breakthroughs to Order at 3M," Harvard Business Review, 2001; Leader User Research 홈페이지(http://leaduser.com/).

9.3.2 아이디어 창출

(1) 아이디어 도출(idea generation)

소비자의 욕구가 무엇인지 이해하고 미충족 욕구를 발굴하는 것은 아이디어를 찾는 시작점이 될 수 있다. 신제품 아이디어는 다양한 원천으로부터 나올 수 있다. 선도사용자나 혁신자와 같은 실제 소비자로부터 아이디어를 얻을 수 있다. 또는 기업 외부의 제품 중간상이나 부품 공급업체, 혹은 기업 내부의 마케팅, 영업사원이나 판매사원, R&D 부서로부터도 아이디어를 얻을 수 있다. 경쟁사의 제품이나 서비스를 분석함을 통해, 경쟁사 제품에서 소비자의 욕구와 자사 제품에 대한 불만족사항들을 새로이 발견할 수도 있다. 이 외에도 최고경영진의 아이디어, 전시회 및 박람회 참석, 특허, 연구소의 보고서를 참고하는 것이 좋다.

경우에 따라 아이디어의 도출은 집단으로 진행하는 것이 좋을 수 있다. 왜냐하면

그림 9-4 신제품 아이디어 발상 기법

1) 더하기 기법
- 이미 만들어진 물건에 다른 물건이나 기능을 더하여 새로운 발명품을 만드는 기법
- 복사기 + 프린터 → 복합기

2) 빼기 기법
- 이미 만들어진 물건에 재료, 기능, 모양을 빼서 새로운 발명품을 만드는 기법
- 전화기 - 전기선 → 무선전화기

3) 반대로 하기 기법
- 이미 만들어진 물건에 모양, 방향, 성질, 방법 등을 반대로 하는 기법
- 전동기 → 발전기

4) 용도 바꾸기 기법
- 이미 만들어진 물건의 원리를 다른 곳에 응용할 수 있게 바꿔 만드는 기법
- 온도계 → 체온계

5) 재료 바꾸기 기법
- 물건의 재료를 바꿔 더 편리한 발명품을 만드는 기법
- 나무 이쑤시개 → 녹말 이쑤시개

6) 모양 바꾸기 기법
- 물건의 모양을 다르게 만들어 쓰기 편하고 새로운 효과를 얻도록 하는 발명 기법
- 일자형 빨대 → 꺾인 빨대

7) 아이디어 빌리기 기법
- 다른 사람의 아이디어를 응용해 더 편리하게 만드는 발명 기법
- 선글라스 → 선캡

8) 작게 또는 크게 하기 기법
- 기존 물건을 작게, 크게, 두껍게, 얇게, 길게, 짧게 해 사용하기 편리하게 하는 발명 기법
- 스피커 → 이어폰

9) 폐품 활용하기 기법
- 폐품을 활용하여 새로운 물건을 만드는 발명 기법
- 우유팩 → 화장지

자료원: 창조경제타운 홈페이지(https://www.creativekorea.or.kr/successStrategy).

표 9-2 아이디어 심사 체크리스트 예시

요 인	내 용	가중치	아이디어1 점수	아이디어2 점수
제 품	• 새로운가? • 기술혁신이 있는가? • 디자인이 우월한가?	______ ______ ______	______ ______ ______	______ ______ ______
소비자	• 소비자의 욕구를 충족시키는가?	______	______	______
기 업	• 기업의 능력과 부합하는가? • 기존시설의 활용이 가능한가? • 신기술이 필요하다면 개발 혹은 조달능력이 있는가? • 전사적 조직 지원이 가능한가?	______ ______ ______ ______	______ ______ ______ ______	______ ______ ______ ______

서로의 이해를 공유하여야 다른 부서나 조직에 잘 전달할 수 있기 때문이다. 따라서 아이디어를 도출하게 되면 아이디어를 그림이나 스케치로 시각화하는 것이 중요하다. 언어로 표현할 때에는 모든 사람들, 일반 소비자들도 이해하기 쉬운 언어로 표현하는 것이 중요하다. 또한 이렇게 도출된 아이디어의 관리와 아이디어의 변천과정을 기록하는 것도 매우 중요하다.

(2) 아이디어 심사(idea screening)

도출한 아이디어는 소비자의 입장과 기업의 입장에서 평가하여야 한다. 아이디어 심사를 하는 목적은 심사를 통해 좋지 않은 아이디어를 신속하게 추려내는 것이다. 아이디어 개발부터 아이디어를 제품화하는 데에는 비용이 들기 때문이다. 가능한 많은 아이디어를 심사해 보도록 한다.

아이디어 체크리스트의 활용도 가능하다. 앞에서 언급했던 신제품 성공요인을 고려하여 다음 표와 같이 각 아이디어를 심사하고 가장 높은 평가점수를 얻은 아이디어를 선정한다. 먼저 신제품 측면에 있어서 새로운지, 기술혁신이 있는지, 디자인이 우월한지를 평가한다. 또한 소비자의 입장에서 소비자의 욕구를 충족하는지 여부를 알아본다. 최근 디자인이 제품선택의 주 이유가 되는 경우가 있을 정도로 디자인은 소비자의 선택에 큰 영향을 미치고 있다. 기업의 입장에서 회사의 능력과 부합하는가, 기업이 생산할 수 있는 것인가, 기존 제품과 동일한 소비자집단에게 해당되는 것인가 등의 현실성 여부도 고려해야 한다. 이러한 각 기준에 대해 가중치가 다르다면 기업에서 가중치를 다르게 배점하고 평가할 수 있을 것이다.

9.3.3 컨셉 도출

(1) 컨셉 개발(concept development)

신제품 컨셉이란 "신제품의 아이디어를 보다 구체화시켜 제품의 속성, 편익, 가치 등 신제품의 본질과 정체를 소비자의 언어로 집약적으로 표현한 것"이라고 볼 수 있다. 소비자가 사용하는 언어나 그림으로 나타낸다. 어떤 소비자가 어떤 상황에서 신제품을 통해 어떤 편익을 누릴 수 있는지에 관한 내용이다. 컨셉도 만화나 스케치같이 그릴 수 있다면 디자이너들이 미리 그려서 시각화하는 것이 바람직하다. 시각화하면 다른 팀원들이나 소비자들과 의견을 공유하고 유도할 수 있다.

컨셉 개발 방식은 아이디어 원천에 따라 소비자 욕구(needs, wants)에서 출발하는 방식과 공급자 기술 요인(seeds)에서 출발하는 방식으로 나눌 수 있다.

예를 들어, 웰빙 트렌드에 따라 소비자들이 원하는 건강빵을 개발하고자 하는 신제품 아이디어가 있어서 이를 보다 구체화시키고자 건강빵에 대한 신제품 컨셉을 발굴하고자 한다. 소비자들의 집단면접(FGI)과 심층인터뷰 결과, 소비자들은 흰 밀가루와 설탕, 지방이 많은 빵이 건강빵 컨셉에 반대된다고 생각하고 있었으며, 건강빵은 이와 반대로 건강에 도움을 주며 재미를 제공하는 빵이라고 생각하고 있었다. 그렇다면 건강빵 컨셉을 다음과 같이 '식이섬유 밀가루를 사용하고, 당도가 낮은 저지방 제품으로, 건강에 도움이 되고, 손쉽고 간편하게 직접 조리하여 즐거운 경험을 제공하는 빵'으로 도출할 수 있을 것이다. 컨셉은 한 개뿐만 아니라 여러 개를 도출할 수 있다.

(2) 컨셉 검증(concept testing)

컨셉 검증은 "다양한 후보 컨셉 중 성공가능성이 높은 컨셉을 선별하는 단계"이다. 컨셉 검증은 아이디어 심사과정과 마찬가지로 불필요한 컨셉을 계속 개발할 경우에 드는 비용과 노력을 절약할 수 있게 한다. 컨셉을 중요도에 따라 상위 1/3, 중간 1/3, 하위 1/3로 나누어, 심사기준에 따라 평가해 본다. 심사기준으로는 소비자의 실제 욕구를 충족시키고 있는지, 기업의 전략과 일치하는지, 신제품 개발실행이 가능한지 등을 들 수 있다.

소비자들이 필요로 하는지, 구매하고 싶어하는지에 대해 선도사용자들이나 일반소비자들의 반응을 살펴보고 소비자전문가들에게 검증한다. 소비자들에게 컨셉을 검증하는 것은 앞에서 제시한 다양한 정성적 조사를 실시하면 된다. 제품의 기능검증도 FGI나 컨조인트 분석을 통해 실시할 수 있다. 특히 기술적으로 실현가능한지 여부는 전문가들에게 물어보는 것이 좋다. 전문가집단을 통한 컨셉 검증단계를 거쳐야 보다 효율적으로 개발할 수 있으며 신제품 실패의 확률을 줄이며 개발시간도 단축할 수 있다.

9.3.4 신제품 마케팅 기획

(1) 마케팅 전략의 수립

마케팅 전략의 수립은 "신제품 컨셉에 부합하는 표적 세분시장과 목표 포지션을 확인하고 그 목표 포지션 지향적인 4P 마케팅 믹스를 설계하는 과정"이다. 기간은 출시 후 1년, 수년, 장기로 나누어 마케팅 전략을 수립할 수 있다. 마케팅 전략의 내용으로는 시장세분화, 표적 세분시장, 포지셔닝, 제품 속성 결정, 가격 산정, 유통 경로 설계, 촉진방안 강구 등의 마케팅믹스 전략이 포함된다. 이 외에도 첫 해의 마케팅 비용, 장기적인 판매와 이익목표 등이 포함될 수 있다.

예를 들어, 건강빵 신제품을 고려하는 경우, 대상 소비자집단은 20대 미혼여성들이나 30대 취학 전 자녀를 둔 건강에 관심이 있는 주부집단으로 세분화해 볼 수 있다(Segmentation). 이 중 표적소비자집단을 30대 미취학 자녀를 둔 건강에 관심이 있으며 자녀에 헌신적인 주부들로 선정할 수 있다(Targeting). 이 경우 바람직한 목표 포지션은 자녀를 위한 "최고의 건강과 즐거움"으로 설정할 수 있다(Positioning). 제품은 완성된 빵이 아니라 밀가루반죽 상태로 제공되어 주부들이 자녀와 함께 오븐이나 전자레인지를 통해 직접 만들며, 만드는 과정을 통해 즐거움을 느낄 수 있는 개념으로 결정할 수 있다(Product). 가격대는 품질 좋은 밀가루를 사용해야 하기 때문에 기존 빵보다 약간 비싸게 제시한다(Price). 판매경로는 기존의 제과대리점 유통망을 활용하기로 한다(Place). 출시 초기에는 판매촉진을 위하여 구매시 어린이용 빵모자를 나눠준다. 제과점에서 미니오븐과 전자레인지를 통해 실제로 조리해 보는 행사를 갖기로 한다. 광고매체는 TV, 인터넷을 위주로 하고 이에 대한 예산을 책정해 본다(Promotion).

사례 9-8 신제품 아이디어 공모전의 신기원을 연 '아이디어LG'

LG전자가 "제품으로 만들어지면 매출의 4%를 지급하겠다"고 선언하자, 신제품 아이디어 1만 여건이 물밀듯이 쏟아져 들어왔다. 그 아이디어를 평가·개선하고 마케팅 방안을 제시하면서 사업화로 한발짝 더 다가서게 한 사람들까지 합치면 13만여명의 참가가 이어졌다고 한다. 21세기형 신제품 아이디어 공모전으로 신기원을 여는 데 성공한 '아이디어LG'의 이야기다. LG전자는 "민간기업의 공모전에 이렇게 많은 사람이 참가한 것은 매우 드문 사례"라며 "10대에서 80대까지 각계 각층에서 문의를 하고 직접 참여했다"고 밝혔다.

▸ 아이디어LG는 '한국의 쿼키(Quirky)'

아이디어LG는 '한국의 쿼키(Quirky)'라는 별명도 얻었다. 미국의 소셜아이디어 전문업체 쿼키는 발명의 대중화시대를 열었다는 평가를 받고 있다. 소비자의 아이디어를 바탕으로 제품을 만들어 팔고, 매출의 일부는 아이디어를 낸 사람과 심사위원에게 나눠준다. 예를 들어 마음대로 구부릴 수 있는 멀티탭 '피벗 파워(Pivot Power)'란 제품은 70만개가 팔렸고, 쿼키에 이 아이디어를 제안한 사람은 사례금 6억원을 받았다.

아이디어LG도 쿼키와 비슷하다. 소비자 아이디어를 심사해 제품을 만들고 매출액의 4%를 최초 아이디어 제출자에게 준다. 또 제품을 평가한 사람, 적절한 가격이 얼마냐는 설문에 응한 사람, 마케팅 아이디어를 낸 사람들에게도 매출의 4%를 추가로 떼내 나눠준다. 결과적으로 LG전자는 매출액의 8%를 초기 아이디어 제공자와 아이디어 평가 및 제품개발 과정에 참여한 이들에게 배분하게 된다.

▸ 오디션 같은 아이디어 평가

LG전자는 일체의 선입견을 배제한 채 오로지 아이디어 자체를 평가한다는 원칙하에 아이디어 제출자의 성명·연령·성별·전화번호·학력 등 개인정보를 하나도 받지 않았다. 평가 결과를 알릴 때 쓸 이메일 주소만 받았다. LG전자는 처음 공모전을 시작할 때 이공계 대학이나 대학원 학생들이 주로 참여할 것으로 예상했다. 그러나 막상 뚜껑을 열어보자 말 그대로 다양한 연령과 직업의 사람들이 아이디어LG에 도전했다.

13만명이 넘는 소비자평가단의 심판을 거쳐 결선에 진출한 작품은 모두 50개. 현재 일반 소비자의 평가는 끝났고, LG전자의 상품기획 · 마케팅 · 개발 · 영업팀이 아이디어의 상품화 가능성을 마지막으로 심사했다.

흥미로운 점 중 하나는 LG전자 내부 평가과정에서도 매일 순위가 달라졌다는 점이다. 며칠 전엔 케이스 충전기와 열 감지 밴드가 1위였다. 점수 차도 크지 않아 심사가 끝나는 10월 14일 밤 자정까지 엎치락뒤치락 치열한 순위경쟁이 벌어졌다. 한마디로 오디션 같은 아이디어 평가 과정인 셈이다.

▸ 아이디어를 너머 신제품 개발로

국민 오디션 같은 아이디어LG의 참여자들이 내린 최종 선택은 '패션 안전 무선 이어폰(가칭)'과 스마트폰용 '케이스 충전기(가칭)'였다.

'패션 안전 무선 이어폰'은 주변 위험 소리를 감지하는 기능을 이어폰에 넣어 위험한 소리가 들리면 이어폰이 자동으로 음량을 줄이도록 설계한 스마트 기기다. 이어폰을 끼고 음악을 들으며 이동할 때 충돌음, 경적음 등을 듣지 못해 위험한 상황이 발생할 수 있다는 점에 착안한 아이디어다.

스마트폰용 '케이스 충전기'는 휴대폰 케이스에 충전기 코드와 USB 단자를 내장한 제품이다. 충전기를 별도로 가지고 다니거나 보조 배터리를 추가로 구입해야 하는 불편함을 해결하고자 제안한 아이디어다.

이후 LG전자는 시장성, 독창성, 실현가능성 등을 고려해 아이디어 제안자와 협의하며 기존 아이디어를 다듬어 나가게 된다. 흥미로운 점 중 하나는 앞으로도 디자인, 색상, 가격, 제품명 등에 대한 투표를 통해 소비자의견을 수렴할 수 있다는 점이다. 그 다음 면밀한 사업성 검토도 통과할 경우 시제품 개발을 거쳐 본격 상업화로 이행하게 될 것이다.

LG전자는 제2차 '아이디어LG'도 진행 중이다. 2014년 8월 15일부터 10월 14일까지 소비자 투표에서 50표 이상을 받아 예선을 통과한 아이디어를 대상으로 당일부터 본선 평가를 진행한다는 것이다. LG전자에서는 "아이디어LG를 회사와 소비자가 만나는 집단지성의 창구(窓口)로 항상 열어놓겠다"고 말한다.

'아이디어LG' 첫 선정작, 스마트폰용 '케이스 충전기'

아이디어LG의 최종 성적표는 어떨까. 1차 프로세스가 마감되고 2차 아이디어LG가 진행되는 현 시점에서 속단할 수는 없지만, 적어도 흥미로운 21세기형 신제품 아이디어 공모전의 신기원으로 기록될 수는 있을 것으로 보인다.

자료원: 조선일보 2014. 10. 14., LG전자 홈페이지 자료 정리.

마케팅 전략에서는 특히 신제품을 기존제품과 차별화하여 포지셔닝하는 것이 가장 중요한 과정이라고 볼 수 있다. 기존 경쟁제품들과 뚜렷이 차별화되게 소비자에게 제공할 수 있는 편익이 무엇이 있는지에 관한 포지셔닝 전략이 수립되어야 한다. 이 단계에서 수립된 전략은 신제품 개발진행과정 중 수정될 수 있다.

(2) 사업성 분석(business analysis)

사업성 분석은 실제로 시장에서 신제품 마케팅 전략을 시행하여 이윤을 충분히 확보하는 등 목적 달성에 성공할 수 있는지를 평가하는 과정이다. 사업성 분석을 위해서는 매출, 비용, 이익을 추정해야 한다. 이를 위해 무엇보다 중요한 것은 판매량 예측이다. 판매량 예측 방식으로 가장 많이 사용되는 방식 중 하나는 설문조사를 통한 정량적 분석이다. 설문에서 응답자의 '구매의도'를 질문하여 판매량 예측의 단서를 얻는 방식이다.

또한 앞에서 제시한 정성적 방법을 활용하여 소비자조사를 실시할 수 있다. 정성적 방법은 시장 불확실성이 클 때, 다양한 소비자나 시장조사를 통해 활용할 수 있다. 실제 제품을 판매하는 판매원이나 영업사원들에게 물어볼 수도 있고, 전문가들을 선정하여 질문에 답하도록 하는 델파이기법이나 전문경영진들의 의견을 활용할 수도 있을 것이다. 계량적인 기법으로는 수요 예측을 위해 과거의 자료를 활용하여 시간이 지날 때 어떻게 변화하는지 알아보는 시계열자료의 이용을 통한 분석, 회귀분석 등이 많이 활용되고 있다.

비용 대비 수익분석을 위해서는 기업의 신제품 개발과 관련된 다양한 조직들의 의견을 반영하고 협력하여 분석해야 한다. 판매수익, 제품 판매비용, 제품 개발비용, 마케팅비용, 제조비용, 기술개발 및 시설투자비용 등을 모두 고려해야 한다. 실제 개발비용 대비 수익이 얼마나 발생할지에 대해서 사업성을 평가하는 방법으로는 투자비 회수기간 분석으로 투자된 비용에 대해 언제 이 비용을 회수하고 수익이 발생하는지를 알게 되는 모형이 있다.

사례 9-9 P&G의 혁신 다이아몬드

성공적인 신제품 개발에 힘입어 2004년 P&G의 매출은 80억달러에 이르렀다. P&G는 다년간의 성공적 신제품 마케팅 경험에 근거한 체계적인 도식화된 혁신 철학에 근거하여 신제품을 개발한다. 이 철학은 신제품 개발에 미치는 중요 네 가지 요소로 구성되어 다이아몬드 형태로 도식화되는데 이를 P&G의 혁신다이아몬드(Innovation Diamond)라 부른다. 초기에 P&G는 과정, 자원, 전략 세 가지 요소의 삼각형 형태의 신제품 개발철학을 고안했었다. 하지만 1990년대 말 화장품 사업부의 침체를 벗어나기 위해 신제품 개발 가이드라인을 재정비하면서 이 정태적 모델은 새롭게 변화된다. 현재의 다이아몬드 혁신구조는 이러한 변화사항을 반영하여 성공적인 신제품 개발을 위해 중요한 활동들을 통합적으로 제시하고 있다. 성공적인 신제품 개발은 참신한 아이디어만으로 되는 것은 아니다. P&G의 혁신다이아몬드는 다음의 요소로 구성되어 있다.

제품혁신 및 기술전략

제품혁신 및 기술전략(Product Innovation & Technology Strategy for the Business)은 먼저 제품 개발 목표를 설정하고 그 목표와 조직의 목표가 일치하도록 조정한다. 대상이 되는 제품, 기술개발을 위한 세부 목표까지 명확히 세우고 공급사슬 전체의 관리과정 목표까지 포함한다.

효과적이고 효율적인 아이디어 개발과정

아이디어 자체를 고객에게로부터 얻고 고객의 니즈를 충족시키는 더 나은 방안을 고민한다. 담당자는 제품 개발을 총괄적으로 책임지며, 개발 전 심도 있는 조사활동을 한다. 경쟁자에 비해 소비자 욕구를 더 잘 충족시킬 수 있는 차별화된, 성능이 뛰어난 제품을 개발한다.

자원배분전략 포트폴리오 매니지먼트

프로젝트 및 자원배분에 있어서 항상 목표전략을 염두에 두고 시행한다. 프로젝트간의 우선순위에 의해 자원을 배분하기 때문에 현재 진행중인 프로젝트와 가용자원 간의 최적배분이 가능하며 결과적으로 비즈니스 포트폴리오는 고부가가치의 프로젝트를 많이 가진다.

기풍과 리더십

신제품을 개발하기 위해서는 무엇보다 창의적 개발활동을 지원하는 회사 분위기가 중요하다. 신제품 개발에 전념하는 상급자가 먼저 혁신의 분위기를 이끌어나가며 연간 계획에 신제품 개발목표가 포함된다. 명확히 정의된 팀이 서로 기능적으로 협력하여 신제품 개발이 수행되고 개발결과의 책임까지 담당한다.

P&G의 화장품 사업부는 혁신다이아몬드를 통해 커다란 성과를 이룰 수 있었다. 1989년 P&G는 Covergirl과 Clarion을 인수했다. 1990년대 중반까지 화장품 사업 경영에 대한 경험이 없었던 P&G는 수많은 실패를 거듭해야 했다. 당시 가장 큰 문제점은 많은 제품 카테고리에서 신제품이 동시 다발적으로 개발되고 있었다는 것이다.

먼저 P&G는 제품 개발목적, 목표, 전략, 결과측정을 명확히 정의했다. 바디용품 대신 얼굴제품에 집중적인 노력을 기울였다. 다음으로 공급사슬을 정비하여 공급의 적시성을 높여 공급시간을 단축했다. 그 결과 개발된 신제품이 시장에 런칭되기까지의 시간을 획기적으로 줄일 수 있었다.

다음으로 신제품 아이디어를 런칭시키기 위한 SIMPLETM을 활용했다. SIMPLTM(the Successful Initiative Management and Product Launch model)은 P&G가 아이디어 개발단계에서 신제품 출시 및 사후 관리 단계까지의 신제품 개발의 stage gate 모델을 기업실정에 맞게 적용한 모델이다. 이 모델에 근거하여 게이트에서 과제를 그대로 진행할지 그만둘지를 결정했다. 기업 내 자원이 한정되어 있기 때문에 개별 프로젝트는 다른 프로젝트와의 상대적 우선순위에 의해 개발 여부가 결정되어야 하기 때문이었다. P&G 화장품 사업부의 대표였던 A.G. Lafley로 시작된 이 프로세스는 사업부 전체로 확산되었다.

P&G의 SIMPLE™ Process

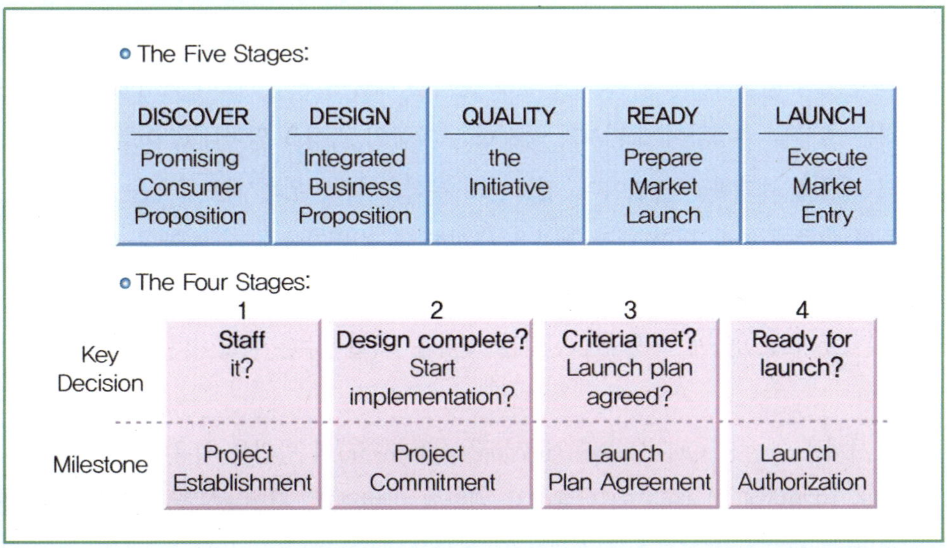

P&G는 직원의 자유로운 의견개진에 열려 있는 회사이다. P&G 본사의 A.G Lafley는 방을 분홍색으로 꾸며 직원들이 위화감을 가지지 않고 직접 의견을 내놓을 수 있는 편안한 분위기를 조성하려고 하였다. 수시로 사무실을 돌아다니며 직원들과 대화하였으며, P&G가 본래 가지고 있던 이러한 자유로운 분위기가 제품 개발에 있어 개인의 역량을 발휘할 수 있는 배경이 되었다. 2004년 4월, Business week지는 세계에서 가장 혁신적인 기업 7위로 P&G를 꼽았다. Apple, Google, 3M, Microsoft 등 IT기업군과는 달리 소비제품 중심의 회사라는 점을 감안할 때 놀라운 성과가 아닐 수 없다.

자료원: Copper, Robert G. and Michael S. Mills, "Succeeding at New Product Development the P&G way: A key element is using the 'Innovation Diamond'," PDMA Vision, 27(4), 2005; Mills, M., "Implementing a Stage– GateTM process at Procter & Gamble," Association for Manufacturing Excellence International Conference, "Competing on the Global Stage," Cincinatti, Ohio, October, Product Development Institute Inc., 2004; 홈페이지(http://www.prod-dev.com).

9.3.5 제품 개발

(1) 시제품(prototype) 개발

사업성 분석 후 사업성이 있다고 판단되면, 시장테스트를 거칠 시제품을 개발하는 단계를 진행한다. 분석을 통해 소비자가 가장 선호한다고 나타난 각 속성들의 최적화된 결합으로 이루어진 시제품(prototype)을 개발한다. 시제품이란 "가장 처음 개발된 제품"이라고 한다. 의도한 컨셉을 충분히 구현해 낸 소수의 실제 기능 초기 제품인 셈이다. 시제품 속성들의 최적화된 결합과 각 속성들의 상대적인 중요도를 알아보기 위해 컨조인트 분석을 활용하기도 한다. 컨조인트 분석은 제품이나 서비스의 속성에 소비자가 부여하는 효용을 추정하여 소비자가 중시하는 제품의 속성을 알아내고 이를 바탕으로 최적의 제품을 예측하는 방법이다. 컨조인트 분석을 하기 위해서는 가격을 포함한 각 속성들의 수준에 따라 여러 대안 제품을 구성한 후 소비자에게 각 대안의 선호를 순위대로 나열하도록 한다. 이때 주의할 점은 속성들의 수준을 실제 제품에서 소비자에게 제시하는 것과 동일하게 측정해야 한다는 것이다. 독립변수는 속성이며, 종속변수는 선호도이다.

시제품 개발시 QFD(Quality Function Deployment)의 방법을 활용하기도 하는데, 이 방법은 1970년대 일본의 조선업체에서 개발된 방법으로, 시장조사를 통해 알아낸 소비자의 요구 제품속성 목록을 기술개발자들의 언어로 다시 기술하여 기술개발자들이 개발

그림 9-5 품질의 집(House of Quality)을 통한 QFD

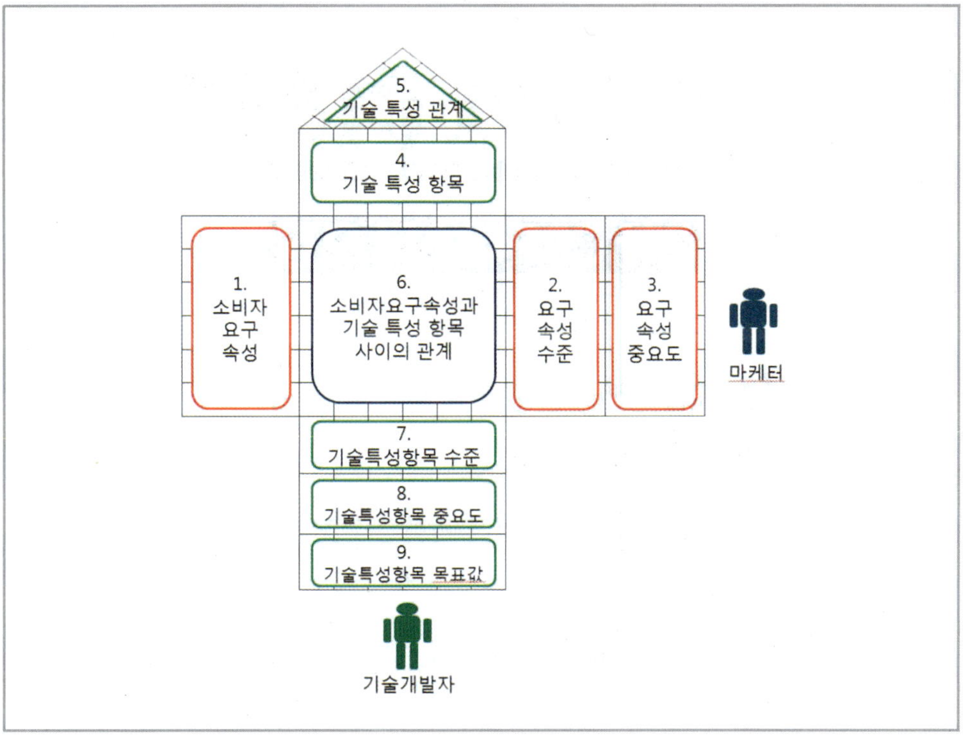

자료원: Design and Marketing of New Products, 1993, 2nd eds, Urban and Hauser, 신상품 마케팅, 이유재·박찬수 역, p. 404. 수정.

하기 편리하게 바꾸는 것이다. 즉, 소비자의 언어와 기술개발자의 언어를 일치시키기 위해 활용하는 방법이다. QFD는 마케터와 기술개발자들 간의 의사소통을 원활하게 한다.

(2) 시장테스트

시장테스트(market testing)는 개발한 시제품이 실제 소비자들의 요구를 만족시키는지, 결함은 없는지, 수정되어야 할 내용은 무엇인지를 알아보는 과정이다. 마케터는 시장테스트를 얼마나 할지와 어떤 방법을 사용할지를 결정해야 한다. 시장테스트를 통해 비용과 매출을 보다 구체적으로 예측할 수 있게 된다.

시장테스트 방법에는 모의시험시장, 통제된 시험시장, 시험마케팅 방법 등이 있다. 모의시험시장(simulated test marketing)은 실험실 환경을 실제 구매환경과 유사하게 만들고 몇 명의 소비자들을 대상으로 신제품이 속한 제품 카테고리에 기존의 경쟁브랜드들과 시제품을 제시하고 선호도를 질문하거나, 각각의 광고를 보여주고 선호를 파악하여

온라인게임 비공개 테스트(Closed Beta test, CBT) 베타테스터 활용 예

시제품에 대한 수요와 광고효과 등을 파악하는 방법이다. 통제된 시험시장(controlled test marketing)은 특정지역의 매장을 선정하여 신제품을 판매하고 매장 내의 영향을 파악하는 방법이다. 시험마케팅(test marketing)은 표적시장이 속한 몇 개의 한정된 실제시장을 선정하여 시판해 보는 방법이다. 이 방법은 기간이 많이 걸리고 경쟁사가 쉽게 시제품을 모방할 수 있는 점이 단점이다.

9.3.6 상 품 화

시장테스트를 마친 후 다량의 제품을 시장에 출시하는 과정을 상품화

(commercialization)라고 한다. 실제 제품을 생산하는 데 있어서 기업이 기술을 보유하고 있지 않다면, 제조설비를 직접 구축하거나 제조업자와의 제휴 및 라이센싱을 이용 할지 결정하고 실행해야 한다. 이 단계에서는 표적시장별 진입시기와 진입방법 등을 결정해야 한다. 시장에 가장 선두주자로 진입할지 다른 경쟁자가 있다면 동시에 진입할지 혹은 가장 마지막으로 진입할지를 각 경우에 따른 장단점을 분석하여 진입시기를 결정한다. 진입방법으로는 주요 시장을 공략한 후 단계적으로 출시할지 혹은 동시에 전국적으로 출시할지를 잠재시장 분석과 비용분석을 통해 결정한다. 상품화 단계 이후 마케터는 신제품 수용시기별 수용사 유형을 염두에 두고 마케팅 믹스를 운용해야 한다. 나아가 제품수명주기에 따른 마케팅 관리에도 신경을 쓸 필요가 있다.

그림 9-6 상품화 과정의 주경로분석 예

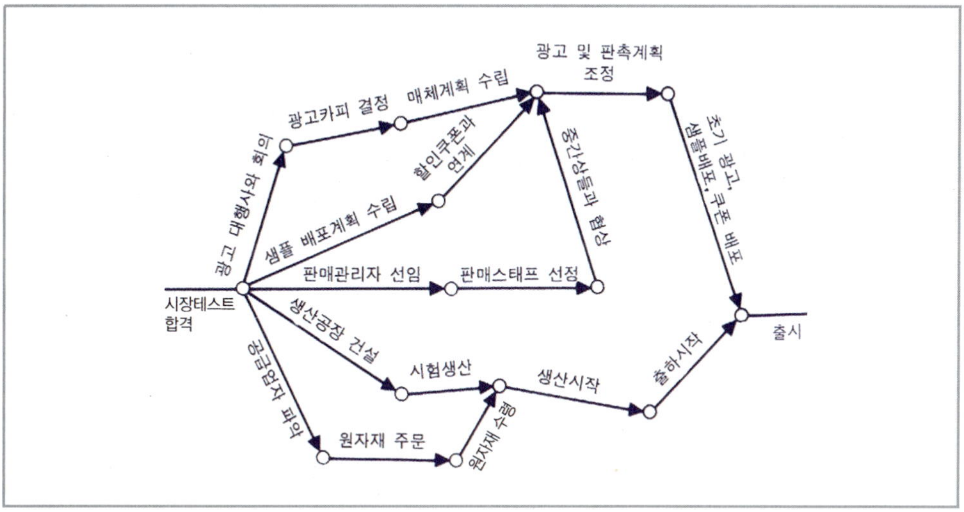

자료원: Design and Marketing of New Products, 1993, 2nd eds, Urban and Hauser, 신상품 마케팅, 이유재, 박찬수 역, p. 582.

9.4 제품수명주기 관리

9.4.1 제품수명주기

제품수명주기(product life cycle)란 제품이 탄생하여 사망할 때까지의 과정, 즉 제품 출시부터 시장 퇴출까지의 시간별 매출과 수익의 변화를 집약한 것이다. 인간의 생애주기에 비유될 수 있는 이 과정은 시간의 흐름에 따른 제품 판매량의 변화로 단계적으로 접근할 수 있다. 대개 제품수명주기는 도입기, 성장기, 성숙기, 쇠퇴기의 4단계로 구분된다. 각 단계별로 경쟁자 수, 제품 원가 및 이익수준, 고객층의 특성이 다르게 나타난다. 단계의 특징을 감안하여 기업은 마케팅목표를 수정 · 전환해야 하며 그에 따라 마케팅 요소를 전략적으로 활용해야 한다.

하나의 신제품이 시장에 등장하게 되면 소비자의 반응이 좋은 제품은 매출이 증가하게 된다. 그러나 이렇게 성공적으로 신제품이 출시되었을 때 다른 기업들도 그와 유사한 경쟁제품을 출시하기 마련이다. 시장 내 소비자의 제품수요가 한정되어 있기에 처음 제품을 출시했던 기업의 신제품 매출은 어느 수준 이상에서 정체된다. 기술이 진보함에 따라 기존 제품의 대체제가 나타나고 소비자의 욕구가 변화함에 따라 제품 매출은 시간이 지남에 따라 점차 감소하게 된다. 이렇듯 신제품은 시장에서 나타났다가 사라지게 되는데 이 과정은 시간의 흐름에 따라 순차적 · 단계적으로 이루어진다. 시장상황 변화, 소비자욕구 변화, 기술진보 등의 이유로 제품의 시장 내에서의 위치는 시간의 흐름에 따라 변화하기 때문에 제품의 수명주기가 존재하게 된다.

제품수명주기는 제품군, 제품유형, 브랜드 수준에서 고려될 수 있다. 제품군(product category)은 본원적 속성에 근거하여 사용상황에서 동일한 혜택을 제공하는 제품들의 집합으로, 세 가지 수준 중에서 가장 범주가 넓어 제품군의 수명주기가 길다. 기존 제품유형이 새로운 제품유형으로 대체되면서 동일한 기능을 수행할 수 있기 때문이다. 제품유형(product type)은 제품군 내의 하위 개념이다. 일반적으로 시간흐름에 따른 매출량의 변화가 S자 모양을 그리게 된다. 앞으로 전개될 제품수명주기는 이 수준에서 분석된다. 브랜드(brand) 수준에서 제품수명주기는 가장 짧게 되며 경쟁 브랜드의 마케팅활동에 직

그림 9-7 제품수명주기

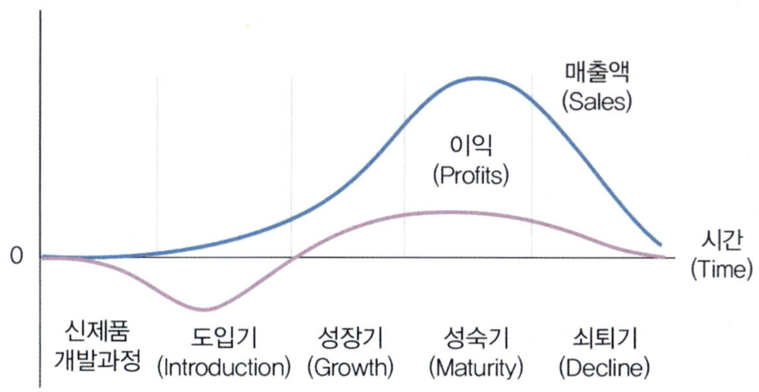

접적으로 영향을 받으며 매우 불안정한 제품수명주기를 가진다. 자동차를 예로 들어보자. 1770년 자동차가 발명된 후 현재까지 자동차는 그 형태를 달리하면서 발전해왔다. '자동차'는 제품군이며 증기자동차, 가솔린기관자동차, 디젤기관자동차는 제품유형에 따른 분류이다. 벤츠의 S클래스, 현대자동차의 소나타는 브랜드 수준의 분석이 될 수 있다.

제품수명주기는 제품에 따라 다를 수 있다. 어떤 제품들은 시장에 출시되었다가 금방 퇴출되기도 하지만 시장에 오래 머물러 장수를 누리는 경우도 많다. 새우깡, 박카스, 초코파이 등이 대표적인 장수제품이다. 농심 새우깡은 1971년 처음 시판되어 현재까지 35년이 넘게 생명력을 유지하고 있다. 대부분의 제품은 일반적으로 [그림 9-8]과 같은 S형태를 따른다.

(1) 도입기

시장에 제품을 처음 선보이는 이 기간에 기업의 첫째 목표는 제품 인지도를 구축하는 것이다. 제품 및 산업 특성에 따라 시장의 반응을 얻어내는 기간에 큰 차이가 있지만 상당히 오랜 기간을 거치는 경우가 많다. 유통 관계자와 소비자에게 제품을 사용하는 방법과 타 제품과의 차별화된 점을 알리기 위해서 촉진관리비가 사용된다. 도입기에 있어서 신제품의 시장확산에 영향을 미치는 요인으로 로스(Ross, 1983)는 다음의 다섯 가지를 언급했다.

상대적 이점(relative advantage)

기존의 제품과 차별화되는 기능적 우위를 지니고 있는가? 즉, 신제품을 사용함으로써 소비자들의 편의가 향상되거나 새로운 혜택을 누리게 되는지 여부이다. 신제품의 상대적 이점이 클수록 소비자들의 신제품 수용 확산이 빠르게 진행된다. 무선인터넷은 사용자의 유선인터넷 사용시 불편함을 덜 뿐 아니라 장소에 구애받지 않고 통신하도록 하여 단기간에 많은 사용자를 확보할 수 있었다. 한국의 대표적인 온라인 커뮤니티인 싸이월드는 다른 경쟁사들이 서비스를 유료화로 전환할 때에 온라인 미니홈피와 커뮤니티의 무료화를 선언함으로써 사용자를 대거 흡수하여 폭발적으로 성장할 수 있었다.

단순성(simplicity)

소비자들이 신제품의 기능을 이해하고 사용하기 쉽게 만들어졌는가? 이 단순성은 하이테크제품에 있어서 더욱 큰 관건이 된다. 다른 사람에 비해 제품기술에 대해 많은 지식을 보유하고 있는 혁신층에서 기술적 지식이 부족하나 사용욕구가 있는 대중에게로 신제품이 확산되기 위해서는 무엇보다 사용자의 심리적 부담을 덜 수 있도록 제품 사용의 단순성을 높여야 한다.

치아에 붙이는 P&G의 Crest Whitestrips

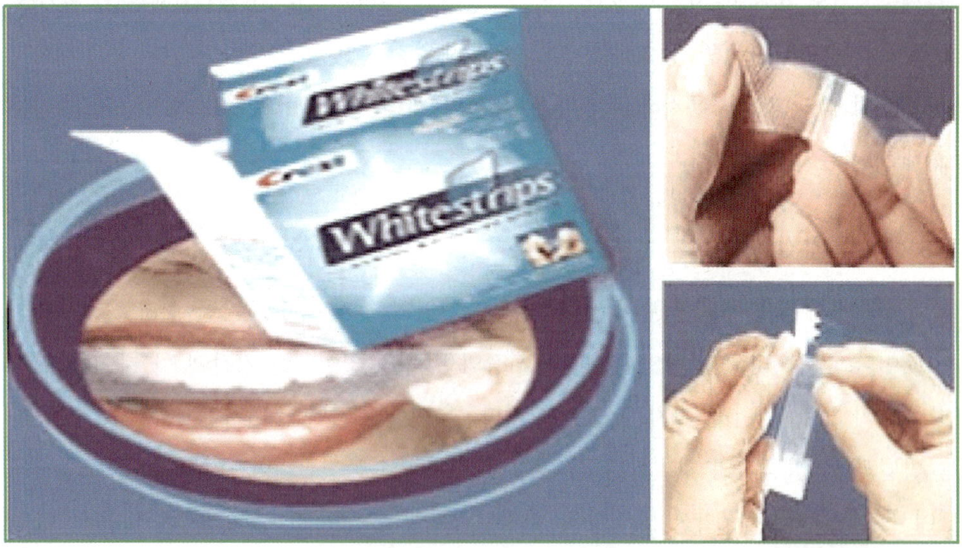

2001년 P&G는 치아미백제품인 크레스트 화이트스트립스(Crest Whitestrips)를 시장에 내놓았으나 반응이 신통치 않았다. 하루에 2번 적어도 2주 동안 사용해야 6개월간 미백상태가 지속될 수 있는 불편함이 있었기 때문이다. P&G는 플라스틱 사업부와 협력하여 간단히 치아에 붙일 수 있는 새로운 형태의 크레스트 화이트스트립스를 선보였다. 30분간 붙이고만 있으면 된다는 제품의 편리성은 P&G의 치아미백시장의 점유율을 75%까지 끌어올리는 1등 공신이 되었다. 2007년 P&G는 사용시간을 5분으로 줄이는 제품을 선보이게 되었으며 긍정적인 시장반응을 얻고 있다.

커뮤니케이션 가능성(communicability)

신제품의 특성이 소비자에게 잘 전달되는가? 기존 제품과 차별화되는 점을 소비자들이 쉽게 단시간 내에 인지하는 것이 신제품 성공에 필수적이다. 초기 사용자의 주변인들이 구매를 결정함에 있어서 신제품의 독특한 혜택이 쉽게 전달되어야 시장의 수용속도를 높일 수 있다. PDP TV의 성공적인 시장 안착은 월드컵 특수에 힘입었다. 화면이 큰 PDP TV로 생생한 축구중계를 보는 것이 하나의 자랑이 되면서 이웃집 TV를 눈여겨보던 소비자들은 너도나도 PDP TV를 사기 시작했다.

부합성(compatibility)

신제품의 특성이나 용도가 기존의 유사한 카테고리 내의 제품 사용행태와 부합하는가? 소비자들의 사고체계와 관습에 부합하는가? 소비자들은 신제품을 구매함으로써 자신의 생활형태가 바뀌거나 사회적 관습에 배치되는 것을 꺼려하기 때문에 기업은 소비자 개인의 생활패턴뿐 아니라 사회적인 가치체계에도 관심을 기울여야 한다. 제품형태를 달리하는 경우, 시장의 문화적 속성이 다양한 경우 주요하게 고려될 수 있다. 일본 사람들은 주로 컵라면을 애용하여 컵라면 제품이 매출의 상당부분을 차지하는 반면, 한국 사람들은 주로 봉지라면을 구입하고 컵라면은 봉지라면의 부가적인 상품으로 여기는 경향이 있다. 한국 기업은 일본에 진출할 때에 먼저 컵라면 형태의 제품을 선보이게 된다.

사례 9-10 마시는 비타민 광동 비타500

비타500이 출시되기 전까지 마시는 비타민이라는 개념은 존재하지 않았다. 2003년 이후 음료시장에 불어온 웰빙바람은 무카페인 음료에 대한 소비자의 관심을 고조시켰다. 광동제약은 마시는 비타민, 비타500을 업계 최초로 시장에 출시했다. 개발과정 중 과립과 정제형태를 벗어난 비타민 음료에 대한 우려가 컸으나 유통사업부는 이 비타민 음료의 성공에 사활을 걸었다. IMF 이후 1차 부도를 겪은 광동제약이 제약 유통을 제외한 유통사업부를 축소하려는 계획 때문이었다. 기존의 제품형태와 무척 차별화된 신제품이었지만 이미 소비자들의 비타민에 대한 인식이 높았던 상태에서 마시기 쉽다는 장점을 활용, 큰 성공을 거두게 되었다.

자료원: LG주간경제(제860호), 2005. 11. 30; 동아일보 2005. 5. 11;
비타500 홈페이지(http://www.vita500.com/).

시용가능성(trialability)

소비자가 사용해 보기 용이한가? 샘플, 무료시용기회를 통해 소비자들이 신제품을 체험해 볼 수 있는가의 여부는 소비자들이 직접 신제품을 평가하여 확신을 가지고 구매하도록 유도하여 확산을 촉진시킬 수 있다. 케이블 TV의 홈쇼핑 판매시 제품의 시용가능성을 높이기 위해 사용 후 구매전략이 많은 이유도 이 때문이다. 화장품은 자신의 피부에 맞는지를 먼저 시용해 볼 필요도가 높은 제품군이다. 이 시용가능성은 단시간 내에 시장점유율을 높이는 데에도 크게 기여할 수 있다. 니콘의 한국시장 진출이 그 대표적인 예이다. DSLR시장에서 니콘은 D3, D300으로 1년만에 쉽게 메이저 기업으로 자리를 잡았다. 두 제품의 출시에 앞서서 니콘은 카메라업계 최초로 대규모 오픈형 체험행사를 개최하여 소비자가 직접 만져보고 구매할 수 있는 기회를 제공하였고 지방순회 사진교육과 행사를 통해서 소비자들에게 직접 체험기회를 제공하였다.

신제품의 특성 외에 도입기에 신제품의 성공에 영향을 미치는 요인으로 시장진입시기를 들 수 있다. 전략적 관점에서 기존에 존재하지 않았던 새로운 시장을 개척하는 혁신제품을 출시한 기업의 경우 선도자 우위(pioneer advantage)를 지닐 수 있다. 이 경우 기업의 제품 자체가 제품군을 일컫는 대표제품으로 소비자들에게 인식되어 강력한 제품인지도를 누릴 수 있게되고 타사가 경쟁제품을 출시하기 전까지 시장에서 독점적 위치를 지녀 초기 수익을 극대화할 수 있다. 제품 자체가 제품 카테고리를 대표하는 상품으로 초코파이, 퐁퐁, 미원 등이 있다. 오리온의 초코파이는 초콜렛이 덮인 두 층의 과자류를 뜻하는 일반적인 용어가 되었다.

도입기의 마케팅전략은 다음과 같다. 제품에는 소비자조사를 통해 가능한 한 지속적으로 소비자의 요구를 반영한다. 아직 시장의 규모가 크지 않기 때문에 시장세분화가 본격적으로 필요하지는 않다. 따라서 제품의 기본 혜택에 충실한 기본 제품을 생산하며 다른 제품에 비해 품질이나 원가에서 앞서는 것이 중요하다. 유통비용을 낮추기 위해서는 유통업자로 하여금 신제품 성공에 대한 확실한 자신감을 갖도록 하는 것이 중요하다. 신제품을 시장에 출시함에 있어 유통업자 또한 위험부담을 지니게 되는데 이 부담감을 해소하는 것이 제품의 유통조건에 무척 긍정적인 영향을 미치게 된다. 예를 들어, 유통업자가 제품 성공에 대해서 긍정적으로 기대하게 될 때에 기업은 수량할인이나 촉진지원금 등을 통해 신제품 진열에 대한 유인책을 지원하는 비용을 줄일 수 있다.

도입기 전략적 가격설정방법에는 두 가지가 있다. 먼저 초기고가전략(skimming pricing)은 높은 마진을 기대할 수 있기 때문에 다수의 소비자들이 고가격 신제품에 대한 구매의사가 있을 때 신제품 개발에 대한 초기 투자비를 단기간 내에 회수할 수 있는 장점이 있다. 반면 시장침투가격전략(penetration pricing)은 잠재 시장의 규모가 크고 소비자의 가격민감도가 큰 경우, 경쟁사의 시장진입가능성과 경험곡선효과가 크게 예측되는 경우에 시장점유을 높이는 데 효과적이다.

촉진에 있어서는 인지도 제고가 주된 목적이다. 혁신적 제품일수록 그 혜택이 소비자에게 쉽게 전달되어 인지될 수 있도록 돕는 강력한 마케팅활동이 필요하다. 시용구매를 유도하기 위해 샘플, 시용기회 제공, 할인쿠폰 등 여러 방면의 노력이 요구된다.

(2) 성장기

도입기에 신제품이 시장의 긍정적인 반응을 얻어낸 제품은 다수의 소비자에게 급속히 수용되는 성장기를 거치게 된다. 이 경우 광고와 구전에 의한 확산효과가 매우 크다. 수요가 급격히 늘어나면서 생산규모가 커지게 되며 학습곡선효과에 의해 제품의 단위당 생산원가는 낮아지게 된다. 판매량 증가는 단위당 마케팅비용을 절감하는 효과를 유발하는데 제품 단위당 마진율이 향상되어 대체로 성장기에 기업은 이익을 극대화할 수 있다. 수요와 이익 증가가 경쟁업체의 시장진입을 유도하게 되면서 시장 자체가 커지게 되며 경쟁이 심화된다. 타 기업과의 경쟁적 제품홍보로 제품 카테고리에 대한 소비자의 인식이 제고되게 된다.

제품 측면에서 볼 때 도입기에는 제품의 근원적인 속성만이 중시되었지만 성장기에는 제품 기본속성 외의 부가속성을 향상 시키려는 노력이 필요하다. 경쟁사와 차별되는

경쟁자 대비 속도의 우위를 강조하는 LTE 이동통신 광고

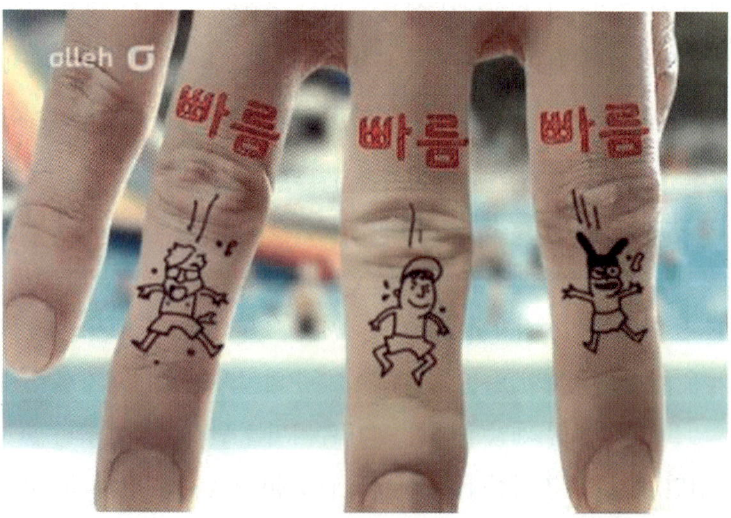

부가속성을 개발하고 소비자에게 알려 자사 제품이 경쟁제품과 구별되게 소비자들에게 인식되어 판매될 수 있도록 해야 한다. 또한 소비자조사를 통해 제품의 새로운 용도를 발견해 시장의 경쟁을 완화할 수 있도록 시장 파이 자체를 키우는 것이 필요하다.

유통업자가 가지는 신제품 진열에 대한 위험부담이 시장검증을 통해 완화된 상태이므로 신제품을 취급하는 점포를 늘릴 수 있는 유통전략을 취한다. 제품이 소개되는 점포의 수를 증가시켜 아직 신제품에 대해서 알지 못하는 소비자층까지 제품이 공급될 수 있도록 한다.

가격은 대부분 도입기에 고가격으로 소개된 제품인 경우 치열한 경쟁상황에서 가격 우위를 지니기 위해 제품가격을 내리는 전략을 취한다. 저가전략을 통해서 그 사업분야의 매출규모가 커지게 되면 제품의 생산 및 판매의 단위원가가 내려가는 경험곡선효과를 얻게 되어, 원가 우위에 있는 선발기업이 비용상 우위를 지닐 수 없는 경쟁자들의 시장진입을 차단하는 효과가 있다.

더 많은 소비자를 확보하려는 시장점유율 확대가 주된 목표가 되기 때문에 대중매체의 광고가 경쟁적으로 이루어진다. 일반 대중에게 제품의 인지도를 높이려는 노력과 함께 경쟁상대에 비해 자사 제품의 우월성을 강조하는 전략으로 선택적 수요를 유인하는 것이 중요시된다.

(3) 성숙기

성숙기에 이르면 제품의 시장성장률이 점차 둔화되어 매출에 큰 변화가 없고 제품 수익률이 낮아지게 된다. 이 시기에는 제품이 표준화되어 대량생산되기 때문에 생산원가가 가장 낮아지지만 가격인하효과를 상쇄할 만큼 매출액이 증대되지 않기 때문에 단위당 마진율이 낮아진다. 반면 시장 내 경쟁은 더욱 심해져서 판매촉진비가 증가되는 경향이 있다.

이 상황을 극복하기 위해서 기업이 취하는 전략은 다음과 같이 분류해 볼 수 있다. 먼저 제품이 속한 본래 시장의 개념을 확대하거나 변경하는 것이다. 기존에 신제품이 목표하지 않았던 고객층을 대상으로 마케팅활동을 펼치거나 제품 사용자의 사용량 증대를 유도하여 기업의 매출액을 증가시킬 수 있다. 장수식품 중 하나인 새우깡은 시장 확대를 위해 대용량 노래방용 새우깡을 선보여 대학생들의 MT, 주점의 안주로 사용되도록 하면서 사용대상을 확대하였다. 또한, 정체된 제품매출을 촉진하기 위해 기업은 제품

우유시장의 확대를 위한 다양한 제품 출시

의 가격을 인하하거나 제품 사용권장캠페인을 벌이거나 제품의 새로운 용도를 개발해 소비자가 다양한 환경에서 제품을 사용하도록 한다. 기본식품이 된 라면시장을 확대하기 위해 라면회사들은 '라면을 이용한 신메뉴개발대회' 등을 통해 라면이 응용될 수 있는 여러 환경을 소비자들에게 제시하고 있다. 또한 기존 제품을 업그레이드한 라인을 선보이거나 부가적 속성의 가치를 높여 제품을 새롭게 선보일 수 있다. 우유시장이 포화되자 각 유업회사들은 칼슘이 첨가된 우유, 검은콩 우유 등 여러 형태의 제품들을 선보여 제품소비를 촉진시켰다. 자사 제품에 대하여 갖고 있는 소비자인식을 소비자의 소구변화 방향에 맞추어 변화시켜 재포지셔닝하기도 한다. 4장에서 다룬 재포지셔닝은 성숙기의 제품에 유용한 전략이다.

(4) 쇠퇴기

기술진보와 소비자취향의 변화로 한때 시장에서 큰 인기를 누렸던 제품들도 은퇴의 시기를 맞는다. 판매량의 하락을 신호로 시장의 규모가 작아지게 되면 시장을 떠나는 기업들이 늘어나므로 경쟁자 수가 감소한다. 그간의 학습효과에 의해 생산원가가 낮음에도 불구하고 성장기의 저가전략을 유지하는 경우가 많아 대개 이익률이 낮은 편이다.

쇠퇴기에 취할 수 있는 마케팅전략으로 다음과 같은 것이 있다. 제품라인을 다른 기업에 합병시키거나 매각하는 철수(divest)전략이다. 이러한 철수사업의 예로 IBM의 컴퓨터사업 부분의 매각을 들 수 있다. IBM은 가격경쟁이 심화되는 시장을 벗어나 좀 더 수익성이 높은 기업용 서버 및 컴퓨팅 비즈니스 부문에 집중하기 위해 23년간의 사업을 과감히 접었다. 당시 IBM의 PC시장 점유율은 5.6%로 경쟁사인 델의 16.8% 및 HP의 15%에 크게 못미쳤다. IBM은 컴퓨터 사업부분을 접고 매각비용을 핵심 사업인 비즈니

표 9-3 제품수명주기별 특징 및 마케팅전략

		도입기	성장기	성숙기	쇠퇴기
특징	판매액	낮다	급속히 증가	정점도달	감소
	이익	적자	증가	높음	감소
	고객층	혁신수용자 조기수용자	조기다수자	후기다수자	최후 수용자
	경쟁자	소수	증가	많고 안정됨	점차 감소
4P	제품	기본제품	확장제품	모델, 브랜드 다양화	제품퇴출
	가격	원가추가	저가격시장 침투	경쟁가격	가격인하
	유통	선별적 유통	유통채널 확대	강력하고 집중화된 유통채널	선별적 유통 비수익채널 제거
	촉진	제품시용 활용 집중적 촉진	수요증가로 촉진 감소	브랜드전환 유도 위해 증가	최소수준으로 감소
마케팅목표		**제품인지 제고 및 시용 유도**	**시장점유율 최대화**	**시장점유율 유지 및 수익극대화**	**비용절감**

자료원: Kotler P., Marketing Management, 11th Edition, N.J: Prentice Hall, 2003, p. 340 수정.

스 솔루션 사업에 투자하기로 했다. 이러한 철수전략은 사업을 청산하여 향후 예측되는 손실을 방지하고 신규사업에 사용될 자본을 확보할 수 있다. 시장의 규모가 줄어들었다 하더라도 경쟁 정도가 낮으므로 상당 수준의 매출을 올려 수확(harvest)하는 것이다. 앞의 성숙기의 단계에 사용할 수 있는 시장수정, 제품수정, 재포지셔닝 전략을 활용하여 시장쇠퇴를 늦추거나 새롭게 제품라인을 소생시킬 가능성이 있다고 판단될 때에는 다시 마케팅 노력을 펼친다.

쇠퇴기에는 매출액 기여도가 낮은 제품 라인을 제거하거나 최소 이익 수준을 실현할 수 있는 제품군으로 포트폴리오를 구성한다. 매출 실적이 낮은 유통업자를 공급 사슬에서 배제하여 효율적으로 운영하도록 한다. 저가격 정책의 연장으로 최소 수준의 마진을 확보할 수 있는 가격수준을 설정한다. 사용자의 수가 감소된 상황에서 제품에 대해 충성도를 지닌 핵심 고객을 위한 활동이 주가 된다. 제품수명주기 단계 중 가장 촉진 비용이 적다. 재마케팅의 경우 대중매체 광고를 활용하여 대중에게 제품을 재인식시키게 되므로 성숙기에 비해 비용이 증가할 수 있다.

9.4.2 신제품 수용시기와 수용자

미국의 사회심리학자 에버렛 로저스(Everett Rogers)는 혁신적인 제품을 시장이 어떻게 수용하는가를 기술수용주기(Techonology Adaption Life-Cycle)로 설명했다. 기존 시장에 존재하지 않던 첨단 제품들은 불연속적인 혁신을 바탕으로 하는데 불연속적인 혁신이란 소비자 행동양식의 변화를 요구하기 때문에 소비자들이 지각하는 위험부담이 크다. 이러한 신제품을 수용하는 데 소비자들은 각기 다른 적응속도를 보인다. 신제품 수용에 대한 소비자들의 태도와 행동유형은 다음과 같이 다섯 집단으로 나눌 수 있다.

(1) 혁신수용자(innovator)

이 집단에 속한 소비자들은 새로운 기술의 수용에 열린 태도를 지니고 있으며 신기술 자체에 관심이 많다. 호기심이 많기 때문에 다른 사람들에게 보이기 위한 소비보다는 자신의 신제품에 대한 궁금증을 해소하기 위해 높은 비용을 지불하면서 신제품을 소비한다. 혁신소비자들은 기업이 대외적으로 홍보하지 않아도 직접 정보를 탐색해서 제품을 구매하기도 한다. 전체 시장에서 2.5%를 차지하는 혁신소비자층은 그 자체로는 수익성을 창출할 만큼 큰 시장규모는 아니지만 신제품의 시장반응을 제일 먼저 점검하는 역할과 함께 신제품의 시장확산에 있어 그 다음 단계인 조기수용자층의 구매를 자극하는 역할을 한다.

그림 9-8 신제품 수용기별 수용자 유형

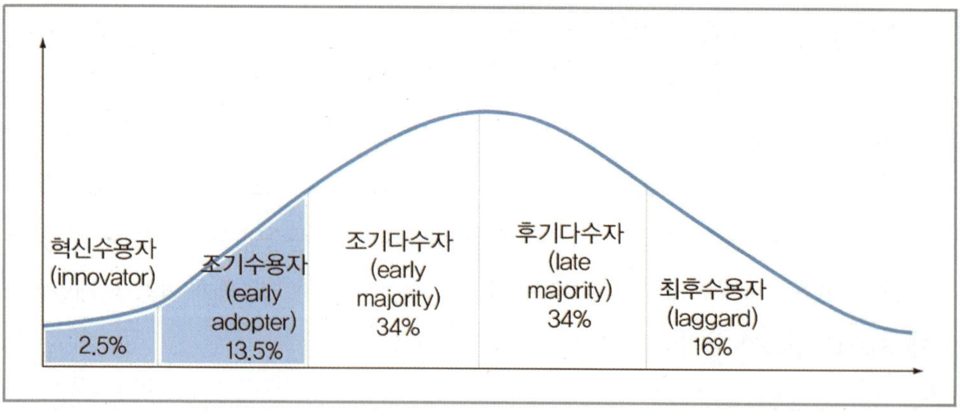

자료원: Rogers, Everett M., and Everett Rogers, *Diffusion of Innovations*, 5th Edition, NY: the Free Press, 2003, p.262.

사례 9-11 캐즘(Chasm)

미국 실리콘밸리의 컨설턴트인 무어(Geoffrey A. Moore)는 1991년 "Crossing the Chasm"에서 기술수용주기 모델에 근거한 첨단기술산업의 성장 모델에 있어서의 캐즘(Chasm)의 개념을 도입하였다. 캐즘은 본래 지질학 관련 용어로 지면이나 바위 따위의 깊게 갈라진 틈이나 갈라진 지층을 의미한다. 마케팅에서는 신제품의 시장진출에 있어 신제품이 선보이는 초기시장(initiation market, 제품수명주기상 도입기)과 시장 내 대부분의 소비자가 위치하고 있는 주류시장(mainstream market, 제품수명주기상 early majoroity가 신제품을 구매하는 성장기) 사이에 존재하는 기술과 시장과의 단절현상으로 정의된다. 캐즘은 '기술수용주기이론'에서 초기시장과 주 시장의 특성차이에 의해 발생한다.

혁신제품이 시장에 성공적으로 안착하려면 혁신성을 중시하는 소수의 소비자 세분 시장에서 실용성을 중시하는 다수의 주류 시장으로 옮겨가야 되는데, 첨단 기업은 때때로 이 초기시장과 주류시장 사이에서 매출이 급격히 감소하거나 정체하는 현상을 겪게 된다. 이렇듯 캐즘은 이러한 초기시장에서 주류시장으로 넘어가는 과도기, 즉 제품수명주기상으로 도입기와 성장기에 일시적으로 수요가 정체되거나 후퇴하는 단절현상을 일컫게 된다. 캐즘이론에 따르면, 소비자는 혁신자 · 조기수용자 · 조기다수자 · 후기다수자 · 최후수용자 등 다섯 가지 유형으로 분류되는데, 일단 첨단제품이 출시되면 혁신자와 조기수용자는 새로운 기술에 대한 관심과 잠재적 이익 등을 고려해 제품을 구입하게 된다. 그러나 조기다수자 및 후기다수자 계층, 즉 일반적인 대중들은 실용적인 면을 중시해 여러 가지 참고사항을 고려한 뒤 실용적인 면이 증명된 후에야 구매하기 시작하고, 기업측에서 볼 때에는 이 두 계층의 구매가 일어날 때 비로소 수익성이 좋아진다. 캐즘 이론에서는 대다수의 벤처기업이 신제품시장 출시에 실패하는 이유가 조기수용자에서 조기다수자로 넘어가는 과정에서 발생하는 캐즘을 극복하지 못하기 때문이라고 설명하고 있다.

캐즘마케팅이란 이 캐즘을 성공적으로 뛰어넘고자 하는 데 사용되는 마케팅을 의미하며, 한마디로 캐즘을 뛰어넘어 초기시장으로부터의 성공이 끊기지 않고 곧바로 주류시장을 만들 수 있도록 하는 마케팅이다. 무어는 캐즘을 극복하기 위한 방법으로 기업이 단기매출실적에 연연하기보다는 틈새시장에 집중하여 그 시장 내에서 성공적으로 안착하는 것이 중요함을 언급하고 있다.

자료원: Moore, Geoffrey A., Crossing the Chasm, Marketing and Selling High tech product to Mainstream Customer, 2nd edition., Harper Business, N.Y: HarperCollins Publishers, 1999.

(2) 조기수용자(early adopter)

조기수용자가 혁신수용자와 다른 점은 혁신수용자의 경우 혁신적인 제품 그 자체에 대한 흥미를 충족시키기 위해 구매를 하는 반면, 조기수용자는 혁신제품이 가져다줄 경제적 이익과 가치를 주된 구매동기로 삼는다는 점이다. 신기술을 통한 수익에 역점을 두기 때문에 상당한 위험도 기꺼이 감수한다. 조기수용자층은 제품가격에 둔감하다. 신제품이 성공하기 위해서는 조기수용자층의 지지가 절대적으로 필요하다. 이 조기수용자의 의견이 그 바로 다음 단계의 수용자층의 구매를 견인하는 데 결정적인 역할을 하기 때문에 기업은 조기수용자층의 긍정적인 평가와 구전효과를 유도하기 위해 심혈을 기울인다. 조기수용자는 혁신수용자와 함께 제품수명주기상 제품도입기의 소비자층을 형성한다.

(3) 조기다수자(early majority)

혁신제품을 받아들이는 데 중간자적 역할을 하는 조기다수자들은 신기술에 어느 정도 관심은 있지만 검증되지 않은 신제품 수용에 조기수용자층보다 소극적인 태도를 보이고 많은 사람들이 구매한 베스트셀러 상품을 선택하려고 한다. 신제품에 대한 위험부담이 크므로 A/S가 중요한 상품구매요인으로 작용하게 된다. 조기다수자들이 신제품을 구입하는 단계는 제품수명주기상 성장단계에 속한다.

(4) 후기다수자(late majority)

이 소비자들은 기본적으로 혁신제품을 구매하는 것에 대해 두려움이 있기에 잠재고객의 절반 이상이 제품을 구매한 후에 수용하려는 보수적인 사람들이다. 제품을 구매하여 다른 사람보다 더 큰 가치를 누리려 하기보다는 사회변화나 유행에 뒤떨어지지 않으려 제품을 구매하게 된다. 이들은 신제품에 대한 위험부담을 줄이려 유명상표나 유명업체의 제품을 고르게 된다. 가격에 매우 민감하며 표준화되고 단순한 제품을 선호한다.

(5) 최후수용자(laggard)

가장 늦게 혁신제품을 수용하게 되는 이 소비자층은 신기술을 활용하고 있으면서도 대게 그 기술의 존재나 이용을 알지 못한다. 최후수용자는 첨단기술에 부정적 시각을 갖고 있어 제품이 변화하고 진보되는 것을 싫어하기 때문에 기업의 마케팅활동 대상에서 배제되기도 한다.

CHAPTER 10

가격관리

10.1 가격의 이해
10.2 기본적 가격의사결정
10.3 상황별 가격의사결정

Marketing Management

사례 10-1

소비자가 가격을 정하는 PWYW(pay what you want) 전술로 수익을 거둔 록밴드 라디오헤드(Radiohead band)

라디오헤드(Radiohead)는 1985년 결성된 영국의 록밴드다. 라디오헤드는 톰 요크(Thom Yorke, 보컬, 기타, 피아노, 키보드), 조니 그린우드(Jonny Greenwood, 리드기타, 키보드, 기타), 콜린 그린우드(Colin Greenwood, 베이스), 에드 오브라이언(Ed O'Brien, 기타, 백 보컬), 필립 셀웨이(Philip Selway, 드럼, 퍼커션)로 구성되어 있다. 라디오헤드는 실험적 접근으로 유명하며, 얼터너티브 록(alternative rock) 발전에 기여한 것으로 평가받고 있다.

록밴드 라디오헤드(Radiohead) 공식 웹사이트 7집 앨범 《In Rainbows》페이지

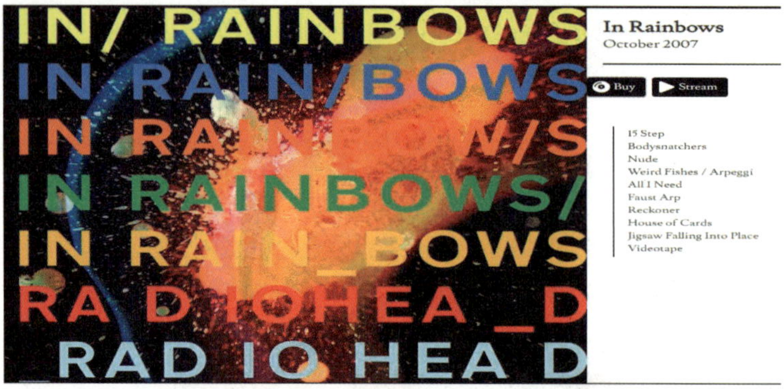

자료원: https://www.radiohead.com/library#ir/in-rainbows.

라디오헤드는 그들의 록 음악 외에도 독특한 가격 전략으로도 알려져 있다. 전통적 마케팅에서는 기업이 가격결정 과정 전반을 주도적으로 진행하여 책정한 가격을 소비자가 수용할지 여부를 선택하게 된다.

라디오헤드는 7집 앨범을 발표하면서 팬들에게 공식 웹사이트에서 새 앨범을 다운로드하고 그들이 원하는 만큼 지불할 수 있도록 했다. PWYW(pay what you want) 가격 전술을 실행한 것이다. PWYW 가격 전략은 소비자가 구매할 가격을 판매자에게 통보하면 판매자가 거부 없이 받아들이는 소비자 주도적 가격결정 방식을 말한다. 말하자면, PWYW 가격 전술은 소비자에게 가격을 결정할 수 있는 권한을 주는 가격결정 방식이다. PWYW 가격에서는 구매자가 최종 가격을 정하고, 판매자는 구매자의 구매제안을 거절할 수 없다.

라디오헤드가 제시한 기간은 2007년 10월 10일부터 12월 10일까지였다. 팬들은 그들이 원한다면 심지어 아무것도 지불하지 않을 수 있었다. 다만 신용카드 수수료 45페니는 지불해야 했지만 말이다.

라디오헤드의 7집 앨범 음반은 총 2백만 번 다운로드 되었다. 팬들이 지불한 가격은 45페니(거래 수수료)에서 99.99파운드까지 다양했다. 리드싱어 톰 요크에 따르면, 라디오헤드는 PWYW 가격전략으로 이익을 얻을 수 있었다. 라디오헤드의 다른 스튜디오 음반의 디지털 다운로드 전체보다 7집 앨범 《In Rainbows》의 디지털 다운로드로 거둔 수익이 더 컸다고 한다.

자료원: Kim, J. Y., Natter, M., & Spann, M. (2009). Pay what you want: A new participative pricing mechanism. Journal of Marketing, 73(1), 44–58., 김현식(2022), 코케팅, 경문사.

참고자료 **10-1**

소비자 가격결정 전술 실행 시 유의사항

가격은 소비자에게 제품 소비로 문제를 해결하고 가치를 향유하기 위해 부담해야 하는 비용이다. 다른 조건이 유사하다면 가격이 낮을수록 순가치가 커져 소비자에게 더 유리하다. 소비자로서는 가격을 가급적 낮추고 싶어하기 마련이다. PWYW처럼 소비자가 가격결정의 주도권을 행사할 수 있도록 허용하는 소비자 주도 가격결정 전술이 성공하려면 까다로운 조건이 맞아야 한다.

첫째, 한계비용이 낮은 제품에 적용할 때 위험이 낮고 성공 가능성이 더 높다. 소비자가 낮은 가격을 지불해도 감당할 수 있으려면 제조, 배송 등 한계비용이 늘 발생하는 물리적 제품보다는 한계비용이 낮은 디지털 제품에 적용할 때 성공 가능성이 더 높다. 둘째, 소비자가 일반적인 가격대를 알고 있을수록 적합하다. 셋째, 공정성을 갖춘 소비자에게 적용할 때 성공 가능성이 높다. 공정한 소비자는 제품이나 서비스의 반대편에 자신의 땀을 쏟아붓는 누군가가 있다는 것을 이해하고 마땅한 가격을 지불하려는 사람을 말한다. 넷째, 과거 경험을 통해 충성도 높은 관계를 형성한 소비자에게 적용할 때 성공 가능성이 높다.

자료원: Marett, K., Pearson, R., & Moore, R. S. (2012). Pay what you want: An exploratory study of social exchange and buyer-determined prices of iProducts. Communications of the Association for Information Systems, 30(1), 1–15., Natter, M., & Kaufmann, K. (2015). Voluntary market payments: underlying motives, success drivers and success potentials. Journal of Behavioral and Experimental Economics, 57, 149–157., 김현식(2022), 코케팅, 경문사.

사례 10-2

나이지리아 철도현대화 프로젝트 – 철도 깔고 석유 받는다, 물물교환

마케터의 가격관리 노력은 단순한 '가격수준'을 높일 것인지 낮출 것인지를 결정하는데 머무르지 않는다. 나이지리아 철도현대화 프로젝트 수주 사례는 '가격 형태'를 물물교환(bartering) 방식으로 적용함으로써 상호 교환 창출에 성공한 경우이다.

2006년 하반기 우리나라와 나이지리아가 철도와 유전을 맞바꾸는 '빅딜'에 합의했다. 이번 '빅딜'로 포스코와 가스공사를 중심으로 하는 한국컨소시엄은 100억달러 규모의 나이지리아 철도현대화 프로젝트 2단계 공사에 참여하는 대신 나이지리아로부터 현재 생산중인 유전의 지분을 양도받게 된다.

기존 석유공사, 대한진흥공사의 아프리카 석유 · 광물자원 개발사업에 이어 포스코건설을 중심으로 한 나이지리아 철도현대화 프로젝트 참여 및 생산유전 광구 인수는 우리나라의 아프리카 자원개발사업을 가속화할 것으로 전망된다.

나이지리아에 철도 깔고 석유 받는다

나이지리아 정부는 영국 식민지시절 건설된 뒤 유지 · 보수를 제대로 하지 않아 사실상 흔적만 남아 있는 전국 3천500km 구간의 철도를 30년에 걸쳐 정상화하겠다는 장기 프로젝트를 지난해 내놓았다. 총 4단계 350억달러 규모로 추진되는 이번 프로젝트는 라고스와 아부자, 카누를 연결하는 길이 1천315km의 1단계 공사(83억달러)와 포트하코트, 아부자, 마이두구리를 연결하는 1천500km 길이의 2단계 공사(100억달러)가 우선 실시된다.

당초 우리나라의 포스코건설은 2005년 9월부터 두 차례의 현지조사를 실시한 뒤 나이지리아 정부와 1단계 공사수주에 관한 양해각서(MOU)를 체결했다. 그러나 중국이 자국의 토목공사그룹(CCECC)을 전면에 내세우고 나이지리아에 거액의 차관을 제시하면서 1단계 공사수주계약은 중국 측으로 넘어갔다. 이에 우리정부는 2006년 3월 노무현 대통령의 나이지리아 국빈 방문시 철도현대화 프로젝트 2단계 사업에 한국기업의 참여를 강력히 요구했고 우리나라 건설교통부와 나이지리아 교통부 간 철도분야 협력 MOU를 체결하면서 수주가능성이 제기됐다. 이어 2006년 6월 서울에서 열린 제1차 한 · 나이지리아 자원협력위원회에서는 산업자원부장관이 다우코루 나이지리아 석유장관에게 중소규모의 생산유전 할애를 요청했고, 2006년 8월에는 이원걸 산자2차관이 오바

산조 나이지리아 대통령과의 면담에서 철도와 생산유전의 '빅딜'을 제의해 양국 간의 협의가 급진전됐다.

'실무협상에서 생산유전 광구 결정'

이번 MOU 체결로 우리나라는 나이지리아의 2단계 철도현대화 사업을 수행하고 이에 필요한 자금의 일부를 장기저리의 상업차관 형태로 제공하게 된다.

반면, 나이지리아는 낮은 금리의 차관 제공으로 인한 한국컨소시엄의 위험을 회피(헤징, hedgeing)하기 위해 생산유전의 일정지분을 컨소시엄에 제공할 예정이다. 이와 관련, 철도현대화 사업을 담당할 포스코건설도 이날 나이지리아 교통부와 MOU를 맺었으며 양국 정부는 조만간 이뤄질 실무협상을 통해 상업차관의 제공규모와 금리, 인수될 생산유전 광구를 확정하게 된다.

산자부 관계자는 "현재 나이지리아의 생산유전 광구 중 서너곳을 인수 후보로 올려놓고 있다"면서 "우리가 원하는 생산유전 광구의 크기나 원유 매장량 등에 따라 나이지리아가 요구하는 상업차관 제공규모나 금리수준 등도 달라질 것으로 보인다"고 말했다. 이번 사업은 100억달러 이상의 자금이 필요해 우리나라가 해외에서 수주한 단일공사로는 최대 규모가 될 것으로 전망된다. 나이지리아측은 자금조달에 어려움을 겪어왔던 철도 현대화사업을 조기에 착수할 수 있게 됐고 우리나라도 나이지리아 철도현대화 프로젝트 수주는 물론, 생산유전을 확보할 수 있는 길이 열리게 됐다. 특히 정부는 이번 MOU 체결로 향후 한국기업의 나이지리아 사회간접시설 건설참여 기회가 더욱 확대될 것으로 보고 있다.

결국 '가격형태'까지 고려하는 마케터의 폭넓은 의사결정이 결정적인 돌파구가 될 수 있었던 셈이다.

자료원: 연합뉴스, 2006. 11. 6. 참고 수정 작성.

10.1 가격의 이해

10.1.1 가격의 정의

가격(price)이란 좁게 본다면 "제품이나 서비스에 부과된 화폐의 양"이지만, 일반적으로 "소비자가 제품이나 서비스의 소유나 사용으로 얻는 편익의 대가로 내놓아야 하는 반대급부의 합계"이다. 또한 가격이란 "마케터가 교환(exchange)을 통해 받고자 하는 것"이기도 하다. 가격의 형태나 이름은 다양하다. 월세/전세 임대료, 중개료, 수수료, 등록금, 통행료, 사용료, 월급, 이자율, 세금 등은 모두 가격의 다른 이름들이다.

언제 가격을 매기는가? 신제품 개발할 때, 새로운 유통경로로 진입할 때, 새로운 지역으로 진출할 때, 입찰에 참여할 때, 세일 등 판매촉진 캠페인을 전개할 때 등 다양한 상황에서 가격에 대한 의사결정이 필요해진다.

10.1.2 가격의 중요성

마케팅 믹스의 하나로서 가격만이 가지는 독특한 특징은 다음과 같다.

첫째, 마케팅 믹스 중에서 유일하게 수익을 창출하는 변수이다. 다른 마케팅 믹스 변수는 모두 '비용'을 유발시키는 문제이지만 가격의 '수익' 유발에 관련된 문제이다. 이익을 추구하는 마케터라면 수익을 이끌어내는 유일한 변수인 가격을 중요하게 여기는 것이 마땅하다. 둘째, 가격은 기업 재무성과에 직접적이고 큰 영향을 미친다. 만일 원가, 판매량 등 여타 조건이 유지된다는 가정 하에 1%의 가격을 더 받을 수 있다면 일반적으로 12.5%의 이익개선효과를 거둘 수 있다고 한다. 셋째, 가장 유연한 마케팅 믹스이다. 다른 세 가지 마케팅 믹스 변수에 비해 상대적으로 쉽게 변경 또는 수정할 수 있다. 비록 가격이 인쇄된 라벨을 교체하거나 영업사원을 통해 전국 점포에 지침을 알리기 위해 시간과 노력을 들여야 하지만 신제품 개발이나 유통경로 개척 등 여타 마케팅 믹스에 비해 훨씬 쉽게 조정할 수 있다.

10.2 기본적 가격의사결정

10.2.1 가격결정시 기본적 고려요인

(1) 고객요인

고객가치

마케터가 제품의 가격결정시 고려해야 할 요인 중 가장 먼저 꼽을 수 있는 요소는 고객가치(customer value)다. 고객가치(customer value)는 소비자가 제품으로부터 얻는 편익의 합계를 의미하는 총고객가치와 여기에서 그 제품을 얻기 위해 포기한 시간, 돈, 노력의 합계를 차감한 순고객가치가 있다. 대부분의 문헌에서는 특별한 구별을 하지 않고 양자를 모두 사용하므로 해당 맥락에서 적절하게 식별할 수 있어야 한다.

마케터는 개별고객의 가치를 직접 혹은 간접 소비자조사를 통해 파악하는 노력을 게을리하지 말아야 한다.

가격탄력성

가격탄력성(price elasticity)이란 가격변화에 수요가 얼마나 민감하게 변화하는지 보여주는 지표로 수요곡선의 분석을 통해 도출된다. 수요곡선(demand curve)은 마케터가 책정하는 가격과 각 가격대에서 유발된 수요량 사이의 관계도표가 형성하는 곡선이다. 수요곡선과 가격탄력성은 소비자 집합의 가치지각분포를 나타내주는 중요한 지표다. 가격탄력성은 다음의 공식으로 표현된다.

$$\text{수요의 가격탄력성} = \frac{\text{수요량변화율}}{\text{가격변화율}} = \frac{\text{수요량변화/기존수요량}}{\text{가격변화폭/기존가격}}$$

가격변화에 비해 수요량변화가 작을 때 '비탄력적(inelastic)'이라고 하고, 가격변화에 비해 수요량변화가 클 때 '탄력적(elastic)'이라고 표현한다. 만일 가격 5% 인상시 수요량이 20% 감소하게 된다면, 수요의 가격탄력성은 '4'이다. 예외적인 경우로는 소비자가 가

그림 10-1 수요곡선

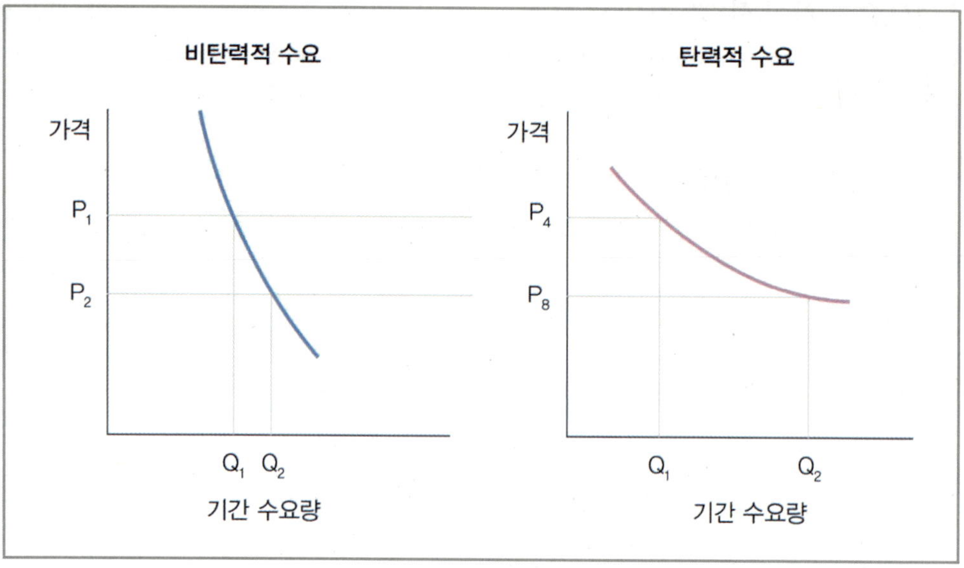

격을 제품품질의 신호로 해석하는 상황 등을 꼽을 수 있다. 이런 경우라면 품질에 대한 불신을 야기시키는 낮은 가격보다 높은 가격일 때 오히려 판매량이 증가할 수 있다.

(2) 자사제품요인

제품원가

제품원가(cost)는 제품의 가격결정시 반드시 고려되어야 하는 필수요소 중 하나다. 제품원가(cost)란 마케터가 제품을 만들어 제시하는 데 필요한 희생의 합계를 의미한다. 제품원가보다 낮은 가격은 마케터에게 이익을 보장해 주지 못한다. 이런 맥락에서 제품원가는 가격결정과정에서 후보가격대의 하한선을 형성하는 요소다.

원가를 분류하는 다양한 방식 중에서 단위제품별로 투입되는 정도의 변동 여부를 기준으로 고정비(fixed cost)와 변동비(variable cost)로 나누는 방식이 많이 사용된다. 고정비는 생산량의 변화와 상관없이 고정되는 비용을 의미한다. 예컨대 건물임대료, 대출금이자 등은 제품생산량과 연계되어 변동되지 않는다. 변동비는 생산량에 연계되어 변동되는 비용이다. 예컨대 원재료비, 부품비 등은 각 제품당 동일하게 투입되므로 제품생산량이 증가하면 이에 비례하여 증가한다. 총원가(total cost)는 어떤 생산량을 달성하는 데 투입되는 변동비와 고정비를 합한 것이다.

제품원가는 생산량과 생산경험에 따라 변화한다. 제품원가의 변화 중에서 마케터에게 의미있는 것으로 알려진 것으로 규모의 경제(economy of scale)와 경험곡선(experience curve)효과가 있다. 규모의 경제(economy of scale)란 동일기간의 생산량 증가가 제품별 고정비 배분의 감소를 통해 평균단위원가가 하락하는 효과를 일컫는다. 생산량변화에 관계없이 단위제품당 변동비가 일정하지만 총액이 고정되어 있어 생산제품별로 배분되어야 하는 고정비는 오히려 생산량이 증가할수록 더 많은 제품에 배분될 수 있어 각 제품별로 배분되는 고정비가 줄어들기 때문에 이러한 규모의 경제가 발생한다.

경험곡선(experience curve)효과란 생산경험이 누적됨에 따라 평균단위원가가 하락하는 효과를 일컫는다. 생산경험이 축적되면 작업자의 노하우 축적과 작업공정의 효율화 등으로 변동비 절감이 가능해지면서 평균단위원가가 낮아질 수 있는 것이다.

마케팅목표

영리를 추구하는 사기업이라면 장기적 이익이야말로 필연적인 목표이지만, 가격결정시 직접 영향을 미치는 당면 마케팅목표는 다양하게 선정될 수 있다. 가장 많이 고려되는 마케팅목표로는 생존 도모, 현재이익 극대화, 시장점유율 극대화, 고객자산 극대화 등이 있다.

첫째, 생존도모는 수요감퇴, 과잉설비 등으로 기업의 존속 여부가 불투명한 경우에 마케터가 가격결정시 지향해야 할 목표다. 극단적인 경우에는 단위원가 산정시 고정비를 제외하고 변동비만 고려하여 운용자금을 확보하는 데 주력하는 선택이 필요할 수도 있다. 둘째, 현재이익 극대화는 성숙기시장 혹은 수확이 요구되는 사업부 등에서 추구할 수 있는 목표다. 현재이익 극대화를 위해서는 당기예상수익과 당기예상비용을 산출하여 최적가격을 찾아내는 과학적인 가격결정과정을 적용할 수 있다. 셋째, 시장점유율 극대화는 현재의 이익보다는 미래의 잠재이익 중요성이 더 클 때 유력한 목표다. 현재의 시장점유율 극대화가 미래의 이익으로 연결될 수 있다는 판단이 전제될 때 의미가 있다. 예컨대 잠재경쟁자의 시장진입을 막기 위해 현재이익을 최대화할 수 있는 수준보다 낮춘 가격을 선택할 수 있는데, 이는 곧 현재 시장점유율을 더욱 높이는 결과를 초래할 수 있다. 넷째, 고객자산 극대화는 일회적 거래를 통한 이익창출을 넘어 장기적 관계를 형성하여 지속적인 이익창출을 도모할 때 추구할 수 있는 목표다. 예컨대 여타 제품을 통한 이익창출을 위해 해당제품에서는 이익을 얻는 수준에서 기존 고객유지에 초점을

참고자료 10-2

거래비용과 사용비용

가격 외에도 소비활동과정에서 발생하는 비용은 크게 거래비용과 사용비용으로 구성된다. 거래비용은 탐색 및 구매 단계에서, 사용비용은 사용 및 사용 후 단계에서 발생한다. 결국 고객이 부담하는 총비용은 가격, 거래비용, 사용비용의 세 부분으로 구분할 수 있다. 따라서 기업이 고객가치 창조를 위해 고객의 비용부담을 감소시키기 위해서는 단순히 가격만이 아니라 가격 외 비용까지 포함한 총비용 관점에서 접근해야 한다.

거래비용의 감소

유니레버(Unilever)의 인도 자회사인 HLL(Hindustan Lever Limited)는 고객들에 대한 교육을 통해 거래비용을 감소시킨 사례이다. 요오드 섭취는 대부분 소금을 통해 이루어지는데 인도의 토착업체들이 생산하는 소금에는 요오드 성분이 부족하여 인도는 요오드 결핍증 아동들이 많았다. HLL은 인도 저소득층이 구매할 수 있는 가격으로 요오드 보존율이 높은 소금을 개발하고 TV광고뿐 아니라 TV수신이 불가능한 지역은 직접 찾아가 교육을 통해 요오드 함유 소금 섭취의 필요성을 인식시켰다. 이를 통해 HLL은 탐색비용을 획기적으로 감소시킬 수 있었다.

멕시코의 시멘트 제조업체인 시멕스(CEMEX)는 저소득층의 자금조달을 지원해 거래비용을 절감시킨 경우다. 시멕스는 멕시코 사람들이 여윳돈이 생기면 다 써버리는 경향이 있어 집을 짓거나 개보수할 자금이 부족해진다는 것을 파악하고 '시멘트 계(Socio Group)'를 조성해 자금을 조달할 수 있게 하였다. 저소득층에게 있어 시멕스의 제품은 거래비용이 너무 높아 아예 구매 자체가 불가능했다. 하지만 시멕스가 구매자금 조달을 가능하게 해주고 이자나 보관비용을 일부 부담하는 형태로 거래비용을 줄여줌으로써 저소득층을 대상으로 한 새로운 고객가치 창조가 가능했던 것이다.

사용비용의 감소

항공기 제조업체인 에어버스(Airbus)는 고객인 항공사의 사용비용을 감소시켜 경쟁상황을 역전시킨 사례이다. 현재 전 세계 비행기시장은 에어버스와 보잉(Boeing)이 양분하고 있다. 그러나 1995년만 해도 에어버스의 시장점유율은 19%에 불과했고, 보잉은 개발비용 상각이 끝난 비행기를 판매함으로써 가격을 낮게 책정할 여지가 있었다.

에어버스는 가격조건의 열세에도 총비용을 줄이는 데 성공함으로써 시장점유율을 높일 수 있었다. 에어버스는 전반적인 설계가 서로 다른 다양한 기종의 비행기를 생산했지만, 조종사가 마치 동일한 조종실에 앉아 있는 것처럼 느낄 수 있게 공간을 꾸몄다. 그 덕에 파일럿이 비행기종을 변경할 때 받게 되는 조종사 재교육 비용이 줄어들었다. 게다가 운항스케줄에 따라 유연하게 파일럿 배정을 할 수 있어 파일럿의 회전율을 높일 수 있었다. 사실 항공사 입장에서 비행기가격은 항공사의 전체 비용 중 일부에 지나지 않는다. 비행기 자체의 가격은 에어버스가 더 높았지만, 에어버스 사용을 통해 얻게 되는 항공사의 사용비용 감소가 더 큰 고객가치를 제공해 줌으로써 항공사들로 하여금 에어버스를 선택하게 만들었다.

롤스로이스(Rolls-Royce)는 항공사의 가치사슬을 세부적으로 분석하여 고객의 사용비용을 감소시킨 사례이다. 효율적인 비행기 사용을 통해 전체적인 생산성을 높이는 것이 항공사의 주 관심사였다. 롤스로이스는 단순한 엔진 판매사업에서 벗어나 항공사에게 엔진을 임대해 사용 시간별로 대금을 지불하는 새로운 사업형태로 전환하였다. 이와 더불어 엔진의 효율적인 사용을 위한 전문지식을 제공해 항공사의 운항스케줄링을 도와주었으며, 인력파견을 통해 사후관리 서비스도 제공하였다. 이와 같은 노력은 항공사의 엔진 사용비용 감소로 이어져 전체적인 고객가치를 높일 수 있게 하였다.

HP는 자발적인 제품회수와 재활용을 통해 제품폐기비용을 부담해 고객의 사용비용을 일정부분 줄여주어 고객가치를 강화함은 물론 기업이미지 제고와 락인(Lock-in) 효과로 시장지위를 유지할 수 있었다.

고객의 비용을 줄이기 위해서는 고객이 비용을 요소별로 인식하는 것이 아니라 총비용 하나로 인식한다는 것을 이해하고 총비용 관점에서 접근해야 한다.

자료원: 윤여중, "고객가치 창조의 사각지대, 가격외 비용," LG주간경제(2008. 5. 21) 요약 정리.

맞추어 가격을 결정할 수 있다.

마케팅 믹스

가격은 마케팅 믹스의 지향점을 염두에 두고 결정되어야 한다. 가격은 마케팅 믹스 구성요소의 하나일 뿐이다. 따라서 가격결정 이전에 마케터가 선정한 제품의 목표시장 선정(targeting)과 포지셔닝(positioning)은 가격결정의 원칙으로 작용해야 한다. 예컨대 벤츠자동차가 고소득 세분시장을 겨냥하여 '최고기술의 결정체'로 포지셔닝한다면 그 제품의 가격은 높게 책정되어야 마땅할 것이다.

또한 가격은 다른 마케팅 믹스와의 상호작용을 고려하여 결정되어야 한다. 만일 마케터가 가격 외적인 변수를 활용한 비가격 포지셔닝을 한다면 다른 마케팅 믹스의 요구를 반영하여 가격결정이 이루어져야 할 것이다. 예컨대 프리미엄급 휴대폰으로 포지셔닝되었다면 고품질과 다양한 부가기능 구현을 위해 필요한 원가를 반영한 고가격이 요구되는 것이다.

반대로 마케터가 가격에 기반하여 포지셔닝을 한다면 가격결정은 사전에 결정된 포지셔닝에 걸맞게 이루어져야 하지만 아울러 여타 마케팅 믹스에 미칠 파급효과를 고려하여 결정되어야 한다. 예컨대 경제성을 중시하는 소비자층을 겨냥한 '실용 넘버원 자동차'로 포지셔닝한 후 가격을 결정할 때는 결정할 그 가격이 제약조건으로 작용하면서 자동차의 제품속성, 유통과정, 촉진방식 등을 규정할 것이라는 점을 충분히 염두에 두고 의사결정을 해야 한다.

(3) 경쟁제품 요인

경쟁제품 가격

마케터는 제품의 가격결정시 경쟁제품 가격도 고려해야 한다. 왜냐하면 소비자가 어떤 제품의 가치를 판단할 때는 경쟁제품의 가격과 특성에 대비하여 비교하기 때문이다. LG 디오스 냉장고의 구입을 고려하는 소비자는 삼성 지펠 냉장고와 비교하여 그 가치를 평가할 수 있다.

차별화 수준

마케터는 가격결정시 경쟁제품과 얼마나 차별화될 수 있는 속성이 있으며, 소비자가 이를 다르게 받아들이는지 검토해야 한다. 만일 소비자가 제품을 경쟁제품보다 더 많은 가치를 제공한다고 지각하고, 차별적이라고 인정한다면 더 비싼 가격을 매길 수 있고, 그렇지 않다면 경쟁제품보다 낮거나 비슷한 가격을 매기는 것이 타당할 것이다.

10.2.2 기본가격결정 틀

기본가격결정의 출발점은 제품편익에 대한 소비자 평가치를 천장으로 삼고 제품원가수준을 바닥수준으로 보고 일차적인 가격고려범위를 정하는 것이다. 만일 가격이 해당 제품에 대한 소비자 평가치를 넘게 책정된다면 수요가 없거나 극히 제한적일 것이며, 반대로 제품원가수준보다 낮게 책정된다면 교환이 발생할수록 손실을 입게 되어 목표와의 거리가 점점 멀어지게 될 것이다.

기본가격은 일차적인 가격고려범위의 경계인 천장가격과 바닥가격에서 출발하여 경쟁제품가격수준, 기타 고려요소 등을 고려하여 가능한 가격범위를 점차 좁힘으로써 설정하는 것이 일반적이다. 이때 기타 고려요소로는 마케팅목표, 마케팅 믹스, 차별화 수준, 법적 · 제도적 제약조건 등 일체의 영향요소가 포함될 수 있다.

그림 10-2 기본가격결정 틀의 개념도

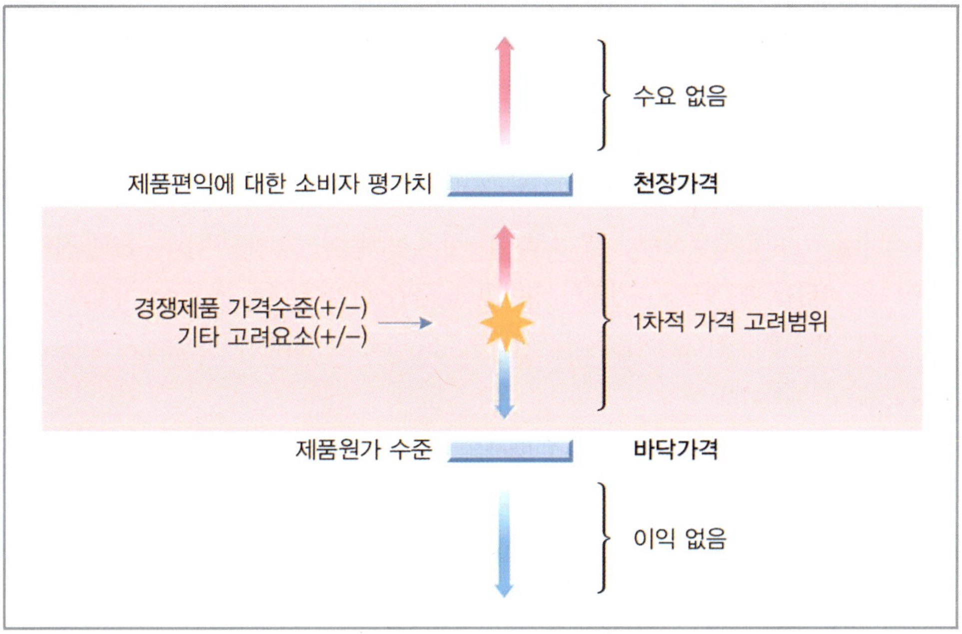

자료원: Monroe, K.B., Pricing: Making Profitable Decisions, 2nd ed., 1990, p.13를 토대로 수정 인용.

10.2.3 기본가격결정 스타일

(1) 고객가치중심 가격결정

가치중심 가격결정(value-based pricing)이란 구매자가 지각하는 가치에 기반을 두고 원가와 경쟁제품가격을 더불어 고려해서 가격을 책정하는 방식이다. 바람직한 가치중심 가격결정은 그 제품이 소비자에게 주는 가치를 꿰뚫어보는 데서 출발한다. 제품, 유통, 촉진 등 다른 마케팅 믹스를 포괄한 마케팅 프로그램을 설계하고 난 후에야 바람직한 가격을 찾기 위해 노력하는 여타 방식과 달리, 가치중심 가격결정은 소비자의 가치 지각에 영향을 줄 여타 마케팅 믹스 요소와 '동시에' 가격을 고려한다.

가치중심 가격결정의 장점은 합리적이라는 점이다. 왜냐하면 먼저 제품을 생산한 후 그 원가에 마진을 얼마나 붙일 것인지 고민하는 것보다는 제품을 생산하기 전에 소비자의 가치를 예상하여 목표를 설정하여 가격을 도출하는 과정이 현대 마케팅의 사조에 부합되기 때문이다.

그러나 가치중심 가격결정의 단점은 쉽지 않다는 점이다. 왜냐하면 소비자가 제품에 부여하는 가치를 알아내기가 어렵기 때문이다. 예컨대 소니 디지털카메라 한 대의 생산비용을 계산하는 것은 상대적으로 용이한 편이다. 하지만 소비자가 소니 디지털카메라의 품질, 디자인, 휴대성 등의 만족도에 부여하는 가치를 계산하는 것은 분명 쉽지 않은 일이다. 특히 이러한 지각된 가치는 소비자별로 상황에 따라 달라질 수 있어 더더욱 어려운 일임에 분명하다. 그럼에도 불구하고 마케터는 소비자조사를 통해 제품의 총 편익을 고려할 때 지불용의가격이 얼마인지, 특정 편익에 대한 지불용의가격이 얼마인지 등을 알아내야 한다. 이를 위해 잘 알려진 방식 중 하나가 PSM(price sensitivity measurement) 방식이다.

PSM(price sensitivity measurement) 방식은 신제품설명을 잠재고객에게 제시하고 다양한 가격대안을 제시한 후 구입을 고려하기에 너무 비싸다고 느껴지거나 너무 낮아 품질이 의심되는 정도를 표기하고 그리고 득실이 불분명해질 정도로 비싸지기 시작하는 구간과 반대로 점점 혜택이 커진다고 느껴지기 시작하는 구간 등을 제시하도록 요청하여 각 후보가격별로 누적분포표를 작성한 후 허용가격대(optimal price)와 최적가격(acceptable prices range)을 찾아내는 방식이다.

[그림 10-3]은 레위스 · 슈메이커(Lewis, R.C. and S.Shoemaker, 1997)의 연구결과를

그림 10-3 PSM 적용사례

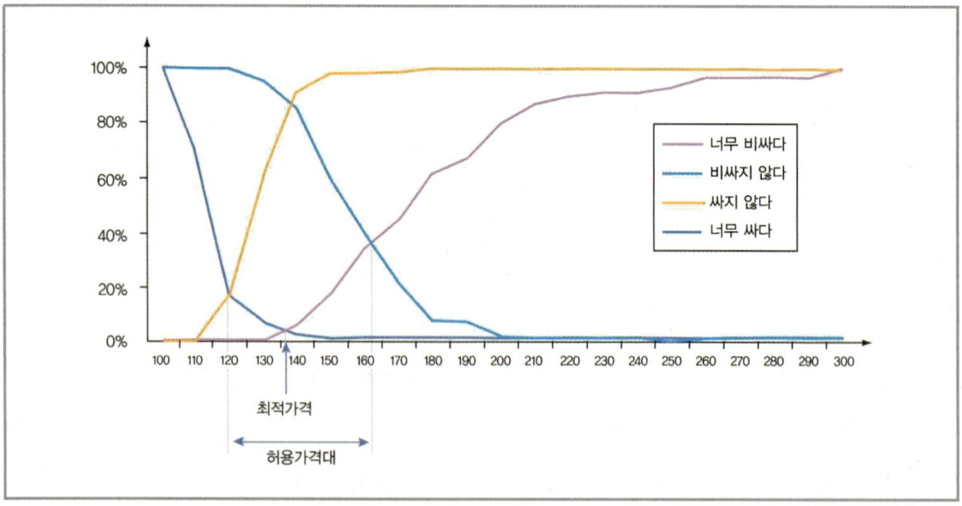

자료원: Lewis, R.C. and S. Shoemaker, "Price-sensitivity measurement: a tool for the hospitality industry," Cornell Hotel and Restaurant Administration Quarterly, 38(2), 1997, pp.44-54를 토대로 수정 인용.

토대로 간단한 가상의 상황을 상정하여 결과를 표시해 놓은 것이다. PSM(price sensitivity measurement)방식에서 얻을 수 있는 최적가격이란 잠재고객들이 너무 비싸다고 느끼지도 않고 너무 싸다고 느끼지도 않는 적절한 수준의 가격이라는 의미를 지닌다.

(2) 원가중심 가격결정

원가중심 가격결정(cost-based pricing)이란 제품원가에 기반을 두고 구매자 지각가치와 경쟁제품가격을 더불어 고려해서 가격을 책정하는 방식이다.

원가중심 가격결정방식의 장점은 현업에서 실행하기 쉽다는 점이다. 측정하기 어려운 고객가치보다는 측정하기 용이한 원가에 기반을 두기 때문에 가격결정의 근거가 쉽게 확보되고 분명하다는 점이 장점으로 꼽힌다.

원가중심 가격결정방식의 단점은 상대적으로 합리성이 낮다는 점이다. 왜냐하면 원가중심 가격결정방식에서는 기존 생산시스템을 가정한 후 제품원가를 독립변수로 투입해야 가격결정이 가능한데, 소비자의 선택권이 확장되는 구매자시장(buyer's market)에서는 생산시스템 등 기업의 전제조건도 유연하게 조절할 수 있어야 한다는 요청과 상충되기 때문이다.

원가가산 가격결정

원가가산 가격결정(cost-plus pricing)은 가장 간단한 원가중심 가격결정방식 중 하나다. 해당 제품의 원가에 업계 혹은 기업이 사용하는 마진(markup)을 더하여 가격을 삼는 방식이다.

예컨대 A사의 T형광펜이 다음과 같은 원가를 가지고 있다고 하자: 변동비 100원, 고정비 1억원, 예상판매량 100만개.

이 경우 T형광펜 한자루의 원가는 다음과 같이 200원으로 산정된다.

T형광펜 단위원가 = 100원 + 100,000,000원 / 1,000,000 = 200원

A사가 목표로 하는 마진이 10%라면 T형광펜의 가격은 다음과 같이 222원으로 결정된다.

T형광펜 제품가격 = 단위당원가 / (1 - 목표마진율) = 200원 / 0.9 = 222원

이제 계획대로 된다면 A사는 T형광펜을 개당 222원에 유통업체에 공급하고 한 개당 22원의 이익을 얻게 될 것이다.

목표이익 가격결정

목표이익 가격결정(target profit pricing)은 원가중심 가격결정방식의 또다른 예로, 특정 목표이익을 가정한 후 후보가격을 적용할 때 요구되는 판매량의 조합을 보고 바람직한 가격을 찾아내는 방식이다.

만일 위에서 언급한 A사가 5억원을 투자하였는데 20%인 1억원의 투자수익을 기대한다면 T형광펜의 (가격, 목표이익 요구 판매량) 조합은 다음과 같은 식을 통해 얻어진다. 참고로 목표이익을 0(zero)으로 설정하면 손익분기 가격결정(break-even pricing) 방식이 된다.

목표이익 요구 판매량=[고정비+목표이익] / [가격-변동비]

$$y=[100,000,000+100,000,000] / [x-100]$$

가격을 150원, 200원, 250원, 300원 등으로 변화시켜 적용해 보면 목표이익 요구 판매량이 순서대로 400만개, 200만개, 133만개, 100만개로 도출된다. 이를 (가격, 목표이익 요구 판매량) 조합으로 표현해 보면 다음과 같다.

(가격, 목표이익 요구 판매량)
(150원, 400만개)
(200원, 200만개)
(250원, 133만개)
(300원, 100만개)

마케터는 (가격, 목표이익 요구 판매량) 조합들을 놓고 각 가격에서의 예상판매량 등 추가정보를 수집한 후 실현가능성이 가장 높은 조합을 선택하고 이때의 가격을 채택할 수 있다. 예를 들어, 위의 조합 중에서 200원에 200만개를 판매하는 시나리오의 실현가능성이 높다고 판단할 경우 A사는 T형광펜 가격을 200원으로 책정할 수 있다. 만일 목표이익 달성이 불가능하다면 후보가격을 보다 다양하게 제시하여 분석한 후 검토해 볼 필요가 있다. 그래도 목표이익 실현이 불가능하다면 원가절감 가능성도 진지하게 검토해야 할 것이다.

그림 10-4 손익분기도표(가격 200원의 경우)

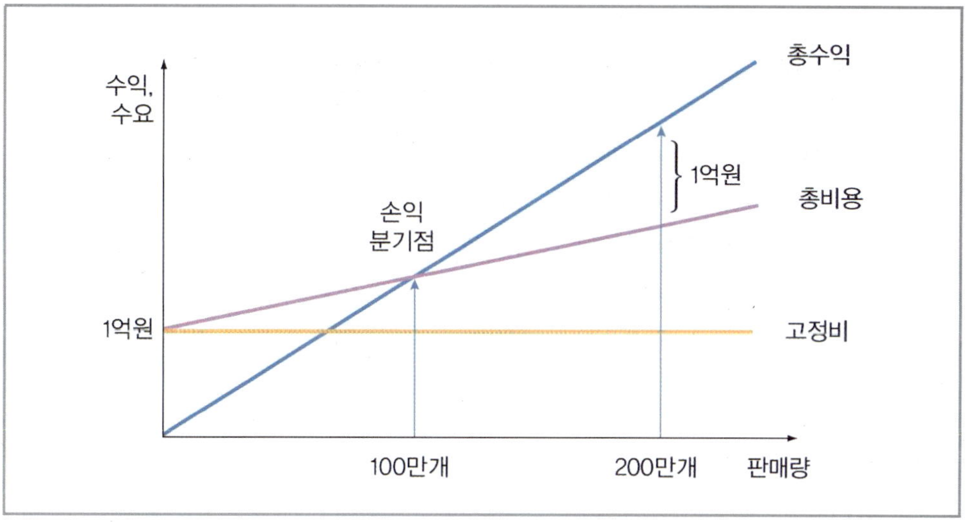

(3) 경쟁자중심 가격결정

경쟁자중심 가격결정(competitor-based pricing)이란 경쟁제품가격에 기반을 두고 구매자 지각 가치와 원가를 더불어 고려해서 가격을 책정하는 방식이다.

경쟁자중심 가격결정방식이 유용하게 사용될 수 있는 경우는 완전경쟁시장, 선도기업이 두드러진 시장, 과점적 경쟁시장 등을 들 수 있다. 우선 밀, 광물, 주식 시장처럼 다수의 판매자와 다수의 구매자가 참여하는 시장에서 기존 시장가격에서 판매자와 구매자가 자신이 원하는 판매와 구매를 할 수 있으므로 그 이상으로 가격을 책정하여 관철시키기 어렵고 그 이하로 손실을 감수할 이유도 없다. 이처럼 완전경쟁 혹은 완전경쟁에 가까운 시장에서 마케터는 가격결정에 과도한 신경을 쓰려고 하지 않는다.

다음으로 선도기업이 두드러진 시장에서 소규모 후발주자들은 대부분 선도기업 제품가격을 기준으로 삼아 제품가격을 결정한다. 예컨대 선도기업 제품에 비해 특별히 우수한 부가기능이 있는 제품이라면 열악한 브랜드자산 등을 고려하여 선도기업제품가격보다 약간 높거나 비슷한 수준으로 가격을 적용하기도 한다.

끝으로 서로 상대방 제품가격에 민감하게 영향을 주고받는 과점시장에 속한 마케터는 경쟁제품가격의 변화에 민감하게 반응하는 경향이 있다.

그림 10-5 경쟁입찰 예시

입찰금액	예상비용	이익액	계약성공 확률	입찰 기대값
70억원	50억원	20억원	0.60	12억원
80억원	50억원	30억원	0.50	15억원
90억원	50억원	40억원	0.40	16억원
100억원	50억원	50억원	0.30	15억원
110억원	50억원	60억원	0.20	12억원

경쟁자중심 가격결정방식의 장점은 고객가치측정이나 원가산정이 여의치 않은 경우에도 용이하게 사용할 수 있으며 동태적인 가격변화에 유연하게 대응해갈 수 있다는 점 등을 들 수 있다.

경쟁자중심 가격결정방식의 단점은 기존에 결정된 경쟁제품가격을 받아들인 후 의사결정이 이루어지므로 결정된 가격의 타당성을 판단하고 능동적인 가격변화를 이끌어갈 준거점을 확보하기가 어렵다는 점이다.

경쟁자중심 가격결정방식이 가장 선명하게 드러나는 경쟁입찰의 경우 경쟁자의 예상입찰가격에 따른 계약성공확률을 고려하여 기댓값을 극대화할 수 있는 입찰금액을 제시하는 것이 일반적이다. 예를 들어 [그림 10－5]와 같은 가상적인 상황에서는 입찰기대값이 16억원으로 가장 높게 도출되는 90억원으로 입찰가격을 제시하는 것이 합리적이다.

10.3 상황별 가격의사결정

10.3.1 신제품가격결정

(1) 시장침투가격정책

시장침투가격정책(penetration pricing)이란 신제품 도입 초기부터 낮은 저가격을 매겨 시장에 빠르게 침투하여 시장점유율을 신속하게 끌어올리는 신제품가격결정방식이다.

시장침투가격방식은 다음과 같은 일정조건이 충족되는지 검토한 후 타당성이 인정될 때 전개해야 한다. 첫째, 대다수 소비자가 가격에 충분히 민감하여 저가격이 시장점유율 증가속도를 가속화하여 전체이익을 더 많이 얻을 수 있어야 한다. 둘째, 판매량 증가시 생산원가와 유통원가가 충분히 낮아진다. 셋째, 저가격이 잠재경쟁자의 진입을 억제할 수 있다. 넷째, 시장침투가격으로 구축한 저가격 포지션이 유지될 수 있다.

(2) 초기고가가격정책

초기고가가격정책(skimming pricing)이란 신제품 도입 초기에 새로운 혁신제품을 구입하는 데 얼마든지 지불하더라도 구매하려는 고객들로 구성된 세분시장을 표적으로 삼아 신제품에 고가격을 매겨 초기에 최고의 수익을 올리는 신제품가격결정방식이다.

그림 10-6 시간의 관점에서 가격정책 유형 비교

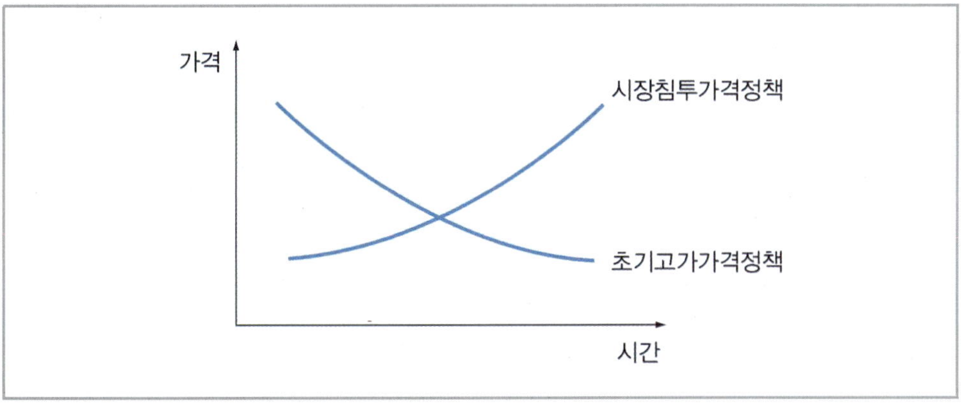

참고자료 10-3

초저가와 수익성을 동시에 달성하는 부가가격정책(Ancillary Pricing)

고객에게는 초저가를 제공하고 판매자에게는 수익성을 가져다주는 가격정책이 존재할 수 있을까? 어쩌면 '초저가를 통한 이익의 극대화'는 어불성설처럼 느껴질 수 있다. 왜냐하면 가격을 낮추면 마진은 떨어지게 마련이고, 마진이 떨어지면 이익은 적어지기 때문이다. 가격을 낮춰서 더 많이 판다는 박리다매 전략이 있다고는 하지만 만일 경쟁자도 같은 논리로 시장을 공략한다면 그것이야말로 최악의 출혈경쟁 상황이 되지 않을까?

그러나 소비자의 입장에서는 언제든지 좋은 제품을 낮은 가격에 사고 싶을 것이다. 그리고 그러한 제안을 하는 판매자는 큰 인기를 누릴 것이다. 중국의 샤오미는 홍미(스마트폰)를 799위안(약 12만8천원)에 판매하였으며, 영국의 라이언에어는 런던-바르셀로나 왕복 항공권을 정상가 93파운드(약 13만8천원)에 판매하였다. 이와 경쟁하는 애플 스마트폰의 가격은 홍미의 7배이고 브리티시항공의 동일노선 가격은 라이언에어의 3배이다. 이러한 샤오미와 라이언에어의 초저가정책이 경쟁자의 입장에서는 시장을 흐리는 가격일 수 있겠지만 소비자의 입장에서는 착한 가격이 될 수 있다. 더구나 샤오미와 라이언에어는 이름 없는 회사가 아니고 어느 정도 브랜드 파워를 가진 회사이다.

그러면 이런 초저가정책 하에서도 수익이 날 수 있을까? 라이언에어는 지난 5년간 영업이익이 10~15%에 달하는 우량회사이고 샤오미도 적기는 하지만 이익이 나는 회사이다. 그러므로 초저가 전략의 이면에는 수익성을 보완하는 다른 비즈니스 모델이 있다는 것을 짐작할 수 있다.

이 책은 제품을 핵심제품(core product)과 실체제품(actual product)의 중층적 구조로 바라보는데, 경우에 따라 실체제품은 기본적 실체제품과 증강적 실체제품(augmented product)으로 나눌 수 있다. 스마트폰을 예로 든다면 핵심제품을 '시공간에 구속되지 않는 자유로운 소통 도구'기본제품은 '통화 및 데이터를 전송하고 모바일앱을 구동하는 칩/메모리/디스플레이', 증강제품은 '앱/엑세서리/에프터서비스/보증기간' 등으로 볼 수 있다. 그런데 흥미로운 것은 핵심제품, 기본제품, 증강제품마다 상응하는 가격이 있다는 것이다. 기업이 세 종류 가격을 유기적으로 운영하여 회사 전체의 이익을 극대화하는 것을 부가가격정책(ancillary pricing)이라고 하는데 부가가격정책이 성공하는 메커니즘은 다음과 같다.

제품의 구성요소에는 각각에 해당하는 가격과 원가가 있다. 그리고 가격에서 원가를 뺀 숫자가 마진이다. 일반적으로 증강적 실체제품은 상대적으로 원가가 낮고 마진이 높다. 이러한 이유는 대부분의 소비자들이 핵심제품과 기본적 실체제품의 가격에 집중하여 경쟁 상품을 비교하기 때문이고 기업들이 핵심제품과 기본적 실체제품의 가격을 낮춰서 소비자에게 어필해야 하기 때문이다. 뿐만 아니라 언론에서 어떤 회사의 신제품을 소개하거나 경쟁상품을 비교할 때도 사용하는 기준이 핵심제품과 기본적 실체제품의 가격이다. 또한 가격비교 사이트에서도 핵심제품과 기본적 실체제품을 기준으로 가격랭킹을 메기기 때문에 핵심제품과 기본적 실체제품의 가격을 낮춰야만 그 기업의 제품이 리스트 상단에 뜨게 된다.

소비자의 입장에서 여러 경쟁제품을 평가하는 의사결정과정을 생각해 보자. 소비자가 중형세단을 찾는다고 하였을 때 자신이 지불해야 하는 비용을 판단하는 기준은 핵심제품과 기본적 실체제품의 가격이다. 소비자가 모델별로 다양한 업그레이드 사양을 적용하여 경쟁제품의 가격을 비교할 수도 있겠지만 그렇게 하지 않는 이유는 인지 과부하 때문이다. 여기에 자동차 감가상각 정도, 연비, 보험료까지 감안하여 총 사용비용(TCO: total cost of ownership)을 계산하여야 정확한 계산이 나오는데 이렇게 하는 소비자는 없을 것이다. 그러므로 소비자가 생각할 수 있는 경제성의 기준은 아마 핵심제품 및 기본적 실체제품의 가격과 연비 정도일 것이다. 그러므로 자동차 회사 입장에서는 핵심제품 및 기본적 실체제품의 가격을 낮추는 것이 선택될 확률을 높이는 것이고 업그레이드 사양의 가격은 기본제품 판매가 이루어진 다음의 결정이기 때문에 덜 경쟁적으로 책정할 수 있는 것이다. 흔히 자동차를 사는 과정에서 기본제품이 결정된 이후에 더 많은 비용이 추가되는 것을 볼 수 있다. 유사한 예로 여행패키지 상품은 기본가격과 옵션관광 가격이 있다. 그러나 소비자가 상품을 선택하는 기준은 기본가격이지 옵션관광 가격이 아니다. 물론 아주 스마트한 소비자는 핵심제품과 기본적 실체제품 이외에도 증강적 실체제품의 가격을 동시에 고려하겠지만 소비자행동 이론에서 소비자는 순차적인 의사결정을 하지 통합적인 의사결정을 하지 않거나 못하는 것으로 밝혀낸 바 있다.

결국 부가가격정책이 중요한 이유는 각 구성요소의 원가구조가 다르기 때문이다. 가상의 예를 들어 설명해 보자. 스마트폰 핵심제품과 기본적 실체제품의 가격이 80만원이고 원가가 75만원이면 핵심제품의 이익은 5만원이다. 반면에 스마트폰 가죽케이스(증강적 실체제품) 가격이 8만원이고 원가가 3만원이면 이익 역시 5만원이다. 여기서 핵심제품과 기본적 실체제품의 이익률은 6% 이지만 증강적 실체제품의 이익률은 60%이기 때문에 증간적 실체제품의 매출이 핵심제품의 1/10만 되어도 이익기여도는 5만원으로 같아지는 것이다. 필자가 제주도에서 렌터카를 이용하였을 때 자차보험료가 렌터카 비용의 30%나 되었다. 렌터카 회사들은 자차 보험료 판매를 중요한 수익원으로 보고 있기 때문에 렌터카 수령 현장에서 회사직원들은 매우 적극적으로 보험에 들 것을 권하였다.

그러나 부가판매가 소비자에게 항상 불리한 것은 아니다. 유럽의 저비용 항공사들도 부가판매가 주 수익원이 되고 있는데 부가수익이 존재하기 때문에 기본 항공료를 더욱 낮출 수 있는 것이고 이는 핵심제품만을 원하는 소비자들에게 혜택으로 돌아가는 것이다. 샤오미의 경우도 궁극적으로 기기판매보다는 액세서리, 앱, 게임, 모바일광고를 통해 수익성을 높이려는 복안을 가지고 있기 때문에 핵심제품과 기본적 실체제품의 가격을 내릴 수 있는 것이다. 그리고 이런 부가가격정책은 업계에 더욱 일반화되고 있는 것을 볼 수 있다. 미국의 풀서비스 항공사들은 저비용항공사와 경쟁하기 위해 항공료를 낮추는 대신 많은 서비스(수하물, 기내식 등)를 유료화했다. 상품분야에서도 부가판매가 더 늘어나고 있다. 종전에는 휴대폰을 사면 충전기 및 보조배터리가 기본사양이었는데 이제는 다 별도로 구입해야 한다.

기업이 이러한 부가가격정책을 잘 활용하여 핵심제품과 기본적 실체제품 가격은 경쟁력 있게 하되, 증강적 실체제품 판매를 활성화한다면 초저가와 수익성의 두 마리 토끼를 잡을 수 있을 것이다.

자료원: 주우진, 이코노미조선, 2016. 8. 10.

초기고가방식은 다음과 같은 일정조건이 충족되는지 검토한 후 타당성이 인정될 때 전개해야 한다. 첫째, 신제품 도입 초기에 고가이더라도 새로운 제품을 구입하려는 세분시장의 소비자층이 충분히 두터워야 한다. 둘째, 제품의 속성이 고가격을 뒷받침할 만큼 우수해야 한다. 셋째, 소량생산으로 인한 고비용구조가 지나치게 심하여 초기고가의 이점을 상쇄하지 않아야 한다. 넷째, 일정기간 동안 경쟁제품이 시장에 진입하기가 어려워야 한다.

(3) 중립가격정책

중립가격정책(neutral pricing)이란 신제품 도입시에 제품의 가치에 합당한 가격을 매겨 마케팅 믹스 중에서 가격의 역할을 제한적으로 구사하는 신제품가격결정방식이다.

중립가격방식은 시장침투가격이나 초기고가방식을 채택할 수 있는 조건이 잘 충족되지 않는 경우에 사용될 수 있다. 예컨대 초기고가방식을 선택할 만큼 혁신적이지 못하고, 상시적인 가격경쟁으로 시장침투가격방식도 여의치 못할 경우에 기존 시장의 질서를 받아들이고 가격의 역할을 제한하는 중립가격방식으로 무난하게 시장에 진입해 들어갈 수 있다.

10.3.2 집합제품가격결정

(1) 제품라인가격

제품라인가격(product-line pricing)이란 제품의 성과에 직접적인 영향을 미치는 관련 제품라인 전체의 상호관련성을 고려하여 해당 가격을 매겨 제품라인 전체 이익의 최대화를 추구하는 가격결정방식이다.

제품라인가격에서는 각 제품이 추구하는 표적소비자가 충분히 다르게 받아들이고 의사결정에 활용할 수 있는 의미있는 가격대를 설정하고 준수하는 것이 중요하다.

예컨대 현대자동차가 소나타의 가격을 지나치게 낮게 책정하면 소나타 매출증대와

제품라인가격이 적용되고 있는 현대자동차

아반떼의 매출감소가 초래될 것이며, 반대로 소나타 가격을 지나치게 높게 책정하면 소나타 매출감소와 그랜저 매출증대가 초래될 것이다. 소나타 가격이 초래하는 소나타자동차 성과만 중요한 것이 아니므로 현대자동차의 마케터는 제품라인 전체의 성과를 극대화할 가격집합의 일환으로 소나타자동차의 가격을 매겨야 한다.

(2) 결합제품가격

결합제품가격(captive－product pricing)이란 면도기와 면도날, 프린터와 토너처럼 주제품과 종속제품의 상호관련성을 고려하여 전체 이익극대화를 추구하는 가격결정방식이다.

결합제품가격을 적용한 HP 프린터

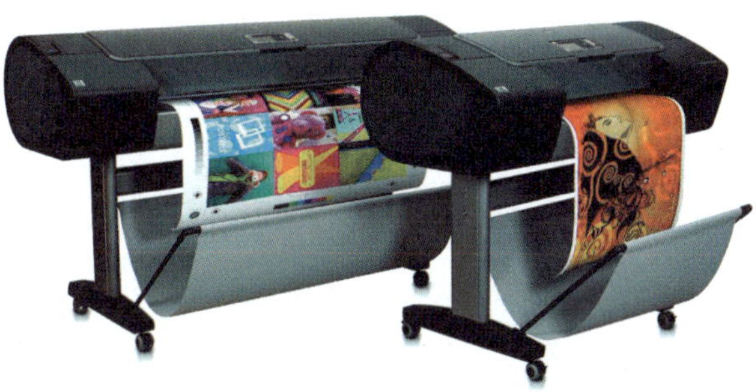

HP는 레이저프린터 가격을 싸게 매겨 소비자를 유인하여 토너 선택의 여지를 줄인 후 충분히 높은 고가격을 매긴 토너를 통해 이익을 실현한다. 질레트도 가치에 비해 매우 낮은 가격을 면도기에 매긴 후 충분히 높은 면도날 가격으로 이익을 얻는다.

LG텔레콤과 같은 이동통신, 서울랜드와 같은 놀이공원 그리고 CGV와 같은 영화관에서는 기본서비스에 적절한 가격을 부과하고 추가로 소비자가 이용하는 부가서비스, 식음료 등에 대해서는 사용량에 비례하는 변동가격을 매긴다. 서비스영역에서 주로 나타나는 이와 같은 가격구조를 이중요율가격(two-part pricing) 방식이라고 부르기도 하며, 일반적으로 기본서비스에는 고객확보를 위해 낮은 가격을 매기고 사용량에 비례하는 변동요금을 통해 이익을 실현하는 경향이 있다.

(3) 묶음가격

묶음가격(price bundling)이란 복수의 제품을 묶음으로 제시할 때 사용하는 가격결정방식이다. 예컨대 맥도날드에서는 햄버거, 청량음료, 감자튀김 등을 묶어서 세트메뉴 가격으로 판매한다. 에버랜드에서는 입장료와 놀이기구별 이용권을 묶어서 자유이용권 가격으로 판매한다. 케이블방송에서는 다양한 채널을 묶어서 일괄요금을 부과한다.

묶음가격은 개별제품의 가격을 합친 것보다 묶음전체의 가격을 낮추어 제시되는 경향이 있으며 단독으로는 매출이 부진할 제품판매를 확대할 수 있다는 장점이 있다.

특히 적절히 적용된 묶음가격은 매출 증대로 연결될 수 있다. 두 명의 소비자(일지매, 홍길동)와 2개의 제품(A펜, B메모장)의 간단한 예를 들어보자. 일지매가 제품 구입에 지불할 생각이 있는 최대의 가격은 A펜=1,200원, B메모장=1,000원이다. 홍길동이 제품 구입에 지불할 생각이 있는 최대의 가격은 A펜=1,000원, B메모장=1,200원이다. 묶음가격이 어떤 효과를 발휘할까? 먼저 묶음가격을 고려하지 않고 개별가격을 책정해 보자. A펜과 B메모장에 각각 1,200원의 가격을 책정하는 경우(매출=2,400원)보다 각각 1,000원으로 책정하는 것이 더 많은 매출(4,000원)로 이어질 것이다. 그런데 만일 묶음가격을 적용한다면 A펜과 B메모장을 묶어서 2,200원을 제시하여 일지매와 홍길동 모두 구매하게 함으로써 400원 더 많은 4,400의 매출을 얻을 수 있다. Microsoft가 Word,

Excel, Powerpoint 등의 응용소프트웨어를 묶어 Office라는 제품으로 판매하는 이유도 이와 연결된다.

10.3.3 가격다변화

(1) 고객별 가격다변화

고객별 가격다변화(customer segment pricing)란 고객에 따라 제품에 서로 다른 가격을 매기는 가격결정방식이다. 예컨대 놀이공원, 영화관, 대중교통기관은 어린이, 학생, 노인에게 일반인보다 낮은 가격을 제시할 수 있다. 고객별 가격다변화는 일견 '차별(discrimination)'의 요소가 있다고 느껴질 수도 있으나 특정 고객유형의 부담을 줄여줌으로써 제품 이용가능성을 높여 소비자 잉여를 훼손시키지 않는 한 법률적으로 문제가 없다는 것이 일반적 견해다.

고객별 가격다변화를 시도하기 위해서는 첫째, 고객의 특성을 식별할 수 있어야 하고, 둘째, 고객을 유형화하여 분리할 수 있어야 하며, 셋째, 싸게 구입한 제품을 다른 고객에게 비싸게 되팔기가 불가능해야 한다.

고객에 따라 제품에 서로 다른 가격을 매기는 것 외에도 고객에 따라 차별적으로 가격할인을 할 수도 있다. 모든 소비자가 다 가격에 민감한 것은 아니다. 기업입장에서는 차별의 위법요소가 있다고 느껴지지 않는 방식으로 가격에 민감한 소비자를 선별하여 가격차별화를 실시하는 것이다. 예를 들어, 구매자의 노력에 따른 할인혜택(benefit)을 부여하는 방법이다. 신문이나 잡지에 할인쿠폰을 발행하고 쿠폰을 오려 오면 할인을 해주는 것이 그 예이다. 또 다른 형태로 할인점과 같은 유통업체에 가면 일부 제품의 할인쿠폰이 비치되어 있어 원하는 소비자들이 가져가 사용할 수 있게 되어 있다. 가격에 민감한 소비자들은 그러한 정보를 미리 탐색해서 알아내고 발품을 팔아 해당 할인점에 가서 쿠폰을 받아다가 할인을 받는다. 또는 인터넷으로 비행기표를 예약할 경우 창구나 여행사에서 하는 것보다 할인을 해주는 것 등이다.

최근에 기업들은 쿠폰할인에 드는 비용을 고려하여 고객별 가격할인을 좀더 제한적 · 선택적 방식으로 운영하기도 한다. 즉 모든 구매시점이 아닌 재구매시에만 할인쿠폰을 사용할 수 있도록 하는 것이다. 제품에 쿠폰을 삽입하여 구매 후 재구매시 오려서 사용할 수 있도록 하는 것 등이 그 예이다.

(2) 제품형태별 가격다변화

제품형태별 가격다변화(product form pricing)란 제품형태에 따라 서로 다른 가격을 매기는 가격결정방식이다. 예컨대 1리터 페트병에 담긴 에비앙(Evian) 생수는 슈퍼마켓에서 1온스당 5센트에 판매되지만 스프레이용기로 포장하여 미용제품용도로 판매하는 동일한 생수는 미용제품매장에서 온스당 2.28달러에 판매된다.

참고로 페트병과 스프레이용기의 생산원가는 거의 차지가 없다고 한다. 유통비용의 차이를 고려하더라도 동일한 생수가 다른 형태로 제시되면서 놀라울 만큼 차별화된 가격이 매겨졌다는 점은 명확하다.

(3) 입지별 가격다변화

입지별 가격다변화(location pricing)란 공간적 위치에 따라 서로 다른 가격을 매기는 가격결정방식이다. 예컨대 오페라공연장, 야구장은 좌석위치에 따라 다른 가격을 매긴다. 이와 같은 좌석위치별 가격다변화가 가능한 이유는 관람객이 특정위치를 더 선호하기 때문이다.

(4) 시간별 가격다변화

시간별 가격다변화(time pricing)란 시간에 서로 다른 가격을 매기는 가격결정방식이다. 예컨대 호텔, 콘도, 항공권 요금은 성수기와 비수기에 서로 다른 가격이 매겨진다. 극장요금은 이른 오전시간대에 낮게 매겨지고, 식당요금은 식사시간 사이의 시간대에 낮게 매겨진다. 재고를 통해 제품을 다음기로 이월시킬 수 없는 서비스를 중심으로 시간별 가격다변화가 다양하게 시도된다.

입지별 가격다변화를 실시하는 공연장

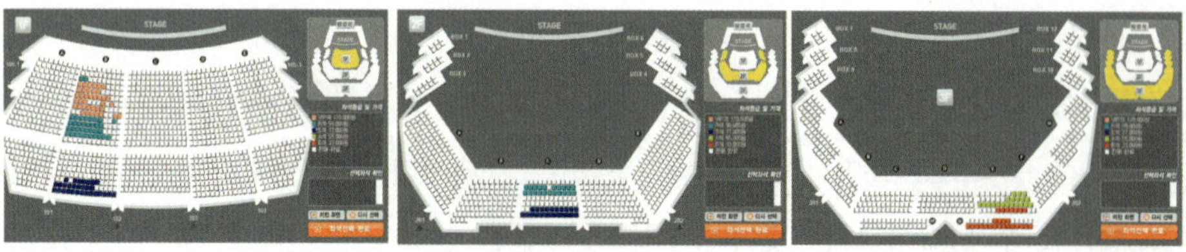

10.3.4 가격조정

(1) 심리적 가격조정

심리적 가격조정(psychological pricing)이란 합리적으로 사전에 정한 기본가격을 소비자에 미치는 심리적 효과를 가미하여 조정하는 가격결정방식이다. 마케터가 많이 사용하는 심리적 가격조정방식으로 단수가격(odd price)과 준거가격(reference price)방식을 꼽을 수 있다.

단수가격

단수가격(odd price)이란 미세한 가격차이가 때로 소비자가 심리상에서 막대한 의미차이를 초래할 수 있다는 가능성에 착안하여 끝자리를 미세한 단위로 조정하는 방식이다. 예컨대 100,000원짜리 점퍼와 99,900원짜리 점퍼의 가격차이는 100원에 불과하지만 심리적으로 받아들이는 가격차이는 훨씬 크게 느껴질 수도 있다. 아울러 단수가격은 가격이 신중하게 결정되었다는 느낌과 조금이라도 낮추기 위해 노력했다는 신호로 작용할 수도 있다.

준거가격

준거가격(reference price)이란 제품의 가치를 평가할 때 비교과정에서 활용되는 기준가격이다. 준거가격은 과거의 가격을 회상하거나 현재의 가격을 살펴봄으로써 형성할 수 있다. 마케터는 준거가격을 조정함으로써 소비자의 제품가치의 평가과정에 영향을 끼칠 수 있다. 예컨대 소매업체는 실제가격 옆에 제조업체의 권장소비자가격을 제시하여 준거가격으로 활용될 수 있도록 할 수 있다.

사례 10-3

항공사의 수익률 관리(Yield Management)

비행기의 좌석, 호텔의 객실과 같은 상품의 특징은 무엇일까? 바로 특정 시간에 제공되는 서비스 자원이 이미 정해져 있고 실제 소비 여부에 관계없이 그 시간에 할당된 자원은 증가나 축소가 어렵거나 불가하며 정해진 시간에 서비스가 판매되었을 때만 수익을 올릴 수 있다는 것이다.

한번 만들어진 상품의 경우는 유통기간 내에 언제든 팔 수 있지만, 오늘 팔리지 않은 항공권과 객실을 내일 다시 팔 수는 없는 것이다. 그래서 알맞은(right) 시간에 알맞은(right) 고객에게 최적의 가격을 제공함으로써 점유율을 높이고 이를 통해 이익을 극대화하고자 하는 경영기법이 바로 일드관리(yield management)이다.

일드란, 잠재수익에 대한 실제수익의 비율이다. 즉 호텔에서 모든 객실을 팔았을 때의 매출에 대해 실제 매출이 차지하는 비율이다. 객실이 100개인 호텔의 객실료가 10만원인데 100개 중 80개를 팔았다면 일드는 80%가 되는 것이다.

성수기와 비수기 등 수요의 변동이 심한 호텔이나 항공사에서는 예약시기와 상황에 따라 객실요금을 다르게 적용한다. 또한 예약시점에 따른 숙박일(탑승일)까지의 시간에 따라, 세분시장의 분류에 따른 고객형태에 따라, 고객이 요청한 객실의 종류, 좌석의 등급이나 위치, 숙박일 수 등 여러 가지 요인에 따라 다양한 요금 및 가격조건을 적용한다. 같은 좌석이라고 하더라도 구매시기나 이용시기 혹은 조건에 따라 가격이 달라지는 것이다.

수요가 몰리지 않을 때는 가격을 저렴하게 하여 수요를 창출하고, 특정 시간이나 기간에 고객의 수요가 몰려 제한된 자원으로 모든 고객에게 서비스를 적절하게 제공할 수 없는 경우 다른 기간이나 시간으로 고객을 분산함으로써 자원을 사용하지 않는 시간대를 활용하여 수익을 증진시키는 것이다.

세계의 많은 항공사들은 출발을 3~4일 앞둔 항공편 좌석을 세일하는 경우도 많이 있다. 빈좌석이 1석이건 100석이건 비행기 운항비용은 거의 변함이 없고 그래서 잔여좌석을 헐값에라도 판매함으로써 추가이익을 얻을 수 있다.

사무실 밀집지역에 위치한 주차장은 아침 출근시간대에 손님이 들지 않으면 하루종일 노는 빈 주차공간이 발생하기 쉽다. 이때 주차장에서는 아침시간에 들어오는 손님들에게 종일주차할인을 제시함으로써 빈 주차공간을 줄일 수 있다.

영화관은 조조할인을 통해 한산한 아침시간에 고객을 유치하거나 혹은 사람들이 몰리는 주말에 비싼 요금을 받아 고객을 다른 요일로 분산시키는 방법을 취할 수 있다.

자료원: 위키피디아 백과사전, 영삼성 지식플러스 참조 수정.

단수가격과 준거가격이 적용된 사례

(2) 촉진 가격조정

촉진 가격조정(promotional pricing)이란 합리적으로 사전에 정한 기본가격을 소비자의 구매유발효과를 강화하기 위해 조정하는 가격결정방식이다. 촉진가격조정방식으로는 할인(discount), 교환판매(trade－in allowances), 물물교환(bartering), 저리할부(low－interest financing), 리스(leasing)/렌탈(rental), 유인가격(loss－leader pricing), 행사가격(special－event pricing) 등 다양한 방식이 포함되는데 각각을 살펴보면 다음과 같다.

할 인

할인(discount)이란 기본가격을 낮춰주는 가격조정방식이다. 현금으로 지불할 때 가격을 낮춰주는 현금할인(cash discount)과 대량구매할 때 가격을 낮춰주는 수량할인(quantity discount)이 포함된다. 예컨대 소비자가 현금으로 가격을 지불하면 마케터의 입장에서 여타 지불수단에 비해 이자 등 금융부담을 덜게 되므로 일정한 보상을 해줌으로써 이를 촉진하는 것은 서로에게 득이 될 수 있다.

교환판매

교환판매(trade－in allowances)란 중고품을 돌려주고 신제품을 구입하는 소비자에게 기본가격을 낮춰주는 가격조정방식이다. 자동차, 컴퓨터, 가전제품 등 내구재 분야에서 다양하게 시도되는 추세다.

물물교환

물물교환(bartering)이란 화폐를 개입시키지 않고 물건과 물건을 교환하는 거래방식으로 재무자산이 부족한 구매자의 부담을 제거하거나 완화할 수 있는 가격조정방식이다. 예컨대 포스코건설은 나이지리아 정부로부터 원유채굴권을 받고 철도인프라공사를 수주했다.

저리할부

저리할부(low-interest financing)란 저리할부로 제품가격을 낮춰주는 가격조정방식이다. 주로 자동차 등 고가제품의 소비자 부담완화를 위한 가격조정방식으로 많이 활용된다.

리스/렌탈

리스(leasing) 및 렌탈(rental)은 구매자의 초기금융부담을 낮춰주는 가격조정방식이다. 저리할부와 마찬가지로 주로 고가제품의 구매부담완화를 통해 구매를 촉진하는 데 사용된다. 리스는 사업자에게만 적용될 수 있는 반면에 렌탈은 개인소비자에게도 적용할 수 있다는 점에서 국내법상 차이가 있다.

적극적으로 렌탈 방식을 사용하는 정수기업체

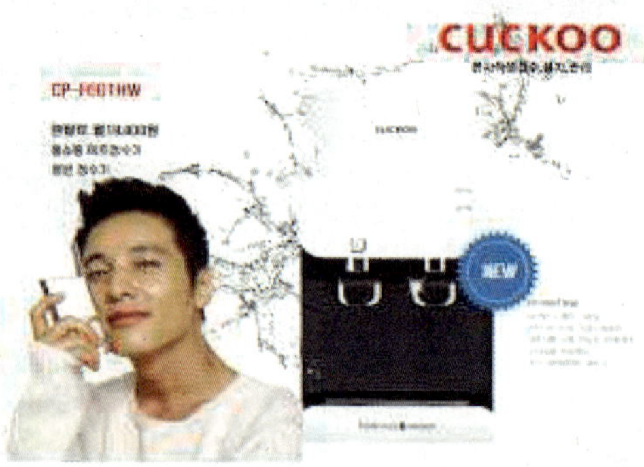

유인가격

유인가격(loss-leader pricing)이란 유통업체가 일부 제품을 원가와 무관하게 당초의 가격과 현격하게 다른 저가격에 제시하는 가격조정방식이다. 예컨대 백화점, 할인점 등에서는 배추, 종이기저귀 등에 유인가격을 책정하곤 하는데, 유인가격을 보고 점포를 방문하는 소비자가 구매하는 다른 제품의 매출을 통해 유인가격의 손실을 만회하고 더 많은 이익을 얻을 수 있다고 믿기 때문이다.

행사가격

행사가격(special-event pricing)이란 특정 시즌 동안 소비자의 구매를 촉진하기 위해 해당제품의 가격을 낮춰주는 가격조정방식이다. 예컨대 삼성전자에서는 신학기 개강 전후로 학생들이 많이 사용하는 노트북 등의 가격을 특별히 낮춰주는 행사를 개최하기도 한다.

10.3.5 가격변화

(1) 가격변화 주도

제품을 둘러싼 환경은 끊임없이 변화하므로 일단 정해진 가격도 상황에 따라 변화시켜야 한다.

가격인하

공급초과시장에서 과잉생산능력 문제에 직면하거나 규모의 경제 및 경험곡선효과가 강하여 시장점유율 증대의 필요성이 강하게 대두될 때 마케터는 가격인하를 시도할 수 있다. 예컨대 삼성전자는 생산량에 따라 원가절감효과가 강한 D-램 반도체시장의 공급초과와 과잉생산능력의 해소를 위해 가격인하를 주도적으로 시도하고 있다.

가격인하시에는 경쟁자의 반응을 미리 예상하는 것이 중요하다. 예컨대 경쟁자의 수가 적고, 제품이 표준화되어 있는 경우에 경쟁자가 가격인하에 민감하게 반응할 가능성이 높다.

글로벌 컨설팅 회사인 맥킨지(Mckinsey)의 분석에 의하면 S&P 1500 기업의 경우 1% 가격을 내리면 수익이 8% 감소해, 5% 가격인하로 인한 손실을 만회하기 위해서는 판매량이 18.7%나 증가해야 한다고 한다. 다행히 소비자의 가격탄력성이 높아 가격 인하로 인한 수요증가가 기대만큼 이루어진다 해도, 문제는 경쟁사의 반응이다. 경쟁사도 쉽게 뒤따라 가격을 낮춘다면 그 이후의 승부는 양사 중 어느 회사가 낮은 원가에 괜찮은 품질의 제품을 지속적으로 공급할 수 있는 역량을 가지고 있느냐에 따라 결정된다.

가격인상

원가상승, 소비자가치의 증대, 초과수요 등은 가격인상을 유발할 수 있다. 뿐만 아니라 부작용을 최소화하고 가격인상을 하는 데 성공할 경우에 마케터는 더 많은 이익을 누릴 수 있기도 하다.

가격인상시에는 소비자의 반응을 미리 예상하는 것이 중요하다. 경우에 따라서 가격이 수요나 품질의 지표로 활용될 수도 있으므로 가격인상이 오히려 소비자의 구매를 더 촉진할 개연성도 무시해선 안 된다. 예컨대 초여름의 에어컨 가격인상을 소비자가 초과수요의 신호로 해석하면 늦기 전에 구입하기 위한 구매행동을 이끌어낼 수도 있다.

하지만 가격에 민감한 소비자층이 두텁다면 가격인상시 다양한 불만에 직면할 가능성이 높다. 이런 경우에 가격을 인상하지 않고 원가상승 등에 대처할 수 있는 방안을 모색하는 노력이 필요하다. 예컨대 실용성이 낮은 부가기능을 축소하거나 별도 서비스로 분리시킬 수 있다.

(2) 가격변화 대응

경쟁제품의 가격변화는 자사제품의 성과에 직 · 간접적인 영향을 미치므로 마케터의 대응을 요구한다. 무엇보다 경쟁제품의 가격변화가 자사제품의 시장점유율과 이익에 어떤 영향을 미치게 될지 빠르고 정확하게 예측해야 한다. 만일 충분히 심각할 정도로 부정적인 영향이 예상된다면 적절한 대응조치를 취해야 한다.

예컨대 경쟁제품의 가격인하가 제품의 성과에 심각한 파급효과를 미칠 것으로 예상될 때 취할 수 있는 대안을 몇 가지로 생각해 볼 수 있다.

예방적 방어

마케터는 경쟁자에게 다양한 신호(signal)를 통해 가격인하가 도움이 되지 않을 것이라는 메시지를 전달함으로써 예상되는 손실을 예방할 수 있다. 예컨대 어떤 경쟁제품의 가격인하조치에 더 강한 가격인하와 공세적인 비가격조치를 취하는 등 적극적인 반응을 취하는 것은 잠재적인 가격인하 공세에 대한 예방적 조치의 일환이 될 수 있다.

차별적 방어

가격인하시 예상되는 희생을 비가격적 마케팅 믹스에 투입하여 소비자가 보다 큰 가치를 체감하여 경쟁제품과 차별적으로 인식하도록 유도할 수 있다. 필요하다면 제품품질을 개선시키고 가격을 인상하여 제품의 포지션을 고품질 · 고가격 쪽으로 이동시키는 조치를 취할 수도 있다.

정면대응

정면대응은 가격인하로 맞대응하는 방식을 일컫는다. 예컨대 소비자의 가격탄력성이 충분히 높을 경우에는 가격을 함께 인하하지 않을 때 감수해야 할 매출감소가 지나치게 심각할 수 있으므로 적극적인 가격인하조치가 요구될 수 있다. 다만 가격인하경쟁은 수익성 악화 위험을 안고 있으므로 조심스럽게 전개되어야 한다.

우회대응

우회대응은 가격인하를 통한 맞대응을 제외한 공세적 대응을 일컫는다. 예컨대 저가격 브랜드를 출시하여 가격에 민감한 소비자를 대상으로 벌어지는 경쟁에 대응시키는 방안을 고려할 수 있다. 미국 보드카 업체인 스미르노프(Smirnov)는 저가 경쟁제품으로 인한 시장점유율 하락 문제에 대처하는 방안으로 저가용 브랜드 렐스카(Relska)를 출시한 바 있다.

(3) 협력적 가격변화 대응

위와는 반대로 경쟁제품이 가격인하가 아닌 가격인상을 하는 경우의 대응이다. 경쟁사가 가격을 인하하면 다른 경쟁기업도 가격을 인하하는 방식은 장기적인 관점에서 봤을 때 기업간 출혈경쟁을 낳고 이는 기업의 수익성을 저해시킨다. 소비자의 입장에서는 싼 값의 제품을 구입할 수 있는 이점이 있으나 장기적으로 기업의 수익성 저하는 기업이 좋은 품질의 제품을 계속 생산할 수 있는 저력을 키울 수 없게 하는 문제점을 만든다.

기업은 서로 경쟁을 하지 않을 수 없는데, 이때 대체가능한 제품으로 가격경쟁을 하는 것에서 비가격경쟁, 즉 새로운 제품포장, 독특한 제품, 신제품 개발속도 등과 같은 비가격경쟁력 구축으로 경쟁의 축을 옮기면 수익성 저하의 출혈경쟁을 피할 수 있다. 제품차별화가 가능해지면 경쟁시장에서 한 기업이 가격을 인상할 때 다른 경쟁 기업도 여기에 대응하여 가격을 인상하는 정책을 취할 수 있다.

'수인의 딜레마'는 두 죄수가 서로 자백하지 않으면 둘 다 더 적은 형을 선고받아 승-승(win-win)의 균형에 이르게 되는데, 서로를 믿지 못하여 둘 다 자백함으로써 더 많은 형을 선고받아 패-패(lose-lose)의 결과에 이르게 되는 상황을 말한다. 기업간 가격경쟁은 수인의 딜레마와 비슷하다. 특히 대체가능한 제품으로 가격경쟁을 하게 되면 서로의 수익성 악화라는 패-패(lose-lose) 상황에 이르게 된다. 대체가능한 제품으로 경쟁하는 경우 기업들은 초반에는 출혈경쟁을 하다가 장기적으로는 서로 간에 암묵적인 신뢰구축을 통해 적정가격을 유지하는 것이 보통의 경우이다.

두 기업이 차별화된 제품을 판매하는 경우는 경쟁사가 가격을 올릴 경우 해당 기업도 같이 가격을 올리는 것이 최선의 대응(best response)이다. 이 경우에도 경쟁사가 가격을 올림에도 불구하고 해당기업이 가격을 내릴 수도 있지만 이렇게 되면 시장에서의 기업간 신뢰가 형성되지 않으며 장기적으로는 두 기업 모두 수익성을 저해하는 경쟁을 초래하게 될 것이다.

[그림 10-7]은 두 기업의 제품 간에 약간의 대체성이 있는 경우 두 기업의 가격반응 곡선이 묘사되어 있다. 두 반응 곡선이 만나는 점 B는 베르트랑-내쉬 균형을 나타낸다. 균형점까지 가격을 인상하는 것이 두 기업의 최선의 대응이며, 균형점에서 두 기업은 이윤을 극대화하고 서로가 더 이상 가격변화유인이 없게 된다.

협력적 가격변화대응의 예로, 자동차업체들이 신모델을 출시하면서 줄줄이 가격을 인상하는 것을 들 수 있다. 현대, 기아, GM대우, 르노삼성 등 국내 자동차업체들 모두 신모델을 내놓으면서 종전 모델보다 가격을 인상하는 것이다. 현대가 기아차 인수 후 시장지배력을 가지고 자동차시장가격을 선도하고 있으며, 다른 경쟁사도 암묵적으로 여기에 편승하여 신차 가격을 인상하고 있다. 이러한 일은 국내 자동차시장에서 관행처럼

그림 10-7 차별화된 제품을 판매하는 경우 베르트랑 복점 모형

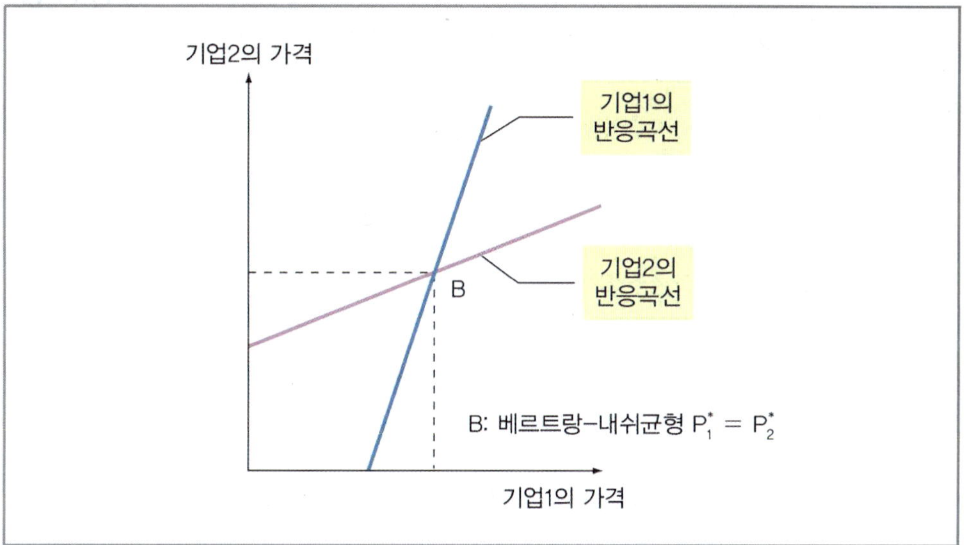

굳어져 있다.

또 다른 사례로 항공사의 마일리지 축소 발표를 들 수 있다. 2002년 11월 말 대한항공은 마일리지 혜택을 2004년부터 대폭 축소하겠다는 기사를 발표하였다. 고객들의 강력한 반발에도 불구하고 대한항공은 항공사들의 누적 마일리지가 경영을 압박하고 있어서 합리적인 마일리지 폭을 제공하려는 세계적 추세에 편승하는 것이라고 해명하였다. 대한항공의 마일리지 축소 발표가 있고 얼마 후 2003년 2월 말, 아시아나항공은 대한항공에 비해 비교적 소리소문 없이 마일리지 축소조정을 발표하였다. 즉 창사 15주년을 계기로 세계적 항공사 동맹체인 '스타 얼라이언스'에 참여하게 되어 마일리지를 스타 얼라이언스 회원사에서도 사용할 수 있다는 내용과 함께 이를 계기로 아시아나항공 탑승용 마일리지 공제 기준을 합리적으로 변경하게 되었다는 형태로 마일리지 축소를 발표하였던 것이다.

가격인상대응은 기업간 차별화가 존재하는 경우 이외에도, 즉 대체성이 높은 기업간에도 치열한 경쟁 속에서 공동의 이익을 위해 암묵적 상생협력형태로 나타나기도 한다.

사례 10-4

모바일 앱 수수료

모바일 앱 마케터의 가격 결정은 본질적으로 여타 제품의 경우와 상통하는 면이 있다. 다만 모바일 앱 각자의 상황에 따라 다양한 양상으로 나타나고 있는 면은 흥미롭다.

콜택시 앱 우버는 고객과 차량을 연결해 주고 수수료로 20%를 떼간다. 우버는 지난해에 이 같은 수수료 덕에 2억 달러(2,000억원) 규모의 매출을 달성했다.

세계 앱 스토어 시장을 장악하고 있는 구글과 애플의 경우 수년째 30%의 수수료를 유지하고 있다. 고가의 수수료 라는 비난에도 불구하고 애플과 구글의 '30% 수수료' 정책은 요지부동이다.

IT의 중심이 PC에서 모바일로 옮겨간 가운데 이처럼 모바일 앱 수수료 역시 시장구조에 따라 최고 30%에서 10%대까지 다양하게 분포돼 있다.

대표적인 수수료 비즈니스는 '모바일게임'. 카카오톡 내 '카카오게임하기'가 대표적이다.

카카오게임하기의 상반기 연관 매출만 약 5,600억원으로 2013년 대비 60% 상승했다. 카카오게임하기의 수수료율은 30%다. 카카오게임하기 플랫폼의 경쟁사로는 '밴드'와 '아프리카TV'가 꼽힌다. 이들 업체의 수수료는 20%선. 하지만 닐슨코리아클릭에 따른 시장점유율은 카카오게임하기가 6월 기준 61%, 시장 2위 밴드는 9.5%다.

주목할 점은 우버나 카카오게임하기의 수수료율은 거의 변동이 없다는 것. 아무래도 시장 선도 업체가 압도적인 점유율을 차지하고 있는 것이 가장 큰 이유로 꼽힌다.

모바일 앱 수수료

주요 업체 수수료 현황

이름	수수료	업종	수수료 부과 대상
카카오게임하기(카톡)	30%	게임	게임사
우버	20%	택시/운송	택시, 운송업체
배달의민족	5.5~13.8%	배달	음식점
요기요	20%	배달	음식점
배달통	8.8~10%	배달	음식점
에어비앤비	6~12%	숙박 공유	여행객

반면 치열히 경쟁하는 수수료 업체도 있다. 배달 앱 시장이다.

배달 앱 시장에서는 '배달의 민족', '요기요', '배달통' 등 세 회사가 시장의 90%를 차지한다.

각 업체 점유율 경쟁도 치열해 배달 앱 시장에선 어느 회사가 절대적으로 우위라고 할 수 없다. 이 때문에 가격(수수료)도 감소 추세다. 지난 달 기준으로 수수료는 20%(요기요), 13.8%(배달의 민족), 8.8%(배달통) 순이었다.

사실 수수료는 원래 더 높았다. 지난 3월까지 배달통 수수료는 10%였으나 올 4월부터 치킨, 중식, 한식 · 분식 등 주요 분야에 대해 8.8%로 낮췄다. 배달의 민족도 올 4월 주문접수 방식에 따라 최저 5.5%까지 수수료율에 변동을 줬다.

숙박공유 업체 '에어비앤비'는 전세계에 있는 '빈방'과 여행객을 연결하면서 여행객들에게 6~12% 가량의 수수료를 부과한다.

또 카카오는 앞으로 자사의 카카오톡 플랫폼을 바탕으로 택시, 상품권 등 이미 오프라인에 존재하는 산업을 모바일로 들여오는 사업을 구상하고 있는 것으로 알려졌다. 한 모바일 게임업계 관계자는 "플랫폼 덕분에 시장이 통합되고 기회가 커진 것은 분명한 사실"이라며 "하지만 수수료로 비용이 커져 매출 변동이 심해졌다"고 밝혔다.

모바일 앱 마케터들의 최적 수수료 설정 노력은 역동적 상황을 반영하여 계속될 것이다.

자료원: 서울경제 2014. 8. 18.

CHAPTER 11

유통경로 관리

11.1 유통경로 개관
11.2 유통경로의 설계
11.3 유통경로 운영
11.4 유통경로 성과평가 및 피드백
11.5 상황별 유통경로관리

Marketing Management

사례 11-1

여성 소매상 Shakti Ammas 네트워크로 인도 시골 현지유통망을 구축한 HUL(Hindustan Unilever Limited)

HUL(Hindustan Unilever Limited)은 생활용품 다국적기업인 유니레버(Unilever)의 인도 자회사다. 20세기말 HUL은 주민 1,000명 이하 작은 시골 마을로 유통 경로를 구축할 방법을 찾고 있었다. HUL이 주도하는 전통적인 마케팅 방식으로 곳곳에 산재한 작은 시골 마을로 유통 경로를 구축하는 데는 비용이 너무 많이 들어 난관에 처해 있었다.

HUL의 해법은 여성 소매상 구축을 위한 Shakti 프로젝트였다. 2001년 HUL은 낙후된 시골 소비자 공동체 내부의 여성들이 현지유통(last mile delivery)을 주도하도록 하는 Shakti 프로젝트를 시작했다. 20여년이 경과한 최근 18개 주 12만여 명의 여성이 창업 소매상으로서 Shakti 프로젝트에 참여하고 있다. 이들은 "Shakti Ammas"라 불린다. 'Shakti'는 '힘'을 의미하고 'Amma'는 '어머니'를 의미한다. 이들 Shakti Ammas 여성 소매상은 재고관리부터 유통관리까지 다양한 소매업 운영방법에 대한 교육을 받고 현지유통(last mile delivery)을 주도한다. 이들은 매달 월평균 가계 소득의 두 배인 10-14달러의 지속 가능한 수입을 얻는 것으로 알려져 있다.

Hindustan Unilever Limited (HUL) 공식 웹사이트 Shakti 프로젝트 소개

자료원: https://www.hul.co.in/planet-and-society/case-studies/enhancing-livelihoods-through-project-shakti/.

알려진 Shakti 프로젝트의 활성화 요인 중 하나가 'i-Shakti'다. 2004년 HUL은 안드라 프라데시(Andhra Pradesh) 정부와 협력하여 주 전역에 IT 커뮤니티 포털인 'i-Shakti'를 설치하기 시작

했다. i-Shakti는 Shakti Ammas 여성 소매상들이 주도적으로 운영하는 키오스크(kiosk) 네트워크로서 인터넷 연결이 가능하다. 마을 사람들이 지역 언어로 개발된 무료 콘텐츠에 접속하거나 HUL제품, 보건/위생, 농업, 교육, 금융 및 고용을 포함한 광범위한 주제에 대한 정보를 얻을 수 있도록 설치되었다.

각 i-Shakti 키오스크(kiosk)는 개인 소유이며, 네트워크상의 다른 모든 키오스크(kiosk)와 독립적으로 작동하지만 전화접속 방식으로 데이터를 동기화할 수 있는 중앙 서버에 연결된 데스크톱 PC 시스템으로 구성된다. 중앙 서버는 키오스크(kiosk)가 오프라인 모드에서 작동할 수 있도록 특별히 개발된 압축 데이터 동기화 기반 대화 기술을 통해 수천 개의 키오스크(kiosk)와 통신한다. 이를 통해 키오스크(kiosk) 소유자의 운영 비용이 절감되는 동시에 매일 중앙 서버에 연결하여 양방향 데이터 업데이트를 할 수 있다. 곳곳에 설치된 기술지원팀도 주 내 키오스크에서 발생하는 문제를 모니터링하고 해결한다. 전담 기술관리자가 각각 40개의 키오스크(kiosk)의 다양한 기술적 문제를 담당하여 해결한다.

Shakti Ammas 여성 소매상이 i-Shakti 키오스크(kiosk)를 운영하면서 마을 주민을 접촉하는 과정은 HUL 제품을 유통하는데 중요한 기회로 작용한다. 팬데믹(Pandemic) 기간 동안에도 Shakti 네트워크는 HUL 유통전략의 일익을 충분히 감당해냈다. 지난 4년 동안 Shakti 네트워크는 두 배로 증가했다. Shakti Ammas 여성 소매상들의 활약으로 HUL은 자사 제품의 유통 도달 범위를 인도 전역의 1,000명 이하 소규모 시골마을 중 절반 정도까지 확장할 수 있었다고 한다.

자료원: Digit news, 2006. 4. 1., Ministry of External Affairs, HUL Project Shakti is Empowering Women of New India, 2021. 4. 30., https://indbiz.gov.in/hul-project-shakti-is-empowering-women-of-new-india-2/, 김현식(2022). 코케팅, 경문사.

사례 11-2 유통혁신자, 델(Dell)의 성공과 시련

탁월한 성과를 기대한다면 남들과 뭐가 달라도 달라야 한다. 특정 산업에 정석처럼 굳어진 게임의 룰을 파괴해 독특한 사업모델을 만들어가는 혁신자(Rule Breaker)야말로 탁월한 수익률과 장기적 성장을 이룩하는 사람들이다. 마이클 델 델컴퓨터 회장은 유통혁신을 통해 새로운 사업모델을 시도하여 탁월한 성과를 창출한 대표적 기업가 중 하나로 꼽힌다.

유통혁신을 통한 델의 성공 스토리

마이클 델(Michael Dell)은 18세이던 1984년 텍사스 의과대학 1학년 시절, 단돈 1천달러로 델 컴퓨터를 창업했다. 델은 회사 설립 직후부터 사전에 대량 생산된 컴퓨터를 중간판매상을 통해 판매하는 전통적 모델이 아닌, 고객으로부터 직접 전화(인터넷)를 통해 맞춤 PC를 주문받는 혁신적 기법을 도입하여 비약적 성장을 일궈냈다.

◎ 유통혁신 아이디어의 씨앗

직접 고객을 대한다는 사업원칙은 델의 어린 시절 경험에서 비롯됐다. 델은 12세 때 사람들이 소장하고 있는 우표를 모아 중개상을 거치지 않고 직접 파는 방식을 통해 2천달러의 이익을 남겼다. 이 경험을 통해 그는 중개인을 거치지 않을 경우 훨씬 더 많은 이익을 올릴 수 있다는 지혜를 얻었다.

16세 때는 〈휴스턴 포스트〉지 구독 예약을 받는 아르바이트를 통해 1만8천달러의 돈을 벌어들였다. 고등학생 때인 1981년 그는 IBM PC를 보고 PC가 세상을 주름잡을 것을 예견했다. 그때부터 PC를 완전 마스터하기 위해 다양한 노력을 했다. 15번째 생일에는 부모님이 사주신 고가의 애플 컴퓨터를 당일 완전 분해해서 부모님에게 혼나기도 했다. 혼자서 컴퓨터를 부수고 분해하고 조립해온 델은 중간마진이 너무 크다는 것을 알게 된다. 당시 중간상들은 IBM PC를 2천달러에 사서 3천달러에 팔고 있었다. 그는 동일 부품을 구입해서 주변 사람들에게 싸게 팔았다. 이것을 대량으로 하면 더 크게 성공할 수 있다는 것을 알게 되었다.

개인용 컴퓨터가 막 나오기 시작할 때, 그는 이미 앞으로 10년 후엔 수백만의 사람들이 컴퓨터를 능숙하게 사용하게 될 거라는 확신을 가지고 있었다. 결국 직접판매 방식을 통해 IBM을 뛰어넘는 컴퓨터 업계 최고의 자리에 오른다는 꿈을 안고서 델은 18세의 어린 나이에 대학을 그만두고 많은 사람들의 우려에도 불구하고 사업전선에 뛰어들었다. 다른 사람들은 그를 미쳤다고 생각했지만 본인에게는 성공이 너무나 뚜렷이 다가왔다.

◎ 직접판매방식을 통한 PC 유통혁신

이런 직접판매방식(Direct Marketing)은 여러 가지 면에서 혁명적 요소를 갖고 있었다. 재고부담과 중간마진을 제로화함으로써 고객에게 매우 낮은 가격으로 서비스할 수 있었다. 또한 고객의 요구사항을 실시간으로 제품생산에 반영함으로써, 즉 고객 맞춤형 PC를 생산함으로써 고객만족도를 크게 높일 수 있는 강점을 가지고 있었다. 당시로선 획기적인 이 발상은 PC업계에 지각변동을 일으켰다.

IBM, 컴팩, HP 같은 메이커 PC보다 평균 20% 가량 저렴한 델 PC는 소비자들의 열렬한 갈채를 받았고, 매출액은 매년 50%씩 성장했다. 1988년 처음 증시에 상장할 때 1억5천9백만달러에 불과했던 매출액은 2001년 3백10억달러로 치솟았고, 2006년 6백억달러를 넘어섰다. 2001년 이후 수년 동안 전통적 강자인 IBM, HP 등을 물리치고 개인용 컴퓨터(PC) 부문 전세계 1위를 달려왔다.

1998년에는 서버시장 진출 2년만에 10위에서 3위로 점프했으며, 인터넷 시대가 본격화되기 전인 1998년에 이미 인터넷을 통한 매출이 1천2백만달러에 이를 정도로 인터넷을 사업에 제대로 활용해 전자상거래 선두주자의 입지를 굳건히 했다. 델은 고객에 집중함으로써 20분기 연속 고객만족 1위, 기업고객의 93%가 재구매하는 시장점유율 16%의 기적을 이루게 된다.

유통혁신 성공 이후 델의 시련

유통혁신 성공은 영원할 수 없고, 성공 스토리 속에 시련의 싹이 자라나 델은 새로운 도전과제를 안게 된다. 탄탄한 유통·총판라인과 성능 대비 합리적인 가격으로 세계 PC 시장의 제왕으로 군림했던 델은 2013년 1월 사모펀드와 매각협상을 벌이고 있다. 태블릿 PC 등 새로운 IT기기의 등장으로 PC 시장이 지속적으로 감소한데다, 경쟁사들 사이에서 델만의 강점을 상실하면서 새로운 변화를 모색해야 하는 시련에 직면한 것이다.

유통혁신을 통한 성공의 정점 이후 불과 몇 년만에 목격되는 델의 몰락은 스마트폰 시장에서 모토로라의 몰락, 노키아의 부진 등과 크게 다르지 않은 것으로, 급변하는 시장흐름과 소비자 구매 트렌드를 간파하지 못하면 글로벌 시장에서 지속적으로 성공하기 어렵다는 사실을 극명하게 확인시키고 있다.

2013년 1월 17일 블룸버그 통신 등의 외신과 관련업계에 따르면 현재 PC업계 3위인 델이 사모펀드 회사 2곳 이상과 매각을 위한 인수협상을 진행하고 있다. 일부 대형은행도 관련 협상에 참여한 것으로 알려졌다.

델은 2006년까지 PC 업계의 1위 기업으로 군림하며 PC 시장의 성장을 선도했지만, 지난 2006년 HP에 1위 자리를 빼앗긴 뒤 지속되는 사업 부진으로 인해 기업가치가 급락했다. 델의 창업자 마이클 델이 최고경영자로 다시 돌아와 몰락하는 델의 부활을 꾀했지만 역부족이었다. 델의 시장가치는 지난 11일 약 19조9000억원(189억달러)으로 전년에 비해서도 약 30% 이상이 감소했다. 중요한 이유 중 하나로 PC업계의 흐름이 데스크톱에서 노트북으로, 대량 구매에서 개인 구매로 변하면서 직접 시험해 보고 PC를 살 수 없는 델의 판매방식이 소비자의 외면을 받았다는 점도 꼽힌다. 2006년 이후 1위 자리를 HP에게 내주면서 직접판매 유통방식을 고수하다가 HP에 뒤진 것으로 판단한 델은 월마트와 유통계약을 맺고 3,000개 점포에서 몇몇 PC 모델을 판매하는 등의 변화를 시도하였다. 동시에 고객서비스를 개선하는 데도 신경을 썼다. 하지만 그 결과는 제한적이었다.

2000년대 초반만 해도 델은 전세계에서 가장 큰 PC회사였다. 특히 1990년대 후반부터 인터넷 사용이 급격히 확산된 것에 힘입어 1996년 하루 100만달러 정도였던 델의 인터넷 매출은 2001년에는 4000만달러로 급상승했다. 마진 단계를 줄인 유통과 저렴한 제품이라는 장점을 바탕으로 승승장구를 지속했기 때문이다.

그러나 HP, 레노버, 에이서 등의 신흥 경쟁자들이 나타나 공급망을 조정하고 생산라인을 아시아로 옮기는 등 비용절감을 통해 반격에 나섰다. 소비자들도 델의 강점이었던 단순한 디자인보다는 다른 사양으로 관심을 옮기면서 델의 점유율은 점차 하락하기 시작했다.

또한 태블릿 PC 등 새로운 IT기기의 등장으로 PC 시장이 지속적으로 감소한 것도 델의 몰락을 가속화시켰다. 시장조사업체 가트너의 집계에 의하면 지난해 세계 PC 시장 규모는 전년 대비 3.5% 줄어들었고 올 해도 PC 출하량은 지속적으로 감소할 것으로 예상됐다. 이는 스마트폰과 태블릿 PC 등으로 소비자의 수요가 옮겨갔기 때문이다.

업계 관계자는 "지난 2012년 4분기 순이익은 전년 동기보다 약 47% 정도 또 감소할 것으로 예상된다"며 "2013년 올 해도 델의 상황은 녹록치 않을 것으로 보인다"고 설명했다.

유통혁신을 통한 성공 스토리를 써온 델은 지금의 시련을 극복할 수 있을 것인가. 어떻게 대처해야 할 것인가. 성공 뒤의 시련을 극복하기 위한 델의 새로운 도전이 성공할지 실패할지 여부는 지금 그리고 앞으로 내려질 의사결정과 노력에 달려 있는 셈이다.

자료원: 조선일보, 2006. 12. 15., 디지털타임스 2013. 1. 18. 수정 인용.

11.1 유통경로 개관

11.1.1 유통경로의 의의와 기능

(1) 유통경로의 의의

유통경로(marketing channel, distribution channel)란 "마케터가 제품이나 서비스를 소비자에게 전달하여 소비되도록 하는 과정에 참여하는 개인이나 조직의 집합"을 의미한다. 유통경로는 넓은 의미와 좁은 의미로 사용될 수 있다. 넓은 의미에서 유통경로는 마케터와 소비자, 그리고 양자를 연결하는 중간상(middleman)을 모두 지칭하며, 좁은 의미에서 유통경로는 중간상만을 지칭한다. 이 책에서는 좁은 의미의 유통경로를 사용하기로 한다. 특별히 넓은 의미가 필요할 때는 '광의의 유통경로'로 기술하기로 한다.

유통경로는 마케터가 관계를 형성하거나 거래하는 외부조직으로 이루어진다. 여기서 외부조직은 도매상 · 소매상 등의 중간상을 의미하며, 거래는 주로 협상과 교섭 기능을 의미한다.

마케터가 유통경로를 활용하는 근본적인 이유는 자신과 소비자 사이에 시간(time), 장소(place), 형태(form)의 불일치가 존재하기 때문으로 풀이할 수 있다. "시간 불일치"는 제품의 생산 시점과 소비자의 소비 시점이 다른 현상을 의미한다. 농산물의 경우 과일이나 곡식 등은 추수시기가 일정하지만 소비는 1년 내내 일어난다고 할 수 있다. "장소 불일치"란 생산 장소와 소비 장소가 서로 다른 현상을 지칭하는 말이다. 공산품은 특정 공장에서 생산이 되고 사과는 특정 과수원에서 생산이 되지만 소비는 전국적으로 일어난다. "형태 불일치"란 생산되는 형태와 소비되는 형태의 불일치를 가리킨다. 예를 들면, 오리온제과의 초코파이 '정'의 경우 공장에서 대단위 포장상태로 제품이 출고되지만 소비자가 다양한 소매점에서 초코파이 '정'을 구매할 경우에는 낱개포장이나 소규모포장 단위로 진열된 초코파이 '정'을 소비할 수 있다.

유통경로는 생산자와 소비자 사이의 시간, 장소, 형태의 불일치를 해소함으로써 생산자와 소비자의 가치를 증진시킬 수 있다. 다만 이러한 유통경로의 가치 증진 역할은 유통경로 구성원들이 경로흐름(channel flows)을 효율적으로 수행할 때 제대로 실현된다.

여기서 경로흐름(channel flows)은 "소비자에게 가치를 제공하는 유통경로 내의 기능이나 활동"을 의미한다.

(2) 유통경로의 역할

유통경로를 구성하는 중간상(middleman)은 "생산된 제품이 소비자로 전달되는 과정에서 해당 제품의 판매 및 구매에 직접적으로 관련된 서비스를 제공하는 도매상·소매상 등의 사업체"를 말한다.

제품이나 서비스를 소비자가 소비하기까지 진행되는 유통 과정 중에는 소유권 이전, 협상, 촉진, 보관, 금융, 위험 부담 등 여러 기능이 수행된다. 이런 과정 중 일부를 중간상이 담당하게 된다.

[그림 11-1]에서는 제조업체 · 중간상 · 소비자로 이어지는 유통경로 구성원들 사이의 경로흐름을 보여주고 있다. 경로흐름은 물적 취득, 소유권, 촉진, 협상, 금융, 위험부담, 주문, 지불로 구성되어 있다. 이때 물적 취득, 소유권, 촉진의 흐름은 생산자로부터 도매상, 소매상을 거쳐 소비자로 이어지는 흐름으로 전방흐름(forward flow)이라고 한다. 주문과 지불은 소비자로부터 소매상 · 도매상을 거쳐 생산자에게 전달되는 흐름으로 후방흐름(backward flow)이라고 한다. 한편 협상과 금융, 위험부담은 거래의 주체가 되는 기구가 쌍방간 주고받는 흐름이라 할 수 있다. 이와 같은 경로흐름은 유통경로 구성원

그림 11-1 유통경로 구성원 사이의 경로흐름

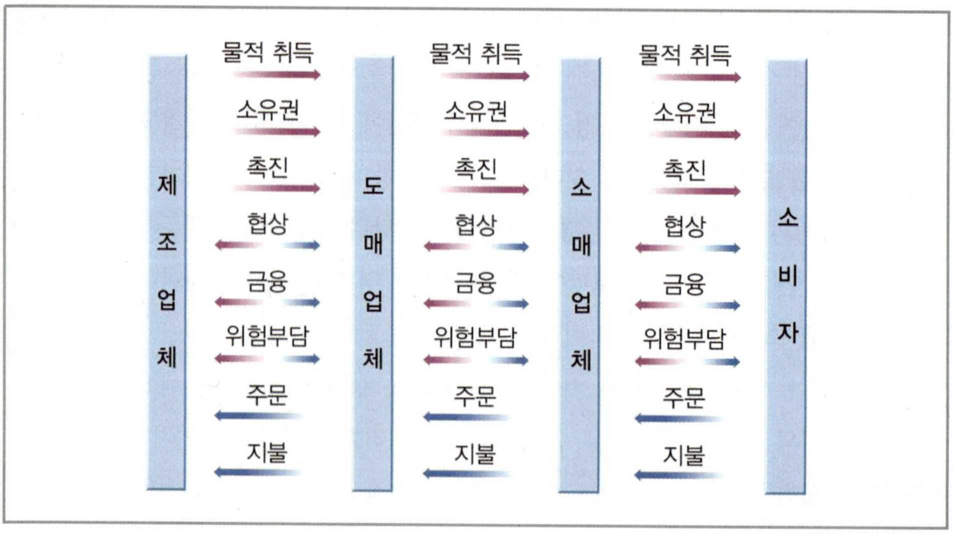

간의 기능과 활동을 이해하는 데 도움을 준다.

11.1.2 유통경로의 유형

유통경로는 다양한 국가, 사회적 상황에 따라 특수한 형태와 다양한 유형으로 존재한다. 유통경로의 유형은 제품분류에 따라 소비재 유통경로와 산업재 유통경로로 구분되며 2개 이상 복수 유통경로도 존재한다.

(1) 소비재 유통경로

소비재는 일반적으로 소비자가 스스로의 용도로 최종적으로 소비하는 제품을 의미한다. 소비재의 유통경로는 중간상의 유형과 수에 따라 분류가 가능하다. [그림 11-2]에서는 제조업체가 직접적으로 소비자에게 판매하는 유통경로 유형(유형 1)과 제조업체와 소비자 사이에 소매상이 개입한 유형(유형 2), 제조업체와 소비자 사이에 도매상과 소매상이 개입한 유형(유형 3), 도매상과 배급업체, 소매상, 소비자가 개입한 유형(유형 4) 등을 보여주고 있다. 소비재 유통경로는 제품, 소비자 등의 여건에 따라 다양한 경로 형태가 공존하는 것으로 알려져 있다.

델(Dell)의 직접판매 방식은 유형 1에 해당한다. 잘 알려진 바와 같이 델의 핵심 성공요인 중 하나로 꼽히는 유통전략이다. 국내 주요 제과업체들이 구사하는 일명 루트(Route) 세일 유통방식은 유형 2에 해당한다. 1960년대부터 국내 제과업체에서 시도된 루트 세일은 제조업체의 유통사원이 도매상을 거치지 않고 전국 방방곡곡의 구멍가게를

그림 11-2 소비재 유통경로 유형

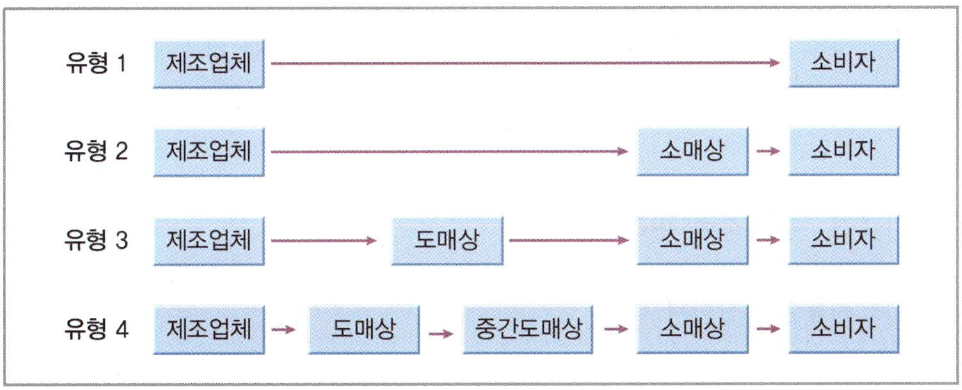

그림 11-3 산업재 유통경로 유형

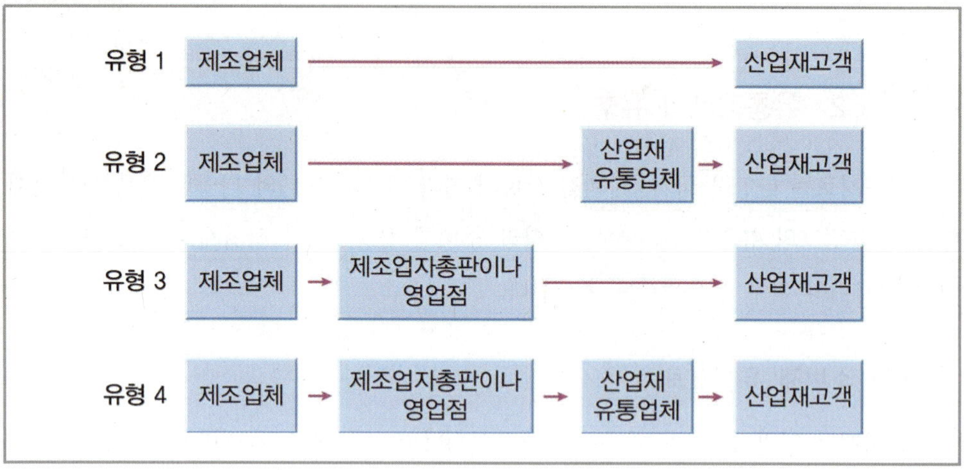

직접 찾아다니며 물건을 공급하는 방식이다. 도매상을 거치지 않기 때문에 소매상은 더 많은 이윤을 확보할 수 있다. 이러한 루트 세일은 다국적 제과업체들이 국내시장을 쉽게 뚫지 못하도록 하는 방패막이 역할도 해냈다. 대부분의 국내 제약업체가 의약품 도매상을 통해 의약품을 전국 약국에 공급하는 방식은 유형 3에 해당된다. 일손이 부족한 농촌에서 산지수집 도매상을 활용하는 사례는 결과적으로 여러 중간상을 경유하는 경향이 있어 유형 4로 볼 수 있다.

(2) 산업재 유통경로

산업재는 생산에 활용하거나 다시 판매할 목적으로 구입하는 제품을 의미한다. 본질적으로는 산업재의 유통경로 역시 소비재 유통경로와 유사하나 구매자가 일반적인 소비자가 아닌 조직구매자(organizational buyer)라는 점에 차별점이 있다. 조직구매자는 전문적인 지식을 보유하고 체계적인 기준에 입각하여 합리적 구매를 하는 경향이 강하다. 산업재 유통경로는 소비재 유통경로에 비해 짧은 경우가 많이 발견된다.

11.1.3 유통경로 관리

(1) 유통경로 관리의 개념

유통경로 관리(marketing channel management)란 마케터가 자신이 속한 조직의 목적을 달성하기 위해 교환의 파트너인 고객과의 교환접점인 유통경로를 설계, 운영, 성과평가 및 피드백하는 일련의 과정이다. 유통경로 관리는 제품, 가격, 촉진과 함께 마케팅믹스 4요소 중의 하나로 마케터가 기업의 목표달성을 위해 전략적으로 임하는 중요한 의사결정이다. 마케팅, 영업 또는 판매부서에서 경로와 관련된 의사결정을 하는 사람을 일컬어 유통경로 관리자(channel manager)라고 부르기도 한다.

(2) 유통경로 관리의 중요성

유통경로 관리가 최근 마케팅에서 중요해지고 있는 이유는 다음과 같다. 첫째, 다른 마케팅믹스 요소로는 지속가능한 경쟁우위를 달성하기 힘들어지고 있다. 제품과 가격은 경쟁사와 차별화가 점점 힘들어지고, 광고의 공해라는 표현에서 보듯이 각종 촉진은 소비자에게 뚜렷한 인상을 주기 힘들어지고 있다. 그러나 유통경로 관리는 단기간에 경쟁자가 쉽게 모방하지 못한다. 왜냐하면 유통경로를 구축하는 데는 시간이 많이 걸리고, 유통경로는 조직과 사람으로 구성된 구조를 필요로 하며, 관계와 사람에 근거하고 있기 때문이다. 따라서 유통경로 경쟁력은 다른 마케팅믹스 요인에 비해 지속가능성이 높다.

둘째, 유통경로상에서 중간상의 파워가 점차 증대되고 있기 때문에 유통경로 관리는 중요해지고 있다. 대형할인점, 카테고리킬러와 같은 파워소매상들이 등장하면서 제조업자는 과거에 비해 유통관리를 더 전략적으로 접근해야 한다. 그렇지 못하면 파워 중간상들에게 끌려 다니면서 원하는 마케팅목표를 달성하지 못할 수 있기 때문이다.

셋째, 유통비용을 절감할 필요성이 높아지고 있다. 제품에 따라서는 제조비용보다 유통비용이 더 높을 수도 있다. 미국의 경영학자 피터 드러커는 기업에서 원가와 비용을 줄이는 데 온힘을 다하고 있지만 유통물류비용의 절감이 최후의 보루로 남는다고 주장한다.

그림 11-4 유통경로 관리

사례 11-3 할인점의 자가브랜드(PL: Private Label) 경쟁

할인점업계가 달아오르고 있다. 이마트가 최근 PL(자가브랜드) 상품을 내세워 가격파괴를 선언하자 다른 할인점들이 대응책을 쏟아내면서 일대 혈전이 벌어지는 모습이다. PL이란, 제조사 대신 유통업체상표를 제품에 붙이는 것이다.

싸움을 벌이는 할인점은 이마트, 홈플러스, 롯데마트. 이른바 국내 '할인점 빅 3'이다. 이들은 경쟁적으로 자가브랜드 제품을 내놓고 값을 최대한 낮추어 손님을 끌어모으는 전략을 짜고 있다. 이마트가 지난달 중순 새 PL 상품들을 무더기로 내놓으면서 값을 20~40% 줄이기로 한 것도 그런 배경에서이다. 각사마다 이마트의 공격경영에 따른 시장반응을 체크하면서 대응하느라 바쁘다. 홈플러스와 롯데마트는 공격당한 만큼 반격에 나서 시장을 빼앗기지 않겠다며 전열을 추스르고 있다.

이마트의 선공에 홈플러스, 롯데마트에는 비상이 걸렸다. 연말 특수에 맞추어 맹공을 퍼부을 태세이다. '빅 3'는 제품 값을 떨어뜨리기 위해서 어떻게 하든 PL 제품 판매율을 높이려 하고 있다. 할인점업계 선두인 이마트는 한 해 매출의 9.7%(9천2백억원)인 PL 제품 매출비율을 2010년에는 23%, 2017년에는 30%까지 높일 계획이다. 할인점업계 2위인 홈플러스는 지난해 전체 매출에서 18%(7천8백억원, 옷 판매 제외)를 차지했던 PL 제품 비중을 곧 20%대로 올릴 방침이다. 롯데마트 또한 지난해 매출액의 12%(4천5백억원)에서 연말까지 14%로 높이고 2010년에는 20%로 확대할 방침이다.

PL 제품 종목 수는 2001년에 이 제도를 첫 도입한 홈플러스가 1만여 개로 으뜸이다. 이어 이마트 3천여개, 롯데마트 3천9백여개 순이다. CJ제일제당, 농심 등을 제외한 대부분의 업종에서 1~2위 회사들까지 PL 제품을 납품해 갈수록 종목이 늘고 있다. 할인점들의 입김이 자꾸 세진다는 반증이기도 하다.

하지만 '빅 3' 과당경쟁에 따른 후유증이 예사롭지 않다. 중소 제조 · 납품 회사들의 출혈경쟁, 연구개발 위축 우려 등이 그것이다. 소비자들은 싼 값에 제품을 살 수 있지만 생필품업계의 이익이 줄어 경영구조가 약해진다는 분석이다. PL 제품으로 싼 값에만 초점을 맞추다 보면 상품 질이 떨어지는 것은 불가피하다. 얼마 전 홈플러스의 장난감이 안전상 문제로 리콜된 것과 이마트의 가루

녹차에서 기준치 이상의 농약이 나와 시끄러웠던 것이 대표적인 사례이다. 재래시장이나 슈퍼마켓, 구멍가게 등이 쓰러지는 것은 뻔하다. 광주시 향토유통업체인 빅마트가 '빅 3'의 진출로 자금위기를 넘기지 못하고 올 봄 롯데쇼핑에 매장 일부를 팔았다.

몇 해 전만 해도 제조사가 유통사들보다 우위에 섰다. 하지만 지금은 거꾸로이다. 유통업체들이 '저가 판매=소비자 이익'을 내세워 가격 주도권을 잡고 있다. 할인점이 '소비자 이익'이라는 명분을 앞세워 제조사들의 희생을 강요한다는 항변이 그래서 나온다.

자료원: 시사저널, 2007. 11. 20.

넷째, 기업성장에 대한 새로운 인식 때문에 유통경로 관리는 중요해지고 있다. 결국 기업의 성장은 시장점유율의 증대인데, 이는 바로 경로구성원의 점유율과 비례하게 된다. 따라서 마케팅전쟁이란 한마디로 유통전쟁이며, 점포에서는 선반점유전쟁이라고 할 수 있다. 경쟁사보다 얼마나 넓은 지역의 유통을 커버하고, 점포 내에서 좋은 선반과 넓은 선반을 차지하고 있느냐가 승리의 관건이다. 기업을 성장시키기 위해서는 이 유통전쟁에서 이겨야 하기 때문에 유통경로 관리에 관심을 쏟고 있다.

다섯째, 유통과 관련된 새로운 기술들이 많이 나오고 있다. POS(구매시점 관리), SCM(공급망 관리시스템), 자동발주시스템, 온라인 유통 등 새로운 정보통신기술이 등장하고 있고, 이들은 예외없이 유통부문에 적용되고 유통성과를 높여주고 있다. 따라서 기술에 의한 유통부분의 혁신속도가 빠르기 때문에 제조업체들은 유통경로 관리에 더 신경을 쓰고 있는 것이다.

11.2 유통경로의 설계

11.2.1 유통경로 설계

유통경로의 설계는 제조업체 마케터 입장에서 제품을 유통할 유통경로에 대한 대안을 마련하여 최적경로를 선정하고, 경로구성원을 선정하는 일련의 과정을 말한다. 유통

그림 11-5 유통경로의 설계과정

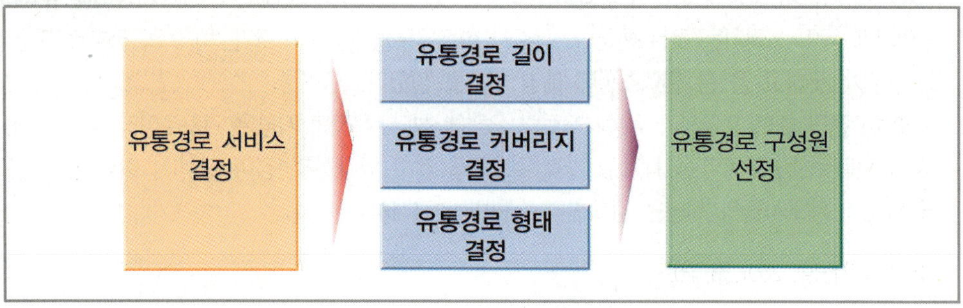

경로를 어떻게 설계하느냐에 따라 중장기 매출이나 비용이 지속적으로 영향을 받을 수 있으므로 유통경로는 신중하게 설계해야 한다. 유통경로 설계는 지속적 경쟁우위를 획득하도록 설계하는 것이 중요하며, 제대로 이루어진 경로설계야말로 경쟁사가 쉽게 모방 못하는 경쟁우위의 원천이 될 수 있다. 유통경로를 설계하는 과정은 [그림 11-5]와 같이 3단계로 진행된다.

11.2.2 유통경로 서비스 결정

유통경로를 설계하기 위해서는 먼저 유통경로 서비스에 대한 고객 욕구의 분석이 선행되어야 한다. 고객이 유통경로에서 제공받고 싶어 하는 편익을 찾아내어 제한된 자원의 제약을 고려하여 그 편익을 제대로 고객들에게 제공해 주기 위한 최적의 유통경로를 구축해야 한다.

전술한 시장세분화와 표적시장선정을 통해 선별된 표적시장의 유통경로 서비스 욕구분석이 유통경로 설계의 출발점이 될 수 있다. 편리한 위치, 짧은 대기시간, 다양한 제품구색, 소량 구매, 배달·설치·AS 등이 유통경로에서 소비자가 원하는 대표적인 편익들이다. 마케터는 제품이나 서비스를 수용할 표적시장의 소비자들이 가지고 있는 유통경로 서비스 욕구를 파악해야 한다.

마케터는 표적시장 소비자의 유통경로 서비스 요구를 토대로 마케팅 성과를 제고할 수 있는 적절한 유통경로 목표를 설정해야 한다. 유통경로 목표란 "표적시장별 목표 유통경로 서비스 조합"을 의미한다. 마케터는 조직의 경영목표, 마케팅목표, 나아가 제품과 서비스의 특성까지 고려하여 유통경로 목표를 설정할 필요가 있다. 중요한 것은 유통경로 서비스 수준을 높이는 데 소요되는 비용 및 가격 인상 요인을 종합적으로 고려하여 표적시장 소비자의 호의적 행동을 이끌어낼 수 있는 적절한 유통경로 목표를 설정해야 한다는 점이다.

11.2.3 유통경로 길이 결정

유통경로 길이 결정은 유통경로에 참여하는 중간상(예: 도·소매상)의 계층을 몇 단계로 성할 것인가에 대한 의사결정이나.

(1) 유통경로 길이 유형

유통경로 길이 결정의 대안은 기본적으로 직접(유통)경로와 간접(유통)경로 구분된다.

직접(유통)경로

직접(유통)경로는 중간상인을 활용하지 않고 제조업체 마케터가 고객과 직접 교환을 시도하는 유통경로다. 델(Dell) 컴퓨터는 조립한 컴퓨터를 중간상을 경유하지 않고 고객에게 직접 판매하는 유통방식을 통해 급성장한 사례로 유명하다. 일반적으로 소유권을 보유하지 않는 택배업체 등은 중간상인으로 보지 않는다.

그림 11-6 유통경로 길이와 커버리지

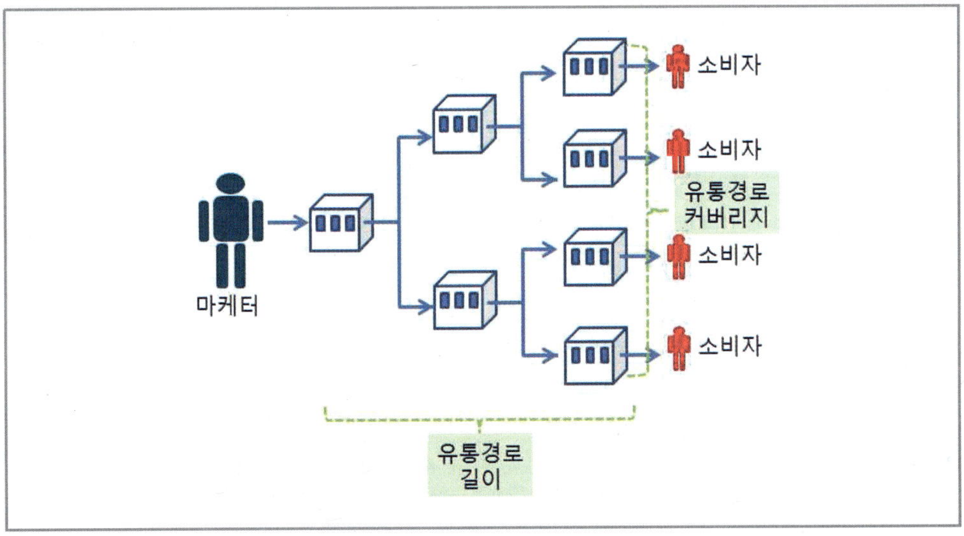

간접(유통)경로

간접(유통)경로는 제조업체 마케터가 고객과 직접 교환을 시도하지 않고 중간상인을 활용하여 간접적으로 교환을 시도하는 유통경로다. 영세한 제조업체들이 전국 각지에서의 소규모씩의 수요에 대응해야 하는 농수축산물의 경우에는 상대적으로 다양한 중간상인이 개입되는 경향이 있다.

(2) 유통경로 길이 결정시 고려사항

에첼 · 워커 · 스탠튼(Etzel, Walker, and Stanton) 등은 유통경로 길이 결정시 고려해야 할 요인으로는 시장요인, 제품요인, 자사요인, 중간상요인 등을 제시한 바 있다. 각각의 경우를 살펴보면 다음과 같다.

시장요인

소량 구매하는 개인 소비자가 넓게 분산되어 있고 특별한 기술적 지원이 불필요한

표 11-1 유통경로 길이 결정시 고려요인

	짧은 유통경로가 선택되는 경우	긴 유통경로가 선택되는 경우
시장요인	기업고객	개인소비자
	지리적 집중	지리적 분산
	정기적 기술지원 필요	기술지원 불필요
	대량 주문	소량 주문
제품요인	부패성 제품	내구성 제품
	복잡한 제품	표준화된 제품
	고가 제품	중저가 제품
자사요인	유통기능 수행 감당하기에 충분한 자원 보유	유통기능 수행 감당하기에 불충분한 자원 보유
	넓은 제품 믹스 보유	좁은 제품 믹스 보유
	유통경로 통제 중요	유통경로 통제 덜 중요
중간상요인	경로기능을 잘 수행할 만한 중간상을 경제적으로 활용할 수 없는 경우	경로기능을 잘 수행할 만한 중간상을 경제적으로 활용할 수 있는 경우

자료원: Etzel, A. J., Walker, and W. J. Stanton(2004), Marketing, 13th edition, McGraw-Hill/Irwin, Inc., Lamb, C. W., J. f. Hair, and C. McDaniel(2011), "MKTG: Marketing", 4th edition, South-Western Publisher 일부 수정 인용.

경우에는 여러 단계의 중간상이 개입되는 간접(유통)경로가 많이 사용된다. 반대로 정기적으로 기술지원이 필요한 제품을 대량으로 구매하는 기업 고객이 집중적으로 분포되어 있는 경우에는 마케터가 고객과 직접 거래하는 직접(유통)경로가 주로 사용된다.

제품요인

중저가의 표준화된 내구성 제품을 유통하는 경우에는 여러 단계의 중간상이 개입되는 간접(유통)경로가 많이 사용된다. 반대로 고가의 복잡한 부패성 제품의 경우에는 짧은 길이를 지닌 유통경로가 많이 사용되며 간접(유통)경로보다는 직접(유통)경로가 선호되는 경향이 있다.

자사요인

제품믹스 폭이 좁아 유통비용을 분산하기 어렵거나 재무적 · 관리적 능력이 제한적인 중소조직일수록 유통기능을 직접 감당하기 어려워 여러 단계를 거치는 간접(유통)경로를 선호하는 경향이 있는데, 이는 직접(유통)경로를 활용하기 위해 요구되는 막대한 재원을 감당하기 어렵다는 점을 고려한다면 불가피한 면이 없지 않다. 이러한 경향은 유통경로를 엄밀하게 통제할 필요성이 낮을수록 강화된다. 반대로 제품믹스 폭이 넓어 유통비용을 분산하기 용이하고 유통기능을 직접 감당할 수 있는 충분한 자원을 지닌 대형조직일수록 유통경로를 엄밀하게 통제할 필요성이 높은 경우에 직접(유통)경로를 선호하는 경향이 있다.

중간상요인

경로기능을 잘 수행할 만한 중간상을 경제적으로 활용할 수 있는 경우 여러 단계에 걸친 간접(유통)경로를 활용하나, 반대로 그렇지 못한 경우 불가피하게 소비자와 직접 거래하는 직접(유통)경로를 사용하는 경향이 있다.

11.2.4 유통경로 커버리지 결정

유통경로 커버리지 결정은 "중간상(예: 소매상)의 수를 몇 개로 정할 것인가"에 대한 의사결정이다. 이는 마케터가 소구하려는 표적시장의 범위가 어느 정도인가에 따라 결

표 11-2 유통경로 커버리지 전략 분류

	집약적 유통	선택적 유통	전속적 유통
전략	가능한 한 많은 점포들로 하여금 자사제품을 취급하도록 함	한 지역에 소수의 점포에게 판매권을 부여함	한 지역에 하나의 점포에게 판매권을 부여함
점포 수	가능한 많은 점포	소수	하나
통제	제조업자의 통제력이 낮음	제한된 범위에서 제조업자의 통제가 가능함	제조업자의 통제력이 매우 높음
제품유형(소비재)	편의품	선매품	전문품
소비재의 예	페리오치약, 비트세제	삼성 가전제품	크리스찬 디올 향수, 조르지오 아르마니 패션의류

정되어진다. 다시 말해, 유통경로 커버리지 결정은 "표적시장에 전개할 중간상(예: 소매점)의 밀집도"에 관한 의사결정을 의미한다.

(1) 유통경로 커버리지 유형

유통경로 커버리지 유형은 일반적으로 집약적 유통(intensive distribution), 선택적 유통(selective distribution), 전속적 유통(exclusive distribution)으로 구분되어진다.

집약적 유통

집약적 유통(intensive distribution)은 가장 높은 시장 커버리지를 획득할 수 있는 유통경로이며 중간상을 최대한 많이 사용하는 유통전략이다. 개방적 유통이라고도 한다. 집약적 유통은 소비자에게 제품노출을 최대로 하여 제품을 쉽게 인지시키며 소비자의 구매를 편리하게 하고, 매출을 높이는 유통방식이다. 그러나 개별 중간상의 협조를 얻기가 힘들어 통제하기 어려우며, 거래단위가 작아지므로 거래상의 효율성이 낮다는 약점이 있다. 코카콜라, 음료수, 껌, 담배 등 편의품(convenience goods)들이 대표적인 집약적 유통전략을 하는 제품이다.

전속적 유통

전속적 유통(exclusive distribution)은 한 상권 내에서는 하나의 유통업자만이 자사제품을 유통하도록 하는 유통방식이다. 전속적 유통경로의 장점으로는 소매점에 대한 엄밀한 통제가 용이하고 유기적 협조체제가 형성되어 거래비용의 감소와 제품이미지 제고에 유리하다는 점을 들 수 있다. 이러한 유통경로를 사용하는 제품은 주로 전문품(special goods)과 선매품(shopping goods)으로서 자동차, 고급의류, 고가가구들을 들 수 있다. 애플(Apple)사에서 나온 맥북이나 아이팟 등은 애플전문점에서 취급하는데 이와 같은 경우가 전속적 유통의 좋은 예이다.

선택적 유통

선택적 유통(selective distribution)은 집중적 유통과 전속적 유통의 절충된 형태로 제조사가 어떤 한 시장에서 소수의 도·소매상을 선정하여 자사의 제품을 판매할 수 있게 하는 유통방식이다. 선택적 유통은 전속적 유통에 비해 제품 이미지를 저하시키지 않으면서 소비자에게 노출효과를 증대시키는 절충형 유통방식이라 할 수 있다. 선택적 유통경로를 사용하는 제품은 일반적으로 선매품(shopping goods)으로 가구, 의류, 가전제품 등을 들 수 있다.

(2) 유통경로 커버리지 결정시 고려사항

유통경로 커버리지 결정시 고려해야 할 요인으로는 제품요인, 통제요인 등을 들 수 있다.

유통경로기관의 경로서비스를 철저하게 통제할 필요가 있어 상호간 긴밀한 협조체제가 요구되는 전문품(special goods)과 일부 선매품(shopping goods)의 경우 전속적 유통유형이 채택되는 경향이 높다.

반면 제품인지도가 매출에 중요한 역할을 하며 편리한 구매가능성이 요구되지만 거래단위가 작고 거래상의 효율성이 제한적인 껌, 담배 등 편의품(convenience goods)의 경우 집약적 유통이 채택되는 경향이 있다.

그 밖에, 제품요인이나 통제요인 면에서 이들의 중간적 성향이라고 볼 수 있는 선매품(shopping goods)의 경우 선택적 유통이 채택되는 경향이 있다.

11.2.5 유통경로 형태 결정

유통경로 형태 결정은 중간상(예: 소매점)의 형태를 무엇으로 정할 것인가에 대한 의사결정이다. 예컨대, 소매점으로 할인점을 활용할지 편의점을 활용할지 결정하는 과정이다.

(1) 소매업체의 종류

소매업체들은 점포의 유무나 제품구색의 폭과 깊이 등의 여러 가지 특성에 따라 구분된다.

점포의 유무에 의한 구분

소매점들은 실제 점포의 존재 유무로 무점포형 소매와 점포형 소매로 나누어질 수 있다.

무점포형 소매(nonstore retailing) 무점포형 소매(nonstore retailing)란 판매자와 구매자를 이어주는 점포가 실질적으로 존재하지 않는 소매업이다. 무점포형 소매의 구체적 예는 다음과 같다.

- **우편판매** 우편판매는 우편목록에 있는 제품의 주문에 의해 판매하는 방식으로 서적, 잡지구독신청, 보험 등의 판매에 많이 사용된다. 제조업체가 카탈로그를 우송하여 카탈로그를 보고 우편으로 주문을 받아 판매하는 방식으로 우리나라에서는 우체국을 통한 국산 농수산물 우편판매가 매우 활성화되고 있다.
- **텔레마케팅** 전화를 사용하여 제품이나 서비스를 판매하는 것으로 TV, 라디오광고, 카탈로그, 직접우편 등을 통해 제품이나 서비스를 알게 된 소비자가 전화를 통해 주문하여 구입하는 판매방식이다. 텔레마케팅(telemarketing)은 제품 구매 권유에서 사후고객관리까지 포함한다. 전화로 소비자가 궁금한 것에 대해 판매원과 직접 일 대 일 대화를 할 수 있는 장점이 있지만, 물건을 직접 확인하지 않고 구매하게 되어 반품률이 높은 것이 단점이다.
- **TV홈쇼핑** TV의 홈쇼핑채널을 통해 소비자에게 직접 제품과 서비스를 판매하는 것이다. 우리나라의 경우 TV홈쇼핑은 1995년 10월부터 두 개의 특정 케이블채널을 통해 제품을 판매하기 시작하였는데, 그 후 급격한 성장세를 보였다. TV홈쇼핑 역시 텔레마케팅과 마찬가지로 고객이 직접 제품을 보고 구매하지 않아 신뢰성과 제품구매의 확신성이 낮은 것이 단점이지만, 교환 및 환불정책을 통해 단점을 극복한다.
- **인터넷 전자상거래** 컴퓨터 인터넷상에 제공되는 사이버시장(cyber market)에서 제

품과 서비스를 판매하는 방법이다. 사이버시장을 통한 판매는 24시간 항시 그리고 국내와 전세계적으로 자유롭게 제품을 구매할 수 있어 공간과 시간의 제약을 받지 않는 장점이 있다. 서비스는 온라인상으로 할 수 있다. 대부분의 백화점이나 소매업체들이 인터넷상의 사이버마켓을 함께 열어 제품을 판매하고 있다.

- **자동판매기판매** 자동판매기판매(vending machine)는 음료, 담배, 신문, 위생용품, 스낵 등을 자판기를 통해 판매하는 것으로 지금은 점차 판매제품이 확대되어 양말, 화장품, 티셔츠, 오디오 및 비디오테이프까지 확대되어 판매되고 있다.
- **방문판매** 판매원들이 직접 소비자를 대상으로 제품 및 서비스를 판매하는 방법이다. 방문판매는 소비자에게 판매원이 직접 가기 때문에 점포에 가는 시간과 노력이 들지 않는 장점이 있지만 방문판매로 인한 각종 소비자문제 및 피해가 급증하는 단점이 있다.

점포형 소매업 점포형 소매업은 일상적으로 가장 보편화된 판매방식으로 백화점, 대형쇼핑센터, 슈퍼마켓, 편의점, 재래시장, 상점, 상가 등에서 판매하는 방식의 소매업이다. 점포소매업의 예로서 백화점, 슈퍼마켓, 전문점, 편의점 등이 있다.

제품구색의 폭과 깊이에 따른 구분

- **전문점(specialty store)** 전문점(specialty store)은 좁은 제품라인을 가지고 있어 취급제품의 범위가 한정되어 있지만 구색은 다양하다. 특정 제품군만을 집약하여 판매하는 소매업태로 의류전문점, 커피전문점, 목욕용품전문점, 장난감전문점, 수예품전문점, 실내장식품전문점, 낚시류전문점 등 취급품목에 따라 다양하다. 미국에서 매우 발달한 대규모 전문점은 완구전문점인 토이저러스(Toy's Rus), 의류전문점인 리미티드(The limited), 목욕용품전문점이 바디샵(The Body Shop), 사무용품전문점인 오피스데포(Office Depot) 등이 있다. 올리브영(화장품), 다이소(생활용품), 롯데하이마트(가전제품) 등이 전문점의 예이다.
- **백화점** 통합적인 대규모 소매상으로 편의품에서 전문품에 이르기까지 매우 다양한 제품구색을 갖춘 대형소매상이다. 우리나라의 경우 1930년 일본 미쓰코시 백화점 경성지점(현 신세계백화점 자리)을 시작으로, 1931년 화신백화점(국내자본으로는 최초), 1938년 미도파백화점의 전신인 정자옥(조지야백화점), 1969년 신세계백화점, 1973년 미도파백화점, 1979년 롯데백화점이 개점하였다. 세계 최초의 백화점은

1852년 프랑스의 파리에 세워진 봉 마르셰(Bon Marche)로서 정찰제, 자유구매, 교환과 반품보장을 최초로 실시하였다. 영국의 백화점은 1863년 런던에 세워진 휘트레이(Whiteley's)가 최초로서, 현재 영국왕실에서 애용하는 해로드(Harrods)백화점이 유명하다. 미국의 경우 1841년 보스톤에 세워진 죠단 마쉬(Jordan Marsh)가 최초로, 노드스트롬(Nordstrom), 콜스(KOHL's), 메이시스(Macy's) 등이 있다.

- **슈퍼마켓(supermarket)** 슈퍼마켓(supermarket)은 가장 구매가 많이 이루어지는 소매점 형태 중 하나다. 최근에는 편의점, 할인점, 슈퍼스토어 등과의 경쟁으로 인해 성장 폭이 점점 줄고 있다. 슈퍼마켓은 대부분의 일반상표를 취급하며 일용품, 편의품, 생필품 등을 취급한다. 슈퍼마켓의 특징으로 식료품을 중심으로 대량으로 저렴하게 매입하고, 셀프서비스의 판매방식을 채용함과 동시에 인건비를 절감하여 저가격에 의한 박리다매를 목표로 하고 있다. 또한 다점포화의 추구도 그 특징 중 하나이다. 1930년 8월, 대공황에 빠져 있던 뉴욕에 대규모 식품점 'King Kullen'의 설립이 효시이며 기존 식품점의 절반밖에 되지 않는 10% 마진을 유지하여 불황경제에서 소비자들에게 큰 어필을 하였다. 그 이후 놀랄 만한 발전을 거듭하여 일부 후진국을 제외한 세계 어느 곳을 가도 이 업태가 없는 곳이 없을 정도로 전세계에 보급되어 있는 소매업태다. 최근에는 유통환경의 변화에 따른 소매업태간 경쟁이 심화되면서 잡화나 부엌 · 세면용품 등 고마진 제품의 구색을 늘려 나가고 있다. 하모니마트, 원마트 등 주위에서 쉽게 발견된다.
- **편의점** 편의점은 편의성을 파는 소매점으로 60년대서부터 70년대에 이르는 동안에 급속히 발달한 소매업태를 말한다. 회전율이 빠른 편의품들을 제한된 라인으로만 취급하는 소규모의 소매업 형태이다. 편의점은 대규모 소매상이 제공할 수 없는 편리함 · 입지 · 시간 · 구색 측면의 편리성을 소비자에게 제공하는 이점이 있다. 최초의 편의점은 1927년 미국 텍사스주 달라스의 작은 제빙화사 '사우스랜드'이며 원래 식품류만 취급하였으나 오늘날은 잡화 등의 비식품류도 취급하고 있다. 대부분의 편의점들은 다점포화에 있어서 프랜차이즈체인 방식으로 운영되고 있다. CU, GS25 등 우리 주위에서 주야로 목격된다.
- **슈퍼스토어** 슈퍼스토어는 일반 슈퍼마켓보다 훨씬 큰 규모를 가지고 있고 주기적으로 구매되는 식품, 의류 및 일용잡화 등의 비식품류, 서비스 등 다양한 구색을 갖추고 판매한다. 일본업계에서 처음 만들어진 용어이며 미국에서는 매장면적

그림 11-7 유통경로형태 결정 대안

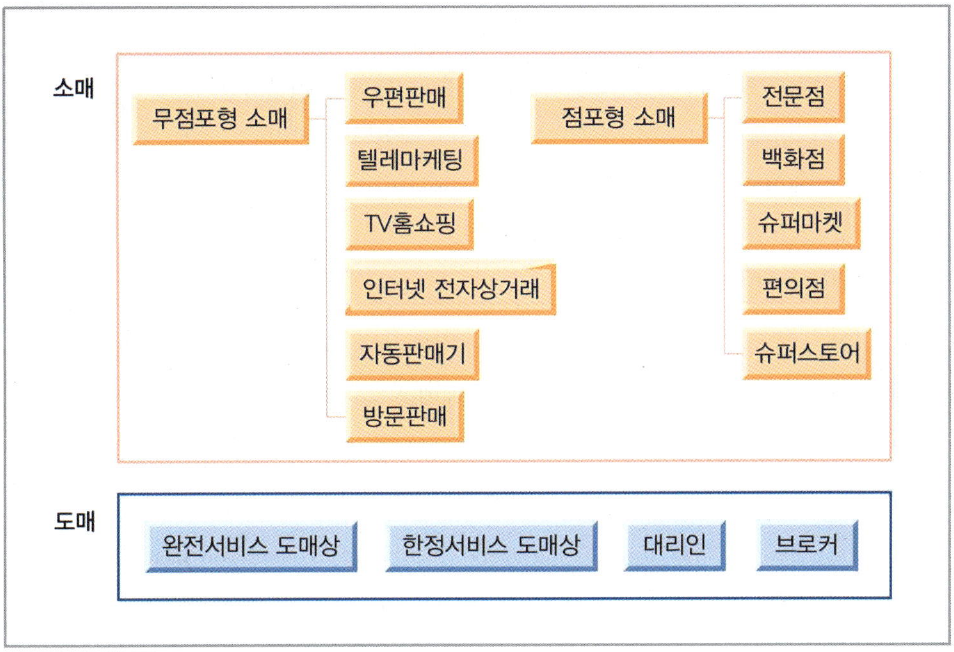

이나 취급제품 등에서 슈퍼마켓보다 훨씬 규모가 큰 '하이퍼마켓'을 가리키는 말로 사용되며 최근에 급성장하였다. 이마트, 홈플러스, 월마트 등이 여기에 속한다.

(2) 도매업체의 분류

제조업체 도매상(manufacturer wholesalers)

제조업체 도매상은 제조업체에 의해 직접 소유 및 운영되는 도매업체이다. 이는 독립적 도매업체가 아니며 크게 판매지점과 판매사무소로 나눌 수 있는데, 판매지점은 재고를 보유하고 있으며 목재업과 자동차장비 및 부품산업에서 특히 볼 수 있다. 판매사무소는 재고를 보유하고 있지 않으며 대개 실용잡화류 산업에서 볼 수 있다.

상인 도매상(merchant wholesalers)

상인 도매상은 취급하는 제품의 소유권을 보유한 독립된 사업체로 가장 전형적인 형태의 도매업체이다.

- **완전서비스 도매상** 유통경로상에서 물적 소유, 촉진, 협상, 금융, 위험부담, 주문,

지불 등의 모든 유통활동을 수행하며, 재고유지, 판매원지원, 신용제공, 배달, 경영지도와 같은 종합서비스를 소매업체들에게 제공하는 도매업체이다.

- **한정서비스 도매상** 거래고객들에게 소수의 한정된 전문적인 서비스만을 제공하는 도매업체로 그 내용으로는 현금거래도매업체와 트럭도매업체, 직송도매업체, 진열도매업체 등이 포함된다.

대리인(agent)

대리인은 상인도매상과는 다르게 제품에 대한 소유권을 보유하지 않으며 단지 제품거래를 촉진시키는 역할만을 수행한다. 제품매매를 촉진하고 거래가 성사되는 대가로 판매가격의 일정비율을 수수료로 받는다. 구매자나 판매자 한쪽을 대표하며, 이들과 장기적인 거래관계를 갖는다. 구체적으로는 제조업체대리인(manufacturers' agent), 판매대리인(selling agent), 구매대리인(purchasing agent), 수수료상인(commission merchant)이 포함된다.

브로커(broker)

브로커도 대리인과 마찬가지로 상인 도매상과는 다르게 제품에 대한 소유권을 보유하지 않으며 단지 거래를 촉진시키는 역할만을 수행한다. 그러나 특정 상인에 종속되지 않는다는 점에서 대리인과 다르며 대리인이 장기적인 기반 위에서 구매자나 판매자 한쪽을 대표하는 반면, 브로커는 구매자와 판매자 사이에서 거래협상을 도와주며 재고를 유지하지 않고 금융에 관여하지도 않는다. 그리고 구매자와 판매자 사이에서 거래, 매매가 이루어지면 매매 쌍방으로부터 균등한 수수료를 받는다. 구체적으로는 부동산 중개인과 보험대리인이 포함된다.

(3) 유통경로 형태 결정시 고려사항

유통경로 형태 결정은 고객의 요구를 반영하여 설계된 유통경로 서비스 내용, 수준과 더불어 결정된 유통경로 길이 및 커버리지를 구현하기에 적합하도록 이루어져야 한다. 제조업체 마케터는 추구하는 유통경로 서비스를 제공할 수 있는 현실적인 유통경로 형태를 모색하기를 게을리해서는 안 된다. 예를 들어, 인터넷에 기반을 둔 쇼핑몰은 과거에 존재하지 않던 새로운 형태로 현대 마케터의 선택을 기다리고 있으며, 이동통신

네트워크에 기반을 둔 유통업체는 21세기 마케터의 선택을 기다릴 것이다.

11.2.6 유통경로구성원 선정

유통경로구성원 선정은 앞서 결정한 유통경로 형태에 걸맞는 현실세계의 실제 유통경로기관을 누구로 정할 것인가에 대한 의사결정이다. 예컨대, 백화점으로 롯데백화점을 활용할지 신세계백화점을 활용할지 결정하는 과정이 이에 해당된다.

유통경로구성원 선정은 마케터의 목적달성에 기여할 수 있는 잠재력 등 주요 기준에 대한 포괄적인 체크리스트를 통해 신중하게 이루어져야 한다. 일반적으로 제조업체 마케터는 [표 11-3]과 같은 기준에 의해 유통경로 구성원을 채용하는 것으로 알려져 있다.

표 11-3 유통경로구성원 평가기준

항목	내용
재정적능력	대차대조표, 손익계산서, 현금흐름표 상태가 좋은가?
판매능력	판매망의수, 영업사원의 규모가 충분한가?.
제품믹스	우리 제품을 유통시키는 데 적합한 제품믹스를 지녔는가?
명성	업계, 소비자, 전문가로부터 좋은 평판을 얻고 있는가?
입지	우리 제품을 유통시키는 데 적합한 입지를 지녔는가?
경영일반 특성	노사관계가 안정적인가?
협력적 자세	상호 이익증진을 위한 협력의지가 높은가?

자료원: Stern and El-Ansary, Marketing Channels, 4th ed., 1992 참고로 작성.

11.3 유통경로 운영

11.3.1 유통경로 운영을 위한 파워 행사

(1) 유통경로 파워의 개념

달(Dahl)은 파워를 "상대방의 행동에 변화를 이끌어낼 수 있는 능력"으로 규정하고 있다. 이를 받아들이게 되면, 유통경로 파워란 "다른 경로구성원의 행동에 변화를 일으킬 수 있는 능력"으로 볼 수 있다. 유통경로 운영은 파워의 적절한 행사를 통해 이루어질 수 있는데, 파워는 그 경로구성원이 가지고 있는 힘의 원천(power source)과 다른 경로구성원들의 특정경로구성원에 대한 의존성(dependence)의 정도에 따라 결정된다. 즉, 특정 경로구성원이 다양하고도 강력한 힘의 원천을 보유할수록, 다른 경로구성원들의 의존도가 증가할수록 특정 경로구성원의 경로파워(channel power)는 커지게 된다. 마케터는 스스로의 유통경로 파워를 효과적으로 발휘함으로써 유통경로 성과를 제고하고, 나아가 스스로의 목적을 달성해 가야 할 것이다.

(2) 유통경로 파워의 원천

유통경로 상의 경로구성원들의 행동에 변화를 이끌어낼 수 있는 힘인 유통경로 파워의 원천은 여섯 가지로 구분될 수 있다. 프렌치 · 레벤(French and Reven)은 사회적으로 발휘되는 파워의 원천을 여섯 가지 유형으로 제시했는데, 각각은 보상적 파워(reward power), 강압적 파워(coercive power), 합법적 파워(legitimate power), 준거적 파워(referent power), 전문적 파워(expert power), 정보적 파워(informational power) 등이다. 유통경로 파워의 원천 역시 이와 같이 여섯 가지로 나누어 볼 수 있다.

보상적 파워(reward power)는 마케터가 중간상 등 경로구성원에게 보상을 줄 수 있는 능력을 갖고 있을 때 발생한다. 주로 높은 마진, 촉진공제, 판매독점권 등으로 행사된다. 강압적 파워(coercive power)는 중간상 등 경로구성원이 마케터가 희망하는 대로 행동하지 않았을 때 처벌할 수 있는 능력을 갖고 있기 때문에 발생하는 파워다. 중간상에 대한 지원철회 또는 거래의 단절 등 실패에 대한 처벌의 형태로 행사된다. 합법적

표 11-4 유통경로 파워의 원천과 사례

구 분	개 념	사 례
보상적 파워	영향력 행사에 순응할 경우 물질적/경제적 보상을 제공할 수 있는 능력	판매지원, 영업활동지원, 관리기법, 금융지원, 신용조건, 마진 폭의 증대, 특별할인, 리베이트, 광고지원, 판촉물 제공, 신속한 배달, 빈번한 배달, 감사패 제공, 지역 독점권 제공
강압적 파워	영향력 행사에 따르지 않을 때 처벌/제재를 가할 수 있는 능력	상품공급 후순위 지위 부여, 대리점 보증금 인상, 마진 폭의 인하, 대금결제기일 단축, 지역독점권 축소, 특정 보상의 철회
합법적 파워	오랜 관습이나 공식적 계약에 근거해 규정된 행동을 준수하도록 정당하게 주장할 수 있는 능력	상관습이나 상식에 따라 당연하게 인정되는 권리 계약, 상표등록, 특허권, 프랜차이즈 협약 기타 법률적 권리
준거적 파워	매력이나 일체감 및 안전욕구에 의해 거래관계를 계속 유지하고 싶어하게 할 수 있는 능력	유명상표를 취급한다는 긍지와 보람, 유명업체 또는 관련산업의 선도자와 거래한다는 자부심, 상호간 목표의 공유, 상대방과의 관계지속 욕구, 상대방의 신뢰 및 결속(명품취급점, 유명백화점 입점, TV홈쇼핑)
전문적 파워	상대방이 중요하게 인식하는 우수한 지식이나 경험 혹은 정보능력	경영관리에 관한 상담과 조언, 영업사원의 전문지식, 종업원의 교육과 훈련, 상품의 진열 및 전시 조언, 경영정보, 우수한 제품, 다양한 제품, 신제품 개발
정보적 파워	새로운 정보를 제공하거나 혼란스러운 사태를 명료하게 해석하여 방향을 제시해 줄 수 있는 능력	동일한 주문량을 한 번에 집중 주문하여 비용을 절감할 수 있다는 정보 제시, 최신 시장정보 제공, 차기 유행 예측정보 제공

파워(legitimate power)란 마케터가 중간상 등 경로구성원에게 제시하는 어떤 행동요구가 합법적 정당성을 가질 때 발생한다. 프랜차이즈 조직에서 본부가 가맹점에게 계약에 의거하여 힘을 행사하는 사례가 대부분이다. 준거적 파워(referent power)란 중간상 등 경로구성원이 마케터의 조직 혹은 브랜드에 대해 일체감을 갖길 바라기 때문에 발생하는 파워이다. 코카콜라, IBM, 맥도널드 등 널리 알려진 브랜드를 취급하는데 자부심을 가지는 중간상이 그 예가 될 수 있다. 명품 입점을 원하는 소매상의 희망 역시 부분적으로 준거적 파워로 설명된다. 전문적 파워(expert power)란 제조업자가 중간상에겐 없는 특정 기술이나 노하우를 갖고 있기 때문에 발생하는 파워이다. P&G의 경우 효율적 구색프로그램으로 소매상의 재고문제에 도움을 주고 있으며, 프랜차이저의 경영전략, 원료공급 등을 예로 들 수 있다. 정보적 파워(informational power)란 중간상 등 경로구성원에게 새로운 정보를 제공하거나 혼란스러운 사태를 명료하게 해석하여 방향을 제시해 줄 수 있는 능력으로 인해 발생하는 파워를 의미한다. 마케터는 내년 유행 디자인 예측정

보를 제공하여 중간상의 협조를 이끌어낼 수 있다.

11.3.2 유통경로 갈등 관리

(1) 유통경로 갈등의 개념

유통경로가 설정되고 난 후에는 경로성과를 증가시킬 수 있는 방법을 모색하여야 한다. 이때 유통경로상에서 발생하는 경로갈등은 경로성과를 감소시킬 수 있으므로 적절한 경로갈등 관리가 필요하다.

일반적으로 갈등은 "한 구성원이 자신의 목표를 달성하거나 혹은 수단적인 행동패턴을 효과적으로 수행하는 데 있어서 다른 구성원이 방해되는 행동을 하고 있다고 지각될 때에 생기는 것"으로 규정된다. 유통경로 갈등이란 "다른 경로구성원의 목적달성과정에 순응할 수 없는 요소가 존재하고 해당 경로구성원이 그 상태를 인지하는 상태"로 볼 수 있다.

(2) 유통경로 갈등의 유형

유통경로갈등은 여러 가지 형태로 다양하게 나타난다. 팔라마운튼(Palamountain 1955)은 갈등의 유형에는 수평적 갈등, 경로유형간의 갈등, 수직적 갈등 등이 존재한다고 하였다.

수평적 갈등

수평적 갈등(horizontal conflict)은 유통경로의 동일 단계 유통경로 구성원 사이에 발생한 갈등을 의미한다. 주로 유형이 동일한 업체 사이에서 발생한다. 예컨대 동일한 고객을 대상으로 하는 소매업자(예: 약국)간에 생기는 갈등유형이다. 삼성전자 대리점 사이에 상권침투에 대한 갈등이 있다면 이는 수평적 갈등에 해당된다.

경로유형간 갈등

경로유형간 갈등(intertype conflict)은 유통경로 내의 동일한 단계에 있는 서로 다른 유형의 중간상들 간에 야기된 갈등을 의미한다. 업태간 갈등이라 불리기도 한다. 이 갈등의 주요 원인으로는 첫째로 소매업자들에 의한 혼합제품 믹스 경향에 의한 결과인데,

그림 11-8 경로갈등과 성과의 관계

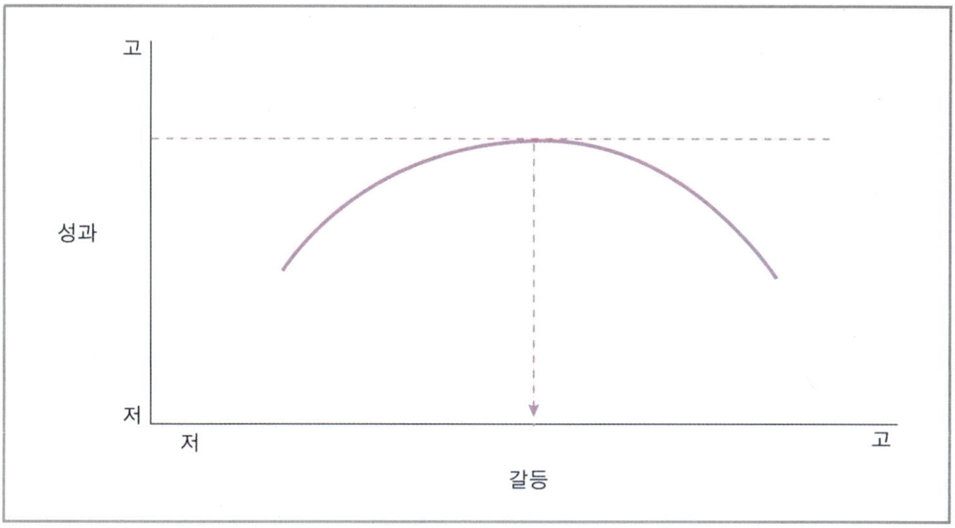

최근 우리나라 가전제품 소매경로의 경우 계약 대리점 외에 백화점이나 쇼핑센터에서 신용카드를 이용한 판매를 대행함으로써 야기되는 경로간의 갈등이 그 예가 될 수 있다. 둘째는 제조업자가 신제품을 만들어서 기존의 유통경로가 아닌 전혀 새로운 경로를 이용하는 경우이다. 예를 들면, 헤인즈 회사(Hanes Hosiery Co.)에서 개발한 레그(L'egg) 팬티스타킹의 경로를 정하는 데 있어서 전통적으로 스타킹 판매를 취급해오던 백화점이나 여성의류전문점이 아니라 슈퍼마켓으로 결정함으로써 경로간에 야기된 갈등이다 (Bowersox, et al, 1987).

수직적 갈등

수직적 갈등(vertical conflict)은 특정한 유통경로 내의 서로 다른 단계 경로 구성원 간에 야기된 갈등을 의미한다. 수직적으로 관계를 맺은 제조업자와 소매업자 간에는 마케팅에 관련된 여러 의사결정 문제가 발생한다. 예컨대 삼성전자와 이마트 사이에 결재 방식과 관련된 갈등이 있다면 이는 수직적 갈등의 예로 볼 수 있다.

(3) 유통경로 갈등의 원인

유통경로 갈등의 주요 원인으로는 제한된 자원을 동원해 추구하는 목표 자체가 상이한 데서 오는 목표 불일치, 동일한 목표를 위한 행동에 대한 정보, 인식의 차이에서

오는 인식 불일치 등을 꼽을 수 있다.

예컨대 제조업체는 제품에 대한 고객만족도, 유통업체는 점포에 대한 충성도 제고를 더 중요한 목표로 상정한다. 이럴 경우 목표 불일치로 인해 상대에 대한 불평이 생겨날 수 있다. 또는 제조업체와 소매업체가 상대방의 행동의도를 의심하는 경우 인식 불일치로 인한 비효율성이 생길 수 있다.

(4) 유통경로 갈등의 파급효과와 관리방안

흔히 유통경로 갈등은 당연한 척결대상으로 간주되지만 경우에 따라서는 마케팅성과 제고에 기여할 수 있음이 밝혀지고 있다. 간단한 예를 들어보면, 삼성전자 대리점 간의 과당경쟁으로 인한 갈등은 삼성전자 입장에서 볼 때 득실을 따져볼 필요가 있는 현상이지 무조건 척결해 버릴 문제는 아닌 것이다. 만일 대리점 갈등을 원천봉쇄하기 위해 고객 주거지 소재 대리점에서만 구입할 수 있도록 대리점 유통정책을 수정한다면 고객의 불편과 삼성전자의 성과하락이 초래될 수도 있는 것이다.

일반적으로 유통경로 시스템에서의 갈등은 역기능과 순기능을 함께 지니고 있어 갈등과 성과와의 관계는 역-U자 형태로 나타난다.

갈등의 역기능

갈등을 함으로써 비용과 시간, 노력이 낭비되고 이는 전체 유통시스템의 비효율화를 초래할 수 있다. 갈등을 겪는 과정 속에서 경로구성원의 만족, 신뢰, 몰입 등이 감소되고 정보공유 기피에 의해 최적의사결정에 어려움이 따르게 된다.

갈등의 순기능

그러나 경로갈등을 통해 경로 내 문제를 발견하고 이를 해결함으로써 경로성과 향상을 가져오는 순기능을 갖는다. 구체적으로는 우선, 경로구성원 간의 의사소통기회를 늘림으로써 정보교환을 활발하게 만들 수 있다. 그 결과 자신과 상대방의 목표와 현실 인식, 행위를 이해할 수 있게 해준다. 그리고 고충처리와 갈등해결의 공식창구와 표준절차를 마련하는 데 도움을 준다. 갈등을 겪으면서 자신의 과거 행동을 비판적으로 되돌아보게 하고 유통시스템 내의 자원을 보다 공평하게 배분해 줌으로써 힘이 강한 구성원에 의한 불공정한 힘의 행사를 억제하고 경로구성원 간의 힘의 균형을 이루게 해준다.

또한 향후 발생가능한 갈등을 해결할 수 있는 표준화된 방법을 개발해 준다.

결국 마케터가 유통경로 갈등을 제대로 관리하기 위해서는 지나치게 높거나 낮은 갈등수준이 되지 않도록 적절한 수준으로 관리하겠다는 자세가 무엇보다도 중요하다. 나아가 마케터로서는 갈등관리를 위해 협상, 인사교류, 설득, 제3자 중재 등 다양한 방식을 상황에 맞게 구사할 수 있어야 할 것이다.

11.4 유통경로 성과평가 및 피드백

유통경로 설계와 운영의 주기가 완료되면 적절한 성과평가에 따른 피드백이 요구된다. 제조업체 마케터 입장에서는 자신이 설계 · 운영한 유통경로시스템의 유지 · 발전에 경로구성원이 기여한 정도를 평가하는 것은 필수적이다.

표 11-5 제조업체 마케터의 중간상 평가항목

유통경로 과제	제조업체 마케터 목표	중간상 평가항목
[목표달성] 유통경로 시스템의 목표를 설정하고 달성해야 함	효율성	이익기여도
	생산성	매출기여도
[패턴유지] 과도한 긴장을 야기하지 않으면서 유통경로 시스템의 과제를 달성할 수 있어야 함	생존	중간상 역량 수준
[내부과정통합] 유통경로 구성원 각자의 노력을 유기적으로 조정, 통합할 수 있어야 함	안정성	충성도
	통제성	순응도
[환경적응] 유통경로 시스템이 패턴유지하면서 목표 달성할 수 있도록 외부환경으로부터 필수자원을 확보할 수 있어야 함	성장성	성장기여도
	적응성	중간상 적응수준
	외적 정당성	고객만족도

자료원: Kumar, Nirmalya (1991), "A Methodology for Assessing Channel Intermediary Performance from the Supplier's Perspective," Northwestern University Ph. D. dissertation, Evanston, June, P.24, Stern, L. W. and A.I. El-Ansery (1992), Marketing Channels, 4th edition, Prentice-Hall, Inc., p. 506에서 수정 재인용.

과거에는 이러한 성과평가가 매출규모, 이익수준 등 측정이 용이한 척도에 초점이 맞추어져 왔으나 최근에는 유통경로시스템의 유지 · 발전에의 기여수준을 측정할 수 있어야 한다는 점이 강조되고 있으며 이를 위한 틀이 제시되고 있다.

유통경로 시스템이 제대로 유지 · 발전되려면 목표달성, 패턴유지, 내부과정통합, 환경적응이라는 네 가지 과제가 제대로 수행되어야 하므로 중간상의 공헌은 이를 고려하여 입체적으로 평가되어야 한다. 나아가 해당 평가결과에 입각하여 피드백이 이루어져야 할 것이다.

11.5 상황별 유통경로관리

11.5.1 유통경로의 계열화

유통경로의 조직 및 관리형태는 크게 전통형 유통경로와 수직적 마케팅시스템으로 구분된다. 유통경로 내의 관리형태는 특정한 경로구성원이 얼마나 많은 기능을 수행하고 있느냐의 문제이다. 하나의 경로구성원이 모든 기능을 수행하는 것은 경로구성원이 수직적으로 통합된 기업형 경로를 의미하는 것이고, 경로구성원이 각각의 기능을 수행하고 있다면 이는 전통형 경로에 해당된다.

(1) 전통적 유통경로

전통적인 유통경로는 독립적으로 소유되고 관리되는 기업들이 독자적으로 경로기능을 수행하는 경로형태를 말한다. 독립적인 경로기관들로 구성된 경로조직들은 마케팅기능에 거의 관심을 가지지 않고 자기들에게 주어진 마케팅기능들만 수행한다. 따라서 경로시스템 전체의 목표에 관심이 없으며 의사결정도 독자적으로 결정한다. 전통형 유통경로에서는 경로기능의 분업을 위한 공식적인 의사결정구조가 존재하지 않으며, 구성원의 경로시스템에 대한 몰입수준도 낮다고 할 수 있다. 전통적 유통경로는 경로구성원

그림 11-9 수직적 마케팅시스템 유형

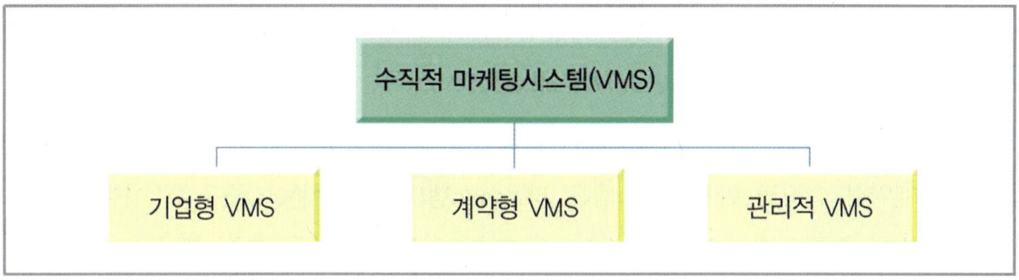

들 간의 결속력(commitment)이 매우 약하고 연결이 느슨하기 때문에 구성원들의 유통경로로의 진입과 철수가 용이한 특징을 갖는다.

(2) 수직적 마케팅시스템

전통형 유통경로와 달리 수직적 마케팅시스템은 경로구성원 상호 간의 연계성을 인식하고 있는 경로선도자에 의해 형성된다.

수직적 마케팅시스템(Vertical Marketing System: VMS)은 운영상의 경제성과 시장에 대한 최대한의 영향력을 획득하기 위해 본부에 의해 설계되어 전문적으로 관리되는 네트워크 형태의 경로조직이다. 수직적 마케팅시스템은 시스템 내의 힘이 경로구성원 중 누군가에게 집중되는 특성을 가지며, 집중된 힘은 경로구성원간의 기능분업과 조정, 갈등의 관리와 통제를 수행한다.

수직적 마케팅시스템의 주요 유형

수직적 마케팅시스템(Vertical Marketing System)은 기업형 경로(corporate channels)와 계약형 경로(contractual channels), 관리형 경로(administered channels)로 나누어진다. 수직적 마케팅시스템은 본부의 마케팅 프로그램에 의해 경로구성원의 기능을 전문적으로 관리한다.

기업형 수직적 마케팅시스템은 한 경로구성원이 다른 경로구성원을 소유하고 있는 경우를 말하는 것으로, 전반적으로 경로목표달성을 위해 개별 구성원을 조직화한다. 전반적 경로의사결정은 경로조직 구조 내의 상위기구에서 담당하며 경로시스템에 높은 수준의 몰입이 요구된다. 대표적으로 제조회사가 자사의 유통센터적 소매상을 통해서 판매하는 경우(전방통합)와 소매상이나 도매상이 제조회사를 소유하게 되는 경우(후방통합)

등을 예를 들 수 있다.

계약형 수직적 마케팅시스템은 개별구성원별로 독자적인 목표를 가지고 있지만 전반적 경로목표를 달성하기 위해 계약을 통해 공식적으로 조직을 형성한 유형이다. 전반적 경로 의사결정과 권한은 개별구성원의 승인을 얻은 경로조직 구조 내의 상위기구가 맡는다. 계약형 수직적 마케팅시스템은 경로시스템의 몰입수준은 중간수준이다. 참고로 널리 알려진 계약형 수직적 마케팅시스템 중 하나가 프랜차이즈 시스템이다.

관리형 수직적 마케팅시스템은 개별구성원별로 독자적인 목표를 가지고 있지만 전반적인 경로목표를 달성하기 위해 비공식적으로 협력하는 형태이다. 경로상 의사결정과 권한은 개별구성원에 배타적으로 존재하여 개별구성원 간의 상호작용에 의해 의사결정을 한다. 따라서 경로시스템의 몰입수준은 낮은 편이다.

프랜차이즈 시스템

특정지역 내에서 일정기간 동안 모기업(parent company)이 비교적 규모가 작은 개인기업에 자신들의 제품, 서비스, 상표, 상호, 노하우(know-how) 및 기타 기업운영방식을 계약에 의해 사용하여 영업할 수 있는 권한이나 특권을 허가해 주는 유통형태로서 계약형 수직적 마케팅시스템의 한 종류이다.

모기업을 프랜차이저(franchisor, 본부)라 하고 특권을 받는 기업을 프랜차이지(franchisee, 가맹점)라 한다.

[그림 11-10]에서는 프랜차이즈 시스템에서 본부와 가맹점과의 관계를 설명하고 있다. 본부(프랜차이저)는 가맹점(프랜차이지)에게 프랜차이즈 패키지를 제공하는데 이 패키지에는 제품의 재료, 서비스, 제품, 상호 경영지도 등이 포함된다. 가맹점은 이에 대한 대가로 본부에 가입금과 보증금을 지급한다.

그림 11-10 프랜차이즈 시스템

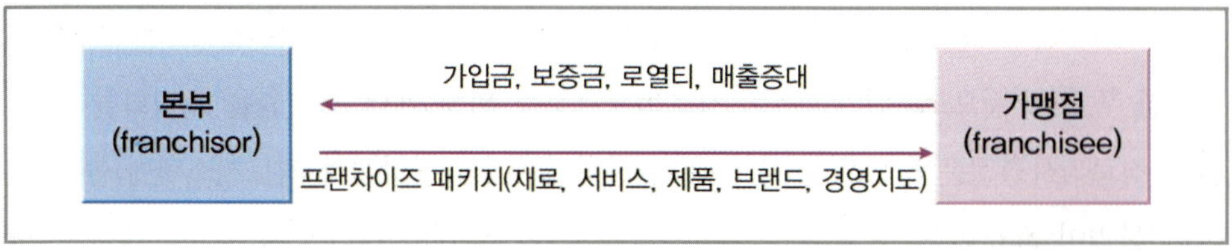

(3) 수평적 마케팅시스템

수평적 마케팅시스템이란 같은 경로단계에 있는 둘 이상의 기업들이 새로운 마케팅 기회를 이용하기 위해 협력하는 것을 의미한다. 수평적 마케팅시스템은 각각의 기업이 단독으로 효과적인 마케팅활동을 수행하는 데 필요한 자본, 노하우, 마케팅자원 등을 보유하기가 어렵기 때문에 수평적 마케팅시스템을 통해 시너지효과를 기대한다.

11.5.2 온라인/모바일 유통경로

최근 오프라인이 아니라 인터넷 네트워크에 의해 생성된 거대한 온라인/모바일 공간이 유통경로로서 발전하고 있다. 온라인/모바일 유통경로를 이용한 전자상거래는 오프라인 유통경로와 병행하여 계속 발전 · 진화할 것으로 예상된다. 온라인/모바일 유통경로의 장점을 살펴보면 다음과 같다.

소비자 관점에서의 장점

온라인/모바일 유통경로는 제품을 구매하는 데 있어 시간적 · 공간적 제약을 받지 않는다. 또한, 검색엔진의 도움을 받아 해당 제품에 대한 여러 판매기업들의 가격정보뿐 아니라 유사제품에 대한 정보를 얻을 수 있다. 따라서 전통적인 판매방식에서의 소비자의 정보보다 훨씬 많은 정보획득이 가능하다. 최저가제품 검색전문 사이트 등의 등장으로 제품가격의 정보나 마진율 등이 소비자에게 노출되어 제품의 가격격차가 줄어들었으며, 불만사항에 대한 고객의 소리가 게시판 등에 소개됨으로써 소비자의 권리와 힘이 증대되고 있다.

마케터 관점에서의 장점

온라인/모바일 유통경로는 물리적인 진열공간(유형의 점포)이 필요없기 때문에 저렴한 비용으로 제품의 전시 · 판매가 가능하며, 저렴한 비용으로 광고를 가능하게 한다. 사이트의 웹로그 분석 등으로 고객의 인구통계학적 특성과 구매량, 구매시기, 구매빈도 등의 구매행위를 분석할 수 있으며, 이를 통해 개별 고객의 특성 및 욕구에 맞는 마케팅 전략의 수립이 용이해졌다.

11.5.3 복수유통경로

복수유통경로(multiple marketing channel)는 "둘 이상 세분시장의 서로 다른 욕구에 맞게 설계하여 운용하는 둘 이상의 유통경로"를 지칭한다. 사회 · 경제적으로 변화가 급증하고 세분시장별 소비자 욕구 차이가 증가하는데다가 각 세분시장을 겨냥하는 경쟁이 심화되면서 최근 들어 복수유통경로를 채용하는 사례가 증가하고 있다.

복수유통경로는 문자 그대로 둘 이상의 유통경로를 사용하여 판매량을 증대하는데 유리하지만 각 유통경로 간의 갈등이 유발될 개연성이 높은 편이어서 이에 대한 세심한 대비가 필요하다.

최근 초기 복수유통경로의 단점을 보완한 진화된 복수유통경로 형태로 옴니채널(Omni Channel)이 급부상하고 있다. 옴니채널은 모든 고객 접점 채널들이 고객과 지속적으로 연결되는 통합된 복수유통경로를 의미한다. 모바일 시대가 도래하며 언제 어디서나 24시간 고객과 연결이 가능해지면서, 채널간 경계를 없애고 유기적인 화합을 이루어 고객에게 일원화된 경험을 제공하려는 복수유통경로를 옴니채널이라고 부른다. 출근길 버스 안에서 스마트폰으로 제품을 검색한 후 주문하면 퇴근길에 집 앞 마트에서 수령할 수 있도록 옴니채널을 구현할 수 있다.

그림 11-11 복수유통시스템 예시

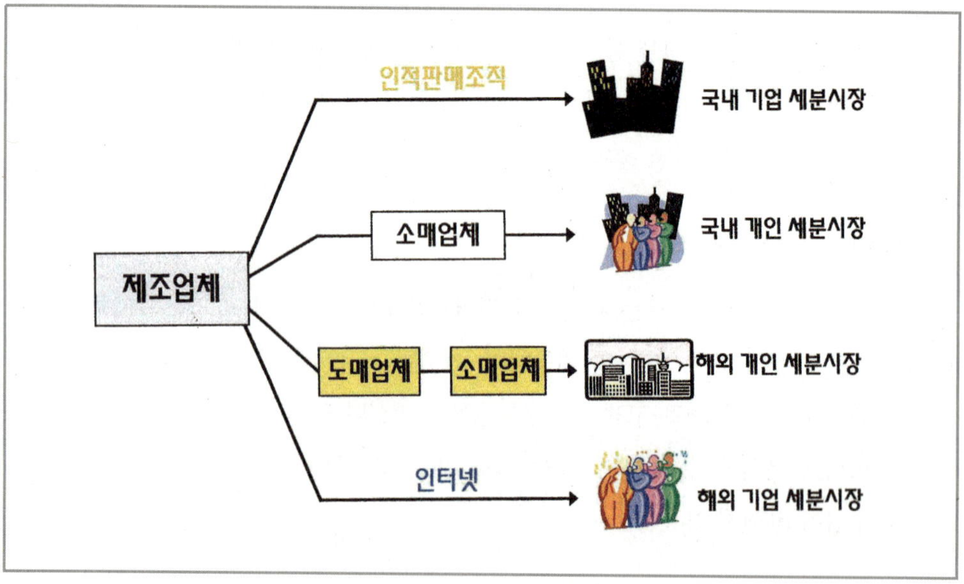

CHAPTER 12

마케팅 커뮤니케이션 과정과 IMC

12.1 마케팅 커뮤니케이션의 이해
12.2 IMC의 이해
12.3 IMC의 실행과정

Marketing Management

사례 12-1

소비자 간 커뮤니케이션을 촉진하는 온라인 리뷰플랫폼 옐프(Yelp)

2004년 설립된 옐프(Yelp)는 Yelp.com 웹사이트와 Yelp 모바일 앱을 운용하는 미국의 온라인 리뷰플랫폼(online review platform) 업체다. 옐프 이용자는 2021년말 기준으로 약 2억 4천만개의 리뷰를 참고할 수 있다. Yelp.com에는 식당이나 학교와 같은 개별 위치별로 전용 페이지가 있다. 등재 업체는 연락처, 시간, 기타 기본 목록 정보를 업데이트하거나 특가 상품을 추가할 수 있다. 옐프의 주수입원은 광고와 후원이다. 광고주는 옐프 이용자 검색 결과의 맨 위에 자신들의 브랜드는 노출시켜주는 광고에 비용을 지불한다. 중장기적 신뢰성 관리 차원에서 옐프는 별 3개 이상의 등급을 받은 기업 위주로 광고를 실행하는 방안을 추진중이다.

옐프(Yelp)의 공식 웹사이트 리뷰 검색 페이지

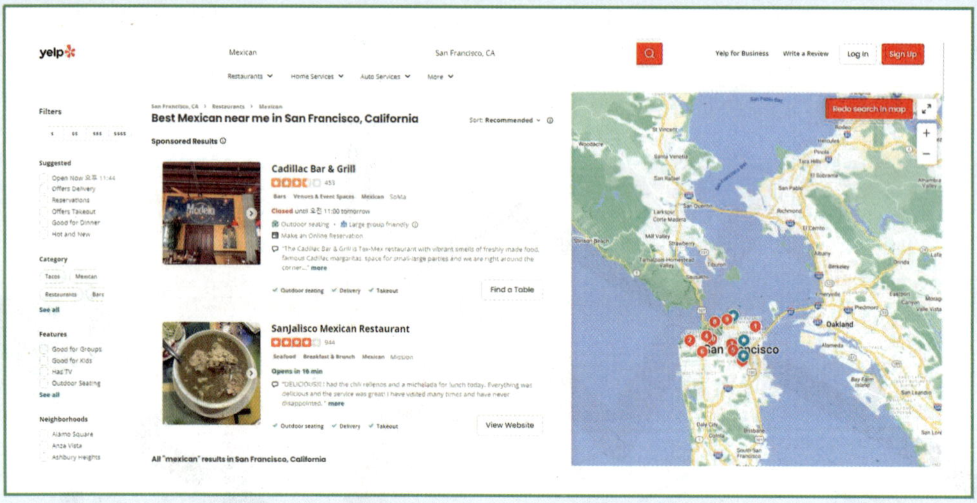

출처: https://www.yelp.com/search?find_desc=Mexican&find_loc=San+Francisco%2C+CA.

옐프의 핵심은 리뷰 웹사이트(review website)와 리뷰 앱(review app)으로 구성된 리뷰 플랫폼(platform)이다.

옐프 이용자는 리뷰 플랫폼으로 별 1개에서 5개까지의 등급으로 제품이나 서비스를 평가하는 리뷰(review)를 할 수 있다. Yelp.com에 등재된 업체의 78%가 별 3개 이상의 등급을 받는다. 2008년부터 사업주가 리뷰에 회신할 수 있다. 검토자에게 메시지를 보내거나 기업 프로필 페이지에 공개적으로 응답할 수 있다.

옐프 리뷰어가 리뷰를 작성하는 데는 다양한 동기가 작용한다. 우선, 많은 옐프 리뷰어는 자신을 표현하기 위해 리뷰를 작성한다. 또한, 종종 새로운 위치의 최초 리뷰어가 되는 명예를 얻기 위해 리뷰를 작성한다. 나아가, 다른 이용자의 칭찬과 관심이 리뷰 작성의 동기가 되기도 한다.

옐프는 솔직한 리뷰를 축적하는데 초점을 맞춘 다양한 시스템을 운용한다. 매일 사용자의 투표로 "오늘의 리뷰(Review of the Day)"를 선정한다. 매년 일부 옐프 커뮤니티 구성원들은 옐프 엘리트 팀원(Elite Squad)으로 지명된다. 리뷰의 질과 양 평가가 반영된다. 실명과 옐프에 있는 사진을 사용해야 엘리트 팀원 지명 자격을 얻을 수 있다. 엘리트 팀원들은 그들이 얼마나 오랫동안 엘리트 팀원이었는가에 따라 다른 색깔의 배지를 받는다. 옐프 엘리트 팀원은 특별한 오프닝 파티에 초대되고, 선물을 받거나, 다른 특전을 받는다. 2017년 기준으로 북미에서만 80개 이상의 지역 엘리트 팀이 있는 것으로 알려져 있다. 엘리트 팀원 수는 수천 명에 달하는 것으로 추정된다. 앞으로도 소비자의 솔직한 리뷰를 지속적으로 축적하는데 옐프의 성패가 달려있다는 점은 명확해 보인다.

자료원: 김현식(2022), 코케팅, 경문사, https://en.wikipedia.org/wiki/Yelp.

사례 12-2

'걸어다니는 미디어' 소비자를 광고에 참여시켜라

소비자와 그의 일상을 광고매체로 활용하는 '컨슈미디어(Consumedia)' 마케팅이 떠오르고 있다. 컨슈미디어는 '소비자(consumer)'와 '매체(media)'를 결합한 신조어(新造語). 기존 광고만으로는 '똑똑해진 소비자'를 설득하는 데 한계가 있는 만큼, 그들의 마음을 사로잡아 자발적으로 광고매체가 되도록 만드는 고도의 전략이다.

컨슈미디어는 브랜드 자체를 확산시키는 효과뿐 아니라, 해당 브랜드에 대한 공감대를 자연스럽게 이끌어낸다는 점에서 효과적이다. 제일기획 관계자는 "소비자들이 의식적이든 무의식적이든 특정 브랜드를 전파하는 미디어가 된다는 것은 해당 브랜드에 대한 공감과 로열티가 구축됐다는 뜻"이라고 말했다.

KT가 에잇세컨즈와 협업해 만든 불꽃 무늬 티셔츠를 소비자들이 살펴보고 있다(왼쪽). 가수 싸이가 농심 '신라면'모델을 자청하며 만든 셀프동영상(오른쪽 위). 소비자가 코카콜라의 병과 캔 · 뚜껑 등을 활용해 만든 광고(오른쪽 아래)

고가(高價)의 오토바이로 유명한 할리데이비슨(Harley-Davidson)은 컨슈미디어 전략을 충실하게 활용하는 브랜드 중 하나다. 할리데이비슨 오토바이를 보유한 전세계 128개국, 130만명의 '할리데이비슨 오너스 그룹(H.O.G)'은 브랜드 로고가 박힌 재킷과 부츠 · 속옷을 입는 것은 물론 몸에 문신으로까지 새긴다. 자발적으로 할리데이비슨의 훌륭한 광고매체가 된 것이다.

컨슈미디어는 마케팅 분야에서 완전히 새로운 개념은 아니다. 브랜드명을 넣은 볼펜 · 공책 · 달력 등을 제공해 소비자들이 일상에서 브랜드를 자연스럽게 노출하도록 유도하는 '리마인더(reminder) 광고' 기법과도 유사하다. 하지만 컨슈미디어는 이보다 한 단계 더 진화해, 다양한 채널에서 소비자들의 적극적인 참여와 공감을 유도한다는 점이 특징이다.

가수 싸이가 등장한 '신라면' 셀프 동영상도 컨슈미디어 효과를 잘 활용한 마케팅이다. 해당 동영상에서 싸이는 "신라면은 입으로 딱 네 번 불고 먹어야 맛있다"면서 "나를 신라면 광고 모델로 써달라"고 요청한다. 재밌다는 입소문이 퍼지자, 소비자들은 자발적으로 SNS를 통해 동영상을 퍼뜨리기 시작했다. 결국 유튜브에 공개된 지 5일만에 조회수 100만건을 돌파했다. 농심 관계자는 "동영상이 인기를 끌면서, 월평균 40억원 수준이었던 신라면컵 매출이 올 10월엔 처음으로 50억원을 넘어섰다"고 말했다.

대대적인 TV 광고를 집행하는 대신 재밌는 인터넷 동영상 한 편을 통해 소비자 스스로 강력한 광고매체가 되도록 이끌어낸 것이다. 광고업계 관계자는 "기업들이 각종 이벤트나 프로모션을 통해 'SNS 퍼뜨리기'를 유도하지만, 인위적인 참여 유도는 일회성에 그치고 만다"면서 "소비자들이 자발적으로 참여하게 해야 메시지에 진정성이 담기고 전파효과도 높다"고 말했다.

제일기획 남상일 팀장은 "일방적인 광고보다는 자연스럽고 편안하게 소비자의 마음을 움직이는 기법이 효과를 거두고 있다"며 "소비자의 일상을 바탕으로 다양한 미디어와 아이디어를 결합한 새로운 '컨슈미디어'를 만들어가야 한다"고 말했다.

자료원: 조선일보 2012. 12. 3.

12.1 마케팅 커뮤니케이션의 이해

12.1.1 마케팅 커뮤니케이션의 정의

마케팅 커뮤니케이션이란 '마케팅과정에서 전개되는 커뮤니케이션'이다. 마케팅 커뮤니케이션을 다른 말로 '촉진(promotion)'이라고 불러 마케팅믹스를 구성하는 4P 중 하나로 취급하기도 한다. 그런데 효과적인 마케팅 커뮤니케이션을 위해서는 '마케팅'과 '커뮤니케이션'의 이해가 선행되어야 한다. 지금까지 '마케팅'의 개념을 습득해왔으므로 여기서는 '커뮤니케이션'의 이해를 도모하는 데서 출발하기로 한다.

커뮤니케이션이란 '매체에 의해 발신자로부터 수신자로 정보가 전달되는 과정'으로서 달리 말하면 '발신자와 수신자 간의 사고에 있어서 공통영역을 구축하는 과정'으로 요약할 수 있다. 말하자면, 정보의 전달 및 아이디어의 교환 등을 통한 의사소통과정이 커뮤니케이션이라고 요약해 볼 수 있다.

이를 앞에서 살펴본 마케팅의 정의와 결합해 본다면 결국 마케팅 커뮤니케이션이란 '마케터의 목적달성을 가능케 하는 교환을 이끌어내기 위해 발신자와 수신자 간의 사고에 있어서 공통영역을 구축하는 과정'으로 정리해 볼 수 있다.

12.1.2 마케팅 커뮤니케이션의 유형

마케팅 커뮤니케이션은 다양하게 유형화될 수 있는데 공통적으로 강조되는 유형으로는 광고, 인적판매, PR, 판매촉진 등이 꼽힌다. 어떤 기업의 마케팅 커뮤니케이션 믹스(marketing communication mix), 즉 촉진믹스(promotion mix)는 “그 기업의 목적을 달성하기 위해 구사하는 광고, 판매촉진, PR, 인적판매 등의 사용가능한 다양한 수단들의 혼합체”라고 정의내릴 수 있다.

12.1.3 마케팅 커뮤니케이션 과정

(1) 커뮤니케이션 과정

커뮤니케이션이란 앞서 일정한 매체를 통해 발신자로부터 수신자로 정보가 전달되는 과정이라 밝힌 바 있다. 발신자와 수신자 간에 공통된 이해의 영역을 창조해 나가기 위한 시도가 커뮤니케이션이라 볼 수 있는 것이다. 그런데 이러한 공통의 이해 영역을 창조해 내기 위해서는 상호 간에 소통적 공통분모를 이미 사전적(ex-ante)으로 구축하고 있어야만 한다. 예컨대, 정보 원천인 A가 대화의 상대인 B에게 “사과를 드시겠어요?”라는 음성언어로 메시지를 전달할 경우, A와 B는 ‘사과’라는 단어의 상징성에 대한 사회적 합의를 사전적으로 습득하고 있지 않으면 안 된다. 만일 둘 중 하나라도 ‘사과’라는 단어의 상징성 및 의미에 대해 사전지식을 지니고 있지 않다면 정보 원천인 A의 음성메시지는 허공을 떠돌게 된다. 이처럼 발신자 A가 빨간색을 띤 둥그런 모양의 과일을 발견하고 이 대상에 대해 ‘사과’라는 단어를 떠올리는 과정을 ‘부호화’라고 한다면 수신자 B가 ‘사과’라는 음성메시지에 반응해 빨갛고 둥그런 모양의 본래 지칭하고자 했던 대상을 떠올리는 과정을 ‘해독화’라고 할 수 있다. 그리고 이러한 커뮤니케이션의 시발점이

표 12-1 주요 촉진믹스

광고 (advertisement)	제품, 서비스 또는 아이디어의 제시 및 촉진을 위해 마케터가 일체의 비용을 지불하고 전개하는 비대면적 커뮤니케이션 활동
PR (public relations)	개별 제품이나 기업 전체의 이미지 제고 혹은 비호의적 평판의 완화를 목적으로 기업과 직·간접적으로 관련된 여러 유형의 집단들과 좋은 관계를 구축하고 유지해 나가기 위해 벌이는 비대면적 커뮤니케이션 활동
판매촉진 (sales promotion)	제품이나 서비스의 구매행동을 촉발할 목적으로 전개하는 인센티브 위주의 커뮤니케이션 활동
인적판매 (personal selling)	제품이나 서비스의 판매와 고객관계 구축을 목적으로 하는 영업사원 개인의 대면적 커뮤니케이션 활동

되는 정보 원천 A를 발신자라고 한다면, 이러한 커뮤니케이션 전달과정의 최종목적지에 해당되는 B는 수신자라고 볼 수 있다.

(2) 마케팅 커뮤니케이션 과정

마케터가 표적소비자에게 효과적으로 메시지를 전달하여 원하는 반응을 이끌어내기 위해서는 커뮤니케이션 과정을 이해해야 한다. 다음에서는 앞서의 커뮤니케이션 흐름도를 마케팅환경이라는 보다 특수한 맥락에 맞춰 9개의 구체적 요소로 분해하여 보다 직접적으로 마케팅 커뮤니케이션의 흐름에 대한 개괄적 이해를 도모하고자 한다. 이러한 커뮤니케이션 과정은 샤논 · 위버(Shannon and Weaver, 1949)의 커뮤니케이션 모형을 출발점으로 하고 있다.

참고자료 12-1

마케팅과 커뮤니케이션 - 커뮤니케이션 플랫폼

커뮤니케이션 플랫폼

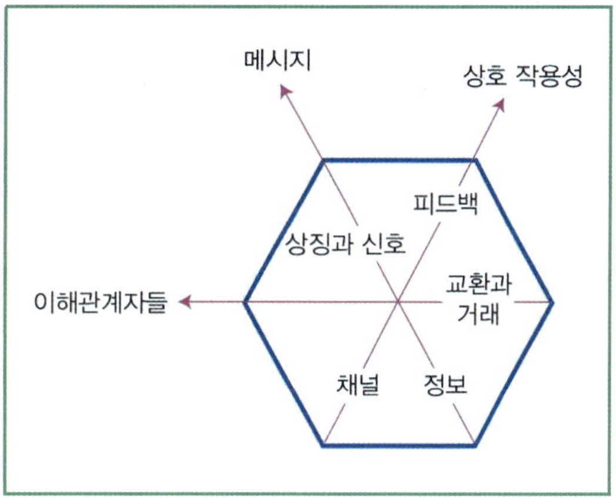

옆의 그림에서처럼 고객을 비롯한 여러 이해관계자들(Stakeholders)은 기업이라는 조직과의 관계 및 거래관계를 통해 서로 연결된다. 또한, 상호작용성(Interactivity)은 일방향 커뮤니케이션이 아닌 쌍방향 커뮤니케이션을 가능케 하는 채널의 구축이 전제되어야만 가능하다. 마지막으로 메시지(Message)는 일정한 정보들을 담고 있는 기호 및 신호체계의 집합체이다. 그림은 마케팅과 커뮤니케이션의 접점에 놓여 있는 6개 요소들이 어떻게 짝을 이뤄 기업의 커뮤니케이션 플랫폼을 지탱하게 되는지 요약해 주고 있다.

- **관계**(Relationships): 커뮤니케이션과 마케팅의 접점에 놓여 있는 것은 제품도 부서기능주의도 아닌 관계이다. Schramm(1973)은 커뮤니케이션에 대한 연구는 궁극적으로 관계에 대한 연구에 다름 아니라고 설파한 바 있다. 기업들은 전통적 마케팅믹스의 활용이 점점 더 범용적인 것이 되어가면서 브랜드 관계(Brand Relationship)의 순합계가 브랜드 자산가

치의 가장 결정적 요소가 되어가고 있음을 절감하고 있다. 또한, 단골고객의 유지가 신규고객의 획득보다 평상 6~9배 정도 비용효율적인 만큼 고객수명(customer longevity)관리가 전략적 이슈로 떠오르면서 Brand Relationship에 대한 관심이 더욱 증폭되었다.

- **교환과 거래(Exchange and Transaction)**: Lin(1973, p.9)은 커뮤니케이션 학문 분과를 "인간 상징체계 교환(exchange)의 본성에 대한 연구"라고 정의내린 바 있다. 마케팅의 주된 관심축이 단발성의 거래(transaction)로부터 지속적 거래가 가능한(transactional) 관계구축의 측면으로 옮아감에 따라 관계마케팅에 대한 관심도 함께 부상하게 되었다. 일회적 거래를 기반으로 기업이 제품관련 메시지를 일방적으로 유포하기보다는 지속적 관계유지 및 강화에 초점을 맞춰 쌍방향 커뮤니케이션을 활성화한다는 데에 Transactional Marketing의 차별성이 있다.
- **채널(Channels)**: 제품이든 정보든 모두 채널이라는 통로를 통해 유통된다. 마케팅 가치사슬의 후방에 공급자가 있다면 전방에는 유통업자와 고객이 있다. 경영학 고전에서 자주 언급되는 JIT나 Wal-Mart의 효율적 공급망 관리는 모두 유통채널 상에서 재화 자체뿐 아니라 정보의 흐름인 커뮤니케이션 측면에서의 효율성 및 효과성 제고와도 관련이 깊다.
- **피드백(Feedback)**: 쌍방향 커뮤니케이션의 필수요소인 피드백은 본래의 메시지 전달방향과는 반대로 정보가 수신자로부터 발신자로 흘러간다. 이 과정을 통해 발신자는 자신의 최초 메시지 전달행위, 즉 커뮤니케이션 실행의 적절성 및 효과성을 가늠할 수 있게 된다. 최근 온라인 상에서는 이러한 피드백 사이클이 거의 실시간으로 대폭 단축됨으로써 마케터가 보다 탄력적으로 표적청중의 행위에 반응할 수 있는 기회를 제공받게 되었다.
- **정보(Information)**: Schramm(1973, p.38)은 정보에 대해 "사람이 자신이 처한 상황에 관련된 환경들의 어떤 측면들을 구조화하고 조직화하는 데 도움을 주는 모든 것"이라 정의내린 바 있다. 즉, 행위자의 의사결정의 불확실성을 낮춰주는 그 무엇이 정보라고 할 수 있다. 마케팅에 있어 정보란 미시적으로는 소비자 주체의 구매관련 정보처리과정의 조망에 있어 핵심 개념이라는 점에서 의의를 가지며 거시적으로는 조직 내 혁신성과물에 대한 의사소통의 벽허물기가 전사적으로 정보활용의 효율성을 크게 향상시킬 수 있다는 점에서 의미를 갖는다.
- **상징과 신호(Sign and Signals)**: 소비자의 구매결정은 소비활동, 상황, 사회적 환경 그리고 관련상품 등과 같은 총체적 맥락 속에 이뤄진다. 다시 말해 소비자는 대중문화를 비롯한 여러 다른 정보원천들로부터 상징체계들을 흡수하며 그것을 바탕으로 자신의 소비활동에 의미를 부여하게 된다. 이러한 의미구성과정은 공유된 기호와 신호의 교환 속에 이뤄지며 마케팅 학문 분과에 있어 기호학에 관심을 기울이게 만드는 근거가 되기도 한다.

자료원: Duncan, Tom and Sandra E. Moriarty, "A Communication- Based Marketing Model for Managing Relationships," Journal of Marketing, 1998, Vol.62, 1-13.

발신자

발신자(sender)란 커뮤니케이션 메시지를 보내는 발신 주체를 말한다. 마케팅 현실에서는 기업 주체이거나 혹은 판매원, 제품광고에 등장하는 광고모델들을 지칭하게 된다. 광고주들이 자사의 광고에 등장하는 모델의 선별작업에 각별히 신경을 쓰게 되는 것은 바로 광고모델이 본래 전달하고자 하는 메시지의 내용과 포맷 등에 얼마나 부합하며 이로써 발신자로서의 역할도 얼마나 충실하게 수행해 낼 수 있는지에 대한 고민에서 비롯된다고 볼 수 있다. 의약품이나 건강보조식품에 의사나 교수 등 해당 분야의 전문가들이 종종 모델로 등장해 제품에 대한 광고메시지를 송출하게 되는 것은 이들에 대한 청중의 신뢰도 수준이 높아 메시지의 설득력을 좀더 높여줄 수 있기 때문이다.

부호화

부호화(encoding)란 발신자가 자신의 생각을 단어, 그림, 몸짓 등을 이용하여 상징적 형태로 전환(표현)하는 과정을 의미한다. 이때 이러한 상징집합체에 대한 수신자의 선행학습 여부는 커뮤니케이션의 성공을 결정짓는 중요 요소 중 하나라고 할 수 있다. 발신자와 수신자 간의 의사소통에 대한 공통분모(communicative commonality)가 존재하

그림 12-1 마케팅 커뮤니케이션 흐름도

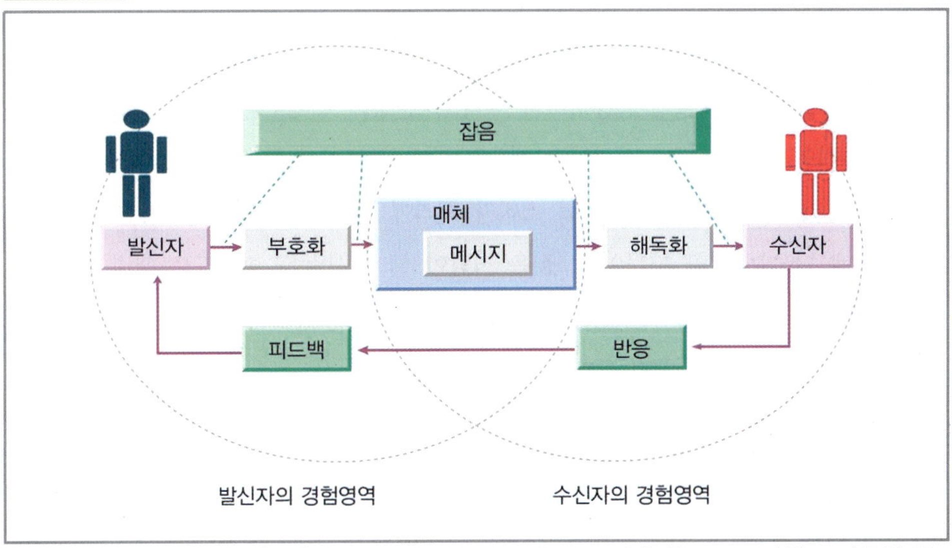

자료원: Kotler and Armstrong(2006), Principles of Marketing, Prentice-Hall; Shannon and Weaver(1949), The Mathmatical Theory of Communication, University of Illinois Press 참조.

지 않는다면 발신자의 메시지는 앞서 밝힌 것처럼 허공에 뜨고 말게 된다. 예컨대, 호러 영화에서 공포감을 자아내기 위해 주로 차용되는 상징물로는 한국의 경우 하얀 소복, 길고 검은 생머리, 붉은 피, 묘지 등이 있는 데 반해, 서양에서는 마늘, 십자가, 송곳니를 주로 차용한다. 이때 붉은 피, 묘지 등의 상징 아이템은 한국이나 서양을 구분짓지 않고 공통적으로 죽음이라는 단어를 연상시켜 공포감을 조성할 수 있는 반면, 하얀 소복은 주로 한국적 정서에 익숙한 이들에게만 공포감을 조성하게 된다. 따라서, 같은 호러영화라 할지라도 서로 다른 문화권의 관객을 상대로 상영될 경우에는 부호화의 실패로 자국에서처럼 큰 호응을 일으키지 못하거나 본래의 공포스런 분위기를 충분히 전달하는 데 실패할 수 있다.

메시지

메시지(message)란 발신자가 수신자에게 전달하는 상징들의 집합을 의미한다. 실제 광고 그 자체가 메시지의 한 예가 될 수 있다.

기업들은 표적청중들에게 본래 의도한 바대로 메시지를 전달하기 위해 이러한 상징체계에 관심을 기울이고 있는데, 최근 마케팅에 기호학(semiotics)적 접근이 점차 증가하고 있는 것도 바로 이 때문이라고 할 수 있다. 기호학이란 사람들이 사용하는 기호를 지배하는 법칙과 기호 사이의 관계를 규명하고, 기호를 통해 의미를 생산하고 해석하며 공유하는 행위와 그 정신적인 과정을 연구하는 학문이다. 기업들은 소비활동의 맥락에 포함된 기호와 상징의 조작체계를 이해하고 그 이면의 의미를 짚어내어 이를 메시지 크리에이티브 고안 및 발굴에 응용하고자 한다. 국순당의 백세주는 '술'이 건강에 유해하다는 통상적인 기존 관념에 반하여 몸에 좋은 '약주'라는 컨셉으로 시장에서 큰 반향을 일으킬 수 있었다. 백세주가 이처럼 소비자 뇌리에 강한 인상을 남길 수 있었던 것은 지봉유설에 나오는 설화 때문이다. 젊은 사람이 늙은 사람을 회초리로 때려 왠일인가 하고 보니 그 젊은이는 백세주를 마셔 겉모습이 젊게 보였을 뿐이라는 것이다. 이처럼 마케터는 기존의 관성적 포지셔닝을 스토리텔링 기법 등을 통해 전혀 새롭게 포지셔닝시켜 보다 매력적인 제품을 표적청중들에게 선보일 수 있다.

매 체

매체란 메시지가 발신자에서 수신자로 전달되는 커뮤니케이션 채널을 일컬으며 크게 인적 채널(personal channel)과 비인적 채널(non－personal channel)의 두 가지로 구분해 볼 수 있다. 인적 채널이란 면 대 면, 전화, 메일, 인터넷 등과 같이 둘 이상의 사람이 직접적으로 커뮤니케이션을 행하게 되는 채널을 말한다. 고객불만사항 등을 접수하기 위한 채널로서 전화뿐 아니라 이메일이나 메신저 등을 사용하는 것이 그 예이다. 또한, 기업과 직접적 이해관계가 얽혀 있지 않은 제3자, 예컨대 제품품평 전문가나 소비자 운동가 등이 표적청중들에게 보다 신뢰성 있는 정보들을 앞세워 브랜드관련 메시지를 전달할 수도 있다. 특히 친구, 가족, 동료, 이웃처럼 표적청중의 실생활에 밀착한 제3자가 브랜드관련 메시지를 전달하는 것을 우리는 구전 커뮤니케이션(word－of－mouth)이라 지칭하게 된다. TV, 자동차 등 비교적 고가의 내구재일 경우 소비자들은 기업이 일방적으로 제안하는 광고 · 홍보 문안들 이외에 가까운 지인들로부터 얻게 되는 구전 커뮤니케이션적 정보에도 귀를 기울이게 된다. 한편, 비인적 채널(non－personal communication)이란 개인적 접촉이나 피드백 없이 메시지를 전달하는 매체를 일컬으며 크게 언론매체, 전시매체, 이벤트, 분위기 등으로 구분해 볼 수 있다. 언론매체는 신문, 잡지, DM, TV, 라디오 등을 포괄하게 되며 전시매체는 옥외전광판, 사인, 포스터 등을 포함시키게 된다. 또한 이벤트는 기업의 홍부 부서에서 주도하는 기자간담회, 오프닝 행사, 전시회, 고객관광 등을 포함한다. 마지막으로 분위기(atmosphere)란 고객의 구매성향을 부추길 요량으로 고안된 디자인 등을 말하며 병원, 은행, 변호사 사무실 등에서 신뢰성 및 안락성의 느낌을 전달할 목적으로 갖춘 특유의 인테리어들이 이에 포함된다고 할 수 있다.

수신자

수신자(receiver)는 발신자가 자신의 메시지를 전달하고자 하는 상대편을 일컬으며 마케팅환경에서는 기업이 메시지를 전달하고자 하는 표적청중을 가리킨다. 표적청중에는 현재 자사의 물건을 구매 · 사용하고 있는 기존고객들로부터 잠재고객 그리고 이들의 구매활동에 지대한 영향을 끼치게 되는 제품 품평가나 오피니언 리더들도 함께 포함된다. 오피니언 리더들(opinion leader)은 특정 세분시장에서 다른 청중들의 구매활동에 지대한 영향을 미치게 되는 의견 선도자들을 가리키는데, 평상 비인적 채널로부터 전파되는 메시지를 남보다 앞서 습득한 후 인적 채널을 통해 일반 청중들에 그 메시지를 파급하는 역할을 맡게 된다. 따라서, 기업은 메시지 수신자인 표적청중을 직접 구매자들로 선정할 수도 있지만, 오피니언 리더들을 선정하여 그들이 같은 풀 안에 존재하는 다른 표적청중들에게 연쇄적으로 메시지를 파급하도록 할 수도 있다.

해독화

해독화(decoding)란 발신자에 의해 부호화된 상징체계(메시지)에 수신자가 의미를 부여하는 과정으로써 메시지가 본래 발신자의 의도대로 수신자에 의해 해독되기 위해서는 양자 간에 의사소통적 공통분모가 전제되어야 한다. 발신자와 수신자가 서로 다른 소비맥락에 놓여 있다면, 발신자의 메시지는 수신자에게 전혀 다른 방향으로 해독될 수 있다. 국내 기업이 해외에 진출하거나 다국적 기업이 국내에 진출할 경우, 본국에서 사용하던 광고를 그대로 송출하지 않고 사전 시장조사 후 모델이나 메시지의 구조, 포맷, 내용 등을 바꾸는 것 등은 바로 이 같은 메시지의 해독과정에서의 오류를 최소화하기 위한 조처라고 할 수 있다.

반 응

반응(response)이란 수신자가 메시지에 노출된 뒤 보여주는 일체의 대응행동으로서 이러한 반응은 크게 인지(cognition), 감정(affect), 의도(conation)의 세 가지로 구분해 볼 수 있다. 인지란 제품을 처음 접하고 이에 대한 지식을 쌓게 되는 것을 말하며, 감정이란 이 같은 지식을 바탕으로 일정한 태도를 형성하게 되는 것을 말한다. 또한 의도란 형성된 태도를 기반으로 제품에 대한 구매의사를 결정짓게 되는 것을 말한다. 그러나 최근에는 인지에서 의도로 이르는 이 같은 단선적 모델을 대신하여 3각 모델이 주류를 이루고 있다. 즉, 감정만을 태도로 보며 인지와 의도는 감정과 관계는 있으나 별개로 존재하는 개념으로 수용하고 있다. 예컨대 새로 출시한 치약에 대한 광고를 보고 이에 대해 특별한 호의의 감정을 가지지 않은 상태에서 단순인지만으로 소비자는 슈퍼마켓의 진열대에서 해당 치약에 대한 구매의도를 발현시킬 수 있다. 또한 광고에 등장하는 모델이나 CM송 등에 이끌려 막연하게 호의적 감정을 일으키게 된다고 해도 소비자는 종종 그 광고가 실제로 무엇을 광고하고 있는지 회상하는 데 실패하여 충분한 인지상태에 이르지 못했음을 보여주는 경우도 있다. 즉 인지, 감정, 의도는 일방향으로 흐르는 단선적 모델로 이해하기보다는 밀접한 상관관계를 이루고 있으나 서로 별개의 차원상에 존재하는 개념으로 받아들이는 것이 마땅하다.

피드백(feedback)

수신자로부터 발신자에게로 다시 전달되는 역방향의 반응 관련 정보를 말한다. 기업은 본래 전달했던 메시지가 표적청중에게 본래 의도대로 전달되었는지 살펴보기 위해 이 같은 피드백 정보의 수집에 많은 공을 들이게 된다. 즉각적인 매출 변화량을 비롯하여 고객 설문조사, 사용후기담, 점포방문 등이 피드백 통로로 활용되며 최근에는 인터넷 상에서 배너광고의 클릭률, 사이트 방문객 수, 페이지 뷰, 클릭 스루 비율 등이 피드백 측정 기준으로 활용되기도 한다. 또한 보다 밀도가 높은 피드백 정보를 얻기 위해 외부 리서치 기관에 의뢰하여 광고에 대한 구독률, 회상률, 메시지 이해수준, 태도의 변화수준 등을 측정하여 이것을 다음 커뮤니케이션 전략수립의 정보로 활용하기도 한다.

잡 음

잡음(noise)이란 커뮤니케이션 과정 중간에 개입되는 의도되지 않은 일체의 왜곡 요소를 말한다. 표적청중이 처한 커뮤니케이션 맥락이 언제나 메시지를 전달하는 기업에 호의적 방향으로 조성되는 것은 아니기 때문에 마케터들은 이러한 잡음을 최소화하여 메시지 노출 및 해석의 효과를 극대화하고자 노력하게 된다. 이 같은 잡음이 초래되는 원인은 발신자 및 수신자 그리고 수신자가 처한 맥락 등에서 찾아볼 수 있다. 우선 발신자인 기업이 메시지 전달의 최종목적지인 표적청중의 범위 등을 정확하게 포착하지 못할 경우 커뮤니케이션은 본래의 방향대로 흘러가지 못하여 메시지가 전혀 엉뚱한 방향으로 해석되거나 아예 관심영역 밖으로 밀려날 수 있다. 또한 수신자의 업무부하가 커 활성화 가능한 인지적 자원이 부족한 경우, 기업의 메시지는 수신자의 정보처리과정 내로 아예 진입조차 못하거나 또 다시 밀려날 수 있다. 예컨대, 인터넷 사이트에서 빈번히 팝업되는 광고메시지나 배너광고들 중 상당수는 사용자들에게 아예 인지되지 못하거나 장기 저장창고로 이행하지 못한 채 금새 잊혀지곤 한다. 이는 단순 서핑 목적의 사용자들보다 유목적적 행위로서 업무의 연장선상에서 인터넷을 서핑하는 사용자들에게서 두드러지게 나타난다. 이때, 사용자의 인지 자원을 이미 상당 부문 차지하고 있는 업무 등은 일종의 광고메시지 해독의 방해요소로 작용할 수 있다. 마지막으로, 배너나 팝업광고 등은 TV광고에서처럼 광고주의 메시지를 순차적으로 제시하는 것이 아니라 동시다발적으로 사용자의 시야를 어지럽히며 제시된다. 여기서 사이트의 위, 아래, 양 옆 등에 동시다발적으로 등장하는 배너광고들은 결국 광고주 입장에서 보면 자사의 배너광고에 대한 사용자의 제한된 인지자원을 경쟁 광고에 뺏기거나 혹은 나눠먹어야 하는 장애요소라고 할 수 있다. 따라서, 택시나 지하철 어느 구석에도 여백 하나 없이 광고가 밀려들어오는 현 상황에선 마케터는 소비자의 제한된 인지자원의 활성화를 극대화할 수 있는 메시지의 포맷, 구조 등을 발견하고 고안해 내기 위해 노력해야 한다.

12.2 IMC의 이해

12.2.1 IMC의 정의

IMC(Integrated Marketing Communications)란 "광고, PR, 판매촉진, 인적판매 등 다양한 커뮤니케이션 기법들의 직접적 역할과 제품, 가격, 유통경로 등의 간접적 커뮤니케이션 역할을 전체적으로 고려하여 표적시장을 대상으로 전개하는 종합적 마케팅 커뮤니케이션 과정"을 의미한다. IMC는 고객이 브랜드에 대한 메시지에 일방적으로 노출되기보다는 브랜드메시지를 송출하는 마케터와 상호작용을 하고 있다는 전제 하에서 출발한다. 기존의 매스미디어 광고 중심의 커뮤니케이션에 염증을 느낀 고객들을 적극적으로 마케팅 커뮤니케이션의 기획 및 개발에 끌어들여 보다 세분시장에 밀착된 메시지를 도출해 내는 것이 IMC의 관건이라고 볼 수 있다. 또한, 이러한 메시지와 그에 담긴 크리에이티브가 광고, PR, 판매촉진, 인적판매 등 어느 하나의 커뮤니케이션 방식에 국한되거나 혹은 독립적 형태로 고객에게 전달되기보다는 하나의 목소리, 하나의 시각을 견지할 수 있도록 조정 및 통합함으로써 시너지를 창출해 내는 것이 IMC의 목표라고 할 수 있다. 이러한 조정 및 통합의 마케팅 커뮤니케이션 활동을 통해 표적시장 내 고객은 브랜드와 보다 밀접하고 강한 호의적 관계를 구축하여 자사의 충성고객으로 전환 · 유지될 수 있을 것이다.

그림 12-2 IMC의 개념

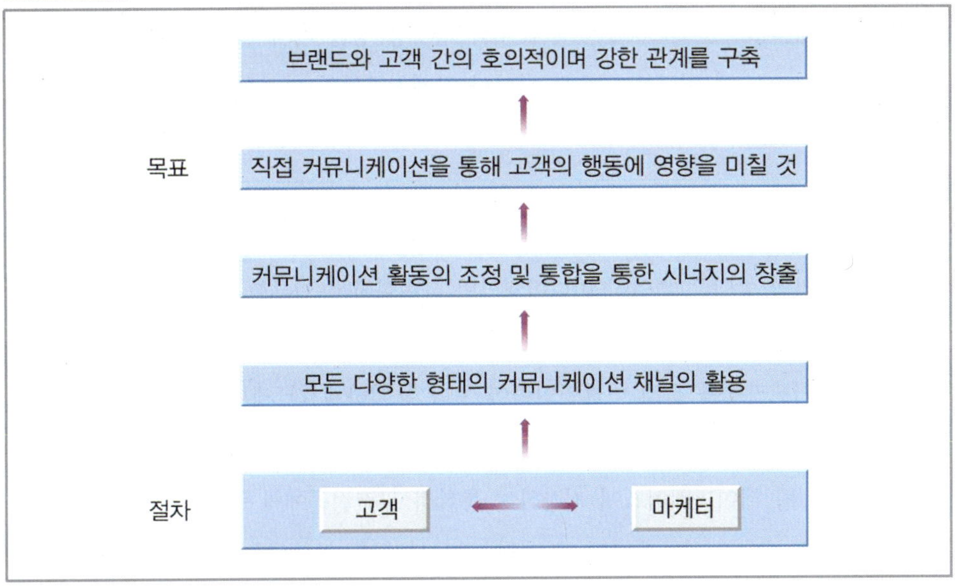

자료원: Shimp. T. A., Advertising Promotion : Supplemental Aspect of Integrated Marketing Communications, 5th ed. Fort Worth, TX:The Dryden Press, Hartcourt College Publishers, 2000에서 발췌 및 요약 정리.

12.2.2 IMC의 등장배경

왜 IMC가 마케터의 주목을 받고 필요성을 인정받고 있는가? IMC의 등장배경에는 미디어채널 수의 폭발적 증가, 고객 데이터베이스에의 접근성 및 활용가능성의 증가, 관계마케팅에 대한 중요성의 환기 그리고 브랜드자산 관리에 대한 인식의 환기와 같은 네 가지 마케팅환경 변화요인이 잠재해 있다.

(1) 미디어채널 수의 폭발적 증가

1980년대 무렵만 해도 마케팅 분야에서는 각 분과에 대한 자주성 및 전문성에 대한 강조로 인해 통합성 및 일관성에 초점을 맞추고 있는 IMC 패러다임이 본격적 논의의 대상으로 부상하지 못했다. 이는 기존의 마케팅 커뮤니케이션 활동이 주로 매스미디어 부문의 광고를 기반으로 했기 때문인데, 이후 1990년 대 초 케이블방송 등 급격한 미디어채널 수의 증가로 이러한 전략은 학계 및 실무 모두에서 그 유효성에 대한 회의를 불러일으키게 되었다. 그리하여 1990년 대 초 통합적 마케팅 커뮤니케이션에 대한 논의가 본격적으로 부상하게 되었으며, 이러한 마케팅환경에의 변화는 여전히 진행 중인 것으로 확인되고 있다. 2008년 현재 미국 가구당 평균 가시청채널 수는 119개(www.thrfeed.com/2008/06)에 이르는 것으로 나타나 잠재청중들의 파편화 및 채널 다기화의 단면을 보여주고 있는 것이다.

(2) 고객 데이터베이스에의 접근성 및 활용가능성의 증가

IT 인프라의 발달은 기업이 미디어채널의 다변화라는 외부환경의 변화에 보다 탄력적으로 반응할 수 있게끔 기술적 하드웨어의 장착을 뒷받침하였다. 다우 케미컬(Dow Chemical)은 인프라넷을 통해 마케팅인력이 보다 용이하게 각 세분시장에 접근할 수 있도록 지원하고 있으며, 페덱스(Fedex)는 회사의 모든 고객들에 대한 프로파일 및 거래내역정보를 마케팅 데이터베이스에 저장하여 통합적 고객접근에의 중요 툴로 활용하고 있다. 또한, 페덱스(Fedex)는 매니저, 마케터, 재무분석가, 외부 회계인력 등이 주축이 된 CFT(Cross Function Team)을 구성하여 이들이 각 세분화시장에 대한 다각적 시야를 확보할 수 있도록 유도하고 있으며 회사 내 이메일 시스템이 이들 간 커뮤니케이션의 촉진에 크게 이바지하고 있는 것으로 밝혀진 바 있다.

(3) 관계마케팅에 대한 중요성의 환기

시장의 성숙으로 인해 제품 및 서비스 간 차별화의 여지는 더욱 좁아지고 있다. 예컨대 미국의 장거리전화시장은 훗날 7개의 벨(Baby Bells)로 분할된 AT&T를 비롯해 MCI, 스프린트(Sprint) 등 여러 경쟁업체들이 시장점유율을 놓고 치열한 접전을 벌였는데 결국 이러한 과당경쟁의 혜택은 가격인하라는 형태로 소비자에게 귀속되었다. 장거리 전화라는 서비스에 있어 각 경쟁사들이 서비스의 품질 자체를 차별화시키기에는 한계가 있었기에 결국 가격경쟁형태의 수순을 밟을 수밖에 없었던 것이다. 이처럼 성숙시장에서 차별화의 여지가 좁아지는 가운데 가격인하라는 제살 깎아먹기식 경쟁을 피하기 위해 모색된 것이 고객의 충성도를 높이기 위한 관계마케팅(Relationship Marketing)이다. 시장성숙은 해당 시장 내 고객들의 제품(서비스)에 대한 지식수준이 상당히 높아 정보 대칭성이 높은 만큼 스위치 비용이 상당히 낮다는 특징이 있다. 기업은 보다 신속하고 탄력적으로 잠재고객의 문의나 요구사항에 대응할 필요성을 절감하게 되었으며 이에 따라 구매에 이르는 과정에서 습득된 고객에 대한 지식을 신속히 A/S 등의 후방부서로 이전하여 고객의 불만사항에 대응할 필요가 있게 되었다. 또한, 영업부서나 A/S 등 후방부서에서 취합된 POS(Point of Sales) 정보도 트렌드에 적합한 마케팅전략 수집에 대한 피드백 정보로 활용될 수 있게끔 전방으로 이전될 필요가 있었다. 이처럼 마케팅 전 프로세스의 통합적 운용 및 조정은 고객충성도의 함양을 위한 관계 마케팅의 시발점에 해당된다고 할 수 있다.

(4) 브랜드 자산관리에 대한 인식의 환기

브랜드 자산관리에 대한 인식은 근시안적 안목에서 4P를 단순결합하는 차원을 넘어 보다 장기적 안목에서 브랜드충성도가 미래 현금흐름의 창출로 이어질 수 있게끔 마케팅 커뮤니케이션 활동을 계획 및 조정하는 방향으로 바뀌어지고 있다. 고객으로 하여금 기꺼이 자사 브랜드 구매에 지갑을 열 수 있게끔 하기 위해 마케팅 커뮤니케이션의 활동계획을 수립하며 조정하는 것이 마케터의 핵심 의제로 부상하게 된 것이다. 그런데 브랜드 자산의 구축이란 단순히 개별 제품에 대한 광고나 판촉, 홍보 어느 하나만으로는 단숨에 이뤄질 수 없는 것이며 보다 포괄적 안목에서의 마케팅 조정활동을 요한다. 영국 내 식품유통 부문에서 테스코(Tesco)가 오랜 경쟁업체였던 세인즈베리(Sainsbury)를 3년만에 따돌리고 업계 1위로 등극할 수 있게 된 데에는 이러한 브랜드 자산관리에 대한 인식의 전환이 기여한 바가 크다. 테스코(Tesco)는 일률적으로 펼치던 할인 및 보상 전략을 자사의 기존 데이터베이스를 활용하여 다시 39,000개의 세분시장으로 나눈 뒤 차별적 고객충성 프로그램을 제안함으로써 타사로의 고객유출을 막는 한편 자사로의 고객유입을 꾀할 수 있었다. 테스코(Tesco)의 이 같은 단골고객 유치 프로그램은 1,100만 카드 소지자의 프로파일과 한 해 약 5억건의 쇼핑 내역을 담고 있는 데이터베이스를 철저히 분석한 뒤 가능했던 것이며, 이를 실제 시장세분화에 응용 및 접목하여 고객충성도의 함양이라는 성과를 이끌어냈다는 점에서 주목할 만하다. 브랜드충성도가 궁극적으로 고객과의 거래를 보다 장기적 안목에서 바라보며 반복구매를 유도하는 데 목적을 두고 있는 만큼 IMC 관점에서 고객들의 기존 소비패턴을 분석하고 이를 미래 구매활동에 영향을 미치는 데 활용함으로써 마케터는 커뮤니케이션 효과를 한층 더 고양시킬 수 있다.

12.3 IMC의 실행과정

IMC의 실행과정은 다음과 같이 6단계로 구분해 볼 수 있다. CFT(Cross Functional Team)에 의해 기존 브랜드관계에 대한 SWOT 분석을 하는 것을 기점으로 하여 새롭게 설정된 IMC 목표에 따른 실행결과에 대한 피드백에 이르기까지 IMC의 과정은 다음에서처럼 순환적 고리형태를 띤다. 다음에서는 이러한 순환과정에 따른 6단계의 IMC 실행과정을 구체적으로 살펴보도록 하겠다.

그림 12-3 IMC의 실행과정

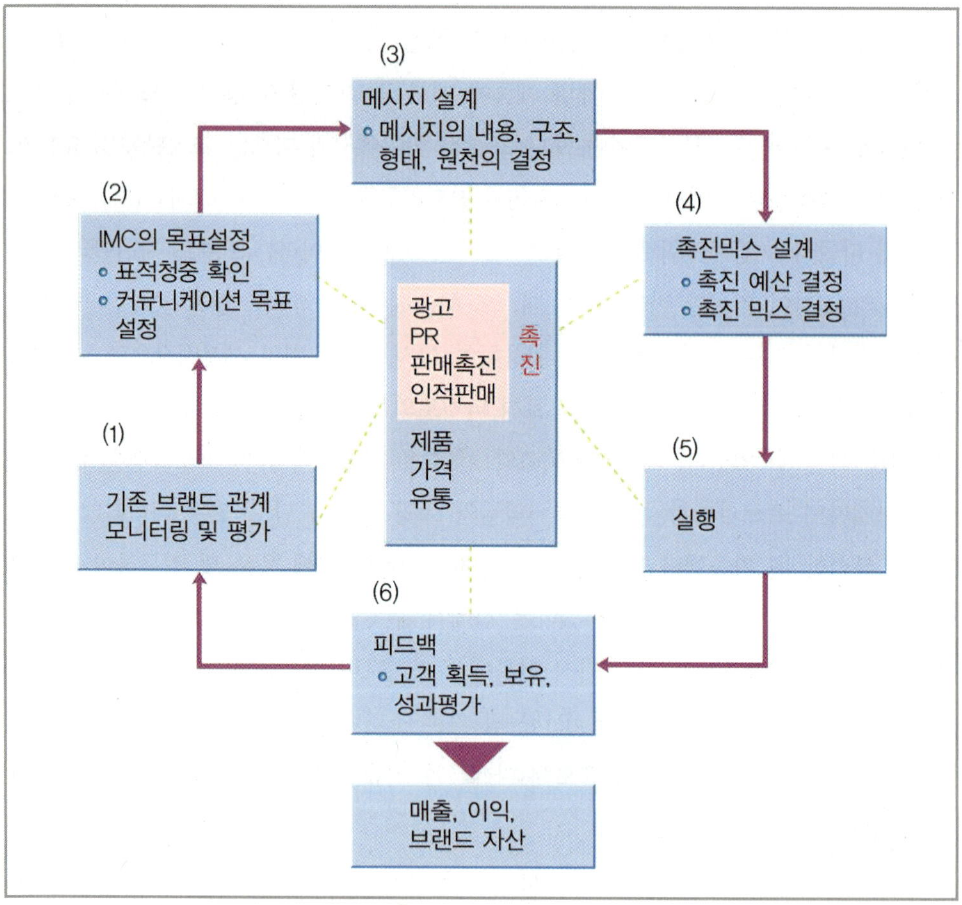

13.3.1 기존 브랜드 관계 모니터링 및 평가

IMC는 기존 고객 및 잠재 고객의 관점을 되짚어 다시금 설득 커뮤니케이션의 형태와 방법을 결정내리고 정의내리는 것으로부터 시작한다.

본격적인 IMC 목표설정에 앞서 현재 표적시장에서의 자사 브랜드 입지 및 기존 선발업체들의 포지셔닝에 대한 분석을 실시하는 단계가 기존의 브랜드 관계(brand relationship)에 대한 모니텅 및 평가단계라고 할 수 있다. 표적시장에 기존 브랜드가 존재하고 있거나 혹은 새로이 신규 브랜드를 출시하는 경우 모두에 있어 소비자들의 관련 브랜드들에 대한 인지도 및 충성도에 대한 검토는 필수적이다. 이때 기업은 브랜드 관계(brand relationship)에 대해 보다 다각적으로 접근하기 위해 마케팅 부서라는 하나의 울타리를 벗어나 전사적인 CFT(Cross Functional Team)을 활용해 볼 수 있다. 부서 간 수평적 장애뿐 아니라 위계서열에 의한 수직적 장애물도 동시에 제거함으로써 기업은 특정 브랜드에 대한 보다 총체적 분석의 조직적 기반을 다질 수 있다. 신제품 개발이나 전사적 품질개선 등의 특정 이슈를 놓고 한시적으로 결성되는 TFT(Task Force Team)에 마케팅, 세일즈, R&D, 고객서비스 등 다양한 소속 출신의 조직구성원들을 포함시킴으로써 기업은 보다 표적청중에 알맞게 조준된 IMC 목표수립의 기반을 다질 수 있다.

그리고 이렇게 다양한 업무 분야를 관장하는 CFT 소속원들로부터 산출되는 SWOT(Strength, Weakness, Opportunity, Threat) 분석표는 보다 다각적이며 총체적 시야를 기업에 제공할 수 있다. 캘리포니아에서 출발한 화장품 브랜드인 베네핏(Benefit)은 최초 제품론칭 전 이러한 SWOT분석에 공을 들여 미국뿐 아니라 국내 진출에 있어서도 큰 성공을 거둔 바 있다. 베네핏(Benefit)은 화장품시장 및 성형시장이 미용시장 전체를 양분하고 있음에 주목하였는데, 화장품은 가격 면에서는 덜 부담스럽지만 즉각적 효능을 바랄 수 없다는 단점을 지닌 데 반해, 성형은 즉각적인 효능을 맛볼 수는 있지만 가격 면에서 적지 않은 부담을 안겨준다는 데에 초점을 맞췄다. 즉, 기존의 화장품이 시간 측면에서 지닌 약점과 성형서비스가 가격 측면에서 지닌 약점을 보완하여 이 둘을 모두 충족시켜 주는 인스턴트 화장품을 소비자들에게 제안함으로써 큰 반향을 일으켰던 것이다. 인간이 지닌 보편적 미에 대한 열망과 함께 인스턴트 문화에 익숙해져가는 현대인의 변화된 기호에 맞춰 단시간 내에 성형을 한 것과도 같은 속임수 화장법(Fake-it Make up)을 제안하기까지는 이처럼 베네핏(Benefit)사의 철저한 사전 SWOT 분석이 뒷받침되었기에 가능했다고 볼 수 있다.

12.3.2 IMC의 목표설정

마케터는 표적청중을 확인하고 표적청중으로부터 원하는 반응을 숙지함으로써 IMC 목표를 설정해야 한다.

(1) 표적청중 확인

IMC 실행의 목표설정은 곧 표적청중을 확인하는 것이다. 누가 표적청중이냐에 따라서 어떤 메시지를 어떤 형식으로 구성하여 어떤 매체로 전달하는 것이 효과적일 것인가에 대한 판단이 달라진다. 결과적으로 IMC 프로그램은 표적청중에 따라서 설계된다고 볼 수 있다. 원칙적으로 마케터가 마케팅 커뮤니케이션을 통해 자신의 바람 대로 반응해 주길 기대하는 사람은 모두 표적청중에 해당된다고 할 수 있다.

가장 유력한 표적청중으로는 잠재구매자로 구성된 표적고객일 수 있지만 상황에 따라서는 기존고객, 구매의사결정에 영향을 미치는 구매자의 가족이 될 수도 있다. 또한 표적청중은 개인일 수도 있지만 특정한 집단이 될 수도 있으며 경우에 따라서는 일반대중이 될 수도 있다.

중요한 것은 마케터의 목적이 무엇이며 마케팅을 통해 이를 달성해가는 과정에서 누구의 협조 혹은 반응이 필요한가라는 점이 다. 예컨대, 청정원에서 출시된 천연조미료인 '맛선생'의 경우 제품을 맛보고 섭취하게 되는 사람들에는 가족 내 모든 구성원이 포함될 수 있지만 실제 제품에 대한 구매결정을 내리는 이들은 가족의 식단을 책임지는 가정주부들인 경우가 대부분이다. 따라서, '맛선생' 브랜드의 일차 표적청중은 가정주부들이라 볼 수 있다.

(2) 커뮤니케이션 목표결정

IMC 실행의 두 번째 단추는 표적청중으로부터 어떤 반응을 이끌어낼지에 대한 결정을 내리는 것이다. 이는 IMC를 통해 추구할 커뮤니케이션 목표를 어디에 둘지 결정하는 과정이다. 현실적으로는 표적청중의 설정과 동시에 고민될 수 있는 문제이기도 하다. 마케터가 이러한 문제에 대한 정답을 구하기 위해서는 표적청중이 현 단계에서 구매의

사례 12-3

Benefit의 fake-it 컨셉 시장

종래 미용시장에서 화장품은 다소 오랜 시간이 지나야 효과를 볼 수 있다는 점에서, 그리고 성형시술은 가격부담이 적지 않다는 점에서 소비자의 상반된 니즈를 모두 충족시킬 수 없는 딜레마에 빠져 있었다. 이처럼 시간과 가격이라는 딜레마 사이에서 고민하고 있는 소비자들에게 전혀 새로운 컨셉의 속임수 메이크업(fake-it make up) 기법을 제안한 것이 바로 캘리포니아에 거점을 둔 Benefit사이다.

사실 화장만으로 주름이나 잡티를 완전히 제거하는 것은 불가능하거나 가능하더라도 소비자에게 상당한 인내심을 요구하기 마련이다. 속임수 화장법(fake-it)이란 어휘의 사용은 '거짓됨'이라는 단어를 상기시켜 다소 부정적으로 들릴 위험도 안고 있지만, Benefit사는 오히려 이러한 점을 이용해 당당하게 화장만으로도 금세 자신의 외모적 약점을 감쪽같이 가려버릴 수 있다고 제안하고 있다. 화장이 영원한 젊음을 되찾아주지는 못하지만 쉽고(easy), 빠르고(fast), 재미있게(fun) 소비자 얼굴의 단점을 가려준다고 선언하고 있다.

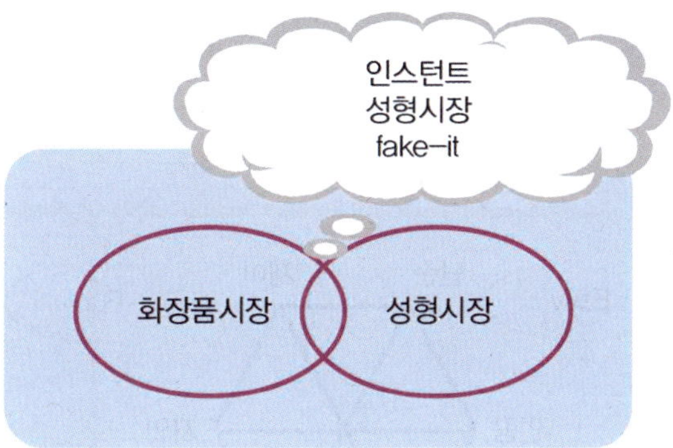

Benefit사의 이러한 당당함 뒤에는 서로 상존하기 어려워 보이는 양 극단의 컨셉을 껴안은 의외성이 숨어 있다. fake-it이라는 일관된 메시지를 전달하면서도 다양성을 존중하며, 재미있으나 나름의 미에 대한 진지한 숙고를 내포하고 있으며 또한 인공적인 느낌이 묻어나지만 동시에 자연스럽게 표현되는 메이크업을 추구한다. 첫 번째로 다양성이란 Benefit사의 창업자인 Jean과 Jane이 캘리포니아의 샌프란시스코에서 1976년 처음 fake-it 제품을 선보이면서 이 기업의 문화에 배태되었다고 볼 수 있다. 동부의 보수적 분위기를 떨쳐낸 자리에 여러 인종의 문화를 포용하는 다양성에 대한 존중을 Benefit사의 제품에 그대로 녹여낸 것이다. 한편, 다른 화장품 브랜드에 비해 제품의 수가 적은 것은 쉽고 빠르게 미모를 업그레이드시킬 수 있다는 단순성의 메시지를 전달하고 있기도 하다. 두 번째로, 재미의 추구는 그들의 제품 네이밍에 숨어 있는 언어유희에서 엿볼 수 있다. 예컨대, Benefit사의 영양크림인 Dear John이란 제품의 네이밍에는 이별의 메시지가 담겨 있는데, 이는 평상 현재 진행 중인 연애상대에게 이름이나 honey와 같은 애칭을 쓰는 것과는 상반되는 표현이다. Dear John이라는 네이밍에는 이보다 더 피부관리에 효과가 좋은 영양크림은 없으니 이제껏 쓰던 다른 제품들에 영영 이별을 고하라는 의미가 담겨 있다. 반면 진지함이란 Benefit사의 인터넷 사이트인 베네베네(benebene) 클럽 회원들이 업로드해 놓은 리뷰 메시지를 통해 엿볼 수 있다. Benefit사의 고객 리뷰는 마치 카메라 매니아들이 업로드해 놓은 후기만큼이나 디테일하고 분석적인 것이다. 마지막으로 자연스러움은 fake-it의 의미 그대로 완벽히 속여 마치 자기 입술, 피부 같이 표현해 주겠다는 Benefit사의 약속을 의미한다. 하지만 다른 기능성 화장품처럼 진피까지 침투하여 근본적으로 치유하는 것은 아니기 때문에 어디까지나 화장을 하고 있는 동안만큼은 완벽하고 인공적으로 미모를 업그레이드시킨다는 제안을 담고 있기도 하다.

Fake-it 컨셉 시장의 선발주자로서 Benefit사는 지난 30여년간 글로벌브랜드로 약진하며 우리나라에도 2004년 진출한 바 있다. 인스턴트 화장품이라는 이색적 컨셉으로 미국 및 유럽 등 서구 여성들의 미모 발현 욕구를 충족시켜 온 Benefit사는 국내 시장에서도 차츰 그 세를 넓혀가고 있는 참이다.

자료원: Unitas Brand Vol.8.

미용시장의 구성

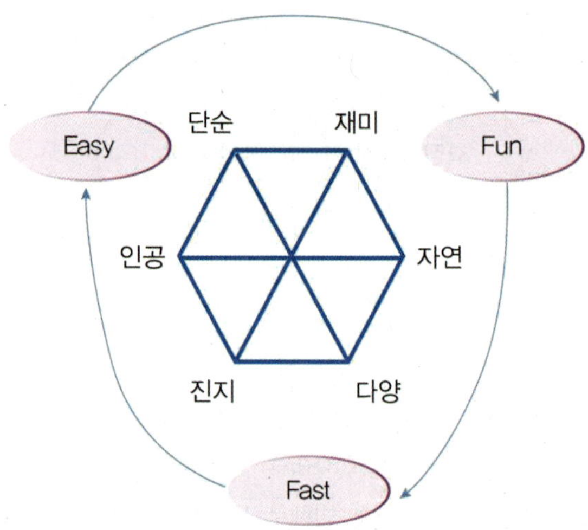

사결정과정 중 어느 단계에 있으며 어떤 단계로 이동해야 하는가를 우선 숙지할 필요가 있다. 표적청중이 도달해 있는 단계는 구매준비단계(buyer–readiness stage) 모델을 통해 살펴보면 인지(awareness), 지식(knowledge), 호감(liking), 선호(preference), 확신(conviction), 구매(purchase)의 6단계 중 하나에 있다고 볼 수 있으며 각각의 의미는 다음과 같다.

- **인지(awareness)** 인지단계는 제품이나 브랜드의 존재를 지각하는 단계다. 청정원에서 2007년 11월 '맛선생'이라는 브랜드를 처음으로 시장에 선보이면서 표적청중들은 '맛선생'이라는 새로운 브랜드의 존재에 대해 차츰 인지해 나가게 되었다.
- **지식(knowledge)** 지식단계는 소비자의 기억 속에 제품이나 브랜드에 대한 연상이 형성되어 저장되는 단계다. 연상의 대표적 형태는 'A는 B이다' 꼴인데, '맛선생(A)은 친환경조미료(B)이다'가 한 예가 될 수 있다.
- **호감(liking)** 호감단계는 제품이나 브랜드에 대해 긍정적으로 느끼는 단계다. 예컨대 소비자가 자연조미료라는 컨셉의 친환경성에 반해 '맛선생'이라는 브랜드에 대해 호감을 형성하는 단계다.

청정원의 천연조미료 '맛선생'

그림 12-4 소비자 구매준비단계

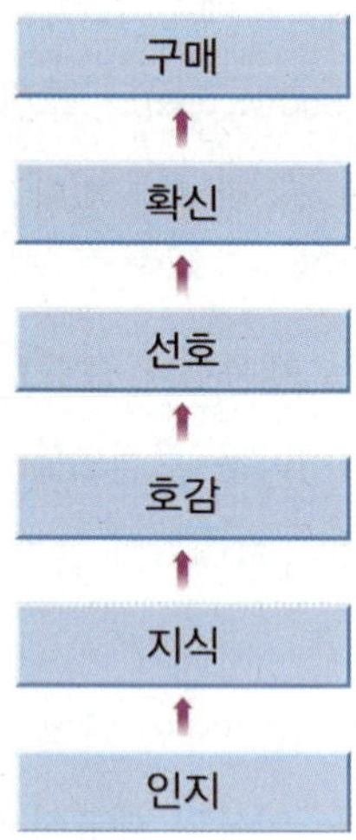

- **선호(preference)** 선호단계는 호감단계에서 한발 더 나아가 여타 제품이나 브랜드보다 해당 브랜드를 더 좋아하게 되는 단계다. 예컨대, 소비자가 '감치미'나 '맛나' 등의 경쟁 브랜드보다 '맛선생'이라는 브랜드에 더욱 끌리게 되는 단계다.
- **확신(conviction)** 확신단계는 해당 제품이나 브랜드가 최상의 선택대안이라는 믿음이 형성된 단계다. 예컨대 소비자가 '맛선생'브랜드를 자신과 가족의 건강 및 입맛에 맞는 최상의 대안으로 믿는 단계다.
- **구매(purchase)** 구매단계는 해당 제품이나 브랜드를 실제로 구입하게 되는 단계다. 예컨대 소비자가 기존에 쓰고 있던 조미료가 고갈되어 새로이 제품을 구매해야 하는 시기를 맞이하게 되면, '맛선생' 브랜드에 대한 확신을 갖게 되었을 경우 대형 할인 마트 등에 장을 보러 나섰다가 '맛선생' 브랜드를 구매할 수 있다.

12.3.3 메시지 설계

표적청중으로부터 원하는 반응을 숙지한 마케터가 해야 할 다음 작업은 실제로 그러한 반응을 이끌어낼 수 있는 메시지를 설계하는 것이다. 따라서 마케터는 메시지 설계시 어떤 메시지 내용을, 어떤 구조와 형태로, 누구의 입을 빌어 표적청중에게 전달하는 것이 표적청중으로부터 원하는 반응을 이끌어내기에 효과적일지에 대한 답을 모색해

사례 12-4

소비자 구매준비 단계별 주요 영향 접점

한국방송광고진흥공사(KOBACO)의 2014 소비자행태연구 MCR(Media & Consumer Research)에 따르면 제품에 대한 정보를 얻는 단계와 브랜드에 대한 매력이 형성되는 단계, 구매결정단계에서 지상파TV 영향이 가장 큰 것으로 나타난다. 특히 정보 획득 초기단계에서 지상파TV 영향력이 87%로 나타나 제품을 인지하게 하거나 주목하게 만드는 데 지상파TV가 유용할 것으로 판단된다.

구매결정단계에서는 지상파TV, 주위사람, 판매원 순으로 영향력이 높게 나타나는데 접점 간 차이가 크지 않다. 구매에 임박한 단계에서는 여러 경로로 정보를 꼼꼼히 따져보고 구매하는 경향을 나타내는 것으로 보인다.

마케터로서는 소비자의 구매행동을 촉진할 때 구매준비 단계별로 영향력 차이를 염두에 두어 적절한 접점을 통해 커뮤니케이션을 도모해야 할 것이다.

자료원: KOBACO, 소비자행태연구 MCR 연례보고서, 2014, KOBACO 홈페이지.

야 한다. 다음은 이같이 최적화된 메시지의 설계를 위한 메시지의 내용 및 구조 그리고 형태에 대해서 살펴보겠다.

(1) 메시지 내용

마케터는 표적청중으로부터 원하는 반응을 이끌어내기 위해 메시지에 무엇을 담아낼 것인지 결정해야 한다. 메시지의 내용(message content)을 설계한다는 것은 바로 이같이 메시지에 담겨질 그 '무엇'을 고안해 내는 결정이라 볼 수 있다.

메시지 내용(message Content)은 크게 이성적 소구(rational appeal), 감성적 소구(emotional appeal), 도덕적 소구(moral appeal)의 세 가지로 유형화해 볼 수 있다. 여기서 소구(appeal)란 "설득력 있는 간절한 요청(request) 혹은 호소"라는 사전적 의미를 가진다.

- **이성적 소구** 이성적 소구(rational appeal)는 표적청중에게 이해득실에 관한 메시지를 전달하여 마케터가 원하는 반응을 이끌어내려는 소구방식이다. 즉, 소비자가 제품 가격만큼의 비용을 부담한 대가로 얻게 되는 효익을 설파하는 것으로, 소비자가 제품 구매의 대가로 취득하게 되는 경제적 · 물리적 혜택 등을 중점적으로 알리고자 한다. 예를 들어, 커피가 기존 커피전문점의 커피들보다 1,000원 이상

맥도날드의 맥까페 CF

존슨&존슨의 밴드에이드 인쇄 광고

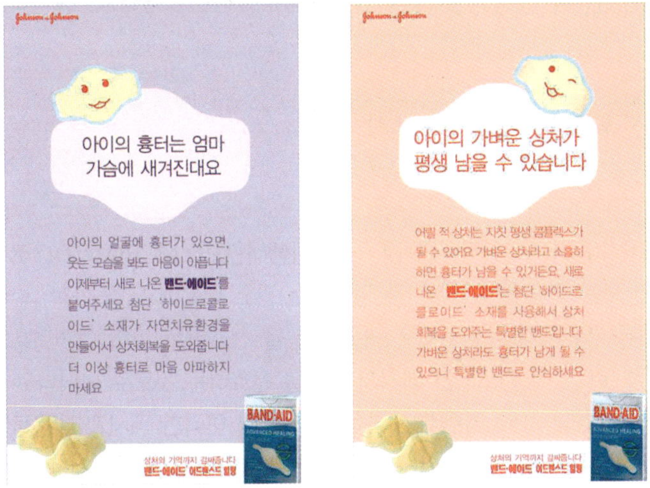

낮은 가격으로 출시되었다고 해서 그 품질에 하자가 있는 것은 아니라는 것을 증명하기 위해 소비자에게 변형된 블라인드 테스트를 실시하고 그 과정과 결과를 그대로 TV CF로 내보내고 있다. 이것은 고가격이 고품질을 보증할 것이라는 상식을 깨고 합리적 가격으로 맛 좋은 커피를 즐기는 '스마트 초이스' 컨셉으로 소비자들의 이성에 호소하는 내용의 메시지를 전달하고 있다.

- **감성적 소구** 감성적 소구(emotional appeal)는 표적청중의 구매동기를 유발할 수 있는 긍정적 · 부정적 감정(emotion)을 불러일으켜 마케터가 원하는 반응을 이끌어내려는 소구방식이다. 유머, 사랑 등과 같은 긍정적 감정이나 공포, 수치 등과 같은 부정적 감정을 유발하는 메시지 등이 여기에 해당된다고 볼 수 있다. 예컨대, 존슨 앤 존슨에서 출시된 밴드에이드 제품은 "아이의 흉터는 엄마의 가슴에 새겨진대요."라는 문구로서 자칫 우리 아이 몸에 흉터가 남을지도 모른다는 우려와 불안감의 정서를 불러일으킨다.
- **도덕적 소구** 도덕적 소구(moral appeal)는 표적청중의 당위적 가치관을 자극하여 마케터가 원하는 반응을 이끌어내려는 소구방식이다. 헌혈, 환경보호 등을 촉구할 때 이웃과 후손에 도움을 줄 수 있다는 대의명분에 호소하는 사례 등이 여기에 해당된다. 또한 최근에는 공정무역(Fair Trade)을 기치로 내세워 생산자와의 직접

사례 12-5

가장 선호하는 광고 메시지 내용

한국방송광고진흥공사(KOBACO)의 2014 소비자행태연구 MCR(Media & Consumer Research)에 따르면 모든 연령층이 이미지가 강조되는 광고 내용에 대해 가장 높은 호감도를 보인다. 젊은층에서는 유머와 재미가 강조되는 광고 내용을 선호하는 반면 고연령층에서는 제품의 내용이나 전통/인간적 유대감이 강조되는 메시지 내용을 선호하는 것으로 나타나고 있다. 광고 내용이 대표적인 메시지 내용의 주요 범주라는 점을 고려할 때 이러한 메시지 내용들이 2014년 현재 가장 선호받는 메시지 내용들 중 일부라는 점은 분명해 보인다. 마케터로서는 이런 정보를 고려하여 메시지 내용을 고안해야 할 것이다.

자료원: KOBACO, 소비자행태연구 MCR 연례보고서, 2014, KOBACO 홈페이지.

	전체	남자					여자				
		10대	20대	30대	40대	50대+	10대	20대	30대	40대	50대+
제품 이미지	33	34	35	31	34	34	32	32	32	33	35
유머와 재미	25	35	27	25	23	19	33	28	28	25	21
제품의 내용	20	15	18	19	19	21	18	17	22	22	23
전통/유대감	9	4	5	9	10	13	5	8	7	7	11
경쟁제품 비교	6	4	6	7	8	7	5	8	6	7	5
호기심 자극	4	4	3	5	3	3	4	3	3	4	3
섹시한 컨셉	3	4	5	4	3	3	3	4	3	2	2

연계를 통해 유통마진을 낮춘 '착한 초콜릿', '착한 커피' 등이 소비자들의 눈길을 끌고 있다. 소비자들은 일반 초콜릿이나 커피보다 다소 높은 가격이 책정되어 있음에도 불구하고 '올바른' 일에 참여한다는 도덕적 자부심에서 기꺼이 공정무역제품을 사고자 하는 구매 동인을 발동시킬 수 있다.

한편, 표적청중으로부터 원하는 반응을 이끌어낼 수 있는 바람직한 메시지 내용(message content)이 갖추어야 할 선결조건으로는 유의미성(meaningfulness)과 신뢰성

(believability) 그리고 차별성(distinctiveness)이 있다. 이 같은 세 가지 조건을 구비한 메시지는 표적청중의 포지셔닝 맵 중 가장 이상적 좌표점에 자사의 브랜드를 자리매김시키는 데에 결정적 기여를 할 수 있다.

- **유의미성(meaningfulness)** 메시지 내용은 표적청중에게 보다 중요한 편익을 담아낼수록 마케터가 원하는 방향으로 반응을 유도하는 데 효과적이다. 표적청중의 욕구와 보다 관련성(relevance) 높은 속성 차원에 대해 자사 브랜드의 강점을 포지셔닝시킴으로써 메시지를 통한 설득효과를 좀더 고양시킬 수 있다. 예컨대, 동아오츠카의 '블랙빈 테라피'는 다이어트에 효과적인 건강음료라는 컨셉을 내세워 젊은 여성들의 바디 이미지 고양에 대한 열망을 충족시키고자 하였다.
- **신뢰성(believability)** 메시지 내용은 표적청중에게 약속한 편익을 제대로 전달할 것이라는 신뢰감을 담아낼수록 표적청중으로부터 마케터가 원하는 반응을 이끌어내기에 유리하다. 예컨대, 임플란트 시술이라 불리는 인공치아 이식은 거의 반영구적이라는 장점 때문에 시장으로부터 좋은 호응을 이끌어내고 있지만, 적지 않은 비용과 시술 자체에 따르는 위험부담 때문에 많은 소비자들이 주저하고 있는 것으로 밝혀졌다. 이때, 시술 전 환자의 건강상태, 출혈위험 등을 철저히 검사한

치과의 임플란트 광고

후 합리적 가격으로 임플란트 시술을 해주겠다는 광고문구는 잠재고객의 심리적 부담감을 한층 덜어줄 수 있다.

- **차별성(distinctiveness)** 메시지 내용은 표적청중에게 독특하게 느껴지고 이를 통해 해당 브랜드가 경쟁제품보다 차별적으로 우월하다는 점을 설득해 낼수록 표적청중으로부터 마케터가 원하는 반응을 이끌어내기에 효과적이다. 예를 들면, 프로스펙스의 운동화 모델인 GH+는 '키크는 운동화'라는 컨셉으로 성장기 자녀를 둔 부모 및 학생들로부터 좋은 반응을 얻고 있다. 운동화라는 제품에 대해 고객들이 기존에 기대하던 혜택, 예컨대 디자인, 내구성, 합리적 가격 등과 같은 기본적 가치들 이외에 성장호르몬을 자극시켜 준다는 웰빙적 가치까지 함께 충족시켜줌으로써 경쟁사와는 확연히 구분되는 포지셔닝을 실현시킬 수 있었다. 또한, 벨킨 사의 노트북 주변기기인 쿠쉬톱(Cushtop)도 노트북의 실제 사용맥락과 환경을 고려하여 새로운 욕구를 발굴하여 시장으로부터 좋은 반응을 이끌어낸 사례 중 하나로 꼽힐 수 있다. 벨킨 사는 노트북의 사용맥락이 단순히 이동 중인 경우에만 머무는 것이 아니라 집안 어느 장소라도 확장될 수 있다는 데 착안하여 쿠션을 댄 노트북 받침대를 시장에 선보여 좋은 반응을 얻을 수 있었다.

벨킨 사의 노트북 주변기기인 Cushtop

(2) 메시지 구조

마케터는 표적청중으로부터 원하는 반응을 이끌어내는 데 보다 효과적인 메시지 구조(message structure)를 결정해야 한다. 메시지 구조는 다양한 의사결정을 통해 결정되지만 주로 결론 유무(conclusion drawing), 핵심주장 위치(message order), 양면주장 여부(message sidedness) 등이 주요 결정사항으로 꼽힌다.

- **결론 유무(conclusion drawing)** 마케터는 메시지에 명확한 결론을 포함시키는 것과 그렇지 않은 것 중에 어떤 방식이 표적청중으로부터 원하는 반응을 이끌어내는 데 더 효과적인지에 대한 결정을 내려야 한다. 과거에는 명확한 결론을 제시하는 메시지 구조가 많이 사용되었으나 최근에는 표적청중이 스스로 결론을 내리도록 명확한 결론을 자제하는 메시지 구조가 바람직하다는 주장이 증가하고 있다. 특히 자명한 결론이나 지나치게 단정적인 결론은 바람직한 잠재고객의 반응을 이끌어내는 데 방해가 될 수도 있다.

베가 아이언 CF

"단언컨대 메탈은 가장 완벽한 물질입니다"라는 명확한 결론을 제시하여 커뮤니케이션 효과를 극대화하는 데 성공한 베가 아이언 광고.

AVIS 광고

"We are only No.2 in rent a cars. So we try harder"(우리는 2등입니다. 그래서 더욱 열심히 합니다)라는 양면적 메시지로 커뮤니케이션 효과를 극대화한 AVIS.

- **핵심주장 위치(message order)** 마케터는 핵심주장을 앞부분에 두는 것과 뒷부분에 두는 것 중에 어떤 방식이 표적청중으로부터 원하는 반응을 이끌어내는 데 더 효과적인지에 대한 결정을 내려야 한다. 표적청중의 제품에 대한 관심도가 충분히 높으면 정보를 처리할 준비가 되어 있으므로 핵심내용을 뒷부분에 두어 극적인 효과를 부여하는 것이 유리하고(현대자동차 그랜저 CF) 관심도가 낮으면 핵심내용을 앞부분에 두어 주의를 환기시키는 것이 바람직하다.
- **양면주장 여부(message sidedness)** 마케터는 긍정적인 측면만 제시하는 일면적 메시지(one-sided message) 방식과 부정적인 측면도 제시하는 양면적 메시지(two-sided message) 방식 중에 어떤 것이 표적청중으로부터 원하는 반응을 이끌어내는 데 더 효과적인지에 대한 결정을 내려야 한다. 일반적으로 공개적인 제품설명회 등에서는 일면적 메시지가 바람직한 것으로 알려져 있으며, 제품이나 브랜드에 대한 부정적 연상이 존재하거나 표적청중의 교육수준이 높아 일방적 주장을 싫어할 경우에는 양면적 메시지가 표적청중으로부터 마케터가 원하는 반응을 이끌어내기에 유리한 것으로 알려져 있다.

홈플러스의 시식코너

사과와 배 등 설 선물세트 품목에 대해 시식코너를 운영하는 홈플러스. 미각은 유력한 메시지 형태가 될 수 있다.

(3) 메시지 형태

마케터는 표적청중으로부터 원하는 반응을 이끌어내는 데 보다 효과적인 메시지 형태(message format)를 결정해야 한다. 메시지 형태는 다양하게 세분화할 수 있지만 크게 언어적 형태와 오감적 형태로 구분할 수 있고, 오감적 형태는 시각 · 청각 · 후각 · 촉각 · 미각적 형태로 구분할 수 있다.

마케터는 언어적 · 비언어적 메시지 형태 중에서 가장 강력한 커뮤니케이션 효과를 창출할 수 있는 방안을 발굴하여 사용해야 한다. 이를 위해 헤드라인, 카피와 같은 언어적 메시지 형태에 국한되지 말고 그림(illustration), 색상(color), 음향 등의 시청각 메시지 형태와 움직임, 얼굴표정, 자세 등의 신체언어(body language)까지 충분히 활용해야 한다. 하이트 맥주의 TV 광고에는 맥주병을 따는 명쾌한 소리로부터 거품이 이는 소리까지 다양한 사운드를 담아내어 구매욕을 자극할 뿐 아니라 수많은 맥주 중 유독 맛깔나게 짙은 색을 내는 제품을 등장시켜 시각적 매력도 함께 높이고 있다.

오감적 메시지 형태 중에서는 주로 시각과 청각 형태가 활용되지만 마케터는 나머지 메시지 형태의 활용가능성도 모색해 보아야 한다. 예컨대 베이커리에서 빵 굽는 냄새를 주위의 행인에게 전달하거나 테이크아웃(Take-out) 커피전문점에서 갓 내린 커피 향을 상점 바깥으로 풍겨내는 것은 후각을 자극하여 충동구매를 유발시키는 경우라고 할 수 있다. 또한 슈퍼마켓 시식대에서 새로 출시된 조리음식 및 과일 등을 맛볼 수 있게 하는 것은 미각을 자극하여 구매욕구를 활성화하는 경우라고 할 수 있다.

(4) 메시지 원천

메시지 원천(message sources)은 앞서 살펴본 메시지의 구조, 내용, 형태의 윤곽이 대략 드러난 후 이것들을 어떤 광고모델을 기용해 표현해 낼 때 가장 메시지 전달의 효과를 극대화할 수 있느냐의 문제와 관련되어 있다. 여기서 메시지 원천이란 메시지 발신 모델을 의미하는데, 맥심커피 광고에 등장했던 장동건이나 윌 요구르트 광고에 등장한 베리마샬 박사 등이 이에 해당한다고 볼 수 있다. 마케터는 표적청중으로부터 원하는 반응을 이끌어내기 위해 추구하는 소구점에 가장 적합한 메시지 원천(message source)을 찾아내도록 노력해야 한다.

설계된 메시지에 최적화된 메시지 원천이 갖춰야 할 덕목으로는 신뢰성(trust-worthiness), 전문성(expert), 매력(attractiveness), 존경심(respect), 근접성(similarity) 등의 다섯 가지가 있다. TEARS 모델은 이 다섯 단어의 맨 앞 알파벳을 따 메시지 원천의 덕목을 요약한 것으로 상세한 내용은 다음과 같다.

그림 12-5 메시지 원천이 표적청중에게 소구하게 되는 다섯 가지 덕목

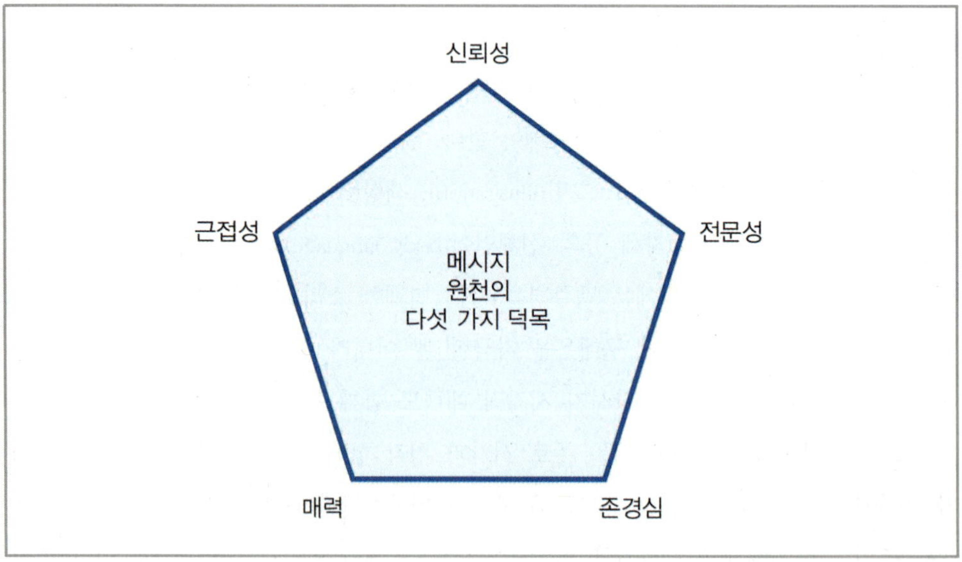

신뢰성

신뢰성(trustworthiness)은 메시지를 전달하는 화자 역할을 맡는 광고모델이 얼마나 믿을 만하며 정직한가의 문제와 관련되어 있다. 이것은 광고모델의 실제 도덕성의 수준을 가늠하는 문제가 아니라 표적청중이 그의 신뢰수준을 어떻게 지각하느냐와 관련되어 있다. 즉, 소비자의 지각된 신뢰수준이 높을수록 해당 광고모델의 메시지 원천으로서의 신뢰도 수준이 함께 상승한다고 볼 수 있다. 또한, 소비자는 광고모델의 해당 브랜드에 대한 지지발언의 의도에 미심쩍음이 발견될 경우 신뢰도를 현저히 격하시킬 우려가 있다. 즉, 모델이 광고료라는 경제적 대가로 해당 브랜드에 대한 지지발언을 할 때보다는 순수히 기존 구매자로서 지지발언을 할 때 보다 큰 신뢰성을 획득할 수 있다.

전문성

전문성(expert)은 메시지 원천이 광고품목과 관련하여 어느 만큼의 지식, 경험, 기술 등을 습득하고 있느냐의 문제와 관련되어 있다. 스포츠웨어 모델로 스포츠스타들이 기용되고, 의류 브랜드 모델로 수퍼모델 출신들이 선호되는 것은 이들이 바로 해당 분야에서 선구자적 위치를 점하고 있기 때문이다. 그런데 앞서 신뢰성의 덕목과 마찬가지로 전문성의 경우에도 광고모델이 해당 분야에서 실제로 전문 지식을 쌓았느냐의 진위 여부보다는 소비자가 이들을 얼마나 전문적으로 지각하고 있느냐가 광고모델로서의 전문성 측면에서는 더욱 중요하다. 예컨대, 메디컬 드라마에서 흉부외과 전문의로 출현했던 배우 조재현은 오리온의 '닥터 유' 광고에서 의사로 분해 저칼로리 · 저나트륨 · 무합성착색료 같은 기능성 건강제품의 컨셉을 전달하는 역할을 맡고 있다. 소비자들은 그가 실

오리온 닥터유 광고의 메시지 원천

제로는 배우일 뿐 의학전문인이 아니라는 사실을 잘 알고 있지만, 드라마에서의 의사로서의 강렬한 인상 때문에 그가 의사로서의 전문성에 기반하여 메시지를 소구한다 하더라도 별 무리 없이 메시지를 수용해 낼 수 있게 된다. 요컨대, 실제적 전문성 못지않게 외견상(quasi) 전문성 또한 메시지 전달에 있어 매우 중요한 문제라고 할 수 있겠다.

매 력

외모를 중심으로 그 밖에 라이프스타일, 지식수준 등이 소비자들로부터 불러일으키는 호감 정도를 매력(attractiveness)이라고 볼 수 있다. 유명 연예인을 광고모델로 내세울 경우 광고주는 그(그녀)의 매력이 해당 브랜드에 대한 매력으로까지 전염·확장되기를 원한다. 도회적 세련미를 뽐내는 여자연예인이 등장하는 아파트 광고를 통해 광고주는 자사 아파트에 대해서도 소비자가 유사한 인상, 즉 도시적 세련미의 이미지를 구축하게 되길 원한다. 그리고 더 나아가서는 소비자가 광고 속 모델과 자신을 일체화하는 단계에까지 이르러 해당 브랜드를 보다 열망하게끔 독려하고자 한다. 여기서, 일체화(identification)란 표적청중이 메시지 원천과의 관계를 추구하면서 메시지 원천과 비슷한 선호, 태도, 행동의도를 형성하게 되는 과정을 말한다. 현재의 자신과는 거리가 있지만 미래의 이상적 자신의 모습을 해당 모델에 투영함으로써 소비자는 자연스레 감정이입을 하게 되고 광고모델의 브랜드 지지태도나 행동을 내재화하게 된다.

존경심

존경심(respect)은 소비자가 메시지 원천의 자질이나 업적을 기려 그(그녀)를 숭앙하거나 추모할 때 생겨난다. 다음에 언급할 매력(charm)의 덕목이 주로 외적 호감도를 표현하는 데 초점을 맞추고 있다면, 존경심은 메시지 원천의 본질적인 측면과 관련되어 우러나는 호감을 가리킨다고 볼 수 있다. 베이징 올림픽이 낳은 스포츠스타들 중 역도의 장미란 선수나 야구대표팀의 김경문 감독은 그들이 이룬 업적으로 인해 일반 청중들로부터 경외심을 불러일으키기도 한다. 특히 야구감독인 김경문 감독을 한국증권업협회에서 장기투자와 관련한 광고에 모델로 기용한 것은 그에 대한 일반 청중들의 존경심에 기댄 결정이라고 볼 수 있겠다.

사례 12-6 가장 선호받는 광고 모델

한국방송광고진흥공사(KOBACO)의 2014 소비자행태연구 MCR(Media & Consumer Research)에 따르면 가장 많은 국내 소비자들(16%)이 가장 선호하는 광고 모델로 전지현을 꼽았다. 주요 요인 중 하나로 SBS 드라마 “별에서 온 그대”의 인기가 꼽힌다. 이어, 수지 7%, 김수현 7% 순이었다. 광고 모델이 대표적인 메시지 원천이라는 점을 고려할 때 이들이 2014년 현재 가장 선호받는 메시지 원천들 중 일부라는 점은 분명해 보인다. 마케터로서는 이런 정보를 평가 요소에 반영하여 가장 바람직한 메시지 원천을 선정하는 것이 유리할 것이다.

자료원: KOBACO, 소비자행태연구 MCR 연례보고서, 2014, KOBACO 홈페이지.

근접성

광고모델과 표적청중의 나이, 성별, 라이프스타일 등의 프로파일이 유사할수록 메시지 원천의 근접성(similarity)이 높아진다고 할 수 있다. 통상적으로 사람들은 자신과 유사한 사람에 더 끌리고 호감을 느끼기 마련이기 때문에 광고 모델도 표적청중들과 비슷한 인물을 설정하게 될 경우 보다 친밀감을 높이며 거리감을 좁혀 나갈 수 있다. 유명 탤런트인 이덕화가 가발 브랜드인 하이모의 전속모델로 장기간 활약할 수 있었던 것은 그가 표적청중인 중년의 남성과 같은 인구통계적 프로파일을 지닌 인물이었기 때문이다. 근접성의 덕목이 특히 요구되는 경우는 광고 대상의 제품에 대한 소비의 이질성(heterogeneity)이 큰 경우라고 할 수 있다. 영화, 책, 음악 등과 같이 소비자들 간 이질성 정도가 큰 컨텐츠 품목의 경우 소비자는 자신과 근접성이 높은 모델로부터의 브랜드 지지메시지에는 귀를 기울이게 되지만, 낮은 모델로부터의 지지메시지는 철저히 외면해버릴 수 있다. 대신, 시장 내 소비의 동질성(homogeneity)이 높은 경우에는 근접성의 덕목보다는 전문성(professionalism)의 덕목이 더욱 중요해지며 이에 기반한 광고가 표적청중에 대한 메시지 전달효과를 더욱 고양시키는 것으로 알려져 있다.

12.3.4 촉진믹스 설계

(1) 촉진예산 결정

촉진예산을 얼마로 설정하고 전체 촉진예산을 세부 촉진프로그램에 얼마씩 할당하여 사용할지를 결정하는 문제는 마케터의 어려운 의사결정사항 중 하나로 꼽힌다. 왜냐하면 기업마다 천차만별의 패턴을 보이는 등 일률적으로 성공원칙을 제시하기가 어렵기 때문이다. 과거 광고예산 결정과정을 바탕으로 촉진예산 결정의 방식들을 일별하여 보면 매출액기준 방식(percentage-of-sales method), 목표기준 방식(objective-and-task method), 경쟁자기준 방식(competitive parity method), 가용액기준 방식(affordable method) 등을 고려할 수 있다.

매출액기준 방식

매출액기준 방식(percentage-of-sales method)은 기존 혹은 예상 매출액의 일정비율을 촉진예산으로 편성하는 촉진예산 결정방식이다. 매출액기준 방식의 장점으로는 실무자들이 실행하기 쉽고 편리하다는 점과 경영자들이 촉진노력과 성과와의 관계를 계산하기 용이하다는 점을 들 수 있다. 그러나 매출액기준 방식은 광고와 매출액 간 인과관계의 흐름이 거꾸로 뒤집혀있다는 논리상의 문제점을 지니고 있다. 즉, 광고액이 증가하면 그의 결과로서 매출액이 증가하기 마련인데(매출액 = f (광고)), 매출액기준 방식은 광고액을 매출액 함수의 종속변수로써 취급하고 있기 때문이다(광고 = f (매출액)). 따라서 매출액기준 방식으로 광고 등에 관한 촉진예산을 편성하게 되면 성과가 개선되는 제품에 촉진예산이 편중되는 반면, 성과가 악화되는 제품에는 촉진예산을 감축해 버려 브랜드의 재기를 원천적으로 봉쇄하게 된다는 단점을 지니고 있다. 또한 매출액에서 어느 만큼의 비율을 촉진예산으로 편성하는 해야 하는지에 대한 논리적이고 명확한 근거가 불명확하기 때문에 설득력이 낮다는 점도 매출액기준 방식의 약점으로 꼽히고 있다. 따라서, 많은 기업들은 촉진예산 범위의 대략적 윤곽을 그려내기 위해 매출액기준 방식을 사용하는 한편, 후속 조치로 다음의 목표기준 방식, 경쟁자기준 방식, 가용액기준 방식 등을 병행하여 사용하고 있다.

목표기준 방식

목표기준 방식(objective-and-task method)은 마케팅 커뮤니케이션을 통해 추구하는 목표와 이를 위해 필요한 과업을 수행하는 데 필요한 추정 소요 금액을 토대로 촉진예산을 편성하는 촉진예산 결정방식이다. 목표기준 방식에 의한 촉진예산 편성절차는 크게 다섯 가지로 압축해 볼 수 있다. 우선 첫째로 마케팅의 목적을 명확히 확립하는 것이다. 전체 매출액의 증대, 시장점유율의 확대, 수익률 증대 등 측정가능한 목표를 정해 구체적으로 어느 만큼의 수치적 증진을 도모할 것인지 결정해야 한다. 두 번째로는 앞서 확립된 마케팅 목적의 달성을 위해 필요한 커뮤니케이션의 역할을 구체적으로 설정하는 것이다. 시장점유율 확대를 위해 브랜드 인지도는 얼마만큼 개선할 것이며 이미지는 어느 방향으로 확립해 나갈 것인지 결정해야 한다. 세 번째는 여러 촉진믹스 중 광고, PR, 인적판매, 판매촉진 각각에 대한 역할을 보다 구체화시키는 것이다. 그리고 네 번째는 각 세분 촉진믹스의 효과에 대한 구체적 목표치를 설정하는 것이다. 예컨대, 새로 출시된 유기농분유의 표적청중이 젖먹이 아이를 둔 젊은 어머니들이라면 광고를 통해 이들로부터 자사 브랜드의 인지도를 5%에서 35% 이상으로 증진시킨다든지 혹은

'고급 유기농분유'라는 이미지 포지셔닝에 성공한 청중의 비율을 3%에서 20% 증진시킨다든지 하는 것이 이에 해당된다. 마지막으로 다섯 번째는 이렇게 설정된 촉진활동 각각에 소요되는 예산을 편성하는 것이다.

이 같은 목표기준 방식의 장점은 촉진예산과 이를 통해 얻어지는 결과 사이에 인과적 연결이 명확하여 관리의 정당성을 확보하기 용이하다는 것이다. 반면, 목표달성에 필요한 과업을 나열하고 각 과업수행에 필요한 금액을 추정하는 작업이 다소 복잡하다는 점이 목표기준 방식의 단점으로 꼽힐 수 있다.

경쟁자기준 방식

경쟁자기준 방식(competitive parity method)은 경쟁자의 촉진예산을 직간접적으로 추산한 후 그 금액을 근거로 촉진예산을 편성하는 방식을 일컫는다. 경쟁사가 매출의 20% 정도를 촉진예산으로 책정하고 있다고 추산되면 자사의 촉진예산도 그에 맞춰 상향 혹은 하향 조준하는 것이다. 만일, 자사가 후발주자로 신제품을 출시할 참이라면 경쟁자의 기존 시장 점유율을 뺏어오기 위해 경쟁자의 촉진믹스 할당 비율인 20%보다 훨씬 많은 금액을 자산 브랜드의 촉진믹스 예산으로 편성할 수 있다. 반면, 이미 시장에 진출해 있는 상태에서 서로 시장점유율이 어느 정도 안정된 상태에 이르렀다면 섣불리 촉진예산을 증가시켜 상호 간에 출혈경쟁을 촉발시키는 사태를 막기 위해 예산을 기존과 같이 유지하거나 혹은 감축시킬 수도 있다. 특히, 과점시장에서는 이러한 경쟁자 기준에 맞춘 촉진예산의 편성이 중요한 화두로 떠오르게 되는데 이때 등장하는 이론 중 하나가 게임이론이다.

따라서, 경쟁자기준 방식은 시장에서의 공생을 지향하며 출혈경쟁을 자제하기 위해 서로가 비슷한 수준의 촉진예산을 집행하게 되므로 예산낭비를 비교적 줄일 수 있다는 장점이 있다. 반면, 기업과 제품의 고유한 특성이 고려되지 못한다는 점은 경쟁자기준 방식의 단점으로 꼽힐 수 있다.

가용액기준 방식

가용액기준 방식(affordable method)은 기업활동의 다른 부분에 예산을 우선 배정하고 남는 가용액의 범위 안에서 촉진예산을 편성하는 방식을 말한다. 가용액기준 방식은 마케팅활동을 뒷받침하기 위한 촉진예산을 후순위로 두기 때문에 촉진활동 전반을 평가절하시킬 수 있고, 또 그러한 분위기에서 종종 채택되는 예산편성 방식이기도 하다. 따라서, 마케터는 일련의 촉진 활동이 실제로 매출 및 수익성 제고에 구체적으로 얼마만큼 기여했으며 또 이를 입증하는 측정가능한 자료들을 제시할 수 있어야 한다.

이러한 가용액기준 방식의 장점으로는 재무적 부담을 원천적으로 피할 수 있다는 점을 들 수 있으며 이 때문에 재무자원의 압박에 시달리는 중소기업을 중심으로 많이 차용되고 있다. 반면, 이는 촉진예산 예측을 불가능하게 만들기 때문에 마케팅활동의 일관성을 유지시키기 어렵다는 단점을 지니고 있기도 하다.

(2) 촉진믹스 결정

마케터는 바람직한 촉진믹스를 구성하기 위해서 가능한 촉진믹스 대안을 IMC의 효과면에서 다각도로 평가하여 촉진믹스를 구성해야 한다. IMC의 효과면에서 촉진믹스 대안을 평가하기 위해 살펴보아야 할 체크리스트 항목이 담고 있는 의미를 살펴보면 다음과 같다.

범위(coverage)

범위 체크리스트 항목의 의미는 다음과 같다. 각각의 촉진수단이 도달할 수 있는 표적청중의 범위는 어디인가? 서로 다른 촉진수단이 중첩되어 도달하게 되는 표적청중

그림 12-6 2014년 한국인 평균 일주일간 매체 접촉률

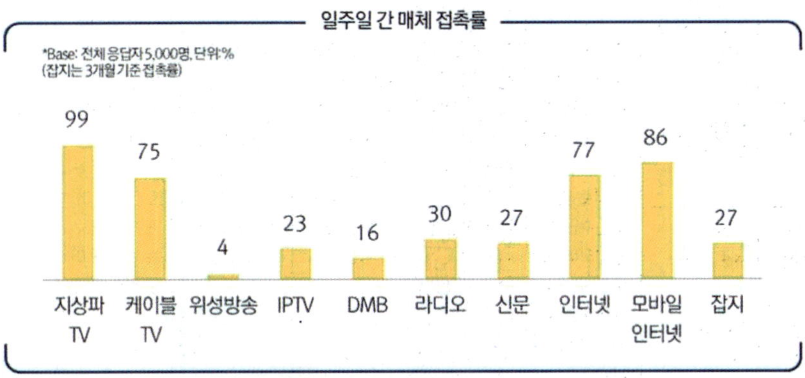

자료원: KOBACO, 소비자행태연구 MCR 연례보고서, 2014, KOBACO 홈페이지.

범위는 어디인가? 서로 다른 촉진수단이 중복 없이 단독으로 도달하게 되는 표적청중의 범위는 어디인가? 범위(coverage)에 대한 검토는 중복 범위를 최소화여 표적청중 전체 풀에 틈이 생기지 않게 전체를 포괄하는 마케팅 커뮤니케이션 활동을 벌이기 위해 고려해야 할 항목이다.

기여도(contribution)

기여도 체크리스트 항목의 의미는 다음과 같다. 이 촉진수단은 다른 촉진수단에 노출되지 않은 표적청중으로부터 마케터가 원하는 반응을 이끌어내는 데 얼마나 효과적인가? 기여도는 촉진믹스 각각의 효과를 측정하기 위해 검토해 보아야 할 사항이다.

공통성(commonality)

공통성 체크리스트 항목의 의미는 다음과 같다. 이 촉진수단들을 통해 표적청중에게 브랜드가 추구하는 핵심연상을 공통적으로 추구하고 강화할 수 있는가? 표적청중에 대한 다양한 촉진활동들이 IMC의 핵심인 일관성을 해치지 않고 있는지 검토하기 위해 고려해야 할 부분이다. 지나친 단조로움으로 인한 지루함을 줄이고 마케터의 의도대로 표적청중의 뇌리 속에 자사 브랜드를 포지셔닝시키려면 이러한 공통성에 대한 검토는

그림 12-7 촉진믹스 선정 체크리스트

유형	구체방안	범위	기여도	공통성	보완성	강도	비용
광고	TV광고 인터넷광고 PPL …	- 각각의 촉진수단이 도달할 수 있는 표적청중 범위는 어디인가? - 서로 다른 촉진수단이 중첩되어 도달할 수 있는 표적청중 범위는 어디인가?	- 이 촉진수단은 다른 촉진수단에 노출되지 않은 표적청중으로부터 마케터가 원하는 반응을 이끌어 내는 데 얼마나 효과적인가?	- 이 촉진수단들을 통해 표적청중에게 브랜드가 추구하는 핵심 연상을 공통적으로 추구하고 강화할 수 있는가?	- 이 촉진수단을 통해서 다른 촉진수단이 전달하기 어려운 보완적 연상을 표적청중에게 전달하고 심어줄 수 있는가?	- 이 촉진수단은 다양한 매체를 통해 서로 다른 메시지에 노출된 표적청중으로부터 마케터가 원하는 반응을 이끌어낼 수 있는가?	-이 촉진수단은 비용면에서 타당성이 있는가?
PR	자선행사 축구후원 …						
판매촉진	쿠폰 무료시음 …						
인적판매	Salesman …						

필수불가결하다고 볼 수 있다.

보완성(complementarity)

보완성 체크리스트 항목의 의미는 다음과 같다. 이 촉진수단을 통해서 다른 촉진수단이 전달하기 어려운 보완적 연상을 표적청중에게 전달하고 심어줄 수 있는가? 마케터가 구사할 수 있는 다양한 촉진수단 중 어느 한 수단만이 고유하게 도달할 수 있는 표적청중의 범위는 어디인지 살펴봄으로써 마케터는 표적청중 전체에 공백이 생기지 않게 미래의 촉진활동을 재실계할 수 있다.

강도(robustness)

강도 체크리스트 항목의 의미는 다음과 같다. 이 촉진수단은 다른 촉진수단에 노출된 표적청중이나 노출되지 않은 표적청중 모두에 효과적일 수 있는가? 이 촉진수단은 다양한 매체를 통해 서로 다른 메시지에 노출된 표적청중 모두로부터 여전히 마케터가 원하는 반응을 이끌어낼 수 있는가? 예컨대, 60만원을 호가하는 고가의 핸드폰이 새로 출시된 상황에서 청중 A는 제품관련 광고 메시지를 프리미엄 멤버십 잡지를 통해 접하게 되었다고 하자. 반면, 청중 B는 거리에서의 판촉활동을 통해 해당 제품에 대한 정보를 얻게 되었다고 가정해 보자. 이때 마케터가 이벤트 경품으로 자사의 최신 핸드폰을 내걸게 된다면, 청중 A와 B의 반응은 유사할까? 프리미엄 멤버십 잡지를 구독하는 청중 A는 재무적 제약을 덜 받는 VIP고객일 공산이 큰 데 반해 청중 B는 보다 가격에 민감한 평상적 고객일 확률이 크다. 따라서, 이벤트 경품행사에 대한 반응탄력성은 청중 B가 더 클 확률이 높다. 요컨대, 촉진믹스가 다각화됨에 따라 메시지 접합점에 놓여 있는 표적청중의 특성도 상당히 달라지며 이들 간 이질성도 덩달아 높아질 수 있기 때문에 차후적으로 뒤따라야 할 촉진수단에 대한 고민도 이것의 연장선상에서 이뤄져야 한다.

비용(cost)

비용 체크리스트 항목의 의미는 다음과 같다. 이 촉진수단은 비용 면에서 타당성이 있는가? 비용 대 혜택이 합리적 결과를 도출시키는가? 신제품 출시 초기에 표적청중에 대해 자사 브랜드의 인지도를 크게 높이고자 한다면, 우선적으로 광고에 기댄 촉진활동을 활성화시켜야 한다. 반면, 시장의 성숙에 따라 브랜드의 친밀도가 높아지게 되면 인

사례 12-7

누가누가 가장 오래 살았나? 3개 장수 과자브랜드 이야기

다음 중 어느 과자가 가장 오래되었을까?
(1) 초코파이 (2) 새우깡 (3) 맛동산

위의 세 과자 모두 각 제조업체를 대표하는 장수 브랜드이며 일반인들에게 친숙도가 상당히 높은 편에 속하기 때문에 질문에 금방 답을 내기는 어렵다. 각설하고 정답부터 밝히자면 정답은 (2)번 새우깡이다. 새우깡은 농심에서 1971년에 출시했던 상품이며 초코파이는 오리온에서 1974년에 시장에 처음 선보였다. 그리고 이 중 가장 젊은 축에 속하는 해태제과의 맛동산은 1975년생이다. 물론 우연으로라도 이 질문에 옳게 답을 찍은 사람이라면 대수롭지 않게 넘어갈 수 있는 문제겠지만, 만일 가장 어린 축에 속하는 (3)번 맛동산을 답으로 선택한 사람이라면 약간은 의외의 결과에 어리둥절해 할 수도 있다. 왜 '맛동산'이라는 브랜드가 가장 오래되고 조금은 노쇠한 브랜드로 다가왔던 것일까?

새우깡 포장지의 변천사

이 세 과자의 성장사를 돌이켜보면 의아함이 조금은 해소될 수 있을지 모른다. 새우깡이나 초코파이의 경우는 1970년대 최초 시장에 선 보인 후 80년대 들어서면서부터 5년 단위로 대대적인 리뉴얼을 단행해 제품포장에 꾸준한 변화를 주어왔다. 그리고 이러한 변화로 다소 서먹해진 브랜드에 조속히 소비자가 적응할 수 있도록 대대적인 TV광고 등도 곁들여왔다. 반면에, 해태제과의 맛동산은 1975년 태어난 이후 큰 변화 없이 쭉 포장지의 디자인을 유지해왔고 약간의 변화는 있었지만 소비자가 금새 낯설어 할 만큼의 대대적인 리뉴얼은 단행하지 않았다. 이러한 맛동산의 원초적 모습에 변화의 바람이 불어닥친 것은 2006년 브랜드 출시 최초로 리뉴얼을 단행하면서 부터

이다. 웰빙 트렌드에 맞춰 원료도 친환경적인 것으로 바꾸며 식감도 개선시켰다. 그리하여 2006년 이후 맛동산이 새로 선보인 맛동산 포장디자인만 3개 이상이다.

그러나 여전히 한 가지 의문점은 남는다. 변화가 과연 좋기만 한 것일까? 오래된 친밀감은 다만 부정적 이미지로만 소비자들에게 소구되고 있는가? 2008년 12월, 해태제과 전체 과자류 중 월매출액 60억으로 단연 1위를 차지한 건 바로 맛동산이었다. 불황의 여파로 싸고 배부르게 먹을 수 있는 익숙한 브랜드가 다시 한 번 시장에서 저력을 발휘하게 된 것이다. 이는 오리온 초코파이도 마찬가지여서 2008년 한 해 11월까지의 총매출액은 650억원으로 집계되었으며 미국발 금융위기 이후 판매량이 전년 대비 15%나 약진하는 모습을 보여주었다. 초코파이가 98년 외환위기 당시 무려 720억원어치를 팔았다는 기록을 보면 역시 장수 브랜드는 불황에 강한 모습을 보이는 듯하다.

요컨대, 통시적 관점에서의 브랜드관리는 마케터에게 친밀감(혹은 익숙함)과 신선함이라는 딜레마 사이에서 많은 도전과제들을 던져주게 된다. 이 둘 사이에서 어떻게 균형을 잡아 브랜드의 일관성을 지켜나갈 것인지가 바로 브랜드 담당자의 주된 과제 중 하나라고 볼 수 있겠다.

초코파이 포장지의 변천사

맛동산 포장지의 변천사

왼쪽에서 세 번째 포장지는 2006년 31년만에 처음 실시한 리뉴얼로 탄생한 포장지이다.
네번째, 다섯 번째는 2007, 2008년 선보인 포장지.

적판매나 판매촉진을 통해 실제 표적청중의 시용을 적극적으로 유도해 볼 수 있다. 그리고 더 지나서 브랜드가 퇴화되기 시작하여 노쇠한 이미지를 띠기 시작하게 된다면 다시 광고 등을 통해 이미지 쇄신을 꾀해 볼 수 있다. 이처럼 자사 브랜드의 현 위치를 파악하여 비용 대비 효과를 가장 톡톡히 누릴 수 있는 촉진믹스를 편성해 내는 것은 마케터의 주요 임무 중 하나라 볼 수 있다.

12.3.5 실 행

촉진예산과 촉진믹스가 결정되면 마케터는 IMC 프로그램이 실행되는 과정을 관리해야 한다. 실제 마케팅활동에 투입될 인원을 확보하고 이들에 대한 조정권한을 갖는 관리자를 선정한 후, 이들의 활동성과에 대해 측정가능한 성과지표를 개발해야 한다. 이 같은 일련의 과정들을 세부항목별로 살펴보면 다음과 같다.

각 촉진방식을 담당하는 실무자가 참여하는 팀을 구성하여 공동으로 마케팅 커뮤니케이션을 기획하도록 하는 것이 바람직하다. 가능하다면 마케팅 커뮤니케이션 기획단계에서 표적청중, 이해관계자를 참여시키는 것도 적극적으로 검토할 필요가 있다. 예컨대, 표적청중이 가정주부인 김치냉장고 등의 경우, 실제 주방에서의 동선에서 김치냉장고가 어떤 위치에 놓여야 하며 어느 품목들이 주로 저장될지 살펴볼 필요가 있다. 이를 테면, 인체공학적 측면에서 무거운 김치나 과일 등을 위로 들어 올리는 것보다는 스탠딩 스타일로 서랍처럼 수평으로 끌어내는 것이 보다 적합하며 효율적인 디자인일 수 있다. 이러한 표적청중의 명시적 · 암묵적 욕구를 탐지해 내기 위해서는 제품 기획단계에 소비자들을 적극 끌어들일 필요가 있다.

효과적인 IMC 실행을 위해서는 각 촉진방식을 전체적인 견지에서 통합적으로 조정할 수 있는 관리자를 선정하는 것이 바람직하다. IMC 전반을 조정하고 그 결과에 대해 책임지는 관리자가 없을 경우에는 개별 촉진기능을 통제하기가 어렵다. 특히, 브랜드의 일관성이란 R&D, 생산부서, 고객서비스 부서 등과의 연계를 통해 수행가능한 것이기 때문에 IMC 관리자는 마케팅팀 내 활동의 조정뿐 아니라 외부 부서와의 조율 역할도 충실히 해낼 수 있어야 한다.

IMC 성과를 측정할 통합지표를 개발해야 한다. 각 촉진방식을 분리하여 서로 다른 상위항목에 합산한 후 평가를 하게 되면 IMC의 효과를 희석시킬 수 있다. 특히, 제한된 촉진예산을 광고, PR,판촉, 인적 판매 등 각각에 배분해야 하는 상황에서는 분화된 성과지표가 자칫 단기간 성과측정에 유리한 촉진믹스에의 예산편중을 야기시킬 수 있다. 예컨대, 판촉은 시장에서 즉각적인 반향을 불러일으킬 수 있지만, 이는 한시적 효과를 자아내는 데 그치며 더 심각하게는 브랜드 이미지를 훼손시킬 수 있다. 따라서 IMC 관리자의 주된 임무 중 하나는 각각의 촉진믹스 활동성격에 맞는 타당하고도 측정가능한 지표를 개발, 적용하는 일이라 할 수 있겠다.

12.3.6 피드백

피드백이란 "정보 흐름이 역전되어 발신자가 자신이 송출시킨 상징기호들에 대해 다시금 반응할 수 있는 기회"를 일컫는다. 쌍방향 커뮤니케이션에서 피드백은 가장 핵심적 부분 중 하나이며 심지어 '무반응'조차도 하나의 피드백으로 해석될 수 있다.

전통적 마케팅에서는 매출액이나 시장조사에 따른 보고서 등을 피드백 원천으로 삼았다. 그러나 최근에는 정보통신의 발달로 거의 실시간으로 보다 정교한 형태의 고객관련 정보를 수집할 수 있게 되었으며, 피드백 순환주기도 그만큼 짧아지게 되었다. 다시 말해 질적으로나 양적으로나, 또 속도상으로나 피드백 정보의 수준이 한층 더 업그레이드되었다는 것이다. 일례로 GE는 한해 1,000만달러의 비용을 들여 약 300만 건의 고객상담을 전화로 해결하고 있는데, 이처럼 피드백 정보처리비용이 천문학적으로 증가하게 된 것은 정보 과부하에 보다 효율적으로 대응할 수 있는 시스템의 구축이 기업경쟁 우위 원천의 한 요소로 자리잡았다는 인식 때문이라고 볼 수 있다.

따라서, IMC 프로그램에 따라 표적청중에게 메시지를 발송한 이후 마케터는 그 효과성을 적절히 판가름하기 위해 보다 구체적이고도 명확한 질문들을 제시하고 이에 대한 답을 구할 수 있도록 하여야 한다. 기존의 IMC 프로그램을 보완하거나 강화할지 아니면 전면 수정할지 여부를 결정하기 위해 마케터가 잊지 말아야 할 전략적 질문사항들에는 다음과 같은 것들이 있다.

- 얼마나 많은 표적청중이 마케터가 발송한 메시지에 노출되었는가 혹은 노출되었다는 사실을 기억하는가? 노출되었다면 몇 번 노출되었는가? 두 번 이상 노출되었다면 동일 매체를 통해서인가 아니면 서로 다른 매체를 통해서인가?
- 표적청중이 제품과 관련하여 기억하는 것은 무엇인가?
- 표적청중은 메시지를 어떻게 느끼고 있는가? 좋아하는가 혹은 좋아하지 않는가?
- 표적청중은 제품과 브랜드에 대해 어떻게 느끼고 있는가? 좋아하는가 혹은 좋아하지 않는가? 메시지에 노출되기 전의 태도와 노출된 이후의 태도는 어떠한가? 달

라졌는가?

- 얼마나 많은 표적청중이 구매의도를 가지고 있는가? 메시지에 노출되기 전에 비해 노출 이후 얼마나 달라졌는가?
- 얼마나 많은 표적청중이 매장을 방문했는가? 얼마나 많은 표적청중이 제품을 구매했는가?

참고자료 12-2

제품 리콜 후 신뢰 회복

최근 갤럭시 노트7의 배터리 폭발 사고로 삼성전자는 위기를 경험한 바 있다. 이번에 리콜과 제품 단종으로 삼성전자는 7조원이라는 천문학적인 손해를 보게 되었다고 한다. 그러나 7조원의 비용에 못지 않은 것이 리콜이 브랜드에 미치는 영향이다. 기업은 결함이 없도록 제품 품질에 최선을 다해야 하나 오랜 기간에 걸쳐 많은 제품을 만들다 보면 리콜 사태는 한번쯤 발생하게 마련이다. 그런데 리콜에 대응하는 방식에 따라 다양한 결과를 가져올 수 있다. 가장 바람직하지 않은 결과는 소비자와 사회의 지탄을 받는 경우이고, 다음 단계는 소비자가 어쩔 수 없이 기업의 보상을 받아들이는 것이고, 가장 바람직한 결과는 리콜 사태를 통하여 해당 기업의 진정성이 부각되어 전화위복을 가져오는 것이다.

일본의 도요타 자동차는 2010년에 역사상 가장 큰 8백만대의 리콜을 두 번에 걸쳐서 하였다. 첫 리콜은 브레이크 패달 문제였고 두 번째는 브레이크가 밀리는 문제였다. 도요타는 이 두 가지 문제에 대해 초기에는 늑장 대응으로 미국 언론으로부터 심한 질타를 받았지만 잘못을 시인한 후에는 대대적으로 반격하는 모습을 보였다. 리콜을 통해 해당 자동차의 문제를 신속하게 해결하고 피해 소비자에게 금전적인 보상을 하였다. 그리고 신문에 사과 광고를 하고, 여러 신문에 사장이 직접 글을 기고하여 도요타의 잘못을 용서받고자 하였다. 심지어는 전세계 시청자를 상대로 2012년 동계 올림픽 TV 광고에서 "우리가 때로는 여러분의 기준에 미흡한 차를 만들었다… 우리가 여러분의 신뢰를 다시 회복하겠다"라는 겸손한 광고를 내보냈다. 마지막으로 도요타는 소비자의 계속적인 지지에 감사하는 의미에서 60개월 무이자 할부 프로그램을 단행한다고 발표하였다. 이러한 진정성 있는 활동으로 소비자들은 도요타가 품질 문제를 확실히 파악하였고 다시는 같은 문제가 없을 것이라는 신뢰를 가지게 되었다. 그 결과 도요타의 판매는 다시 회복되었고 지금까지 세계 최고의 자동차회사 자리를 지키고 있다.

미국의 존슨앤존슨은 타이레놀 제조사로 1982년에 미국 진통제 시장의 선두주자였었다. 그런데 어떤 정신이상자가 타이레놀병에 독극물을 넣어 사람이 죽는 사태가 발생하였다. 사태가 발생하자 경영진은 지체하지 않고 모든 제품을 회수하였다. 그리고 범행방지 안전포장이 나오기 전에는 제품을 판매하지 않겠다고 선언하였다. 그러므로 존슨앤존슨은 수개월 동안 제품을 팔 수 없었다. 마침내 안전포장이 개발되었고 그 포장은 향후 모든 제약사의 표준이 되었다. 그리고 법적 책임이 없었지만 소비자 유족에게 심리 카운셀링을 하였고 금전적 지원도 하였다. 이러한 책임 있는 리콜 과정을 통하여 존슨앤존슨은 사태가 발생한 뒤 7%까지 떨어졌던 시장점유율을 26%로 5개월만에 회복할 수 있었다. 더욱 중요한 것은 소비자들이 존슨앤존슨을 피해자로 간주하여 그 회사를 더욱 옹호하게 되었다고 한다.

페리에는 스파클링 워터의 선두주자였다. 그러나 1990년에 페리에 병에서 이물질 벤젠이 발견되었다. 페리에는 처음에 이 현상이 미국에 국한된 것이라고 하였지만 곧바로 같은 현상이 유럽에서도 발견되자 회사는 신뢰를 더 잃게 되었다. 심지어 영국 언론에서는 페리에는 '마실 수 없는 물'이라고 단정하였다. 또한 이물질에 대한 견해와 인체 유해성을 해명을 하는 과정에서 소비자가 이해할 수 없는 전문적인 용어를 사용하여 불신을 가중시켰다. 매출은 급속하게 하락하기 시작하였다. 결국 페리에는 2억5천만달러의 천문학적 리콜 비용을 썼지만 사태를 수습하지 못하였고 1992년에 네슬레에 매각되었다. 그리고 매출 부진은 무려 5년이나 지속되었다고 한다.

위 사례들에서 우리는 리콜 수행에 대한 몇 가지 원칙을 도출할 수 있다. 가장 중요한 것은 문제가 발생한 즉시 신속하게 대처하는 것이다. 물론 문제가 없는 제품을 리콜할 의무는 없지만 책임 소재를 밝히는 데 시간을 끌지 말고 곧바로 행동에 들어가야 한다. 즉 일단 사과를 하고 시작하여야 한다. 왜냐하면 법적인 보상 문제보다도 더 큰 피해는 소비자 불신에서 오는 매출 감소이기 때문이다.

그리고 형식적인 사과보다는 적극적인 사과가 필요하다. 신문에 1회 광고하는 것으로 사과가 끝났다고 생각해선 안되고 신문, SNS, 홈페이지, TV광고 등 여러 매체를 통하여 지속적인 사과가 필요하다. 해명하는 과정에서 과학자를 동원하거나 전문적인 용어를 써서 소비자를 혼란시켜서도 안 된다. 대중이 이해하는 심플한 언어와 논리로 해명해야 하며 가장 중요한 포인트는 회사가 향후 어떻게 제품이나 제조과정을 개선하였는지 설명하는 것이다. 마지막으로 직접적인 피해를 입은 소비자는 물론이고 배신감을 느낀 대중 소비자를 다시 끌어들이기 위해 실질적인 혜택을 제공하여야 한다.

개인이나 기업이나 실수는 할 수 있다. 소비자도 그러한 점을 알고 있다. 그러나 실수가 연속적으로 일어나면 소비자는 그 기업에 대해 의구심을 가질 수밖에 없다. 확률적으로 리콜은 것은 자주 일어나는 것이 아니기 때문에 한 번은 일어날 수 있지만 두 번 연속 일어난다면 그 회사 품질에 근본적인 문제가 있다고 생각하게 된다. '한 번은 우연이고 두 번은 필연이다'라고 단정하는 것은 심리학적으로 흔히 있는 일일 뿐만 아니라 합리적일 수도 있다는 것을 학자들은 보여주었다. 그러므로 리콜을 겪은 기업은 당분간은 더 보수적으로 품질을 관리하여야 한다.

리콜 행위에 있어서 소비자들이 보기 원하는 것은 '과연 이 기업이 내 편인가?'라는 질문에 대한 답이다. 소비자와 브랜드의 관계를 인간관계에 빗대어 보는 학자들이 있는데 우리가 성실한 사람의 실수를 용서하는 이유는 그 사람이 좋은 의도로 일을 하다가 실패하였다는 것을 알고 있기 때문이다. 마찬가지로 소비자도 기업이 소비자의 권익이라는 좋은 의도를 가지고 있는지 알기 원하는 것이다. 엑설런트 컴퍼니가 되려면 기업의 이익만큼 소비자의 권익을 생각하여야 한다. 이 두 가지 목표가 단기적으로는 서로 상충될 수 있지만 장기적으로는 같이 가게 되기 때문이다. 리콜에 있어서도 기업의 피해를 최소화한다는 관점에서 하지 말고 소비자의 권익을 극대화한다는 관점에 하여야 할 것이다.

자료원: 주우진, 마케팅노트, 2016. 10. 16.

CHAPTER 13

광고/PR/판매촉진/인적판매

13.1 광고

13.2 PR

13.3 판매촉진

13.4 인적판매

Marketing Management

사례 13-1

경주 최부자 六訓에서 음미해 보는 PR의 원리

경주 교촌의 최부잣집

'경주 최부자'는 위로는 최진립(崔震立 · 1568~1636) 장군부터 아래로는 12대 최준(崔浚, 1884~1970) 선생까지 400년 넘게 12대 만석꾼 집안으로, 9대째 진사를 배출한 경주지역 집안을 일컫는 말이다. 최준 선생 대에 재산 상당수는 기부를 통해 그 후 영남대와 영남이공대 설립으로 이어졌다.

경주 최부자 집안이 10대를 넘게 부를 유지하면서 주위의 인심을 잃지 않은 드문 사례로 인정받는 이유를 찾는 과정에서 6훈의 현명함에서 찾는 경우가 있다. 이 책에서는 경주 최부자 집안의 6훈이 주위의 다양한 사람들과 "좋은 관계"를 유지하는 데 주력하는 PR과 본질적으로 일맥상통하는 점이 있다는 점에 주목하여 PR과 연계하여 해석해 보기로 한다.

(1) 과거를 보되 진사 이상 벼슬을 하지 마라.

최부자 집안은 과거에 합격하더라도 진사 · 생원의 양반 신분은 유지하되 관직이나 정치에는 나서지 않았다고 한다. 이러한 경향은 주위와 좋은 관계를 유지하는 데 잠재적 위협요소를 억지하는 방안으로도 해석할 수 있을 것이다.

(2) 만석 이상의 재산은 사회에 환원하라.

1년 소작료 수입을 만석으로 미리 정하고 초과분에 대해서는 소작료를 깎아주는 방식으로 이해할 수 있을 것이다. 이러한 원칙 역시 소작농들과 주위의 평판을 좋게 구축하는 데 중요한 역할을 할 수 있을 것이다.

(3) 흉년기에는 땅을 늘리지 마라.

일반적인 사회적 약자들이 곤궁해지는 흉년기의 위기를 틈타 단기 성과 극대화를 도모하는 것은 거래 상대방의 만족을 이끌어낼 수 없고 좋은 관계를 해치는 지름길이 될 수 있다는 경구로 볼 수 있을 것이다.

(4) 과객을 후하게 대접하라

최부잣집은 사랑채를 개방하고 1년에 쌀 2,000가마니를 과객 접대에 썼는데, 500인을 독상으로 대접할 수 있는 놋그릇과 반상이 구비돼 있었다고 한다. 당시 과객들은 오늘날 입소문의 주역인 의견선도자나 블로거 혹은 트위터러쯤으로 볼 수 있을 것이다. 이들을 우대하는 노력은 정보교류에 기여함은 물론 우호적 여론을 조성하는 효과로 이어지는 데 유리할 수 있다.

(5) 주변 100리 안에 굶어 죽는 사람이 없게 하라

흉년이 들면 활인소(活人所)를 지어 주린 이웃에게 죽을 쑤어 주었고, 곳간을 열어 쌀도 풀었다고 한다. 일례로 최국선 참봉 때는 빚 못 갚는 이들의 차용증서를 불태웠다고 한다.

(6) 시집 온 며느리는 3년간 무명옷을 입어라

신혼 초 서민들의 옷인 무명옷을 입게 해 근검절약을 익히고 절제하는 모습을 통해 긍정적인 이미지를 구축하는 데 기여할 수 있을 것이다.

경주 최부자 집안의 6훈은 다양하게 해석되어 시사점으로 활용될 수 있지만, 분명 주위의 다양한 사람들과 "좋은 관계"를 유지하는 데 주력하는 PR과 본질적으로 통하는 면이 있다는 점을 부정하기 어려울 것이다.

자료원: 조선일보, 2012. 12. 19. 토대로 수정.

사례 13-2 피부 건강 컨설턴트를 통한 성장

아모레카운셀러 고객서비스

1970~1980년대 초록색 모자에 사각형 화장품 가방을 메고 도심 골목길 구석구석을 누비던 '아모레 아줌마'. 빛바랜 기억이라 생각들 하지만 여전히 진행형인 직업이다.

단지 복장과 부르는 호칭이 바뀌었기 때문에 눈에 안 띄일 뿐 여전히 화장품산업 발전의 주춧돌 역할을 하고 있다. 게다가 단순 판매에서 피부건강 등을 조언해 주는 컨설턴트 역할로 진화하고 있다.

화장품 업계에 따르면 2011년 국내 화장품 시장규모(소비자가 기준)는 8조9,360억원이며 이 가운데 방문판매가 차지하는 비중은 24.1%(2조1,600억원)로 추정된다. 이는 백화점 매출액(2조 3,000억원)에 이어 두 번째로 높은 수치다.매출액도 2008년 1조6,400억원, 2009년 1조7,890억원, 2010년 1조9,381억원에 이어 지난해는 11.5% 신장한 2조1,600억원을 기록하는 등 꾸준히 증가하고 있다. 업계 1위인 아모레퍼시픽의 작년 국내 매출액은 1조8,250억원이며 이 중 방문판매의 비중은 30%가량 된다.

LG생활건강 방문판매

이처럼 화장품 업계에서 방문판매는 주요 성장동력이며 그 중심엔 '카운셀러' 혹은 '플래너'가 서있다. 1964년 9월부터 시작된 화장품 방문판매를 떠오를 때 가장 먼저 생각나는 것은 커다란 화장품 가방이다. 또 집집마다 찾아다니며 고객을 상대로 얼굴 마사지 등을 해주면서 제품을 설명하는 모습을 회상할 것이다.

하지만 예전 '아모레 아줌마'가 아닌 지금은 뷰티와 헬스 등을 관리해 주는 '아모레 카운셀러'로 변신했다. 화장품 방문판매원은 도입 초기 전쟁미망인의 생계수단을 제공하기 위한 자리였다면 이젠 당당한 전문직으로써 타 업종과 어깨를 나란히 하고 있다.

현재 아모레퍼시픽에는 약 3만8,000명의 아모레 카운셀러가 활동 중이며 이들이 관리하는 고객은 300만명에 이른다. 후발주자인 LG생활건강의 '오휘 컨설턴트'(2002년)는 약 1만4,000명 정도다. 연령대도 과거처럼 친밀한 '동네아줌마'보다는 20~30대 젊은층이 주력이다. LG생활건강 관계자는 "판매원 중 20~30대의 비중이 50%에 이를 정도 판매원들의 연령층이 젊다"며 "판매원이 젊기 때문에 젊은 고객층을 공략하기가 유리하다는 점을 십분 활용하고 있다"고 밝혔다.

이 같은 기여에도 불구하고 눈에 잘 띄지 않는 것은 과거와 같은 통일된 유니폼 정책에서 벗어났기 때문이다. 아모레퍼시픽 관계자는 "예전에는 유니폼을 입고 다녔지만 요즘은 자유로운 복장으로 판매에 나서기 때문에 눈에 잘 띄지 않고 이로 인해 일반 사람들은 없어진 것으로 오해한다"면서 "4만명이 넘는 카운셀러가 활동 중인데 이 같은 수치는 보험업계 인력수준 이상"이라고 말했다. 특히 방문판매의 위력은 후발업체에서 눈에 띄게 나타났다. LG생활건강은 2002년 4월 화장품 방문판매사업에 뛰어들어 첫 해엔 관련 매출이 80억원에 불과했다. 그러나 2007년 1,000억원대를 달성한 데 이어 2009년 2,000억원대를 돌파하는 등 가파른 상승곡선을 타고 있다. 특히 2007년부터 전체 매출액 중 30% 이상을 방문판매가 차지하고 있다.

자료원: 조선일보 2012. 7. 1.

13.1 광 고

13.1.1 광고의 개념과 기능

광고란 "제품, 서비스 또는 아이디어를 제시하거나 촉진하기 위해 마케터가 일체의 비용을 지불하고 전개하는 비대면적 커뮤니케이션"이다. 다시 말해 마케터가 표적청중에게 제품이나 서비스에 관해 정보를 제공하거나 설득하기 위해 유료로 매체를 이용하는 과정인 셈이다. 참고로 우리나라 표시 · 광고의 공정화에 관한 법률(약칭: 표시광고법)에서는 광고를 "사업자가 상품 등에 관한 사항을 신문 · 방송 · 잡지, 전단 · 팜플렛 · 견본 · 입장권, 인터넷 · PC통신, 포스터 · 간판 · 네온사인 · 에드벌룬 · 전광판, 비디오물 · 음반 · 서적 · 간행물 · 영화 · 연극, 자기 상품 외의 다른 상품 등을 통하여 소비자에게 널리 알리거나 제시하는 것"으로 규정하고 있다.

광고의 본원적 기능은 크게 정보전달기능, 설득기능 그리고 상기기능의 세 가지로 분류해 볼 수 있으며 이외에도 여타 다른 촉진믹스의 활동을 지원하는 보조적 기능을 수행한다.

첫째, 광고는 표적청중이 인지하고 지식을 형성할 수 있도록 필요한 정보를 알리는 정보전달기능(informative function)을 수행한다. 예컨대 신제품을 소개하거나 제품기능을 설명하는 광고들은 정보전달기능에 역점을 두는 경향이 있다. 특히 성숙기 시장에서 제품의 본래 사용처를 확장하여 새로운 맥락에서 제품 사용의 효익을 볼 수 있는 예를 제시할 때 효과적이며 소비자로 하여금 뇌리 속에 아스라이 잊혀져가는 브랜드를 다시금 의식의 표면으로 부상시키는(TOMA: Top of Mind Awareness) 재교육의 역할을 담당하기도 한다. 예컨대, 조선일보는 정기구독자가 점차 감소하며 시장이 위축되어가는 상황을 타개하기 위해 새롭게 NIE(Newspaper In Education) 캠페인이라는 것을 벌이고 있다. 즉, 인쇄물 형태의 신문이 속도 면에서는 인터넷 포털을 따라잡을 수 없지만, 독해력 및 사고력 함양과 같은 교육효과 측면에서는 경쟁우위를 지니고 있다고 판단해 교육컨텐츠로서의 강점을 부각시키고 있는 것이다. 요컨대, 신속한 뉴스 전달매개체로서만이 아니라 깊이 있는 사고력 함양의 교육컨텐츠로서의 새로운 포지서닝을 시도하며 이를 광고 등을 통해 알리고자 하고 있다고 볼 수 있다.

둘째, 광고는 표적청중이 호감을 형성하고 제품을 선호하여 확신을 가지고 실제 구매하도록 호소하는 설득기능(persuasive function)을 수행한다. 즐거운 감정을 유발하여 브랜드에 대한 선호도를 고양시키거나 표적청중으로 하여금 구매행위를 유도하는 광고들은 설득기능에 역점을 두고 있다고 볼 수 있다. 예컨대, 서울우유의 TV광고는 우유를 마시고 키가 훌쩍 커버린 제자 앞에 압도당한 선생님이 우유천사인 '미스유'를 찾는 코믹한 상황을 연출하여 우유 시음에 대한 설득을 시도하고 있다.

셋째, 광고는 표적청중이 스스로 도달한 구매준비단계(buyer-readiness stage)를 잊지 않고 기억하도록 하는 상기기능(reminder function)을 수행한다. 표적청중에게 제품 구매장소를 상기시키거나 비수요기에 시도되는 광고들은 상기기능에 역점을 두는 경향이 있다. 2009년 1월 겨울 TV를 통해 방송되고 있는 LG전자의 휘센 광고는 비수기인 겨울에 미리 에어컨 구매의 필요를 상기시키는 역할을 수행하고 있다.

광고는 이 같은 기본적 기능 외에도 여타 촉진믹스, 나아가 여타 마케팅믹스를 돕는 보조적 기능도 수행한다. 예컨대 PR의 일환으로 진행되는 특별이벤트 행사에 대한 정보전달광고, 판매촉진의 일환으로 가격을 인하하는 세일에 대한 정보전달광고, 인적판매의 기능을 분담하는 콜센터의 텔레마케팅에 대한 광고 등은 여타 마케팅믹스를 돕는 광고의 보조적 기능의 사례로 볼 수 있다.

한편, 비대면적 커뮤니케이션의 대표주자로서 광고가 지닌 장점들을 살펴보면 다음과 같다. 첫 번째로 지역적으로 분산되어 있는 다수의 표적청중에게 동시에 메시지를 전달할 수 있다는 점이다. TV, 라디오, 신문, 잡지 등 전국단위로 방송 또는 출간되는 대중매체의 경우 시청자 및 구독자의 커버리지가 매우 넓고 광역화되어 있기 때문에 광고메시지 노출의 표면적을 최대화시킬 수 있다. 두 번째, 메시지 전달속도가 빠르다. 특히, 단일 언어권으로 묶여 있는 국내시장의 경우 대중매체를 통해 전파시키는 광고메시지의 효과는 단시간 내에 극대화가 가능하다. 세 번째, 동일한 메시지를 반복할 수 있다. 준비된 광고영상 및 이미지를 반복전달하기 때문에 PR, 판촉, 인적판매 등에서처럼 전달과정에서의 변수로 인해 메시지가 상황에 따라 왜곡, 축소, 과장되는 등의 불상사를 최소화시킬 수 있다. 네 번째, 최대의 표현자유도를 누릴 수 있다.

그러나 광고에도 몇 가지 단점은 있다. 우선 첫 번째로, 비대면적 커뮤니케이션이기 때문에 소비자에게 설득과정이 자칫 피상적으로만 비칠 수 있다. 영업사원을 통한 인적판매는 각각의 잠재고객에게 호소력을 가질 만한 맞춤메시지로 설득확률을 높일 수 있지만, 광고는 이에 반해 다수의 표적집단 전체를 향해 메시지를 공표하기 때문에 설득 커뮤니케이션에 대한 표적 1인당(per capita) 효과는 상대적으로 떨어질 수 있다.

두 번째, 일방적인 자기주장이기 때문에 신뢰성에 한계가 있다. 메시지 원천이 대가를 받는다는 사실에 주목할수록 신뢰성은 더욱 낮아질 수밖에 없다. 광고모델이 제품의 효익 및 경제성을 제 아무리 진심어린 목소리와 눈빛으로 설파한다고 하더라도 금전적 대가로 그 같은 제품 지지발언을 한다고 소비자들이 지각하게 되면 광고모델의 지지발언에 대한 신뢰도는 현격히 떨어지게 된다. 예컨대, 중저가 화장품모델인 스타 여배우가 TV 광고에선 적극 해당 브랜드를 옹호하고 나서지만, 실제 그녀의 애호 브랜드는 해외 명품 브랜드라는 사실이 알려진다면 소비자는 기만당했다고 느낄 수 있다.

세 번째, 소비자에게 광고에 반응해야 한다는 의무감을 지울 수 없기 때문에 주의를 기울이도록 유도하기가 쉽지 않다는 점이다. 광고가 도달하는 시점에서 표적청중이 처한 상황은 저마다 다르며 표적청중의 일상 중 본 관심사에서 밀려난 심리적 여백공간만이 광고에 허락된 유일한 기회이자 승부처라고 할 수 있다. 따라서, 광고개발자는 표적청중이 기꺼이 자신의 브랜드에 표적청중이 반응하리라는 기대 하에 광고 크리에이티브 등을 고안해 내는 것이 아니라 전혀 무심한 상태에 놓여 있는 표적청중의 관심을 집중시킬 수 있도록 광고컨셉을 기획 · 개발해야 한다.

네 번째, 라디오 및 신문 등 일부 매체의 광고비용은 높지 않으나 TV 등의 광고비용은 상당한 자금부담을 안겨줄 수 있다는 점이다. 15초짜리 광고영상을 공중파 TV채널을 통해 송출할 경우 회당 평상 2,000만원을 호가하고 재방송 등으로 시청률이 낮은 프로그램 사이에 방영되는 경우에도 통상 1,500만원(2008년) 정도의 비용은 소요되는 것

표 13-1 광고의 본원적 기능

능	세부항목	응용사례
정보전달 (informative function)	제품의 기능 및 용도 설명 신제품 출시 알림 가격변화 고지 A/S 등 이용가능 서비스 소개 오류 정정 및 소비자 불안 해소 이벤트 등 판촉활동 알림	Lock&Lock 내열유리용기 사용법 설명 New Equus 출시 알림 맥도날드의 가격인하 광고 귀뚜라미보일러 A/S 전담 콜센터 번호 남양유업의 멜라민 파동 대응 광고 쉐라톤 워커힐의 Ice Carnival 광고
설득 (persuasive function)	신제품 사용 유도 즉시구매 유도 브랜드 선호도 강화 자사브랜드로의 브랜드전환 유도 제품속성에 대한 소비자 지각 변경	마몽드(태평양)의 꽃물틴트 체험유도 광고 보람상조의 '지금 전화하십시오' 헤드카피 '꽃보다 남자' 출연진을 모델로 한 LG텔레콤의 teen ring 광고 현대자동차, 일제차에 뒤지지 않는 럭셔리 세단으로서의 그랜저 포지셔닝 광고 두산의 '처음처럼', 이효리를 앞세워 소주를 여성들도 좋아할 만한 술로 소구

으로 알려져 있다. 따라서, 표적청중 모두에게 1회 이상 자사브랜드에 대한 광고를 노출시키기 위해서는 여러 번 반복해서 광고영상을 송출할 필요가 있고 이는 광고예산의 급증이라는 형태로 마케터를 압박할 수 있다.

13.1.2 매체별로 본 광고의 유형

통상 촉진예산에서 가장 큰 비중을 차지하는 것이 광고이며 이 중에서도 매체 사용에 소요되는 비용이 가장 크다. 광고의 매체선정은 메시지의 최종목적지가 표적청중과 가장 잘 맞아떨어지도록 선정해야 비용 대비 효과를 극대화시킬 수 있으며 마케터의 주요 임무 중 하나는 잠재고객들의 매체사용 성향을 분석하여 이들이 실제 자주 접하는 매체에 자사브랜드의 광고를 담아내는 것이다. 따라서, 매체유형에 따른 특성 및 장단점을 잘 이해할 때에야 비로소 광고의 본원적 기능발현을 극대화시킬 수 있다.

광고를 전달되는 매체를 중심으로 하여 유형화해 본다면 TV광고, 라디오광고, 잡지광고, 신문광고, 인터넷광고, 옥외광고(전광판/게시판/교통포스터/PPL/POP), 일 대 일 직접광고(DM/전화/이메일/KIOSK/카탈로그) 등으로 구분해 볼 수 있다.

TV광고

TV광고의 장점으로는 도달범위가 넓으며 화면, 동작, 소리 등 시청각 단서를 입체적으로 차용하여 극적인 효과를 이끌어낼 수 있다는 점, 청중의 주의집중도를 높게 유지시킬 수 있다는 점 등을 들 수 있다. 반면, 표적청중을 엄밀히 선별해 내기 어렵다는 점, 메시지 제안시한이 매우 짧다는 점, 제작 및 매체선점비용이 높다는 점 등은 TV광고의 단점으로 꼽을 수 있다.

라디오광고

라디오광고는 지역적 선별이 가능하다는 점, 비교적 비용부담이 적다는 점, 청중이 잘 세분화되어 있다는 점 등의 이점을 지니고 있다. 그러나 청각 하나에만 의존하는 만큼 메시지 포맷이 제한적이어서 청취자로 하여금 브랜드 이미지를 마케터의 의도대로 그려내도록 하는 데 어려움이 크고, 라디오 청취습관이 평상 다른 일과 병행하여 이뤄진다는 매체 이용습관 때문에 주의집중도가 낮다는 단점이 있다. 또한, TV와 마찬가지로 15, 20, 30초 등의 시간제약이 있어 메시지 노출의 시간이 상대적으로 짧다는 한계를 지니고 있다.

잡지광고

잡지광고는 정보를 풍부하게 담을 수 있으며, 메시지의 지속성이 비교적 높고, 구독자가 적절히 세분화되어 있으며, 고품질로 재생될 수 있다는 등의 이점을 지니고 있다. 다만, 순간의 스냅샷(snap shot)에 해당되는 정적인 시각정보만이 활용가능하고, 비교적 단가가 높으며, 게재위치의 확보가 쉽지 않다는 점 등의 한계를 지니고 있다. 또한, 광고 게재까지의 기간이 1주일에서 한 달, 1분기, 1년 등의 긴 소요기간이 요구된다는 점에서 시장의 변화에 탄력적으로 대응하기 어렵다는 단점을 지니고 있기도 하다.

신문광고

신문광고는 도달률이 높고, 비교적 저비용매체이며 관심섹션에 광고배치가 가능하고 적시성이 높은 데다가 쿠폰연계가 용이하다는 등의 장점을 지니고 있다. 하지만, 노출주기가 짧고 독자의 광고 주의집중도가 낮으며 노출독자의 표면적이 제한적인 동시에 재생품질이 낮다는 등의 한계를 지니고 있다.

그림 13-1 2013-2014년 국내 인터넷과 모바일 인터넷 접촉률 변화

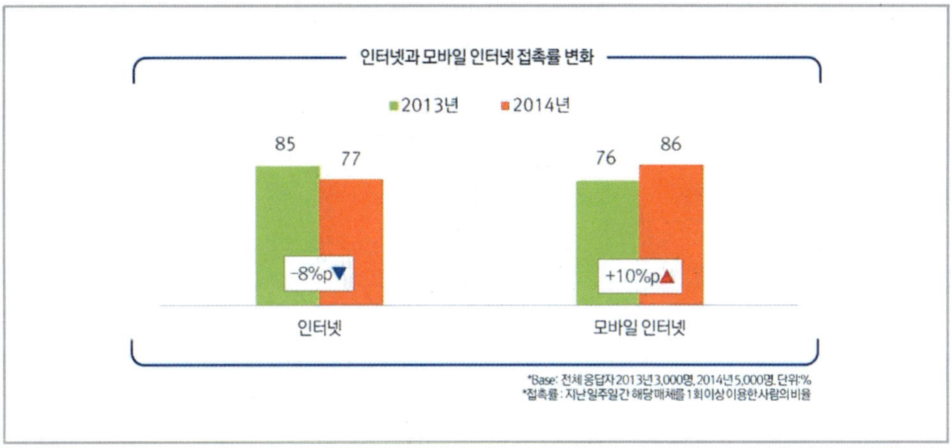

자료원: KOBACO, 소비자행태연구 MCR 연례보고서, 2014, KOBACO 홈페이지.

인터넷/모바일 광고

인터넷/모바일 광고의 장점으로는 청중 선별이 용이하고 저비용매체이며 즉시성이 높고 상호작용성이 높다는 점 등을 들 수 있다. 반면, 표적청중이 노출을 전적으로 통제하고 선택적 주의에 의해 광고가 무시되거나 간과될 수 있다는 단점이 있다. 예컨대, 인터넷서핑 도중 사용자가 마주치게 되는 수많은 팝업광고, 배너광고 중 실제 사용자의 눈길을 잡아끌어 한 번이라도 클릭을 유도하는 광고가 몇 개나 될까 헤아려 본다면 다섯손가락 안에 꼽을 정도일 것이다. 이는 상황별 · 개인별 편차가 크긴 하지만 자신의 목표관심 키워드를 중심으로 인터넷서핑을 하는 사용자의 경우에 관심영역 밖에서 불쑥 튀어나오는 광고는 아예 외면받을 수 있음을 의미하는 것이기도 하다. 따라서, 광고매체로 인터넷/모바일을 선택하게 될 경우에는 표적청중의 인터넷/모바일 사용습관, 해당 사이트나 포털의 이용자현황 및 특색 등을 꼼꼼히 점검해 보아야 할 것이다.

옥외광고(전광판/게시판/교통포스터/PPL/POP/가상광고)

옥외광고의 유형에는 전광판, 게시판, 교통포스터, PPL, POP 등이 있다. 드라마나 영화에서 종종 후원받은 브랜드가 등장하고(PPL: Product Placement), 대형할인점의 청과물 판매 섹션에서 '제주산 햇귤 오늘 입하'와 같은 글씨를 크게 걸어놓고 쇼핑 중인 고객들의 눈길을 잡아끄는 것(POP: Point of Purchase) 등이 대표적 옥외광고 중 하나라고

넥슨 모바일 게임 '액션사다리' 중 광동제약 비타500의 PPL

할 수 있다. 또한, 성형외과 · 피부과 · 치과 · 한의원 등에서 내원환자들을 대상으로 하여 필링, 보톡스, 임플란트, 탈모 등 비보험과의 특정 시술에 대해 안내하는 스탠딩 배너를 설치해 놓은 것도 POP의 한 예라고 할 수 있다. PPL은 영상시장의 확대로 TV광고 못지않은 주목효과를 거두게 되어 기업들이 특정 드라마나 영화의 제작 후원사로 적극 나서게끔 독려하는 유인으로 작용하고 있다. 최근에는 게임 속 PPL의 사례도 크게 늘어 자동차, 패스트푸드에 이르기까지 다양한 품목의 브랜드들이 속속 가상게임 속 실제성을 높여주는 브랜드로 선을 보이고 있다. 뿐만 아니라 최근 가상광고 빈도도 급속히 늘고 있다. 가상광고란 "영상물 생중계시 가상의 공간에 실시간으로 3차원적 이미지나 메시지를 삽입하는 광고"를 말한다. 이 같은 옥외 광고의 장점은 특별한 순간 특별한 장소에서 높은 주목을 받을 수 있다는 것이다. 그러나 노출시간이 짧고 공간적 제한이 있으며 표현의 제약이 크다는 점 등은 단점으로 꼽히고 있다.

일 대 일 직접광고(DM/전화/이메일/KIOSK/카탈로그)

일 대 일 직접광고는 DM(Direct Mail), 전화, 이메일, KIOSK, 카탈로그 등을 통해 표적청중에게 직접 브랜드에 대한 광고메시지를 전달하는 방식을 일컫는다. 롯데마트, 이마트, 현대백화점 등 유통업체들이 자사의 멤버십 회원들에게 정기적으로 세일관련 품목, 가격, 이벤트행사에 대한 카탈로그를 우편으로 전송하는 것 등이 그 예에 해당된다. 또한, 자동차보험이 만료될 즈음에 해당 고객에게 자사 보험의 갱신 혹은 신규가입을 권하는 전화를 거는 것도 직접광고의 한 예에 해당된다. 최근에는 자사 사이트에 가입한 회원들을 대상으로 보내는 이메일을 통해 신제품 출시, 가격할인, 이벤트 공지 등

그림 13-2 2014년 국내 지상파TV PPL 제품 관심도

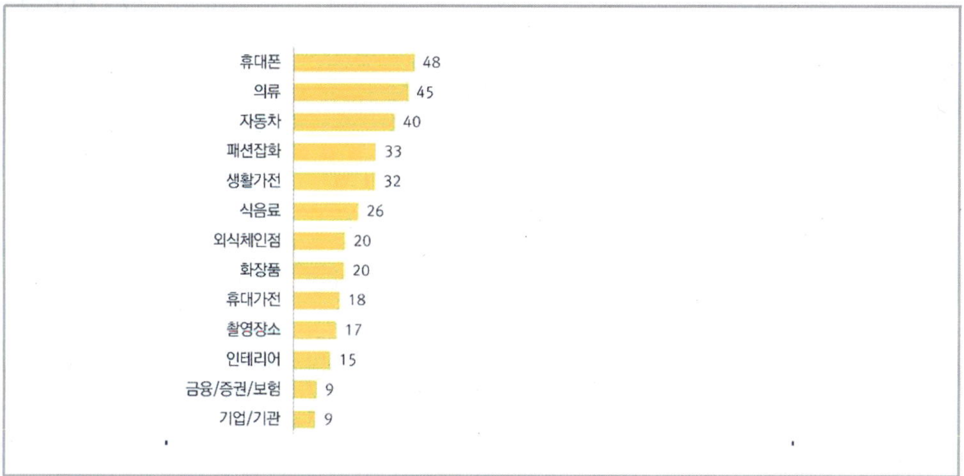

자료원: KOBACO, 소비자행태연구 MCR 연례보고서, 2014, KOBACO 홈페이지.

의 광고메시지를 전달하는 직접광고방식이 크게 늘고 있다. 이 같은 직접광고의 장점으로는 표적청중에게 선별적으로 다가서기 때문에 광고효율성이 상대적으로 높다는 점, 매체 내 다른 광고와의 경쟁이 없다는 점, 보다 개별청중에게 맞춤화된 메시지를 전달할 가능성이 높다는 점 등을 들 수 있다. 그러나 단위노출당 비용이 높고 '스팸' 이미지가 따라붙을 수 있다는 점 등은 단점으로 꼽힐 수 있다.

13.1.3 광고매체의 결정

광고매체의 선정과정은 크게 매체유형의 선정, 매체수단의 선정, 그리고 매체단위

그림 13-3 광고매체 결정의 3단계

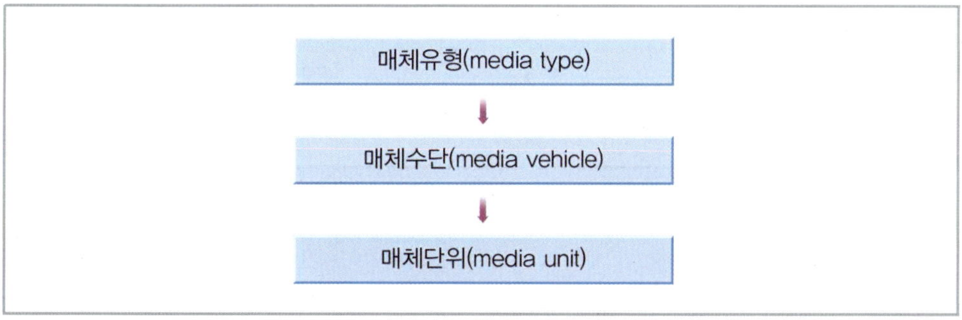

사례 13-3 광고 매체별 소비자 이미지

한국방송광고진흥공사(KOBACO)의 2014 소비자행태연구 MCR(Media & Consumer Research)에 따르면 지상파TV 광고 이미지는 믿을 만하다, 재미있다, 세련되었다 항목 모두에서 60% 이상을 받았다. 케이블TV와 인터넷이 각각의 항목에서 2, 3위를 차지했고, 4위는 각 속성별로 다른 매체가 차지했는데, 신문은 믿을 만하다 속성에서, 모바일 인터넷은 재미있다는 속성에서, 잡지는 세련되었다는 속성에서 긍정적 평가를 얻었다.

마케터로서는 현재 시점에서 국내 소비자의 매체별 이미지 차이를 염두에 두어 적절한 광고 매체를 선택해야 할 것이다.

자료원: KOBACO, 소비자행태연구 MCR 연례보고서, 2014, KOBACO 홈페이지.

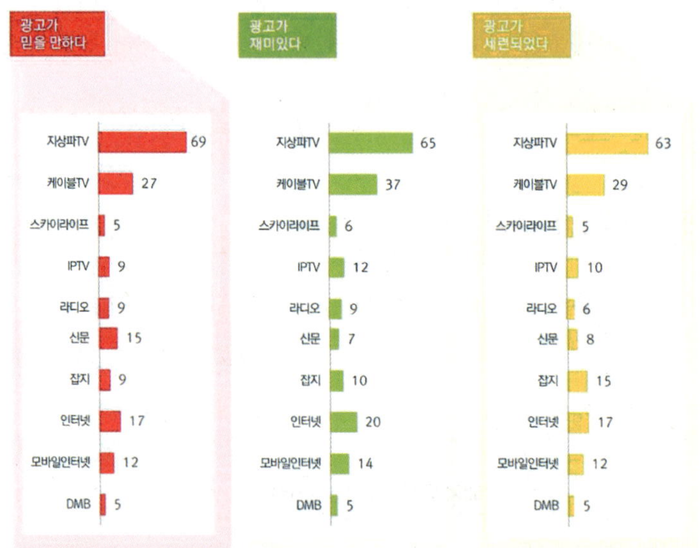

의 선정이라는 3단계로 구분해 볼 수 있다. 제한된 광고예산을 TV, 라디오, 잡지, 신문 중 어떤 것에 할당할 것이냐 하는 문제는 매체(media type)의 유형선택과 관련된 의사결정사안이며, 일단 매체를 선정한 후 이 중 어떤 언론사(MBC, KBS, 경향신문 등)와 계약을 맺을 것이냐 하는 문제는 매체 수단(media vehicle)의 결정과 관련된 사안이라고 할 수 있다. 마지막으로 매체 단위(media unit)의 선택은 TV광고의 경우 9시 뉴스 전후 15초 스팟(Spot) 광고, 주말 버라이어티 프로그램 전 30초 스팟(Spot) 광고와 같이 매체 측에서 매체 판매 단위로 내세우는 시간 단위를 말한다. 그리고 신문의 경우라면 3줄짜리 구인 광고, 1단 컬러 광고처럼 신문사가 판매 단위로 내세우는 레이아웃의 크기가 해당된다. 다음은 이 3단계 중 1, 2단계에 해당되는 매체유형 및 수단선정과 관련한 개념들이다.

(1) 매체유형(media type)의 선정

브랜드 컨셉 개발 후 표적청중에 대한 구체적 윤곽이 일단 드러나게 되면 마케터는 광고시안이 나온 후나 혹은 그와 병행하여 표적청중의 매체 이용습관을 고려한 매체 선정작업에 들어가게 된다. 표적청중의 TV, 라디오, 잡지, 신문, 인터넷 등의 사용시간, 주기, 기호 등을 파악해 집중도가 높아질 것이라 기대되는 프로그램, 사이트, 기사 주변에 관련 광고를 게재하도록 한다. 또한, 표적청중의 생활동선도 고려대상이 되어 옥외광고의 장소가 낙점되기도 한다.

이 같은 매체선정작업에 있어 마케터가 자주 차용하게 되는 매체효과의 측정치에는 도달범위(reach), 노출횟수(frequency), GRPs(Gross Rating Points), 연속성(continuity) 그리고 비용(cost) 등이 있다. 다음에서는 이 같은 측정치의 개념 및 산출 방식을 알아보고 구체적으로 커뮤니케이션 효과측정에 어떻게 적용되는지 살펴보도록 하겠다.

도달범위(reach)

일정기간 동안 광고에 한 번 이상 노출된 표적청중의 수나 비율을 의미한다. 1주, 4주의 특정시한 동안 표적청중의 몇 %가 광고메시지에 노출되었는가를 살펴보고자 하는 개념이다. 요컨대 광고가 표적청중의 얼마만한 비율을 커버하고 있는지를 수치화한 측정개념이라고 볼 수 있다.

그림 13-4 2014년 한국인 하루 평균 매체 이용시간

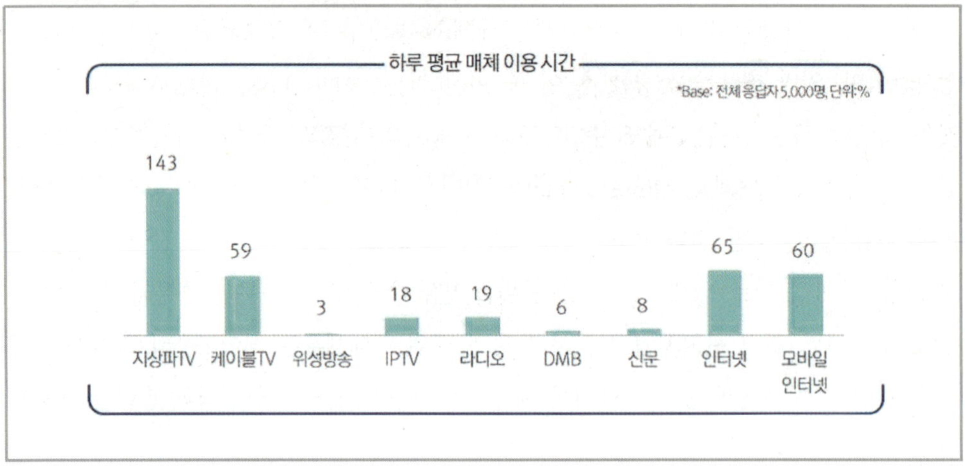

자료원: KOBACO, 소비자행태연구 MCR 연례보고서, 2014, KOBACO 홈페이지.

만일 표적청중의 수가 200만인데 4주간의 TV광고 노출시한 동안 한 번도 해당 광고를 접하지 못한 청중의 비율이 10%라고 해보자. 그렇다면 10%에 해당하는 20만을

그림 13-5 2014년 한국인 하루 시간대별 매체 이용률

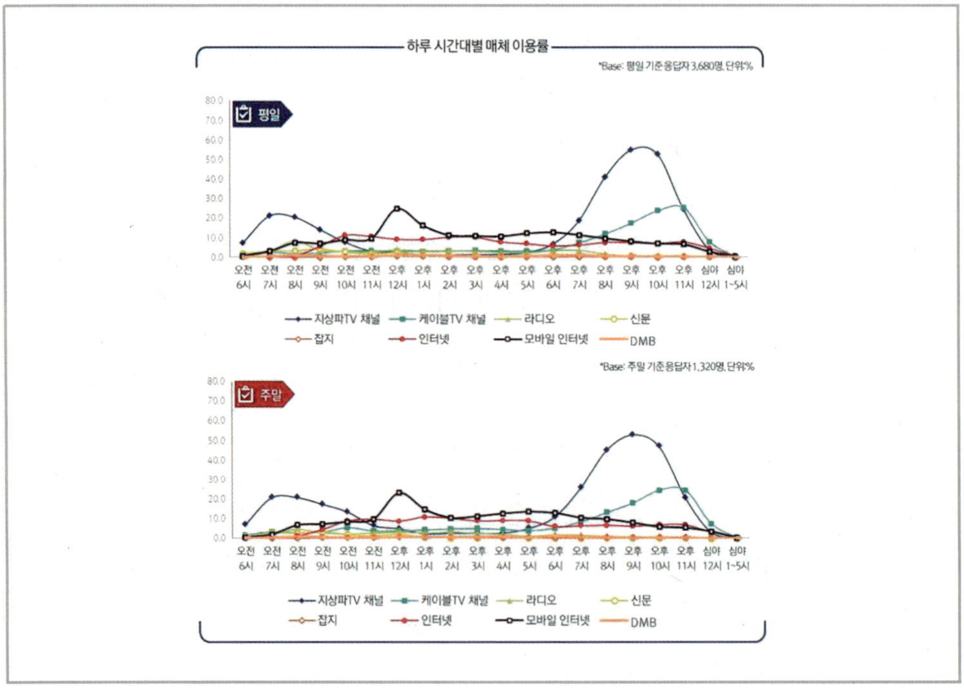

제외한 180만명은 적어도 한 번 이상 이 광고에 노출되었다고 볼 수 있다. 따라서, 도달범위는 180만 혹은 90%에 이른다고 볼 수 있다.

여기서 중요한 것은 광고에 대한 노출이 곧 광고에 대한 인지로 연결되지는 않는다는 것이다. 분명 표적청중의 눈앞에 해당 광고가 스쳐갔어도 청중은 그것을 보고도 인지하지 못하거나 흘려버릴 수 있다. 따라서 도달범위의 개념은 청중의 광고에 대한 실제 인지 여부와 상관없이 일단 노출 여부만을 놓고 광고효과를 살펴보는 측정개념이라 할 수 있다.

노출횟수(frequency)

일정기간 동안 광고가 표적청중에게 노출된 평균횟수를 의미한다. 4주 동안의 TV 광고 캠페인 기간 동안 마케터가 일주일에 한 번씩 총 4번의 광고메시지를 송출시켰다면, 도달범위 내에 드는 표적청중 중 일부는 단 1회에 그쳐 광고에 노출되었을 수 있지만 또 다른 표적청중들은 4회 모두에 노출되었을 수 있다. 이때, 도달 범위 내에 드는 표적청중들의 광고노출에의 평균횟수가 노출횟수에 해당된다.

만일 표적청중의 90%에 이르는 180만명 중 50만명은 1회, 80만명은 2회, 30만명은 3회, 20만명은 4회 광고에 노출되었다고 가정해 보자. 그렇다면 도달범위 내에 드는 표적청중들의 광고에의 평균 노출횟수는,

$$\text{Avg. Frequency} = \frac{50만 \times 1회 + 80만 \times 2회 + 30만 \times 3회 + 20만 \times 4회}{180만} \fallingdotseq 2.11$$

에 이르게 된다. 요컨대, 노출횟수는 표적청중들 개인당(per capita) 노출 정도의 깊이를 나타낸다고 볼 수 있다.

GRPs(Gross Rating Points)

GRPs(Gross Rating Points)란 총도달률을 의미하는 것으로 도달범위에 노출횟수를 곱하여 산출된 측정치를 말한다. 즉, 2회 이상의 중복 도달률을 포함시켜 광고메시지의 노출범위와 깊이를 동시에 포괄하여 도달 정도를 드러내는 측정치이다.

$$\text{GRPs} = \text{Reach} \times \text{Frequency}$$

그림 13-6 GRPs 개념도

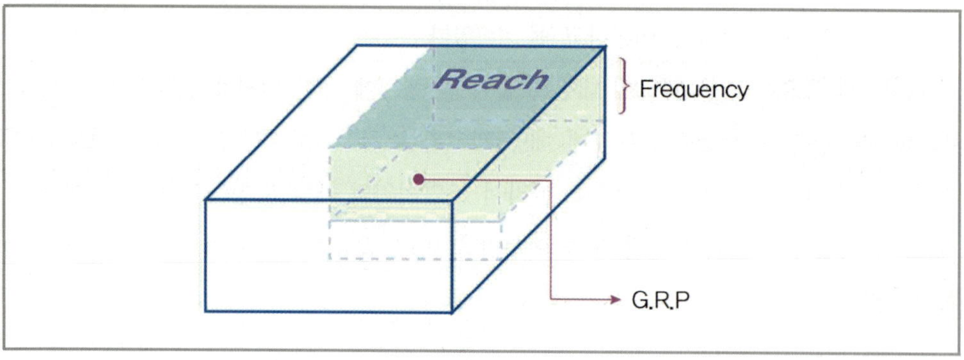

예컨대, 표적청중 200만 중 90%에 해당하는 180만명의 평균 광고에의 노출횟수가 2.11이라고 한다면, 이때 GRPs는

GRPs=180만(명)×2.11(회)
=380만

을 기록하게 된다. 즉, 앞서 노출횟수 산출에서 표적청중의 수로 나누기 전 분자의 값이 GRPs값에 해당되는 것이다. GRPs는 광고 실무자들 사이에서 가장 범용적으로 사용되는 매체효과 측정치 중 하나로서 평상 GRPs가 높은 매체에 우선순위를 두고 매체 예산을 할당하게 된다.

연속성(continuity)

연속성이란 일정기간 동안 광고가 얼마나 연속적으로 제시되는지를 나타내는 광고 강도와 지속성의 수준을 의미한다. 즉, 통시적 관점에서 광고 스케쥴과 관련된 의사결정을 내릴 때 도입되는 개념이 연속성이라고 할 수 있다. 만일 광고예산을 특정기간 내내 동일하게 유지하여 노출강도를 항상적으로 유지한다면 이는 일관적 스케쥴링(constant scheduling)이라고 할 수 있다. 반면, 성수기와 비수기를 나눠 성수기에 광고예산의 대부분을 쏟아붓고 비수기에는 전혀 광고를 하지 않거나 최소한의 예산만을 투입한다면 이는 간헐적 스케쥴링(intermittant scheduling)이라고 할 수 있다. 예컨대, 동아제약의 박카스는 여름뿐 아니라 겨울에도 꾸준히 표적청중에게 광고를 노출시키는 등 광고예산 할당량에 큰 변화를 주지 않는 데 반해, 파워에이드, 게토레이, 포카리스웨트와 같은 이온

음료는 갈증해소 용도로 많이 음용되기 때문에 여름에 집중적으로 광고예산을 쏟아붓게 된다. 따라서, 박카스는 일관적 스케쥴링을 유지하는 반면 파워에이드, 게토레이, 포카리 스웨트 등은 간헐적 스케쥴링을 실행하고 있다고 볼 수 있다.

비 용

마케터는 커뮤니케이션 목표를 달성할 수 있는 효율적인 광고매체를 선정해야 하는데, 이를 위해 가장 많이 사용되는 지표 중 하나가 CPM(Cost Per Milli)이다. CPM이란 1,000명(MIlli=A Thousand)의 청중에게 메시지를 전달하는 데 소요되는 비용을 말한다. 또한, 청중 중에서도 표적청중 1,000명에게 메시지를 전달하는 비용은 CPM-TM(Cost Per Milli-Target Market)이란 측정치로 산출된다.

예컨대 학교 구내서점에서 입학식에 참석한 1,000명의 신입생과 2,000명의 가족을 합한 총 3,000명에게 총 30만원 상당의 광고전단지를 전달했다고 하자. 신입생을 표적청중으로 가정하면 CPM과 CPM-TM은 다음과 같이 구할 수 있다.

$$\text{CPM} = \frac{30\text{만원}}{2{,}000\text{명} + 1{,}000\text{명}} = \frac{30\text{만원}}{3(\text{천명})} = 10\text{만원}$$

$$\text{CPM} - \text{TM} = \frac{30\text{만원}}{1{,}000\text{명}} = \frac{30\text{만원}}{1(\text{천명})} = 30\text{만원}$$

(2) 매체수단(media vehicle)의 선정

매체수단의 선정은 실제 어떤 미디어업체와 계약을 맺고 광고메시지를 전달할 것이냐와 관련된 의사결정이다. TV라면 공중파 중 SBS, EBS 등과 케이블TV라면 M-net, YTN 등과 광고계약을 맺고 광고 동영상을 송출하게 될 것이며, 조간신문의 인쇄 광고를 고려하고 있다면 조선, 중앙, 동아, 한겨레, 매일경제 등과 광고계약을 맺고 광고메시지를 전달하게 될 것이다. 이때 광고메시지 전달매체로 선정된 특정 언론사가 매체수단에 해당된다고 할 수 있다.

마케터가 광고매체수단의 선정을 위해서 고려해야 할 요소로는 크게 비용(cost)요소와 효과성(effectiveness)요소의 두 가지가 있다. 마케터는 개별 광고매체의 활용 시 소요되는 비용과 예상되는 효과를 추정한 후 이를 후보매체별로 비교해 봄으로써 최종적으로 바람직한 개별 광고매체를 선정할 수 있다.

문화적 다양성에 대한 이해도가 높은 National Geographic지의 구독자를 대상으로 한 HSBC의 잡지광고

글로벌기업이면서도 동시에 세분화된 지역적 니즈의 차이점에도 탄력적으로 반응하고자 하는 의지를 문화적 상징물들을 통해 효과적으로 전달하고 있다.

우선, 광고매체수단의 선정과정에서 고려해야 할 비용으로는 개별 매체별 전달비용(cost－per－unit reach)과 제작비용(cost－of－production)의 두 가지가 있다.

전달비용

전달비용(cost－per－unit reach)은 메시지를 표적청중에게 전달하는 데 소요되는 비용을 의미한다. 가장 많이 쓰이는 지표 중 하나가 앞서 언급했던 CPM－TM이다. CPM－TM을 통해 표적청중 1,000명당 광고전달에의 비용을 산출하여 이 중 가장 저렴한 비용을 제시하는 매체수단을 우선후보군으로 고려해 볼 수 있다. 또한, 매체단위의 개념을 앞세워 15초 스팟 1회 광고당 책정비용, 2단 컬러 레이아웃 1회 게재당 비용 등을 매체수단별로 비교하여 전달비용을 추산해 볼 수도 있다.

제작비용

제작비용(cost－of－production)은 개별 매체별 광고제작에 소요되는 비용을 의미한

다. 모델을 비롯한 감독, 스태프들에 소요되는 인건비, 스튜디오 대여비, 해외촬영분의 경우에는 이와 관련한 각종 여행지출비 등이 제작비용명목으로 지출될 수 있다.

한편, 개별 광고매체 선정과정에서 고려해야 할 효과성은 청중의 품질수준(audience quality), 청중의 주의수준(audience attention), 개별매체의 편집수준(editorial quality) 등을 근거로 측정될 수 있다.

청중의 품질수준

청중의 품질수준(audience quality)은 해당 매체수단의 청중(혹은 구독자)이 마케터가 추구하는 표적청중의 풀과 얼마나 합치하며 마케터가 원하는 방향으로의 반응 유도를 위한 표현수단을 적절히 구비하고 있는지와 관련된 지표이다. 예컨대, 현대자동차 에쿠스 신형 출시와 관련한 인쇄 광고는 '게이머즈'나 '게임문화'에 게재하기보다는 프리미엄 멤버십 잡지인 '럭셔리'나 '노블레스'에 게재할 때 보다 표적청중에의 적중률을 높일 수 있을 것이다. 또한, 다국적기업이 각 국가별 · 문화권별 접근탄력성에 대해 강조하고자 할 때에는 이러한 문화적 다양성에 대한 이해도가 높은 청중을 구비하고 있는 매체를 타깃으로 하는 것이 유리하다. 이를테면, HSBC가 글로벌 역량 못지않게 지역별로 세분화된 시장고객들의 서로 다른 요구에도 충분히 탄력적으로 반응할 수 있는 유연성을 갖췄음을 보여주고자 한다면 문화적 다양성에 대한 이해도가 높은 애독자층을 유지하고 있는 내셔널 지오그래픽(National Geographic, 영문판)에 해당 광고를 싣는 것이 효과적이다.

그림 13-7 광고효과 측정의 3 측면

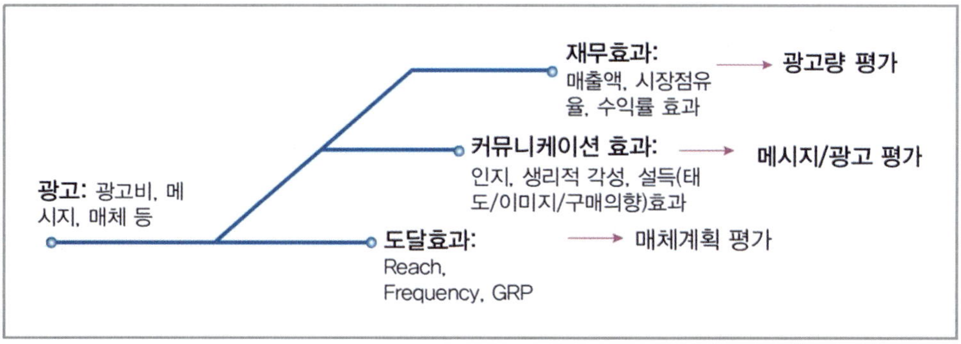

자료원: 이충한, "광고효과 측정의 실무적 활용 방안," 오리콤 브랜드 저널, 9월호, 2004. 수정 인용.

청중의 주의수준

청중의 주의수준(audience attention)은 해당 개별 광고매체의 청중이 게재되는 광고에 얼마나 주의를 많이 기울이는지를 나타내는 지표다. 예컨대 건설일보와 같은 신문은 일반 청중들에게는 낯선 매체수단이지만 무가지로 남아도는 인쇄물이 거의 없을 정도로 건설업계 이해관계자들 사이에서는 구독률이 매우 높으며 집중도가 높은 매체인 것으로 알려져 있다. 따라서, 도달범위는 건설업 종사자들로 매우 제한적이지만 기사에 대한 청중의 주의집중도는 매우 높은 편에 속한다고 볼 수 있다.

편집수준

편집수준(editorial quality)은 해당 개별 광고매체의 신뢰성, 권위 등을 나타내는 지표다. 예컨대 내셔널 지오그래픽(National Geographic)은 TV연예 뉴스를 담은 Twist보다 편집수준이 높고 일반 청중들에게 보다 권위 있는 매체로 포지셔닝되어 있다고 볼 수 있다.

13.1.4 광고성과 측정

컨셉에 따라 매체를 정하여 광고메시지를 표적청중에게 노출시킨 뒤에는 그에 대한 피드백을 점검해 볼 필요가 있다. 의도된 방향대로 이미지 포지셔닝이 되어가고 있는지, 목표수준만큼의 인지도 상승은 이룩되었는지 살펴봄으로써 기존 광고전략의 유지, 철회, 수정, 전면개편 등의 차후전략을 재입안해 볼 수 있다 .

마케터가 이 같은 광고성과측정을 위해 겸비해야 할 시각으로는 커뮤니케이션 효과(communication effects) 측면과 재무적 효과(sales effects) 측면의 두 가지가 있다. 커뮤니케이션 효과측정의 관점에서 마케터는 광고가 실제 소비자의 심리적 지각도에 어떤 변화를 일으켰는가 살펴볼 수 있으며 재무적 효과 측면에서는 이러한 심리적 변화의 산물로써 실제 매출액 및 수익성이 얼마나 향상되었는지를 점검해 볼 수 있다. 커뮤니케이션 효과의 측정은 마케팅이라는 필드 내에서 보다 미시적이며 직접적으로 광고의 효과를 검증해 내고자 하는 반면, 재무적 효과의 측정은 일련의 광고 및 마케팅 커뮤니케이션 활동들이 궁극적으로 기업의 수익성 향상에 얼마나 공헌하였는지 좀더 거시적으로 살펴보는 데 초점을 맞추고 있다고 볼 수 있다.

(1) 커뮤니케이션 효과측정

커뮤니케이션 효과(communication effects) 측면에서의 측정방식은 브랜드에 대한 인지도, 제품에 대한 이해 · 필요성, 소비자의 태도 및 행동, 브랜드 이미지의 변화 등을 통해 광고효과를 점검하는 것을 말한다. 이러한 커뮤니케이션 효과를 측정하는 방식에는 인지효과 측정(measures of recognition and recall), 생리적 각성의 측정과 설득효과 측정(measures of persuasion) 등이 있다.

인지효과의 측정

매체에 실렸던 광고를 기억하는지, 광고에서 제시한 단서들을 기억하는지 등을 질문하여 광고가 표적고객의 구매준비단계인 인지와 지식단계에 어떤 영향을 미쳤는지 파악하는 방법이다. 예컨대, TV광고 방송 이전 브랜드 인지도가 12%에 머물렀는데 4주간의 광고집행 후 인지도가 54%로 훌쩍 뛰어올랐다면 이는 광고가 브랜드 인지도 개선에 혁혁한 공을 세운 증거로 차용될 수 있다. 그런데 인지효과 측정방식은 광고에 노출된 뒤 사후적으로 측정되는 것인 만큼 시간의 흐름에 따른 기억의 퇴화, 왜곡의 여지가 있다. 따라서, 노출시각과 측정시각의 주기를 단축시켜 최대한 본래의 광고효과를 추출해 내도록 하는 것이 중요하다. 또한, 구매단계 자체가 인지 및 지식단계에서 바로 구매실행단계로 이행되는 것이 아닌 만큼 시간의 흐름에 따른 퇴행이 급격히 일어나 광고의 효과가 쉽게 희석될 경우에는 해당 광고메시지의 효과가 재점검될 필요가 있다.

생리적 각성의 측정

광고라는 자극에 따라 소비자가 어떤 심적 변화를 일으키며 이것이 신체의 생리흐름을 어떻게 변화시키는지 살펴봄으로써 광고의 효과를 측정하는 방식이다. 예컨대, 광고의 흡입력이 매우 낮아 눈으로 보면서도 전혀 광고에 몰입되지 못한 시청자가 있다면 그는 해당 광고에 노출된 도중이나 후에도 이렇다 할 심리적 변화를 일으키지 못할 것이다. 하지만 광고모델이 평소 자신이 좋아하는 인물이거나 배경음악의 스타일이 자신의 기호에 맞는 것이라면 광고에 대한 흡입력이 현저히 높아질 것이고 이에 따라 심장박동도 빨라지고 동공도 확대될 것이다. 이처럼 심리적 변화가 야기시키는 생리적인 변화를 광고자극에 의한 효과로 간주하여 검류계(檢流計)를 통해 미세한 신체상의 전기흐름 변화를 측정하거나 동공검사계로 동공의 확대 및 축소 여부를 확인하는 방식을 생리적 각성에 의한 측정방식(measures of physiological arousal)이라고 한다.

설득효과 측정

광고를 접하기 이전에 비해 광고를 접한 이후에 제품이나 브랜드에 대한 태도가 개선되었는지 살펴봄으로써 소비자태도의 변화를 측정해 내는 방식을 일컫는다. 주로 표적고객의 구매준비단계에서 호감과 선호, 확신 단계에 어떤 영향을 미쳤는지에 초점을 맞춘다. TV광고 송출 전 제품에 대한 표적청중의 평균 구매의향이 26%였는데, 광고 집행 4주 후 44%로 구매의향이 상승하였다면 여러 다른 촉진믹스와 더불어 광고를 제품 구매의향 상승에의 중요 요소로 간주해 볼 수 있다. 또한, 실제 제품의 보유율이 15%에서 26%로 신장되었다면 이것 또한 광고가 표적청중에 대한 구매설득에 어느 만큼 이바지했다는 근거로 차용해 볼 수 있다.

(2) 재무효과 측정

재무효과(sales effects)의 측정은 매출액, 시장점유율, 수익률 등에 광고가 기여하는 정도를 측정해 보는 것이다. 재무효과 측면에서의 광고효과 측정은 차후 광고집행을 위한 예산투입 결정에 중요한 변수로 작용하기 때문에 마케터는 광고집행에 따른 매출액, 시장점유율, 수익률 지표 등의 변화에 민감하게 반응할 수밖에 없다. 특히 ,성수기와 비수기의 구별이 뚜렷한 에어컨, 온돌침대, 이온음료, 밍크코트, 스키장, 온천 등의 상품이나 서비스는 집행되는 광고비에 대한 매출액의 탄력성이 상당히 높은 것으로 알려져 있다. 따라서 집행되는 광고에 대한 효과를 예의 주시하여 차후 광고비 지출을 항상적으로 유지할 것인지(constant scheduling) 아니면 간헐적으로 변화시킬 것인지(intermittent scheduling) 검토해 보아야 한다.

(3) 바람직한 광고효과 측정방식의 조건

바람직한 광고효과의 측정방식은 다음과 같은 조건을 충족시켜야 한다. 우선 커뮤니케이션 목표와 연계된 지표를 사용해야 한다. 브랜드에 대한 호의도 향상을 목적으로 한 광고캠페인에 대해 매출액을 광고성과 측정치로 대입하는 것은 타당하지 못하다. 또한, 광고효과에 대한 측정 이전부터 마케터, 광고대행사, 광고효과 조사업체 간에 성과

지표에 대한 합의 및 해석원칙 그리고 공감대가 구축되어 있어야 한다. 그렇지 않을 경우 동일한 결과에 대한 서로 다른 해석이 나올 수 있으며 이로 인해 차후 광고예산의 집행 및 실행에 큰 차질이 빚어질 수 있다.

13.2 PR

13.2.1 PR의 개념과 기능

PR(public relations)이란 "이미지 쇄신, 호의적 평판의 유도, 비호의적 평판의 완화 등을 목적으로 기업과 직·간접적으로 관련된 여러 유형의 집단들과 좋은 관계를 구축하고 유지해 나가기 위해 벌이는 비대면적 커뮤니케이션 활동"이라 정의내릴 수 있다. 다시 말해 기업이 자기 주변에 아군을 늘려가는 과정이라고 할 수 있다. 고객 뿐 아니라 종업원, 주주 등 기업의 모든 이해관계자들과 두루 호의적 관계를 구축·유지시켜감으로써 이러한 호의도가 기업의 브랜드 자산으로 전환·축적될 수 있게끔 독려하는 커뮤니케이션 활동이 PR활동이라고 할 수 있는 것이다.

예컨대, 신제품 출시를 앞두고 이를 공중에 알릴 목적으로 벌이는 대대적인 가두이벤트 행사, 마트 시음회 혹은 자동차 론칭쇼 같은 것들로부터 신문, 잡지 등의 제품소개 코너에 실리는 2~3줄짜리 신제품 소개 단신에 이르기까지 이 모든 활동들은 기업 PR활동의 일환으로 해석될 수 있다. 특히, 신제품 출시와 관련된 PR활동은 표적청중에 대한 자사 브랜드의 인지도 및 이미지 제고를 목적으로 기업이 주체적으로 입안, 실행해 나간다는 점에서 능동적 PR활동에 포함된다고 할 수 있다.

반면, 기업에 대한 비우호적 평판을 희석시키고 논란을 잠재우기 위해 부득이하게 벌일 수밖에 없는 PR활동을 수동적 PR이라고 한다. 기업의 분식회계 혐의, 유해한 식품첨가제의 사용, 부적절한 근로환경의 조성 등이 사회적 이슈로 부상하게 되면 기업은 브랜드 자산의 손실을 최소화하기 위해 대내외적으로 해명 및 설득 혹은 반론의 입장표

표 13-2 커뮤니케이션 경로 및 대상별 PR 유형

<table>
<tr><th colspan="2">커뮤니케이션 경로</th><th>잠재소비자/
기존고객</th><th>일반공중</th><th>유통경로
구성원</th><th>정부/
공공기관</th><th>주주/
채권자</th><th>기업 내부
구성원</th></tr>
<tr><td rowspan="3">우회</td><td>언론보도</td><td colspan="6">후원</td></tr>
<tr><td>후원</td><td colspan="6">홍보</td></tr>
<tr><td>네트워크</td><td>고객관계관리</td><td colspan="2"></td><td>로비</td><td colspan="2"></td></tr>
<tr><td rowspan="2">직접</td><td>이벤트</td><td colspan="6">이벤트</td></tr>
<tr><td>간행물</td><td colspan="6">간행물</td></tr>
</table>

명과 같은 PR활동을 벌이게 된다. 이처럼 대내외적인 압력에 굴복하여 벌이게 되는 수동적 PR활동은 일단 한 번 실추된 브랜드 이미지의 회복이란 매우 어렵다는 점에서 보다 섬세하고 계획적인 접근을 필요로 한다.

기업의 마케팅 커뮤니케이션 활동영역에 있어 PR활동이 담당하는 기능을 요약하여 보면 다음과 같다.

첫째, 표적청중의 이목을 집중시켜 주의를 환기시키는 역할을 수행한다. 신제품 출시, 기존제품의 변경, 신규매장 오픈 등의 정보를 담은 기사는 해당 브랜드의 인지도를 고양시킬 수 있다. 이것은 앞서 살펴본 광고의 정보전달 기능에 비견되는 것으로써 이러한 주의환기를 위한 홍보활동은 광고와 병행되거나 혹은 별개로 진행될 수 있다. 또한, 기업에 불리한 루머 등이 유포되는 초기 시점에서 더 큰 논란거리로 확산되는 것을 막기 위해 펼치는 적극적 반론활동은 표적청중의 태도가 비우호적으로 안착되는 것을 미리 예방하는 주의환기효과를 거둘 수 있다.

둘째, 표적청중의 태도를 변화시킬 수 있다. 기업에 불리한 루머의 확산이 이미 상당히 진행된 상태에서 청중들은 그릇된 정보를 바탕으로 해당 브랜드에 대해 비우호적 태도를 견지하고 있을 수 있다. 이때 기업은 보다 신뢰성이 높은 근거들을 바탕으로 한 반론자료를 통해 표적청중의 태도변화를 유도해 볼 수 있다. 또한, 중립적 태도를 견지하고 있는 청중들에 대해서는 스포츠팀 후원 등의 활동을 통해 호의적 반응을 유도해볼 수 있다. 예컨대, 피겨스케이팅 선수인 김연아와 같이 대중적 지지도가 높은 선수의 후원사로 나섬으로써 기업은 김연아 선수에 대한 지지를 후원사에 대한 호감도로 확장시켜 볼 수 있다.

셋째, 기존고객의 충성도를 강화시킬 수 있다. 기업의 사회적 책임활동(corporate

social responsibility)의 일환으로 장학재단 설립, 소년소녀가장 활동후원, 독거노인 무료 진찰 등의 활동을 후원하고 이 사실을 각종 매체를 통해 알리게 되면 기존고객들은 해당 브랜드에 대한 신뢰감을 드높이는 한편, 거리감을 좁혀나갈 수 있을 것이다. 또한, SK Ⅱ 화장품의 사태에서처럼 제품에 인체 유해성분이 포함되어 있다는 뉴스가 터져 나올 때에는 그러한 뉴스가 중국으로부터 유포될 수밖에 없었던 상황적 배경(e.g. 중국과의 무역분쟁) 등을 알리고 이러한 결과를 반박할 만한 과학적 근거를 제공함으로써 기존고객의 충성도 약화를 어느 정도 누그러뜨릴 수 있다.

이 같은 PR활동의 가장 큰 특징 중 하나는 광고와 달리 인과관계가 명확한 금전적 교환관계가 성립되지 않는다는 것이다. 광고의 경우에는 확인된 광고주가 브랜드에 대한 호의적 정보유포에 대한 대가로 일정한 광고비를 매체사에 지불하게 되지만, PR활동에서는 이러한 교환관계가 명백하게 성립하지 않는다. 즉, 매체 편집자들은 신제품 출시, 기존제품의 변경 등과 같은 소식들 중 매체 이용자들의 눈길을 끌 만한 몇 가지만 선별적으로 기사화해 청중에 노출시키려 든다. 따라서, 기업입장에서는 본래 의도대로 PR활동을 전개하는 것에 상당한 제약을 받게 되고 광고에 비해 그 노출면적의 확대가 상대적으로 더 어렵다고 느끼게 된다. PR 담당자의 주 임무 중 하나는 본래 기업의 이해관계와 매체의 이해관계를 일치시켜 자사와 관련된 호의적 뉴스의 노출 기회를 보다 확대시키는 것이라고 할 수 있다. 한편, 자사에 대한 홍보뉴스가 유포된다 하여도 이에 대한 금전적 대가의 지불이 의무적이거나 명시적이지 않기 때문에 무상으로 이러한 커뮤니케이션 효과를 누릴 수 있다는 점은 광고에 대해 PR이 갖는 가장 큰 덕목 중 하나라고 할 수 있겠다.

13.2.2 PR의 유형

PR은 커뮤니케이션 채널에 따라 홍보(publicity), 후원(sponsorship), 고객관계관리(customer relationship management), 이벤트(event), 간행물(publications), 로비(lobby) 등으로 유형화해 볼 수 있다. 다음에서는 PR의 각 유형별 특징에 대해 살펴보도록 하겠다.

(1) 홍 보

홍보(publicity)란 바람직한 공중관계를 조성하기 위해 언론매체를 통하여 벌이는 비대면적 커뮤니케이션 활동을 말한다. 이 책에서의 홍보는 언론홍보를 의미한다. 촉진(promotion)의 유사어로 넓게 쓰일 때의 홍보 용어와 구분해야 한다. 고객입장에서 보면 홍보메시지는 기업으로부터 직접 전달되는 것이 아니라 저널리스트를 거쳐 전달받는 것이기 때문에 신뢰성 및 권위를 인정받을 만하다고 간주하게 된다. 언론매체의 편집과정을 통해 정보가 필터링되는 만큼 제품 판매자의 입장에 서 있는 기업의 이해관계뿐 아니라 매체를 구독하는 청중의 입장도 고려된다고 믿는 것이다. 따라서, 언론매체를 통해 유포되는 홍보 기사는 광고에 비해 중립적이며 편향되지 않은(unbiased) 정보라고 여겨진다.

그러나 홍보활동 자체는 기업주관 하에 있다 하더라고 일단 기업의 손을 떠나 언론매체로 흘러들어간 홍보메시지는 편집데스크팀의 결정에 따라 수정되거나 누락될 수 있기 때문에 메시지에 대한 사전점검이 요구된다. 일단 통제권을 상실한 홍보메시지의 파장이 일파만파 커지게 되면, 이에 대한 수습비용은 천문학적으로 커질 수 있다. 또한, 거액의 비용을 들인다 하더라도 일단 훼손된 브랜드 이미지는 좀처럼 회복되지 않을 수도 있다. SKII 화장품은 2006년 가을 중금속원료 사용 파문에 휩싸인 후 식약청의 안정성 확인테스트 결과를 언론에 배포하며 더 이상의 브랜드 이미지 훼손을 막아보고자 하였다. 그러나 면세점에서 내 · 외국인 모두로부터 선호브랜드 1, 2위로 뽑히며 상승가도를 달리던 SKII는 예전의 신뢰와 명성을 되찾기까지 적지않은 시간을 기다려야 했다. 기업에 대한 호의적 정보는 광고 등을 통해 흔하게 접할 수 있지만, 악의적 정보는 희소하기 때문에 소비자의 뇌리에 보다 선명하게 각인되기 때문이다. 한편, 이 같은 홍보활동의 구체적 유형을 살펴보자면 보도자료 배포(press release), 기자간담회(press conference), 인터뷰(press interview) 등을 꼽아볼 수 있다.

보도자료 배포(press release)

보도자료 배포(press release)는 언론매체(news media)에 보도될 수 있는 정보를 제시하여 기사화되도록 유도하는 과정을 말한다. 주로 바람직한 공중관계를 형성하는 데 도움이 될 수 있는 긍정적 정보를 자발적으로 제시하거나 바람직한 공중관계를 훼손할 수 있는 부정적 이슈를 희석시키는 대응적 형태의 두 가지로 나뉜다. 예컨대, 신문이나 TV를 통해 소개되는 '이주의 개봉영화' 등은 영화배급 및 마케팅을 담당하는 측에서 제공하는 스토리라인, 동영상 홍보자료를 바탕으로 재구성되는 것이다. 여러 매체에서 동

화장품회사의 반박게재문

시다발적으로 유포하는 영화에 대한 소개 내용이 모두 대동소이한 것은 바로 영화에 대한 정보원천이 해당 배급사 및 홍보부서로 일원화되어 있기 때문이다.

그러나 언론매체에서 이 같은 보도자료를 항상 기업의 의도대로 우호적 방향에서 편집 · 유포하는 것은 아니다. 언론매체의 특성상 기업 일방의 입장만을 담아낸 기사만으로는 표적청중의 관심을 집중시킬 수 없기 때문에 경쟁 브랜드와 비교 · 대조하는 방식으로 이를 재구성하여 공중에 유포하기도 한다. 따라서, 보도자료 배포임무는 기사화된 후 해당 메시지가 본래 의도대로 표적청중에 전달되었는지, 여론의 향방은 어떻게 흘러가고 있는지에 대한 사후검토까지 연장된다.

기자간담회(press conference)

기자간담회(press conference)는 기자 등 언론매체 종사자를 초빙하여 여론매체의 청중이 관심을 가질 만큼 흥미롭고 바람직한 공중관계를 형성하는 데 도움이 될 수 있는 중요 정보를 공개적으로 발표하는 과정을 말한다. 혁신적인 신기술 혹은 신제품 개발, 새로운 CI(Corporate Identity) 통합작업 등의 소식을 공표하는 데 활용될 수 있다. 기자간담회는 언론매체의 주목을 한 번에 집중시킴으로써 홍보메시지의 순간적 파급력을 극대화할 수 있으며 브랜드 관련 문의에 대한 답변전달의 중복을 피할 수 있어 커뮤니케이션 활동의 효율성을 높인다는 장점이 있다.

언론인터뷰(press interview)

언론인터뷰(press interview)란 개인 혹은 소규모 언론매체 종사자를 대상으로 진행하는 인터뷰를 의미한다. 기자간담회가 일 대 다의 방식으로 여러 언론매체를 상대로 홍보활동을 벌인다면, 인터뷰는 일 대 일 방식으로 해당 언론사에 초점을 맞추고 메시지를 전달한다는 차이점이 있다. 기업의 인터뷰 대상자는 인터뷰 내용과 연관성이 높아야 할 뿐 아니라 보다 공중의 이목을 집중시킬 만한 스타파워를 지닌 인물이어야 한다.

(2) 후 원

후원(sponsorship)이란 외부의 개인이나 조직에 대한 직접 혹은 간접적 지원을 통해 바람직한 공중관계를 조성해가는 과정을 말한다. 특히 여론의 주목도가 높은 스포츠, 문화 · 예술 연예, 학술활동 등에 대해 벌이는 후원활동을 이벤트성 후원활동이라고 한다면, 공공의 요구에 부응하여 사회적 대의명분에 기여하는 각종 공헌활동은 대의명분 마케팅(cause－related marketing)이라고 할 수 있다. 전자가 여론의 이목이 집중된 스포츠 스타나 연예인에 대한 후원활동을 통해 해당 인물의 호감도 및 인지도를 자사브랜드로 확장하는 데 주력한다면, 후자는 영리기업으로서의 한계를 벗어나 기업의 내 · 외부 이해관계자들 모두와 두루 긍정적 관계를 조성 · 유지해가는 데 초점을 맞추고 있다고 볼 수 있다. 요컨대, 둘 모두 트렌드에 편승해 표적청중의 관심도가 높은 부분에 마케팅 커뮤니케이션 활동을 집중시킴으로써 자사브랜드에 대한 인지도 및 이미지 제고의 효과를 극대화시키는 데 목적을 두고 있다고 볼 수 있다.

이벤트성 후원활동

스포츠, 문화 · 예술 연예, 학술활동 등과 관련하여 주목도가 높은 인물이나 조직 등에 물적 · 인적 자원 등을 투입하는 후원 활동을 말한다. 궁극적으로 매출증대, 브랜드 인지도 제고, 브랜드 이미지 개선, 기업명성 제고 등의 다양한 효과창출을 목적으로 진행되는 이벤트성 후원활동은 크게 스포츠 후원활동, 문화 · 예술 후원 활동 그리고 학술 후원활동 등으로 구분해 볼 수 있다.

- **스포츠 후원** 스포츠 후원은 스포츠팀이나 스포츠경기에 대한 후원 등을 포괄한다. 삼성전자는 영국 프리미어리그 명문구단인 첼시의 공식후원사로 활동하면서 브랜드 인지도를 2005년 35.5%에서 2007년 48.25로 증대시키는 효과를 거두기도 하였다. 또한, 스포츠 후원 활동은 스타플레이어뿐 아니라 대회 자체를 후원함으로써 이뤄지기도 한다. 기아차는 호주오픈 테니스대회의 주요 후원사로 활동함으로써 2009년 봄 한 시즌에만 총 6억달러(약 8,361억원)의 촉진효과를 거둔 바 있다.

사례 13-4

獨레버쿠젠 후원 LG전자의 복합 후원 PR: 분데스리가 경기 유니폼 광고권 어린이심장재단에 기부

LG전자와 레버쿠젠이 3개 경기 유니폼 광고권 어린이심장재단에 무상양도, 선수들이 사인한 그림 경매수익금 전액 기부 등 사회적 책임을 실천하는 복합 후원 방식의 PR을 실시한 바 있다.

2014년 2월 7일 LG전자는 기존 보유한 자산과 역량을 활용해 기업의 사회적 책임을 실천하는 재능기부의 일환으로 메인 스폰서를 맡고 있는 독일 레버쿠젠의 3개 경기 유니폼 광고권을 독일 어린이심장재단에 무상 양도했다고 밝혔다.

참고로 업계가 추산하는 후원금은 연간 500만유로 수준인데, 독일 분데스리가 경기수를 고려할 때 경기당 LG전자가 지출하는 비용은 약 44만유로에 달한다. 우리나라 돈으로 약 6억 5,000만원 정도를 지불하고 있는 것이다. 결과적으로 3개 경기의 유니폼 광고권은 20억원 정도에 달하는 것으로 보인다.

LG전자와 레버쿠젠은 독일 어린이심장재단과 어린이들을 위한 다양한 활동을 전개했다. LG전자는 독일 어린이심장재단이 추천한 어린이 14명을 지난 1일 슈투트가르트와의 홈경기에 초청해 특별한 하루를 선사했다. 어린이들은 이들을 위해 특별히 마련된 버스를 타고 경기장을 방문, 'LG VIP 라운지'에서 경기를 관람하고 레버쿠젠 선수들과 즐거운 만남의 시간을 보냈다. LG전자와 레버쿠젠은 선수들이 직접 사인한 대형 그림을 경매해 그 수익금 전액을 어린이심장재단에 기부할 예정이다.

금액보다 더 눈여겨 볼 대목은 비영리 목적으로 사회 봉사단체에 광고권을 무상 양도했다는 점이다. 프로 구단에서 직접 유니폼 광고권을 무상 양도한 사례는 종종 있지만 기업이 직접 나서 사회 봉사단체에 광고권을 양도한 PR 사례는 이번이 처음이다.

자료원: 아시아경제 2014. 2. 7.

- **문화 · 예술 후원** 문화 · 예술에의 후원은 문화 · 예술기관이나 문화 · 예술행사에 대한 후원 등을 포괄한다. 미술관 후원이나 유명화가 초대전 후원, 연극 및 음악 공연 후원 등이 일례로 꼽힐 수 있다. 금호아시아나문화재단은 클래식음악 후원사로서 음악엘리트 발굴 육성 프로그램 등을 운영하며 이들에 대해 명품 고악기 무상임대(악기은행), 해외유학 장학금 수여 등의 후원활동을 벌이고 있다. 또한, 젊은 아티스트들의 데뷔 무대를 마련해 주기 위해 '금호 영 아티스트 콘서트'를 개최하기도 하며 자체적으로 '금호아시아나 솔로이스츠 실내악단'을 운영하고 있기도 하다. 또한, 쌈지는 대중음악산업 후원사로서 대형기획사에 흡수되지 않은 역량 있는 인디뮤지션들의 활동을 지원하기 위한 인프라 구축에 힘쓰고 있다. 인디뮤지션들을 위한 대안공간으로써 세워진 음악전문 컨텐츠 기업인 쌈넷, 숨은 뮤지션들의 데뷔 무대로 각광받는사운드페스티벌 등은 쌈지의 이 같은 대중음악 후원활동에 힘입어 산출된 결과물들이다. 금호아시아나의 클래식음악 후견인 역할이나 쌈지의 대중음악 후원 역할에서 주목해야 할 점은 이들의 표적청중의 풀과 이 같은 후원 활동으로 이목이 집중되는 청중의 풀이 얼마나 합치하여 마케팅 홍보효과가 극대화될 수 있느냐라고 볼 수 있다.
- **학술 후원** 학술 후원은 각종 학교 등 학술기관 후원과 학술행사 후원 등을 포괄한다. 예컨대, 대학기부금, 학회 후원, 장학금 기탁 등이 여기에 해당될 수 있다. 대산문화재단의 한국문학 및 외국문학번역지원, 창작기금지원사업 등은 한국문학 및 문화 전반에 초점을 맞추고 벌이는 학술 후원활동이라고 볼 수 있다.

대의명분 마케팅

사회적 대의명분(cause)을 위해 관련기관의 활동을 후원하거나 공동으로 캠페인을 벌이는 것을 대의명분 마케팅이라고 한다. 통상 비영리조직인 피후원기관은 자신들의 대의명분을 실현시키기 위해 요구되는 재정적 후원을 기업으로부터 받는다. 대신 후원사인 기업은 자사브랜드를 피후원업체가 벌이는 캠페인의 공공성과 연관시켜 인지도 및 이미지를 제고시킬 수 있다. 이 같은 사회적 현안에 적극 참여하는 모습을 보임으로써 기업은 영리기업으로서의 한정된 이미지를 탈피하여 기업의 내 · 외부이해관계자들에게 긍정적 이미지를 심으며 이들과의 호의적 관계를 조성 · 유지시킬 수 있다. 이러한 대의명분 마케팅은 기업이 피후원사의 공공캠페인을 지원하는 단기적 이벤트 성격을 띨 수

Canon사가 멸종위기동물보호캠페인의 일환으로 National Geographic(2009. 2.)사에 게재한 후원 이미지

도 있으며, 수익의 일부를 지속적으로 해당 피후원사에 기탁하거나 사회적 약자로부터 생산원료를 공급받는 등의 장기적 후원의 성격을 띨 수도 있다. 미국 제너럴밀스사가 다 소비되고 난 후 남은 요플레 뚜껑이 회수될 때마다 10센트씩을 유방암재단에 기부한다든지, 한국의 아모레퍼시픽사가 한국유방암학회 주관의 핑크리본마라톤대회를 후원한다든지 혹은 스타벅스사가 공정 무역 커피만을 원료로 사용한다든지, 캐논사가 멸종위기동물보호캠페인을 전방위적으로 후원한다든지 하는 것 등이 바로 이 같은 대의명분 마케팅에 해당된다고 할 수 있다.

특히, 대의명분 마케팅은 기업의 사회적 책임(corporate social responsibility)에 대한 공중의 의식이 드높아지면서 이목을 끌고 있다. 예컨대, 유니레버코리아는 2003년부터 매출액의 만분의 일을 환경재단에 기부하는 '만분클럽'과 환경문제 해결을 위한 오피니언 리더들의 모임인 '136포럼'에 가입하여 친환경적 기업이미지의 구축에 힘쓰고 있다. 또한, 지역사회와의 연계를 강화하기 위해 '아름다운 가게'와 파트너십을 맺고 연간 4회 정기적으로 매장과 물류창고 등에서 봉사활동을 하고 있다.

이러한 기업들의 사회적 책임의식의 고양은 소비자의식의 성숙으로 기업이 이제 광고를 통해 기업 일방의 메시지를 전달하는 것만으로 신뢰도 및 호의도를 구축할 수 있는 시대가 지났기 때문인 것으로 풀이될 수 있다. 소비자는 정부, 기업뿐 아니라 제3의 기관을 통해 기업에 관한 다각적 정보를 입수할 수 있는 통로를 이미 구축해 놓은 만큼

광고를 통한 인위적 이미지의 조작활동만으로는 기업에 대한 신뢰도 구축을 기대할 수 있는 시대가 이미 지났기 때문이다. 1997년 미국의 나이키사가 생산을 위탁하고 있던 중국과 베트남의 공장에서 아동에 대한 강제노동(sweat shop: 노동착취공장)이 행해지고 있는 것이 NGO에 의해 밝혀지자 인터넷 상에서 '반 나이키 캠페인'이 전개되었다. '반 나이키 캠페인'은 나이키 제품의 불매운동과 소송문제로 불거졌고, 매출액 감소와 주가 하락이라는 재앙으로 이어졌다. 이는 나이키사가 바로 이 같은 CSR의 부상과 소비자의식의 변화에 뒤처졌기에 벌어진 일이라고 할 수 있다. 나이키는 결국 1998년 9,122억달러에서 1999년 8,358억달러로 매출액 8.4%의 감소를 지켜보아야만 했을 뿐 아니라, 매출액을 종전 수준으로 회복하기까지 근 3년의 시간을 기다려야 했다(2002년 이후 회복).

(3) 고객관계관리

고객관계관리(customer relationship management)란 기업이나 브랜드를 지지하는 고객을 모집하고 지원함으로써 바람직한 고객관계를 조성해가는 과정을 말한다. 최근에는 인터넷 상 고객들의 구전활동(word-of-mouth)이 활발해진 덕분에 각종 커뮤니티를 통해 심심치 않게 고객들의 상품관련 구전활동을 찾아볼 수 있다. 여기서 구전 커뮤니케이션이란 "소비자 커뮤니케이터와 소비자 메시지 수신자가 구두 상으로 하는 개인간(person to person) 커뮤니케이션으로써 이때 메시지 수신자는 커뮤니케이터가 브랜드, 제품, 서비스, 기업과 관련한 어떠한 상업적 의도도 가지고 있지 않다고 지각한다"는 특징을 지니고 있다. 특히, 이 같은 구전 커뮤니케이션이 이메일, 하이퍼텍스트 등의 온라인 미디어를 통해 이뤄지는 경우를 일컬어 e-WOM이라고 하며 커뮤니케이션에 참여하는 사람들이 물리적으로 현격히 떨어져 있고 다 대 다(多對多, many to many)로 이뤄진다는 점에서 전통적 의미에서의 구전활동들과 구분된다. 이른바 블로그 마케팅이라 하여 파워 블로그나 카페의 위력이 점차 드높아지는 것도 이 같은 e-WOM의 진화와 그 맥을 같이한다고 볼 수 있겠다.

예컨대, LG생활건강은 2005년 10월 주름 개선 화장품 브랜드인 '이자녹스 링클 디클라인 더블이펙트'를 출시하면서 '더블이펙트 홍보대사'라는 이름의 체험단을 모집했다. 200명의 체험단에는 인터넷 쇼핑몰 운영자, 인터넷 신문 객원 리포터 등 오피니언 리더(opinion leader)라고 할 수 있는 이들이 다수 포함되었다. 이들은 무료 샘플을 받아 직접 시용해 본 후 관련 사용후기를 자신들의 미니홈피, 블로그, 포털사이트 게시판 등에 올리기 시작하였다. 이같이 오피니언 리더들을 초기 리뷰어(early reviewer)로 선점함으로써 더블이펙트 브랜드는 출시 8개월만에 14만개 이상의 매출고를 올리는 쾌거를 거둘 수 있었다.

이처럼 소비자와 전문비평가의 경계 사이에서 품평전문 블로거로 이름을 떨치는 이들의 위상이 높아지자 제품관련 리뷰 전문사이트들도 속속 등장하게 되었다. 노트북 관련 커뮤니티 사이트인 노트북인사이드(www. nbinside.com), 여성전문 사이트인 아줌마닷컴(www.azoomma.com)과 마이클럽(www.miclub.com), 유럽여행 전문 카페인 유랑(cafe.naver.com/firenze.cafe), 무료시사회나 단체관람과 같은 이벤드를 전문으로 하는 문화충전 200%(cafe.naver.com/real21.cafe), 블로거 1인에 의한 요리전문 블로그인 베비로즈(blog.naver.com/jheui13) 등은 그 대표적 사례로 꼽힐 만하다. 이들 카페나 블로그의 구전효과가 극대화될 수 있었던 것은 이 곳으로 모여드는 회원들의 구심점에 바로 상품구매 및 사용과 직결된 '화두(topic)'가 놓여 있기 때문이라고 볼 수 있다. 최초에는 호사가(dilettante)적 호기심과 취향 때문에 시작된 블로그 활동일지라도 블로거들의 트래픽이 증가하게 되면, 이들 간의 커뮤니케이션이 활성화되고 이에 따라 인접 카테고리에 제품을 출시해 놓은 기업들로부터 주목을 받게 마련이기 때문이다. 최초에 비상업적 의도로 개설되었던 요리블로그인 베비로즈가 입소문을 타면서 음식사진에 기업의 로고 사진이 박히고 신제품 이벤트가 병행되자 일부 블로거들로부터 '초심을 잃고 상업화되어간다'는 비판을 받게 된 것도 바로 이 때문이라고 할 수 있다.

중요한 것은 구전 커뮤니케이션에 있어 수신자가 발신자인 커뮤니케이터의 의도에 대해 어떻게 지각하고 있느냐 하는 것이다. 구전활동에 의해 입수된 정보가 소비자로부터 신뢰를 잃지 않으려면 앞서 밝힌 것처럼 커뮤니케이터가 상업적 의도를 갖고 있지 않다는 지각이 선행되어야 하며 블로그 등에 실린 리뷰가 점차 본래의 의도를 퇴색시키고 상업화되어간다고 지각되기 시작하면 해당 구전정보의 신뢰성과 효력은 점차 희석될 수밖에 없다.

P&G는 구전 커뮤니케이션을 활성화할 목적으로 2005년 보컬포인트(Vocalpoint)라는 구전 마케팅 프로그램을 고안해 낸 바 있다. 이 프로그램에 등록되어 있는 약 60만명(2006년 5월)의 회원들은 P&G 관련 구전 커뮤니케이션의 촉매역할을 담당한다. 즉, 신제품 견본이나 쿠폰 등을 P&G 측으로부터 공급받은 후 사용담을 주변 지인들에게 들려줌으로써 구전 커뮤니케이션을 적극적으로 활성화시키는 레버리지 역할을 맡게 되는 것

P&G의 구전조성 관리 사이트 Vocalpoint.com

이다. 보컬포인트의 회원들은 평상 28세에서 45세의 연령대에 이르는 주부들로서 이들이 P&G의 일반 고객들과 가장 차이를 나타내는 부분은 일반 주부들이 하루 평균 5명의 사람들과 얘기를 나누는 데 반해, 이들은 평균 25~30명 정도의 사람들과 얘기를 나눌 정도로 인맥이 넓다는 것이다. 즉, 입소문이 전파되는 사회적 네트워크 중 가장 미시적 단위의 허브(hub)를 담당하고 있는 것이다. 그러나 문제는 보컬포인트(Vocalpoint) 회원들이 구전 활동을 벌임에 있어 P&G사와 자신들의 관계를 밝히지 않아도 윤리적으로 무방하냐 하는 것이다. 100% 자발적으로 벌이는 구전활동이라고 하기에는 보컬포인트(Vocalpoint)라는 간판까지 내건 P&G사의 구전 커뮤니케이션 프로그램이 상당히 노골적이라고 할 수 있으며 구전 커뮤니케이션 메시지의 수신자가 이를 일단 간파한 이후에는 이러한 구전 커뮤니케이션의 공신력은 현저히 떨어질 수밖에 없다.

구전커뮤니케이션마케팅협회(WOMMA: Word of Mouth Marketing Association)는 이러한 윤리적 논란을 종식시키기 위해 기업으로부터 이 같은 형태의 후원 내지 관련을 맺고 구전활동을 벌이게 될 경우, 즉 100% 자의에 의한 구전 활동이 아닐 경우에 있어서 이 같은 사실을 메시지 수신자에게 미리 고지하도록 명시하고 있다. 그러나 그러한 고지는 구전 커뮤니케이션이 광고 등 다른 마케팅 커뮤니케이션에 대해 갖는 경쟁 우위, 즉 기업과 어떠한 이해관계도 맺지 않은 상태에서의 중립적 메시지로서의 신뢰성을 현저히 격하시키게 된다. 더군다나 최근에는 이러한 구전 커뮤니케이션을 의도적으로 조

사례 13-5

대가 받고 쓴 상품 추천 · 후기, 대가 받은 사실 정확히 알려야

– 소비자들이 명확히 알 수 있도록 표준문구 도입하기로 –

공정거래위원회(위원장 노대래, 이하 공정위)는 광고주로부터 대가를 받고 블로그 등에 특정 상품의 추천 · 기글을 올리는 경우 표준문구에 따라 사실을 공개하도록 '추천 · 보증 등에 관한 표시 · 광고 심사지침'(이하 지침)을 개정하여 2014년 6월 18일부터 시행함.

추천 · 보증 등에 관한 표시 · 광고 심사지침

개정 2014. 6. 18. 공정거래위원회 예규 제192호

I. 추천 · 보증 등의 표시 · 광고에 관한 일반원칙

1. 추천 · 보증 등의 내용이 '경험적 사실'에 근거한 경우에는 당해 추천 · 보증인이 실제로 경험한 사실에 부합하여야 하고, 추천 · 보증 등의 내용이 '전문적 판단'에 근거한 경우에는 해당 분야의 전문적 지식을 보유한 추천 · 보증인의 합리적 판단에 부합하여야 한다.

2. 추천 · 보증 등의 원래 내용이 광고주의 가공이나 재구성 등으로 왜곡되어서는 아니 된다.

3. 추천 · 보증인이 자신이 제시한 추천 · 보증 등의 내용을 사후에 변경하거나, 철회한 경우, 광고주는 당초 추천 · 보증 등의 내용을 계속해서 사용해서는 안 된다.

또한, 추천 · 보증 등을 받은 제품이나 환경에 추천 · 보증 등을 변경할 사항이 있을 경우, 광고주는 추천 · 보증인에게 이러한 내용을 알리고 추천 · 보증 등을 재확보한 경우가 아니면 기존의 추천 · 보증 등을 계속 사용해서는 안 된다.

4. 표시 · 광고내용이 추천 · 보증인이 추천 · 보증 등을 한 상품을 계속해서 사용하고 있는 것처럼 나타낸 경우에, 추천 · 보증인은 추천 · 보증 등이 이루어진 시점에 당해 상품을 사용하고 있어야 한다.

5. 추천 · 보증인의 경험내용이나 판단내용이 일반 소비자들에게 보편적으로 발생하는 현상이 아니거나 학계 · 산업계 등 관련 전문분야에서 일반적으로 받아들여지고 있는 견해가 아닌 경우에는, 표시 · 광고의 전체적인 전달내용이 당해 경험내용이나 판단내용이 보편적으로 발생하거나 학계 · 산업계 등에서 일반적으로 받아들여지고 있는 견해인 것처럼 표현되어서는 아니 된다.

6. 광고주는 추천 · 보증인이 추천 · 보증 등을 하는 내용에 대한 입증 책임을 진다.

추천 · 보증 등의 내용이 소비자 등에게 추천 · 보증인의 개인적 경험을 넘어 일반 소비자들에게도 가능한 사실로 받아들여지는 경우에는 이에 대해서도 입증하여야 한다.

7. 광고주와 추천 · 보증인 사이의 경제적 이해관계를 공개하지 않았을 경우 광고주는 그에 대한

법적 책임을 진다.

II. 광고주와 추천 · 보증인과의 경제적 이해관계 공개

광고주와 추천 · 보증인과의 사이에 추천 · 보증 등의 내용이나 신뢰도 등에 영향을 미칠 수 있는 경제적 이해관계가 존재하는 경우에는 광고주 또는 추천 · 보증인은 이러한 경제적 이해관계를 공개하여야 한다.

예를 들어 추천 · 보증인이 광고주로부터 현금이나 해당제품 등 경제적 대가를 받고 공동구매를 주선하거나 단순 추천 · 보증을 해주는 경우 추천 · 보증 등을 하는 매 건마다 당해 추천 · 보증 등이 상업적 표시 또는 광고에 해당된다는 사실을 소비자들이 알 수 있도록 경제적 대가를 받은 사실을 아래 표준문구의 형식대로 게재하여야 한다.

〈표준문구〉

1. 추천 · 보증 등의 대가로 현금, 물품 등을 지급받은 경우'경제적 대가'또는 그에 상응하는 구체적 표현(현금, 상품권, 수수료, 포인트, 무료제품 등)을 사용하여 다음과 같이 표기하여야 한다.

〈표준문구 1〉 저는 위 △△ 상품을 추천(보증, 소개, 홍보 등)하면서 ○○사로부터 경제적 대가(현금, 상품권, 수수료, 포인트, 무료제품 등)를 받았음

〈표준문구 2〉 '유료 광고임', '대가성 광고임'(글자수의 제한이 있는 경우에 한함)

위 표준문구는 해당되는 각 게재물의 처음이나 마지막에 게재물 본문과 구별되게 표시하여야 하며, 글자 크기를 본문보다 크게 하거나, 글자색을 본문과 달리하는 등 소비자가 쉽게 인식하도록 게재하여야 한다.

광고주 또는 추천 · 보증인이 경제적 대가를 받은 사실을 공개하지 아니하거나 다음 예시와 같이 그 사실을 불명확하게 표시한 경우 기만적인 표시 · 광고로 본다.

다만, 추천 · 보증인이 알리는 내용이 소비자가 상업적 표시 · 광고임을 일반적으로 쉽게 알 수 있는 경우에는 제외한다.

〈표준문구를 사용하여 경제적 이해관계를 명확하게 표시한 사례〉

〈예시 1〉 파워블로거 A가 B사의 20만원짜리 살균세척기의 공동구매를 주선하기 위해 자신의 블로그에 추천글을 게재하면서 B사로부터 수수료를 받기로 한 경우 ⇒ '저는 해당제품의 공동구매를 주선하기 위해 추천글을 게재하면서 B사로부터 일정 수수료를 받기로 함'

〈예시 2〉 D회사가 대학생 C에게 회사가 새로 개발한 게임프로그램을 무료로 보내주고 C가 운

영하는 게임동호회 카페에 홍보성 이용후기를 게재해 줄 것을 요청한 경우 ⇒ '<u>저는 위 프로그램을 홍보하면서 D사로부터 무료프로그램을 제공받음</u>'

〈예시 3〉 저명인사 E가 G사로부터 일정금액을 받고 자신의 트위터에 G사 제품에 대한 홍보성 이용후기를 올린 경우 ⇒ '<u>저는 이 제품을 홍보하면서 G사로부터 현금을 받음</u>'

III. 경제적 이해관계를 명확하지 않게 나타낸 예규 위반 사례들

◎ '후원'이라는 용어를 사용한 위반 사례

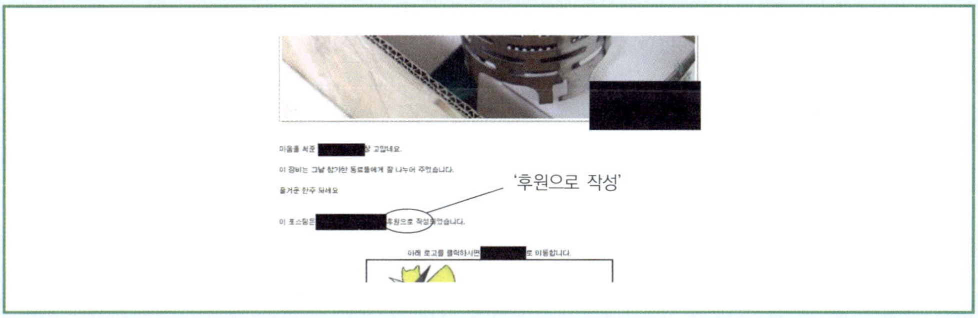

◎ '체험 후 느낀 점'이라는 용어를 사용한 위반 사례

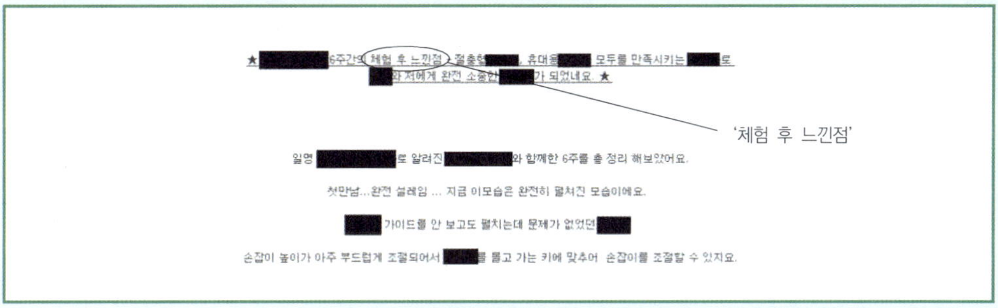

◎ 단순 정보글로 위장한 사례

자료원: 공정거래위원회 2014년 6월 20일 보도자료 정리 인용.

작하는 경우까지 발생하여 이러한 우려를 더욱 심화시키며 구전과 관련한 윤리성 논란을 증폭시키고 있다. IT주변기기업체인 벨킨(Belkin)은 사용자 리뷰 평점을 돈을 주고 사는 방법으로 조작해온 사실이 밝혀져 비난을 받은 바 있다. 아마존닷컴의 온라인 인력 시장서비스인 '미케니컬 터크(Mechanical Turk)'에 자사 제품에 대한 좋은 평을 남기면 건당 65센트를 준다는 게시글을 올리고 인력을 모집하는 등 제품평점을 조작해온 사실이 적발된 것이다. 이처럼 구전 커뮤니케이션은 그 효과만큼이나 심대한 방법론상의 윤리적 허점을 남겨놓음으로써 적절하면서도 효과적인 구전 커뮤니케이션은 어떻게 운용되어야 할 것이냐 라는 또 하나의 과제를 기업의 마케터들에게 안겨주게 되었다.

(4) 로 비

로비(lobby)란 마케터가 간접적으로 정부 혹은 공공기관 등을 대상으로 바람직한 공중관계를 조성해가기 위해 활용하는 합법적인 의사소통과정을 의미한다. 통신주파수 배정의 효과에 대한 자료제공, 경유차의 오염규제기준에 대한 자료제공 등이 예로 포함될 수 있다.

세계적 휴대전화 제조업체인 노키아(Nokia)는 직원 이메일 감시를 허용하지 않으면 본사를 외국으로 옮기겠다며 정부에 로비활동을 벌여 논란을 불러일으킨 바 있다. 노키아 측이 직원 이메일 감시의 근거로 든 것은 자사직원에 의한 중국으로의 기술유출사건이었다. 그러나 사생활 침해와 같은 기본권 침해의 여지가 있는 법안을 만장일치로 입법 통과시키기 위해 노키아가 로비활동에 전력을 기울이고 있다는 기사가 유포되어 노키아 측은 윤리적으로 심대한 타격을 입은 바 있다. 따라서, 기업은 다양한 로비활동에 있어 법적 · 윤리적 기준을 사전에 숙지하고 신중하게 검토한 후 실행 여부를 결정하여야 한다.

(5) 이벤트

이벤트(event)란 마케터가 직접 개최하여 바람직한 공중관계를 조성해가기 위해 활용하는 특별한 행사를 의미한다. 고객을 대상으로 한 신제품발표회, 시연회, 시승식 등의 체험마케팅이나 주주를 대상으로 한 투자설명회 등이 이벤트에 포함될 수 있다.

체험마케팅은 고객에게 직접 경험하고 느끼는 기회의 장을 제공함으로써 브랜드에 대한 이미지 제고 및 인지도 상승을 꾀하는 것이다. 특히, 불특정 다수의 공중을 대상으로 하는 언론홍보활동 등과 달리 체험마케팅은 실수요자를 공략한다는 점에서 다른 홍보수단과 구별된다. 시승식이나 시연회를 개최하여 실수요자와 거의 일치하는 표적청중을 행사에 끌어들임으로써 제품에 대한 인지도 및 이미지 제고를 꾀하는 것이다. 예컨대, 골프클럽회사들은 비교적 고가의 제품을 대상으로 하는 만큼 불황이라는 상황에 맞춰 전국의 대형 골프연습장이나 대리점에 새로 출시된 클럽을 비치해 직접 시타를 해보도록 유도하고 있다. 이 중 핑(Ping)사는 10일 간의 무료 렌탈 행사를 벌였으며, 던롭사는 3박 4일 간의 무료 렌탈 이후 사용후기를 올리면 몇몇 우수 리뷰어들에게 해당 제품을 경품으로 지급하는 이벤트를 벌이기도 하였다. 이처럼 체험마케팅의 기회를 고객에게 제공하게 되면 실수요자의 이목을 집중시키며 이들 간의 구전을 활성화시킬 수 있을 뿐 아니라 현장의 생생함이 담겨 있는 즉각적 피드백을 받을 수 있다는 이점이 있다.

한편, 투자설명회는 투자자가 기업의 중요 이해관계자 중 하나일 뿐 아니라 이들이 곧 충성고객집단과 중복된다는 자각에서 비롯된 것이다. 현대중공업은 투자자를 위한 기업탐방, 야드투어 프로그램을 운영하고 있을 뿐 아니라 투자자들이 궁금해할 만한 각종 사업, 감사, 환경보고서 및 기업지배구조 그리고 최근의 재무정보들을 사이트 상에 업로드시켜 놓고 있다. 또한 LG생명과학, CJ홈쇼핑, 삼성중공업 등과 같은 기업은 잠재투자자들을 발굴하고 모집할 목적으로 굿모닝 신한증권이 홍콩과 싱가포르에서 개최한 한국관련 투자 컨퍼런스에 참가해 투자대상으로서의 자사의 매력도 홍보에 힘썼다. 이처럼 투자자를 대상으로 한 홍보활동은 주주를 모으며 자사의 주가를 관리(IR: Investor Relations)하는 일차적 목적에서 시작되지만, 궁극적으로는 고객을 대상으로 하는 제품시장에서의 매력도 증진에도 일정부분 기여를 하게 된다는 점에서 기업의 홍보 담당자들의 주요 임무 중 하나로 부상하고 있다.

이 밖에도 이벤트는 마케터의 창의력에 힘입어 여러 형태로 변주되어 표적청중들의 이목을 끌 수 있다. 그 자체로는 상품판매에 직결되지 않지만 브랜드 인지도 및 이미지 제고를 유도함으로써 자사브랜드를 소비자의식의 표면으로 부상시키는데 조력하는 것이다. 예컨대, CGV와 듀라셀(Duracell)은 '영화 오래보기 대회'라는 세계신기록 도전행사를 주관함으로써 이색 이벤트에 대한 호응이 높은 젊은 관객층의 관심과 참여를 이끌어낼 수 있었으며 덕분에 언론매체에의 기사노출도도 극대화시킬 수 있었다.

사례 13-6 SK Telecom의 후원 · 이벤트를 통한 PR

해피 뮤직스쿨(Happy Music School)

2007년 2월, 아직 '베토벤 바이러스'의 열풍이 불어닥치기도 훨씬 전에 SK Telecom은 저소득층 청소년들에게 클래식음악 체험의 기회를 제공하는 음악엘리트 양성 프로그램 실시 공고를 냈다. 서울 소재 초등학교나 중학교에 재학중인 학생 중 재능은 있으나 경제적으로 어려운 학생들을 상대로 오디션을 벌여 이들에게 국내 최정상급의 연주자들로부터 직접 레슨을 받는 기회를 제공하고자 했던 것이다. 학교장이나 지역아동센터장의 추천을 받은 학생들로부터 지원서류를 받아 2차 공개오디션을 진행하여 최종적으로 45명을 선발한 이 프로그램은 2007년 3월에서 12월까지 26주 동안 매주 개인 및 그룹 레슨, 이론교육 등을 진행하게 된다. 해피 뮤직스쿨 프로그램은 SK가 자사의 CSR의 우선순위를 '교육을 통한 인재 양성'에 두고 있는 것과 같은 맥락에서 기획, 진행되었다고 볼 수 있겠다.

SK의 해피뮤직스쿨

베트남의 '그린 섬머 캠페인'

베트남의 '그린 섬머 캠페인'(Green Sumemr Campaign)은 베트남청년동맹이 94년부터 실시해온 청소년참여 자원봉사활동으로 미국, 프랑스, 싱가포르, 일본 등 7개국에서 참여하고 있다. 2008년 여름에는 우리나라의 중고등학생 17명도 여기에 참여할 기회를 얻게 되어 SK Telecom의 후원 하에 발대식을 갖고 베트남의 최대 접전 지역이었던 메콩 델타의 벤째 지역을 방문할 수 있었다. 그 곳에서 청소년자원봉사자들은 입시경쟁의 틀에서 한발 물러나 보다 인간적인 삶, 이웃과 함께하는 삶을 몸소 실천하는 기회를 얻을 수 있었다. 집짓기, 청소, 학교보수 및 교육봉사 등의 활동을 벌였을 뿐 아니라 현지인들 집에서 홈스테이를 함으로써 국경을 뛰어넘는 우정을 다지는 기회를 가질 수 있었다.

'1318해피존'

또한, '그린 섬머 캠페인'에는 SK Telecom이 '부스러기 사랑 나눔회'와 함께 지원하는 취약계층 청소년을 위한 청소년전용지역아동센터인 '1318해피존' 소속 학생 2명도 참가할 기회를 얻어 수혜자에서 시혜자로의 역할 바꿈의 계기를 마련할 수 있었다.

저소득층을 위한 휴대폰요금 감면제

2009년 초, SK Telecom은 지면광고를 통해 기초생활수급자와 차상위계층을 위한 휴대폰요금 감면제 실시를 공표했다. 통화료 및 기본료 한도를 최대치로 할인혜택을 주는 이 제도는 이동통신회사들이 누리고 있는 높은 이윤에 대한 부정적 인식을 해소하기 위한 전략이라고 해석될 수 있다. 특히, 2007년 초 대선을 앞두고 정부가 시민단체들의 요구와 여론에 부응해 이동통신사들에 통신료 인하를 요구하고 나선 것과도 무관하지 않다고 볼 수 있다. 통신료 인하는 휴대폰이 이제 일상의 필수품으로 자리잡으면서 저소득층을 통신 소외 집단으로 고립시키지 않으려는 시대적 요구에 부응해 불거진 이슈라고 할 수 있다. SK Telecom은 높은 수익률에 대한 대내외의 이 같은 질타를 의식해 저소득층만을 위한 특별 휴대폰요금 감면제를 실시하게 된 것으로 보인다.

저소득층 휴대폰요금 감면제 지면광고

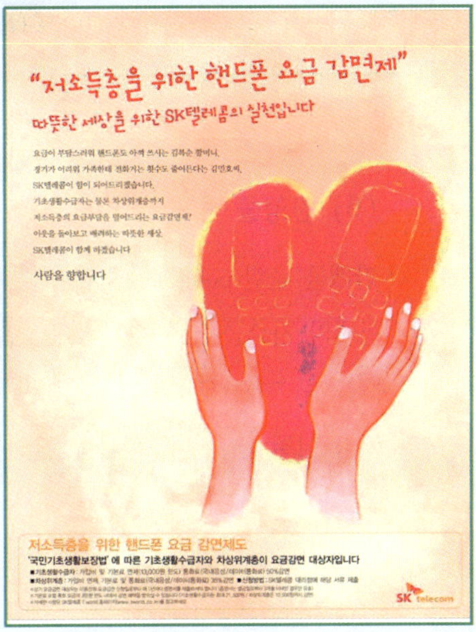

이처럼, SK Telecom의 사회공헌활동은 저소득층 및 청소년을 주대상으로 하고 있다. 이는 휴대폰이 앞서 밝힌 것처럼 온 국민의 필수품으로 자리잡아 어느 특정 표적청중에 국한된 충성도로는 이동통신서비스업체로서의 브랜드 자산을 유지 · 강화할 수 없기 때문으로 풀이된다. 고수익 고객들, 즉 프리미엄 서비스 가입자를 위해서는 차별화된 서비스 개발을 통해 이윤극대화를 도모하는 한편, 고객의 저변을 높이기 위한 홍보활동의 일환으로는 이 같은 CSR 마케팅이 활용되고 있는 것으로 해석된다. 내수시장에 대한 의존도가 절대적으로 높을 수밖에 없는 이동통신서비스시장의 특성상 이 같은 사회공헌활동은 장수기업으로 자리매김하기 위한 초석을 다지는 것이라 할 수 있겠다.

Save the Children 간행물

(6) 간행물 출판

간행물 출판(publications)이란 마케터가 바람직한 공중관계를 조성해가기 위해 각종 문서형태의 자료를 생성하여 배포하는 과정이다. 종업원을 대상으로 하는 사보, 투자자를 대상으로 하는 연차보고서, 정부 및 공공기관에 제출할 보고서 등이 간행물 출판의 범주에 포함될 수 있다. 최근에는 인쇄물로 뿐 아니라 온라인 상에서 PDF파일 형식으로 사보나 사회공헌활동 백서 등을 받아볼 수 있어 이러한 간행물의 유포면적을 크게 확대할 수 있게 되었다.

13.3 판매촉진

13.3.1 판매촉진의 개념과 기능

판매촉진(sales promotion)이란 "표적고객의 행동을 촉발할 목적으로 전개하는 인센

박카스 이외의 피로회복제

티브 위주의 커뮤니케이션 활동"을 말한다. 이때 표적고객은 최종소비자뿐 아니라 유통경로에 놓여 있는 도매상이나 소매상들을 모두 포함한다. 즉, 제조업체가 자사브랜드의 판매고를 증진시킬 목적으로 대형할인점에 자사브랜드의 판매에 대한 유인책을 제시하거나 최종소비자의 구매행동을 촉진하기 위해 유인책을 제시하는 경우 모두 판매촉진에 해당된다. 예컨대, 식품구매를 위해 대형할인점에 들른 가정주부가 늘 구입하던 A브랜드의 요구르트 대신 덤으로 두 개를 더 주는 B브랜드의 요구르트를 샀다면 이는 제조업체가 최종소비자를 직접 겨냥한 판매촉진이 거둔 성과라 볼 수 있다. 반면, 요구르트를 장바구니에 담은 후 라면 진열대로 자리를 옮긴 이 주부가 C브랜드의 라면을 눈높이에 진열되어 있었다는 편의성만으로 구입하고 말았다면 이는 제조업체가 중간상을 겨냥한 판매촉진이 거둔 성과라고 요약해 볼 수 있다. 즉, 제조업체가 자사브랜드를 경쟁사 브랜드보다 유리한 자리에 진열토록 하기 위해 대형할인점에 공급가액 할인, 즉시 현금결제 등의 혜택을 베풀었기에 이 같은 성과가 도출되었다고 해석되는 것이다.

이처럼 최종소비자를 대상으로 한 판매촉진을 가리켜서는 소비자 판매촉진(consumer promotion)이라고 명명하는 반면, 도매상이나 소매상 등 유통경로상의 다른 공급책들에게 펼치는 판매촉진을 가리켜서는 중간상 판매촉진(trade promotion)이라고 지칭한다. 이 같은 중간상 판매촉진은 유통경로상의 파워를 레버리지 삼아 자사브랜드를 최종소비자들에게로 밀어내는 방식(push strategy)으로 매출액을 증대시킬 때 특히 유용하다. 경쟁 브랜드가 시장지배적인 브랜드로써 소비자의 우선고려상품군으로 확고히 자리잡고 있을 때에 이를 제치고 자사의 후발 브랜드 시용을 유도하려 할 때 요긴하게 활용되는 것이다. 예컨대, 동아제약의 박카스는 근 40년 동안 피로회복제의 대명사격으로 군림하여 경쟁제품들 중 가장 높은 브랜드 인지도를 유지해왔다. 이때, 후발 브랜드로 출시된 생생톤, 알프스, 타우스, 알키디, 생기디 등이 박카스를 제치고 소비자들에게 우선 선택되기 위해서는 어떠한 전략을 구사하는 것이 효과적일까? 박카스 같은 브랜드는 피로회복제라는 제품 카테고리 내에서 가장 압도적인 고지를 점하고 있기 때문에 소비자가 자발적으로 후발 브랜드를 시용해 주리라는 기대는 실현가능성이 낮다. 중간상 판매촉진은 이러한 경우에 중간상인 소매약국이 구매시점에 보다 적극적으로 개입하여 자사브랜드(e.g. 생생톤, 알프스 등)의 구매를 촉발시켜 주게끔 제약업체가 소매약국에게 인센티브를 제공하는 방식으로 활성화될 수 있다. 만일, 생생톤이나 알프스 브랜드 제조업체가 소매상인 약국에 박카스보다 저렴한 공급가를 제시하고 있다면 소매상은 보다 높은 마진 때문에 박카스 대신 생생톤이나 알프스를 권유할 인센티브를 갖게 된다.

하지만, 소비자가 특정 브랜드에 대한 확신을 갖고 있는 충성고객이라면 이러한 중간상 판매촉진이 자리잡을 여지는 현저히 줄어들게 된다. 이름조차 낯선 피로회복제 대신 보다 익숙한 '박카스'를 고집하는 소비자라면 약사의 권유와 상관없이 자신이 먼저 박카스를 찾게 될 것이다. 이처럼 소비자가 자발적으로 해당 브랜드를 잡아끌어(pull strategy) 제품구매를 발생시키는 경우는 판매촉진보다 광고에 대한 촉진예산에의 의존도가 클 때 종종 목격된다. 박카스의 경우는 제품 출시 역사 자체도 오래되었지만 출시 이후 꾸준히 TV광고를 송출시켜 소비자의식의 표면에 늘 자사브랜드가 머무를 수 있도록(TOMA: Top Of Mind Awareness) 많은 노력을 기울여왔다. 즉, 판매촉진보다는 광고에 대한 비중을 현격히 높임으로써 소비자가 스스로 먼저 박카스라는 브랜드를 찾도록 유도하고 있는 것이다.

그런데 최근에는 중간상 판매촉진을 통한 밀어내기 전략(push strategy)에 대한 의존도가 점차 증가하는 데 반해 광고에 의존한 끌어당기기 전략(pull strategy)에 대한 의존도는 점차 감소하고 있는 실정이다. 이 같은 촉진전략의 변화배경에는 매스미디어의 파편화, 유통경로상의 권력 이전, 제품차별화 여지의 축소와 충성도 약화 그리고 근시안적 성과지표의 책정 등과 같은 시장 내외부의 환경적 요인이 자리잡고 있다.

매스미디어의 파편화

공중파 TV채널 4~5개가 모든 TV 시청자들을 커버하던 시대는 지났다. 낚시, 패션, 바둑, 게임, 스포츠, 음악, 영화, 요리, 뉴스 등 표적청중들은 예전에 비해 훨씬 많은

표 13-3 판매촉진과 광고와의 비교

	판매촉진	광 고
기본목표	매출신장	브랜드 인지도 및 이미지 제고를 통한 소비자 태도에의 변화
소구방향	이성편향적	감성편향적
유효기간	단기적	중장기적
당기 이익공헌도	수익에의 직접적이며 높은 공헌	수익에의 간접적이며 보통 수준의 공헌

수의 대안을 갖고 자신의 기호와 취향에 보다 적합한 세분화된 매체를 선택할 권리를 가지게 되었다. 덕분에, 하나의 TV광고만으로도 몇 개의 채널을 장악할 수 있었던 제조업체들은 이제 보다 세분화된 고객들의 구미에 맞게 맞춤화된 광고를 개발해야 하는 상황에 직면하게 되었다. 그리고 이러한 과정에서 광고제작 및 송출비용은 증가하는 대신 그 효과는 감소하는 결과를 목도하게 되었다. 요컨대, 촉진수단으로서의 광고의 매력도가 과거에 비해 줄어들게 된 것이다.

유통경로상의 권력이전

브랜드 메이커인 제조업체들이 중간상에 대해 갖는 협상력(bargaining power)이 과거에 비해 현저히 줄어들었다. 이는 앞서 언급한 매스미디어의 파편화와도 무관하지 않다. 잘 만든 TV광고, 인쇄광고 하나로 대다수 표적청중을 커버할 수 있던 시대가 지남으로써 제조업체는 소비자에 대한 직접 커뮤니케이션의 유효 툴 중 하나였던 광고의 약세를 지켜볼 수밖에 없었다. 즉, 매스미디어를 통한 광고효과의 약화가 브랜드 메이커인 제조업체들의 커뮤니케이션 노력을 희석시키는 결과를 낳았던 것이다. 반면, 중간상들은 소규모 영세상에서 대규모 할인점으로 그 자본규모를 키우는 동시에 POS(point of sale) 시스템과 같은 첨단 장비를 새롭게 갖출 수 있게 되었다. 실시간으로 소비자의 장바구니에 담긴 물품 리스트 및 제조업체 브랜드별 매출액에 대한 정보를 입수하게 되면서 이들은 더 이상 제조업체들의 마케팅 조사보고에만 의존할 필요가 없게 되었다. 요컨대, 자본 및 기술력의 향상으로 중간상들은 제조업체에 대한 의존도를 낮추는 대신 독자적으로 자신들의 수익을 높일 수 있는 인프라를 새롭게 구축하게 되었다고 볼 수 있겠다.

제품 차별화 여지의 축소와 충성도 약화

수요의 증가율을 앞서는 공급 증가율로 시장에는 수많은 대안 브랜드들이 쏟아져 나오게 되었다. 대안 브랜드들의 수가 증가함에 따라 이들 간에 차별성은 줄어들었고 어느 하나 특별히 나을 것도 나쁠 것도 없는 상황에 이르게 되었다. 소비자 입장에서는 대안 브랜드들이 너나 할 것 없이 비슷하고 어느 하나 특별히 더 나은 혜택을 제공한다고 체감하지 못하는 경지에 이르게 되었다고 볼 수 있다. 따라서, 소비자들은 점점 더 특정 브랜드에 대한 충성도 유지에의 인센티브를 잃게 되었다. 이처럼 제품 자체의 차별화 여지가 축소되고 충성도가 약화됨에 따라 제조업체들은 시장점유율을 높이기 위한 방편으로 가격할인이라는 또 다른 마케팅믹스에 대한 의존도를 높이게 되었다. 소비자에게 제공할 수 있는 제품의 혜택(benefit)에서 경쟁우위를 찾을 수 없다면 대신 가격(price: 소비자 입장에서는 cost)을 낮춤으로써 소비자에게 돌아가는 최종 가치(value)를 높여볼 수 있다. 쿠폰, 보너스팩, 마일리지 등은 소비자 측면에서 부담하게 되는 비용부담을 낮추기 위해 시행되는 판매촉진들이라고 볼 수 있다.

한편, 판매촉진이 광고 등 여타 촉진믹스에 대해 갖는 차별점 및 특징을 정리해 보자면 다음과 같다. 첫째, 중간상이나 소비자들로 하여금 특정 브랜드를 보다 빨리, 더 자주, 보다 많이 사도록 인센티브를 제공한다. 둘째, 해당 제품의 본원적 혜택을 완전히 대체하는 혜택을 제공하는 것이 아니라 부가되는 혜택을 제공한다는 것이다. 쿠폰을 통해 피자를 보다 저렴하게 구입하게 되었을 경우 소비자가 피자로부터 근원적으로 기대하는 맛, 포만감 등의 혜택은 쿠폰으로부터 얻어질 수 없으며 쿠폰은 다만 비용부담을 낮추는 부가적 혜택을 제공하게 된다. 셋째, 소비자에게 지각되는 비용절감의 혜택이 일시적이라는 점이다. 제한된 기간 동안의 세일은 판매촉진에 해당되지만 영구적인 가격인하는 판매촉진이 아닌 본원적 가격전략에의 변화라고 볼 수 있다.

13.3.2 판매촉진의 유형

판매촉진은 앞서 언급한 것처럼 대상에 따라 소비자 판매촉진(consumer promotion)과 중간상 판매촉진(trade promotion)으로 유형화해 볼 수 있다. 다음에서는 소비자 판매촉진과 중간상 판매촉진의 세부 내용에 대해서 살펴보도록 하겠다.

(1) 소비자 판매촉진

소비자 판매촉진(consumer promotion)에는 혜택을 덤으로 얹어주는 방향으로 인센티브를 제공하는 방식(positive-type incentive)과 비용부담을 덜어주는 방식으로 인센티브를 제공하는 방식(negative-type incentive)의 두 가지가 있다. 양의 방향으로의 인센티브 제공방식에는 샘플(sample), 보너스팩(price pack), 사은품(premium), 마일리지(mileage), 콘테스트(contests), 추첨(sweepstakes), 게임(game), 구매현장판촉(POP promotions) 등이 있으며, 음의 방향으로 인센티브를 제공하는 판매촉진에는 쿠폰(coupon), 할인(price-offs), 환불(rebate) 등이 있다.

샘 플

잠재고객의 첫 구매(trial)를 유발하기 위해 무료로 배포하는 소포장 제품을 일컫는다. 샘플(sample)은 주로 신제품 출시 직후에 배포되며, 화장품이나 샴푸 등과 같이 소량의 제품만으로도 제품의 특성을 충분히 체감할 수 있는 경우에 자주 활용된다. 신제품의 경우 구매실패에 대한 심리적 부담이 상대적으로 더욱 크기 때문에 마케터는 샘플 제품을 직접 소비자 손에 쥐어주고 사용하게 해봄으로써 소비자의 지각된 위험수준을 낮춰줄 수 있다. 즉, 시용의 기회를 샘플을 통해 제공하는 것이다. 그러나 화장품이나 샴푸 등과 같이 구매 수명주기가 짧고 소량으로 샘플 제작이 가능한 소비재 이외에는 샘플이 효력을 발휘하기 어렵다는 단점이 있다. 예컨대, 냉장고나 TV 등과 같은 내구재는 샘플을 제작하여 무상으로 배포하기에는 제조업체 측이 짊어져야 하는 비용부담이 너무 크기 때문에 샘플링이 현실적으로 불가능하다. 따라서, 이러한 경우에는 일정기간 동안의 무상 렌트를 통해 시연의 기회를 제공하게 된다. 그리고 샘플링이 갖는 또 하나의 문제점은 샘플링이 남발될 경우 본래의 브랜드 자산이 훼손되고 준거가격이 평가절하되어 소비자가 본래 상품을 정가로 구매하려 들지 않을 수도 있다는 것이다. 화장품의 경우 샘플만을 전문으로 판매하는 인터넷 사이트가 공공연하게 성행하고 있을 정도로 샘플 사용이 보편화되어 실제 정가에 의한 제품구매가 상당히 잠식당하고(cannibalization) 있는 실정이다. 따라서, 샘플 제작은 본래의 브랜드 자산이 희석되지 않는 수준에서 이뤄져야만 하며 표적청중에 대한 도달률을 극대화할 수 있도록 배포되어야 한다.

보너스팩

하나 가격에 그 이상의 제품을 묶어서 제공하는 판매촉진방식을 일컫는다. 예컨대 신제품 요구르트 1+1 행사나 기존 라면이나 과자 브랜드에 신상품을 붙여 판매하는 결합상품포장 등이 여기에 해당된다. 또한, 피트니스센터에서 기존 회원들에게 신설된 스킨케어 서비스의 시용을 유도하기 위해 1+1 행사(피트니스 이용권+스킨케어)를 벌이는 경우도 서비스 부문에 보너스팩을 접목한 사례라고 볼 수 있다. 이 같은 보너스팩의 장점으로는 준거가격을 낮추지 않으면서 가격할인효과를 베풀 수 있어 단기적 매출신장에 보다 효과적이라는 것이다. 보너스팩은 같은 가격에 덤으로 물건이나 서비스를 얹어주는 것이기 때문에 소비자 입장에서 보면 결과적으로 가격할인과 같은 효과를 갖게 된다. 그러나 물건을 덤으로 얹어주는 대신 본래의 제품에 일시적 가격할인을 가하게 되면 자칫 소비자들의 준거가격을 반영구적으로 낮추는 결과를 초래할 수 있다. 즉, 세일가격을 본래의 준거가격으로 설정하게 됨으로써 원래의 정상가격으로 되돌아갈 경우 소비자들로부터 적지 않은 심리적 저항에 부딪칠 수 있다는 것이다. 그러나 보너스팩을 활용한 판촉활동을 벌이게 되면 동일한 가격할인효과를 가져오면서도 이 같은 반영구적인 준거가격 절하의 위험을 회피할 수 있다.

맥도널드 보너스팩

샤니의 캐릭터 스티커 들어 있는 제품 포장

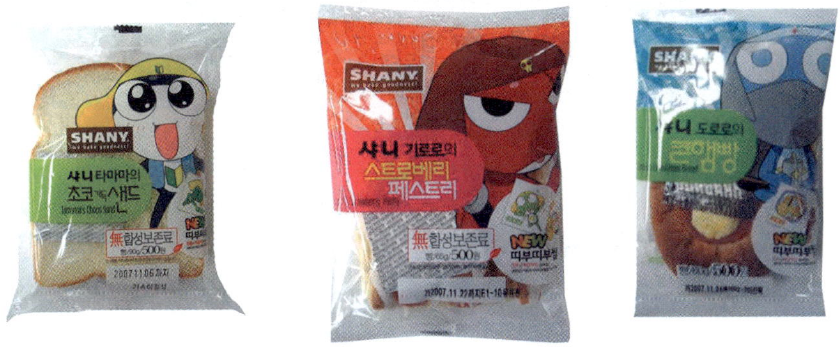

사은품

사은품(premium)이란 제품구매시 무료로 추가제공되는 소정의 답례품을 의미하는 것으로써 주유시 제공되는 휴지나 와인 구매시 제공되는 와인글라스 등이 여기에 해당된다. 예컨대, 롯데백화점 명품관인 애비뉴엘(Avenuel)에서는 일정금액 이상의 쇼핑객에게 한정판으로 만들어진 아트쿠션을 사은품으로 증정하고 있다. 또한, 샤니에서 2008년 10년만에 재출시한 '포켓몬스터 빵'은 새로 구입할 때마다 새로운 캐릭터의 스티커를 사은품으로 추가하는 전략을 선보이기도 했다. 스티커 숫자가 490종에 달해 포켓몬스터 빵의 주 구매층인 어린이들이 새로 제품을 구입할 때마다 새로운 스티커를 프리미엄으로 선사받는 기쁨을 혜택으로 얹어준 것이다. 이러한 포켓몬스터 스티커 사은품을 내세운 판촉활동은 동일한 캐릭터를 내세운 광고 활동에 비해 다양성 면에서 강점을 지닌 것으로 볼 수 있다.

마일리지

단골고객일수록 더 많이 제공되는 현금 혹은 그에 준하는 보상을 의미하는 것으로 사용량, 빈도가 증가함에 따라 그에 부가되는 혜택 또한 증대되는 판촉 프로그램을 의미한다. 마일리지 프로그램은 항공사의 단골고객 프로그램(frequent-flyer program)에서 활성화된 이래로 최근에는 카드사, 자동차판매사, 포털사 등에까지 확대 적용되고 있다. SK네트웍스는 중저가 수입차시장에 대한 본격적 진입을 준비하며 도요타의 캠리를 국

아시아나항공사의 마일리지 프로그램 가이드

내시장에 선보일 당시 신차 구입가격의 0.5%를 적립해 주는 마일리지 서비스가 포함된 S-모빌리언 멤버십 서비스를 제공한 바 있다. 또한, 네이버의 마일리지 서비스는 네이버의 메일이나 지식in 활동이 활발한 충성고객들에게 메일용량을 늘려주며 메일 발신시 별도의 네임택을 달아주거나 아웃룩 익스프레스 등의 외부 메일 프로그램에서도 네이버 메일을 주고받을 수 있는 POP/SMTP 설정 등의 부가서비스를 포함하고 있다. 누적포인트에 따라 으뜸사용자로의 전환이 가능하도록 하였으며 이에 따라 제공받는 혜택의 크기 및 수준 또한 꾸준히 상향 조정시켜주는 것이다. 또한, 아시아나항공은 적립된 마일리지의 크기에 따라 보너스 항공권의 신청, 호텔 숙박, 면세점 쇼핑, 레스토랑 이용, 영화관람 등의 다양한 혜택을 제공하고 있다. 이 같은 마일리지 프로그램의 본 목적은 고객충성도(loyalty)의 진작 및 유지이며 이를 통해 경쟁사로의 브랜드 전환비용(switching cost)을 높이는 것이다.

콘테스트

소비자가 제시하는 아이디어나 노력을 평가하여 소정의 상품 혹은 상금을 제공하는 판매촉진 방식이다. 예컨대 신제품 브랜드명 공모, 커피나 여행지와 관련된 사연 응모, 브랜드 관련 아마추어 UCC 공모전 등이 여기에 해당된다. 이 같은 콘테스트의 이점은 직·간접적으로 브랜드와 관련된 콘테스트 주제들에 참가자들이 깊이 관여하게끔 만들어 궁극적으로는 해당 브랜드에 대한 애착 및 유대를 형성 및 고양시킬 수 있다는 점이

우체국쇼핑의 UCC 콘테스트

다. 그리고 콘테스트 참가들에 대한 프로필 정보를 데이터베이스로 구축하여 잠재고객들에 대한 윤곽을 대략적으로나마 그려낼 수 있다는 점도 콘테스트의 이점 중 하나로 꼽을 수 있다.

추 첨

소비자의 노력 여부와 무관하게 무작위로 상품 혹은 상금을 제공하는 판매촉진 방식이다. 경품을 내건다는 점에서는 콘테스트와 유사하지만, 콘테스트가 참가자의 노력 여하에 따라 경품 당첨확률을 높일 수 있는 데 반해, 추첨은 노력 여하에 상관없이 무작위 추첨을 통해 소위 운이 좋은 응모자들에게 경품 혜택을 선사한다는 점이 다르다. 예컨대 병뚜껑 표시에 따라 음료를 한 병 더 주거나 노트북 구매자 중 일부를 추첨으로 선정해 경품을 지급하는 등이 이에 해당된다. 금호생명은 이벤트 참여자 중 추첨을 통해 선정된 이들에게 등수별로 노트북, 게임기, 주유상품권, 영화예매권 등의 경품을 지급하는 판촉활동을 벌인 바 있다. 또한 현대카드사는 신규가입고객들 중 추첨된 일부에게 노트북, 게임기, 도서상품권 등을 지급하는 판촉활동을 벌인 바 있다. 이 같은 추첨을 통한 경품지급행사는 단기간에 표적청중들의 이목을 집중시킬 수 있으며 응모를 통해 관여도를 높일 수 있다는 장점이 있는 데 반해, 의도했던 표적청중이 아닌 경품 사냥꾼들만의 주목을 끌어 실수요를 자극하지 못할 수 있다는 한계를 지니고 있다.

게 임

제품 구매시마다 퍼즐, 빈칸채우기 등 간단한 게임을 풀어서 답을 제시하면 추첨을 통해 상품이나 상금을 제공하는 방식이다. 말하자면, 콘테스트와 추첨의 중간적 형태에 속하는 판매촉진 방식이라고 할 수 있다. 해당 브랜드에 대한 호기심을 자극하여 신규 브랜드에 대해서는 친밀감을 형성시키는 한편, 기존 브랜드에 대해서는 새롭게 재상기시키는 계기를 마련해 준다는 이점이 있다.

구매현장판촉

구매현장 전시물 게시, 무료시식 등을 포괄하는 판매촉진 방식을 일컫는다. 예컨대, 피부과에서 피부재생 스킨케어 프로그램과 같이 비의료보험 서비스를 홍보하는 스탠딩 배너를 세워놓거나 커피전문점에서 대형 LCD모니터 등을 통해 커피 블랜딩 시연장면을 보여주는 것, 대형할인점에서 새로 출시된 샴푸 등의 소비재를 별도로 진열하여 놓고 가격할인문구를 크게 써붙여 놓은 것, 클럽에서 신규 맥주의 무료시음회를 개최하는 것 등이 구매현장판촉에 해당된다. 구매동인이 이미 활성화되어 있는 고객들의 주목을 끄는 것이기에 매출로 직결될 수 있다는 장점이 있으나 최근에는 동일한 매장 내에서 여러 브랜드들이 이 같은 구매현장판촉 활동을 놓고 각축을 벌이기 때문에 자사 브랜드만의 주목도를 높이기 어렵다는 단점이 있다.

쿠 폰

정해진 기간에 특정제품 구매시 기재된 조건만큼 할인판매한다는 약속을 명시한 각종 증빙자료를 말한다. 최근에는 인쇄물에 국한되지 않고 인터넷 상에서 소비자가 직접 출력 받거나 휴대전화로 연계될 수 있는 소위 '모바일 쿠폰' 등의 형태로 진화하고 있다. 쿠폰은 가격민감도가 높은 표적고객을 선별하는 기능이 있고 시험구매를 유발하는 효과도 있다. 즉, 가격할인을 받기 위해 쿠폰을 자르고 모으고 하기까지의 노력을 기울이는 것은 가격에 대한 민감도가 상대적으로 높은 표적청중일 확률이 높고, 이들이 쿠폰의 수집 및 지참 등에 투자하는 기회비용은 쿠폰 미사용자보다 낮다고 볼 수 있다. 쿠폰 미사용자는 쿠폰 수집 및 지참에 소요되는 기회비용이 쿠폰 지참으로 얻게 되는 가격할인의 혜택보다 더욱 크다고 느끼기 때문이다. 다만, 쿠폰은 발행 후 유효기간을 명시한다 해도 회수기간을 정확히 예측하기 어렵고 소매업체의 허위상환이 발생할 위험이 높

사례 13-7 휴대폰의 신(新) 유혹 폰 안에 쿠폰 인기

최근 소비자들의 휴대전화 배경화면이 다양해지고 있다. 특히 눈에 띄는 것이 바로 '쿠폰족'. 즉 휴대전화 배경화면에 모바일 쿠폰을 내려받는 소비자들이다. 이들은 바코드나 이미지 형식으로 된 모바일 쿠폰을 휴대전화에 내려받아, 특정 상품을 구매하거나 할인받고 있다.

모바일 쿠폰

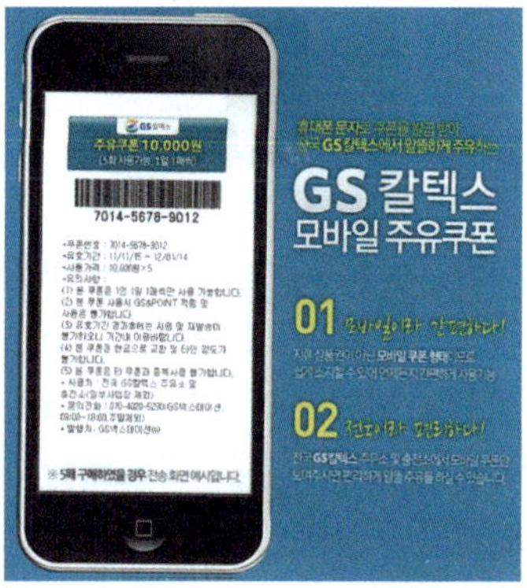

진화하는 모바일 쿠폰

화장품업체 스킨푸드 매장에는 최근 휴대전화부터 꺼내는 소비자가 흔하다. 바로 스킨푸드 상품을 살 수 있는 모바일 쿠폰을 쓰기 위해서다. 이전의 밋밋한 정지화면 쿠폰과 달리, 이 쿠폰은 동영상 효과가 가능해 상품에 대한 많은 정보가 담긴다. 스킨푸드는 휴대전화용 소프트웨어 업체 네오엠텔이 개발한 기술(SIS)로 이 같은 동영상 쿠폰을 활용하고 있다. 항공사, 스키리조트, 대형홈쇼핑, 백화점 등에도 이 같은 동영상 쿠폰은 번져가고 있다.

또한, 인터넷과 휴대전화를 연계한 쿠폰 서비스도 활발해지고 있다. 야후코리아는 최근 KTF와 협약을 맺고 RFID(무선인식 칩)를 활용한 쿠폰 · 정보 제공 서비스를 선보였다. 소비자는 야후와 협약을 맺은('야후 거기' 매장) 상점에 들른 뒤, 해당 매장에 붙어 있는 야후 스티커에 휴대전화를 대기만 하면 모바일 쿠폰의 혜택을 누릴 수 있다. 휴대전화는 자동으로 해당 가맹점의 무선 인터넷 홈페이지로 접속되고, 할인쿠폰 제공 여부 및 해당 상점 관련 정보를 보여준다.

모바일 게임을 쿠폰과 연계해 홍보수단으로 소비자들에게 제공한 사례도 있다. 요구르트 아이스크림 전문점인 레드망고는 최근 자신이 직접 레드망고 점장이 돼 지점을 경영하는 휴대전화용 게임을 출시하고, 게임 이용자가 모바일 쿠폰을 사용할 수 있도록 했다. 레드망고 측에 따르면 게임과 연계한 쿠폰의 활용률은 일반 마케팅의 경우보다 5~6배에 달한다고 한다.

이용 활발해지는 까닭은?

적지 않은 휴대전화용 서비스가 소리도 없이 사라지는 가운데 모바일 쿠폰의 활성화는 단연 눈길을 끈다. SK텔레콤이 2006년 12월 내놓은 모바일 쿠폰 서비스 '기프티콘'은 최근 1일 이용자가 1만 명을 넘어섰다. 서비스 초기에 비해 7~8배나 되는 이용량이다. 매출도 월 10억원에 육박한다.

모바일 쿠폰의 가장 큰 장점은 간편함이다. 할인권 · 상품권 등 실물을 주고받는 불편함 없이, 직접 만나지 않고도 상대방에게 할인혜택이나 상품을 살 권리를 간단하게 선물할 수 있다. 생일이나 기념일 등에 선물하기도 간편하고, 받고 싶은 선물을 미리 부탁하는 '조르기' 등 부가기능도 편리하다. 이 같은 간편함에 적지않은 업체들이 자사 상품정보를 알리는 모바일 마케팅 방식을 문자 메시지(SMS)에서 모바일 쿠폰으로 전환하고 있다.

SK텔레콤 관계자는 "SMS는 다량 발송이 장점이지만, 스팸으로 인식돼 오히려 이미지가 나빠질 수 있다"며 "반면 쿠폰은 디자인과 동영상 효과 등이 신기술로 계속 진화 중이어서 소비자들에게 인식이 좋은 편"이라고 말했다.

경품 중심으로 확산 전망

연말 · 연초에도 다날, 플레이믈닷컴 등 게임관련 업체와 인터파크, 인터랙티비 등 쇼핑몰 업체가 모바일 쿠폰을 경품으로 제공했다. SK텔레콤도 교보문고와 함께 자사 가입자에게 모바일 쿠폰을 증정하는 행사를 진행했다. 모바일 쿠폰의 종류 자체도 계속 늘고 있다. 기프티콘으로 서비스되는 상품만 해도 스타벅스 커피, 배스킨라빈스 아이스크림, 미스터 피자, 버거킹 햄버거 등 70개 이상이다. 김윤수 네오엠텔 대표는 "최근 기술의 발전으로 모바일 쿠폰이 다양하게 진화하면서, 일종의 광고 역할까지 수행하는 단계로 진화하고 있다"고 말했다.

자료원: 조선일보, 2008. 1. 7.

다는 단점이 있다. 유통업체는 소비자에게 정가대로 물건의 가격을 다 받고도 쿠폰이 사용된 것처럼 허위신고를 함으로써 쿠폰으로 인한 가격할인의 혜택을 자신에게로 이전시킬 수 있다는 것이다. 또한, 쿠폰은 일단 발행된 이후에는 추적이 어렵기 때문에 제품 구매로 쿠폰을 얻게 된 이와 실제 쿠폰의 혜택을 입게 되는 이가 일치하지 않을 수도 있다. 예컨대, 10장 이상의 쿠폰을 모은 이에게 5%의 할인혜택을 준다고 할 경우 소비자는 자신이 스스로 구매한 쿠폰은 1장에 불과하지만 타 소비자들의 쿠폰을 모아 할인혜택을 취할 우려도 있다. 따라서 제품의 매출이 일시적으로 증가하는 설날, 추석, 크리스마스 등과 같이 성수기 시즌에 맞춰 쿠폰을 발행, 유효기간을 제한시켜 이 같은 쿠폰 남발의 위험을 최소화시킬 수 있다.

할 인

할인(price-offs)이란 기본가격을 일시적으로 낮추는 판매촉진 방안이다. 사실상 할인은 판매촉진 방안이면서 가격결정 문제이기도 하다. 소비자들의 비용부담을 덜어줌으로써 즉각적인 구매동인 활성화의 효과를 거둘 수 있지만, 잦은 가격할인은 소비자들의 지각된 준거가격 자체를 낮추는 결과를 초래할 수 있다. 즉, '늘 세일하는 물건'으로 낙인찍히면 소비자는 정가를 회복해 제품이 판매될 때 상당한 심리적 저항감을 내비칠 수 있고, 이러한 기업의 가격할인 판촉활동을 일단 '학습'하게 된 이후에는 정가를 내걸었을 경우 할인시즌을 기다려 물건을 구매하려 들 수 있다. 또한, 잦은 가격할인 판촉활동은 경쟁 브랜드 간의 가격인하경쟁을 촉발시켜 궁극적으로 제품의 수익성을 악화시키는 출혈경쟁을 초래할 수도 있다.

할인판매 촉진을 하는 하이마트

환 불

제품구매시 소정의 금액을 돌려주는 판매촉진 방식을 말한다. 그 중에도 리펀드(refund)는 구매시점 즉시, 또는 소비자가 요구하는 시점에 이뤄지는 현금반환을 의미하며 리베이트(rebate)는 원래 지불된 금액의 전부가 아닌 일부를 돌려받는 것을 말한다. 요컨대, 제품구매 후 사용 중 불만족을 느끼고 제품 자체를 전액 환불받고자 한다면 리펀드(refund)를 요청하는 것이고, 제품구매 후 신문 등에 게재된 리베이트 광고를 보고 구매 영수증과 함께 광고에서 리베이트 관련 응모부분을 오려 우편으로 일정액의 환불을 요청한다면 이것은 리베이트를 신청하는 것이 된다. 리펀드나 리베이트 모두 가격할인의 혜택을 부여하여 소비자로 하여금 신제품 시용 및 브랜드 전환을 유도하는 데 목적을 두고 있다. 그러나, 리베이트의 경우 보통 제품 바코드를 정해진 기간 내에 제조업체에 보내야 하기 때문에 즉각적인 혜택을 느끼기 어렵고 번거롭다는 단점이 있다. 따라서 금액이 큰 자동차처럼 환불액이 일정수준을 넘어서는 경우에 보다 유용하게 활용될 수 있다.

(2) 중간상 판매촉진

중간상 판매촉진(trade promotion)에도 혜택을 증대시키는 양의 방향으로의 인센티브 제공방식(positive-type incentive)과 비용을 줄여주는 음의 방향으로의 인센티브 제공방식(negative-type incentive)이 있다. 양의 방향으로의 인센티브 제공방식에는 광고판촉물(specialty advertising items), 영업지원금(push money), 사은품(premium), 콘테스트(contests), 구매현장판촉(POP promotions) 등이 있으며, 음의 방향으로의 인센티브 제공방식(negative-type incentive)에는 할인(price-offs), 촉진수당(advertisement allowance) 등이 있다.

광고판촉물

브랜드를 새겨 무료로 제공하는 볼펜, 달력, 메모지, 라이터와 같은 소품 일체를 일컫는다. 광고판촉물은 다른 매체의 커뮤니케이션을 보조적으로 강화하며 브랜드 인지도 제고에 기여하는 효과를 나을 수 있으며, 유용하고 독특한 소품의 경우에는 브랜드에 대한 호감도와 선호도를 유의미하게 증대시킬 수도 있다. 다만 불량 소품 등은 오히려 브랜드 이미지를 손상시킬 수 있어 표적청중의 기호에 맞춰 완성도 높은 판촉물을 제작하기 위해 세심하게 준비할 필요가 있다.

영업지원금

딜러나 딜러에 속한 영업사원에게 마케터가 현물이나 현금을 제공하여 중간상에게 제조업체 브랜드를 보다 적극적으로 판매하게끔 유도하는 판촉 프로그램을 일컫는다. 예컨대, TV 제조업체가 V1, V2, V3 등 복수의 브랜드를 보유하고 있을 때 최신 모델인 V3의 매출신장에 우선순위를 두고 있다면, 이 TV 제조업체는 영업사원에게 V3에 대해서는 6만원이라는 가장 높은 금액의 영업지원금을 지급하는 반면, 구식 모델인 V2와 V1에 대해서는 4만원, 2만원의 보다 낮은 금액을 영업지원금으로 지급할 수 있다. 이처럼 차등화된 인센티브 제공 시스템을 통해 영업사원으로 하여금 복수 브랜드에 대해 마케팅 우선순위를 달리 하도록 유도하는 것이 영업지원금이다. 소비자가 해당 제품의 카테고리에 대한 지식이 빈약한 초심자이거나 제품 자체의 순환사이클이 짧고 복잡하여 정보의 비대칭이 커질 때에는 영업사원의 설명과 권유가 최종구매에 보다 결정적 영향을 미치게 되기 때문에 이 같은 영업지원금의 영향이 보다 증대될 수 있다.

진열수당

중간상으로 하여금 자사 브랜드를 보다 눈에 잘 띄는 곳에 진열 및 배치하여 소비자들로부터 보다 자주, 많이 주목을 받을 수 있도록 하기 위해 제조업체가 중간상에게 지불하는 금액을 말한다. 특히, 신규 브랜드 출시를 앞두고 여러 판촉활동행사를 병행하게 될 경우에는 최종 구매시점에서 소비자들 눈에 보다 잘 띄게끔 해당 브랜드를 진열 및 배치하여 충동구매를 이끌어내는 것이 중요하다. 예컨대, 약국 등에서 소비자가 처방전 없이 살 수 있는 의약품(OTC Drugs: Over the Counter Drugs)을 구매할 경우에는 구매시점에서 소매약국이 대안 브랜드들을 어떻게 진열 및 배치하느냐가 최종구매에 결정적 영향을 미치게 된다. 이같이 소매약국으로 하여금 자사의 풋케어 제품, 염색약, 위생용품 등을 소비자의 눈에 보다 잘 띄는 곳에 배치하도록 유도하기 위해 제약업체가 소매약국에 지불하는 것이 진열수당에 해당된다. 이 같은 진열수당은 약국 이외에도 대형할인점, 백화점, 대형서점, 병원 등에서 종종 활용된다. 유통 파워를 활용한 일종의 밀어내기 전략(push strategy)의 일환으로서 소매점이 판촉활동을 지원하도록 유도하는 데 그 목적을 두고 있다.

촉진수당

유통업체가 제품광고에 쓴 금액을 보충해 주는 판매촉진 방식을 일컫는 것으로써, 예컨대 대형서점에서 여러 책들을 합동으로 신문에 광고하는 경우 대형서점이 각 출판사로부터 보조받게 되는 광고비가 촉진수당에 해당된다고 할 수 있다. 유통업체는 촉진수당을 받은 브랜드에 대해 매출신장에 보다 협조적 태도를 취할 수 있으며 지면광고뿐 아니라 매장전시, 제품설명 등에 있어서도 해당 브랜드에 대해 보다 적극적으로 나설 수 있다. 또한 이 같은 현금보상 이외에도 제조업체 측에서 직접 판촉담당직원을 각 중간상들에 파견해 이들의 자사 브랜드에 대한 세일즈 활동을 현장에서 돕는 방식으로 촉진지원이 이뤄지기도 한다.

13.4 인적판매

13.4.1 인적판매의 개념과 기능

인적판매(personal selling)란 "제품이나 서비스의 판매와 고객관계 구축을 목적으로 하는 영업사원 개인의 대면적 커뮤니케이션"을 일컫는다. 하나 또는 그 이상의 잠재 고객과 직접 대면하면서 대화를 통해 판매를 실현시키는 방법이라고 할 수 있는 것이다. 단순히 주문을 받거나 판매에 관한 사무적 처리를 하는 수준을 넘어 고객에게 제품의 가치와 특성에 대한 정보를 전달함으로써 수요를 자극하여 궁극적으로 매출을 증대시키는 데 그 목적을 두고 있다.

이 같은 인적판매의 전개에 있어 핵심이 되는 것은 바로 이러한 대면적 커뮤니케이션을 담당하는 영업사원이다. 영업사원은 상품 또는 서비스의 구입을 유도하기 위해 기존고객이나 잠재고객과 직접 접촉을 통해 정보를 제공하며 자사브랜드로의 전환을 설득하고 수요를 환기시키는 역할을 담당하게 된다. 고객과의 접점에서 기업의 마케팅 대리인 역할을 수행하는 것이다. 일회성의 판매유발에 초점을 맞추는 수준을 넘어 지속적으로 고객을 지원하여 기업과 고객과의 관계를 관리하는 역할(relationship marketing)을 떠맡게 된다고 볼 수 있다. 제품의 기능 내지 성능이 잘 발휘되지 못할 때에는 기술상의 문제점들을 포착하여 문제해결을 도우며 때로는 가격협상을 대리하는 역할도 수행한다. 이처럼 고객과의 폭넓고도 지속적인 관계설정을 이끌어가게 되는 영업사원의 활약은 제약, 자동차, 의료장비나 헬스머신 같은 복잡내구재, 기업의 ERP와 같은 IT솔루션 등의 판매에서 곧잘 목격된다.

이 중 제약산업은 이러한 영업사원의 활약상을 가장 잘 살펴볼 수 있는 분야라고 할 수 있다. 제약산업에 있어 영업사원은 일종의 의약정보 담당자로서의 역할을 수행하게 되는데, 이들의 활동은 제품에 관한 정보전달로부터 고객인 의사들과의 관계관리 및 설득, 신제품 발매 후 부작용의 조사, 세미나 및 연수회를 비롯한 판촉계획의 수립 등 폭넓은 스펙트럼을 아우른다. 대학 부설의 종합병원이나 중소규모의 병원 그리고 개업의(practitioner)들이 운영하는 의원별로 각기 서로 다른 경영상의 고민들을 안고 있기 마련이고 이렇게 세분화된 시장별로 맞춤화된 전략을 펼치는 것 또한 이들 제약회사 영업사원들의 몫이라고 할 수 있다. 요컨대, 제품 시판으로부터 구매 후 서비스까지 제약회사와 고객인 의사들 사이의 가치사슬 전반을 관리 및 지원하는 것이 영업사원의 임무라고 할 수 있는 것이다.

이러한 영업사원을 활용한 인적판매의 장점을 살펴보자면 다음과 같다.

첫째, 소비자들의 욕구를 직접 알아내어 즉각적으로 유연하게 대응할 수 있다. 제약산업에서 PMS(Post Marketing Surveillance)란 시판 후 조사로서 이미 허가를 받은 의약품에 대한 안정성 및 유효성에 관한 정보를 수집 및 검토, 보고하는 사후관리를 일컫는 것인데, 이때 부작용 등의 사례가 보고되면 영업사원은 이러한 정보를 최전방에서 곧바로 수집 및 대응하는 역할을 맡게 된다. 처방 및 복용의 전후 맥락을 살펴 차후에 발생할 수 있는 보건위생상의 위해를 방지하는 조취를 취하게 되는 것이다. 또한, 이러한 개별정보를 수집하여 기업에 전달함으로써 제품 자체의 시스템적인 문제를 포착, 대응하는 기회를 제공하기도 한다.

둘째, 개인적 커뮤니케이션이므로 광고에 비해 상대방이 메시지에 더 많은 주위를 기울이고 반응하는 경향이 있다. 광고는 표적청중을 향한 일 대 다의 커뮤니케이션인데 반해 인적판매는 일 대 일 대면접촉을 통해 고객 일인에 집중한 마케팅활동을 펼칠 수 있다. 특히 자동차나 헬스머신, 의약품 같은 제품들은 복잡성이 높아 정보 비대칭성은 큰 데 반해 재정부담도 적지 않기 때문에 소비자가 구매에 보다 유보적이며 신중하고 보수적인 성향을 띠게 된다. 즉, 일회적 충동구매에의 유혹에 휩쓸리기보다는 구매 전 과정부터 신중하게 대안 상품군들을 고려해 보게 되는 것이다. 따라서, 15초 혹은 30초짜리 스팟광고보다는 보다 지속적이며 포괄적으로 제품의 효익에 대한 정보를 전달할 수 있는 인적 매개체가 소비자에 대한 설득력을 높일 수 있다.

셋째, 여타 촉진믹스에 비해 소비자의 구매준비단계인 선호, 확신, 구매행동 단계에서 가장 높은 효과성을 보인다. 광고나 홍보를 통해 형성된 호의적 이미지만으로 의약품이나 고가의 기계를 구입하기에는 소비자가 체감하게 되는 위험부담이 상당히 크다. 이러한 제품들의 구매실패는 자칫 의료사고나 상당한 재정자원의 손실을 발생시킬 수 있기 때문이다. 따라서, 고객과 돈독한 신뢰관계를 구축한 영업사원이 자신의 이름을 내걸고 적극적으로 추천하는 상품에 고객들의 마음은 동할 수밖에 없다.

반면, 인적판매의 단점을 살펴보자면 다음과 같이 정리해 볼 수 있다.

첫째, 판매조직의 크기를 변화시키는 등의 중대한 변화를 도모하기가 어렵다. 여타 촉진믹스들에 대한 예산활동의 배분은 임의로 조정이 가능하지만, 인적판매는 조직의 축소 및 확대가 인력의 수급과 관련되어 있기 때문에 임의로 증감시키기가 상대적으로 어렵다. 더군다나 시장성이 기대에 미치지 못한다는 이유로 기존 인적판매망을 특정지역에서 철수시키거나 할 경우에는 기존고객들로부터 큰 불만을 야기시켜 고객관계 및 브랜드 이미지에 치명상을 남길 수 있다. 요컨대, 인적판매망 자체가 고객과의 신뢰에 기반한 관계구축의 기반이 되기 때문에 판매조직의 크기 조정은 상당히 비탄력적이라고 볼 수 있다.

둘째, 여타 마케팅 커뮤니케이션 방식에 비해 상대적으로 많은 고정비용이 요구된다. 광고, 홍보, 판촉 비용은 비수기나 불황시에 일제히 삭감될 수 있지만, 인적판매에 지출되는 비용은 영업사원에 투자되는 인건비와 관련되어 있기 때문에 상대적으로 비탄력적으로 운영된다. 요컨대 노동탄력성의 문제 때문에 함부로 영업사원의 운용에 들어가는 비용이나 조직을 삭감시킬 수 없다는 것이다.

분 · 쿠르츠(Boone and Kurtz)는 촉진믹스에서 인적판매가 중시되는 경우를 소비자 요인, 제품 요인, 가격 요인, 유통 요인 등에 따라 제시하였다. 인적판매에 잘 어울리는 상황을 살펴보면 다음과 같다.

표 13-4 촉진믹스에서 인적판매가 중시되는 경우

	인적판매에 잘 어울리는 상황	인적판매에 안 어울리는 상황
소비자요인	지리적으로 집중된 경우 상대적으로 적은 수	지리적으로 분산된 경우 상대적으로 많은 수
제품요인	기술적으로 복잡한 제품 맞춤형 개별 제품 지속적 서비스 지원 필요 제품	단순한 제품 표준화된 제품 서비스 지원 필요 없는 제품
가격요인	가격이 높은 경우 가격교섭이 허용되는 경우	가격이 낮은 경우 가격교섭이 어려운 경우
유통요인	유통경로가 짧은 경우	유통경로가 긴 경우
촉진요인	교환판매가 수시로 사용되는 경우	교환판매가 사용되지 않는 경우

자료원: Boone, L.E. and D.L. Kurtz (2009), Contemporary Marketing, South-Western Cengage Learning 참고하여 수정.

- **소비자요인** 상대적으로 적은 수의 표적시장 소비자들이 지리적으로 집중되어 분포하는 경우 인적판매를 통해 커뮤니케이션을 하기 용이하다.
- **제품요인** 지속적인 서비스 지원이 필요한 복잡한 제품이나 맞춤형 개별 제품의 경우 인적판매를 통해 커뮤니케이션의 설득력을 높일 수 있다.
- **가격요인** 가격 교섭이 허용되며 전반적인 가격 수준이 높은 경우 인적판매를 통해야 유연한 커뮤니케이션을 전개할 수 있다.
- **유통요인** 상대적으로 유통경로가 짧은 경우 인적판매를 통해 거래선에 도달하기 용이하다.
- **촉진요인** 교환판매가 수시로 사용되는 경우 인적판매를 담당하는 영업사원이 개별 교환판매 과정을 관리할 수 있다.

13.4.2 인적판매의 유형 및 과정

(1) 인적판매 유형

기존의 인적판매 촉진활동이 수행하던 다양한 기능을 담당하는 비대면적 일 대 일 커뮤니케이션이 인적판매의 범주에 포함될 것인지에 대해서는 다양한 견해가 존재한다. 예컨대, 전화를 통한 텔레마케팅은 광고, 인적판매, 직접마케팅(DM)의 카테고리 모두에 중첩되는 특성을 지니고 있기 때문이다.

그러나 이 책에서는 일대일 대면 커뮤니케이션만을 인적판매의 고유 유형으로 파악하여 일괄 기술하고자 한다. 따라서 적어도 본서의 견지에서는 전술한 인적판매의 정의(제품이나 서비스의 판매와 고객관계 구축을 목적으로 하는 영업사원 개인의 대면적 커뮤니케이션)에 부합되는 영업사원의 대면적 커뮤니케이션만이 인적판매의 고유영역에 포함되는 것으로 간주하겠다.

인적판매에는 다양한 유형이 존재한다. 맥머리(McMurry)는 인적판매의 유형을 인적판매 과정의 자유도 수준에 따라 배달 중심 인적판매부터 판매 창출형 인적판매까지 여섯 가지로 분류하고 있다.

- **배달 중심 인적판매(deliverer)** 우유, 연료 등의 배달 서비스를 기본으로 제공하면서 제한적으로 커뮤니케이션을 전개하는 인적판매 활동

표 13-5 인적판매 유형

유 형	내 용
판매창출형 인적판매	백과사전, 생명보험, 광고기획 서비스, 교육 서비스 등의 판매실적을 제고하기 위해 적극적이고 창의적인 커뮤니케이션을 전개하는 인적판매 활동
엔지니어 컨설팅 중심 인적판매	기존 전산시스템 고객들에 대한 지원을 제공하는 등 고객에게 전문적 기술 관련 컨설팅을 제공하면서 부수적으로 커뮤니케이션을 전개하는 인적판매 활동
전도사 유형 인적판매	의약품 샘플을 의료 전문인력에게 제공하는 등 잠재적 고객에게 유익한 정보를 제공하는 등 교육적 커뮤니케이션을 전개하는 데 주력하는 인적판매 활동
현장 주문접수 중심 인적판매	식품포장, 양념, 젓갈공장 등 현장에서 소매상의 주문접수를 하면서 커뮤니케이션을 전개하는 인적판매 활동
매장 주문접수 중심 인적판매	의료, 잡화 등의 매장 내에서 주문접수를 하면서 부수적으로 커뮤니케이션을 전개하는 인적판매 활동
배달 중심 인적판매	우유, 연료 등의 배달 서비스를 기본적으로 제공하면서 제한적으로 커뮤니케이션을 전개하는 인적판매 활동

자료원: McMurry, R.N. (1961), "The Mystique of Super-Salesmanship," Harvard Business Review, March-April, pp. 113-122 참고하여 수정.

- **매장 주문접수 중심 인적판매(inside order-taker)** 의류, 잡화 등의 매장 내에서 주문 접수를 하면서 부수적으로 커뮤니케이션을 전개하는 인적판매 활동
- **현장 주문접수 중심 인적판매(order-taker in the field)** 식품포장, 양념 젓갈 공장 등 현장에서 소매상의 주문 접수를 하면서 커뮤니케이션을 전개하는 인적판매 활동
- **전도사 유형 인적판매(missionary man)** 의약품 샘플을 의료 전문인력에게 제공하는 등 잠재적 고객에게 유익한 정보를 제공하는 등 교육적 커뮤니케이션을 전개하는데 주력하는 인적판매 활동
- **엔지니어 컨설팅 중심 인적판매(engineering salesman)** 기존 전산시스템 고객들에 대한 지원을 제공하는 등 고객에게 전문적 기술 관련 컨설팅을 제공하면서 부수적으로 커뮤니케이션을 전개하는 인적판매 활동
- **판매 창출형 인적판매(creative sale)** 백과사전, 생명보험, 광고기획 서비스, 교육 서비스 등의 판매 실적을 제고하기 위해 적극적이고 창의적인 커뮤니케이션을 전개하는 인적판매 활동

(2) 인적판매 과정

다음에서는 인적판매의 고유영역에 포함되는 개별적 인적판매과정의 세부과정을 살펴봄으로써 인적판매의 보편적 양상을 검토해 보도록 하겠다. 영업사원의 인적판매 과정의 자유도 수준이 가장 높은 "판매 창출형 인적판매(creative sale)" 과정이 실제로 수행되는 과정을 개략적으로 살펴봄으로써 영업사원이 고객관계관리의 첨병으로서 마케팅 과정에 어떠한 기여를 하게 되는지 살펴볼 것이다.

개별적 인적판매 과정은 우선 가망고객 선별(prospecting and qualifying)로부터 사전준비(pre-approach), 접촉(approach), 제품소개와 시연(presentation and demonstration), 이의처리(objection-handling), 계약체결(closing), 후속조치(follow-up) 등에 이르는 7단계로 구분해 볼 수 있다. 이하는 앞서 언급한 7단계에 대한 상세 내용이다.

가망고객 선별

가망고객 선별(prospecting and qualifying)은 잠재고객 발굴과 가망고객 선별로 구성된다. 인적판매의 첫 단추는 잠재고객 발굴이다. 잠재고객 발굴을 위해서는 기존고객, 공급업체, 동료영업사원, 업계명부, 사내정보시스템, 인터넷 등의 정보원천을 활용해야 한다. 다음에는 잠재고객 중에서 구매가능성이 있는 가망고객을 재선별해 내도록 해야 한다. 잠재고객의 재무상태, 욕구유형 및 강도, 성장가능성 등은 가망고객의 선별의 기준이 될 수 있다.

사전준비

사전준비(pre-approach)란 가망고객의 주요 특성 정보를 수집하고 분석한 후 효과적인 커뮤니케이션 방안을 위한 시사점을 도출하는 과정을 일컫는다. 온라인의 공개자료를 통하거나 주변에서 가망고객과 직·간접적 관련이 있는 사람 등을 통해 필요한 정보를 얻을 수 있다.

접 촉

접촉(approach)은 가망고객을 최초로 만나서 대화를 통해 관계를 형성하고 상대의 욕구를 이해하는 커뮤니케이션 과정을 지칭한다.

제품소개와 시연

제품소개와 시연(presentation and demonstration)은 가망고객에게 제품을 소개하며 인지와 지식을 형성토록 하고 제품의 차별적 장점이 가망고객의 문제를 어떻게 해소해 줄 수 있는지 전달함으로써 호감과 선호를 형성토록 하는 커뮤니케이션 과정이다.

이의처리

이의처리(objection-handling)는 가망고객이 선호단계에서 확신단계로 이전되는 데 걸림돌이 되는 의문이나 반대의견을 해소해가는 커뮤니케이션 과정이다. 효과적인 커뮤니케이션을 위해서는 격렬한 논쟁을 피하고 사실적인 정보를 토대로 하는 차분한 설득이 필요하다.

계약체결

계약체결(closing)이란 가망고객의 확신이 어느 정도 고착된 상태에서 구매의사를 물어보고 나아가 구매권유를 함으로써 구매행동이 이루어지도록 유도하는 과정이다. 이때 구매권유의 타이밍과 어조가 적절하게 선택되어야 하며 이를 위해서는 적절한 훈련이 요구된다.

후속조치

대금지불, 제품의 배송, 설치, 사용 전 교육, 사용 중 문제대응 등 일련의 후속조치(follow-up)는 고객의 만족도와 충성도 제고에 중요한 영향을 미친다. 빈틈없는 후속조치는 해당 고객의 추가구매와 새로운 가망고객의 추천으로 이어지는 연결고리라고 할 수 있다.

13.4.3 인적판매 관리

(1) 인적판매조직 구조 결정

쉼프(Shimp)에 따르면 인적판매조직 구조에는 지역별 조직(geographic organization), 제품별 조직(product-line organization), 시장별 조직(market-based organization), 기능별

조직(functional organization) 등의 4가지 기본대안이 있는데 각 기본대안의 특성은 다음과 같다.

지역별 조직(geographic organization)

지역별 조직(geographic organization)의 장점은 저비용구조이고 지리적 중복과 고객중복이 없으며 관리단계가 단순하다는 점 등이며, 지역별 조직의 단점은 전문화에 제약이 있고 제품별 관리통제에 한계가 있다는 점 등이다.

제품별 조직(product-line organization)

제품별 조직(product-line organization)의 장점은 영업사원이 제품별 전문가가 될 수 있으며 제품별 커뮤니케이션 노력에 대한 밀접한 관리가 가능하다는 점 등이며, 제품별 조직의 단점은 고비용구조이고 지리적 중복과 고객중복이 불가피하다는 점 등이다.

시장별 조직(market-based organization)

시장별 조직(market-based organization)의 장점은 영업사원이 고객별 전문가가 될 수 있으며 시장별 커뮤니케이션 노력에 대한 밀접한 관리가 가능하다는 점 등이며, 시장별 조직의 단점은 고비용구조이고 지리적 중복이 불가피하다는 점 등이다.

기능별 조직(functional organization)

기능별 조직(functional organization)의 장점은 인적판매의 효율성 극대화가 용이하다는 점이며, 기능별 조직의 단점은 지리적 중복이 불가피하며 제품 및 시장별로 인적판매과정의 상호조정에 한계가 있다는 점 등이다.

이처럼 각각의 인적판매조직 구조는 장단점이 서로 다르며 절대적으로 우월한 대안은 없다. 마케터는 상황에 적합한 구조를 선택해야 한다.

(2) 인적판매조직 규모 결정

코틀러 · 암스트롱(Kotler and Armstrong, 2006)에 따르면 마케터는 업무부담분석(workload analysis)를 통해 바람직한 인적판매 조직의 규모를 추정할 수 있다.

예컨대 Y사가 2,000개의 High형 거래처, 1,500개의 Low형 거래처가 있다고 가정하자. High형 거래처는 연간 40번의 방문을 필요로 하고 Low형 거래처는 연간 10번의 방문을 필요로 한다. Y사가 소속된 업종의 경우 영업사원 1인당 평균 1,500번 거래처 방문을 할 수 있다면 Y사는 몇 명의 영업사원을 확보해야 할까?

우선 Y사 인적판매조직의 총 업무부담은 95,000번 방문(2,000×40+1,500×10)이다. 따라서 Y사의 필요 인적판매조직 규모는 약 64명(95,000÷1,500 결과 올림)임을 알 수 있다.

(3) 인적판매조직 관리

인적판매조직을 관리하기 위해 개발된 다양한 도구 중의 하나로 블레이크 · 모튼(Blake and Mouton) 인적판매 격자가 있다. 블레이크 · 모튼(Blake and Mouton) 인적판매 격자는 인적판매조직을 평가하여 관리하기 위한 도구로 개발되어 사용되고 있다. 마케터는 인적판매조직 및 영업사원별로 블레이크 · 모튼(Blake and Mouton) 인적판매 격자를 작성하여 평가 및 교육훈련에 사용할 수 있다.

블레이크 · 모튼(Blake and Mouton) 인적판매 격자에서 두드러지게 나타나는 문제해

그림 13-8 블레이크 · 모튼 인적판매 격자

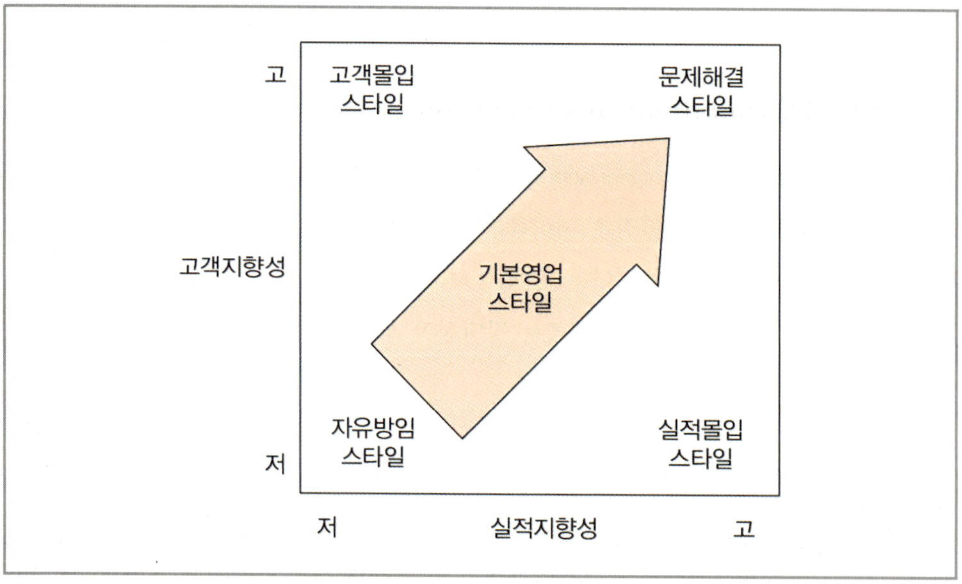

자료원: Fortenberry, 2010 참고로 작성.

결, 고객몰입, 기본영업, 실적몰입, 자유방임 스타일 등 다섯 유형의 인적판매 스타일의 특징은 다음과 같다.

- **문제해결 스타일** 소비자의 욕구를 이해한 후 그 욕구를 충족시킬 수 있는 제품의 특징을 제시하여 건전한 구매를 이끌어내는 인적판매 스타일
- **고객몰입 스타일** 소비자와 개인적 관계를 형성하는 데 치중하고 개인적 관계로 인한 소비자의 구매를 유도하는 인적판매 스타일
- **기본영업 스타일** 정형화된 과정을 따라 개인적 관계와 제품 제시를 균형있게 제시하는 표준적 인적판매 스타일
- **실적몰입 스타일** 가능한 한 짧은 기간 내에 목표 혹은 목표 이상의 실적을 내기 위해 적극적으로 제품의 장점을 개진하는 인적판매 스타일
- **자유방임 스타일** 소비자에게 특별한 커뮤니케이션 활동을 하기보다는 제품을 소비자에게 제시하는 데 주안점을 두는 인적판매 스타일

일반적으로 우측상단의 '문제해결 스타일' 방식의 인적판매방식이 장단기 성과 등 여러 면에서 바람직한 것으로 알려지고 있다. 마케터로서는 인적판매조직 및 영업사원별로 블레이크 · 모튼(Blake and Mouton) 인적판매 격자를 작성하여 우측상단의 '문제해결 스타일' 방식에 보다 가까워지도록 육성하고 지원할 필요가 있다.

CHAPTER 14

특수주제: 디지털마케팅

14.1 디지털마케팅의 이해

14.2 디지털마케팅 환경

14.3 디지털마케팅 관리

Marketing Management

사례 14-1

구독경제(Subscription Economy) 시대의 선구자 넷플릭스(Netflix)

디지털환경을 배경으로 '구독경제(Subscription Economy)'가 급부상하고 있다. 구독(Subscription)은일정기간 요금을 내고 서비스를 받는 것이다. 구독모델의 효시를 따지자면 신문이다. 구독료를 지불하면 신문을 매일 배달해 주는 것이 대표적인 구독모델 사례다. 하지만 구독경제라는 경제현상이 주목받게 된 실제 계기는 월정액을 내면 무제한 스트리밍 영상을 볼 수 있는 넷플릭스(Netflix)의 성공이다.

클라우드 컴퓨팅과 5G 등 고도화된 디지털기술은 기기와 사람을 끊김없이 연결함으로써 새로운 마케팅기회를 제공한다. 글로벌 결제솔루션 업체인 주오라의 티엔 추오 CEO는 자신의 저서 "Subscribed"에서 "소매, 운송, 미디어 등 다양한 분야에서 제품이 서비스로 변화하고 있으며, 소유가 아니라 접속(access)이 필수조건이 되고 있다"고 밝혔다. 구독서비스가 글로벌 시장에서 의미있는 트렌드로 부상한 것은 2008년 글로벌 금융위기 직후다. 당시 경제위기가 전 세계를 덮치면서 한 번에 많은 비용을 지불해야 하는 소유경제의 근간이 흔들리기 시작했고, 이 과정에서 구독경제가 새로운 유행으로 등장했다.

넷플릭스(Netflix)

구독경제의 최고 화두 중 하나는 디지털 스트리밍을 활용한 서비스다. 넷플릭스, 멜론, 밀리의

서재 등 국내외 미디어 · 콘텐츠 분야에서 구독경제가 활발하게 시도되고 있다. 2007년부터 영화 스트리밍을 시작한 넷플릭스는 10년 만에 1억 5천만명의 구독자를 확보했다. 넷플릭스는 파일럿 프로그램에 얽매이지 않고 자체 콘텐츠 제작에 약 80억달러를 과감히 투자하기도 한다. 구독자 개개인의 기호와 취향, 빅데이터를 철저히 분석해 구독자들이 어떤 콘텐츠를 선호하는지 정확하게 파악하기 때문이다. '밀리의 서재'는 월정액 전자책 대여 서비스를 제공한다. '독서 스트리밍 서비스'라고도 불린다. 월 9,900원을 내면 3만권에 달하는 전자책을 무제한 대여해 읽을 수 있다.

애플(Apple)은 TV스트리밍 서비스, 월간 유료 구독 뉴스 서비스 등을 준비하고 있다. 블룸버그 통신에 따르며, 애플이 단순히 스크린을 채우기 위해 유명 제작사와 협업하는 것이 아니라 오리지널 콘텐츠 중심의 서비스를 제공할 예정이다. 월스트리트저널(WSJ)은 월 구독료를 내고 주요 언론사의 기사를 구독하는 '애플뉴스' 서비스가 준비되고 있다고 밝히기도 했다. 아마존 프라임(Amazon prime)은 연 119달러의 회비를 내면 이틀 안에 무료배송을 해주고, 아마존 프라임 비디오와 뮤직 · 오디오북 스트리밍 서비스, 무제한 클라우드 사진 저장 등의 혜택을 제공한다.

국내외 구독서비스 유형별 예시

		넷플릭스 모델	구독박스 모델	렌털 모델
주요 적용 상품		술, 헬스클럽, 스트리밍 서비스, 항공, 기차, 소셜커머스, 공유 오피스	기저귀, 취미용품, 면도날, 생리대, 칫솔, 식료품 등	자동차, 의류, 가구, 사무실, 침대
이용 방식		월 구독료 납부 후 무제한 이용	월 구독료 납부 후 매달 집으로 배송	월 구독료 납부 후 품목 바꿔가며 이용 가능
대표 서비스	국내	왓차 · 옥수수(영상) 멜론 · 지니 · 벅스(음원) 쿠팡로켓와우멤버십 · 위매프특가클럽(소셜커머스) 패스트파이브(공유오피스)	쿠팡 정기배송 하비인더박스(취미생활) 꾸까(꽃배달)	현대제네시스 스펙트럼 · 현대 셀렉션(차량) 코웨이(정수기, 공기청정기, 침대 등
	국외	넷플릭스 · 아마존프라임비디오(영상) 스포티파이 · 애플뮤직 · 아마존프라임뮤직(음원) 서프에어(항공) SNCF(기차) 위워크(공유오피스)	달러쉐이브클럽(월 9달러 내면 매달 면도날 4~6개씩 배송)	포르쉐 패스포트 · 엑세스 바이 BMW · 메르세데스 벤츠 켈렉션(차량)

자료원: "구독경제의 현황과 장단점", 〈주간경향〉, 2019. 2. 25.

디지털기술 발전까지 결합되면서 서버, 플랫폼, 소프트웨어, 자동차에 이르기까지 다양한 자원을 공유하거나 일정기간 이용료를 내고 사용하는 구독방식은 점점 확산하는 추세다. 넷플릭스와 멜론 같은 디지털 스트리밍 형태에 국한되던 구독모델은 이제 고급 패션제품이나 자동차처럼 목돈이 드는 고가제품으로 확산하고 있다.

자료원: "구독경제 Subscription Economy", 〈매경LUXMEN〉, 2019. 04.; "호모커넥투스 시대 열렸다", 〈조선일보〉, 2019. 9. 17. 수정 인용.

14.1 디지털마케팅의 이해

14.1.1 디지털마케팅의 정의

디지털마케팅은 다양하게 정의되어 사용되고 있다. 좁게는 디지털매체를 활용한 마케팅커뮤니케이션을 일컫거나 디지털채널을 통한 마케팅을 의미한다. 넓게는 디지털기술을 활용하는 마케팅을 가리킨다(Kannan and Li, 2017). 이 책에서는 실용적인 마케팅의 정의를 기반으로 하여 다음의 정의를 사용하기로 한다. 디지털마케팅이란 "조직이나 개인이 자신과 이해관계자의 목적을 달성시켜 줄 교환을 창출하고 그 관계를 강화하기 위해, 디지털기술이 접목된 재화, 서비스, 아이디어 등 일체 솔루션의 개념, 가격, 유통, 촉진을 계획하고 실행하는 과정"이다. 말하자면, 디지털마케팅은 4P를 계획 실행하는 과정 중 한군데 이상에서 디지털기술이 중요하게 이용되는 마케팅인 셈이다.

그림 14-1 디지털마케팅 영역

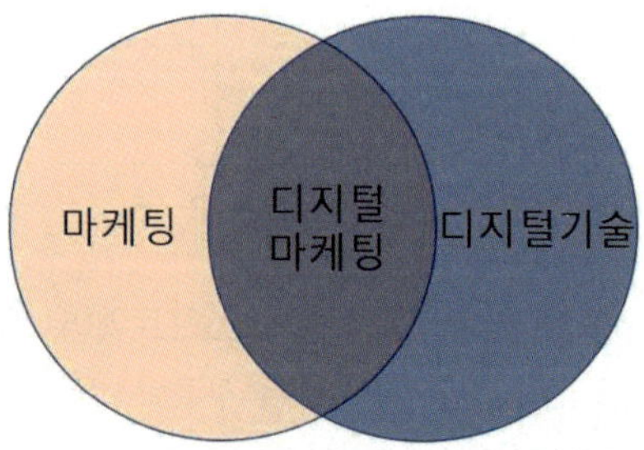

그림 14-2 디지털마케팅 배경

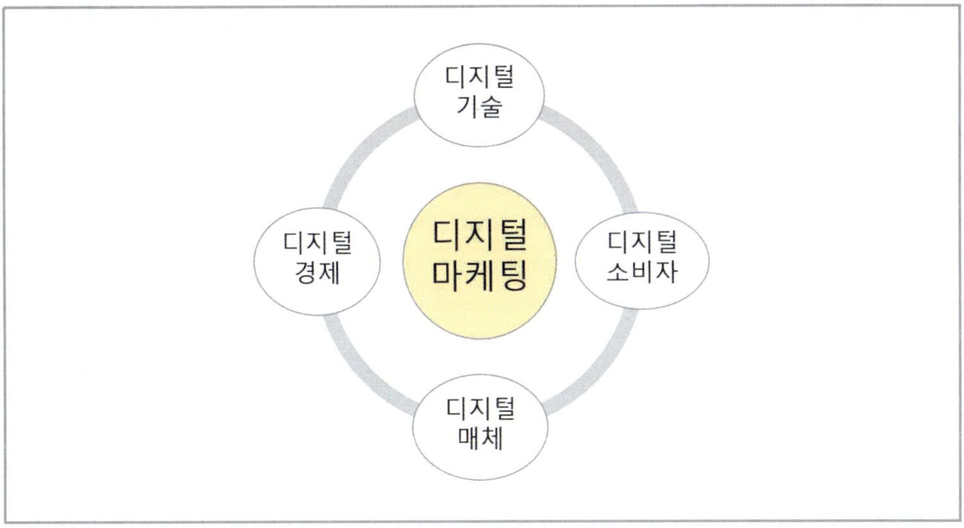

14.1.2 디지털마케팅의 배경

20세기 후반부터 3차산업혁명을 통해 시작된 디지털혁명은 21세기로 들어선 현재 4차산업혁명으로 이어져 기술, 경제, 매체, 소비자 등 다차원에 걸친 변화를 일으키며 새로운 마케팅 패러다임을 요구하고 있다. 첫째, 디지털기술은 21세기 들어 사람과 사람, 사람과 사물, 사물과 사물 간의 광범위한 연결과 소통이 시간과 장소에 구애되지 않고 끊임없이 이루어지는 초연결사회(Hyper-connected Society)를 탄생시키면서 새로운 마케팅 패러다임을 요구하고 있다. 둘째, 디지털경제는 네트워크경제(Network Economy) 특성을 점점 강하게 표출하면서 전과 다른 새로운 마케팅 패러다임을 요구하고 있다. 셋째, 디지털매체는 일대일(One-to-one), 일대다(One-to-many), 다대다(Many-to-many) 형태의 양방향 커뮤니케이션을 실현하는 스마트매체(Smart media)로서 기능하면서 새로운 마케팅 패러다임을 요구하고 있다. 넷째, 소비자의 파워가 증가하고 소비자의 자기표현 기회가 늘면서 기업의 활동에 능동적으로 참여하는 참여적 소비자(Participative consumers)가 증가하면서 새로운 마케팅 패러다임이 요구되고 있다.

참고자료 14-1

CPND(content, platform, network, device)

Fransman(2010)은 정보통신 기술ICT 분야를 거시적 관점에서 C-P-N-D(content, platform, network, device) 4개의 그룹으로 구성되어 상호작용하는 유기체적 생태계로 규정하였다. 정보통신 기술(ICT) 생태계 발전을 위해서는 CPND 그룹간 공생이 필요하다는 점이 알려져 있다. CPND 틀은 현대 정보통신 기술 생태계를 묘사하고 있어 디지털 기술에 적용할 여지가 있다.

콘텐츠(content)

콘텐츠는 매체에 실려 전달되는 내용물 정보를 가리킨다. 음원, 동영상, 위치정보, 행동데이터, AI에 의한 빅데이터 해석 등 다양한 정보가 콘텐츠의 예다.

플랫폼(digital platform)

디지털 플랫폼은 참여자 간 상호작용과 거래를 가능케 하는 소프트웨어 기반 온라인 인프라다. 플랫폼은 다양한 참여자들이 모일 수 있도록 기반을 제공하고, 참여할 수 있는 도구와 규칙을 제공하여 상호작용을 촉진한다. 디지털 플랫폼 은 이용자가 많은 양의 정보를 탐색할 수 있도록 도와주는 검색엔진, 사용자 간의 거래를 가능하게 하는 디지털 시장, 또는 콘텐츠 개발을 지원하는 협업 도구로서 기능하는 온라인 커뮤니티 등이 예다. 그 밖에, 소셜미디어처럼 이런 기능을 결합한 플랫폼도 존재한다.

네트워크(network)

네트워크는 데이터 전송을 할 수 있는 통신망이다. 컴퓨터 등의 단말장치(device)가 통신을 할 수 있도록 구성된 체계인 셈이다. 네트워크는 다양하다. WAN(wide area network)는 도시, 국가, 대륙 등 넓은 영역에 펼쳐진 포괄적 컴퓨터 통신망을 말한다. 백본망(backbone network)이라고도 한다. MAN(metropolitan area network)는 대도시를 중심으로 WAN와 LAN을 연결해 주는 통신망을 말한다. LAN(local area network)는 학교나 집에서 사용하는 100미터 이내의 근거리 통신망을 말한다. PAN(personal area network)는 사람의 활동 범위인 10~20미터 이내의 네트워크다. NFC(near field communication), 블루투스(Bluetooth) 등 개인용 네트워크로 사용된다. BAN(body area network)는 사람의 신체 범위인 1~2미터 이내의 네트워크다. 웨어러블(wearable) 통신에 활용된다.

디바이스(device)

디바이스란 접속 기능을 가지고 있거나 앞으로 갖게 될 제품(connected product)을 통칭한다. 점점 더 많은 것이 네트워크 접속 대상이 되면서 스마트 디바이스 뿐만 아니라 가정내 전력기기, 기계부품, 공장설비, 스마트 플랜트의 식물, 자율제어자동차, 3D프린터 등이 디바이스로 편입되고 있다.

자료원: Fransman, M. (2010). The New ICT Ecosystem-Implications for Policy and Regulation. Cambridge University Press., 김현식(2022). 코케팅. 경문사.

14.2 디지털마케팅 환경

14.2.1. 디지털기술

(1) 3차산업혁명: 디지털기술 등장

기술이 "특정한 문제를 처리하기 위한 방식 또는 절차(The methods and processes for handling a specific technical problem, Collins 사전)"를 의미한다면, 디지털기술은 "물질 시스템 등의 상태를 이산적인 숫자(예: 0,1) 등의 신호로 표현한 후 그 자료를 전자기기 등에 저장하고 인출하는 방식"을 지칭한다. 말하자면 0과 1의 무한한 조합을 통해 모든 것을 표현하는 방식인 셈이다. 디지털기술이 가지는 장점은 다음과 같이 여러 가지다.

- 정보 저장 방식이 0과 1의 조합으로 이루어지기 때문에 다양한 정보를 융합하거나 변형하는 정보가공이 쉽다.
- 디지털 정보는 거의 빛과 같은 속도로 이동할 수 있는 광속성을 가져 정보를 용이하게 양방향으로 전달할 수 있다.
- 데이터 프로세싱을 통해 방대한 정보도 압축할 수 있고, 이론적으로 무한히 반복재현할 수 있다.

스위스 세계경제포럼 창립자인 클라우스 슈밥(Klaus Schwab, 2016)에 따르면, 1차산업혁명은 18세기 중반부터 19세기 중반까지 철도와 증기기관 발명이 "기계시대"를 열면서 일으킨 경제 사회의 급진적인 변화를 의미하고, 2차산업혁명은 19세기 후반부터 20세기 초까지 전기와 생산조립라인 도입이 "대량생산시대"를 불러오며 일으킨 경제 사회의 급진적인 변화를 상징한다. 3차산업혁명은 1960년대 메인프레임컴퓨터, 1970년대~1980년대 PC, 1990년대 인터넷 발전이 이끈 이른바 "컴퓨터혁명시대"의 경제 사회의 급진적인 변화를 지칭한다. 말하자면, 디지털기술은 3차산업혁명의 흐름 속에서 경제 체제와 사회구조를 근본적으로 변화시키는 견인차 역할을 담당해왔다.

(2) 4차산업혁명: 디지털기술의 통합적 진화

클라우스 슈밥(Klaus Schwab, 2016)에 따르면, 4차산업혁명은 2000년대 유비쿼터스 모바일인터넷, 고성능센서, 인공지능, 머신러닝 발전이 이끄는 소위 "통합적으로 진화한 디지털기술시대"의 급진적인 사회적·경제적 변화를 지칭한다. MIT 대학교의 브린욜프슨·맥아피(Brynjolfsson and McAfee, 2014)는 디지털기술로 철저하게 연결된 기계의 시대라는 의미에서 오늘날의 4차산업혁명시대를 "제2의 기계시대"라고 부른다. 일각에서는 초연결사회(Hyper-connected Society)라는 표현을 사용하기도 한다. 초연결사회(Hyper-connected Society)란, "시간과 장소에 구애받지 않는 사람과 사람 사이의 연결이 이루어지는 네트워크 사회에서 한 걸음 더 나아가 연결의 대상이 모든 사물에게까지 확대된 사물인터넷(Internet of Things)과 빅데이터(Big Data) 기술을 기반으로 사람과 사람, 사람과 사물, 사물과 사물 간의 광범위한 연결과 소통이 시간과 장소에 구애받지 않고 끊임없이 이루어지는 사회"다(Fredette, Marom, Steiner, and Witters, 2012). "제2의기계시대"에 접어든 오늘날의 초연결사회(Hyper-connected Society) 속에서 고도로 진화한 디지털기술이 전례없이 혁신적인 것들을 생산해 내기 시작하고 있다. 새로운 상황에 맞는 디지털마케팅 방향을 모색할 필요가 있다.

14.2.2 디지털경제

(1) 네트워크효과

경제학자 샤피로·배리안(Shapiro and Varian, 1999)은 현대 디지털시대 경제의 본질을 네트워크(Network)로 보고 "네트워크경제(Network Economy)"로 규정하였다. 네트워크경제 하에서 마케터가 가장 주목해야 할 현상 중의 하나가 네트워크효과(Network Effect)다.

네트워크효과(Network Effect)란 "특정 제품 사용자 네트워크가 커질수록 그 제품의 가치가 증가하는 현상"을 말한다. 전화를 예로 들어 살펴보자. 전화를 처음으로 구입한 사람의 경우를 생각해 보면, 그 사람이 보유한 전화의 가치는 얼마일까? 0(zero)이다. 왜냐하면, 전화를 받을 사람도 없고, 전화를 해줄 사람도 없기 때문이다. 상황은 다른 사람이 전화를 구입하면 달라진다. 전화 보급이 늘어나며 전화가 연결된 사용자 네트워크가 커지면 최초 0이었던 그 전화의 가치는 증가하게 된다. 이처럼 네트워크에 연결된 사용자 수가 늘수록 제품 가치가 높아지는 현상을 네트워크효과라고 한다. 수확체증 현

그림 14-3 Reed 법칙(네트워크 효과 이미지)

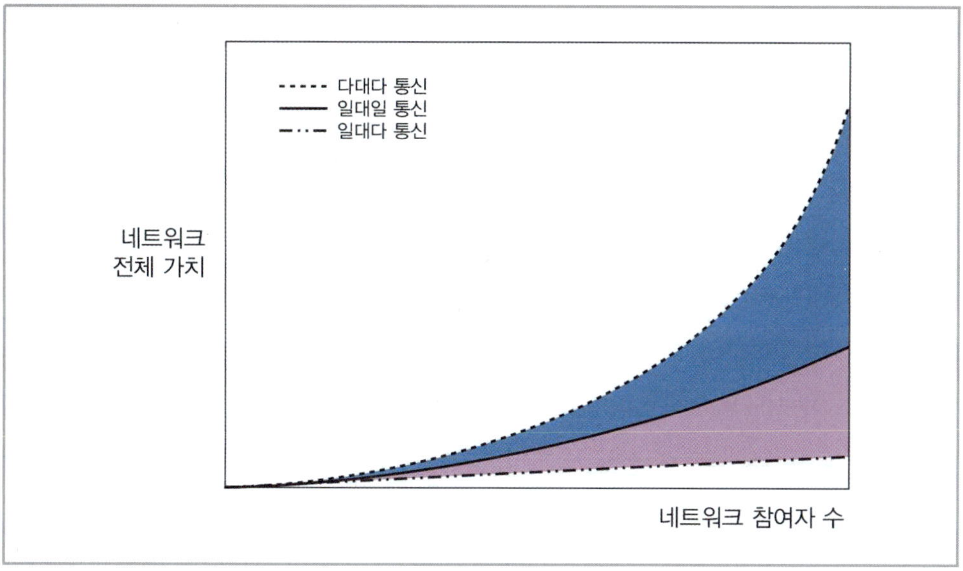

자료원: Reed (2001), p. 24. (김상훈 (2013), p. 65에서 재인용).

상을 초래하는 대표적인 동인(driver) 중 하나가 바로 네트워크효과다.

(2) 승자독식의 수확체증 법칙

디지털경제의 대표적 특성 중 하나가 승자독식(Winner takes all)으로 귀결되는 수확체증 법칙(Law of increasing returns to scale)이 성립하는 경우가 잦다는 점이다. 수확체증 법칙(Law of increasing returns to scale)이란 "더 많은 생산요소를 투입할수록 생산물 증가 폭이 증가하는 현상"을 지칭한다. 이는 전통적인 산업에서 흔히 목격되는 수확체감 법칙(Law of decreasing returns to scale)에 대비된다. 수확체증 법칙이 현실화한 시장에서는 소비자가 구매하는 제품이 하나의 브랜드로 수렴하는 승자독식(Winner takes all) 경향이 나타난다(Shapiro and Varian, 1999). 스탠포드 대학교의 아서(Brian Arthur) 교수에 따르면, 수확체증 법칙(Law of increasing returns to scale)이 현실화하면 긍정피드백 메커니즘(Mechanism of positive feedback)이 작동하여 승자독식(Winner takes all) 결과가 나타난다. 긍정피드백 메커니즘(Mechanism of positive feedback)이란 "제품 사용자기반(Installed base)이 클수록 더 많은 신규고객이 그 제품을 구매하여 기존 사용자기반을 더욱 더 늘려주는 현상"을 의미한다. 예를 들어 복수의 소비자 참여가 필요한 공동구매를 시행하는 쿠팡이나 티몬의 경우 이용자가 많을수록 더 많은 신규고객이 유입되는 식이다. 긍정피드백이 강하게 작용할수록 시장 내 고객기반을 선점한 기업은 더 많은 신규고객이 유입되는 선순환을 경험하지만, 고객기반이 협소한 기업은 시장에서 급속히 밀리게 된다. 초기 시장에서 충분한 사용자기반을 빠르게 확보하는 것은 디지털마케팅의 우선과제 중 하나이다.

주의할 점 중 하나는, 시장을 형성하는 각 소비자가 서로 다른 독특한 욕구를 지녀 시장의 다양성수요(Demand for variety)가 강할 땐 긍정피드백 메커니즘(Mechanism of positive feedback)과 승자독식(Winner takes all) 현상이 나타나기 쉽지 않다는 점이다 (Shapiro and Varian, 1999).

14.2.3 디지털매체

(1) 동시-비동시 상호작용성

디지털매체(Digital media)는 디지털기술을 이용한 커뮤니케이션 채널이다. 디지털매체의 특징 중 하나로 꼽히는 것이 상호작용성(Interactivity)이다. 다양한 콘텐츠를 실시간으로 전송하여 실질적인 양방향 커뮤니케이션을 실현하는 매체를 다른 말로 스마트매체(Smart media)라고 부른다. 디지털기술은 스마트매체의 산파 역할을 하고 있다. 예를 들어, 인터넷(Internet) 채널은 초고속 전송이 가능한 통신망을 통해 음성, 영상, 텍스트 데이터를 실시간 글로벌 전송하여 양방향 커뮤니케이션을 실현하고 있다. 스마트폰과 같은 모바일기기의 대중화는 장소에 얽매이지 않는 끊임없는 실시간 상호작용적 커뮤니케이션을 가능케 하고 있다. 한걸음 더 나아가 디지털매체는 이용자가 편리한 시간에 메시지를 보내거나 받을 수 있는 비동시 상호작용도 가능하게 한다(예: 이메일, YouTube). 메시지 수신자의 피드백을 수용하기 힘든 전통매체의 일방향 커뮤니케이션 환경 하에서 수동적 수신자에 머물던 소비자는 상호작용적 양방향 커뮤니케이션이 가능한 디지털매체 환경 하에서 능동적 수신자로 빠르게 진화하고 있다.

(2) 탈대중화

대중(Mass)에게 획일적 메시지를 일방적으로 전달하던 전통매체와 달리 디지털매체는 특정한 대상과 특정한 메시지를 주고받을 수 있는 여건을 제공한다. 디지털매체는

그림 14-4 Z세대 디지털매체 이용현황

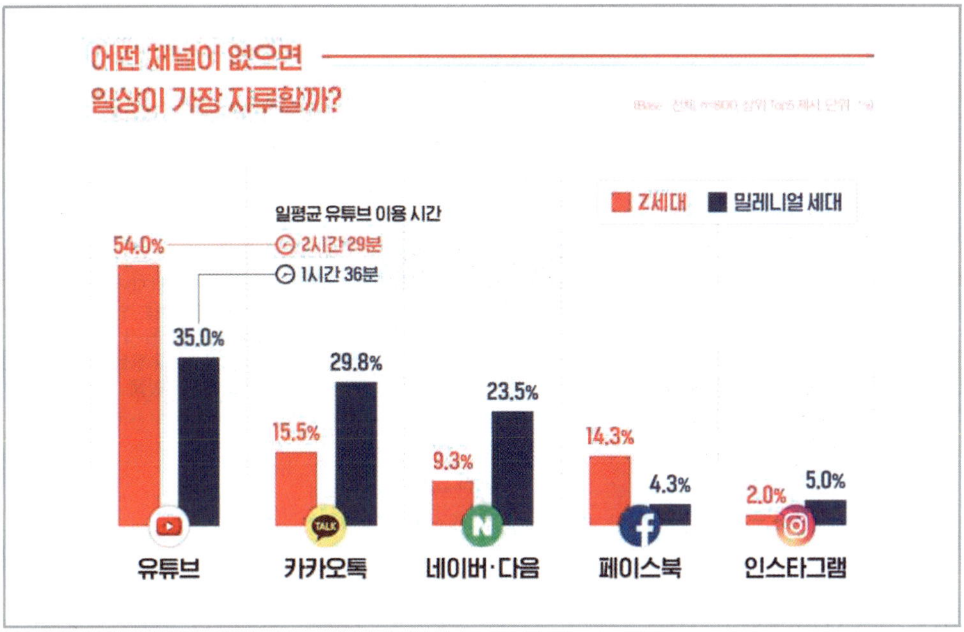

자료원: 대학내일20대연구소 네이버포스트(2018. 9. 14.) (https://m.post.naver.com/viewer/postView.nhn?volumeNo=16703411&memberNo=5079266&vType=VERTICAL) 인용.

대중을 소집단이나 개인으로 나누어 메시지를 전달할 수 있는 탈대중화(Demassification) 기회를 제공한다. 말하자면 디지털매체 환경 하에서는 개인화된 맞춤식 커뮤니케이션이 가능해지는 셈이다. 디지털매체 환경이 정착된 최근은 일대일(One-to-one), 일대다(One-to-many), 다대다(Many-to-many) 형태의 커뮤니케이션이 모두 가능한 소위 "다중적" 커뮤니케이션의 시대로 볼 수 있다. 디지털매체 환경이 고도화되면서 과거에 비해 대중을 대상으로 한 매스커뮤니케이션 비중은 줄고, 반면에 분화된 수신자를 대상으로 한 맞춤식 커뮤니케이션 비중이 증가할 것이다.

14.2.4 디지털소비자

(1) 파워소비자

디지털화 추세는 기업에 비해 정보력 측면에서 열위에 있던 소비자의 정보비대칭(Information asymmetry) 약점을 메우고 시장의 투명성을 높이고 있다. 시장의 투명성이

그림 14-5 디지털소비자 경향 예시

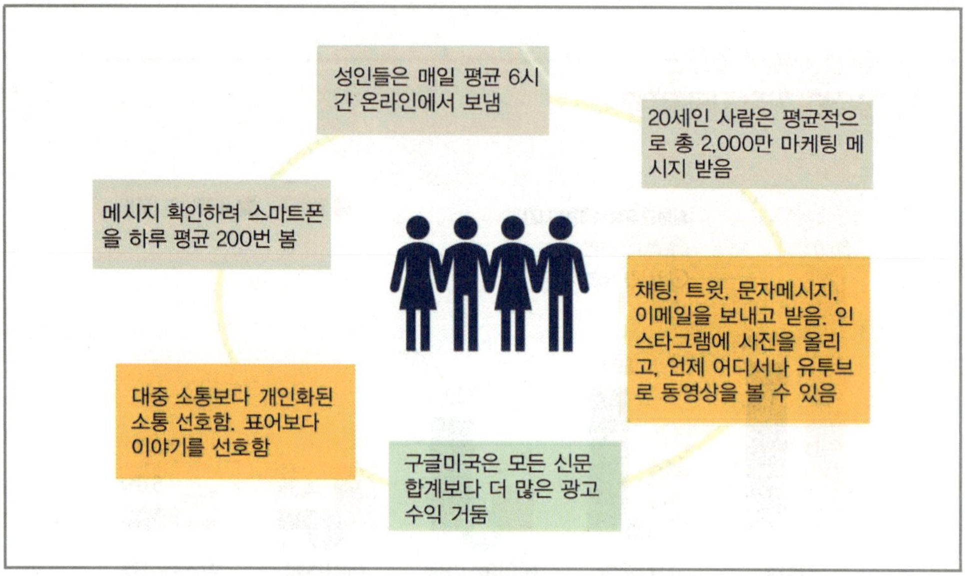

자료원: Swaminathan, A., and Meffert, J. (2017) 정리 인용.

높아지면서 과거에 비해 소비자의 파워가 빠르게 증가하고 있다(Schwab, 2016).

2019년 전세계 스마트폰 사용자가 35억명에 이를 것으로 추정되는데, 세계경제포럼 설문조사에서 인구의 90%가 2025년경 스마트폰을 사용하게 될 것으로 보는 응답자 비율이 81%에 달한다. 게다가 요즘의 스마트폰은 방 한칸을 모두 차지하던 과거의 수퍼컴퓨터에 비해 컴퓨팅 파워가 낮지 않다. 이는 대부분의 소비자가 한두 번의 화면터치로 수많은 경쟁제품 정보수집과 가격비교를 할 수 있는 것은 물론 한 브랜드에서 다른 브랜드로 쉽게 이동할 수 있다는 사실을 시사한다.

소비자가 디지털네트워크로부터 제품이나 가격 등 필요한 정보를 더 쉽게 얻어 더 잘 알게 되고 더 많은 선택권을 행사할 수 있게 되면서, 디지털시대 소비자는 더 많은 파워를 누리게 되는 셈이다.

(2) 참여적 소비자

소비자의 파워가 증가하고 소비자의 자기표현 기회가 늘면서 기업의 활동에 능동적으로 참여하는 참여적 소비자(Participative consumers)가 증가하고 있다. 참여적 소비자는 구매자(Buyer) 역할은 물론이고 필요하다면 신제품 아이디어를 제공하거나 제품개선 의

사례 14-2 디지털네트워크를 통한 협업소비 선두주자 에어비앤비(Airbnd)

전 세계에 공유경제(Sharing economy) 바람이 뜨겁게 불고 있다. 공유경제는 2008년 미국 하버드대 법대 로런스 레식(Lawrence Lessig) 교수에 의해 처음 사용된 말로 협업소비를 기본으로 하는 경제를 의미한다. 즉, 자동차, 빈방, 책 등 활용도가 떨어지는 물건들을 다른 사람들과 함께 공유함으로써 자원 활용을 극대화하는 활동이다. 미국 시사주간지 타임(Time)은 2011년 '세상을 바꿀 수 있는 10가지 아이디어' 중 하나로 공유경제를 꼽았다.

공유경제는 유형과 무형을 모두 포함하며 거래형태에 따라 크게 1) 쉐어링(sharing) 2) 물물교환 3) 협력적 커뮤니티의 세 가지로 분류할 수 있다. 쉐어링은 사용자들이 제품 혹은 서비스를 소유하지 않고 사용할 수 있는 방식으로 우버(Uber), 쏘카(Socar)가 대표적 예이다. 물물교환은 필요하지 않은 제품을 필요한 사람에게 재분배하는 방식으로 중고매매를 의미한다. 국내에서는 카바자르123(Car bazaar 123)가 대표적인 중고차 물물거래 플랫폼으로, 이는 중고차 맞교환을 통해 판매와 구매가 동시에 이루어질 수 있는 해결책을 제시해주고 있다. 마지막으로 협력적 커뮤니티는 특정한 커뮤니티 내부 사용자 사이의 협력을 통한 방식으로 유형과 무형의 자원 전부를 다룬다. 자신의 공간을 여행자에게 제공하는 숙박 공유 플랫폼 에어비앤비(Airbnb)가 대표적인 예이다.

'여행은 살아보는 거야' 에어비앤비(Airbnb)의 광고

'여행은 살아보는 거야'라는 캐치프라이즈로 여행객들의 마음을 사로잡은 에어비앤비는 2008년 8월에 창립된 숙박 공유 플랫폼 스타트업이다. 비싼 샌프란시스코의 월세를 고민하던 네이선 블레

차지크, 브라이언 체스키와 조 게비아가 샌프란시스코에서 개최된 디자인 컨퍼런스 참가자들에게 요금을 받고 자신들의 거실을 빌려준 것에서 시작되었는데 이를 사업모델로 발전시켜 창업한 것이다. 당시 컨퍼런스 참가를 위해 샌프란시스코에 방문한 방문객들이 비싼 호텔비 걱정을 덜 수 있어 호응이 매우 좋았다고 한다. 에어비엔비의 본사는 캘리포니아주 샌프란시스코에 있으며 현재까지 총 191개 이상의 국가, 3만 4천개 이상의 도시에 진출해 있다. 아직 10년이 채 안 된 기업이지만 현재까지 에어비앤비를 이용한 사람만 6천만명이 넘으며, 우버(Uber)와 더불어 가장 주목받는 스타트업으로 꼽히고 있다.

자신의 공간을 에어비앤비 홈페이지나 스마트폰 어플리케이션에 올리면, 공간이 필요한 이용자들은 저렴한 비용으로 이를 이용할 수 있다. 숙박 제공자 입장에서는 자신의 남는 공간을 활용해 수익을 창출할 수 있고 이용자 입장에서는 여행객의 입장이 아닌 현지인의 입장에서 문화와 생활방식을 직접 체험할 수 있으니, 이용자와 중개자 나아가 사회전체에 모두 이익이 되는 윈윈(win-win)구조인 셈이다. 기존 기업들의 경우 대부분 판매를 통해 벌어들인 수익과 사회적 책임활동을 분리해 실행하는 반면, 에어비앤비에서는 거래 당사자들이 이익을 취할 뿐 아니라 거래 자체가 자원문제 해소를 가능하게 해 사회전체에 기여할 수 있다는 점에서 높은 평가를 받고 있다. 또한 사람들이 점차 수동적으로 가이드북만을 따르는 관광이 아닌, 여행을 직접 계획하고 체험해 보길 원하는 추세로 변화하며 에어비앤비는 함께 성장하고 있다.

그러나 이러한 변화에 앞서 우려되는 점도 몇 가지 있다. 아직까지는 공유경제를 형성하는 데 기반이 되는 요소 및 상거래 의식이 부족해 위험성을 내포하고 있다. 특히 온라인을 통한 개인간 거래는 제품이나 서비스의 질을 통제하기가 어렵고 안정성 수준이 낮다. 또한 기존 산업에 대한 위협 및 공유경제 활성화를 위한 법적 제도의 미비로 지하경제를 형성할 수 있는 여지 또한 존재한다. 모두에게 윈윈(win-win)이 될 수 있는 이상적인 공유경제를 위해 좀 더 고민이 필요한 시점이다.

자료원: 네이버 지식백과 공유경제(Sharing economy); 위키백과 공유경제(Sharing economy); 네이버 캐스트 에어비앤비(Airbnb).

견을 제시하는 생산자(Prosumer) 역할, 추천을 통해 주위의 구매를 권유하는 판매자(Salesumer) 역할, 자신의 블로그를 통해 긍정적인 메시지를 전파하는 촉진자(Adsumer) 역할 등 다양한 역할을 자발적으로 수행한다(조창환 · 이희준, 2018).

세계경제포럼의 "디지털매체와 사회(Digital media and society)" 보고서에 의하면, 디지털매체는 생각이 비슷한 소비자들이 서로 일대일, 일대다 등 전혀 새로운 방식으로 연결하고 공동이익을 추구할 수 있게 한다(Schwab, 2016). 말하자면, 스스로의 이익을 위해 적극적으로 참여할 수 있는 소비자 상호간 연대를 수월하게 할 수 있는 시대인 셈이다.

14.3 디지털마케팅 관리

14.3.1 디지털제품관리: 디지털화, 고객화

(1) 디지털화

디지털환경 하에서 마케터는 제품을 디지털화(Digitization)할지, 어떤 방식으루 디지털화(Digitization)할지 결정할 수 있다. 마케터가 제품을 디지털화(Digitization)하는 방식으로는 디지털모핑(Digital Morphing), 디지털네트워킹(Digital Networking), 디지털증강(Digital Augmentation) 등이 손꼽힌다(Kannan and Li, 2017).

디지털모핑(Digital Morphing)은 디지털기술을 이용하여 제품이나 서비스를 디지털서비스 형태로 전환시키는 방식을 의미한다. 주로 비디오, 음악, 텍스트 등의 콘텐츠나 소프트웨어와 같은 정보제품(Information Products)에 적용하기 용이하다. 디지털시대에 접어들면서 가장 먼저 일어난 제품 디지털화 흐름 중 하나가 디지털모핑이다. 예를 들어, 책은 e-book으로, 음악이나 비디오 CD/DVD는 스트리밍으로, 비디오게임은 온라인게임으로 전환할 수 있다.

디지털네트워킹(Digital Networking)은 온라인이나 모바일 기술을 이용하여 제품을

그림 14-6 제품 디지털화 의미

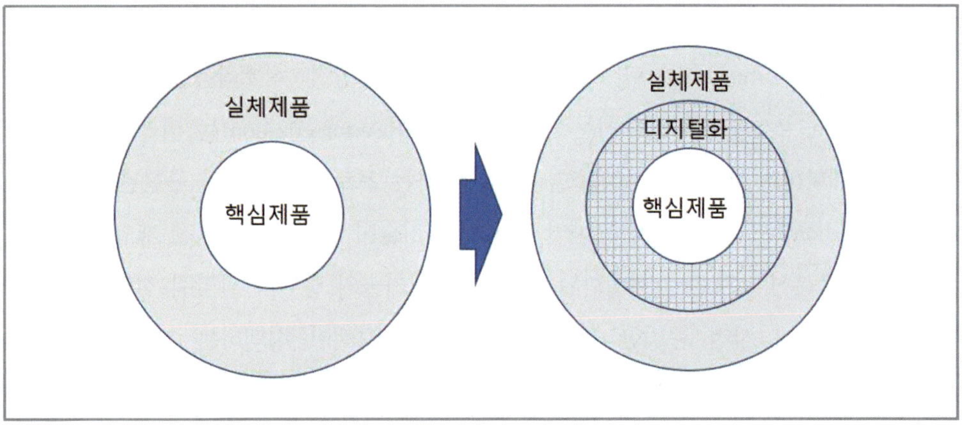

자료원: Kannan, P.K., and Li, H.A. (2017), "Digital marketing: A framework, review and research agenda", International Journal of Research in Marketing, 34(1), pp. 22-45. 중에서 수정 인용.

그림 14-7 제품디지털화 방식 유형

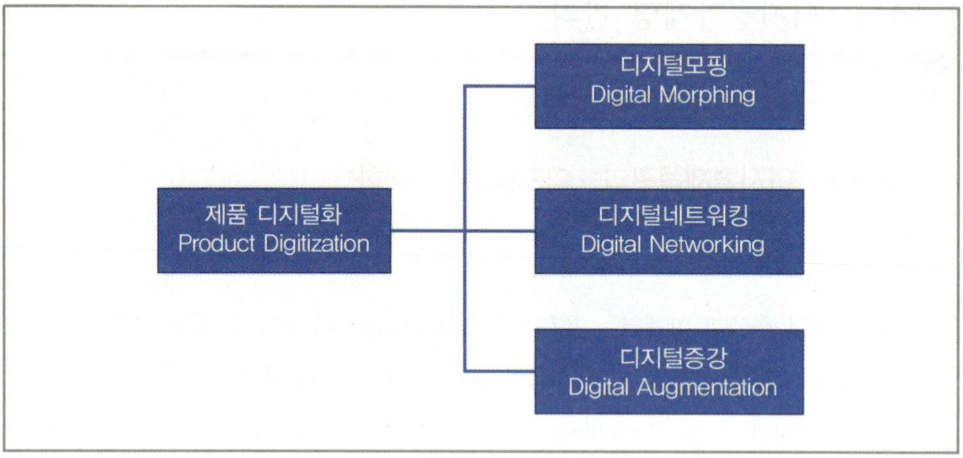

네트워크에 연결하는 방식을 의미한다. 예를 들어, Airbnb나 Uber는 소유하고 있는 집이나 차에 내재되어 있는 가치를 디지털네트워크를 통해 렌탈하는 방식으로 제공하고 있다. 한걸음 더 나아가 디지털네트워킹은 제품들이 사용자와 유기적으로 연결되어 사용되는 사물인터넷(Internet of Things)의 발전에도 일조하고 있다.

디지털증강(Digital Augmentation)은 핵심제품(Core Product)을 실체제품(Actual Product)으로 유형화할 때 디지털기술을 접목하는 방식을 의미한다. 예를 들어, 자동차에 GPS시스템 또는 디지털센서를 이용한 자율주행기술을 접목하는 디지털증강 전술을 통해 "편하고 안전한 차"라는 핵심제품을 실체제품으로 유형화할 수 있다.

(2) 고객화

고객화(Customerization)란 고객과 기업 간 개인적 상호작용을 통한 맞춤화(Customization, 주문제작)를 의미하는 말이다. 고객화(Customerization)는 마케터가 고객과 일대일로 대화하며 제품이나 서비스를 맞춤제작하는 프로세스를 통해 구현된다. 고객화(Customerization)는 온라인이나 모바일 등 디지털기술이 고객과 기업 간 개인적 의견교환 비용을 충분히 낮추면서 현실화된 이래, 디지털기술의 발전과 발맞춰 점점 활성화되고 있다. 기업이 사전 준비한 모듈 옵션 중에서 고객이 선택하는 대량맞춤화(Mass customization) 방식보다 고객화(Customerization)는 고객의 창의적 의견이 더 반영된다는 차이가 있다.

그림 14-8 티셔츠 주문제작 사이트

자료원: https://www.rushordertees.com/design/#/?item=214&color=1103&askQuantity=false&promo=.

대량맞춤화(Mass customization) 사례로 델(Dell)을 꼽을 수 있다. 델(Dell)의 고객은 델(Dell)이 사전에 설정해 둔 25,000가지의 시스템 구성 옵션 중에서 하나를 선택하면 델(Dell)이 맞춤식으로 조립해서 배송해 준다.

고객화(Customerization) 사례로는 맞춤셔츠 제작 사이트들이 있다. 웹사이트에서 원하는 이미지나 문구를 입력하면 셔츠 형태로 소량으로 제작해 주는 형태다. 보통 한 페이지에서 주문과 결제를 할 수 있으며 제작부터 배송까지 2~3일 정도 걸린다(조창환 · 이희준, 2018).

고객화(Customerization)는 고객이 직접 참여토록 하여 고객 개인의 수요정보를 표현하도록 하여 맞춤화(Customization)에 연결하는 방식인 셈이다. 이런 면에서 고객화(Customerization)는 대량맞춤화(Mass customization)의 차세대 버전으로 불리기도 한다(Wind and Rangaswamy, 2001).

14.3.2 디지털가격관리: 동적 가격, 참여적 가격

(1) 동적 가격

동적 가격(Dynamic Pricing)은 시장상황에 따라 시간별로 가격이 변화하는 가격책정 방식이다. 온라인이나 모바일 디지털환경 하에서 동적 가격이 더 많이 활용되는 경향이 있는데, 대표적인 이유는 다음과 같다(Kannan and Li, 2017). 디지털제품(예: 콘텐츠)은 소비자 수요가 지닌 이질성(Heterogeneity)에 맞춰 유연하게 가격을 조정할수록 수익이 증가할 수 있다(Lambrecht and Misra, 2016). 디지털기술로 인해 유연하게 변화된 가격을 제시하는 데 비용이 적게 든다. 소비자가 정보를 수집하는 데 비용이 적게 든다. 쇼핑환경이 빠르게 변화한다.

현실의 동적 가격은 온라인유통업체가 가장 많이 사용하는 것으로 알려져 있다. 주로 컴퓨터 알고리즘이 경쟁사 가격, 판매촉진 수치, 잠재고객 검색성향, 인터넷상의 제품평가, 트위터와 페이스북 등 소셜미디어에서의 제품 언급 등에 대한 방대한 데이터를 처리하고 분석하여 수시로 가격을 수정하는 자동화된 방식으로 이루어진다. 시장점유율 확장, 이익극대화 등 기업의 전략적 목표에 따라 알고리즘이 필요할 때마다 최적의 가격을 산출하여 보통 15분마다 개별 제품가격을 바꾸는 것으로 알려져 있다. 동적 가격은 최근 오프라인에서도 시도된다. 예를 들어, 홈데포(Home Depot)는 매장 진열 제품에 부착된 전자가격표의 버튼을 눌러 필요할 때마다 수정된 가격을 제시하기도 한다. 한걸음 더 나아가 개별 고객에 맞추어 가격을 동적으로 산출하는 경우도 있다. 개별 고객별 동적 가격은 보험, 여행제품 등 직접적인 가격비교가 어려운 경우에 사용되는 경향이 있다. 예를 들어, 시스템이 특정 소비자가 과거에 사이트에서 관심을 보였던 제품을 기억하다가 그 소비자가 다시 동일한 제품을 볼 때 바로 구매할인을 제안하여 구매결정을 유도하기도 한다(Swaminathan and Meffert, 2017).

(2) 참여적 가격

참여적 가격(Participative Pricing)은 소비자가 가격결정과정에 참여하는 가격책정방식이다. 온라인이나 모바일 디지털 환경은 마케터와 소비자가 실시간으로 양방향 커뮤니케이션을 할 수 있게 함으로써 참여적 가격이 활성화되고 있다. 참여적 가격을 경험해 본 적이 있는 소비자는 참여적 가격을 비참여적 가격보다 더 선호할 뿐만 아니라 자신이 가격에 미치는 영향력을 잘 체감할수록 제품 구매의도도 더 높게 형성된다고 한다(Kim, Natter, and Spann, 2009). 디지털환경 하에서 마케터가 많이 구사하는 참여적 가격 유형의 예는 다음과 같다.

- **경매(Auction)** 소비자들이 제품을 구매할 가격을 판매자에게 차츰 높게 제시하며 서로 경쟁하는 참여적 가격방식(예: eBay.com).
- **역경매(Reverse auction)** 공급자들이 서비스 제품을 판매할 가격을 발주자에게

그림 14-9 NYOP가격 방식으로 소비자가 가격결정에 참여하는 Priceline.com

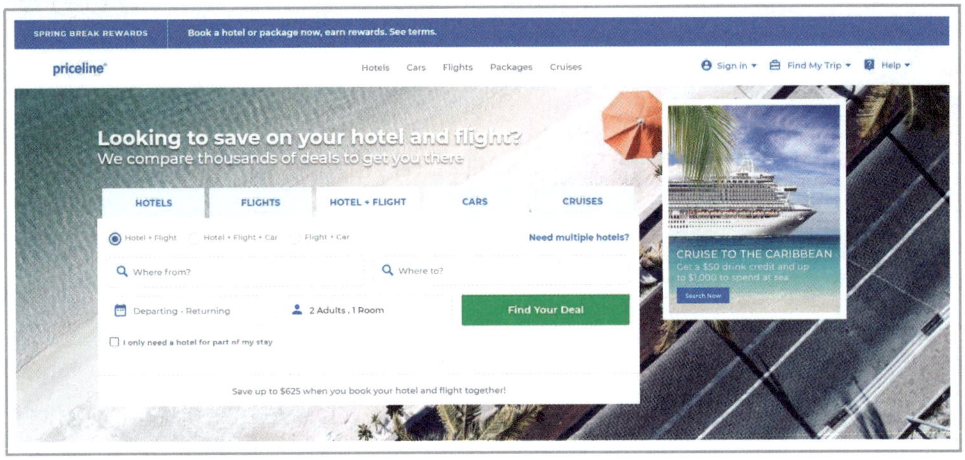

차츰 낮게 제시하며 서로 경쟁하는 참여적 가격방식(예: B2B 역경매).

- **PWYW(Pay what you want)** 소비자가 구매할 가격을 판매자에게 통보하면 판매자가 거부 없이 받아들이는 참여적 가격방식(예: Radiohead 밴드).
- **NYOP(Name your own price)** 소비자가 구매할 가격을 판매자에게 통보하면 판매자가 사전에 설정해 둔 허용 가격하한선 미만일 때만 거부할 수 있는 참여적 가격방식(예: Priceline.com).

사례 14-3 디지털 혁신 리더 아마존(Amazon)

세계적 온라인 유통업체인 아마존(Amazon)은 이미 전자상거래 분야의 성공을 넘어 디지털 컨텐츠 유통과 제작 및 스마트 기기 제조 영역으로 사업을 확장하며, 기존 IT분야 선도 기업들인 구글과 애플, 삼성을 위협하고 있다. 물론 최근 중국의 BAT(Baidu, Alibaba, Tencent)나 샤오미, 레노버와 같은 중국 IT 기업들의 성장으로 새로운 경쟁구도가 조성되고 있지만, 아마존이 2013년 E-커머스 부문에서 달성한 $610억(약 6조3천억원)이라는 매출은 전세계 동종 업계에서 감히 따라잡기 힘든 성과로 인정받고 있다.

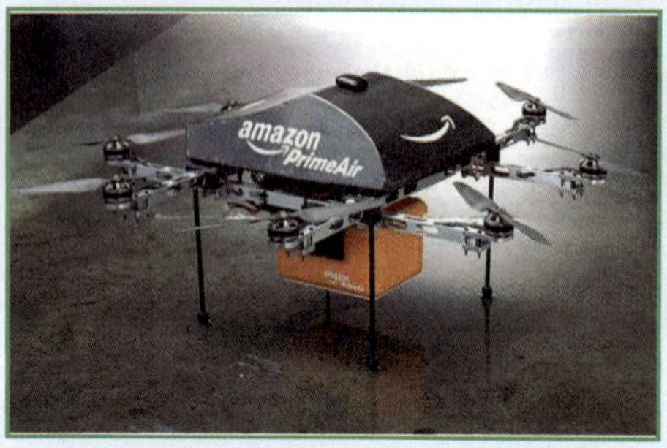

잘 알려진 아마존 성공요인 중 하나로는 '데이터 기반 마케팅'이 꼽힌다. 아마존은 소비자의 데이터를 바탕으로 한 고객 추천 시스템과 방대한 영역의 컨텐츠 및 상품을 통해 소비자의 수요를 극대화하고 고객 만족을 실현했다. 개별 소비자의 구매기록과 열람기록 등의 자료를 분석해 수요를 예측했고, 일반 잡화부터 IT기기까지 A to Z를 모두 보유해 이러한 예측전략과 시너지효과를 만들어냈다. 사야 하는 물건을 찾지 않아도 알아서 알려주는 편리함뿐 아니라, 어디에서도 찾기 힘든 물건이라도 아마존에선 구할 수 있다라는 생각이 자연스럽게 떠오르도록 브랜딩한 것이다.

특히 아마존의 진정한 힘은 기존 데이터 마케팅에만 머무르지 않고 혁신적인 아이디어를 지속적으로 개발하여 실현하는 데 있다. 그 중 대표적인 세 가지로 '아마존 프라임 에어', '결제 예측 배송', '아마존 대쉬'를 꼽을 수 있다. 혹자는 이들을 관통하는 키워드로 '디지털마케팅'을 꼽는다.

아마존은 2015년 그동안 현실에서 가능할지 의문이던 드론 배송서비스 '아마존 프라임 에어'를 시연했다. 2013년 처음 프로젝트 시작을 알렸을 때, 많은 사람들이 단순한 컨셉이며 마케팅을 위한 언론 플레이에 불과한 것이라고 생각했지만, 기존 상식과 고정관념을 바꾸는 시연 영상을 공개해 가능성을 보여주었다. 아직 착륙 과정에서의 문제는 남아있음에도 아마존은 5파운드 이하 상품의 30분 내 배송을 공약하며 소비자들의 기대를 모으고 있다.

'결제 예측 배송'은 기존 데이터 기반 마케팅의 발전이 이뤄낸 성과라 할 수 있다. 아마존은 2014년에 고객이 구매 및 결제를 하기 전 결제 여부를 예측해 미리 고객 근처의 거점 창고로 보내는 기술을 특허로 등록했다. 마치 톰크루즈 주연의 '마이너리티 리포트(2002)'에서 범죄를 일으킬 사람들을 사전에 예측하고 체포하는 것과 유사하다. 아마존의 인공지능은 95%의 확률로 소비자의 결제를 정확히 예측할 수 있다고 한다. 나머지 5%의 오류 상황에 대해서는 고객의 선물로 그냥 배송해 버린다는 점에서 대담한 마케팅 전략이라 할 수 있다.

마지막 '아마존 대쉬'도 혁신적 시도의 산물이다. 2015년 3월 31일 만우절 농담처럼 등장한 아마존 대쉬는 바코드를 찍어 바로 주문할 수 있는 무선기기이다. 오프라인 매장에서 점원이 상품 바코드를 찍듯 소비자가 집에서 찍으면 미리 저장된 배송주소와 결제정보를 통해 주문할 수 있으며, 심지어 내장된 마이크를 통해서도 주문이 가능하다. 이와 함께 '대쉬 버튼'을 함께 개발해 세탁 세제나 캡슐 커피, 프린터 잉크, 음료수 등 각종 생활에 필요한 물건들을 집에서 버튼만 누르면 자동으로 주문할 수 있도록 만들어 소비자의 편리한 소비를 가능하게 했다. 한 전문가는 이를 통해 정기적으로 소비되는 생필품의 양이 분석 가능해져 최종적으로는 아마존이 주문-배송-결제를 자동으로 담당하는 세상이 도래할지도 모른다고 언급했다.

아마존은 그 외에도 로봇, 로켓, 인공지능 등 전자상거래에 국한되지 않는 광범위한 디지털혁신에 힘쓰고 있다. 아마존 디지털혁신의 공통목표는 '고객'이 느끼는 편의에 집중하여 가치를 효과적으로 전달할 수단을 창출하는 것이다. 언제나 '고객을 우선시'한다는 것, 이는 디지털마케팅을 하는 사람들에겐 너무나도 당연한 원칙이자 어느 기업에서나 적용되는 불변의 법칙이다.

자료원: 김지환(2013), "아마존의 신사업 성공 비결: 레버리지 전략", SERI경영노트;
최효석(2016. 6. 6), "아마존의 비즈니스 모델을 이해하는 세가지 관점"; Richard L. Brandt(2012), "One Click", 자음과모음.

14.3.3 디지털유통관리: 신유통, 가상화

(1) 신유통경로 설계

탈중개화(Disintermediation)는 서비스업체나 제조업체가 온라인이나 모바일로 소비자에게 직접 판매하는 사례가 증가하면서 서비스업체나 제조업체와 소비자 사이에 중간상이 사라지는 현상을 의미한다. 예를 들어, 인터넷과 같은 새로운 디지털기술에 힘입어 소비자가 법이나 여행상품 비교 정보를 직접 찾아볼 수 있게 되면서 변호사나 판매원과 같은 중개인을 제외시키는 탈중개화(Disintermediation) 조치가 현실화되고 있다.

디지털기술을 접목하여 등장한 새로운 형태의 중간상을 유통경로 구성원으로 채택하는 경우도 많이 발견되는데, 이러한 현상을 재중개화(Reintermediation)라고 한다. 예를 들어, 마케터는 가격비교 쇼핑사이트인 켈쿠(Kelkoo)를 통해 발생한 매출에 대해 수수료를 제공할 수 있는데, 이는 재중개화(Reintermediation) 조치로 볼 수 있다(Chaffey and Ellis－Chadwick, 2016).

마케터는 적절한 신유통전략을 접목하되 소비자 구매과정의 편리성에 초점을 맞춘 총합적 유통경로를 구현하여 옴니채널(Omni－channel, 11장 참조)을 향해 나아갈 필요가 있다. 예를 들어, 이베이(eBay)를 통해 중고차량 구매를 고민중인 소비자는 중고차량 소재지의 우편번호를 입력하면 주변에서 점검 서비스를 제공하는 자동차 전문가 리스트를 확인할 수 있다. 소비자는 그 리스트에 등록되어 있는 전문가 중에서 한명을 선정하여 구매를 고려하는 차량의 점검을 의뢰할 수 있다(조창환 · 이희준, 2018). 실제 전문가의 관여를 통해 온라인유통채널의 제한점을 완화하여 보다 신뢰할 수 있는 유통채널을 구현한 예라고 볼 수 있다.

(2) 가상화

가상조직(Virtual organization)은 명확한 조직의 경계(Boundary) 없이 디지털네트워크 연결로 기능하는 조직이다. 말하자면 목적 달성을 위해 시공간 제약을 탈피하여 디지털정보 네트워크를 통해 형성된 핵심역량의 임시 네트워크인 셈이다. 주로 계약이나 제휴관계인 협력업체와 목표 달성을 위한 역할 분담을 통해 형성된다. 가상화(Virtualization)는 가상조직(Virtual organization)으로 변모하는 과정을 지칭한다(Chaffey and Ellis－ Chadwick, 2016). 마케터는 디지털환경 하에서 가상화(Virtualization)에 대한 의

그림 14-10 가상조직 개념도

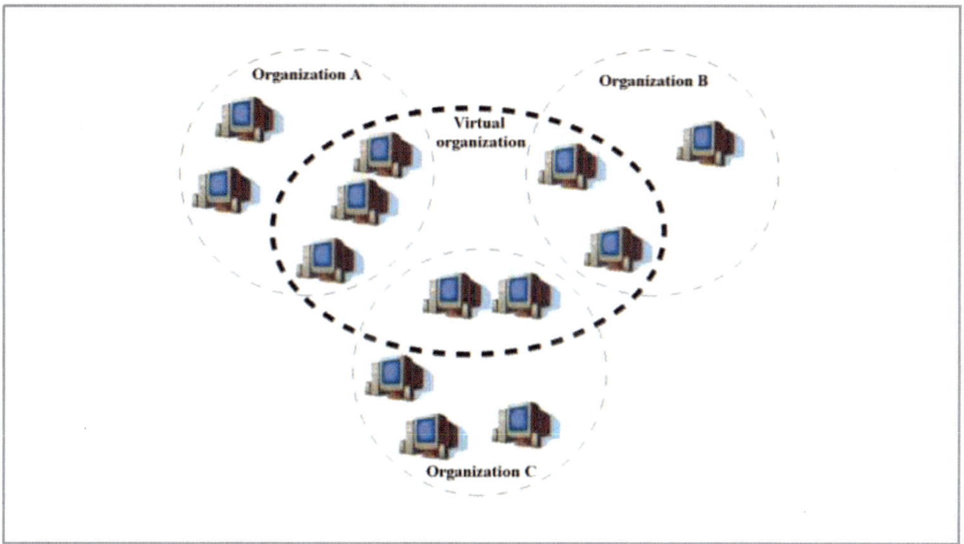

자료원: Kopček, M. (2013). Optimal pilot bus selection for the secondary voltage control using parallelism, p. 70.

사결정을 통해 보다 편리한 유통방식을 구현할 수 있다.

예를 들어, 마케터는 페이팔(Paypal) 지불 시스템을 연계하여 소비자에게 안전하고 편리한 지불 옵션을 제공할 수 있다. 더불어 디지털네트워크를 통해 페덱스(Federal Express)로부터 긴밀한 배송 협력을 이끌어냄으로써 온라인이나 모바일 채널을 통한 직거래를 활성화할 수 있을 것이다(Wind and Rangaswamy, 2001).

14.3.4 디지털촉진관리: 통합적 트리플매체 기반 촉진, 참여적 촉진

(1) 통합적 트리플매체 기반 촉진

통합적 트리플매체 기반 촉진(Integrated triple media-based promotion)이란 POE매체라고 불리는 트리플매체의 효과를 고려한 유기적으로 통합된 촉진(Promotion)을 의미한다. 트리플매체 혹은 POE매체란 Paid-media(지불매체), Owned-media(소유매체), Earned-media(획득매체)의 집합을 의미하며, 각각의 머리글자에서 유래한 명칭이다. 2009년 미국 내 IT사이트인 CNET에 게재된 "Multi-media 2.0"이라는 기고문에서 처음 소개된 POE매체 개념들은 일각에서 "트리플매체"로 표현하기도 한다(요코야마류지,

2011). 마케터는 주로 디지털매체로 구성된 POE 혹은 트리플매체를 통합적으로 운용할 수 있어야 한다. POE 혹은 트리플매체의 세부적 특징은 다음과 같다(조창환 · 이희준, 2018).

- **지불매체(Paid-media)** 지불매체(Paid-media)란 비용을 지불하고 구매하여 사용하는 유료매체다. 페이스북 슬라이드 광고는 지불매체(Paid-media)에 해당된다. 디스플레이 배너, 검색엔진(광고), 유튜브 동영상(광고) 등도 지불매체(Paid-media)다. 참고로 동영상광고는 동영상 콘텐츠를 시청할 때 삽입되는 짧은 영상 형태의 광고를 의미한다. 메인 콘텐츠 이전에 삽입되는 영상은 Pre-roll, 중간에 삽입되는 영상은 Mid-roll, 끝에 삽입되는 영상은 Post-roll이라고 한다. 지불매체(Paid-media)는 신제품 트래픽 생성(Feed) 등 브랜드 인지도(Awareness) 효과를 높이는 데 보다 효과적인 것으로 알려져 있다.
- **소유매체(Owned-media)** 소유매체(Owned-media)란 기업이 자체적으로 보유하여 사용하는 자체매체다. 기업의 페이스북 페이지는 소유매체(Owned-media)에 해당된다. 기업의 웹사이트, 모바일사이트, 블로그 등도 소유매체(Owned-media)다. 소유매체(Owned-media)는 Q&A, 샘플서비스 등 브랜드 경험(Experience)을 관리하는 데 보다 효과적인 것으로 알려져 있다.

그림 14-11 트리플매체 개념도

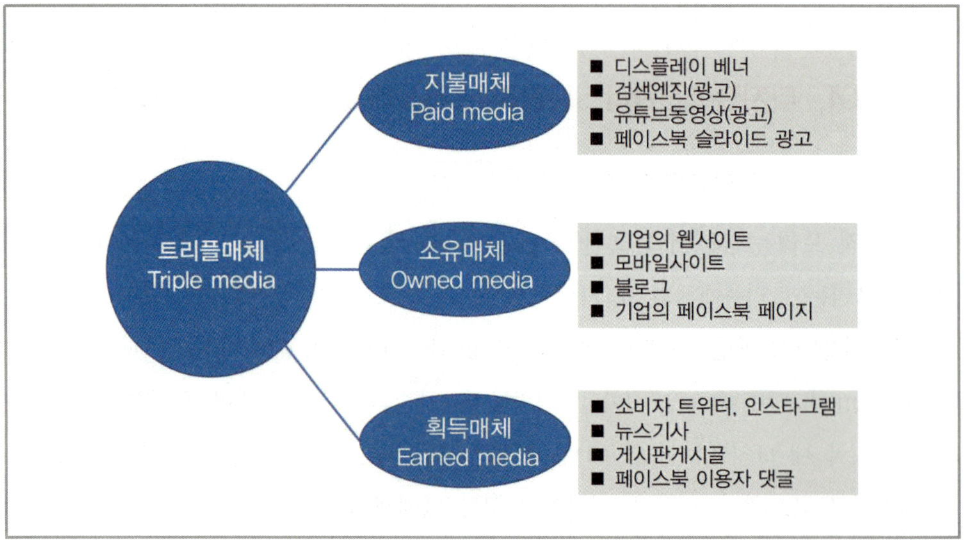

- **획득매체(Earned-media)** 획득매체(Earned-media)란 소비자 등 제3자가 메시지를 발신하는 매체다. 페이스북 이용자의 댓글달기나 공유하기는 획득매체(Earned-media)에 해당된다. 소비자가 소유하고 운영한는 블로그, 트위터, 인스타그램은 물론 뉴스기사, 게시판 게시글, 판매원 구매권유, 소비자 입소문 등도 획득매체(Earned-media)다. 획득매체(Earned-media)는 소비자 피드백이나 입소문 등 브랜드 대화(Conversation)를 담당하는 데 보다 효과적인 것으로 알려져 있다.

(2) 참여적 촉진

참여적 촉진(Participative promotion)은 소비자가 참여하는 촉진(Promotion)을 의미한다. 과거 메시지 수신자의 피드백을 수용하기 힘든 전통매체의 일방향 커뮤니케이션 환경 하에서는 마케터가 수동적 수신자에 머물던 소비자에게 일방적으로 메시지를 제시해야 했다. 하지만 상호작용적 양방향 커뮤니케이션이 가능한 현재의 디지털매체 환경 하에서는 마케터가 능동적 소비자가 참여할 수 있는 커뮤니케이션 비중을 늘림으로써 소비자가 더 잘 공감하게 할 수 있다. 참여적 촉진(Participative promotion)에서 소비자가 참여하는 방식은 대체적으로 다음과 같이 두 가지 방향으로 시도되고 있다.

- **C-to-B 피드백** C-to-B 피드백(Customer-to-business feedback)은 유익한 정보나 아이디어를 소비자가 기업에 제공하는 행위를 의미한다. 마케터는 파워유저를 모집하여 심층면접을 하거나 소비자 공모를 시행하여 감성을 자극하는 제품체험수기, 체험 에피소드 동영상 UCC(User created contents), 광고 아이디어 등을 수렴하여 광고에 반영할 수 있다. 이때 마케터의 촉진 과정에 참여하여 의견을 개진하는 소비자를 비유하여 애드슈머(Adsumer)라고 부르기도 한다.
- **C-to-C 구전** C-to-C 구전(Customer-to-customer digital word-of-mouth)은 고객이 다른 소비자에게 소셜네트워크 등을 통해 구매 후 제품사용경험 등을 전하는 행위를 의미한다. 구전(Word-of-mouth)은 입소문이라고도 한다. 딱딱한 제품 설명보다는 주인공이 있거나 기대감을 주는 스토리(Story, 이야기)가 입소문을 더 잘 탄다. 마케터는 스토리텔링(Story telling)을 하듯이 전체 촉진 메시지가 조화되도록 신경써야 한다. 마케터는 소비자 체험단을 모집하여 시제품을 제공하거나 서비스 무료체험기회를 제공하여 C-to-C 구전(Customer-to-customer digital word-of-mouth)을 촉진할 수 있다. 한걸음 더 나아가 마케터는 소비자가 자기

주위 지인에게 권유하여 구매가 이루어질 경우 일정 금액 상당의 보상을 제공하는 추천보상(Referral incentive) 프로그램을 시행할 수도 있다. 디지털매체 환경 하에서 C－to－C 구전(Customer－to－customer digital word－of－mouth)을 적극적으로 촉진하는 방식을 일컫는 말은 바이럴마케팅(Viral marketing), 소셜네트워크마케팅(Social network marketing) 등 여러 가지다.

표 14-1 **SNS 주요 이용 내역**

본인 SNS 계정에 올린 게시물 소재(최근 1주일)

Q: 최근 1주일 동안 귀하의 SNS 계정에 올린 게시물 내용에 해당하는 것을 다음 중 모두 선택해 주세요.(base: 최근 1주일 내 본인 SNS에 게시물을 올린 자, 복수응답, 단위: %)

1-8위	전체	연령별		
		19-24	25-29	30-34
사례수(명)	(194)	(72)	(63)	(59)
먹은 음식 관련	43.3	45.8	46.0	37.3
근황, 일과, 에피소드 관련	40.7	44.4	44.4	32.2
기억/저장용 정보	38.7	37.5	44.4	33.9
셀카/내가 나온 사진	35.1	40.3	31.7	32.2
방문 장소 관련	31.4	26.4	33.3	35.6
인상적인 콘텐츠	30.9	27.8	31.7	33.9
주변인과 찍은 사진/영상	30.4	29.2	34.9	27.1
주변인에게 추천 정보	22.7	18.1	27.0	23.7

9-15위	전체	연령별		
		19-24	25-29	30-34
사례수(명)	(194)	(72)	(63)	(59)
구매한 물건 관련	19.1	15.3	23.8	18.6
관심 있는 뉴스/기사	19.1	12.5	22.2	23.7
반려동물 사진/영상	17.5	15.3	20.6	16.9
특정 주제에 대한	16.5	18.1	14.3	16.9
이벤트 참여용 게시글	15.5	9.7	17.5	20.3
과거의 추억	13.9	9.7	20.6	11.9
타인에게 의견을 묻거나 정보를 구하는 글	11.3	5.6	20.6	8.5

자료원: 대학내일20대연구소 네이버포스트(2018. 9. 14.)
(https://post.naver.com/viewer/postView.nhn?volumeNo=17090333&memberNo=5079266) 인용.

CHAPTER 15

특수주제: 서비스 마케팅

15.1 서비스 마케팅의 의의
15.2 서비스 마케팅 관리

Marketing Management

사례 15-1

고객 중심의 서비스 프로세스, Johns Hopkins 병원

Johns Hopkins 병원 및 의대 전경. 1889년 완공된 고풍스러운 건물을 중심으로 병원, 의대, 연구시설이 방대한 의료단지를 형성하고 있다.

Johns Hopkins 병원은 1889년 병원 개원 이래 수년 뒤 의과대학을 개설하면서 환자치료, 연구, 교육의 3요소를 연계시킴으로써 의료서비스 품질의 수월성을 지향해오고 있다.

노벨상 수상자 배출의 산실, Johns Hopkins.

Johns Hopkins 병원은 2000년대로 들어서면서 19년 연속으로 U.S. News and World Report의 미국 내 병원 평가에서 종합 1위를 차지해오고 있다. 나아가 Johns Hopkins 병원과 Johns Hopkins 의대는 20명의 노벨의학상 수상자를 배출하고 있다.

이러한 Johns Hopkins 병원의 포지셔닝 비결 중 하나로 꼽히는 것이 환자 중심의 협력진료다. 다음은 동아사이언스 2006. 11. 4. 기사에서 제시하는 Johns Hopkins 병원의 협력진료 사례로 Johns Hopkins 병원의 강점이 잘 드러나 있다.

Johns Hopkins 병원의 강점, 협력진료 활성화.

최근 복강경수술을 받은 A(32, 여)씨의 치료과정에서도 이 병원이 지닌 특장이 한눈에 드러났다. 자궁암으로 다른 병원들로부터 개복수술을 권고받은 A씨는 자궁암 수술의 권위자로 인정받는 이 병원의 한 의사를 찾았다.

A씨를 면밀히 진찰한 그 의사는 곧바로 전화를 들어 다른 의사와 한참 상의하더니 "개복수술 대신 새로 도입된 복강경수술을 받는 게 회복은 물론 미용 측면에서 낫다는 판단이 든다. 방금 그 분야에서 나보다 더 전문가인 의사와 통화했다"며 다른 젊은 복강경수술 전문의사를 소개해 줬다.

자기를 찾아온 환자를 주저 없이 다른 의사에게 연결해 주는 것은 개방적인 미국 의료계에서도 흔치 않은 일. 더구나 다른 의사에게 연결하는 것도 불과 몇십 초간의 짧은 통화로 이뤄졌고, A씨는 곧 입원해 수술을 받고 사흘만에 퇴원했다.

"미국이나 유럽의 다른 병원은 물론 한국의 일류 병원에도 Johns Hopkins 병원 못잖게 훌륭한 의사가 많습니다. 하지만 굳이 Johns Hopkins 병원의 장점을 든다면 다른 병원에서는 환자가 주치의의 실력에 주로 의존하게 되지만 이 곳에선 잘 짜인 시스템의 도움을 받는다는 점입니다." 이 병원 스티븐 톰슨 수석부원장은 Johns Hopkins 병원만의 경쟁력을 묻는 질문에 확신에 찬 어조로 이렇게 답했다. 즉, 환자의 완벽한 치료를 위해 주치의는 물론 연관되는 다른 전공 분야 의사들이 신속히 협력해 치료를 지원하는 통합의료시스템이 완벽하게 구현돼 있다는 설명이었다.

"주치의만 훌륭하거나 의료설비만 최신식이어서는 안 됩니다. 의사, 의료장비, 연구진, 시설, 간호사, 의료기사 및 행정직원까지 환자에게 영향을 미칠 모든 부문이 완벽을 지향하며 서로 유기적으로 협력해야 합니다. 이 점에서 존스홉킨스 병원이 다른 병원들보다 앞서간다고 자부합니다."

6개월째 이 병원에서 방문교수로 재직 중인 삼성서울병원 김진용(소화기내과) 교수도 "Johns Hopkins 병원의 가장 큰 경쟁력은 서로 다른 분야, 직종 및 전공 간에 벽이 거의 없다는 데 있는 것 같다"며 "조직문화 자체가 서로를 밀어내야 할 경쟁자가 아니라, 도움을 주고받는 동료로 여기도록 만드는 분위기"라고 전했다.

조직 내 각 부문 간의 유기적 협력과 의사소통은 모든 조직이 목표로 삼지만 번번이 좌절하고 마는 지난한 과제 중 하나. 그렇다면 존스홉킨스 병원만이 갖고 있는 비결이 있는 걸까.

버넷 박사는 "의대 신입생 시절부터 지금까지 당연히 그렇게 해야 한다고 배워온 것 외에는 특별한 방법은 없다. 그렇게 하지 않으면 도태되고 만다"고 말했다.

톰슨 부원장도 "부문간의 협력을 촉진하기 위한 특별한 조직이나 직책 같은 건 없다"며 "1889년 병원 창립 때부터 이어져 내려온 '분권화(decentralization)'를 통한 일선의 창의적인 협력을 강조하는 조직문화가 오랜 세월을 거치면서 자연스럽게 뿌리를 내린 덕분인 것 같다"고 진단했다.

Johns Hopkins 병원은 환자중심의 서비스 프로세스가 가지는 강점을 토대로 글로벌화를 모색하고 있다. 예를 들어, Johns Hopkins 병원은 해외환자를 위해 다국어 홈페이지를 구축하여 운용하고 있으며 국제부에서는 수십명의 전임 통역과 외부 통역이 서비스를 제공하고 있다. 그 밖에 Johns Hopkins 병원은 해외직접투자를 통해 Johns Hopkins Singapre International Medical Care(싱가포르), Tawam Hospital, Al Rahbe and Al Corniche Hospitals(아랍에미리트), Hospital Punta Pacifica(파나마) 등 전략적 거점에서 해외환자에게 의료서비스를 제공하는 글로벌의료서비스 체계를 구축해가고 있기도 하다. 나아가 중국, 일본, 캐나다, 터키, 트리니다드토바코, 멕시코, 칠레 등 세계 각지에서 현지 의료서비스기관과 협력 프로젝트를 진행하고 있다. 이를 통해 의료 서비스 품질의 수월성을 지향하는 Johns Hopkins 병원의 노력이 글로벌화되고 있는 셈이다.

자료원: 한국보건산업진흥원, 미국의 해외환자 유치 배경 및 현황, 2007. 6. 7., 동아사이언스, 2006. 11. 4., 존스홉킨스병원 홈페이지 자료 토대로 작성. 김현식 · 윤동훈(2010), 글로벌 의료마케팅, 소화 참조.

15.1 서비스 마케팅의 의의

15.1.1 서비스의 개념

우리나라에서 3차 산업인 서비스 산업은 1차, 2차 산업을 제치고 1970년대 중반 이후 가장 큰 비중을 차지하기 시작하였고 그 비중은 계속해서 커지고 있다. 일상적으로 서비스라고 하면 대부분 친절, 미소, 인사, 공짜(덤), 신속배달 등을 연상하는 경우가 많다. 서비스라는 말의 어원은 라틴어 'sorvenor(노예)'에서 비롯되었으며 'servant'로 변환되어 오늘날 service(서비스)로 발전되었다. 사전에서는 서비스를 '타인의 이익을 도모하기 위해 행하는 육체적, 정신적 노무(contribution to the welfare of others)'라고 정의한다. 영국의 대백과사전에도 서비스의 정의는 "고객에 대한 호의적인 접대행위 또는 동작"이라고 기록되어 있다. 이는 생각과 동작에 이르는 행동과 좋은 인상이 조화되어 고객의 욕구를 충족시켜 주는 총체적인 표현을 말한다. 이와 같이 서비스란 이용가능한 자원이 사용가치를 실현하는 과정, 즉 경제주체에 대하여 유용한 노동을 하는 행동을 말한다.

이를 반영하듯이 미국마케팅학회는 서비스를 "판매목적으로 제공되거나 또는 제품 판매와 연계해서 제공되는 제 활동, 편익, 만족"으로 정의하고 있다. 마찬가지로 자이타믈 · 비트너(Zeithaml and Bitner, 1996)도 서비스의 본질을 "행위, 과정, 성과"로 규정하고 있다.

서비스는 정의에서 언급하고 있는 것처럼 일반 제품과는 달리 활동, 편익, 만족 등과 같이 일정한 형태를 지니고 있지 않기 때문에 유형재에 대한 일반적 마케팅 전략을 그대로 적용해서는 훌륭한 성과를 얻기 어려운 것이 현실이다. 마케터로서는 서비스의 특성에 대한 심도 있는 이해와 통찰을 반영한 마케팅 의사결정을 할 수 있어야 한다.

15.1.2 서비스의 특성

(1) 무형성(intangibility)

서비스의 가장 두드러진 특징 중 하나는 눈에 보이지 않는다는 것이다. 유형의 제품은 사람의 감각기관을 이용하여 그 가치를 판단하고 만족수준을 표시할 수 있지만, 서비스는 감각기관보다는 감동과 만족과 같은 심리적 상태에 더 의존한다. 의료, 법률, 컨설팅, 교육 등의 모든 서비스는 고객들의 감정과 논리적 사고에 의해서 판단된다. 따라서 서비스는 자신이 직접 사용해 보기 전에는 그 품질에 대한 확신이 약할 수밖에 없다.

(2) 비분리성(inseparability)

서비스는 생산과 소비가 동시에 이루어지는 경향이 강하다. 유형의 제품은 생산, 운송, 구매 및 소비의 각 단계가 일정한 시간간격을 두고 이루어지지만, 서비스는 생산과 동시에 소비되기 때문에 고객이 서비스의 생산현장에 같이 참여하게 된다. 따라서 서비스 품질에 대한 판단은 생산현장에서 즉각적으로 이루어지고, 이에 따라 서비스 제공회사는 서비스 품질을 통제할 수 있는 시간적 여유가 별로 없다. 또한 서비스는 고객의 주문에 의해서 이루어지고 고객의 다양한 욕구에 부응해야 하기 때문에 표준화된 대량생산체제를 갖추기가 힘들다.

(3) 이질성(heterogeneity)

서비스 품질은 서비스 제공자와 제공상황에 따라서 매우 다양하게 나타난다. 예를 들어, 외국어 학원에서 수강생들의 외국어 실력향상은 강사의 능력, 주변환경, 수강생들의 열의 등의 여러 요인에 의해서 서로 다르게 나타날 수 있다. 이러한 서비스의 이질성은 서비스 표준화를 어렵게 만든다. 또한 서비스 생산현장에 고객들이 직접 참여하고 있기 때문에 서비스 품질에 대한 통제는 더욱 힘들다. 서비스 품질의 이질성으로 인해 서비스 제공회사가 추가할 수 있는 마케팅 전략은 개별화이다. 개별화 전략은 욕구가 서로 다른 고객들에게 맞춤화된 개별적 서비스를 제공하는 것이다.

(4) 소멸성(perishability)

판매되지 않은 제품은 재고의 형태로 보관이 가능하지만 서비스는 그럴 수 없기 때

표 15-1 서비스의 특성

서비스의 특성		서비스 마케팅 방향
무형성	• 특허로 보호가 곤란하다 • 진열하거나 설명하기가 어렵다 • 가격설정의 기준이 명확하지 않다	• 실체적 단서 • 고객 구전 • 비용분석에 기반을 둔 가격 결정, 제시 • 구매 후 커뮤니케이션
비분리성	• 생산과 소비가 동시에 발생한다 • 서비스 제공시 고객이 개입한다 • 집중화된 대규모생산이 곤란하다	• 우수 종업원 확보를 위한 체계적 선발, 교육 시스템 • 우량고객 확보와 지속 관리 • 표적시장별 서비스망
이질성	• 표준화와 품질통제가 곤란하다 • 종업원에 따라 품질이 달라진다	• 서비스 공업화 • 고객별 서비스 개별화
소멸성	• 재고로서 보관하지 못한다 • 소멸성 때문에 이동이 불가능하다	• 수요와 공급의 조화 • 비수기 수요 확충

자료원: 이유재(2004), 서비스 마케팅; Zeithaml and Bitner (1996), Service Marketing 참고로 수정.

문에 판매되지 않으면 소멸하고 만다. 또한 서비스는 제품과 같이 오랜 기간 동안 그 가치가 지속되지 않고 한 번 사용에 의해 그 가치가 완전히 없어진다. 즉각적인 가치의 소멸은 서비스 제공회사로 하여금 수요와 공급에 대한 정확한 예측능력을 필요로 한다. 수요에 대한 잘못된 예측은 판매되지 않는 서비스의 가치 소멸로 인해 서비스 제공회사에게 많은 재정적 부담을 주게 되므로 수요를 조절하는 능력이 필요하다.

15.1.3 서비스 마케팅의 중요성

서비스 마케팅은 제품 마케팅과 몇 가지 측면에서 차이를 보인다. 특히 서비스와 제품의 속성 차이로 인해 마케팅전략 수립과 관리과정이 서로 다르다. 서비스와 제품 모두 소비의 결과는 어떤 편익이나 욕구충족이라는 형태로 나타나기 때문에 각각의 마케팅은 근본적으로 큰 차이점은 없지만 제품의 성격, 생산과정, 제품의 구성요소, 품질에 대한 통제, 유통경로 등의 많은 과정에서 마케팅 관리 관점이 다르게 나타난다. 특히 서비스 마케팅은 생산자와 소비자의 직접적인 접촉이 이루어지고 소비자가 직접 참여하기 때문에 생산자 입장에서는 소비자들의 협력과 지원을 이끌어낼 수 있는 능력을 필요로 하게 된다. 예를 들어 병원에서는 환자들이 의사의 지식에 얼마나 잘 따라주는가에 따라 치료효과가 현저하게 다르게 나타날 수 있다.

사례 15-2

신종 서비스 업종: 애완견 · 어린이 대상 업종 창업 활발

최근 해외에서는 새로운 소비계층을 겨냥한 신종 서비스업이 유행을 이끌고 있다. 관련업계에 따르면 프로슈머 · 마담슈머 · 트랜슈머 등 다양한 新소비자들을 겨냥한 창업 아이템들이 주목을 받고 있다. '트랜슈머(transumer)'는 소유권보다 경험을 더 가치 있게 생각하는 소비자를 일컫는 말로 자동차, 요트 그리고 별장의 공유된 소유권은 물론 핸드백, 보석, 고급스러운 제품들에 대해 서조차 임대 개념을 즐긴다. 업계 관계자는 "트랜슈머를 위한 창업 아이템으로 애완견 소유권 사업이 유행하고 있다"며 "개를 키우고 싶지만 하루 종일 개와 함께 시간을 보내는 것이 힘든 사람들을 위해 일시적인 애완견 소유권을 부여하는 것"이라고 설명했다.

이 사업은 최근에 미국의 로스앤젤레스와 샌디에이고에서 출범했으며, 고객에게 단 몇 시간부터 1주일에 며칠간 개를 소유할 수 있는 선택권을 제공한다. 개를 사랑하지만 너무 바쁘거나 자주 여행을 하는 사람 또는 개를 소유하는 것이 허락되지 않는 빌딩에 사는 사람들에게 이 아이템이 매력적으로 다가가고 있다.

엄마들을 겨냥한 창업 아이템들도 주목받고 있다. 키즈카페 · 어린이식품점 등 구매결정력을 지닌 주부 소비자인 '마담슈머(Madamsumer)'를 겨냥했다. 아이용품 판매업체 '소냐 베베블랭키'는 경쟁사와 달리 아기 담요에 원하는 글을 새겨주는 서비스로 차별화해 호응을 얻고 있다. 담요 구매자들은 새틴 가장자리를 따라 최고 200자까지 글을 새길 수 있어 짧은 이야기나 편지 등을 담요에 넣고 있다.

바쁜 '듀크족'을 위한 미국의 어린이식품점 '키드후레쉬'도 현지에서 인기를 끌고 있다.

'키드후레쉬'의 어린이 메뉴인 'Grab+Go'와 식사와 메뉴를 직접 골라 원하는 세트를 만들 수 있는 'Mix+Match' 등 갓난아이부터 10세 아동에 이르기까지 다양한 연령층에 알맞은 제품을 마련했다.

자료원: 이투데이 2007. 12. 16.

서비스의 품질은 생산자와 소비자의 상호작용에 의해 결정된다. 또한 앞에서 살펴본대로 서비스 품질은 상황에 따라 변하기 쉽고 표준화가 힘들기 때문에 소비자들의 만족수준이 다양하게 나타난다. 따라서 서비스 마케팅은 유형재와 달리 표준화된 제품을 대중에게 골고루 제시하는 것이 아니기 때문에 시장세분화가 더 강조되고, 세분시장별 맞춤식 서비스 설계가 요구될 수 있다.

서비스 마케팅은 제품 제조회사들에게도 매우 중요한 영역으로 평가되고 있다. 왜냐하면 제품 정보제공, 판매원의 서비스, 구매 편리성, 제품 수리와 교환 등 제품 판매와 관련된 서비스 영역이 매우 다양하기 때문이다. 특히 산업재 구매자들은 구매 후의 유지 및 보수와 관련된 서비스 품질을 매우 중요하게 생각하기 때문에 판매회사 입장에서는 이에 필요한 서비스 품질향상을 위해 많은 투자를 해야 한다.

15.2 서비스 마케팅 관리

마케터는 서비스 마케팅 과정에서 의사결정을 통해 통제할 수 있는 서비스 마케팅 믹스를 효과적으로 설계하여 전개해야 한다. 이 책에서는 서비스 마케팅의 특별한 요인

그림 15-1 서비스 마케팅 믹스

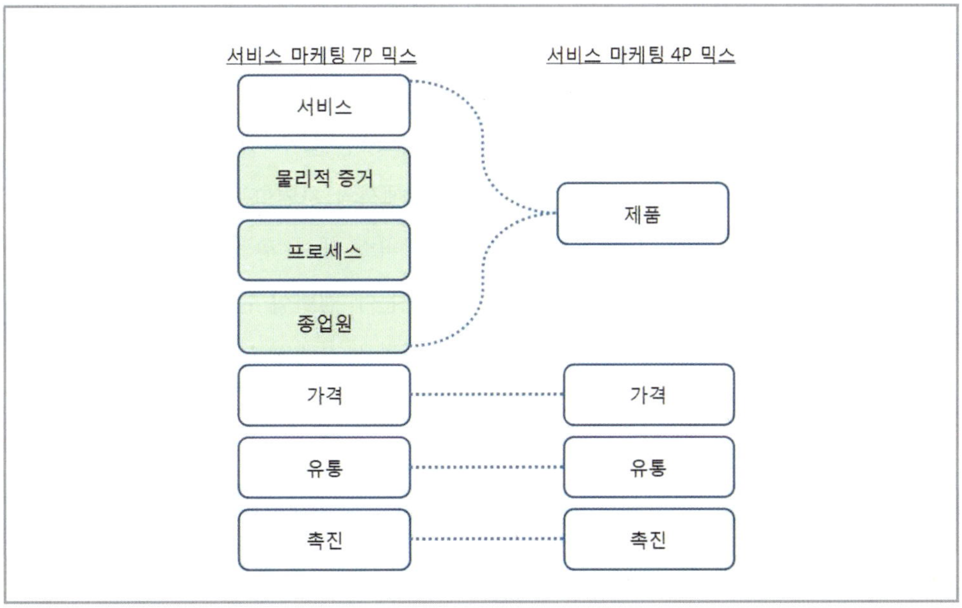

으로 꼽히며 7P 믹스 틀의 일원으로 인정받기도 하는 물리적 증거(physical evidence), 프로세스(process), 종업원(people) 등을 제품, 가격, 유통, 촉진 등 표준적인 4P 믹스 틀에 반영하여 마케팅 믹스 관리 방향을 모색해 보았다. 여기서 제품은 추상적인 의미로서 일체의 솔루션(solution)을 대표하는 용어이므로 당연히 서비스를 포괄할 수 있는 셈이다.

15.2.1 서비스 제품관리

(1) 서비스 차별화

서비스 믹스 관리

서비스는 기본서비스와 다양한 보조서비스의 묶음으로 구성되어 있다. 기본서비스란 고객의 기본적인 욕구를 충족시키는 기본적 서비스의 성격을 지닌다. 예를 들어 대한항공의 비행기를 타고 서울에서 뉴욕으로 가는 것, 치과에서 충치를 뽑는 것 등이 기본서비스이다. 한편 보조서비스는 기본서비스의 이용을 편하게 하거나 그 내용을 확장시킨 것을 의미한다. 예를 들어, 비행기로 뉴욕 출장을 갈 때, 전화로 티켓을 예매하거나 여행 중 식사나 음료를 제공하는 등의 기내서비스를 보조서비스라 한다. 또한 치과병원에서 접수를 하고 진료절차를 안내하고 진료비 계산을 하는 것도 보조 서비스의 범주에 포함시킬 수 있다. 이처럼 보조서비스는 고객이 원하는 정보의 제공에서부터 서비스 이용의 편리를 도모하는 등 매우 다양한 활동들이 포함된다.

서비스는 특허로 보호받지 못하기 때문에 쉽게 모방될 수 있다. 뿐만 아니라 기술의 발달속도가 급속히 빨라졌기 때문에 기본서비스에서의 차별화는 지속성을 갖추기 어려워지고 있다. 이동통신 서비스를 생각해 보면 서비스 개시 후 일정기간이 지난 시점에는 통화품질에 있어서 큰 차이가 나지 않는다. 때문에 멤버십 할인 서비스, 모바일 서비스, DMB 서비스 등 다양한 보조서비스에서의 강점을 경쟁의 무기로 삼고 있다. 이와 같이 대부분의 서비스는 단일 서비스로 제시되기보다 일련의 서비스 묶음으로 판매된다. 따라서 급격히 변화하는 시장의 변화에 대응하며 경쟁사와 효과적으로 경쟁하기 위해서는 기본서비스뿐만 아니라 보조서비스까지 포함하는 전체 서비스 믹스를 염두에 두고 의사결정을 해야 한다.

사례 15-3 고객의 시간을 사로잡는 교보문고와 스타벅스

수많은 기업이 한 분야 내에서 경쟁하고 있고, 이를 이용하는 소비자들의 시간은 한정되어 있다. 따라서 소비자들의 한정적인 시간을 사로잡기 위해서는 이들이 좀 더 머무르고 경험할 수 있도록 편안한 분위기를 제공해 주는 것이 현명하지 않을까? 최근 고객들의 시간을 사로잡는 마케팅을 펼치고 있는 교보문고와 스타벅스의 행보를 살펴보자.

교보문고 강남점 매장

최근 교보문고는 원목을 잘라 만든 초대형 테이블을 매장 내에 두고 방문한 고객들이 앉아서 편하게 책을 읽을 수 있도록 환경을 조성하였다. 몇몇 사람들은 이러한 교보문고의 행보를 보고 '도서관인지 서점인지 모르겠다, 이러면 누가 책을 사겠냐'라고 반박할 수 있지만 이러한 변화에는 '고객의 시간을 소유하는 기업이 성공한다'는 교보문고의 깊은 의미가 담겨있다. 점점 온라인 구매 비중이 커지는 도서시장에서, 오프라인 서점 내에 편안하게 책을 읽을 수 있는 공간을 마련한다면 소비자들의 발길을 이끌 수 있고 자연스레 소비자들의 시간 또한 소유할 수 있게 되는 것이다. 실제로 이후에 소비자들의 교보문고에 대한 친밀도가 증가함에 따라 방문횟수도 증가하고, 이 책은 집에 가서 읽어야겠다며 구매로까지 이어지는 사례가 많았다고 한다. 실제로 해외에서도 이러한 사례를 쉽게 찾아볼 수 있는데, 몇몇 서점들이 카페 식으로 개조한 후 오히려 매출이 올랐다고 한다.

스타벅스 매장

비슷한 전략을 취하는 기업으로 고객만족도 1위에 빛나는 스타벅스(Starbucks)를 예로 들 수 있다. 알다시피 스타벅스 매장은 노트북 유저들의 천국이라고 할 수 있다. 무료 와이파이와 콘센트 제공은 물론, 창가에 앉아서 편하게 업무를 볼 수 있는 1인용 테이블까지 마련되어 있어 노트북으로 장시간 업무처리를 하는데 최적의 장소이기 때문이다. 하지만 과연 이 같은 '노트북 유저들의 천국'이라는 타이틀이 스타벅스의 수익에 도움이 되는 것일까? 오랜 시간 동안 테이블을 차지해 회전율이 낮아진다면 오히려 수익성이 떨어지는 것이 아닐까? 결론은 이러한 스타벅스의 전략이 수익으로 연결된다는 것이다. 노트북을 사용하는 유저들은 노트북 사용이 편리한 환경의 스타벅스를 찾게 되고, 자주 가다 보면 친구 및 지인들과도 함께 스타벅스를 가게 될 것이다. 그렇다면 스타벅스 입장에서는 소비자들의 만족도와 충성도가 높아져 결과적으로 수익에 도움이 되는 것이다.

소비자들의 시간은 한정되어 있고, 이제는 한 공간이 하나의 목적만을 만족시키는 시대는 지났다. 소비자들은 한정된 시간 내에, 더 많은 경험과 만족을 얻을 수 있는 공간을 선호하는 것이다. 교보문고와 스타벅스는 이러한 점에서 고객이 좀 더 머무를 수 있는 공간을 제공함으로써 소비자의 만족도와 충성도를 얻는 데 성공했다고 할 수 있다.

자료원: 하루 5분 연구소, DBR 196호, Case Study: 교보문고의 고객경험 혁신; 중앙일보 2016. 3. 23, "앞으로 출판사가 팔 것은 책이 아니라 읽는 습관".

한편 기술혁명은 제조업은 물론이고 서비스산업의 발전에 큰 영향을 주었다. 신기술을 통해서 새로운 서비스가 개발되었다. 지난 20여년간의 기술적 발전을 통해 서비스의 생산과 전달방법은 놀랄 만한 변화를 했다. 채서일에 따르면 기본서비스에 있어서의 혁신은 새로운 형태의 의료서비스에서부터 고속열차 그리고 컴퓨터의 원거리 진단과 수리서비스에서 유선방송 시스템에 이르기까지 매우 다양하다. 그러나 대부분의 중요한 변화는 컴퓨터와 텔레커뮤니케이션 기술을 이용한 보조서비스에서의 개선이다. 예약의 설정, 정보획득, 청구서 작성, 결제 그리고 문제해결 등의 서비스들이 더 쉽고 더 빠르고 더 저렴하게 데이터에 접근할 수 있게 됨으로써 개선되었다. 음성전달시스템은 문제해결과 관련된 메시지를 남겨놓거나 받을 수 있게 하였으며, 레이저 프린터는 더욱 잘 디자인되어 더 많은 정보를 담고 있는 계산서를 작성할 수 있게 해주었다. 이러한 여러 발전 중에서 가장 빈번히 언급되고 있는 서비스 혁신은 은행에서의 현금자동입출금기이다. 지금은 일반화된 이 기계는 1976년에 처음 소개된 이후 계속해서 개선되어 이제는 거의 모든 은행업무를 처리할 수 있게 되었다.

서비스 품질관리

서비스 품질(service quality)은 서비스의 상대적 우수성 혹은 열등성에 대한 전반적인 인상이다(Parasuraman, Zeithaml, and Berry, 1988). 서비스 품질에는 실제적인 기술적 우월성 등에 대한 개념을 다루는 객관적 품질(mechanistic quality)과 사람의 주관적 인식을 다루는 주관적 품질(humanistic quality)이 있는데, 마케팅 분야에서는 주로 고객이 느끼는 주관적 품질이 중요한 문제로 대두되곤 한다(Holbrook and Corfman, 1985).

서비스 마케터로서는 스스로의 서비스품질이 우수하다는 점을 고객으로부터 인정받는 것이 필요한데, 유형재와 달리 대부분의 서비스는 품질을 평가하기 어려운 경험품질(experience qualities)이나 신뢰품질(credence qualities) 성질을 많이 가지고 있어 소비자가 서비스 품질에 대한 올바른 판단을 내리기가 쉽지 않다. 참고로 경험품질(experience qualities)은 구매 전에는 알기 어렵고 오로지 구매 후 소비와 체험을 통해서 알 수 있는 품질이며, 신뢰품질(credence qualities)은 심지어 구매 후 소비를 해도 제대로 판단하기 어려운 품질을 가리킨다(Darby and Karni, 1973).

따라서 소비자들은 서비스 품질에 대한 판단을 내려야 할 때 유형재를 평가할 때와는 다른 물리적 증거(physical evidence)나 서비스 프로세스(service process) 혹은 서비스 종업원(people)의 행동이나 태도 등에 의존하는 경향이 있다.

서비스 품질 관리자로서 서비스 마케터의 역할은 다음과 같다. 우선 표적고객의 욕구에 걸맞는 적절한 서비스 품질수준을 설정하여 소비자에게 약속해야 한다. 과도한 비용이 유발되는 서비스 품질을 제시하는 것은 득보다 실이 될 수 있다. 다음으로 약속한 수준에 맞는 서비스 품질이 실제로 구현되도록 입체적인 관리를 해야 한다. 나아가 서비스 품질판단에 어려움을 겪는 고객이 제대로 판단할 수 있도록 물리적 증거, 서비스 프로세스, 서비스 종업원 행동 등에 대한 세심한 관리가 필요하다.

(2) 서비스 물리적 증거관리

물리적 증거의 개념

물리적 증거(physical evidence)는 "서비스가 전달되고 서비스 조직과 고객의 상호작용이 이루어지는 실체적 환경"을 말한다. 이것에는 무형적인 서비스를 전달하는데 동원되는 모든 유형적 요소가 포함된다. 물리적 증거는 물리적 환경(physical environment)과 유형적 요소(other tangibles)로 구성된다.

물리적 환경 물리적 환경은 증거를 대표하여 나타내는 경우가 많다. 물리적 환경은 서비스케이프(servicescape)라고도 하는데, 이것은 경치, 풍경을 의미하는 '랜드스케이프(landscape)', 바다 경치를 의미하는 '씨스케이프(seascape)' 등에 붙이는 접미사인 스케이프(scape)를 서비스(service)와 합성한 단어로 인간이 창조한 환경을 의미한다. 이러한 물리적 환경은 외부 환경과 내부 환경으로 나눌 수 있다.

애리조나 Mayo Clinic Hospital 정경

외부의 물리적 환경은 특히 신규고객을 끌어들이기 위해서 중요하다. 시설의 외형이나 주변환경 등의 외부 환경은 서비스 조직의 차별화된 이미지를 확립하는 데 결정적인 역할을 한다. 특히 테마파크나 콘도 등 엔터테인먼트 산업의 경우 시설의 외형이 사업의 성패를 좌우한다. 또한 주차의 용이성이 음식점 선택의 주요 기준이 되기도 한다.

내부 벽의 색상이나 장식, 의자나 책상 등의 가구, 서비스 생산에 필요한 시설물

미네소타 Mayo Clinic Hospital 로비 정경

등이 내부 환경을 구성한다. 내부 환경은 특히 고객과 종업원의 만족과 생산성에 직결된다. 병원에 걸려 있는 의사의 박사학위증, 고객만족 수상 상장 등은 고객들로 하여금 서비스 조직을 신뢰하게 만든다. 예치과에서는 어린이 환자를 위하여 천장에 미키마우스 등 만화 주인공의 스티커를 붙여서 치과에 오기를 꺼리는 아이들의 두려움을 해소하고 있다.

유형적 요소　항공사나 자동차 정비업체, 병원 등은 고객과 접하는 종업원에게 유니폼을 입도록 요구한다. 일하기에 편리하며 세련된 유니폼을 입은 종업원은 자신의 일에 만족하고 고객들에게도 깔끔한 이미지를 전달할 수 있다. 이러한 유니폼 외에도 조직을 알리는 광고 팜플렛, 콘서트나 경기장에 들어갈 입장 티켓, 식사 후에 받게 될 계산서 등은 무형적 서비스 전달에 수반되는 유형적인 요소로 서비스의 품질이나 첫인

사례 15-4

브랜드숍: 딱딱한 매장 변신, 제품체험 · 휴식공간 제공

브랜드숍이 변신하고 있다. 제품 판매에 머물지 않고 소비자들에게 다양한 체험과 휴식을 제공하는 공간으로 진화하고 있는 것이다. 종합생활용품업체 락앤락은 최근 경기 성남시 분당구 서현동 직영매장 안쪽 공간에 각종 잡지와 서적, 원두커피, 인터넷 등을 이용할 수 있는 휴식공간을 마련했다. 주요 표적시장이 주부인데다 아파트 밀집지역인 점을 감안, 고객들이 동네 사랑방처럼 활용할 수 있도록 꾸몄다.

서울 종로구 안국동 'mmmg Cafe & Store'는 오밀조밀하고 감각적인 인테리어만 보면 영락없이 카페 분위기다. 외관을 다양한 그림으로 꾸며 갤러리 같은 느낌도 준다. 하지만 이 곳은 소품회사 mmmg의 로드숍이다. 자연스럽게 담소를 나누며 다양한 소품들을 구경할 수 있어 트렌드에 민감한 젊은이들이 자주 찾는다.

커피전문점 커피빈은 서울 압구정동 로데오점 4층에 도서관을 마련했다. '모던 아트 라이브러리(Modern Art Library)'라는 이름에 걸맞게 건축, 사진, 예술 분야의 외국서적 2,000여권을 구비, 멤버십 회원이나 음료 1잔 이상을 구입한 고객들이 이용할 수 있도록 했다. 갈수록 치열해지는 커피전문점 경쟁에서 승리하기 위한 차별화 전략인 셈이다.

자료원: 한국일보 2008. 4. 3.

상에 영향을 미친다.

고객의 관점에서 본 물리적 증거의 예를 여러 업종별로 들어 보면 병원이나 리조트 업체, 어린이 놀이방 등의 서비스 조직은 주로 물리적 환경을 통해서 많은 커뮤니케이션이 이루어진다. 반면에 보험, 수화물 운송업체 같은 서비스 조직에서는 물리적 환경이 미치는 영향이 매우 제한적이다.

물리적 증거의 관리

물리적 환경은 자동차 정비와 같이 신용 속성에 근거한 서비스의 커뮤니케이션에 특히 중요하며 경험적 속성에 근거하는 레스토랑, 호텔, 병원, 테마파크 등의 서비스에도 매우 큰 의미를 갖고 있다. 서비스는 무형적이기 때문에 고객들은 흔히 구매 전 서비스를 평가할 때나 구매 후 만족을 평가하는 데 가시적인 물리적 환경에 의존한다. 예를 들어, 백화점들도 철마다 인테리어와 제품의 진열상태를 바꾸고 있다. 백화점 내 의류매장들은 인테리어의 핵심을 그 철에 맞는 색깔에 맞추고 있으며, 현대백화점의 경우 각층의 에스컬레이터 옆에 향수냄새를 분사하는 기계를 설치하여 고급백화점으로서의 이미지를 높이고 있다. 신세대를 주요 고객으로 하는 의류매장은 특히 음악을 이용하여 분위기를 연출한다.

고객들은 물리적 환경 속에서 서비스를 소비하기 때문에 서비스 조직의 물리적 환경은 매우 중요한 영향력을 갖고 있다. 즉 서비스 조직의 물리적 환경은 서비스나 그 품질에 대한 정보적 단서를 고객들에게 재공해 주는 커뮤니케이션의 역할을 한다.

서비스의 무형성 때문에 고객들은 서비스를 이해하거나 평가하는 데 다소 어려울 수 있다. 따라서 소비자는 종종 그 서비스가 어떤지 판단하는 데 도움이 될 수 있는 유형적 단서를 찾고자 한다. 이때 서비스 제공자는 소비자들의 이러한 요구에 부응하여 물리적 환경이라는 유형적 대용물을 제공함으로써 소비자의 이해와 의사결정을 돕는다.

서비스 조직의 물리적 환경은 또한 서비스 조직에 대한 이미지를 형성하는 데 있어서도 매우 중요하다. 오일 교환과 광택 서비스를 제공하는 미국의 스피드 루브(Speed-Lube)사는 종업원들에게 깨끗하고 깔끔한 유니폼을 입게 하고 매장의 내부시설을 청결하게 꾸미는 등 물리적 환경을 개선하여 신속, 효율, 유능이라는 독특한 이미지를 형성할 수 있었다.

색깔, 밝기, 음량과 음폭, 공기의 신선함, 온돈, 공간의 이용, 가구 스타일 등과 같이 서비스에 대한 고객의 인상에 영향을 미칠 수 있는 물리적 환경은 서비스에 대한 고객 감정을 형성하는 데 도움을 준다. 물리적 환경의 이러한 측면이 실제상으로는 아주 미묘한 것이기에 서비스 조직은 궁극적으로 서비스 자체에 대한 긍정적 인식을 창조하기 위하여 이런 물리적 환경을 잘 조성해야 한다.

(3) 서비스 프로세스 관리

서비스 프로세스 개념

서비스 프로세스란 서비스가 전달되는 절차나 활동의 흐름을 의미한다. 서비스 제품관리에서도 언급했지만 고객에 의해서 경험되어지는 서비스는 화물의 운송이나 자동차의 수리 등과 같이 일정한 결과물(outcome)을 갖는 경우도 있지만 대부분의 서비스는 일련의 과정(process)이며 흐름(flow)의 형태로 전달되어진다. 서비스는 그 동시성과 비분리성 때문에 고객과 떨어져서 생각할 수 없다. 서비스의 고객은 서비스 프로세스 안에서 일정한 역할을 수행한다. 예를 들어 근사한 레스토랑에서 식사를 하러 간 고객들은 도착하여 자리에 앉고 안락한 분위기를 즐기며, 주문을 하고, 음식을 받고 식사를 하는 전과정(process)과 거기서 얻어지는 경험(experience)이 훨씬 더 중요하다. 또한 은행에 대출을 신청하는 고객은 그가 받는 대출금의 액수와 이자율만으로 만족을 표시하지 않는다. 승인절차의 신속성이나 은행 직원과의 상호 작용과정, 여러 가지 보고서들의 적절한 전달 등의 프로세스가 고객의 태도에 영향을 주고, 향후 거래 여부 결정에 중요 변수로 작용한다.

그렇기 때문에 서비스 생산 프로세스를 설계할 때에는 프로세스에 대해서 고객이 느끼는 점들에 대해 특별하게 주의해야 하고 반드시 고객의 관점이 반영되어야 한다. 이를 위해서 마케팅과 생산부서는 밀접한 상호작용의 관계를 유지해야 한다.

서비스 프로세스 관리

마케터는 고객과 서비스의 특성을 고려하여 서비스 프로세스를 전략적으로 표준화(standardization)하거나 개별화(customization)할 필요가 있다. 예를 들어, 미국의 사우스웨스트 항공사(Southwest Airline)는 비교적 저렴한 요금으로 가까운 거리를 운영하며 기내에서 음료나 식사를 제공하는 프로세스를 생략한다. 이것은 항공사의 목표와 비전에 따른 것으로 매우 표준화된 프로세스만 제공하고 있는 것이다. 반면에 싱가포르 항공사

(Singapore Airline)는 약간 높은 가격으로 개별화된 서비스 프로세스를 제공한다. 그들은 친절하고 자상한 직원들로 하여금 많은 권한을 부여하여 고객들의 취향에 맞는 차별적 서비스를 제공하도록 하는 프로세스를 갖고 있다.

특히 서비스 프로세스 관리에서 중요한 부분은 대기관리이다. 대기는 고객이 서비스를 받을 준비가 되어 있는 시간부터 서비스가 개시되기까지의 시간을 의미한다. 대기는 어쩔 수 없이 발생하는 것이지만 모든 고객들이 이러한 상황을 이해하고 당연한 것으로 받아들이는 것은 아니다. 많은 사람들은 서비스를 받기 위해 기다리는 것을 부정적인 경험으로 인식하고 있다. 따라서 고객들이 서비스를 받기 위해서 보내는 대기시간을 효과적으로 관리하는 것은 고객에게 만족을 제공할 수 있고 서비스를 재구매하려는 고객에게 큰 영향을 줄 수 있다.

(4) 서비스 종업원 관리

내부 마케팅의 중요성

서비스 경쟁에서 종업원은 결정적인 중요성을 갖는다. 그 이유는 첫째, '그들 자체가 서비스'이기 때문이다. 특히, 미용사나 변호사, 의사 등의 경우엔 더욱 그렇다. 둘째, '그들은 고객의 눈에 비치는 조직 그 자체'이기 때문이다 그들은 조직의 이미지를 형성하는 데 매우 중요한 역할을 한다. 이것을 인식한 디즈니랜드는 종업원들에게 '현장(On-stage) 자세'를 교육하고 있다. 셋째, '그들은 마케터'이기 때문이다. 즉, 종업원 스스로가 마케팅 활동을 수행하고 있기 때문이다.

서비스 조직은 두 종류의 고객을 갖고 있다. 하나는 통상적 의미에서의 고객으로 외부고객이다. 다른 하나는 조직의 종업원인 내부고객이다. 서비스 조직은 외부고객에게는 서비스를 제시하고 내부고객에게는 내부제품(internal product)으로서의 업무를 판매한다. 즉 내부 마케팅이란 종업원을 최초의 고객으로 보고 그들에게 서비스 마인드나 고객지향적 사고를 심어주며 더 좋은 성과를 낼 수 있도록 동기부여하는 활동이라고 정의할 수 있다.

종래의 견해는 마케팅이란 조직의 외부고객 또는 사외의 고객에 대한 활동만을 뜻하는 것으로 여겨왔다. 그러나 사내의 고객 특히 서비스 조직의 현장 종업원들을 대상으로 하는 내부지향적 마케팅 활동도 중요하다는 인식이 점차 확대되고 있다. 종업원과 고객과의 관계를 상호작용적 마케팅이라 하면, 조직과 고객과의 관계는 외부 마케팅 대

상이며 조직과 종업원과의 관계는 내부 마케팅 대상이 될 것이다. 크게 보면 내부 마케팅은 고객과의 약속을 지키기 위한 조직 내부의 노력이라 할 수 있다.

내부 마케팅에서는 사내고객을 동기부여 하는 데 중점을 두고 있는데, 종업원의 욕구를 충족시키는 경영능력에 따라서 최종고객의 욕구를 충족시키는 능력이 결정된다는 생각을 기초로 한다. 물론 종업원에 대한 동기부여는 인사 및 조직론에서 다루어져 왔으나 그 배경은 제조업의 생산과정에서의 원가절감 및 효율성 향상에 기초한다. 그에 비해 내부 마케팅은 고객지향적 사고에서 종업원들은 조직의 일차적 고객이라는 시각에 기초하므로 마케팅과 조직론의 접점이라고 볼 수 있다.

내부 마케팅의 주요 내용

효과적인 내부 마케팅을 위해서는 먼저 서비스 문화의 확립이 중요하다. 서비스 문화란 내부고객과 외부고객에 대해 좋은 서비스를 제공하는 것을 당연하고 가장 중요한 것으로 여기는 조직문화라고 볼 수 있다. 제조업체에 비해 서비스업체의 경우에는 무엇보다도 잘 확립된 서비스 문화가 중요하다. 보통 서비스 조직의 경우에는 제품의 생산과정이 표준화될 수 없고 구매자−판매자 간의 상호작용으로 판매가 이루어지기 때문에 예기치 못했던 상황에 어떻게 대응해야 하는가를 제시하는 서비스 지향적 문화가 필요하다.

서비스 문화가 강한 조직의 경우에는 종업원이 다양한 상황에 처해도 일관성 있게 행동 할 수 있다. 가치나 규범이 명확하기 때문에 종업원들이 어떤 행동을 취해야 하는지를 알고 있는 것이다. 따라서 서비스 조직은 고객을 대하는 종업원들이 긍정적인 태도와 행동을 개발하도록 내부 분위기를 조성해야 한다.

서비스 문화를 개발할 때는 다음과 같은 점에 유의해야 한다. 첫째, 조직의 제품, 서비스, 마케팅 캠페인뿐만 아니라 조직의 사명, 전략, 전술까지도 종업원들이 이해하고 수용하도록 한다. 둘째, 관리자들 사이에 서비스 지향적인 관리 및 리더십을 개발한다. 셋째, 모든 종업원들에게 서비스 지향적인 커뮤니케이션과 대인관계 기술을 교육시킨다.

내부 마케팅에서 두 번째로 중요한 것은 확립된 서비스 문화의 유지이다. 일단 서비스 문화가 확립되면 적극적으로 이를 유지해야만 한다. 그렇지 않으면 종업원의 태도나 조직 내 규범이 쉽게 이전의 사고방식으로 돌아가게 된다. 서비스 문화를 유지하기 위해서는 관리방법이 지원적이도록 하며 종업원의 서비스 마인드와 고객지향성을 향상

사례 15-5

내부 마케팅: 구글 캠퍼스

구글 캠퍼스는 총천연색이다. 빌딩 사이 광장에는 빨강, 파랑, 노랑 파라솔이 즐비하다. 구글 로고처럼 컬러풀한 파라솔 밑에서 구글러(Googler · 구글 직원)들이 점심을 먹는다. 옆 뜰에선 비치발리볼을 하는 직원, 부메랑을 날리는 직원, 꽃밭을 가꾸는 직원 등….

미국 캘리포니아주 마운틴뷰에 자리잡은 구글 캠퍼스. 이 곳에서 만난 스테이시 설리번 최고문화책임자(CCO · Chief Culture Officer)도 '구글다운(Googley)' 모습이었다. 캐주얼한 복장에 인디안 문양이 장식된 소파에 앉아 노트북 PC를 보고 있었다. 설리번은 "다양성을 존중하면서 협력을 중시하는 것이 구글의 조직문화"라고 설명했다.

구글은 인종, 취미, 재능, 기술 등 배경이 다른 다양한 사람들을 뽑는다. 대학을 갓 졸업한 신입사원은 물론 운동선수, 과학자, 의사 출신도 많이 채용한다. 설리번은 "구글에는 다양한 사람이 있고 그들이 더 많은 아이디어와 에너지를 창조하고 있다"고 말했다. 인재가 다양한 만큼 폭과 깊이가 어우러지는 'T자형 조직 역량'이 생긴다는 이야기다.

CCO로서 다양한 인재들을 어떻게 조직적으로 통합시킬 것인가도 설리번의 과제다. 그녀는 "조직 구성원의 팀워크를 다지는 일에 주력하고 있다"면서 "같은 공간에서, 같은 팀 구성원으로서 서로 원활하게 커뮤니케이션하고 협력하는 환경과 풍토를 만들어 내는 것이 나에게 주어진 임무"라고 설명했다.

협력을 강조하려면 서로 공유하는 것이 많아야 한다. 경험과 정보를 공유해야 팀워크를 잘 다질 수 있다. 구글이 미국 회사답지 않게 직원들에게 맛난 공짜 점심을 주고, 회사 내에서 당구, 체스, 포커를 칠 수 있도록 하는 것도 그런 이유에서다. 설리번은 "구글은 직원들이 재미있고 창조적으로 놀 수 있도록 환상적인 근무환경을 제공하고 있다"고 말했다.

점심시간은 구글러들에게 가장 행복한 시간이다. 메인빌딩 1층에 있는 '노네임 카페', 구글러들이 가장 많이 즐겨 찾는 '찰리스 카페', 반경 150마일 이내에서 재배된 유기농 채소로 건강식단을 만들어 내놓는 '150' 등 자신이 원하는 식당을 찾아가면 된다. 식사도 하고 당구, 체스, 포커 등 게임을 즐기면서 자연스럽게 동질감이 형성된다.

구글의 근무환경은 창조적이면서 팀 지향적이다. 근무시간의 20%를 자기가 하고 싶은 일을 하도록 하는 20%룰도 주로 팀 단위의 프로젝트를 진행하는 형태로 이뤄진다. 창의성의 주체가 개인이 아니라 팀이 된다. 개인의 창의성보다는 조직과 집단이 주도하는 '협업을 통한 창의성'이 구글 경쟁력의 핵심이다.

협력과 공유의 문화에 위계질서는 걸림돌이다. 창조적인 아이디어를 내는 데 그 사람이 인턴이든 엔지니어든 임원이든 관계없다. 직급이 높은 사람의 아이디어가 더 좋다고 말할 수도 없다.

자료원: 한국경제 2008. 1. 11.

시킨다. 또한 종업원들에게 지속적으로 정보와 피드백을 제공하고, 새로운 제품, 서비스, 마케팅 캠페인 등을 시장에 도입하기 전에 종업원들에게 먼저 경험하도록 한다.

원래 내부 마케팅은 종업원들에게 충분히 준비를 못 시키고 새로운 제품이나 서비스 또는 마케팅 캠페인을 도입했을 때 발생하는 문제를 체계적으로 다루기 위한 방법으로 등장했었다. 특히 고객접점에 있는 종업원은 새로운 제품이나 서비스 또는 마케팅 활동에 대해 충분히 이해하지 못한 경우에 제대로 자신의 역할을 수행할 수 없다. 이 경우에는 개발 중이거나 판매 중인 신제품, 마케팅 활동이나 캠페인에 대해 종업원들이 알고 수용하도록 하는 것이 중요하다.

내부 브랜딩

내부 브랜딩(internal branding)의 개념은 아직 이론적으로 합의된 정의가 내려지지 않았지만, 많은 실무자들과 연구자들에 의해 최근 빈번히 사용되고 있다. 최근 연구들을 종합해서 개념정리를 해보면 "외부 브랜딩과 동등하게 중요하며 외부고객과의 접점에서 모든 종업원들이 조직의 브랜드 실체를 전달하는 브랜드 대사관이 되도록 하기 위해서 취하는 '브랜드 내재화 활동'"이라 할 수 있다. 고객접점에서 만나는 직원들은 그 조직의 브랜드 사절이자 살아 있는 브랜드로 인식된다. 고객은 서비스 경험을 통해 거대한 얼굴의 조직이 아닌 작은 얼굴의 직원들을 만나는 것이기 때문이다. 따라서 직원들 개개인이 브랜드 그 자체가 되어야 한다. 특히 제품보다 서비스에 더 많은 기반을 두고 있는 브랜드(예를 들면, 호텔, 항공, 관광, 병원 등)라면 종업원을 브랜드 대사관으로 바라보고 인적자원관리 차원뿐만 아니라 내부 마케팅 차원에서 내부 브랜딩을 강화해야 한다.

사례 15-6 MOT(고객점점)

고객접점은 스페인의 투우에서 나온 말(Momento De La Verdad)로, "고객과 접하는 일체의 순간"을 의미하며 MOT(Moments of Truth)라고도 한다. 예를 들면 고객과 상담을 하거나 고객으로부터 전화를 받는 순간, 고객을 응대하는 순간, 고객이 원하는 제품을 받아보는 순간, 대금청구서를 받아보는 순간 등을 의미한다. 즉 고객접점은 고객의 입장에서는 구매의사를 결정하는 최후의 순간이며, 서비스 조직의 입장에서는 고객과 만나는 최초의 순간이다. 이는 제일선 사원이 고객과 접하는 최초의 15초로서 고객과의 접점에 있는 현장사원의 서비스가 얼마나 중요한가를 의미한다. 이 용어는 스칸디나비아 항공(SAS)의 과거 CEO 얀 칼슨(Jan Carlzon)이 MOT의 개념을 경영에 처음 도입했으며, 1987년 〈Moments of Truth〉란 책이 발간된 이후 MOT라는 용어가 급속히 보급되었다.

진실의 순간 또는 결정적 순간은 고객이 서비스 조직의 종업원 또는 특정 자원과 접촉하는 그 서비스의 품질에 대한 인식에 영향을 미치는 상황이다. 이 순간은 서비스 품질에 대한 인식에 결정적 역할을 수행하기 때문에 서비스 제공자가 고객에게 서비스의 품질을 보여줄 수 있는 기회로서 지극히 짧은 순간이지만 고객의 서비스에 대한 인상을 좌우한다.

MOT는 고객과 종업원의 접촉순간 외에도 고객이 광고를 볼 때, 건물을 볼 때, 주차장에 차를 세울 때, 로비에 들어설 때, 우편청구서 등을 접할 때 등의 상황에서도 발생한다. 이와 같이 서비스 조직의 여러 자원과 직접 또는 간접적으로 접하는 순간들이 서비스 인상을 결정하는 결정적 순간이 될 수 있다.

고객이 서비스를 받는 과정에서의 결정적 순간의 경험축적을 서비스 사이클이라고 한다. 고객과의 접점에서 발생하는 결정적 순간이 중요한 것은 고객이 경험하는 서비스 품질이나 만족도는 소위 곱셈의 법칙이 적용된다는 것이다. 여러 번의 결정적 순간 중 한 가지 나쁜 경우 한순간에 고객을 잃어버릴 수 있기 때문이다. 따라서 서비스 관리의 입장에서는 일선 종업원들의 접객태도에 신경을 써야 할 것이다. 흔히 무시되고 있는 안내원, 주차요원 등 일선 서비스 종업원들의 접객태도가 회사의 운명을 좌우할 수도 있다는 데 주목해야 한다. 종업원의 무례함, 불안한 카운터의 계산. 회계사의 엉성한 업무처리, 웨이터의 너절한 복장 등 내부 종업원들의 열악한 서비스 품질 때문에 발생하는 MOT 순간의 부정적 인상은 조직의 성과에 직접적인 악영향을 준다. MOT의 결정적 순간 하나하나가 그 자체로서 제품이자 조직의 미래를 좌우하는 중요 고비가 된다.

대부분의 경우 소비자들은 서비스 브랜드를 지각할 때 그 회사의 브랜드명으로 인지하는 경우가 많다. 따라서 서비스 조직에서는 개별 서비스의 브랜드보다는 회사의 브랜드명, 회사의 브랜드 이미지, 회사의 브랜드 아이덴티티의 중요성을 인식하는 것이 필요하다.

실제로 서비스 고객들은 거대한 서비스 조직을 대하기보다는 각 접점(MOT)에서 각자 작은 브랜드가 된 한 사람 한 사람의 직원을 만나게 된다. 따라서 서비스 종업원들에게는 그 조직의 브랜드 메시지가 몸과 마음에 내재화되어 있어야만 한다. 서비스 종업원들의 태도와 행동은 고객에게는 결정적인 브랜드 커뮤니케이션 메시지가 될 수 있기 때문이다.

브랜드의 핵심은 이제 광고가 아니라 사람에 있다. 즉 브랜드 관리는 사람관리로 내부고객을 브랜드 전달로서 동기부여하는 것이 외부 브랜딩보다 선행되어야 한다. 왜냐면 고객들의 눈에는 종업원이 조직의 브랜드를 살아 움직이게 만드는 장본인들이기 때문이다. 또한 하나하나의 MOT들은 고객과 브랜드가 관계를 맺는 순간이자 고객의 총체적 경험을 좌우하는 순간으로 재평가되어야 한다. 내부 브랜딩은 궁극적으로 조직문화를 브랜드화된 조직문화로 거듭나게 하는 것이다. 현대의 고객관리 목표방향이 신규고객유치보다는 기존 고객유지 중심으로 변화되는 상황에서는 내부브랜딩이 필수적이라고 할 수 있다.

더불어 외부고객이 자신의 개인적 · 사회적 자아의 유지와 향상을 달성시킬 것으로 기대되는 브랜드에 소비자가 일체감(개인적 · 사회적 동일시)을 느끼듯이, 직원은 자신의 꿈과 열정, 비전에 일치하는 정체성을 가진 조직에 헌신하고 몰입한다. 따라서 직원이 자사 브랜드에 대한 동일시를 느끼는지의 여부는 내부 브랜딩의 중요한 관건이라 할 수 있다. 자사 브랜드의 퍼스낼리티에 동일시가 높은 직원은 브랜드 옹호자가 되며, 애사심이 높아지고 퇴사율 또한 낮아질 것이다.

내부 브랜딩 성공을 위해 알려진 몇 가지 방침은 다음과 같이 정리될 수 있다. 첫째, 내부고객들에게 브랜드를 효과적으로 커뮤니케이션해야 한다. 둘째, 그 관련성과 가치에 대해 확신을 주어야 한다. 셋째, 조직 전부문의 모든 직무를 브랜드의 본질과 핵심을 전달하는 과정과 연결시켜야 한다.

15.2.2 서비스 가격관리

(1) 서비스 가격의 개념과 중요성

자신의 욕구의 충족을 위해 서비스를 구입하려는 소비자는 그에 상응하는 대가를 지불하도록 요구받게 되는데 이러한 일체의 금전적, 비금전적 대가가 곧 서비스 마케터가 제시한 가격이다. 서비스 마케터가 제시하는 가격은 서비스의 종류에 따라 수수료, 사용료, 사용요금 등 다양한 용어로 불린다.

서비스는 소멸성을 가지고 있기 때문에 수요와 공급의 조화를 이루는 것이 매우 중요하다. 이러한 수요의 관리에서 대단히 중요한 역할을 하는 마케팅 믹스 요인 중 하나가 가격이다. 서비스 마케터는 가격을 적절하게 조작함으로써 수요량을 증가시키거나 감소시킬 수 있다. 예를 들어, 서비스 공급규모에 비해 수요가 과도하게 몰릴 때 수요를 적절한 수준으로 낮추기 위해 가격을 인상하기도 하며, 수요가 적을 때는 가격을 인하하기도 한다. 영화관의 조조할인, 레스토랑의 점심시간 할인, 항공사의 비수기 할인 등이 그 예이다. 또한 관광지의 높은 숙박요금은 피크일 때의 수요를 그렇지 않을 때로 이동시키는 역할을 하기도 한다.

가격은 서비스 마케팅 믹스 중에서 가장 쉽게 변화시킬 수 있고, 가장 빨리 변화의 결과를 얻을 수 있다. 업체간 경쟁의 심화로 인해 소비자들은 가격에 민감하게 반응을 보이며 선택권을 갖게 되었다. 예를 들어, 주유소의 경우 포인트가 누적되면 사은품을 주지만 그것의 질이 떨어지거나 원하지 않는 사은품을 제공하는 경우가 있기 때문에 고객들은 싼 가격에 관심을 갖는 경우가 많다. 급속히 글로벌화가 진행되고 있는 현재 세계로 진출하거나 진출 기업에 대응할 때도 효과적인 가격전략이 강력한 마케팅 무기로 활용될 수 있다. 우리나라도 의료, 법률, 경영 컨설팅 시장 등의 개방이 적극적으로 진행될 예정이거나 진행되고 있다. 이러한 신규서비스를 도입할 때에는 공격적인 저가격이 기존시장 침투에 효과적일 수 있다.

(2) 서비스 가격차별화

이용시간에 따른 가격차별화

서비스 이용시간에 대한 가격차별의 예는 많이 찾아볼 수 있다. 서비스는 제품에 비해 상대적으로 고정원가의 비중이 크기 때문에 수요와 공급을 일치시키는 노력이 무엇보다도 필요하다. 즉 서비스는 생산과 동시에 소비되지 않으면 즉시 소멸하므로, 수요에 맞게 공급능력을 탄력적으로 조절하는 것이 중요하다. 예를 들어, 심야전기 요금을 할인한다든지, 밤 9시 이후에는 전화요금을 30% 할인한다든지, 성수기와 비수기에 따라 호텔객실, 비행기표, 여행패키지 요금을 할인함으로써 공급이 충분한 시간대로 이동시킬 수 있다.

또한 이용시간대가 다른 소비자들은 가격민감도도 다를 수 있기 때문에 이 경우 소비자의 가격민감도에 따라 가격을 차별함으로써 수요를 조절할 수 있다. 예를 들어, 영화관에서는 가격에 민감한 청소년들이나 노인층을 대상으로 조조나 낮시간에 입장료를 할인하는 가격전략을 사용하며, 또한 레스토랑에서 가격을 중시하는 소비자층을 위해서 점심시간에 가격할인을 한다든지 가격에 덜 민감한 사람들을 대상으로는 저녁시간에 가격을 올리는 전략을 이용함으로써 상대적으로 수요가 적은 시간에는 수요를 창출하고 수요가 많은 시간에는 수요를 억제함으로써 공급능력에 맞게 고객을 유치할 수 있게 된다.

구매시간에 따른 가격차별화

예약이나 구매시간에 따른 가격차별전략은 전통적으로 호텔이나 항공사에서 주로 이용되어왔다. 단체예약은 호텔에게 확실한 수요를 보장하지만 보다 싼 가격으로 객실을 제공해야 한다는 불리함도 준다. 예를 들어, 호텔에 당일 도착하여 객실을 요구하는 고객에 대해서는 아무런 부담감 없이 전액을 다 받고서 객실을 대여해 줄 수 있으며 고객도 아무 거리낌 없이 요금을 지불하겠지만 미리 예약을 한 고객에게는 높은 가격을 요구할 수 없다. 그러나 예약의 경우 예약의 취소로 인해 수용 가능 객실을 쓰지 못할 수도 있다는 위험도 있다. 이러한 위험을 없애기 위해서 항공사에서는 아주 저렴한 가격에 티켓을 제공하는 대신에 확정된 좌석을 지정해 주지는 않는 방식으로 예약을 받는 전략을 사용하기도 한다.

예약은 서비스 제공자에게는 예약취소의 위험이 있기는 하지만 수요를 확실히 보장해 주고 서비스 활동 수행에 필요한 자금을 미리 조달할 수 있도록 해준다는 이점을 제공하며, 소비자에게는 서비스를 원하는 시간에 마음 놓고 이용할 수 있다는 편안함과 저렴한 가격으로 서비스를 이용할 수 있다는 장점을 제공한다.

구매자에 따른 가격차별화

소비자는 소득수준, 나이, 교육수준, 라이프스타일 등에 따라 여러 가지 유형으로 분류할 수 있으며, 동일한 유형에 속하는 소비자들도 서비스의 가치에 대해 서로 다르게 인식을 한다. 따라서 소비자를 인지구조에 따라 몇 가지 유형으로 분류하여 이에 따른 가격차별전략을 수행하는 것 요구된다.

예를 들면, 나이에 따라 어린이나 노인에게 프로야구 관람료나 테마파크의 입장료를 더 적게 받으며, 박물관, 버스의 경우도 학생에게는 할인된 가격을 받는다. 또한 직업에 따라서 학생이나 군인들에게는 각종 할인혜택을 준다. 또한 집단에의 소속 여부에 따라 구매자를 차별화하기도 한다. 골프장이나 콘도미니엄의 경우도 회원과 비회원의 경우 사용요금에 차이를 둔다. 단골고객이나 쿠폰을 모아오는 고객에게도 차별적으로 할인된 혜택을 준다.

15.2.3 서비스 유통관리

(1) 서비스 유통의 의의

서비스는 일정한 형태를 가지지 않고 생산과 소비가 동시에 일어나며, 판매되지 않으면 바로 사라지는 성격을 가지고 있다. 따라서 서비스의 전달(delivery)은 눈으로 볼 수 있는 물리적 증거(physical evidence) 아래에서 일련의 서비스·과정(process)에 참여하는 사람들(people)이 함께 상호 작용하는 서비스 접점(service encounter)에서 이루어진다.

이렇듯 물리적 증거(physical evidence), 프로세스(process), 종업원(people)들은 서비스의 생산과 전달에 중요한 것으로 이것들은 확장된 서비스 마케팅의 7P 믹스에 속한다. 이처럼 서비스의 유통(전달)은 제품의 유통과는 다른 성격을 갖는다. 서비스는 그 비분리성으로 인해 제품과는 달리 유통업체에서 저장하거나 운송할 수 없다. 또한 한 곳에서 서비스를 생산하여 다른 곳으로 이동시킬 수 없다. 따라서 서비스를 고객에게 제공하기 위해서는 적당한 곳에 점포를 두어야 하며 해당 점포별로 서비스 제품, 가격, 촉진 등의 기본적 마케팅 믹스와 프로세스, 물리적 환경, 내·외부 고객의 관리 등 확장 마케팅 믹스를 적절히 사용하여 통합적인 마케팅 활동을 수행하여야 한다.

이것을 위해서 서비스 조직은 효과적으로 서비스를 전달할 시스템을 구축해야 한다. 서비스 유통경로는 이처럼 고객들이 원하는 시기에 편리한 장소에서 서비스를 받도록 하기 위해서 설계되고 수립되어지는 것을 말한다. 이것을 서비스 유통의 이용 가능성과 접근가능성이라고 하는데, 이용가능성(availability)은 고객이 서비스를 필요로 할 때 이용할 수 있게 설계한 것을 말하고, 접근가능성(accessibility)이란 서비스 조직을 이용하는 고객이 거래를 수행하기에 편리하도록 한 것을 의미한다.

(2) 서비스 유통관리의 특징

간결한 전달경로

생산과 소비가 동시에 일어나는 서비스의 성격 때문에 서비스의 유통경로는 서비스 제공자와 소비자로만 구성되며 서비스 제공자가 직접 소비자에게 서비스를 전달하므로 중간상이 존재하지 않는 경우가 많다. 이러한 경로의 대표적인 예로는 경영 컨설팅, 회계법인, 변호사, 건축가 등 전문 서비스업체를 들 수 있다.

그러나 서비스의 경우에도 중간상이 존재한다. 이러한 중간상에는 첫째, 서비스를 사용할 권리를 제공받은 프랜차이즈 형태의 점포, 둘째, 전화나 TV 혹은 인터넷 등의 온라인(on-line)을 이용하여 서비스를 제공하는 전자 경로, 셋째, 호텔이나 항공사의 서비스를 대신해 주는 여행사 등의 브로커나 대리인이 있다.

하지만 이러한 중간상들은 순수한 의미의 중간상이 아니라 자신들이 생산자 대신 서비스를 생산하여 제공하거나 단순히 서비스를 전달하는 매체로서의 역할만을 한다.

따라서 서비스의 경우 제조업의 경우에 비해 적은 수의 중간상이 존재하며 그 단계나 영향력이 작아 대부분의 서비스 유통경로는 제품에 비해 짧고 간결하다.

다양한 전달방법

이것은 위에서 밝힌 간결한 전달과정과도 관련이 있다. 일반적으로 제조업체가 유통하는 유형재의 경우 '제조업체 → 도매상 → 소매상 → 최종소비자'에 이르는 기본적인 제품흐름을 갖게 되는데, 우편물이나 컴퓨터 통신 등의 다양한 전달매체를 통해서 중간상의 역할이 축소되거나 사라지고 서비스 조직이나 고객의 상황에 적합한 전달방법이 개발되고 있다.

이것은 제품에 있어서 유통기관의 중요한 존립근거의 하나로 작용했던 시간과 공간의 제약이 극복되면서 나타나는 현상이라 하겠다. 예를 들어, 은행의 ATM은 은행의 전통적인 영업시간을 변화시켜서 고객들의 접근가능성과 이용가능성을 증가시켰으며 인터넷, 전화, 팩스 등의 최근의 첨단 텔레커뮤니케이션 기술의 발전으로 인해 지역과 시간의 제약이 극복되고 있다. 또한 교육 서비스의 경우 TV 교육방송, 주간 및 월간 학습지(눈높이학습, 구몬수학 등) 혹은 전화나 팩스로 학생을 지도하는 등 다양한 전달형태를 갖게 되었다. 이처럼 서비스 조직들이 경쟁적으로 제공하는 높은 수준의 서비스는 고객들의 만족을 유도하며 삶의 질을 높이고 있다.

15.2.4 서비스 촉진관리

(1) 서비스 촉진의 의의

촉진(promotion)은 고객들에게 자사의 서비스를 알리고 고객들이 자사의 서비스를 선택하게 하려는 마케팅 커뮤니케이션이다. 일반적으로 촉진의 목적은 정보를 제공하고(inform), 호의적인 태도를 가지도록 설득하며(persuade), 최종적으로 소비자의 행동에 영향을 주어(influence) 구매를 이끌어내는 것이다. 서비스 조직은 제조업체에 비해 다양한 커뮤니케이션 수단을 가질 수 있다. 서비스 마케팅에서는 일반적으로 이용할 수 있는 광고매체(인터넷, 신문, 잡지, 라디오, TV 등), 판촉, 홍보, 인적판매 외에 이용가능한 다른 가능성이 존재한다.

서비스가 수행되는 장소인 호텔이나 병원, 은행 같은 건물의 디자인, 분위기 등의 물리적 환경이 또 다른 커뮤니케이션 수단이다. 공장이 아름답다고 광고하는 제조업체는 매우 드문 반면, 서비스마케터로서는 매력적인 건물의 모습을 광고하는 등 물리적 환경이 서비스 조직을 상징하는 도구로 자리 잡을 수 있는 것이다.

또한 기념비적인 건물과 흥미 있는 표지판들은 전체적인 이미지의 전달에서부터 독특한 자사만의 경쟁우위의 제공까지 중요한 메시지를 전달할 수 있다. 조선호텔은 이곳을 방문한 마이클 잭슨 등 유명인사들의 사진을 복도에 전시해 놓고 있다. 이처럼 다른 고객들의 존재도 커뮤니케이션 수단으로 작용한다.

(2) 통합적 서비스 마케팅 커뮤니케이션

촉진활동은 잠재적인 소비자를 자극하여 구매행동을 유발시키기 위해서 메시지를 전달하고 설득하는 데 목적이 있다. 최적 촉진믹스의 설계는 소비자에게 서비스를 인지시키고 서비스의 편익을 이해시켜 관심을 환기시키고 기억하고 있다가 구매행동을 하도록 해야 한다.

각 촉진수단들은 제각기 상이한 효과를 가지고 있다. 예컨대 광고는 많은 소비자들에게 신속하게 서비스를 알릴 수 있는 좋은 촉진수단이다. 하지만 구매결정을 촉구하는 데에는 인적판매가 보다 효과적일 수 있다. 따라서 제한된 촉진예산으로 가장 효과적으로 표적시장 소비자의 호의적인 반응행동을 일으킬 수 있도록 각 수단을 결합하는 것이 촉진 믹스 관리의 주된 목적이라고 할 수 있다.

마케터는 전반적 기획을 토대로 각 촉진요소의 고유한 특성을 최대한 고려하여 각 촉진수단의 전략적 역할을 할당하여 다양한 수단을 조정하는 통합적 서비스 마케팅 커뮤니케이션(integrated service marketing communication)을 구현해야 한다. 오케스트라의 악기들이 제 각기 개성 있는 음색을 내지만 전체적으로 조화로운 소리를 내듯이 다양한 촉진수단들이 조화롭게 통합적으로 운영되어 표적시장 소비자의 긍정적 반응을 일으키고 나아가 고객과의 관계를 강화해야 한다.

(3) 서비스 촉진관리

서비스 마케터가 통합적 서비스 마케팅 커뮤니케이션을 효과적으로 전개하기 위해서 선택할 수 있는 커뮤니케이션 수단은 매우 다양하지만, 일반적으로 서비스 광고, PR, 판매촉진, 인적판매의 네 가지로 구분할 수 있다.

서비스 광고

광고(advertising)는 명시적으로 비용을 지불하여 비인적인 매체를 통해 전개되는 마케팅 커뮤니케이션 방식이다. 서비스 마케터는 광고를 통해 넓게 분포된 다수의 소비자에게 짧은 시간 내에 메시지를 전달할 수 있다. 아울러 소비자 한 명당 마케팅 비용수준도 상대적으로 낮은 편에 속한다는 장점이 있다. 단점으로는 전달하려는 정보의 양이 제한이 되고, 서비스 마케터가 메시지를 개별 소비자에게 맞게 개별화하여 전달하기 어렵다는 점을 들 수 있다. 특히 의도적인 마케팅 커뮤니케이션이라는 속성이 두드러지는 광고의 특성상 소비자의 불신과 무관심을 극복할 수 있는 독창적 아이디어가 점점 더 중요해지고 있는 것이 현실이다.

서비스 PR

홍보(publicity)는 서비스나 서비스 조직에 관한 뉴스나 기사를 통해 화젯거리로 부각시키려는 마케팅 커뮤니케이션 활동이다. 상대적으로 비용이 적게 들고 이해관계가 적은 언론기관 등에 의해 메시지가 전달되므로 광고보다 높은 신뢰를 얻을 수 있다는 강점이 있다. 사보 발간, 환경 캠페인의 참여와 같은 기업 이미지 제고를 위한 행사의 개최 등을 예로써 들 수 있다. 촉진효과는 매우 크지만 메시지 등을 서비스 마케터가 완벽하게 통제하는 데 제한이 있다는 단점을 가지고 있다.

최근에는 월드컵, 올림픽 등의 스포츠 행사나 장애인들의 복지증진, 환경보호 등의 캠페인에 일정 비용을 지불하고, 스폰서십 타이틀을 얻어 다양한 마케팅 활동을 수행하는 경우가 있다. 이러한 대형행사와 함께 수행되는 활동은 신뢰감을 주며 서비스 조직의 긍정적 이미지를 형성한다.

서비스 판매촉진

판매촉진(sales promotion) 또는 판촉은 단기간에 한하여 중간상이나 고객을 상대로 행하는 광고, 인적판매, 홍보, 스폰서십 마케팅 이외의 모든 촉진활동을 말한다. 판매촉진은 비인적(非人的)인 수단이며 구체적으로는 가격할인, 환불, 샘플, 쿠폰, 프리미엄, 경연대회, 경품, 단골고객 프로그램 등이 있다. 판매촉진의 가장 중요한 공통점으로는 커뮤니케이션 상대방에게 인센티브를 제시한다는 점이다. 단기적으로 직접적인 촉진수단으로서 구매시점에서 구매를 유도할 수 있는 장정이 있다. 주로 강력하고 신속한 반응을 일으키기 위해서 판촉을 수행한다. 주의할 점은 단기간의 판촉으로 장기적인 서비스 충성도를 증진시킬 수 있다고 믿는 것은 부적절하다.

서비스 인적판매

인적판매(personal selling)는 판매원이 직접 고객을 찾아 대화를 통해 구매를 유도하는 모든 활동을 의미한다. 인적판매의 장점은 상황에 따라서 적응할 수 있는 유연성을 가질 수 있다. 그리고 다른 촉진활동과는 달리 고객과 상호접촉을 하기 때문에 개별 고객의 욕구에 유연하게 적응할 수 있다. 고객의 입장에서는 판매원을 통하여 서비스 조직과 접촉할 수 있으며 설명하기 어려운 기술이나 복잡한 정보를 얻을 수 있다. 판매노력을 집중할 수 있는 것도 장점이라고 할 수 있을 것이다. 이 방법은 구매예상 고객의

선호와 서비스에 대한 확신, 행동을 유발시키는 데 가장 효과적인 촉진수단이다. 그러나 촉진의 속도가 상대적으로 느리고 고객 한 사람당 소요되는 비용이 크고 유능한 판매원을 관리하고 유지하는 데 많은 비용이 든다는 단점을 가지고 있다. 따라서 많은 고객을 상대로 하는 서비스에는 적합하지 못한 촉진수단이라고 할 수 있다.

참고문헌

제1장

Bargozzi, Richard P.(1975), "Marketing as Exchange," Journal of Marketing, 39, pp. 32-39

Borden, Neil H.(1964), "The Concept of the Marketing Mix," Journal of Advertising Research, 4 (2), pp. 2-7

Bruce Newmen(2000), 대통령 선거마케팅, 김충현(역), 나남

Culliton, J. W.(1948), The Management oj Marketing Costs, Boston: Division of Research, Graduate School of Business Administration, Harvard University

Gundlach, G. T., and Wilkie, W. L. (2009), "The American Marketing Association's new definition of marketing: Perspective and commentary on the 2007 revision," Journal of Public Policy & Marketing, 28(2), pp. 259-264.

Kotler, P. and K.L. Keller(2007), A Framework for Marketing Management, 3rd edition, Pearson Education, Inc.

Lauterborn, R.(1990), "New Marketing Litany: 4P's Passe: C-Words Take Over," Advertising Age, October 1, p. 26

Lai, Albert Wenben(1995), "Consumer Values, Product Benefits and Customer Value: A Consumption Behavior Approach," in Advances in Consumer Research Volume 22, eds. Frank R. Kardes and Mita Sujan, Advances in Consumer Research Volume 22 : Association for Consumer Research, pp. 381-388

McCarthy, E. Jerome(1960), Basic Marketing: A Managerial Approach. Homewood, IL: Richard D. Irwin van Waterschoot, Walter and Christophe Van den Bulte(1992), "The 4P Classification of the Marketing Mix Revisited," Journal of Marketing, 56 (October), pp. 83-93

Peter Montoya(2009), 퍼스널 브랜딩 신드롬, 도희진(역), 바이북스

Thompson, C.J.(2003). Postmodern consumer goals made easy! In: Ratneshwar, S., Mick, D.G., Huffman, C. (Eds.), The Why of Consumption: Contemporary Perspectives on Consumer Motives, Goals, and Desires. Routledge, London, New York, pp. 120-139

김현식(2022), 코케팅, 경문사
이무용(2006), 지역발전의 새로운 패러다임: 장소마케팅 전략, 논형
조호현 · 신종칠 · 홍성태 · 김동진(2008), 마케팅관리, 3판, 시그마프레스

제2장

Etzel, A.J., B.J. Walker, and W.J. Stanton(2004), Marketing, 13th edition, McGraw-Hill/Irwin, Inc
Montgomery, David B. and Charles B. Weinberg(1979), "Toward Strategic Intelligence Systems," Journal of Marketing, 43(4), pp. 41-52
Porter, Michael E.(1979), "How Competitive Forces Shape Strategy," Harvard Business Review, March-April
Prahalad, C.K. and G. Hamel(1990), "The core competence of the corporation," Harvard Business Review, 68(3), pp. 79-91
KOBACO(2014), 소비자행태연구 MCR 연례보고서, KOBACO 홈페이지
김인수(2011), 거시조직이론, 4판, 무역경영사
김현식(2022), 코케팅, 경문사
커넥팅랩(2014), 모바일트렌드 2015, 미래의 창

제3장

Settle, R. and P.L. Alreck(1989), Why They Buy, John Wiley & Sons, Inc
KOBACO(2014), 소비자행태연구 MCR 연례보고서, KOBACO 홈페이지
김현식(2022), 코케팅, 경문사
대홍기획 마케팅컨설팅 그룹(2003), 소비의 심리학, 세종서적
임종원 · 김재일 · 홍성태 · 이유재(2006), 소비자행동론, 3판, 경문사

제4장

Montgomery, David B. and Charles B. Weinberg(1979), "Toward Strategic Intelligence Systems," Journal of Marketing, 43(4), pp. 41-52
Urban, G. and J.R. Hauser(1993), Design and Marketing of New Products, 2nd edition, Prentice-Hall, Inc
김현식(2022), 코케팅, 경문사
이유재 · 박찬수(1995), 신상품마케팅, 시그마프레스
박찬수(2007), 마케팅원리, 3판, 법문사

제5장

Haley, Russell I.(1968), "Benefit Segmentation: A Decision-Oriented Research Tool," Journal of Marketing, 32(3), pp. 30-35

Kotler, P. and G. Armstrong(2006), Principles of Marketing, 12th edition, Prentice-Hall, Inc
Kotler, P. and K.L. Keller(2007), A Framework for Marketing Management, 3rd edition, Pearson Education, Inc
조호현 · 신종칠 · 홍성태 · 김동진(2008), 마케팅관리, 3판, 시그마프레스
Lai, Albert Wenben(1995), "Consumer Values, Product Benefits and Customer Value: A Consumption Behavior Approach," in Advances in Consumer Research Volume 22, eds. Frank R. Kardes and Mita Sujan, Advances in Consumer Research Volume 22: Association for Consumer Research, pp. 381-388
김우성 · 허은정(2007), "베이비붐세대, X세대, Y세대 소비자들의 소비관련 가치관과 라이프스타일의 비교," 소비문화연구, 제10권 제4호, pp. 31-53

제6장

Keller, K.L.(1998), Strategic Brand Management, Pearson Education, Inc.
Keller, K.L.(2003), Strategic Brand Management, 2nd edition, Pearson Education, Inc.
Keller, K.L., B. Sternthal, and A. Tybout(2002), "Three Questions You Need To Ask About Your Brand," Harvard Business Review, September, pp. 80-86
이상민 · 김준석 · 최윤희(2007), 브랜드 매니지먼트, 비즈니스북스
Ries, Al and Jack Trout(1986), Positioning: The battle for your mind, McGraw-Hill, Inc
Trout, Jack and Al Ries(1972), "Positioning Cuts through Chaos in Marketplace," Advertising Age, May 1

제7장

Etzel, A.J., B.J. Walker, and W.J. Stanton(2004), Marketing, 13th edition, McGraw-Hill/Irwin, Inc
김진병 · 김찬목 · 이선수 · 이승창 · 정강옥 · 조남기 · 조성도(2004), 마케팅, 한경사
Kotler, P. and G. Armstrong(2006), Principles of Marketing, 12th edition, Prentice-Hall, Inc
Lai, Albert Wenben(1995), "Consumer Values, Product Benefits and Customer Value: A Consumption Behavior Approach," in Advances in Consumer Research Volume 22, eds. Frank R. Kardes and Mita Sujan, Advances in Consumer Research Volume 22: Association for Consumer Research, pp. 381-388

제8장

Keller, K.L.(1998), Strategic Brand Management, Pearson Education, Inc
Keller, K.L.(2003), Strategic Brand Management, 2nd edition, Pearson Education, Inc
이상민 · 김준석 · 최윤희(2007), 브랜드 매니지먼트, 비즈니스북스

Farquhar, Peter(1989), "Managing Brand Equity," Marketing Research, 1(3), pp. 24−33

제9장

Booz, Allen, and Hamilton(1968), Management of New Products, New York, NY: Author

Booz, Allen, and Hamilton(1982), New Products Management for teh 1980s, New York, NY: Author

Moore, Geoffrey A.(2002), Crossing the Chasm: Marketing and Selling Disruptive Products to Mainstream Customers, Revised edition, HarperBusiness

Rogers, Everett M. and Everett Rogers(2003), Diffusion of Innovations, 5th edition, Free Press

Urban, G. and J.R. Hauser(1993), Design and Marketing of New Products, 2nd edition, Prentice−Hall, Inc

김현식(2022), 코케팅, 경문사

이유재 · 박찬수(1995), 신상품마케팅, 시그마프레스

김용만 · 김석용(1999), "신제품개발 전략과 성과에 관한 연구," 마케팅 과학연구, 3, pp. 215−234

제10장

Bearden, W. O., T.N. Ingram, and R.W. LaForge(1998), Marketing: Principles and Perspectives, 2nd edition, Irwin/McGraw−Hill, Inc

Hunt, P.S.(2005), "Seizing the Fourth P," Marketing Management, May−June, pp. 40−44

Kim, J. Y., Natter, M., & Spann, M.(2009). Pay what you want: A new participative pricing mechanism. Journal of Marketing, 73(1), pp. 44−58

Kotler, P. and G. Armstrong(2006), Principles of Marketing, 12th edition, Prentice−Hall, Inc

Lewis, R.C. and S. Shoemaker(1997), "Price−sensitivity Measurement: A Tool for the Hospitality Industry," Cornell Hotel and Restaurant Administration Quarterly, pp. 44−54

Marett, K., Pearson, R., & Moore, R. S.(2012). Pay what you want: An exploratory study of social exchange and buyer−determined prices of iProducts. Communications of the Association for Information Systems, 30(1), pp. 1−15

Monroe, K. B.(1990), Pricing: Making Profitable Decisions, 2nd edition, McGraw−Hill, Inc

Natter, M., & Kaufmann, K.(2015). Voluntary market payments: underlying motives, success drivers and success potentials. Journal of Behavioral and Experimental Economics, 57, pp. 149−157

김상훈(2013), 하이테크마케팅, 박영사

김현식(2022), 코케팅, 경문사

제11장

Dahl, Robert A.(1957), "The Concept of Power," Behavioral Science, 2(July), pp. 201-215

Etzel, A.J., B.J. Walker, and W.J. Stanton(2004), Marketing, 13th edition, McGraw-Hill/Irwin, Inc

French, J.R.P., Jr. and Raven B.H.(1959), "The Bases of Social Power," In D. Cartwright (Ed.) Studies in social power, Ann Arbor, MI: Institute of Social Research, pp. 150-167

Kumar, Nirmalya(1991), "A Methodology for Assessing Channel Intermediary Performance from the Supplier's Perspective," Northwestern University Ph.D. dissertation, Evanston, June

Lamb, C.W., J.F. Hair, and C. McDaniel(2011), MKTG: Marketing, 4th edition, Cengage South-Western Publisher

Stern, L.W. and A.I. El-Ansery(1992), Marketing Channels, 4th edition, Prentice-Hall, Inc

김현식(2022), 코케팅, 경문사.

임영균 · 안광호 · 김상용(2006), 고객지향적 유통관리, 학현사

커넥팅랩(2014), 모바일트렌드 2015, 미래의 창

제12장

Keller, K.L.(1998), Strategic Brand Management, Pearson Education, Inc

Kotler, P. and G. Armstrong(2006), Principles of Marketing, 12th edition, Prentice-Hall, Inc

Shannon, C. and W. Weaver(1949), The Mathematical Theory of Communication, Urbana, IL: University of Illinois Press

Shimp, T.A.(1993), Promotion Management and Marketing Communications, 3rd edition, The Dryden Press

Shimp, T.A.(2000), Advertising Promotion: Supplemental Aspect of Integrated Marketing Communications, 5th

edition, Fort Worth, TX: The Dryden Press, Harcourt College Publishers

KOBACO(2014), 소비자행태연구 MCR 연례보고서, KOBACO 홈페이지

김현식(2022), 코케팅, 경문사

제13장

Blake, Robert R. and Jane S. Mouton(1980), The Grid for Sales Excellence: New Insights into a Proven System of Effective Sales, 2nd edition, New York: McGraw-Hill

Boone, L.E. and D.L. Kurtz(2009), Contemporary Marketing, South-Western Cengage Learning

Kotler, P. and G. Armstrong(2006), Principles of Marketing, 12th edition, Prentice-Hall,

Inc

McMurry, R.N.(1961), "The Mystique of Super-Salesmanship," Harvard Business Review, Mar.-Apr., pp. 113-122.

Shimp, T.A.(1993), Promotion Management and Marketing Communications, 3rd edition, The Dryden Press

Shimp, T.A.(2000), Advertising Promotion: Supplemental Aspect of Integrated Marketing Communications, 5th edition, Fort Worth, TX: The Dryden Press, Harcourt College Publishers

KOBACO(2014), 소비자행태연구 MCR 연례보고서, KOBACO 홈페이지

제14장

Chaffey, D., and Ellis-Chadwick, F.(2016), Digital marketing (6th ed), Pearson

Fransman, M.(2010). The New ICT Ecosystem-Implications for Policy and Regulation. Cambridge University Press

Fredette, J., Marom, R., Steiner, K., and Witters, L.(2012), "The promise and peril of hyperconnectivity for organizations and societies," The global information technology report, pp. 113-119

Kannan, P.K., and Li, H.A.(2017), "Digital marketing: A framework, review and research agenda," International Journal of Research in Marketing, 34(1), pp. 22-45

Kim, J. Y., Natter, M., and Spann, M.(2009), "Pay what you want: A new participative pricing mechanism," Journal of Marketing, 73(1), pp. 44-58

Kop ek, M.(2013). Optimal pilot bus selection for the secondary voltage control using parallelism. https://www.researchgate.net/figure/Diagram-of-virtual-organization-formed-by-sharing-the-means-of-real-organizations_fig1_263010684 [accessed 6 Aug, 2019]

Lambrecht, A., and Misra, K.(2016), "Fee or free: when should firms charge for online content?," Management Science, 63(4), pp. 1150-1165

Schwab, K.(2016), The fourth industrial revolution, World Economic Forum. [클라우스슈밥(2016), 제4차산업혁명, 새로운 미래]

Shapiro, C., and Varian, H. R.(1999), Information rules, Harvard business school press, Boston, MA

Swaminathan, A., and Meffert, J.(2017), Digital@ Scale: The Playbook You Need to Transform Your Company, John Wiley & Sons

Wind, J., and Rangaswamy, A.(2001), "Customerization: The next revolution in mass customization," Journal of Interactive Marketing, 15(1), pp. 13-32

https://en.wikipedia.org/wiki/Customerization

김상훈(2013), 하이테크마케팅, 박영사

김현식(2022), 코케팅, 경문사
요코야마류지(2011), 트리플미디어 전략, 흐름출판
조창환 · 이희준(2018), 디지털마케팅 4.0, 2판, 청송미디어
카이스트기술경영전문대학원(2016), 스마트테크놀로지의 미래, 율곡출판사

제15장

Darby, M.K. and E. Karni(1973), "Free competition and the optimal amount of fraud," Journal of Law and Economics, 16, pp. 67−88

Holbrook, M.B. and K.P. Corfman(1985), "Quality and Value in the Consumption Experience," 31−57 in J. Jacoby and J.C. Olson (eds.), Perceived Quality: How Consumers View Stores and Merchansise, Lexington, MA: D.C. Health

Parasuraman, A., V.A. Zeithaml, and L.L. Berry(1988), "SERVQUAL: A Multiple Item Scale for Measuring Consumer Perceptions of Service Quality," Journal of Retailing, 64(1), pp. 12−40

Zeithaml, V. and M. Bitner(1996), Service Marketing, Mcgraw−Hill

전인수(1998), 서비스마케팅, 석정

이유재(2008), 서비스마케팅, 3판, 학현사

정혜전(2005), 회사의 운명을 결정하는 서비스 마케팅, 미래지식

채서일(2006), 마케팅, 4판, B&M Books

찾아보기

ㄱ

가격(price) 321
가격탄력성(price elasticity) 323
가상조직(Virtual organization) 536
가치(value) 15
가치중심 가격결정(value-based pricing) 329
감각등록기 80
감성적 소구(emotional appeal) 419
감정적(affective) 편익 204
강압적 파워(coercive power) 380
개별브랜드(individual brand) 236
개성(personality) 87
개인적 가치(personal values) 139, 140
검증(validation) 111
게임(game) 493, 498
결합제품가격(captive-product pricing) 339
경로유형간 갈등(intertype conflict) 382
경로흐름(channel flows) 362
경매(Auction) 532
경쟁자 환경 49
경쟁자중심 가격결정(competitor-based pricing) 333
경제적 환경 37
경험곡선(experience curve) 325
계약형 수직적 마케팅시스템 388
계열포장(family packaging) 216
고객가치(customer value) 16, 323
고객관계관리(customer relationship management) 478
고객별 가격다변화(customer segment pricing) 341
고객화(Customerization) 530
공급자 환경 48
공동브랜드(family brand) 236
공유경제 34
관리형 수직적 마케팅시스템 388
관찰조사(observation survey) 108
광고(advertisement) 398, 450
광고판촉물 502
교환(exchange) 8
교환판매(trade-in allowances) 345
구독경제(Subscription Economy) 516
구매 후 부조화(postpurchase dissonance) 76
구매(purchase) 76, 416
구매현장판촉(POP promotions) 493, 498
규모의 경제(economy of scale) 325
기능별 조직(functional organization) 511
기능적(functional) 편익 204

기술적 환경 42
기술조사(descriptive research) 104
기억 80
기업의 사회적 책임활동(corporate social responsibility) 471
기업형 수직적 마케팅시스템 387
기자간담회(press conference) 473

ㄴ

내부 마케팅 561
내부자료 124
내적 탐색(internal search) 74
네트워크효과(Network Effect) 522
노출 77

ㄷ

다수시장 차별화 160
다차원척도법 180
단기기억 80
대리인(agent) 378
대안평가 74
대의명분 마케팅 476
도달범위(reach) 459
도덕적 소구(moral appeal) 419
도입기 303
동시-비동시 상호작용성 524
동적 가격(Dynamic Pricing) 531
등록브랜드(trade mark) 234
디자인(design) 211
디지털경제 522
디지털기술 518
디지털네트워킹(Digital Networking) 529
디지털마케팅 518
디지털매체 524
디지털모핑(Digital Morphing) 529
디지털증강(Digital Augmentation) 529

ㄹ

라벨(label) 217
라이센스브랜드(license brand) 240
라이프스타일(lifestyle) 87
라인 확장(line extension) 244
렌탈(rental) 346
리스(leasing) 346

ㅁ

마일리지(mileage) 493, 495
마케터(marketer) 11
마케팅 8
마케팅 믹스(marketing mix) 19, 322
마케팅 의사결정지원 시스템(MDSS; marketing decision support system) 126
마케팅 정보시스템 123, 125
마케팅 조사(marketing research) 98, 126
마케팅 첩보(marketing intelligence) 125
마케팅 커뮤니케이션 397
마케팅 현안 100
마케팅 환경(marketing environment) 32
매스마케팅(mass-marketing) 133
매체 402
멀티포장(multiple packaging) 216
메시지(message) 402
메시지 원천(message sources) 426
모델링(modeling) 86
모집단(population) 110
무점포형 소매(nonstore retailing) 374
무형성(intangibility) 548
묶음가격(price bundling) 340
문제인식 72
문화(culture) 82
물리적 증거(physical evidence) 555
물물교환(bartering) 346
미시마케팅(micro-marketing) 133

미적(aesthetic) 편익 205

ㅂ

반응(response) 79, 404
발신자(sender) 401
방어 용이성(defensibility) 187
백화점 375
보너스팩(price pack) 493, 494
보도자료 배포(press release) 472
보상(reward) 86
보상적 파워(reward power) 380
보조인지(recognition) 173, 249
복수유통경로(multiple marketing channel) 390
복합브랜드(co-brand) 240
부호화(encoding) 401
브랜드 233
브랜드 위계(brand hierarchy) 237
브랜드 이미지(brand image) 251
브랜드 인지도(brand awareness) 249
브랜드 자산 246
브랜드 지식(brand knowledge) 248
브랜드마크(brand mark) 234
브랜드명(brand name) 234
브랜드연상(brand association) 251
브로커(broker) 378
블레이크 · 모튼(Blake and Mouton) 인적판매 격자 512
비보조인지(recall) 173, 249
비분리성(inseparability) 548
비전(vision) 53
비차별화 162
비탐색품(unsought goods) 225
비확률표본추출(nonprobability sampling) 111

ㅅ

사업 포트폴리오(business portfolio) 55
사은품(premium) 493, 495
사회계층 82
사회문화적 환경 40
사회적(social) 편익 204
상인 도매상(merchant wholesalers) 377
상품화(commercialization) 300
상황적(situational) 편익 206
샘플(sample) 493
서비스 품질(service quality) 554
서비스 프로세스 559
서비스케이프(servicescape) 555
선매품(shopping goods) 225
선택적 유통(selective distribution) 373
선호(preference) 416
설문조사(survey) 106
성숙기 309
성장기 308
세분시장 155
소멸성(perishability) 548
소모품(supplies) 226
소비자 69
소비자 판매촉진(consumer promotion) 493
소비자 환경 47
소비자행동(consumer behavior) 70
소비재 225
소유매체(Owned-media) 538
솔루션(solution) 10, 202
쇠퇴기 310
수단-목적 사슬 139
수신자(receiver) 403
수요(demand) 15
수요곡선(demand curve) 323
수인의 딜레마 350
수직적 갈등(vertical conflict) 383

수직적 마케팅시스템(Vertical Marketing System: VMS) 387
수평적 갈등(horizontal conflict) 382
수평적 마케팅시스템 389
수확체증 법칙(Law of increasing returns to scale) 523
순가치(net value) 15
슈머 89
슈퍼마켓(supermarket) 376
슈퍼스토어 376
시간별 가격다변화(time pricing) 342
시장(market) 12
시장별 조직(market-based organization) 511
시장세분화 135
시장침투가격정책(penetration pricing) 335
시제품(prototype) 298
신규브랜드 244
신뢰성(believability) 185
신제품(new product) 264
신제품 개발과정 280
실체제품 208
실행성(feasibility) 185

ㅇ

아이디어 창출 289
언론인터뷰(press interview) 473
역경매(Reverse auction) 532
연속성(continuity) 462
연합(association) 86
영업지원금 502
외적 탐색(external search) 74
요구(wants) 15, 72
욕구 15
욕구변수(needs/wants variables) 135, 138
원가중심 가격결정(cost-based pricing) 331
유인가격(loss-leader pricing) 347
유통경로 갈등 382
유통경로 관리자(channel manager) 365
유통경로 길이 369
유통경로 커버리지 371
유통경로(marketing channel, distribution channel) 361
유통기관 환경 51
유통업체브랜드(private brand) 240
이벤트(event) 484
이성적 소구(rational appeal) 418
이익 실현성(profitability) 186
이중요율가격(two-part pricing) 340
이질성(heterogeneity) 548
인과관계조사(causal research) 104
인구통계적 환경 38
인적판매(personal selling) 398, 504
인지(awareness) 415
인터넷 서베이법 115
입지별 가격다변화(location pricing) 342

ㅈ

자본재(capital items) 226
자연적 환경 45
자원(resources) 54
자재(materials) 226
잡음(noise) 405
장기기억 80
재중개화(Reintermediation) 536
저리할부(low-interest financing) 346
적합성(relevance) 184
전달 가능성(communicability) 186
전문적 파워(expert power) 381
전문점(specialty store) 375
전문품(specialty goods) 225
전속적 유통(exclusive distribution) 372

접근성(accessibility) 152
정보적 파워(informational power) 381
정보탐색 73
정책적 환경 40
제조업체 도매상(manufacturer wholesalers) 377
제조업체브랜드(national brand) 240
제품(製品, product) 202
제품관리 208
제품구색 368
제품디자인 211
제품라인(product line) 219
제품라인가격(product-line pricing) 338
제품믹스(product mix) 220
제품별 조직(product-line organization) 511
제품수명주기(product life cycle) 302
제품원가(cost) 324
제품포장 214
제품품질(product quality) 209
제품형태별 가격다변화(product form pricing) 342
조기다수자(early majority) 314
조기수용자(early adopter) 314
주의 78
준거가격(reference price) 343
준거적 파워(referent power) 381
준거집단 83
중간상 판매촉진(trade promotion) 502
중간상(middleman) 361, 362
중립가격정책(neutral pricing) 338
중요성(substantiality) 153
지각 79
지각도(perceptual map) 176
지불매체(Paid-media) 538
지식(knowledge) 415
지역별 조직(geographic organization) 511
지적(epistemic) 편익 205
진열수당 503
집약적 유통(intensive distribution) 372
집중화 159

ㅊ

차별성(differentiability) 153
참여적 가격(Participative Pricing) 532
참여적 소비자(Participative consumers) 526
참여적 촉진(Participative promotion) 539
청중의 주의수준(audience attention) 466
청중의 품질수준(audience quality) 465
초기고가가격정책(skimming pricing) 335
초연결사회(Hyper-connected Society) 519
촉진(promotion) 397
촉진 가격조정(promotional pricing) 345
촉진믹스(promotion mix) 398, 430
촉진수당 503
촉진예산 430
총가치(total value) 15
총체적(holistic) 편익 208
최후수용자(laggard) 314
추구 편익(benefits) 140, 141
추첨(sweepstakes) 493, 497
측정성(measurability) 152

ㅋ

커뮤니케이션 효과(communication effects) 466
컨셉 도출 291
콘테스트(contests) 493, 496
쾌락적(hedonic) 편익 206
쿠폰(coupon) 493, 498

ㅌ

탈대중화 524
탈중개화(Disintermediation) 536
탐색조사(exploratory research) 104
트리플매체(POE매체) 537

ㅍ

파워 380
파워소비자 525
판매촉진(sales promotion) 398, 488
편의점 376
편의품(convenience goods) 225
편익(benefit) 202
포장(package) 214
포지셔닝(positioning) 169
포지셔닝맵 180
포커스그룹 인터뷰(FGI: Focus Group Interview) 176
표본(sample) 110
프랜차이저(franchisor, 본부) 388
프랜차이즈 388
프랜차이지(franchisee, 가맹점) 388
피드백(feedback) 385, 405, 439
필요(needs) 14, 72, 139, 140

ㅎ

학습(learning) 86
할인(price-offs, discount) 345, 493, 500
합법적 파워(legitimate power) 381
해독화(decoding) 404
핵심역량(core competences) 54
핵심제품 203
행사가격(special-event pricing) 347
혁신수용자(innovator) 312
협상력(bargaining power) 491
협업소비 527
호감(liking) 415
혼합브랜드 237
홍보(publicity) 471
확률표본추출(probability sampling) 111
확신(conviction) 416
환불(rebate) 493, 501
획득매체(Earned-media) 539
효용(utility) 15
후기다수자(late majority) 314
후원(sponsorship) 474

B

BCG 매트릭스 56

C

Click-Stream 방법 119
CPM 463
C-to-B 피드백(Customer-to-business feedback) 539
C-to-C 구전(Customer-to-customer digital word-of-mouth) 539

F

FGI(Focus Group Interview) 284

G

GE 매트릭스 58
GRPs 461

I

IMC(Integrated Marketing Communications) 406
Internet Search 분석 120

K

KANO 287

KYST 181

M

MDPREF 180
MOT(Moments of Truth) 564

N

NYOP(Name your own price) 533

P

POP: Point of Purchase 455
POS(point of sale) 491
PPL: Product Placement 455
PR(public relations) 398, 469
PREFMAP 180
PROFIT 180
PSM(price sensitivity measurement) 330
PWYW(Pay what you want) 533

Q

QFD(Quality Function Deployment) 298

R

Reed 법칙 523
RFM(Recency, Frequency, Monetary) 151

S

service 547
STP 101
SWOT 도표 61
SWOT 분석 61

T

The Value and Lifestyle(VALS) Program 88

V

VOC 286

X

X세대 142

Y

Y세대 142

Z

ZMET(Zaltman Metaphor Elicitation Technique) 285
Z세대 142

기타

1차 자료 106
2차 자료 106
3차산업혁명 521
4차산업혁명 521
4C 21
4P 19

■ 공저자약력

주우진 교수는 서울대학교 경영대학을 졸업하고 미국 펜실베니아 대학의 와튼스쿨에서 경영학 박사학위를 취득하였다. 졸업 후 MIT에서 조교수를 역임하였으며 버클리 대학에서 초청 부교수로 재직한 바 있다. 그리고 현재 서울대학교 경영대학의 교수로 재직중이다.

Journal of Marketing, Journal of Marketing Research, Marketing Science, JIBS, 마케팅연구, 소비자학연구 등에 다수의 논문을 게재하였다. 그는 연구업적을 인정받아 2003년 Journal of Marketing Education에서 아시아－태평양 Top 10 교수에 2위로 선정되었으며 2010년에는 미국 국제경영학회에서 JIBS Decade Award 논문상을 수상하였다.

박 철 교수는 서울대학교 국제경제학과를 졸업하고, 서울대학교 대학원 경영학 석사, 경영학 박사학위를 취득하였다. 삼성물산(주) 섬유마케팅팀에서 근무하였고, 미국 Vanderbilt University와 University of Hawaii에서 Visiting Scholar, 몽골 Mongolia International University와 University of Jinan(濟南大學)에서 Visiting Professor로 활동하였다. 한국소비문화학회장과 서비스마케팅학회장을 역임하였다. 현재 한국마케팅학회 학회장이며 고려대학교 글로벌비즈니스대학 융합경영학부 교수로 재직중이다.

International Marketing Review, Industrial Marketing Management, Journal of Business Research, Journal Interactive Marketing, 경영학연구, 마케팅연구, 소비자학연구 등에 다수의 논문을 발표하였다.

김현식 교수는 서울대학교 경영학과를 졸업하고 같은 대학에서 경영학 박사 학위를 취득하였다. LG경제연구원에서 경영컨설턴트로 재직하였으며, 미국 CSUS에서 Visiting Scholar로 재직한 바 있다. 그리고 현재 한림대학교 경영대학의 교수로 재직중이다.

Psychology & Marketing, Journal of Services Marketing, Journal of Service Theory and Practice, Asia Pacific Journal of Marketing and Logistics, 경영학연구, 마케팅연구, 소비자학연구, 유통연구 등에 다수의 논문을 게재하였다. 그는 2004년 한국 마케팅학회의 우수 박사학위논문상을 수상하였으며, 2014년과 2015년 한국 유통학회 유통연구 우수논문상을 수상하였다. 2010년 한림대학교의 강의우수교수로 선정된 바 있고, 2018년 한림대학교 학생추천 좋은수업상을 수상하였다.

제 6 판

마케팅관리

2010년 7월 30일 제 1 판 발행
2017년 8월 30일 제 4 판 발행
2023년 8월 30일 제 6 판 발행

공저자 주우진 · 박 철 · 김현식
발행인 임 권 규
발행처 弘 文 社

05855 서울시 송파구 송파대로 167 테라타워 B동 802호
등록 1993. 6. 24. 제1-1543호
TEL. 712-5311(代) FAX. 716-5311

값 41,000원

ISBN 978-89-7770-750-4 93320